建德年鉴

JIANDE YEARBOOK | 2016

《建德年鉴》编纂委员会 编

方志出版社
Publishing House of Local Records

《建德年鉴》编纂委员会

顾　问：戴建平

主　任：童定干

副主任：周徐胤　　祝　军

成　员：黄　炜　　方建铃　　夏喜生

蒋　华　　吴岳炎　　吴献军

陈友明　　徐　俊　　郑希平

高建军　　杨福泉　　娄樟锡

周献锦　　郑志华　　包海洋

楼　华　　童国方　　吴康福

曹剑波

《建德年鉴》编辑人员

主　编：吴康福

副主编：方建黎

执行主编：杨忠平

编　辑：杨忠平　黄建生　郑志良

建德名片

中国优秀旅游城市

国家卫生城市

全国首批绿化模范城市

国家级生态示范区

国家园林城市

全国生态文明先进市

全国科普示范市

全国科技进步考核先进市

中国最具影响力旅游名城

中国十佳休闲宜居生态城市

中国最佳旅游休闲胜地

中外优秀旅游胜地

中国优质碳酸钙产业基地

全国首个国家级出口低压电器质量安全示范区

中国草莓之乡

中国有机茶之乡

中国优质柑橘之乡

中国藏红花之乡

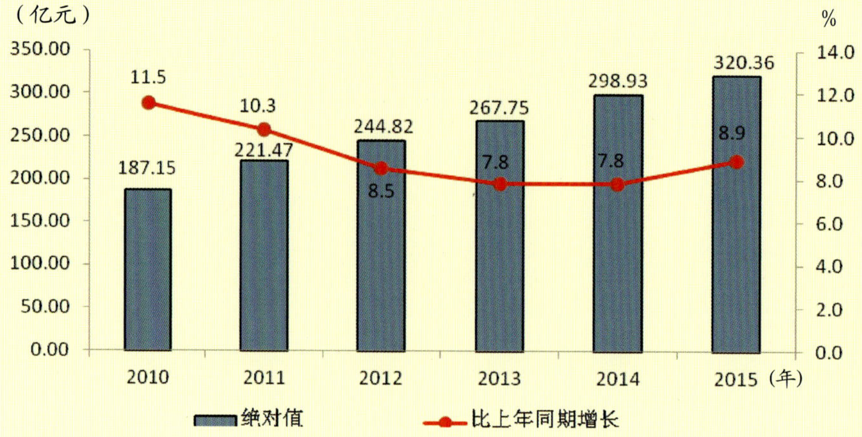

"十二五"时期建德市生产总值

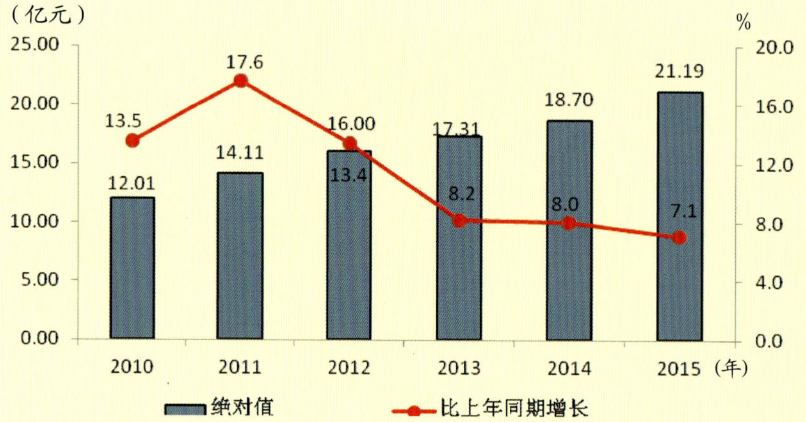

"十二五"时期建德市地方财政收入

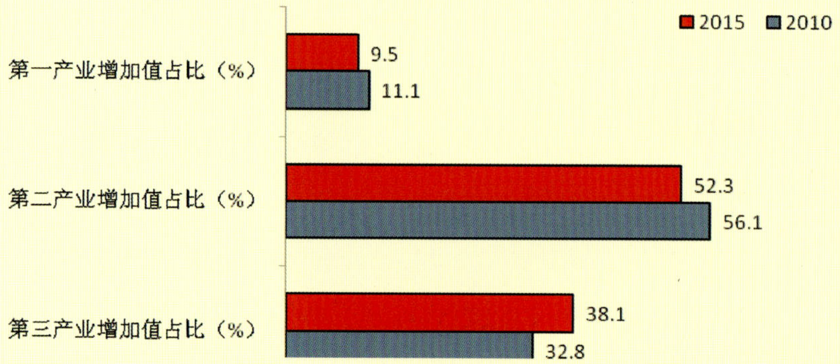

"十二五"时期建德市三次产业格局

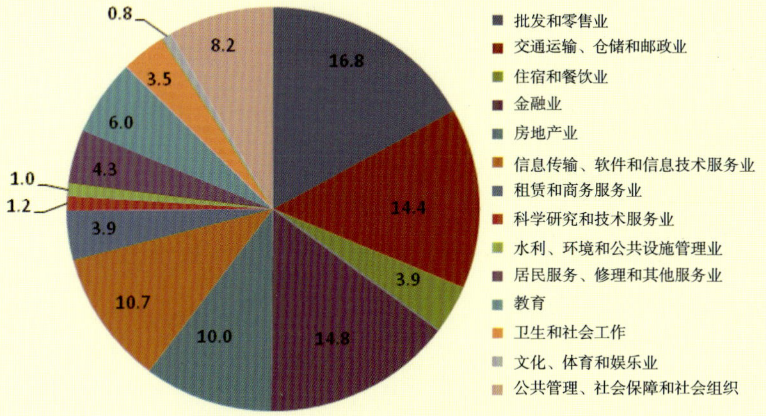

2015年建德市第三产业增加值结构构成

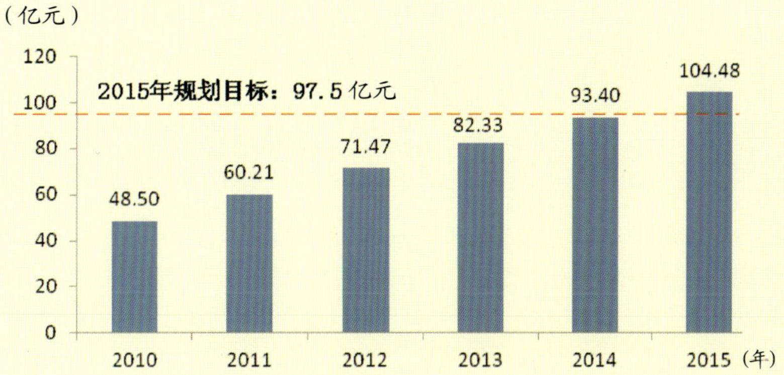

“十二五”时期建德市社会消费品零售总额

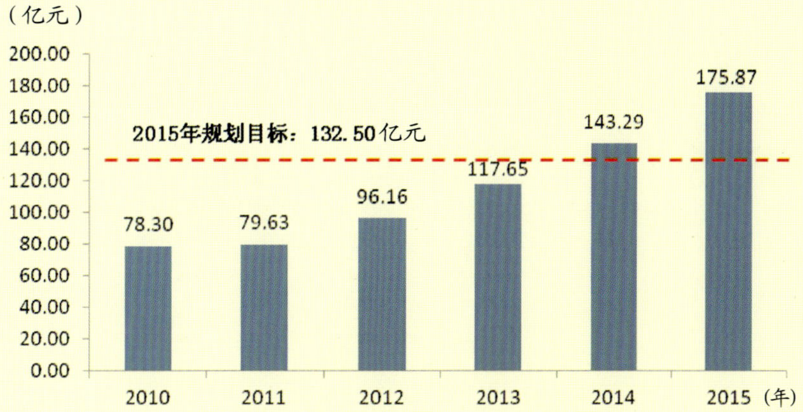

“十二五”时期建德市固定资产投资额

◎2015年8月25日，“三江两岸”建德绿道开通。建德绿道东起乾潭镇，西至梅城镇严东关，全长18公里，是杭州“三江两岸”生态景观保护与建设项目的重要组成部分。

（杨忠平 摄）

◎4月10日，中共浙江省委书记、省人大常委会主任夏宝龙（右一）到建德考察（杭州艾利斯玫瑰公司供稿）

◎4月20日，中共浙江省委常委、杭州市委书记龚正（前排右二）到建德调研基层党建工作（朱永标 摄）

◎6月，中共建德市委书记戴建平被评为全国优秀县委书记。图为戴建平（后排左一）接受央视《新闻联播》记者采访（建德广播电视台 供稿）

◎10月18日，建德市市长童定干（前排左一）到千岛湖通用机场调研航空特色小镇建设（范胜利 摄）

◎江干·新安江旅游休闲特色街全景（建德广播电视台 供稿）

◎6月5日，江干·新安江旅游休闲特色街落成揭牌（朱永标 摄）

◎11 月10 日，建德市客运中心投入使用（徐惠珠 摄）

◎8月3日，建德市在杭州签下7个重大产业招商项目，总投资额超过40亿元，涉及大健康、新能源、“互联网+”等多个领域 （朱永标 摄）

◎7月8日， 国际香料香精（杭州）有限公司整体搬迁和提升改造工程开工

(朱永标 摄)

◎5月10日,奥立达电梯产业园开园（市经信局 供稿）

◎7月2日，“支付宝+县域服务”全国首家试点落户建德（朱永标 摄）

◎12月7日，建德市与中国电信杭州分公司就浙西数据中心项目签订合作协议（朱永标 摄）

◎12月16日，“航空飞行营地”着陆建德（市体育局 供稿）

◎4月18日，上海浦东发展银行（杭州建德支行）开业（建德广播电视台 供稿）

◎7月17日，2015中国C9高校建德新安江龙舟赛在新安江举行（朱永标 摄）

◎8月1日，2015“新安集团杯”科研类全国航空航天模型（建德）公开赛在建德千岛湖通用机场开幕（朱永标 摄）

◎8月25日，首届中国大学生帆船锦标赛在建德三江口水上运动中心举行（朱永标 摄）

◎3月16日，“严州古今文丛”在梅城首发（朱永标 摄）

◎10月15日，中国首届传统村落保护利用研讨会在建德举行（郑致明 摄）

◎5月9日，第十一届中国国际动漫节建德专场暨“行走文创空间”2015建德文创展 开场婺剧团表演（汪源 摄）

◎《畲女凤凰》剧照（市文广新局 供稿）

建德市地图

甘坪
富山
文昌镇
浪洞
宋村
左口
西阳
六联
朴树坞
燕坑
金峰
重坑
金家坞
汪家
富文
淳
安
县
淳安县
千岛湖
前坞
马路
宋家坞
南山列岛
新
安
江
水
库
千
岛
湖
界首列岛
三合
架子岭
里商
棠高
石林镇
向阳
千岛湖
塔山
江村
燕窝
叶家
东源底
石门
莲花镇
徐家
戴家
建德市
新安江街道
岭后社区
明珠社区
洋溪社区
更楼街道
绿荷塘
西华
童家
李家镇
大同镇
航头镇
八亩丘
寿昌镇
大慈岩镇
诸葛镇
上方镇
三门源
衢
江
区
龙
游
县
水亭畲族乡
古塘
杭州市
衢州市

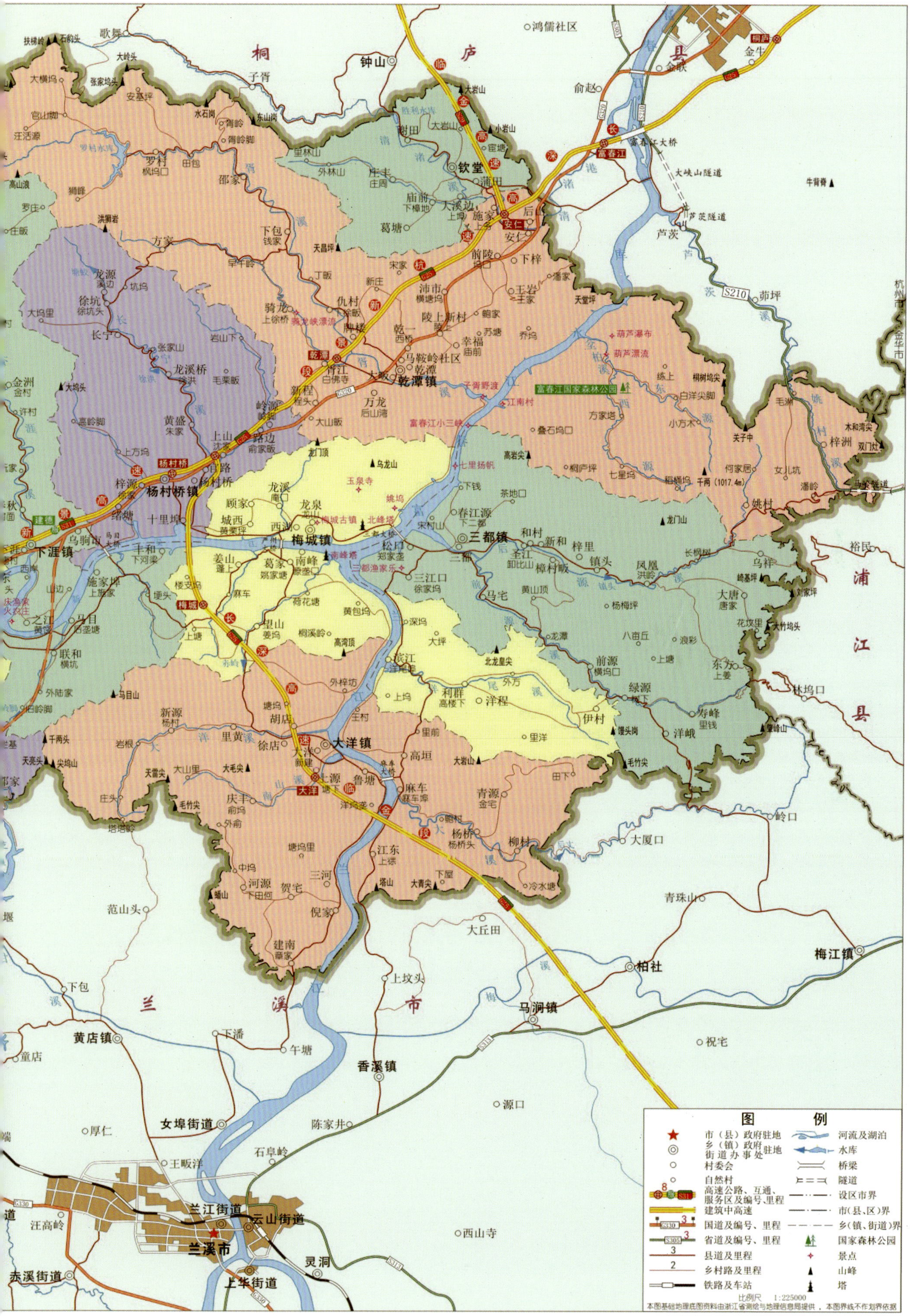

建德市民政局 浙江煤炭测绘院 联合编制 地图审核号：浙S（2014 ）99号

编 辑 说 明

一、《建德年鉴》是中共建德市委、市人民政府主办的地方综合性年鉴，旨在全面、系统、翔实、连续的记载建德经济建设和社会发展的历史进程，是一部具有权威性、实用性的地方工具书。

二、《建德年鉴（2016）》以中共十八大和建德市委十三届十次全会精神为指导，全面、系统地记载2015年建德市政治、经济、文化和社会发展的基本情况，为社会各界读者了解和研究建德提供基本信息资料。

三、本卷年鉴由类目、分目、条目三级组成，全书设类目33个、分目184个、条目1107个，条目标题加“【 】”表示，配图片99幅。其中，“目录”前和环衬图片31幅、正文图片68幅。设表格25张。卷首设《特载》《专记》《大事记》《概貌》4个类目，百科设《农业 农村》《工业》《中共建德市委员会》等25个类目，卷末设《人物》《名录》《重要文件选录》《索引》4个类目，全书共76万字。

四、本卷年鉴收录内容和图片以2015年度为主，个别内容和图片时间上溯和下延。条文中“亩”“公里”“公斤”分别换算成“公顷”“千米”“千克”,个别情况例外。

五、内文中除“民主党派” 分目外，未标明党派的“市委”均为“中共建德市委”、“党员” 均为“中共党员”、“党建”工作均为“中国共产党建设”工作。

六、本卷年鉴所载信息资料由全市各机关、单位提供，经《建德年鉴》编辑部整理编辑，并由《建德年鉴》编纂委员会审核而成，主要数据采纳《建德市2015年国民经济和社会发展统计公报》和《建德统计年鉴（2015）》。

七、本卷年鉴编撰出版工作得到全市各有关机关、单位的大力支持，广大撰稿人员为之付出了艰辛劳动，借此表示衷心感谢。如有疏漏或不足之处，敬请广大读者批评指正。

《建德年鉴》编辑部

2016年11月

要 目

Main Contests

目 录

特 载

专 记

大事记

概貌

农业 农村

工　业

商　贸

旅 游

交 通

城乡建设与管理

环保　土管

金　融

财政　税务

经济管理

中共建德市委员会

建德市人民代表大会

建德市人民政府

政协建德市委员会

民主党派　工商联

群众团体

国防建设

法　治

人力资源和劳动保障

教　育

科技　信息

文化 体育

传 媒

卫生　计生

社会保障

乡镇（街道）

人　物

名　录

重要文件选录

索　引

特　载

Special Reports

保持战略定力弘扬实干作风
为建德“十三五”加快发展开好局起好步

——在市委十三届十次全体（扩大）会议上的讲话

（2016年1月5日）

中共建德市委书记 戴建平

同志们：

这次市委全体（扩大）会议的主要任务是：以党的十八大和十八届三中、四中、五中全会精神为指导，认真贯彻中央经济工作会议和省委、杭州市委全会决策部署，回顾总结2015年工作，研究“十三五”时期奋斗目标，部署2016年任务，动员全市干部群众，保持战略定力，弘扬实干作风，为建德“十三五”加快发展开好局起好步。这次会议，还将审议通过《中共建德市委关于制定国民经济和社会发展第十三个五年规划的建议》。

下面，我代表市委常委会向大家报告工作。

一、乘势而上，精准发力，2015年加快建德发展的各项工作全面推进

去年以来，面对极其复杂严峻的宏观环境，市委常委会紧紧围绕上级决策部署，深化“六个领衔”，完善“四项机制”，团结带领全市广大党员和干部群众，持续推进“三个年”活动，有力促进了经济、生态、民生、平安、党建“五张报表”的落实。预计全年实现生产总值340亿元，增长8.5%，其中第三产业增加值增长10%，规模以上工业增加值增长8%；实现财政总收入36.5亿元，其中地方财政收入21.2亿元，分别增长6%和7.2%；实现社会消费品零售总额103亿元，增长10%。

（一）致力提质效，经济发展持续向好。一是转型升级迈出新步伐。我们以产业智慧化为重点，大力实施“四换三名”，狠抓招商引资，促

进战略重组，着力推动传统产业转型与新兴产业发展。全年完成工业投资67.3亿元，增长12.5%。东方雨虹、人福医药、开元芳草地等一批项目签约落户，全年实到内资70亿元，增长15%；实际利用外资1.43亿美元，增长10%。加快全域旅游发展步伐，大新安江AAAAA级景区创建工作全面启动，实现旅游总收入59.6亿元，增长28%。大力推进现代农业发展，三都现代农业综合区通过省级验收，摘得国家首批有机产品认证示范区“金字招牌”，预计全年实现农业总产值48.7亿元，增长6%。加快实施信息经济发展三年行动计划，“支付宝+县域服务”全国首家试点落户建德，浙西跨境电子商务产业园挂牌成立。二是项目带动迈上新台阶。我们组织开展项目推进大竞赛活动，以项目建设的大进展，推动经济总体实力的大提升。全市完成固定资产投资169亿元，增长18%，固定资产投资额、重点项目开工率均好于往年、高于同期。“一区一园”平台建设加快推进，航空小镇建设迈出坚实步伐，产业承接能力大幅提升。三是创新驱动迈向新常态。我们坚持以改革增动力，持续深化行政审批制度改革，实施投资项目零土地不再审批制度，市场活力有效激发。着力推进投融资体制改革，加强政府债务流动性风险管控，债务存续期内节约成本近11亿元。申报成为全省首批低丘缓坡试点县，4个项目被纳入省级首批“坡地村镇”试点。坚持以创新添活力，深化科技创新服务体系，新增国家级高新技术企业4家，全市高新技术产业和战略性新兴产业增加值分别增长8%和16.5%。大力推进金融创新，全市新增“新三板”挂牌企业2家（三耐环保科技、隆源环境科技）。

（二）注重强统筹，城乡建设协调并进。一是重点区块建设不断“升温”。我们着力推进城市有机更新，桥东城市客厅、洋安江滨公园等项目进展有序，环城北路改建、东入城口地下通道项目加快推进；府前路东侧麻园地块房屋征收工作自6月启动以来，206户私有住宅及店面签约率达100%，10家单位房屋中9家已完成签约；新安江铁路货场东侧地块80户房屋征收全部签约。强化乾潭小城市培育，推进强镇扩权改革，完成投入1.7亿元。扎实推进中心镇、中心村、精品村、风情小镇等建设，梅城、寿昌两大新城初具形象，237个美丽乡村建设项目进展顺利，成功创建为全省“美丽乡村”先进县市。二是城乡基础设施不断“升级”。我们加快建设城乡交通项目，完成投入11.6亿元。23省道改建工程开工建设，新客运中心投入使用，杭新景高速大二期建德段春节前通车。编制完成《建德市城乡一体化供水水源规划》，实施城镇水厂管网延伸项目60处，受益人口4万人。着力推进城农网升级改造，累计完成电气化村改造176个。三是城乡环境品质不断“升档”。我们持续推进“五水共治”，农村生活污水治理实现全覆盖，城镇污水处理能力大幅提升，第三方运维等长效机制逐步完善，通过省“清三河”达标县（市、区）考核验收，防洪排涝保供节水等工程建设进展顺利。以“无违建市”创建为抓手，加大力度推进“三改一拆”，新增“三改”面积51.7万平方米，拆违44.6万平方米，拆后土地利用率达82.8%，全市耕占比控制在2%以下，宗教建筑标志物规范工作得到省委主要领导批示肯定。深入开展“两路两侧”、“四边三化”、“两美”整治等行动，公共秩序、市容市貌以及环境质量同步提高。

（三）持续惠民生，社会大局和谐稳定。一是富民增收向多渠道拓展。我们坚持以产业培育促增收，乡村旅游、民宿经济、养生养老产业发展势头良好，草莓产业发展三年行动计划加快实施。坚持以深化改革促增收，顺利完成农村综合配套改革试点，全市村集体经济组织股份制改革实现全覆盖。坚持以创业就业促增收，城镇新增就业人数6832人，城镇登记失业率控制在2.62%以内；深入实施低收入农户收入倍增计划，全市低收入农户人均收入增长15%。预计城镇和农村居民人均可支配收入为38102元和20033元，分别增长8.5%和9.5%。二是公共服务向均等化发展。我们集中财力优先保障社会民生，社会事业和民生支出占公共财政支出达80%以上。城乡养老保险、医保参保率不断提高，社会救助体系不断完善，城乡居家养老照料中心覆盖率达85%以上。全国义务教育发展基本均衡市通过复查，学校基础建设有序推进，配套设施逐步完善，教育教学质量稳步提高。切实抓好医疗卫生事业发展，浙西国际心脏中心落户我市，“双下沉两提升”工程和省级卫生镇创建走在全省前列。深化基层文明创建，下梓村入选全国文明村，实现我市全国文明村零的突破。扎实推进新叶全国首批传统村落综合保护利用工程，成功举办首届中国传统村落国际高层研讨会。三是社会治理向法治化转变。我们坚持运用法治思维和法治方式化解社会矛盾、维护社会稳定、保障公平正义。顺利通过杭州“六五”普法考核验收，综合成绩名列县市第一；杨村桥司法所创建成为杭州市唯一的“全国模范司法所”。扎实推进“平安建德”创建，群众上访诉求化解率达99.8%，刑事发案率下降1.72%。严格落实安全生产和食品药品市场监管责任，深入开展隐患排查治理工作，全年安全生产形势稳定趋好。全面完成村规民约、社区公约修订工作。

（四）聚力抓党建，创业氛围愈加浓厚。一是突出主责主业，弘扬了“担当”精神。我们扎实推进“三严三实”专题教育，组织开展党章党规党纪专题培训，引导全市党员干部坚定理想信念、强化党性原则、增强纪律意识。始终突出问题导向，省委巡视组反馈意见整改工作取得阶段性成效。严格落实全面从严治党要求，出台“双基六条”，制定党建责任清单，建立基层党建工作季度例会制度，层层落实党建责任，乾潭镇幸福村成为全国农村基层党建工作座谈会参观示范点。严格落实党风廉政建设“两个责任”，推进纪检监察体制机制改革，始终保持惩治腐败高压态势，查办党员干部违纪案件219起，处分219人，移送司法机关13人。二是紧扣主题主线，践行了“为民”宗旨。我们不断巩固和拓展教育实践活动成果，以“弘扬拆违治水精神，激励干部干事创业”为主题，深化“作风效能年”活动，形成了作风建设新常态。持之以恒纠正“四风”问题，严格正风肃纪，问责党员干部82人，有效整治了作风建设深层次问题。以提高问题解决率为目的，深化“走村不漏户、户户见干部”和“进企走访、帮企解困、助企发展”活动，“寿昌经验”连续两年登上中央电视台《新闻联播》。三是聚焦基层基础，强化了“实干”导向。我们严格落实选人用人“两制度一办法”，以能上能下激发党员干部干事创业激情，形成“实绩用人”的“风向标杆”。注重加强退二线干部管理和作用发挥，实施优秀年轻干部培养“墩苗计划”，形成“一线练兵”良好机制。坚持党建示范群建设和软弱落后党组织整转两手抓，强化党员先锋指数考评，服务型党组织建设更具内涵。同时，市委常委会高度重视加强民主政治建设，全力支持人大、政协履行职责，积极发挥各群团组织的作用，切实做好民族、宗教、侨务和对台工作，政党协商工作更加规范化、制度化、程序化，全市上下形成了合心合力、创业创新的浓厚氛围。

同志们，建德的发展来之不易，一年的奋斗伴随艰辛。我们的每一份成绩，都凝聚着全市上下的智慧和力量；我们的每一点进步，都饱含着广大干部群众的辛劳和汗水。在此，我代表市委对大家持续的辛苦付出表示衷心的感谢和崇高的敬意！

二、着眼长远，科学谋划，奋力开创“十三五”时期建德发展的新局面

党的十八届五中全会审议通过的《中共中央关于制定国民经济和社会发展第十三个五年规

划的建议》，从战略和全局的高度，描绘了我国“十三五”时期经济社会发展的宏伟蓝图。省委十三届八次全会明确了浙江“十三五”发展的目标任务，强调以最大决心、最高标准推进五大发展理念在浙江的新实践。杭州市委十一届十次全会综合分析杭州目前所处的发展阶段、发展特征、发展环境，确立了“十三五”时期的发展定位。我们要把中央、省委和杭州市委要求与建德实际紧密结合，科学谋划好我市“十三五”发展。

（一）要在总结五年成就中坚定加快发展的信心。过去的五年，是我们应对重大挑战、战胜重重困难，取得巨大成就的五年。一路走来，鼓舞士气的是，面对经济下行压力，综合实力实现了稳步提升，转型升级迈出了坚实步伐。较“十一五”末，全市生产总值增长 79.3%，地方财政收入增长 74.9%，规模以上工业增加值净增 22.6 亿元，第三产业增加值占 GDP 的比重提高 4 个百分点，高新技术产业增加值占规模以上工业增加值的比重提高 10.1 个百分点。让人振奋的是，城乡面貌发生了显著变化，生态环境质量进一步提高，先后被评为国家园林城市、省级生态市、省示范文明城市、省“无违建市”创建工作先进市，捧得全省首批“五水共治”优秀县（市）“大禹鼎”。值得欣慰的是，五年来我们办成了一批民生实事，基本建成了覆盖城乡的社会保障体系和公共服务体系，城乡居民人均可支配收入年均增长分别达到 10.7%、12%。感到自豪的是，我们只争朝夕抓工作，凝心聚力干事业，以昂扬向上、团结拼搏的精神，成功突破了发展进程中的一个又一个难题，锤炼了以“拆违治水精神”为代表的好作风，带出了一支有激情、敢担当、不畏难、善作战、敢出手、打得赢的干部队伍。

五年的不懈奋斗，为建德新一轮发展奠定了丰厚的物质基础，也积累了宝贵的精神财富。我们既要在总结成就中吸取经验，更要在新的实践中巩固和扩大成果，坚定发展信心，保持战略定力，继续书写建德更加美好的发展篇章。

（二）要在把握阶段特征中争创加快发展的优势。“十三五”时期，国际国内宏观环境将继续发生深刻变化，但世界经济在深度调整中曲折复苏的趋势没有改变，国内经济长期向好的基本面没有改变。在“四个全面”和“五位一体”总体布局下，“一带一路”、“两富、两美”浙江建设、承办“两会”、建设“两区”等国家、省和杭州市的多重“组合拳”，将对区域发展产生重大而深远的影响。同时，我们也必须清醒地认识到，在发展的道路上，我市也面临着诸多矛盾和挑战，特别是传统产业增长动力衰退与新兴产业发展动力不足的矛盾、生态环境保护的严要求与加快经济发展硬任务的矛盾、民生需求期望高与公共服务财力弱的矛盾、区位条件相对较差与融入杭州都市圈的矛盾等“四对矛盾”更为突出,不容忽视。

综合判断，“十三五”时期，我市仍处于大有作为的重要战略机遇期，机遇与挑战并存，机遇大于挑战。对建德来说，一鼓作气，拼搏向前，就能乘势而上、加快发展；稍有懈怠，略有迟疑，就会错失机遇，落后掉队。我们必须增强机遇意识、忧患意识，拿出百倍决心，付出百倍努力，在机遇机会中争得主动、赢得优势，在变化变局中抢占先机、跨越赶超。

（三）要在明确战略定位中拉高加快发展的标杆。站在新的历史起点上，发展的任务更重、目标更高、内涵更丰富、要求更全面。综合考虑未来发展趋势和条件，市委提出建德“十三五”发展的指导思想是：高举中国特色社会主义伟大旗帜，全面贯彻党的十八大、十八届三中、四中、五中全会和习近平总书记系列重要讲话精神，坚持“四个全面”战略布局，以创新、协调、绿色、开放、共享五大发展理念为引领，全面落实省委“八八战略”、“两富、两美”要求，主动对接杭州“两区”“两会”，适应新常态、抢抓新机遇，坚持以加快发展、赶超发展、科学发展为主线，深入实施“生态立市、创新活市、工业强市、服务业兴市”四大战略，推动经济社会转型升级，提前实现“四翻番”、力争跨入百强县。

提前实现“四翻番”，力争跨入百强县，是发展要求的全面提高、发展质量的整体提升，我们必须正确把握、深刻领会。要通过“十三五”期间的努力，实现“四个更”的发展目标：一是综合实力更强。综合经济实力在全省实现位次前移，提前实现全市生产总值、人均生产总值、城镇居民收入、农村居民收入比2010年“翻一番”，经济增长的质量和效益明显提高。二是生态环境更美。可持续发展能力明显增强，绿色低碳循环经济快速发展，具有建德特色的区域生态经济体系、生态文明体系基本形成。三是社会进步更快。区域统筹协调水平不断提高，重点领域和关键环节改革取得突破性进展，城乡生产要素合理流动、公共资源配置逐步均衡。“法治建德”“平安建德”建设深入推进，社会治理更加精细化。四是人民生活更好。实现居民收入和经济增长同步，达到全省平均水平。社会保障体系日趋完善，社会公共服务共建能力和共享水平明显提高。

提前实现“四翻番”，力争跨入百强县，是一个自加压力、奋发图强的目标。“十二五”以来，特别是近两年来，全市上下按照市委的工作要求，将“勇于担当、善于作为、甘于奉献”的精神贯穿始终，有效激发了干事创业的积极性和主动性，营造了心齐、气顺、劲足、实干的良好氛围。我们在这个时候自我加压、主动挑战，提出要提前实现“四翻番”，力争跨入百强县，就是要再鼓一把劲、再加一把油，充分发挥广大干部群众要求加快发展、支持服务发展、主动投身发展的主观能动性，凝聚智慧、凝聚力量，昂扬斗志、激发干劲，在全市经济社会发展的各个层面、各个领域、各条战线形成心往一处想、劲往一处使的强大合力。只要我们坚定不移地走下去，美好的愿景必将成为灿烂的现实。

这次提请全会审议的《建议（讨论稿）》，是通过党委政府、专家学者以及社会各界的多方努力，在科学谋划、集思广益的基础上形成的。希望同志们认真审议，进一步加以完善，使最后形成的建议稿更符合实践的需要，经得起历史的检验，行之有效、利于长远，成为开创“十三五”时期建德发展新局面的决胜纲领。

三、紧盯当前，苦干实干，全力以赴谱写“开局之年”新篇章

五年看头年。实现“十三五”规划的宏伟蓝图，2016年是基础，更是关键。我们必须始终保持艰苦奋斗、迎难而上的拼搏劲头，雷厉风行、说干就干的工作作风，顾全大局、夙夜在公的奉献精神，创新做好每一件，务实干好每一天，精彩成就每一年，全力以赴推动建德新一轮的发展。

2016年工作的总体要求是：认真贯彻落实党的十八大和十八届三中、四中、五中全会和省委、杭州市委全会精神，继续深入推进“三个年”活动，保持战略定力，弘扬实干作风，为建德“十三五”加快发展开好局起好步。

建议2016年我市经济社会发展主要预期目标：全市生产总值增长8%，力争8.5%；农业总产值增长5%，力争7%；规模以上工业销售产值增长4%，力争6%；规模以上工业增加值增长6%，力争8%；社会消费品零售总额增长10%，力争12%；自营出口增长5%，力争7%；招商引资实到内资增长13%，力争15%，实到外资增长10%，力争15%；地方财政收入增长7%，力争8%；城镇和农村居民人均可支配收入分别增长9%和10%。

根据上述目标要求，2016年要突出抓好六个“更加注重”：

（一）更加注重质量效益，以转型发展新业绩开局起步

坚持把稳增长、调结构、促转型作为经济工作的重中之重，坚持不懈抓产业、抓投入、抓平台、

抓招商，努力实现有质量、可持续的健康发展。

1. 全力以赴促进产业转型。始终坚持以产业智慧化为重点，以“机器换人”为突破口，充分结合两化融合、电商换市、互联网+等“活力要素”、“智慧元素”，不断改造提升传统产业；依托资源优势大力发展水产业、大健康产业、通航产业、先进装备制造业，积极培育引进新兴产业。加强企业分类指导，倒逼低小散企业产业集聚、联合重组和转型升级，支持骨干企业做强做优，引导有条件企业上市发展。高度重视以旅游业为龙头的现代服务业发展，扎实推进全域旅游发展，加快大新安江AAAAA级景区、大新叶旅游区建设，积极打造沿新安江生态景观长廊，确保全年实现旅游总收入75亿元以上。巩固提升传统消费市场，推动商贸物流、电子商务、基金产业等现代服务业扩量提质，着力促进建筑业、房地产业持续健康发展。以草莓、茶叶、中药材等优势产业发展为重点，进一步加快传统特色农业向现代农业转变，做深建德农产品“绿色、生态、有机”品牌文章。围绕果蔬乐园、民宿农庄等载体打造，加快观光、休闲、创意农业发展，促进农业增效、农民增收。

2. 坚定不移加大有效投入。有效投资是稳增长、调结构的关键所在，当前及今后一段时期，必须全力以赴推进项目建设，坚定不移加大有效投入。要强化项目谋划。重点突出产业项目，实现由单个项目向项目群谋划转变。牢牢抓住“十三五”各类规划编制机遇，力争有更多项目进入国家、省和杭州市的规划笼子、计划盘子和政策圈子。要加快项目推进。集中资源要素抓好重点基础设施工程和重大产业项目建设，确保全年固定资产投资增长13%，力争15%。紧盯工业项目建设，加快推进新安化工白南山区块搬迁、新安迈图、农夫山泉四期、IFF迁建等项目，开工建设东方雨虹、人福福斯特药业、高能新德环保等签约项目，确保实现工业投资76亿元以上。

3. 更大力度提升平台功能。坚持筑巢引凤，以“一区一园一带一站两小镇”为重点，不断完善基础配套，加快优化产业布局。省级经济开发区以融合发展为主线，加快推进横钢区块的产业盘活和卜家蓬区块的基础设施建设，全力以赴在招商引资上取得实质性突破。高新技术产业园以重大产业项目推进为引领，统筹抓好平台建设、招商引资、有效投入、服务保障，力争到2020年，园区规模以上工业销售产值超240亿元。充分发挥杭黄高铁带动作用，认真谋划杨村桥、下涯、洋溪高铁沿线经济带发展规划，重点推进金融服务、总部经济、研发创新、跨境电商、商贸旅游等产业发展。以乌龙山抽水蓄能电站项目为突破口，加快推进三江口区域、富春江国家森林公园的综合利用，着力打造东线旅游综合体。切实加快寿昌航空小镇建设，全年引进通航企业2家以上，通航主题乐园对外开放。按照“政府引导、企业主导、市场化运作”模式，推进之江湾财富小镇建设，力争到2020年，实到注册资金超100亿元，打造成浙西基金产业发展示范点。

4. 精准发力抓好招商引资。始终坚持招商引资“生命线工程”不动摇，突出“三招三引”，力争引进“头羊”，带回“群羊”。要“选准”方向，认真研究产业发展政策，主动对接央企、国企、名企，着力招引一批“大好高”项目。要“选优”路径，主动承接上海、杭州等地产业梯度转移，大力开展“浙商回归”、“建商回归”活动，积极引导现有企业围绕兼并重组、增资扩股以及延伸产业链，吸引上下游企业来建投资兴业。要“选好”力量，强化招商队伍建设，把最精干的力量投放到招商一线。

（二）更加注重城乡一体，以协调发展新水平开局起步

紧扣“文化为魂、山水为韵、城乡一体、美丽宜居”，统筹推进城乡区域联动发展，形成协调发展的建德特色。

1. 规划引领，科学绘就城乡发展蓝图。牢固树立全市统筹“一盘棋”、城乡发展“一张图”的理念，继续做好“多规合一”工作，进一步推动市域总体规划、产业发展规划、土地利用总体规划、生态环境保护规划等多规融合、无缝对接，切实加强规划实施监管。进一步完善市域总体规划，实施乡镇（街道）主体功能区战略，着力推动各乡镇（街道）差异化、特色化发展，促进生产空间宜居适度、生态空间山清水秀、人文空间精致和谐。科学编制村庄规划，优化村庄布局，着力打造美丽乡村升级版。

2. 因地制宜，全面提升城乡建设品质。加快推进主城区有机更新，完成环城北路改建、东入城口地下通道等项目，高起点规划、高品质推进府前路区块和新建村改造提升。加快洋安、桥东新城建设，完善更楼基础设施配套，推进城市东扩南拓。围绕中心城镇集聚发展，加大梅城新城开发、古城保护工作力度，加快寿昌建区造城步伐，扎实推进乾潭小城市试点培育，不断增强大同集聚和辐射功能。积极推进重点中心村、精品村、风情小镇建设，完成安仁、胥江等杭派民居示范工程，扎实做好新叶等历史文化村落保护利用,努力打造一批具有“建德记忆”的美丽乡村。

3. 统筹推进，加快完善城乡基础设施。以杭黄、金建高铁和临金高速等重大交通项目实施为契机，加快推进23省道、十里埠综合作业区、320国道杭黄连接线等项目建设，认真做好320国道过境段改建项目前期，不断健全“外联内通”的交通路网体系。围绕“补齐短板”，加大基础设施向农村延伸力度，大力推进农村住房改造和土地综合整治项目，探索建立农村基础设施长效运维机制。不断完善农村供电、供水和环保等基础设施，提升城乡协调发展水平。

（三）更加注重生态文明，以绿色发展新形象开局起步

践行“绿水青山就是金山银山”理念，注重让绿色与发展同行，努力建设天蓝、地绿、山青、水净的美丽建德。

1. 持续聚焦重点工作。按照“再干五年”新要求，进一步深化“五水共治”“三改一拆”。突出集镇污水处理能力提升、重污染行业管控、市域饮水安全、治水体系建设四大重点，确保“五水共治”继续走在全省前列。巩固深化创“无违建市”工作成果，围绕优化机制举措、保障建房权益、深化拆后利用、推进创建实效四大举措，不断把“三改一拆”“效果图”变成城乡发展“新美景”。纵深开展“两路两侧”“四边三化”“三江两岸”等行动，打造“美丽杭州”的建德样本，以优美的环境喜迎杭州G20峰会的召开。

2. 全面加强节能减排。扎实开展“两美”整治行动，坚决淘汰一批高能耗、高排放、低产出的企业，切实腾出环境容量，留足生态空间。加大治废治污治气工作力度，建成杭州市第二工业固体废物处置中心，确保完成年度节能减排降耗约束性指标。全面节约和高效利用资源，积极推进企业排污权有偿使用和交易，集约节约用水、用地、用能、用矿，通过“正向激励”、“反向倒逼”双管齐下,引导企业发展循环经济、低碳经济，推进清洁生产。

3. 大力推进生态建设。坚持“生态立市”发展战略不动摇，严守生态红线要求，严格落实空间、总量、项目“三位一体”环境准入制度。始终保持环境监管高压态势，持续深化“零点行动”，加强重点区域、重点时段的执法检查。牢固树立生态文明理念，实行生态文明建设目标责任制，扎实推进国家生态文明建设示范市创建。

（四）更加注重改革创新，以科学发展新优势开局起步

坚持向改革要红利，向创新要动力，为建德新一轮发展提供支撑。

1. 全力深化体制改革。坚持市场在资源配置中起决定性作用，全面开展县域经济体制综合

改革，健全完善资源要素差别化配置、产业结构调整创新、民间资本进入社会事业领域等体制机制，提高市场配置资源效率。继续深化行政审批制度改革，落实行政执法综合改革和不动产登记改革，着力提高行政效率。围绕“控总量、调结构、降成本、防风险”，进一步强化政府性债务管理，整合乡镇融资平台，积极推行政府债券、PPP等新型投融资模式，实现社会资本与政府项目有效对接。加快推动企业股份制改造，大力引进战略投资者，助力企业进军资本市场。持续深化农村综合配套改革，加快建立农村综合产权交易中心，不断释放农村发展新活力。

2. 着力推进科技创新。紧紧围绕传统产业改造提升和新兴产业培育引进两大目标，不断完善科技创新的体制机制，努力推动“建德制（智）造”迈上新台阶。坚持以创新平台打造聚集智慧产业，加快新安江科技城、浙西跨境电商产业园、环保科技创新创业中心建设，加大众创空间和孵化器扶持力度，不断推动创新经济发展。实施高新技术企业梯队培育计划，进一步培育创新主体，全年新增杭州市以上高新技术企业10家、省级科技型中小企业10家。加快完善科技扶持政策，鼓励企业与高等院校、科研院所共建产学研联合体，支持建设研发中心、研究院和重点实验室，不断增强企业核心竞争力。

3. 大力加强人才建设。科学编制全市人才发展“十三五”规划，完善人才工作运作机制，统筹推进各类人才队伍建设。围绕智慧经济、产业转型、城乡统筹、民生保障等中心工作，积极实施“招才引智”工程，力争在“千人计划”人才引进等方面取得新成效。扎实开展新一轮“282人才培养工程”，充分发挥“院士专家工作站”、“博士后科研工作站”、“钱江特聘专家岗位”等高端人才辐射带动作用，重点培养一批引领和支撑产业发展的高层次、高技能人才和急需专门人才。积极推进人才生态示范区创建工作，充分发挥“人才新政”黄金效应，优化人才发展环境，大力营造尊才、重才、爱才的良好氛围。

（五）更加注重社会民生，以共享发展新局面开局起步

坚持把改善民生作为第一目标，把维护稳定作为第一责任，全力办好民生实事，不断提升群众幸福感和社会和谐度。

1. 关注群众需求，把民生保障抓得更好。坚持以创业带动就业，进一步健全完善创业政策，激发“大众创业”活力，掀起“万众创新”热潮。继续实施就业优先战略和更加积极的就业政策，努力实现社会充分就业。深入实施低收入农户收入倍增计划，确保全市低收入农户人均增收15%以上。统筹推进社会保障体系建设，加快社保扩面，推进全民参保。不断完善社会救助网，积极发展适度普惠的社会福利体系。积极推进社会养老，实现城乡居家养老照料中心全覆盖。

2. 提升公共服务，把社会事业抓得更优。以“支付宝+县域服务”全国首家试点落户建德为契机，加快推进城乡公共服务和公共治理智慧化。扎实推进文化体制改革，着力构建现代公共文化服务体系。加快主城区学前教育布局优化和资源建设，推进义务教育优质均衡发展，着力提升现代职业教育和普通高中教育水平，积极推进严州中学与杭州学军中学合作办学，努力办好人民满意的教育。进一步落实长效管理机制，确保高标准通过国家卫生城市复评。继续实施“双下沉两提升”工程，推进优质卫生资源城乡共享，积极探索多元化、市场化办医模式，妥善做好二孩生育政策衔接。广泛开展群众性体育活动，提高全民健康水平。

3. 创新社会治理，把平安建设抓得更实。大力推进“法治建德”“平安建德”建设，创新系统治理、依法治理、综合治理、源头治理的具体举措，全力维护社会稳定。启动“七五”普法工作。全力以赴做好杭州G20峰会各项服务保障工作。

严格落实安全生产责任制，强化食品安全、消防安全等专项整治和监督管理，切实保障人民群众的生命财产安全。巩固省示范文明城市创建成果，建立健全长效管理机制。以培育和践行社会主义核心价值观为载体，推动文明行为常态化。培育健康向上网络文化，维护意识形态安全。

（六）更加注重党的建设，以从严治党新作为开局起步

始终牢固树立“抓好党建是最大的政绩”理念，坚决把全面从严治党的政治责任承担好、落实好。

1. 着力打造敢于担当的创业团队。继续深化“六个领衔”，更好地发挥市级领导牵头抓总、走到一线、协调解决、督查推进的担当示范作用。完善“排名通报、曝光整改、督查考核、约谈问责”四项机制，倒逼各级党员干部集中精力抓好落实。全面推行党建责任清单，坚持每季度召开乡镇（街道）党建例会，着力培养过得硬打胜仗的“狮子型”干部。始终坚持“实绩用人”的鲜明导向，用好“两制度一办法”，加强党员干部教育管理，完善涵盖干部“上”“下”“管”的制度体系，引导各级干部把心思集中在“想干事”上，把胆识体现在“敢干事”上，把目标落实在“干成事”上。

2. 着力建设坚强有力的战斗堡垒。切实加强对换届工作的领导，规范有序抓好换届工作，优化班子结构，增强整体功能。按照“整乡推进、整县提升”“党建+”的理念和标准，不断提升基层党建的整体水平。以深化党员固定活动日制度为重点，以细化党组织堡垒指数五星管理、党员先锋指数考评为抓手，推动基层党组织和党员作用发挥。进一步强化党建示范群（点）建设和软弱落后党组织整转，打造基层党建新亮点。充分发挥统一战线凝聚人心、汇聚力量的作用，扎实推进政党协商，形成和衷共济、团结奋进的工作格局。

3. 着力营造风清气正的政治生态。坚持把纪律和规矩挺在前面，深入学习贯彻新修订的《中国共产党廉洁自律准则》和《中国共产党纪律处分条例》，切实履行全面从严治党主体责任。支持纪委突出主业主责，综合运用监督执纪的“四种形态”，不断加大执纪监督力度。继续保持惩治腐败高压态势，做到零容忍的态度不变、严惩处的尺度不松，以反腐倡廉的实际成效取信于民。继续深化“作风效能年”活动，着力破解“不担当、不作为、不落实”问题。深入开展“走村不漏户、户户见干部”和“进企走访、帮企解困、助企发展”活动，进一步提高问题解决率，以良好的党风带动政风民风。

同志们，新一轮发展的征程已经开启，宏伟的蓝图需要我们同心描绘，神圣的使命有待我们合力拼搏。让我们更加紧密地团结起来，勇担历史重任，不负人民重托，围绕实现“十三五”的目标任务，推进“四个全面”战略布局在建德的生动实践不懈努力，为建德经济社会转型发展做出新的更大贡献！

名词解释

“两美”整治：指围绕“建设美丽浙江，创造美好生活”，统筹推进大气污染防治、主要污染物减排、城市环境治理等相关工作。

双下沉两提升：指医学人才下沉、城市医院下沉、提升县域医疗卫生机构服务能力、提升群众满意率。“双下沉两提升”工程是2012年浙江省委省政府提出的关于深化医药卫生体制改革的重要决策。

两制度一办法：指围绕注重实绩用干部制定实施的领导干部“办事实绩档案”制度、署名推荐干部制度，及调整不适宜担任现职领导干部实施办法。

“两会”、“两区”：指杭州承办2016年G20峰会和筹办2022年亚运会，建设国家自主创新示范区和中国(杭州)跨境电子商务综合试验区。

大健康产业：指重点推进以“医”为主体的医疗医药产业，大力发展医疗服务业和现代医药产业；以“养”为特色的养老养生产业，加快发展健康养老服务和养生休闲产业；以“健”为支撑的健体康体产业，积极发展全民体育健身和户外运动健身，鼓励发展体育培训业、制造业等热点产业；以“智”为引领的智慧健康产业，积极搭建健康信息服务基础框架，大力开发健康信息服务普惠项目，拓展健康信息服务新型业态。

三招三引：指招商引资、招企引税、招才引智。

PPP模式：指公私合作模式，是公共基础设施中的一种项目融资模式。在该模式下，鼓励私营企业、民营资本与政府进行合作，参与公共基础设施的建设。

执纪监督“四种形态”：指党内关系要正常化，批评和自我批评要经常开展，让咬耳扯袖、红脸出汗成为常态；党纪轻处分和组织处理要成为大多数；对严重违纪的重处分、作出重大职务调整应当是少数；而严重违纪涉嫌违法立案审查的只能是极少数。

政府工作报告

（2016年1月15日在建德市第十五届人民代表大会第五次会议上）

建德市市长 童定干

各位代表：

现在，我代表市人民政府向大会报告工作，请予审议，并请市政协委员和其他列席人员提出意见。

2015年主要工作和“十二五”发展回顾

2015年是“十二五”规划的收官之年。过去的一年，面对经济下行压力持续加大、多重困难和挑战相互交织的严峻形势，市政府在上级党委、政府和市委的正确领导下，在市人大、市政协的监督支持下，大力弘扬拆违治水精神，主动适应新常态，抢抓新机遇，务实创新，攻坚克难，较好地完成了市十五届人大四次会议确定的各项目标任务。全市预计生产总值增长8.5%，其中第三产业增加值增长10%；规模以上工业销售产值增长1.1%，规模以上工业增加值增长8%；农业总产值增长6%；社会消费品零售总额增长10%；财政总收入36.5亿元，其中地方财政收入21.2亿元，分别增长6%和7.2%；城镇、农村居民人均可支配收入达到38102元和20033元，分别增长8.5%和9.5%。

一年来，我们坚持创新驱动，产业结构加快优化。

工业结构转优提质。着力推进转型升级，坚定不移走“两化融合”发展道路。新兴产业加快发展，奥立达电梯、通用防火门等装备制造产业项目顺利投产，农夫山泉四期、致中和搬迁等食品饮料产业项目加快建设，晶科电力投产并网，战略性新兴产业增加值同比增长16.5%，新产品产值率32%。依托“互联网+”和信息技术，加快提升传统产业，建业化工完成搬迁，IFF、新安化工白南山区块搬迁等项目有力推进，75%以上规模以上工业企业完成信息化改造，新安化工、新化化工入选浙江省两化深度融合智能制造专项计划。新安江科技城科创、众创、电商等新兴业态加快发展，新增孵化器入孵企业15家，文创园入驻企业84家。“四换三名”工程成效凸显，实施“机器换人”重点项目27个，“腾笼换鸟”淘汰落后产能项目15个，新增杭州市级以上高新技术企业16家，其中国家级5家；新增杭州市级以上名牌产品7个、著名商标9个；新增规模以上工业企业27家、个转企219家。现代服务业蹄疾步稳。入围杭州市健康服务业发展试点县（市）。全域旅游发展“13530”工程有力推进，三年行动计划步履坚实，大慈岩全域旅游先行区加快建设，国有旅游资源整合提升，启动大新安江AAAAA级景区创建。全年接待游客751.1万人次，同比增长13.9%；实现旅游总收入59.6亿元，同比增长28.1%。重点旅游项目累计投资6.7亿元。“三江两岸”北线绿道、江干·新安江旅游休闲特色街、三江口水上运动中心投入使用，开元芳草地乌石滩主题酒店项目落地；被评为浙江省休闲农业与乡村旅游示范县；新叶古村、三江口村入选首批杭州市非遗经典景区。与新浪网等国内一线媒体开展“互联网+”旅游营销战略合作，举办新浪新安江帐篷节等活动。电子商务蓬勃发展，成为全国首家“支付宝+县域服务”试点城市和省内第四个“农村淘宝”试点县（市），完成3个电子商务市级服务中心和394个村级服务站建设。浙西跨境电子商务产业园挂牌，中国网库、杭之美等大型平台企业成功入驻。盛德国际广场、大慈岩商贸城等重大商贸综合体主体工程基本完工。现代农业强基增效。大力发展绿色农业，航头现代农业综合区完善提升，三都现代农业综合区通过省级验收，粮食功能区和旱粮功能区建设任务全面完成。着力打造建德果蔬乐园品牌，成功推出瑞德火龙果、维好多猕猴桃等8个采摘基地。实施草莓产业三年行动计划和放心草莓工程，“海峡两岸”草莓产业园开园运营，成功跻身全国首批9个有机产品认证示范区之列。兰花产业示范区基本建成。现代农业“互联网+”融合发展，“邮乐网建德馆 · 果蔬乐园”上线运行。

一年来，我们坚持投入导向，发展后劲继续增强。

有效投入创下新高。深化市领导“六个领衔”工作机制，建立重大综合项目、工业项目推进协调制度，积极开展“五大竞赛”，努力扩大有效投资。全市完成固定资产投资169.1亿元，同比增长18%，其中工业投资67.3亿元，同比增长12.5%；50个政府投资重点项目全部开工建设，15个重大产业项目竣工投产，固定资产投资额、重点项目开工率均创历史新高。工业平台提质扩容。经济开发区航空小镇获杭州市批复，千岛湖通用机场扩建项目一期工程进展顺利，园区路网渐趋完善，产业基础配套同步跟进。高新园区完成产业园战略规划，大力实施路网、绿化工程，产业承接能力明显提升。全市各类工业平台全年累计平整土地1932亩，完成基础设施投资3.5亿元、“零地技改”13.3亿元，盘活存量工业用地871亩、厂房21.5万平方米，新入园企业71家。招商引资成果丰硕。强化“以企引企、以民引外”，全年新引进项目122个，实际到位内资71.4亿元，同比增长18.2%；实际利用外资1.43亿美元，同比增长10%。人福医药、东方雨虹、新马电梯科创园、浙西数据中心等一批符合产业发展方向的“大好高”项目签约落地。引进快到网“互联网+”物流项目，拓展物流运输新业态，积极发展注册地经济。要素保障得到强化。用地需求有效保障。完成土地开发2700亩，建设用地复垦600亩，立项垦造水田1436亩，盘活存量建设用地1071亩，省低丘缓坡“坡地村镇”建设试点、杭州市农村土地综合整治整镇推进试点有序开展。资金需求有力保障。探索推行PPP模式，设立3亿元政府产业基金，新增科技银行贷款8635万元，解决企业续贷100多亿元；实施促进企业利用资本市场融资扶持政策，三耐环保科技、隆源环境科技成功挂牌新三板。全面开展信用市创建，构筑城乡一体化的信用体系，新创建市级信用村14家。人才需求创新保障。出台人才新政，启动人才生态示范区创建，引进高层次和紧缺人才707名。

一年来，我们坚持常态长效，专项工作保持领先。

“五水共治”保鼎争先。重点抓好治污水工程，持续深化“两覆盖”，完成城东污水处理厂二期扩建提标工程，乾潭、大洋、莲花污水处理厂和五马洲电镀废水集中处理工程等一批污水处理设施投入运行，城市污水处理率达83%；城乡垃圾分类试点有序推进。农村生活污水治理提前一年实现全覆盖，农户受益率达82%。全面加快“两转型”，基本完成化工、电镀行业整治和电镀产业生态园区、杭州市第二固废处置中心主体工程建设；畜禽养殖和富春江库区网箱养殖整治成效明显。开展清水治污 · 环境整治“零点行动”85次，查封企业99家，立案19件，行政拘留11

人。全面落实“河长制”，全市205条主要河道Ⅲ类及以上水质达96%。成功举办省首届生态运动会,创建成为2015年省“清三河”达标县（市、区）。实施保供水工程，有效解决4.05万名农民安全饮水问题。“三改一拆”纵深推进。坚持拆改并举、拆用结合，健全立体督导机制，规范农民建房审批管理、挂牌施工制度，结合产业平台打造、城乡有机更新、全域旅游提升、农居环境改善、民生事业发展等，加快拆后利用亮点打造。全年完成“三改”面积51.7万平方米，三年累计完成205.01万平方米；全年拆除违法建筑2053处、44.6万平方米，三年累计拆除26135处、446.55万平方米；拆后土地综合利用率达到90.4%，全市违法耕占比控制在2%以内，历年涉土积案清理取得重大突破。继荣获2014度浙江省“无违建县（市、区）”创建工作先进集体称号之后，又于12月份顺利通过杭州市级“无违建市”创建工作初验。“四边三化”深入实施。突出“两路两侧”年度整治重点，完成省政协专项集体民主监督发现的问题点位整治50处，完成自查自纠问题点位整治1228处；结合“三改一拆”拆除违法建筑、破旧建筑、广告牌等5.9万平方米，清理堆积物、垃圾10万立方米，完成整治后土地复绿复耕9万平方米,裸露山体复绿10万平方米；完成人工更新造林2.38万亩、平原绿化4730亩、彩色健康森林建设2000亩，“森林走进城市，城市融入森林”宜居环境建设取得实效。

一年来，我们坚持统筹发展，城乡面貌日益改善。

江城品质稳步提升。坚持老城有机更新和新城加快建设并重，全面启动城镇棚户区改造项目。府前路东侧麻园地块、新安江铁路货场东侧地块征收创造新速度。完成环城北路罗桐埠至新建路段改建。新城开发快速推进，桥东城市客厅综合体形象初显，洋安、洋溪安置房建设步伐加快，江滨公园洋安段景观及配套一期工程基本完成。交通治堵取得实效，新增停车位325个，新增公交车10辆，更新出租车100辆。中心镇建设初具规模。乾潭小城市战略发展规划编制完成，商会大厦主体工程竣工，入城口区块环境优化提升。寿昌新城初具形象，城镇功能持续提升。梅城新城安置房一期交付使用，古城墙修复工程有序推进。大同府东区块城镇综合体开工建设，商贸中心交付使用。美丽乡村频现亮点。完成中心村、精品村、风情小镇、精品线路等建设项目237个，“杭派民居”示范村建设加快推进。成功举办全省农村环境综合整治现场会，荣获省美丽乡村创建先进县称号。实施区市协作项目23个，到位协作资金1.4亿元。基础设施日趋完善。完成交通基础投资11.58亿元，杭黄铁路建设如期推进，23省道改建工程开工建设，铁路货场迁建工程主货场即将启用，杭新景高速大二期、安钦线改造工程建成通车，320国道路面大中修工程竣工，完成农村公路提升60公里,新客运中心投入使用。完成寿昌江小江溪至童家溪段河道治理、梅城大坝加固二期主体工程建设，成功入选第七批中央财政小型农田水利项目县。110千伏更楼变、南三线、南洋线输电线路建成运行。生态建设措施得力。以“两美建设”专项整治为抓手，统筹推进大气防治，淘汰和改造高污染燃料小锅炉328台，完成率居全省前列；黄标车淘汰工作在杭州市率先完成；节能减排任务圆满完成；顺利通过省环保模范城市技术评估，53个村和57个村分别被命名为杭州市级生态文明村和生态村。

一年来，我们坚持以人为本，民生福祉有效增进。

保障水平稳步提高。集中财力优先保障社会民生，社会事业和民生支出占公共财政支出达81.5%。乡镇（街道）社会救助“一门受理、协同办理”机制全面实施，特困人员供养制度进一步完善，城乡低（残）保标准进一步提高。社保扩面稳步推进，城乡居民各类社会养老保险、医保参保率分别为 95.26% 和 99.9%。便民金融服务点实现行政村全覆盖，新创建“普惠金融示范村”23 家。就业形势保持稳定，城镇登记失业率控制在 2.62% 以内。实施低收入农户收入倍增计划，“4600”低收入农户全面消除。326 套保障性住房交付使用，实施农村住房改造 3018 户、农村困难群众住房救助 310 户。完善养老服务体系，建成大同、寿昌等 5 家乡镇养老服务中心和 66 家城乡社区居家养老照料中心，为 11 万老年人购买意外伤害保险。社会事业协调发展。城乡教育均衡发展，全国中小学校责任督学挂牌督导创新市通过省级验收。教育教学质量稳步提高，高考第一批上线人数列杭州四县（市）第一。寿昌中学学生公寓、更楼小学、乾潭中心幼儿园等项目落成。卫生惠民持续推进，医疗卫生基础设施加快建设，市中医院、市二医院、市四医院改扩建工程有序实施，妇保院迁建、中西医结合医院迁建项目完成主体工程。市一医院高分通过 JCI 评审，省级分级诊疗试点全面启动，成功创建浙江省慢病综合防控示范区。洋溪、大慈岩、莲花、钦堂创建成为省级卫生乡镇。公共文化服务标准化建设扎实开展，新建 26 家农村文化礼堂；文化惠民工程深入推进，第二届农村文化节、全省第六届十大城市戏曲演唱联赛顺利举行。加强传统村落保护利用，成功举办首届中国传统村落保护利用国际高层研讨会；实施新一轮历史建筑保护，有序推进严州古城保护示范街工程。加强非遗保护和传承，罗桐九姓渔民婚俗表演基地投入使用；大慈岩镇非遗名录试点工作平稳开展。体育健身休闲氛围渐浓。富春江森林公园生态休闲健身区获评省首批最美生态休闲健身点；成功举办科研类全国航空航天模型（建德）公开赛、中国知名高校建德新安江龙舟赛、首届全国大学生帆船赛等一系列品牌赛事；全民健身运动蓬勃兴起，创建成为“全国健身球操之乡”“全国柔力球之乡”。社会和谐巩固提升。“平安建德”深入创建，“六五”普法考核验收顺利通过，“一网三中心”规范整合，社会治安进一步好转，刑事发案率同比下降 1.72%。依法处理违法信访行为，加大信访积案化解力度，领导领衔积案化解率达 100%。设立社区矫正困难帮扶基金，完善人民调解工作机制，杨村桥司法所创建成为杭州市唯一的全国模范司法所。加强食品安全基层网络建设，实施餐桌安全治理行动三年计划，深化校园及周边等重点领域的食品安全整治，有效保障人民群众“舌尖上的安全”，新安江农贸市场被评为全国诚信示范市场。扎实开展道路交通、矿山、消防、地质灾害、危化品隐患治理，全面强化特种设备安全监管，李家镇等乡镇（街道）引入第三方监管安全生产做法成效明显，全市安全生产形势平稳、有序、可控。十件民生实事工程全面完成。积极支持工会、共青团、妇联、科协、工商联、文联、残联等群团组织开展工作，移民、气象、防灾减灾、档案、统计、物价、民族宗教、外事外宣、史志、科普、侨务、邮政通信，以及国防教育、民兵预备役和人防等工作得到加强，红十字、关心下一代、慈善、老龄等事业健康发展。

一年来，我们坚持务实为民，行政效能不断增强。

行政改革深入推行。深化“四张清单一张网”改革，实行工业投资项目零土地不再审批制度，强化政府投资项目标后监管，筹建行政服务中心乾潭分中心，组建 5 个区域性公共资源交易分中心。启动综合行政执法、不动产统一登记制度改革。完成国有林场和林权制度改革，被列为全省现代国有林场改革试点县。推行商事登记制度改革，“证照合一”“五证合一”及“一照一码”顺利实施。完成大慈岩镇农村产权综合配套改革试点，全市实现村集体经济组织股份制改革全覆盖。法治建设全面深化。纵深推进法治政府建设，制定依法行政工作要点和重大行政决策程序，坚持市政府常务会议学法制度，乡镇（街道）、政府部门法律顾问制度实现全覆盖，依法行政能力得到新提高。健全行政裁量权基准制度，加强重大具体行政行为备案，畅通行政复议渠道。施政能力有效提升。树立大规划、大计划、大财政、大国土理念，不断增强统筹能力。“十三五”规划编制扎实开展，“多规融合”有序推进，被列为浙江省经济社会发展总体规划编制试点县市。创新路径提升增收能力，通过实施开源增收项目，新增地方财政收入1.93亿元。实行全口径政府预算，全面启动财政专项资金管理，推行财政专户资金竞争性存放，调整优化债务存量规模和结构，全年节约财务成本2.1亿元，财政性资金使用绩效进一步提高。“三严三实”专题教育活动深入开展，作风建设持续深化。自觉接受市人大的法律监督、工作监督和市政协的民主监督，与各民主党派、工商联的对口联系实现全覆盖，高效办理人大代表建议和政协委员提案。

各位代表，通过全市上下的团结奋斗，攻坚克难，真抓实干，我市2015年经济社会发展取得了良好成绩，为“十二五”画上了圆满的句号。站在新的历史征程上，回顾过去五年，有四个方面的主要变化让我们感到欣慰：

过去的五年，是综合实力明显增强、产业结构持续优化的五年。全市生产总值年均增长8.6%，招商引资实到内资、实际利用外资年均增长分别达到17.4%、25.8%，财政总收入、地方财政收入年均增长分别达到11.7%、12%，三次产业比由11∶57∶32优化到9∶55∶36。

过去的五年，是创新能力明显提高、体制改革持续深化的五年。五年中，新增国家级高新技术企业10家，被认定省级新产品362个，规模以上工业新产品产值率提高9.9个百分点。中心镇经济社会管理权限有效扩大，“一区一园”管理体制逐步理顺，政府机构整合和职能调整深入推进。

过去的五年，是城乡面貌明显变化、生态环境持续改善的五年。始终坚持城乡统筹发展，加大基础设施投入，新城和城市综合体初具雏形。坚持以拆违治水为抓手，大力推进市域生态环境整治，先后被评为国家园林城市、省级生态市、省示范文明城市、省“无违建县（市、区）”创建工作先进集体，捧获全省首批治水优秀县（市）“大禹鼎”。

过去的五年，是社会事业明显进步、人民生活持续向好的五年。全市共投入118亿元财政资金用于改善民生和发展社会事业，占五年财政总支出的79%，成功创建为全国义务教育发展基本均衡市、全国科技进步先进市、省级卫生强市。城镇、农村居民人均可支配收入年均分别增长10.7%、12%。

各位代表，五年来的生动实践，使全市经济社会发展基础更加扎实，发展思路更加清晰，发展活力更加蓬勃，发展步伐更加稳健。这些成绩的取得，离不开上级党委、政府的关心关爱，离不开市委的正确领导，离不开市人大、市政协的监督支持，离不开全市党员干部的奋力拼搏，更离不开全市人民的共同努力。在此，我代表市人民政府，向全市人民，向人大代表、政协委员、各民主党派、工商联、人民团体，向驻建德各单位和驻建德部队，表示衷心的感谢并致以崇高的敬意！

在肯定成绩的同时，我们也清醒地认识到，当前建德市发展仍面临诸多压力和挑战：一是经济社会开放度还不够高，外引内联还不够活，创新步伐还不够快，社会活力还不够强。二是产业发展素质性矛盾依然突出，传统产业提升与新兴产业发展驱动力不足，产业结构深度优化任重道远。三是资源环境的瓶颈制约日益加剧，环境容量有限，实现环境保护和经济建设同步发展还存在较大困难。四是财政收支平衡压力依然较大，民生保障需求与财政供给矛盾未能得到有效缓解，公共服务能力与群众迫切期盼仍有差距，等等。对于这些问题，我们将高度重视，采取有效措施，切实加以解决。

“十三五”工作思路

“十三五”时期是高水平全面建成小康社会、实现第一个百年奋斗目标的决胜阶段，更是我市抢抓机遇、跨越发展的攻坚期。从全国看，中央提出的“四个全面”战略布局、“一带一路”战略构想、“创新、协调、绿色、开放、共享”五大发展理念等，为我们实现新一轮发展明确了主线。从浙江看，深入实施“八八战略”，建设“两富、两美”浙江，为我们实现新一轮发展明晰了路径。从杭州看，创建“两区”和承办“两会”，以及融入杭州都市圈的总体要求，为我们实现新一轮发展带来了千载难逢的机遇。我们既要“上接天线”，坚决贯彻落实上级党委、政府的战略部署，适应经济发展的新常态，顺应创新驱动、消费拉动、投资带动的新趋势，以新思路、新理念谋划建德未来发展的新蓝图，构筑建德创新发展的新格局；更要“下接地气”，认清发展现状，充分发挥特色山水资源和杭州西部综合交通枢纽等优势，全力补足产业平台、基础配套、城市首位度等短板，打好杭州牌、高铁牌、浙西牌、生态牌，以更高定位、更广视野、更大决心、更实作风，齐心协力，实干巧干，推动平台升级、产业升级、城乡升级、开放升级。

根据《中共建德市委关于制定国民经济和社会发展第十三个五年规划的建议》，今后五年政府工作的指导思想是：高举中国特色社会主义伟大旗帜，全面贯彻党的十八大、十八届三中、四中、五中全会和习近平总书记系列重要讲话精神，坚持“四个全面”战略布局，以创新、协调、绿色、开放、共享五大发展理念为引领，全面落实省委“八八战略”、“两富、两美”要求，主动对接杭州“两区”、“两会”，适应新常态、抢抓新机遇，坚持以加快发展、赶超发展、科学发展为主线，深入实施“生态立市、创新活市、工业强市、服务业兴市”四大战略，推动经济社会转型升级，提前实现“四翻番”、力争跨入百强县。

根据上述指导思想，我们提出，“十三五”时期全市经济社会发展的主要奋斗目标是：到2020年，全年实现生产总值500亿元，年均增长8%，人均生产总值达到9.6万元，年均增长7.6%，其中第三产业增加值年均增长10%；农业总产值年均增长5%；规模以上工业销售产值年均增长6%，规模以上工业增加值年均增长6%；社会消费品零售总额年均增长10%；自营出口年均增长6%；固定资产投资年均增长12%，其中工业投资年均增长12%；实际到位内资年均增长12%，实际利用外资年均增长10%；地方财政收入年均增长8%；城镇、农村居民人均可支配收入年均分别增长10%。完成上级下达的节能减排、空气质量等考核任务。

根据上述目标和要求，今后五年的工作重点要围绕以下五个“突出”，即：突出改革引领，激发创新活力。围绕制约经济社会发展的难点问题，深化经济、城乡、行政、社会治理等体制改革，科学配置土地、资金、人才等要素资源，运用“互联网+”战略思维，改造提升传统产业，大力培育新兴产业，激发发展活力。突出城乡融合，促进协调均衡。探索新型城镇化和新农村建设“两轮驱动”，加快精致江城、特色小镇、美丽乡村规划建设，促进产城融合，延伸公共服务，着力构建功能定位明确、空间布局合理、服务均等覆盖的城乡一体发展新格局。突出生态优先，彰显绿色优势。牢固树立“绿水青山就是金山银山”的理念，深入推进拆违治水专项行动，健全环境治理监管体系，深度挖掘新安江独特资源禀赋，真正将绿水青山转化为产业优势、民生财富、发展引擎。突出内外联动，提升开放水平。深度融入“一带一路”等重大发展战略，主动融入长三角和杭州都市圈，发挥杭州西部综合交通枢纽优势，抢抓高铁机遇，大力承接发达地区的产业转移和资源下沉，力争打造成为杭州后发的先进制造业增长基地、重要的农产品供给基地、绝佳的休闲养生养老基地。突出民生普惠，实现共享幸福。坚持把保障民生放到更加突出的位置，健全现代教育、卫生、文化、体育等优质公共服务网络，完善社会保障、劳动就业、富民增收等制度体系，提升城乡居民生活品质，让全市人民共享发展成果，拥有更多的获得感和更强的幸福感。

2016年主要目标和重点工作

2016年是“十三五”规划的开局之年，也是本届政府的收官之年。我们将根据市委十三届十次全会的决策部署，坚持稳中求进工作总基调，去产能、去库存、去杠杆、降成本、补短板，深入推进“三个年”活动，持续弘扬拆违治水精神和“走村不漏户、户户见干部”工作作风，善于担当作为，敢于攻坚克难，全力推动全市经济社会新发展。

建议2016年全市经济社会发展的主要预期目标为：全市生产总值增长8%；农业总产值增长5%；规模以上工业销售产值增长4%，规模以上工业增加值增长6%；社会消费品零售总额增长10%；自营出口增长5%；固定资产投资增长13%；招商引资实际到位内资增长13%，实际利用外资增长10%；地方财政收入增长7%；城镇和农村居民人均可支配收入分别增长9%和10%。

根据上述目标要求，今年政府工作要着重抓好以下七个“坚定不移”：

（一）坚定不移优结构，努力实现转型升级新突破

做强工业。坚持扩量提质并举，着力改造提升传统产业，大力培育发展新兴产业。围绕“中国制造2025”“互联网+”，实行企业绩效评价、项目准入、复核监管等机制，加快以生产装备、生产过程智能化为突破口的技术改造，深入推进“机器换人”“腾笼换鸟”“空间换地”“产品换代”，实施“供给侧”改革，提高市场供给质量和效率。全年完成工业投资76亿元、工业技改投入52亿元、“零地技改”投入12亿元。对接省七大产业，发挥建德资源优势，积极培育水产业、高端装备制造、新材料、新能源、节能环保等新兴产业，全面提高战略性新兴产业、高新技术产业比重。

做特三产。以“旅游+”为方向，深入实施全域旅游三年行动计划，加快基础配套，推进大新安江AAAAA级景区、大新叶景区建设，培育发展民宿经济，改造提升老旧宾馆、饭店，增强旅游接待能力，加速营销、服务、功能、管理和环境的现代化进程，促进旅游业与健康、文化、体育等行业的深度融合，全年接待游客820余万人次，实现旅游总收入75亿元。编制电子商务产业发展规划，实施农村淘宝3.0项目，拓展50个农村电商站点，助推“快到网”项目高效运营。稳步推进商贸业健康发展。

做精农业。按照高效生态、特色精品、绿色安全的要求，以景区化理念推进粮食生产功能区和航头、三都省级现代农业综合区提升，以及农业精品园、建德果蔬乐园建设。大力发展农产品加工业，推动优势农业的全产业链发展，运用智能控温控湿大棚等智慧农业新技术、新设备，实现农业“机器换人”，提高生产效率，促进与工业的深度融合；以规划建设草莓小镇等为载体，发展创意农业、休闲观光农业，实现农业变景观、农村变景区，促进与旅游业的深度融合。推广安全追溯二维码应用，有效提升农产品品质。

（二）坚定不移增活力，努力集聚经济发展新优势

加速创新驱动。培育创新主体。实施“1234”工程、小微企业成长三年行动计划，梯队培育市场创业创新主体，全年新增小微企业284家、小升规15家、亿元企业3家。鼓励企业加大研发投入，与科研院所、专业机构开展更大规模和更高层次的产学研合作，加快科技成果产业转化，新

增杭州市级以上高新技术企业10家、科技型中小企业10家，规模以上企业新产品产值率达30%。打造创新平台。加快新安江科技城建设，全力打造众创空间和企业孵化器，加快新马电梯科创园建设，完成科技城服务中心建设，市环保科技创新创业中心新孵化企业5家以上。集聚创新资源。实施品牌、专利、标准和管理四大专项行动，全年新申请专利1000件，创建杭州市级以上名牌产品、著名商标各6个。探索“政府主导、行业集聚、企业抱团”的产业技术创新联盟，鼓励企业间加强技术交流合作，共享创新成果。把“人才强市”战略放在更加突出的位置，全面落实人才新政，加快人才生态示范区建设，与名院名校名企良性互动，开展国家、省“千人计划”、杭州市“521计划”“百项国外智力引进”等项目，深入实施“151”“131”“282”和杭州市级“知识更新班”等人才培养工程，全力打造创新人才高地。

深化要素改革。破解指标要素制约。严格执行工业项目指标供给评价办法，优化要素资源配置，淘汰落后产能，实现5家重点行业企业清洁生产，扎实推进节能降耗工作。坚守耕地保护红线，继续推进“坡地村镇”试点、农村土地综合整治整镇推进试点、城镇低效用地再开发工作，低丘缓坡开发2000亩，低效土地再利用1500亩，完成水田垦造400亩。推进融资担保改革。加快推动政府性产业基金运作，统筹财政资金支持。深入推行PPP模式，吸引社会资本参与公共基础设施、民生事业项目建设。鼓励金融机构创新融资担保方式，鼓励企业通过上市、新三板和发债等渠道进行融资。深化信用市建设，大力发展普惠金融。激活农村发展潜力。深化农村综合配套改革，积极推进土地承包经营权、宅基地使用权、住房所有权确权工作。完成三都镇农村土地承包经营权登记颁证试点，并向全市推开。搭建农村综合产权交易平台，推进农村土地经营权、林权流转，探索农村住房抵押贷款交易新路径。做好第三次全国农业普查工作。

发展开放经济。拓展招商领域。发挥水、航空、有机硅、碳酸钙、农产品等资源优势，开展精准化招商，深入实施浙商杭商建商回归工程，全年引进亿元以上项目12个。通过蹲点、商会协会、委托等招商渠道，主动承接上海、杭州都市圈的优质产业、技术、人才、信息、金融辐射，力争形成“研发在都市，转化在建德”的外溢承接模式。深化“走出去”战略。紧盯“一带一路”，实施出口品牌战略，推动企业开展境外商标专利注册和认证，加快跨境电子商务发展，争创中国（杭州）跨境电商综合试验区建德园区，努力向浙西地区辐射，实现入园企业50家以上，招引跨境电商产业链企业5家、上线企业100家以上，加快推进省、杭州市级海外仓建设，完成跨境电商出口额3000万美元。

（三）坚定不移扩投入，努力增强实体支撑新能量

打造平台扩大投入。全年各类工业平台平整土地1500亩，盘活存量工业用地800亩，新改（扩）建厂房10万平方米，完成基础设施投资1.8亿元，新入园企业60家。突出发展“一区一园”。省级经济开发区启动卜家蓬平台三期路网项目前期，实施东昌北路延伸、寿童公路南侧土地平整等工程，完成土地平整300亩，基础设施投入2.5亿元；高新园实施施家大道、马目路工程，完成土地平整600亩，基础设施投入2.1亿元。改造提升“四区块”。以“腾笼换鸟”和技术改造为重点，盘活存量，提升质量。其他工业平台以提升亩均效益为核心，为传统块状经济提质和新兴产业培育腾出空间。全力打造特色小镇。大力推进航空小镇建设，编制并实施航空乐园规划，开工建设机场机库等项目，完善功能配套，吸引航空组装制造、休闲旅游等领域社会资本进入；加速推进北亚通航“5050”等一批已签约项目。紧盯养生养老、私募基金、摄影文化等绿色、循环、高附加值产业，

高起点规划、高水平打造一批特色小镇。

推进项目扩大投入。实行“一个重点项目、一个领导牵头、一套服务班子”机制，全程跟踪服务，协调解决审批、征迁、平整等难题。开工建设东方雨虹、人福医药、中策橡胶二期、晶科电力二期、高能环境、浙西数据中心、乾潭旅游综合体及旅游码头、开元芳草地乌石滩主题酒店、金盛置业商务楼项目。实施农夫山泉四期、新安化工白南山区块搬迁、致中和异地迁扩建、主城区夜景景观改造、“三江两岸”绿道延伸及服务配套工程、绿城玉兰花园、紫金新安悦府等项目建设。完成IFF搬迁、新安迈图10万吨有机硅主体工程项目建设，史密斯重工、新安热电二期项目竣工投产。全力推进乌龙山抽水蓄能电站项目。

（四）坚定不移促统筹，努力优化城乡发展新环境

建管并重提升城市品位。统筹城乡规划，推进“多规融合”，完成市域总规修改和主体功能区规划编制。加快“美丽江城”建设，促进产城融合发展，全速推进府前路东侧麻园地块、新安江铁路货场东侧地块旧城改造；实施塘坞和岭后区块棚户区改造、新安东路有机更新、花坞区块至国信路连接线工程，完成桥东区块江滨大道建设；继续开展交通治堵专项行动，深化主城区交通管理，完成东入城口地下通道工程和全市5万平方米地下空间开发；完成洋安江滨公园景观及配套二期工程，以及桥东、洋安、洋溪区块安置房建设；构建环新安江城区慢行系统；以打造房地产业、汽车市场、家居建材、农产品批发市场为抓手，改造提升城南区块。加快中心镇建设，启动梅城新城B区块安置房等项目建设；推进寿昌新城开发和旧城改造，开工建设土地综合整治公寓楼项目；推进乾潭小城市高速出口道路连接工程，打造东干渠风情村落；推进大同镇基础设施项目建设。统筹推进其他乡镇发展。落实数字城管扩面增效，做好城市管理各项工作。

因地制宜建设美丽乡村。打造秀美乡村。完善提升中心村、精品村，集中力量打造一批示范村、特色村和精品线路。建成安仁、胥江“杭派民居”示范区一期和大洋“杭派民居”，适时启动第二批“杭派民居”示范区建设。推进万户农村住房改造工作。强化“五水共治”。以继续走在前列为目标，突出集镇污水处理能力提升、重污染行业管控、市域饮水安全和治水体系建设等重点，加快城西污水处理厂及污泥处置项目建设，完成三都、杨村桥污水处理厂建设；加快新安江第二水厂和乡镇水厂管网延伸工程建设。继续推进乡镇污水处理厂统一运营管理，强化“河长制”落实，推广信息化技术应用，打造“清三河”升级版。健全长效管理机制，切实巩固治水成果。深化“三改一拆”。健全村镇建设管理员队伍，加强巡查防控，严防新违建，依法有效处置存量缓拆违建。坚持拆改并举、拆用结合，强化城乡管理，规范施工监管，优化建房审批，巩固既有成果。提升“四边三化”。开展自查自纠和“回头看”；加快城市绿屏、公园绿地、生态廊道、森林村庄、珍贵树种基地等建设，完善生态系统，确保创建成为省级森林城市。推进“两美”建设。突出治废治污治气重点，深化“零点行动”，强化污染防治，通过“正向激励”和“反向倒逼”，推进清洁生产。完成杭州市第二固废处置中心建设、梅城垃圾填埋场渗滤液处理站环保验收及监测工作，启动寿昌垃圾填埋场三期工程，有序推进垃圾分类和垃圾减量化、无害化、资源化处置。加强传统村落保护。以新叶、上吴方和李村等村为重点，继续推进历史文化村落保护和利用工作，建立市、乡镇、村三级保护巡查体系，落实文物保护责任制。

乘势而为完善基础设施。实施杭黄高铁建德东站连接线项目，抓好临金高速、金建铁路、新安江大道、五马洲大桥、320国道过境段改建项目前期工作，有序推进23省道改建、十里埠综

合作业区建设，不断提升交通辐射承接功能。推进县道大中修和病危桥改造，继续实施农村公路“四个一万”工程，不断提升市域交通通达能力。开工建设110千伏大同变等项目，投运110千伏马目输变电项目。实施病险山塘水库除险加固、中央财政小型农田水利项目，提高农业防灾水平。

（五）坚定不移强协调，努力确保社会事业新跨越

提升文体事业水平。促进文化惠民乐民，新建20家农村文化礼堂；继续实施文化走亲和广电惠民工程，落实好文化扶贫政策，深入开展百姓纳凉大舞台等群众文化活动；加强文化人才队伍建设和非物质文化遗产保护工作，开展兰江、新安江、富春江、寿昌江等重要流域专题文物调查。完成严州古城保护示范街建设。积极发展体育产业，努力争取亚运会等重大赛事比赛项目落户我市；深入开展全民健身运动，推行“基地+赛事”模式，打造以夏日冬泳为主的水上运动、以航模赛为主的航空运动、自行车越野等山地户外运动等品牌赛事和运动休闲基地；实施公共体育设施提升工程，新建洋安体育健身中心和3个体育健身公园，落实体育公共设施对外开放；办好第十六届全民运动会。

提升教育均衡水平。围绕“学有优教”目标，加快省教育现代化市创建步伐。开工建设叶家小学、叶家幼儿园、洋安幼儿园，推进新安江主城区学前教育布点落地，着力缓解适龄儿童入学入园压力。推进严州中学新安江校区加盟学军中学教育集团，实施教学楼、宿舍楼新建工程。完成寿昌中学体艺楼建设。大力发展职业教育，实施新安江职业学校迁建，推进工业技校特色化办学，拓展中高职衔接，完善劳动技能人才培养模式。切实保障校园安全，全面完成无证幼儿园整治任务。

提升健康服务水平。开工建设浙西国际心脏中心、大同卫生院迁建工程。完成并启用市妇保院新建工程、市四医院扩建工程、新安江社区卫生服务中心改造工程。加快推进市中医院门诊综合楼、市二医院修建项目，力争完成市中西医结合医院搬迁。加强对接，争取杭州市七医院建德分院项目落地。深入推进国家、省级卫生乡镇创建，全面提升爱国卫生水平，确保高标准通过国家卫生城市复评。深化医药卫生体制改革，推行全科医师签约服务，启用居民健康信息化平台。坚持计划生育基本国策，落实二孩政策，严控多孩违法生育，优化计生惠民服务。

同时，支持工会、共青团、妇联、科协、工商联、文联、残联等群团组织开展好工作，进一步强化移民、气象、防灾减灾、档案、统计、物价、民族宗教、外事外宣、史志、科普、侨务、邮政通信，以及国防教育、民兵预备役和人防等工作，发展红十字、关心下一代、慈善、老龄等事业。

（六）坚定不移惠民生，努力追求共享发展新境界

拓宽致富渠道富民。就业创业促增收。实施就业优先战略和更加积极的就业政策，重点帮助高校毕业生和城乡就业困难人员实现就业。加大创业扶持力度，开展各类创业培训，深化青年创业示范基地建设。加强引导促增收。大力发展民宿产业、生态采摘、农村电商，扶持农户种植特色高效农产品。进一步培育规模大户、规范合作社和示范家庭农场等农业经营主体，鼓励其带动更多农户致富。新增杭州市规范化农民专业合作社5家、杭州市示范家庭农场6家。精准扶贫促增收。深入推进“联乡结村”工作，实施“下山集聚”工程，继续推进低收入农户收入倍增计划，逐步提高城乡低保和优抚标准，确保全市低收入农户人均增收15%以上。

完善社会保障惠民。发展民政事业。加快完善社会救助体系，落实城市生活无着落流浪乞讨人员及特殊困难群体救助工作。切实发挥社会组织尤其是慈善公益组织在托好民生底线中的重要

补充作用。扎实开展双拥及优抚对象保障工作。开工建设市社会福利中心一期工程，完成市救助站建设，继续推进农村困难群众住房救助，做好经济适用房申购分配。开展第二次全国地名普查工作。完善社保体系。以城乡养老保险制度整合、城乡医保待遇调整等为着力点，进一步健全完善社会保险制度体系；以全民参保登记动态管理为抓手，进一步推进社保扩面，夯实缴费基数；以推行医保智能审核、支付方式改革为手段，进一步探索社会保险基金监管新模式。

创新社会管理利民。维护社会和谐稳定。围绕“平安建德”创建，加强群防群治队伍建设，建立健全网格化巡逻机制，完善视频监控网络体系。深化信访制度改革，坚持法定途径分类处理信访诉求，推进阳光、责任、法治信访建设。健全基层调解组织网格，成立市社会矛盾纠纷调处中心。规范小区物业管理，提升物业服务水平。启动“七五”普法工作。全力做好杭州G20峰会等重要会议和活动期间的综合保障工作。强化安全监管工作。进一步落实安全生产责任制，加大重点行业（领域）的安全隐患排查整治力度，严密管控危化品和特种设备；完善安全生产应急体系，深化110联动机制。继续实施餐桌安全治理行动三年计划，建立健全从农田到餐桌的食品安全全程监管体系，开展“无公害农产品基地”、“放心农贸市场”建设。提升基层组织自治能力。加强社会组织培育管理和服务，充分发挥社会组织在推进基层社会治理中的作用。强化基层组织建设，完善组织架构，加强民主管理指导。

办好实事工程为民。在认真落实省、杭州市民生实事项目的同时，今年市政府将努力办好以下十件惠民实事：（1）新增停车位，缓解停车难。在主城区新增停车位335个。（2）老旧小区管道天然气改造。为主城区老旧小区2500户用户安装管道天然气，基本实现主城区全覆盖。（3）推进阳光校餐。全市义务教育阶段中小学、公办幼儿园食堂大宗物品统一配送或定点采购率达到100%；公办中小学食堂在线监控实现全覆盖，主城区和中心镇公办初中、小学、幼儿园每日菜单信息公开，实行学生实名制享受营养餐。（4）开展“妇幼关爱+”。开展100场妇幼健康讲座，向1000户计生特殊家庭、二孩生育家庭发放“爱的随身包”，在市级助产机构开设35岁以上计划怀孕育龄妇女高危评估门诊，新增2辆孕产妇急救专用车。（5）实施大病保险惠民。调整分级诊疗实施后相关医保政策，落实15种特殊药品大病保险制度。（6）持续推进养老服务。新建33家居家养老照料中心，实现城乡社区居家养老照料中心全覆盖。（7）改造提升农村公路。改造40公里农村公路，完成30公里以上农村公路大中修，全面提升路况。（8）实施安全饮水工程。实施洋溪、梅城、寿昌、乾潭、杨村桥、下涯、大慈岩、钦堂等乡镇（街道）共30个行政村安全饮水工程，受益人口3万余人。（9）大力发展来料加工。培育来料加工经纪人700名、从业人员5万人，全年发放加工费5亿元。（10）开展村级平安巡防。全市组建村级平安巡防队伍238支，招募队员1352名。

（七）坚定不移提素质，努力呈现自身建设新风貌

认真落实市人大及其常委会各项决议决定，自觉接受人大法律监督、工作监督和政协民主监督，认真办理代表建议和委员提案，积极听取民主党派、工商联、人民团体和各界人士的意见建议，主动接受司法监督、舆论监督和社会监督，全面依法行政、为民执政、科学理政、从严治政，不断提升政府治理能力和服务水平。

以紧的态度立说立行。强化使命意识，把加快发展、赶超发展、科学发展作为政府工作的重中之重，一张蓝图绘到底，一个声音喊到底，一个目标干到底。强化实干意识，以时不我待、不进则退的紧迫感和危机感，把全部精力集中到推

动发展上，把全部心思用到务求实效上，立说立行，立整立改，不松松垮垮，不慢慢悠悠，不推诿扯皮，不坐失良机。

以高的标准争先进位。敢于自我加压，敢于自我超越，敢于争创一流，在“群雄并起”的区域经济竞争格局中高起点定位，高目标进位。健全完善大规划、大计划、大财政、大国土体系，提升政府统筹能力。持续深化行政审批制度改革，建立行政权力动态管理机制，推行行政审批标准化管理，延伸政务服务平台。

以严的作风担当作为。严格依法行政，提升政府工作法治化水平。完善重大行政决策规则，规范政府行政行为，深化政务公开，促进行政权力公开透明规范运行。增强担当意识，善于突破瓶颈、破解难题，避免不作为、乱作为。坚持廉洁从政，把党风廉政建设要求落实到政府工作各个环节。加强审计监督，对公共资金、公共资源、国有资产严加监管。

以快的效率强化执行。坚持目标导向、问题导向，推行工作项目化、项目责任化，强化节点控制，确保落实到位。建立限时办结、重大事项报告等制度，以制度化和规范化建设提升行政效能。抓实市级财政专项资金管理改革，提高资金使用绩效。推进政府购买服务，提高公共服务供给效率和质量。深化综合行政执法、不动产登记改革。以互联网思维加强电子政务建设，加快信息互通互认、开放共享，让数据“多走路”、群众“少跑腿”。

各位代表，建德新一轮发展正处在新的历史起点上，机遇与挑战并存，机遇大于挑战。让我们在上级党委、政府和市委的正确领导下，紧紧依靠全市人民，解放思想，坚定信心，保持战略定力，弘扬实干作风，为加快建德“十三五”发展、高水平全面建成小康社会而努力奋斗！

名词解释

两化融合：指信息化和工业化的高层次深度结合，以信息化带动工业化、以工业化促进信息化，走新型工业化道路。

互联网+：指利用信息通信技术以及互联网平台，使互联网与传统行业深度融合，创造新的发展生态。

四换三名：指积极推进腾笼换鸟，发展高附加值、低能耗、低污染的产业和产品，淘汰高能耗、高排放、低产出的产业和企业；推进机器换人，实现减员增效；推进空间换地，实现节约集约用地；推进电商换市，大力发展电子商务，实现商业模式的创新和提升。“三名”，即着力培养知名企业、知名品牌、知名企业家，打造行业龙头。

“13530”工程：指突出新安江主城区的旅游首位度，全力推进东、南、西三线旅游板块建设，集中打造五大乡村休闲旅游基地（新叶环玉华山休闲运动基地、下涯黄饶汽车越野摄影基地、杨村桥果蔬采摘体验基地、三都渔村文化休闲基地、大洋生态农业休闲基地），每年提升10家精品酒店、培育10家特色餐饮名店、建设10家乡村民宿样板。

三江两岸：指杭州市在钱塘江、富春江、新安江两岸打造生态保护和经济社会发展的新长廊，使之成为建设生态文明、统筹城乡发展的新抓手，让沿线的居民共享生活品质。

支付宝+县域服务：指以手机支付宝为接口，着力打造智慧民生、智慧经济、智慧生活，实现网上政务办理、商业场景线上消费和线下支付、民生类服务的查询和办理等。

六个领衔：指市级领导领衔推进“重要工作、重点工程、重大项目、招商引资、信访包案、难题破解”六个方面工作。

五大竞赛：指建德市开展的以要素保障、征地拆迁、项目开工、固定资产投入、服务效能为内容的部门乡镇服务大竞赛。

零地技改：指积极通过企业技术改造政策引导作用，鼓励企业在原厂房进行零增地技改以及在建工业项目更新设备，增加投入，提升竞争力。

PPP模式：指政府与社会资本签订协议，授权社会资本代替政府建设、运营或管理公共基础设施并向公众提供公共服务，再由政府向社会资本购买相关设施或者服务的模式。

新三板：指全国中小企业股份转让系统，目的是为创新型、创业型、成长型中小微企业进入资本市场提供途径。

两覆盖、两转型：两覆盖，城镇截污纳管和农村污水处理基本覆盖，垃圾集中处理基本覆盖；两转型，工业转型和农业转型，包括工业污染源整治提升和农业面源污染防治。

杭派民居：指具有杭州风格的民居，呈现大天井、小花园、高围墙、硬山顶、人字线、直屋脊、露檩架、牛腿柱、戗板墙、石库门、披檐窗、粉黛色等12项建筑特征。杭州市政府出台了“杭派民居”示范村创建扶持政策，计划用3至5年时间，结合培育农村新型业态，打造一批“杭派民居”典范。

4600：指家庭人均年收入4600元以下的贫困家庭。

五证合一：指浙江省自2015年7月1日开始实行的营业执照、组织机构代码证、税务登记证、社会保险登记证和统计登记证“五证合一”登记制度。

一照一码：“一照”即营业执照，新版营业执照具有原营业执照、组织机构代码证、税务登记证、社保登记证和统计登记证功能。“一码”即18位的统一社会信用代码。

多规融合：指对市域总体规划、产业发展规划、土地利用总体规划、生态环境保护规划等重大规划，从基础数据、规模、布局、时序、保障措施等方面作深度融合、无缝对接。

四个全面：指2014年习近平总书记提出的全面建成小康社会、全面深化改革、全面依法治国、全面从严治党。

八八战略：指省委十一届四次全会提出的进一步发挥八个方面的优势、推进八个方面的举措重大战略部署。

两富、两美：指物质富裕、精神富有；建设美丽浙江，创造美好生活。

杭州“两区”“两会”：两区，指创建中国（杭州）跨境电子商务综合试验区、国家自主创新示范区；两会，指2016年9月4－5日在杭州举行的G20峰会、2022年在杭州举行的第19届亚运会。

四翻番：指到2020年实现生产总值、人均生产总值、城镇居民收入、农村居民收入比2010年翻一番。

一带一路：指“新丝绸之路经济带”和“21世纪海上丝绸之路”。借用古代“丝绸之路”的历史符号，高举和平发展的旗帜，主动地发展与沿线国家的经济合作伙伴关系，共同打造政治互信、经济融合、文化包容的利益共同体、命运共同体和责任共同体。

中国制造2025：指国务院于2015年5月8日公布的强化高端制造业的国家战略规划，是把中国建设为制造强国的三个十年战略中第一个十年的行动纲领。

“供给侧”改革：“供给侧”与“需求侧”相对应。需求侧有投资、消费、出口三驾马车，决定短期经济增长率。而供给侧则有劳动力、土地、资本、创新四大要素，四大要素在充分配置条件下所实现的增长率即中长期潜在经济增长率。而结构性改革旨在调整经济结构，使要素实现最优配置，提升经济增长的质量和数量。

省七大产业：指浙江省重点发展的信息、环保、健康、旅游、时尚、金融、高端装备制造等七大产业。

农村淘宝3.0：指电子商务企业将根据巨大的流量信息和充分的数据挖掘分析能力，达到商家和消费者之间信息流的畅通，从而用更高的效率来解决商业问题。

“1234”工程：“1”是以建德市“十三五”科技发展规划为统领；“2”是以杭州市自主创新示范区、新安江科技城为重点；“3”是以众创空间和孵化器建设、科技成果转化平台、行业研发中心等公共创新平台为支撑；“4”是以科技金融服务、知识产权服务、产学研合作服务、科技兴农服务为抓手；完善以企业为主体、市场为导向、产学研相结合的科技创新体系，提升区域创新能力和竞争力，为全市经济社会发展提供科技支撑。

众创空间：指顺应创新2.0时代用户创新、大众创新、开放创新趋势，把握互联网环境下创新创业特点和需求，通过市场化机制、专业化服务和资本化途径构建的低成本、便利化、全要素、开放式的新型创业服务平台的统称。

千人计划：指《国家中长期人才发展规划纲要（2010－2020年）》，建设一批海外高层次人才创新创业基地，用5－10年时间引进2000名左右海外高层次人才回国（来华）创新创业。

“521”人才：指杭州市提出从2010年开始，用5年时间，面向全球引进20个以上海外优秀创业创新团队，100名以上带着重大项目、带领关键技术、带动新兴学科的海外高层次创新创业人才。

“坡地村镇”试点：指将具备开发建设条件的山坡地块开发为城镇建设用地、农村建设用地、旅游观光建设用地及绿色产业建设用地，减少各类建设对优质耕地的占用，建设一批生态型村镇和产业园区，探索一条“保护与保障并举”的土地利用管理路子。

农村公路“四个一万”工程：即提升农村公路技术等级1万千米、实施大中修1万千米、实施安保工程1万千米、建设港湾式停靠站1万个。

G20峰会：是一个国际经济合作论坛，于1999年成立。旨在推动工业化发达国家和新兴市场国家之间，就实质性问题进行开放及有建设性的讨论和研究。其中二十国集团由美国、英国、日本、法国、德国、加拿大、意大利、俄罗斯、澳大利亚、中国、巴西、阿根廷、墨西哥、韩国、印度尼西亚、印度、沙特阿拉伯、南非、土耳其共19个国家以及欧盟组成。这些国家的国民生产总值约占全世界的85%，人口则接近世界总人口的2/3。国际货币基金组织与世界银行列席该会议。

编辑：杨忠平

专 记

Special Record

建德市“十二五”成就

【概况】“十二五”期间，建德市全面实施“工业强市、服务业兴市、生态立市”战略，经济社会发展取得显著成绩，基本完成“十二五”规划主要指标，先后被评为国家园林城市、浙江省生态市、浙江省示范文明城市、浙江省“无违建县（市、区）”创建工作先进集体，并被授予“中国草莓之乡”“中国有机茶之乡”“中国优质柑橘之乡”“中国西红花（藏红花）之乡”“中国果蔬无公害十强市”“中国果蔬无公害科技示范市”“全国生态产茶县”“全国茶产业示范县”“全国粮食生产先进县”等称号，捧获浙江省首批治水县（市）“大禹鼎”，成功创建为全国义务教育发展基本均衡市、全国科技进步先进市、浙江省卫生强市。

建德市在“十二五”期间取得了一定的成绩，但仍存在着一些制约和突出问题。其中，亟须处理好五对矛盾：一是传统产业增长动力衰退和新兴产业发展动力不足的矛盾。水泥已基本转型，冶金已基本淘汰，化工发展压力较大，新兴产业动力不足，传统企业转型风险较大。二是生态环境保护严要求与加快经济发展硬任务的矛盾。建德生态环境保护任务重、管理严，加快发展面临较大制约。三是民生需求高期望与公共财力弱的矛盾。城乡居民对基本公共服务有效供给、不断升级要求高，财政收支平衡压力较大。四是区位环境相对较差与融入杭州大都市的矛盾。基础设施配套不全，内外交通通达性差，对游客及创业人才吸引力偏弱，人气不足，活力不强。五是城镇狭长形分散布局与现代服务功能健全的矛盾。城镇内部可建设用地破碎、健全功能区形成困难，城市运行成本较高，城镇间有机融合有待增强。

【创新驱动引领能力】“十二五”期间，建德市出台《建德市“十二五”人才发展规划纲要》和党政、企业经营管理、专业技术、高技能、农村实用和社会工作6个人才规划，出台《关于鼓励大学生自主创业的若干意见（试行）》，完善了《建德市大学生实习和见习训练实施办法（试行）》。全市以“115国外智力引进工程”、科技人才“双百联结”、紧缺人才“双百工程”等工作为契机，加强对各类人才的引进和培育。开展创建充分就业市和创业型城市活动，通过省级创业型城市考核评估。“十二五”期间，全市新增各类高新技术企业研发机构23家；新增浙江省创新型示范企业1家、试点企业1家，杭州市创新型试点企业9家；新增专利试点示范企业23家。鼓励企业与高校院所拓宽合作渠道、开展产学研合作，建科技创新载体12个；以低压电器、五金工具、碳酸钙等传统块状产业的行业研发中心建设为主，支持企业开展科技创新和新产品研发。新安江科技城建设稳步推进，有入孵企业15家，孵化面积3.07万平方米。浙江（建德）有机硅高新技术特色产业基地、建德有机胺省级高新技术特色产业基地初步显现在产学研联合、科技成果转化等方面的核心示范作用。

【构建发展新体制】 行政审批制度改革。对全市40个部门的行政审批事项进行梳理、核对、精简，建立行政审批事项备案制度。创新审批形式，积极推行投资项目模拟审批和行政审批形式审查机制。完善项目联合审批和联合协调的运作机制。加强对镇村两级便民服务体系建设的业务指导，出台《关于规范四组团所在镇便民服务中心建设的意见》，增加进驻部门和进驻事项。出台《建德市行政审批一审一核制暂行办法》和《建德市投资项目审批代办（协办、代理）考评办法》，推进窗口授权到位和“网上一家一中心”建设，实现网上审批窗口全覆盖。

统筹城乡综合配套改革。出台《建德市关于推进中心镇扩权强镇工作的实施意见》和《建德市关于进一步加快中心镇发展和改革的实施意见》，扩大中心镇财权，给予中心镇超收分成和激励奖补政策支持及土地出让金支持，以体制机制改革推进中心镇建设。寿昌镇实行“区镇合一”，大力推进省级经济开发区建设。乾潭镇2012年工业首次实现了销售产值破百亿元，获得“中国产业集群经济示范镇”称号。

农村体制机制。出台《关于土地承包经营权流转资金补助的实施细则》《关于加强村级集体资金资产资源管理的意见》等政策文件。农村集体建设用地入市取得进展，办理集体建设用地使用权流转2.6公顷。农村集体经济股份制改革全面推进，完成115个村的集体经济股份制改革。

医药卫生体制改革。全市进一步完善基本医疗保障制度，参保率和保障范围不断扩大，实现基本药物制度在全市基层医疗机构的全覆盖。全面推进市级公立医院改革，市区7家医院实施综合改革。稳妥推进医疗卫生资源统筹配置改革，新建村卫生室实行乡村卫生服务一体化管理。全面开展基本公共卫生服务均等化项目，抓好各类重点人群的公共卫生服务。

【农业发展水平不断提升】 “十二五”期间，建德市农业经济稳步发展，现代农业产业体系进一步完善，2015年，全市农业总产值为48.7亿元，同比增长6.2%。

农业电子商务稳步拓展。全市共有46家农业龙头企业开展网上电子商务活动，从事农产品电子商务专业人员78人。2013年，组建“阿里巴巴 · 建德农食馆”，成为阿里巴巴农食频道全国首家上线的县级馆，建成阿里巴巴“农村淘宝”电子商务市级服务中心1个、村级服务站50个。2015年，在邮政邮乐网上组建“建德馆 · 果蔬乐园”网络销售平台，建成邮政农村电子商务示范点县级中心1个、村级服务示范点1个、村级服务标准点80个。

乡村旅游方兴未艾。全市共创建休闲农业与乡村旅游示范点33个，其中省级示范点6个（三都渔村渔家乐、泉山村十里观荷、大慈岩镇新叶村、康庆渔家灯火休闲农庄、绿荷塘楠木林山庄、世外桃源度假村）、杭州市级18个示范点（十里荷花生态农庄、下涯红群高科技草莓园、兴民草莓休闲采摘园、小诸葛鱼乐会所、寿昌镇河南里村等）、建德市级示范点9个；省四星级农家乐经营户（点）2个（三都渔村友花渔庄、大慈岩镇双泉村十里荷家园）、三星级农家乐经营户18个、二星级农家乐经营户37个。2014年乡村休闲旅游接待游客总量107万人次、乡村休闲农业旅游收入1.09亿元，分别增长66%和118%。

农业品牌化建设成效显著。全市共注册农产品商标590个，“怡可”“致中和”“根发”获国际商标注册，农夫山泉获中国名牌产品，“致中和”“秋梅”“农夫山泉”“千岛银珍”“怡可”获得中国驰名商标，致中和获中华老字号，建德苞茶、致中和五加皮酒、里叶白莲等列入国家地理标志产品保护产品。“建德果蔬乐园”乡村旅游品牌成功打响。

农业园区化建设不断推进。“十二五”期间，航头省级现代农业综合区和三都省级现代农业综合区建设有序推进，其中航头综合区是杭州市第一个通过省级验收的省级现代农业综合园区。全市建设主导产业示范区 3 个、精品园 6 个，累计建成粮食功能区 91 个，共 3471.33 公顷（其中省级功能区 6 个，共 550.27 公顷；杭州市级功能区 16 个，共 1064.67 公顷），粮食生产能力稳步提高。

【工业发展转优提质】“十二五”期间，全市工业取得较大发展，逐步形成以医药化工、纺织服装、低压电器、五金工具、建材水泥为主的工业体系。2015 年，全市完成工业销售总值 665.7 亿元，年均增长 6%，其中规模以上工业销售总值 420.7 亿元；完成工业投资 70.8 亿元，年均增长 14.5%，其中技改投资 49.4 亿元；实现规模以上工业增加值 90 亿元，占地区生产总值的 26.5%；新产品产值率 31.8%。全市工业企业 2585 家，规模以上工业企业 356 家。杭州建德高新技术产业园发展提速，省级经济开发区整合提升加快，“一区一园”主平台的集聚效应开始凸现。2015 年，“一区一园四区块” 共出让工业用地 128.4 公顷，新增入园企业 42 家，完成工业投资 45.84 亿元，占全市工业投资总量的 64.8%。

【服务业发展不断加快】“十二五”期间，全市服务业增加值年均增长 14.7%，比 GDP 增速高出 6.1 个百分点。2015 年，全市第三产业增加值达到 122.1 亿元，三次产业结构调整为 9.7:52.2:38.1，服务业增加值占生产总值的比重较“十一五”末提高 5.7 个百分点。服务业对经济增长的贡献不断加大，2015 年贡献率达到 69.31%，与“十一五”末相比提高 36 个百分点，对经济增长拉动作用明显。截至 2015 年底，服务业投资额占全市投资总额的比重达到 37.9%，服务业从业人员占全市从业人员的比重维持在 30%，服务业成为带动投资和社会就业的重要渠道。“十二五”期间，全市服务业内部结构逐步优化，基本形成生产性服务业快速崛起，生活性服务业特色突显的产业发展格局。生产性服务业占第三产业比重由 40.45% 提高到 44.96%，提高 4.51 个百分点。其中信息与软件服务业发展速度尤为突出，增加值与 2010 年相比翻一番，在服务业中的比重由 3.5% 提高到 8.96%。生活性服务业特色化发展，其中休闲旅游业 2015 年全年实现接待游客 751.1 万人次、旅游总收入达到 59.6 亿元，分别比 2010 年提高 120% 和 229%，年均增长率更是达到 17.1% 和 26.9%。旅游产品推陈出新，通过发展模式创新，涌现出艾利斯玫瑰园产业融合发展的典型模式；通过创意营销，涌现出新叶亲子主题游发展模式。商贸服务业较快增长，2015 年实现社会消费品零售总额 104.48 亿元，是 2010 年的 2.16 倍。

【信息经济逐渐起步】深入贯彻杭州市信息经济“一号工程”总体部署，结合建德实际，促进产业信息化、智慧化，推进物联网、云计算大数据等信息经济项目 26 个。完成杭州市下达的 40% 规模以上企业信息化改造任务。两化融合加快推进，县（市）两化融合发展指数排名全省第 23 位，3 家企业获评国家级两化融合管理体系贯标试点企业。“十二五”期间，全市政府投资信息化项目累计投资额达近 4000 万元，全国首家“支付宝 + 县域服务”试点落户建德，阿里巴巴“农村淘宝”发展势头良好，创建成为浙江省电子商务产业基地。

【基础设施日趋完善】“十二五”期间，按照打造“杭州西部综合交通枢纽”的要求，全市积极构建以公路、铁路、水路、航空一体化的综合交通网络。公路方面，洋溪大桥建成通车；杭新景高速公路寿昌至李家段、320国道建德段大中修（白改黑）工程开工建设；23省道航头至界头段改建工程、临金高速公路国高网段完成工可编制。水路方面，利用富春江航道提升的契机，加快推进建德港十里埠、施家等综合作业码头及配套设施建设。铁路方面，杭黄铁路建德段开展前期研究，即将开工建设；站场建设方面，建德客运中心投入营运、更楼寿昌物流基地开工建设。

能源保障能力明显提高。110千伏南峰变、110千伏沿口变、220千伏兰溪至下涯输电工程、220千伏建德至万松双回输电线路工程建成投运；完成214个村的电气化改造、城镇28个台区改造。

给排水设施进一步完善。“十二五”期间，建德市加强市内8个集中式饮用水源的环境管理，实施农民饮水安全工程251处，完成新安江自来水厂扩建和东南二线供水工程，初步形成“一团十区百点”的城乡安全供水体系。

防灾减灾能力不断增强。“十二五”期间，建德市基本建立洪涝灾害防治体系。先后完成一批水库除险加固、中小河流治理、重点小流域堤防建设项目；防汛岗位职责和防汛工程建设管理体系明确，防汛抢险物资储备完善。人防设施和应急服务体系逐渐加强，警报覆盖率达95%以上。出台《建德市加强村级便民服务中心气象服务站规范化建设实施办法》，实现乡镇自动气象站全覆盖，雾霾监测站投入运行。

【城乡面貌日益改善】“十二五”期间，桥东、洋安、洋溪、桥南、梅城、寿昌新城（综合体）建设有序推进，建成区面积扩展到10.6平方千米，城市框架进一步拉开，城市化率达到60.1%。

中心镇建设步伐加快。梅城镇按照培育小城市和打造建德副中心城市的目标，积极推进新城安置房、沿江景观带、梅城大坝古城墙恢复工程等项目建设，成功创建国家级生态镇、杭州市十大新型中心镇。寿昌镇深入开展开发区总体规划和温泉、新城、卜家蓬工业平台三个区块控制性规划的编制，新城安置房项目、工业平台建设和基础设施配套加快推进。乾潭镇围绕“三江两岸”环境整治与景观保护，成功创建首批浙江省园林镇；乾潭中心幼儿园、农房改造、安置房建设等民生项目重点推进；基础设施不断加强。大同镇加快完善行政中心路网、杨柳畈路网等路网体系，加快给排水及污水处理设施和综合文化中心、中心幼儿园二期、大同一小扩建等社会事业项目建设。

新农村建设稳步推进。“十二五”期间，浙江省“千村示范万村整治”和杭州市“百村示范千村整治”工程实现建德市所有行政村的全覆盖。美丽乡村建设扎实推进，以基础设施建设和人口集聚为中心，有力开展30个中心村建设；以“村貌悦目协调美、村容整洁环境美、村强民富生活美、村风文明身心美、村稳民安和谐美”五个美为标准，每年创排10个精品村。

【生态环境持续改善】“十二五”以来，全市坚持“绿水青山就是金山银山”发展理念，开展“五水共治”“三改一拆”“四边三化”“两高企业”入园集聚、畜禽养殖业综合整治、“清水治污 · 环境整治”零点行动、美丽乡村、美丽庭院大行动等工作。单位生产总值能耗、主要污染物排放量均达到“十二五”规划目标，成功创建国家级生态乡镇（街道）4个、省级13个。依托寿昌、梅城两个市级垃圾填埋场和乡镇中转站，基本建立农村生活垃圾集中收集和无害化处理的“户集、村收、镇运、市处理”系统。

循环经济发展步伐加快。开展企业环境管理体系国际标准认证。完成建德海螺水泥、浙江新安化工等31家企业强制性清洁生产审核，建德南方水泥等23家企业通过ISO14001环境体系认证。强化重点污染企业的环保长效管理。重点污染企业水污染治理设施基本配套到位；并加强对沿江重点化工、电镀等重点污染源监测和检查。

低碳城市建设务实推进。建立了低碳企业认证制度，实施新上项目能评准入制度，引导产业低碳化发展。加快节能改造、重点用能企业清洁生产。推广水能、太阳能和沼气等可再生能源在建筑中的应用。实施低碳技术服务培育工程、低碳建筑示范工程。培育水源热泵、沼气、太阳能光热利用等科技服务工程公司。实施森林提质、城市增绿工程，创建杭州市级以上生态镇（街）13个、园林绿化示范村23个。

【幸福指数稳步提升】“十二五”期间，建德市财政用于社会发展、公共服务的刚性支出逐年增加，教育文化、医疗卫生、社会保障等基本服务均等化水平不断提高。

教育事业全面推进。“十二五”期间，先后建成6所公办幼儿园，至2015年16个乡镇（街道）均有中心幼儿园。全市有省一级幼儿园3所、省二级幼儿园29所、省三级幼儿园5所，省等级幼儿园在园幼儿覆盖率达97.2%。杭州市学前教育达标以上乡镇（街道）14个，其中先进乡镇（街道）9个，分别占乡镇（街道）总数的87.5%、56.3%。43所义务教育段学校成功创建省标准化学校，占全市义务教育段学校的91.5%。建成5个资源教室，强化培智学校的管理，确保弱势孩子公平接受义务教育；坚持同城同待遇的原则，保障外来务工人员子女就学。全市适龄儿童、少年的小学、初中入学率达到100%，初升高比例达到99.7%。普通高中开展“有效教学、高效课堂”的研究与实践，教育教学质量稳步提高，高考成绩稳定保持在较高水平。职业教育、成人教育和社区教育方面，旅游服务专业及其实训基地被确认为杭州市级示范专业及实训基地，机电应用专业及其实训基地被确认为省级示范专业及实训基地，基本形成结构合理的中职重点专业发展格局。新安江职业学校迁建工程启动。

医疗服务能力明显增强。推进市四院老年身心病房楼项目等一批医疗卫生项目，全面落实重大公共卫生服务项目。实施农村妇女增补叶酸预防神经管缺陷、免费产前筛查和新生儿疾病筛查、免费婚前医学检查、农村妇女住院分娩补助等项目；认真落实重点传染病和突发事件处置；农村居民规范化电子健康档案建档率达90%，提前完成规划任务。城乡爱国卫生全面发展。人口计生工作健康发展。基本建成“以市指导站为龙头、乡镇（中心）服务站为依托、村级服务室为基础”的计划生育技术服务体系新格局。

社会保障水平不断提高。“十二五”期间，社会保障覆盖面不断扩大。实现“养老、医保、工伤、失业和生育保险”的“五费合征”。进一步扩大基本医疗保险覆盖面，将非公有制企业职工和进城务工人员纳入享受职工基本医疗保险待遇范围。建立城乡医保大病保险制度，基本实现城乡居家养老服务站全覆盖，农村“五保”和城镇“三无”人员集中供养率达98%。居家养老服务全面开展，积极争取居家养老服务的全覆盖。养老服务组织体系得到健全，成立市养老服务业协会和涵盖市、乡镇（街道）的两级服务中心。以经济适用房、廉租房和公共租赁房建设为重点，以廉租住房货币补贴为补充，住房保障体系进一步完善，五年累计保障性住房建筑面积20.86万平方米。

文化强市建设扎实推进。文化遗产保护成绩斐然。完成309处全市历史建筑维修；新叶村乡土建筑、西山桥、乌龟洞遗址三处文物点被列为全国重点文物保护单位；新安江水电站、上吴方村、李村村乡土建筑列为省级文物保护单位；新增6项省级非遗名录项目；大慈岩镇入选第二批浙江省非遗旅游景区。重点文化设施项目顺利推进。建德市图书馆、文化馆均建成国家一级馆；乡镇（街道）综合文化站、行政村文化活动室实现全覆盖。公共文化服务体系继续完善。以创建全国文化先进市为抓手，积极推进省文化强镇、杭州市文化示范村（社区）等创建活动，大力开展“送、种、育、引”文化工程，实施广电低保工程。新叶村成为全国古村落保护综合利用试点村,李村、上吴方村列入第三批中国传统村落名录。

体育事业得到长足发展。严州中学新安江校区游泳馆落成，江滨大道健身长廊粗具雏形，建成国家级优秀体育主题公园1个。社区健身苑点、行政村健身苑点的普及率为100%。群众性体育组织的街道、乡镇、社区普及率基本达到100%。举办耐寒勇士漂游新安江、登乌龙山大赛等群众性体育活动。新命名体育传统项目学校15所。人均体育场地面积达到1.48平方米。

其他社会事业齐头并进。基本实现市民卡发卡全覆盖，承载医保、公交、图书借阅、电费电视费代缴和银行银联等多项应用功能。巩固全国科普示范市创建成果，大力开展基层科普示范创建活动，新建一批科普示范学校、科技教育特色学校、流动科普馆、农村科普示范基地、科普示范村（社区）。以创建“省扶残助残爱心城市”为载体，不断推进残疾人就业、康复、扶贫、教育、培训等工作,不断完善残疾人优惠扶助“普惠特惠”政策体系建设。

【社会和谐巩固提升】 社会公共安全管理强化。大力建设各类调解组织,设立9个警民联调组织，与接边县市有关乡镇成立8个接边联调组织，立体化、纵向到底的市、镇、村三级人民调解网络体系全部构建完成。按照“明标准、强责任、严监管、重落实”的工作思路，全面开展安全生产隐患排查治理工作,实现安全生产形势总体稳定。积极创建平安建德，加强治安防控资源的整合和防控能力的提升，推进社会治安防控体系建设，社会治安群众安全感测评连续两年获得杭州市第一名。

民主法制教育深入基层。制定《建德市2011—2015年普法教育依法治市规划》，加强法制宣传新兴媒体建设，推出“一微博，一手册，一专题”。有针对性地指导基层及相关部门开展经常性的法制宣传教育,推进“民主法治村（社区）”创建工作。进一步扩大法律援助覆盖面，拓展法律援助新领域。建立司法行政法律服务中心，进行一站式、窗口化的法律服务。深入中小企业开展“法律体检”活动。

【有效投资持续扩大】“十二五”期间继续实施项目带动战略，实施招商引资“一号工程”，不断完善项目生成、推进和保障机制、有效投资快速增长， 2015年完成固定资产投资175.9亿元，年均增长22.0%，高于规划目标7个百分点；五年累计引进内资275.7亿元，比“十一五”期间增长1.3倍，五年累计引进外资5亿美元，比“十一五”期间增长1.8倍。项目投资重点更加突出，转型升级、民生改善、重大平台等领域的项目投资持续加强，一批涉及长远发展的工业平台、旅游、交通、水利、教育、卫生等重大基础设施项目加快实施，杭新景高速建德段、市第一医院、市第三医院、洋溪大桥、梅城至乾潭绿道、城东污水处理厂、农民拆迁安置房等项目相继竣工，为确保全市加快转型发展、投资快速增长、增强经济发展后劲提供强有力的支撑。

表 1　**建德市“十二五”规划主要指标完成情况**

类别	指标名称	单位	2010年	规划目标	完成情况	完成评价	年均增长（%）	
				2015年	年均增长（%）	2015年实绩		
经济发展	地区生产总值	亿元	189.8	280	8	320.4	8.7	完成
	人均地区生产总值（按户籍人口计算）	美元	5620	9000	–	9677	–	完成
	工业销售产值	亿元	498	800	10	665.7	6.0	未完成
	第三产业增加值	亿元	61.5	128	14	122.1	11.4	未完成
	农业总产值	亿元	33.2	44.4	6	48.8	8.0	完成
	社会消费品零售总额	亿元	48.5	97.6	15	104.5	16.6	完成
	固定资产投资总额	亿元	65.2	132.5	15	175.9	22.0	完成
	其中：工业生产性投入	亿元	42.4	85.3	15	88.5	15.8	完成
	自营出口	亿美元	7.6	8.5	2.3	9.47	4.5	完成
	地方财政收入	亿元	12.0	19.5	10	21.2	12.1	完成
	五年累计到位内资	亿元	31.8/120.4	245	–	71.4/275.7	17.6	完成
	五年累计到位外资	亿美元	0.4532/1.8	3.2	–	1.43/5	25.8	完成
结构调整	三次产业增加值比重	%	11:57:32	9:51:40	–	9.7:52.2:38.1	–	未完成
	规模以上高新技术产业增加值占地区生产总值比重	%	4.0	>5	–	6	–	完成
	人才资源总量	万人	6.5	9.0	–	9.5	–	完成
	第三产业就业人数占总就业人口比重	%	55.0	30.0	–	30	–	完成
	城市化水平（%）	%	55.4	>65	–	>60	–	未完成
	研究和试验发展经费支出占地区生产总值比重	%	1.5	1.6	–	1.8	–	完成
民生改善	五年累计新增城镇就业人数	人	4935	20000	–	29740	–	完成
	城镇登记失业率	%	3.27	<4.5	–	2.62	–	完成
	城镇居民人均可支配收入	元	22876	33612	8.0	38102	10.7	完成
	农村居民人均可支配收入	元	11344	17454	9.0	20051	12.0	完成
	人口自然增长率	‰	−4.1	<4	–	3.1	–	完成
	人均预期寿命	岁	80.3	82	–	80.8	–	未完成
	保障性住房建筑面积	万平方米	14.9	35	–	35	–	完成
公共服务	主要劳动年龄人口平均受教育年数	年	9.8	11.5	–	11.6	–	完成
	高等教育毛入学率	%	44	57	–	58	–	完成
	城镇职工医疗保险参保率	%	95	95	–	98	–	完成

续表1

类别	指标名称		单位	2010年	规划目标 2015年	完成情况 年均增长（%）	完成评价 2015年实绩	年均增长（%）	
公共服务	农村新型合作医疗保险参保率		%	99	>98		100		完成
	城乡居民基本养老保险参保率		%	70	90		95.26		完成
	耕地保有量		公顷	26422	25919		26533		完成
	单位生产总值能耗		吨标煤/万元	1.28	1.0		1.0		完成
	主要污染物排放量	化学需氧量	吨	9945.7	8523	–	8523	–	
		二氧化硫	吨	6816.0	6611	–	6611	–	
		氨氮化物	吨	741.8	636	–	636	–	
		氮氧化物	吨	14390	10026	–	10026	–	

（王登杰）

“三改一拆”工作

【概况】 2013年3月，浙江省政府决定：自2013年至2015年，在全省深入开展旧住宅区、旧厂区、城中村改造和拆除违法建筑（简称“三改一拆”）三年行动。2014年，浙江省委、省政府拔高要求，明确提出“无违建市”创建目标和要求，并于2015年再度明确无违建创建标准，实施创建梯度，确立划分“无违建创建先进县（市、区）”“基本无违建县（市、区）”“无违建县（市、区）”三类创建档次。

在“三改一拆”暨“无违建市”创建工作过程中，建德市委、市政府拉高标杆、自加压力，围绕创建成为全省首批“无违建市”总体目标，立足法治建设和“两美”建设高度，树立“绿水青山就是金山银山”发展理念，突出“巩固成效、提升实效、健全长效”主基调，坚持“一个主调贯到底、一个目标干到底、一种精气神推到底”的工作思路，采取一系列有效措施，为建设“美丽江城、幸福建德”筑牢坚实基础。通过三年努力，旧住宅区、旧厂区和城中村改造全面推进，违法建筑拆除工作成效显著，违法建筑行为得到全面遏制。

2014年1月11日，省政府顾问王建满在建德调研时，给予“工作举措和成果实实在在、真真切切，无愧于走在杭州市前列，无愧于走在全省前列”的肯定。杭州市与省考核验收组分别于2014年11月26日、2015年1月13日，对建德市“无违建市”创建工作进行验收。2015年2月6日，建德市16个乡镇街道创建工作通过杭州市“无违建乡镇（街道）”和“‘无违建’创建先进乡镇（街道）”的公示。至2015年3月9日，建德市累计完成旧住宅区改造面积26.74万平方米，完成三年任务（3.5万平方米）的764%；完成城中村改造面积83.4万平方米，完成三年任务（20万平方米）的417%；完成旧厂区改造面积48万平方米，完成三年任务（7万平方米）的685.7%；报杭州拆除违法建筑24229处，建筑面积404.87万平方米，完成三年任务的899.7%。

【“三改一拆”工作的主要做法】 1.完善创建体系。及时成立全市“无违建市”创建活动领导小组，由市委书记任组长，市长任第一副组长。从相关部门抽调11人集中办公、分组负责、协调推进。紧盯创建目标，结合建德实际，制定出台《建德市“无违建市”创建活动实施意见》《关于在全市范围内开展“一户多宅”专项整治工作的通知》《建德市“无违建市”创建工作违法建筑处置办法》和《建德市“无违建市”创建中符合暂缓拆除建筑的后续处置办法》等一系列政策文件，明确工作目标、工作重点、工作规范和工作要求，坚决

◎2014年6月17日，杭州市“三改一拆”行动第四次现场会暨“无违建县（市、区）”创建推进会在建德举行

杜绝“拆小不拆大、拆软不拆硬、拆民不拆官、拆穷不拆富、拆明不拆暗”等现象的发生。

2. 深化创建思想。创建推进过程中，建德市始终注重抓牢时间节点，抓准问题关键，抓实干部作风，以“人一之，我十之；人十之，我百之”的干劲和韧劲，确保创建工作全过程不松懈。2014 年 2 月 25 日，召开市、乡镇（街道）、村（社区）三级创建动员大会，明确提出创建要求，确保创建工作目标要求直接贯彻到村（社区）。2015 年 3 月 18 日，召开全市“三改一拆”工作会议，明确指出 2014 年的阶段性胜利,并不是“休止符”，而是在更高起点上的“动员令”，要求继续以“不达目标誓不罢休，不获全胜决不收兵”的劲头，强势推进拆违工作。2015 年 7 月 28 日，专题召开“三改一拆”暨“无违建市”创建百日攻坚大会，明确提出奋战一百天，打赢攻坚战，确保创成全省首批“无违建市”的任务目标。攻坚大会以后，市委、市政府每月安排两次不同形式的督查，确保全市上下精准发力、奋力冲刺，决不将违章建筑带入“十三五”。

3. 狠抓作风效能。将“无违建市”创建作为改进干部作风、践行群众路线的主要战场和考场，深入开展“治理庸懒散，增强责任心，提高执行力”作风建设主题活动。市级领导班子将“无违建市”创建作为“六个领衔”工作的重要内容，市主要领导按领衔机制要求，坚持每月召开督查推进会，不定期（包括周末）进行现场督查，在全市形成了较好的示范带动效应，有力推进了创建工作。乡镇(街道）主要领导作为第一责任人，亲自研究部署辖区工作，冲在拆违第一线组织指挥拆违具体行动。部门单位按照职能分工，积极主动作为，展示重大局、敢担当、善协作的良好作风。全市党员干部尤其是乡镇（街道）干部充分发扬“5+2”“白加黑”精神，白天冲锋在拆违一线，晚上走村入户宣传政策，确保了创建效率。

4. 紧抓宣传造势。树立“摄影机比推土机更管用，笔头比榔头更有效”的理念，利用各类媒体，多渠道开展舆论宣传，营造全社会共同支持、共同参与“无违建市”创建的浓厚氛围。在政府门户网、《今日建德》、建德新闻网等开辟《“三改一拆”建德在行动》专栏，及时报道工作进展情况以及好经验、好做法、好典型，在省、杭州市及建德市媒体刊登宣传正面典型报道 743 篇。其中，2015 年共下发各类简报、月度通报 25 期，发送各类“三改一拆”相关短信 350 余条，刊登宣传报道 260 余篇。全市镇村干部以“走村不漏户、户户见干部”为载体，把宣传标语贴到村头，把宣传单发到群众手头，把工作做到每家户头，不断提高群众对“三改一拆”工作的知晓率、支持率和参与率，让“三改一拆”工作深入民心。

5. 完善四项机制。完善督查督导机制。建立四个层面的督查督导组,开展全方位督查督导（教育实践活动督导组综合督导、市四套班子领导联系督导、市委市政府“两办”联合督查、“三改一拆”办专项督查）。通过开展“市级领导—各级党代表—全体党员干部”三级联动专项行动，针对联系的乡镇（街道）、村和相关重点区块开展经常性突击检查，督查指导“三改一拆”及“两路两侧”整治工作，解决重点难点问题，累计开展各类督查活动130余次,解决问题150余个。市“三改一拆”办组织对全市“三改一拆”暨“无违建市”创建工作开展情况进行全面督查，2015年共督查点位600余处，发现问题230余个，下发整改通知书、督查抄告单和督查通报20余份，问题均基本处置整改到位。通过全方位督查督导，加快了工作进度，杜绝了“拆小不拆大、拆软不拆硬、拆民不拆官、拆穷不拆富、拆明不拆暗”等现象发生。完善排名约谈机制。每日拆违情况限时上报，当日下班时通过手机短信告知市四套班子领导和各乡镇（街道）领导；每半月通过报纸向社会公布排名，对排名连续末两位的乡镇（街道）主要负责人，由书记、市长进行约谈。创建期间，书记、市长约谈乡镇（街道）主要负责人8人次，对“无违建市”创建工作中存在“三不”问题的34人给予相应处理，其中给予党政纪处分6人。乡镇（街道）负责人约谈村（社区）负责人120余人次。完善曝光整改机制。坚持正面引导和反面曝光相结合，在报纸、电视上设立“曝光台”，自我揭短亮丑晒不足，通过媒体曝光倒逼相关单位抓好整改。创建期间，共曝光“三改一拆”典型违建143处，并全部整改到位。同时，录制各乡镇（街道）疑似违建光盘，在督查推进会上播放，下发通知书，责令限期整改，累计录制光盘5次，涉及疑似违建1731处，均核实并处置到位。完善考核问责机制。把“无违建市”创建工作纳入乡镇（街道）和部门综合目标考核，实行“一票否优”。纪委和组织部门全程参与监督，维护政令畅通，保障令行禁止。

6. 强势重拳出击。坚持应拆尽拆、公平公正的原则,针对沿路沿河沿山、重点区域、重点人群、信访督查案件涉及的违建，敢于攻坚、敢于拔钉。特别在面对“硬骨头”“硬钉子”时，广大党员干部做到事前学“木匠”，摸清底数，定好标准，按照“一把尺子量到底”的工作要求，做到应拆尽拆；事中当“铁匠”，以铁的决心、铁的手腕、铁的作风、铁的纪律，敢于碰硬，敢于克难，强势抓创建；事后做“泥水匠”,抹平矛盾,避免冲突，做好信访维稳工作，和谐创建，全市拆改工作呈破竹之势。涉宗领域违法建筑处置和宗教标志物规范工作两次得到省委主要领导批示肯定。2015年7月之后，重点对市域内国道、省道和县乡道等重要道路沿线，疑似违建问题、拆后利用不到位、脏乱差、破旧厂房等进行连续三周的暗访拍摄。通过两轮拍摄，共自我曝光点位521处，以清单式交办各乡镇（街道），全部整改到位。

7. 坚持综合施策。围绕创建主旨，结合实际，统筹各专项行动，在创建中着力“弹好钢琴”。坚持把“三改一拆”“无违建市”创建工作与“五水共治”、转型升级、项目推进、“三江两岸”生态景观建设、古村落保护、新农村建设、生态旅游等其他各项重点工作同部署、同落实，加快做好拆后利用质量提升工作，将整治成果转化为促进经济增长的现实优势。打造杨梅公路、210省道建德段等一批“无违建公路”，消除道路周边的交通安全隐患，美化道路两边的自然环境。结合省示范文明市创建工作，整治一批违规搭建、环境脏乱的老旧小区和经营市场，梅城镇拆除影响梅城大坝除险加固工程建设的30余处违章建筑，保障大坝二期工程的顺利推进；李家镇将68处严重影响环境的土石灰窑全部拆除，提倡企业引进立式钢窑、脱硫除尘机、提升器等先进设备，使产量提高一倍，能耗降低15%；莲花镇立足畜禽养殖大镇的实际，结合“五水共治”，拆除养殖场面积约12.5万平方米，拆后完成土地复垦8万多平方米，从根本上实现了从绿化、美化向产业化的转变；乾潭镇拆除乾潭村东干渠沿线1.5公里范围内146处违章建筑，其中涉及14家小五金和塑料制品企业，市镇统一予以安排生产场所，促进了当地小五金产业的集聚提升，同时结合东干渠紧邻乾潭旅游码头游客众多的实际，统一进行规划，将该区域打造成为风情一条街，实现百姓绿色致富。

坚持以满足人民群众利益需求为导向，在注重有效处置的同时，更注重合理疏导。结合土地修编工作，对村庄规划内容进行全面梳理和完善，确保规划与落地条件相匹配；拆后空间及时利用，结合农村工作实际，优先满足农民建房需求；注重日常巡查防控，推行村镇建设管理员制度，及时巡查控制新违建。

贯彻省、杭州市“两路两侧”“四边三化”专项整治推进会议精神，加大“拆改用”力度，形成“高速桥下惠民生、破旧厂房促转型、山体绿化保生态”的环境成效，通过对洋溪、更楼、乾潭、下涯等高架桥下乱堆乱放问题的整改，结合当地实际所需，规划建设群众运动场所或绿化公园；对下涯镇施家村等10处山体裸露进行整改，提升了道路景观化建设。

【“三改一拆”工作取得的主要成效】 1. 拆出美丽建德发展新景象。在创建过程中注重整治提升，注重历史保护和资源开发。梅城镇“建新城”与“保古城”并重，大洋镇与全省农村土地综合整治试点工作相结合，大慈岩镇与古民居保护开发相结合。其中大慈岩镇新叶村作为国家级文保单位，将“无违建”创建与古村落保护、旅游资源开发紧密结合，拆除了违法建筑，改善村庄面貌，保护历史古建筑，盘活旅游资源，吸引湖南台热播娱乐节目《爸爸去哪儿》到新叶拍摄。2014年，新叶古村游客接待人数增长808%，营业收入暴增13.5倍，其中国庆假期接待游客2.48万人次，增长22倍，创历史纪录。

2. 拆出重大工程建设新进度。建德市推行“三改一拆”与重大项目、重点工程同部署、共落实，借力“三改一拆”推进重点项目建设，全市拆后土地用于各类建设项目达50.38万平方米，实现了“三改一拆”有效推进和重点工程重大突破的双赢局面。梅城大坝除险加固工程是省市重点项目，由于大坝坝脚上的违法建筑影响二期工程的正常施工，2014年3月，组织200余名工作人员进行4次集中拆违行动，一举拆除30余处共计3万多平方米的违法建筑，保障工程的顺利推进。针对影响云计算产业园、下北线道路、致中和国际度假区、城东污水处理厂二期等4个重点工程的22处违法建筑，开展为期3天的“拔钉行动”，共拆除违建面积4720平方米，确保重点工程的顺利推进。

3. 拆出产业转型升级新天地。把“三改一拆”作为“腾笼换鸟”“空间换地”、企业和市场搬迁的有效推进手段，倒逼产业向高新化、高端化发展。化工、电镀、碳酸钙等行业在“三改一拆”助推下，整治成效明显，转型升级步伐进一步加快。关停并转化工企业24家，全市88门石灰土窑全部拆除，提倡企业引进立式钢窑、脱硫除尘机、提升器等先进设备，使产量提高一倍，能耗降低15%。寿昌镇中林水泥厂占地面积3.64万平方米的违建拆除后，结合新城建设，对原厂原址重新规划设计，将其土地用途调整为养老养生项目用地。顺达物流两处违建拆除后，引进上海大众4S店。通过开展畜禽养殖专项整治，发展生态循环农业，推进畜禽养殖向集聚化、规模化、规范化发展，引导退养户转产转业，草莓、茶叶、中药材种植等形成优势产业，2321户退养户实现转产转业，成功摘得有机农业“金字招牌”，成为国内首批有机产品认证示范区9县（市、区）之一。

4. 拆出生态环境治理新空间。畜禽养殖所带来的生态污染一直是困扰建德市的老大难问题。结合“三改一拆”行动，先后整治污染养殖户3289家，拆除养殖棚118万多平方米，实现禁养区清零退养，减少畜禽污染源的排放，全面扫清莲花溪、大洲溪等一批劣五类水质的河流，推动“五水共治”水环境打造。全市205条河道Ⅲ类及以上水质达到98%、Ⅱ类及以上水质达到59%，真正做到“下河可游泳、上岸可观景”，改善了全市生态环境面貌。结合棚户区改造，实施新安江府前路区块旧城改造工作，消除安全隐患，改善城区面貌，提升居住区老百姓的生活水平。

5. 拆出美丽乡村建设新景象。以“三改一拆”为契机，结合“美丽乡村”建设，重点整治“一户多宅”、家庭式作坊等违法建筑，共拆违6255处、面积130.73万平方米，提升农民居住环境品质。杨村桥镇对违建进行集中拆除并腾出土地1.3万平方米，发展以岱头旅游综合体项目为主的乡村旅游事业，完成沼泽地绿化工程和农田绿化工程，江边堤坝修复加固、路面硬化、绿化，1200米江边游步道建设等项目。钦堂乡拆除井弄里区块34处一户多宅及危旧房屋，面积3400平方米，平整后的土地除部分作为宅基地提供给农户建造房屋外，并进行整体规划，建设道路、绿化、排污管道等基础设施，改善村民居住条件，美化村镇环境。形成“九姓渔民”公园、郎家砖瓦厂2 .3公顷土地复垦、三都大桥头提升改造、寿昌解放南路提升改造、下涯高速桥底健身场等一大批拆后利用亮点。

6. 拆出干部队伍干事新作风。在推进“三改一拆”过程中，全市党员干部发扬“白＋黑”“5+2”精神，率先垂范、以身作则、带头冲锋，始终奋斗在“三改一拆”最前线，提升党员干部的能力水平，形成敢担当、敢作为、敢碰硬的工作作风。同时，结合群众路线教育实践活动，把“无违建市”创建作为检验教育实践活动成效的校验场，以“走村不漏户、户户见干部”活动为载体，基层干部走村入户，宣传“三改一拆”政策，了解群众想法和意见，帮助群众解决实际困难，增进了党群干群关系，涌现出一大批让老百姓信服的优秀干部。

【“三改一拆”重要行动】 1 . 重要交通节点改造。结合“三改一拆”行动，利用拆后空地拓展停车空间，累计开工建设停车位970个。拆除原市中医院门诊部南面千岛渔庄，改建车位50个。在原无线电厂区块和明珠社区西侧地块，规划建设停车位近200个。在中心城区旧城改造过程中，在盛德国际广场项目和老年气排球馆项目，设置地下公共停车位280个。实施新安花园小区美丽提升工程，改建新增停车位50个。完成新安东路人行道、花坛整治改造工程，增加车位360个。

2 . 宗教场所专项整治。全市389处违法宗教场所和民间信仰场所（面积约3.2万平方米）整治工作在全省范围内率先完成，拆除333处、改作他用56处。在宗教场所违法建筑拆改过程中，无群体性事件、群众举报、上访事件发生。

3 . “一户多宅”专项整治。按照“工作早抓早主动、早抓早受益”的理念，推行“一个任务、一个领导、一个小组、一个例会、一个机制、一抓到底”的“六个一”工作模式，下发《关于在全市范围内开展“一户多宅”专项整治工作的通知》，发挥党员干部带头作用，全市共拆除非法“一户多宅”5764户，面积118.8万平方米。新安江街道新蓬村党总支书记揭永康为全面推进该村“一户多宅”整治工作，自己雇来挖掘机，率先将自家一幢两层砖混结构、面积约400平方米的老房子拆除。退休干部陈赟，为配合全市“三改一拆”工作，动员自己91岁高龄的父母拆除了符合缓拆政策的老宅。

【“三改一拆”重要项目简介】 1.中心城区改造。中心城区旧城改造项目自2002年启动，地块征迁面积为4.43万平方米，涉及征迁单位8家、商业用房46间、私人住宅230户，征迁量大，情况复杂。自全市开展“三改一拆”工作后，中心城区改造办抓住全省“三改一拆”大形势，主动进攻，趁势而为，做到以情促签、以拆促签，以裁促签，坚持签完一批、腾空一批、拆掉一批。历时10年，2013年6月26日最后一幢被征迁房屋拆除，至此中心城区建设进入未来新地标的全面无障碍建设期。

2.建德红狮安仁建材有限公司旧厂区改造。利用因国家宏观调控而关停的原锦江石煤公司的存量土地，拆旧建新，盘活存量企业资源。建设了年产60万吨水泥粉磨站产能置换技改项目。该项目总投资3882.74万元，建筑面积2.30万平方米。

3.农夫山泉股份有限公司建德分公司旧厂区改造。投资1.36亿元从国外引进两条最为先进的饮用天然水生产线，对旧生产线进行改造。实施零增地技改，在更新生产设备的同时，对旧厂房进行改翻建，投资实施年产33万吨饮用天然水生产线技改项目，节约土地和投入成本、项目建设时间。

4.浙江逸龙文化创意产业园改造项目。逸龙文创园是在新安江味精厂原址上进行改造与新建。新安江味精厂总占地6.3公顷，原有厂房及办公楼面积近3万平方米。一期计划改造、扩建3.6万平方米，投资近3000万元，从2013年8月初动工至2014年3月，完成改造扩建并交付使用的面积2.8万平方米，投资2200多万元。至2014年5月底，完成80%面积的招商工作，签订入园协议企业近60家，进园入驻企业38家。

5.乾潭镇幸福村城中村改造。结合秀美山村精品村建设，以农房改造示范村建设为抓手，推进“三改一拆”城中村改造，完成68户、面积1.84万平方米。

6.五马洲区块拆违项目。五马洲区块是梅城镇重要的工业经济平台，该镇依靠“入户入脑入心”的“三入”思想工作方法，得到了区块内大部分违建者的理解，并自行拆除了违建。同时，组织两次集中拆违行动，为五马洲区块的进一步建设打开了局面，为区块后续规划、园区建设腾出了空间，也为“三江两岸”生态景观带的提升扫清障碍。

7.乾潭镇东干渠拆违项目。东干渠沿线1.5千米范围内有146处违章建筑，违法建筑面积近2万平方米。经拆除全部整治到位，其中涉及14家小五金和塑料制品企业，市镇统一予以安排生产场所，改善发展环境，赢得群众支持，区域内98%以上的违建实现和谐自拆。

◎中心城区改造

8. 杨村桥镇官路村“一户多宅”整治项目。借助拆违东风，对沿线成片老房和危旧房进行拆除改造，拆除违建197处、2.50万平方米。平整后划出大片布局整齐的连片宅基地，免费提供给原建筑为破旧房屋和危旧房的农户建造房屋，同时进行整体规划，建好道路、排污管道等基础设施，改善百姓居住条件，美化环境。

9. 三江口村美丽宜居示范村改造项目。三江口村美丽宜居示范村改造项目于2015年8月15日开始实施，涉及农户57户，立面改造建筑面积2万平方米。该项目由镇政府统一管理，成立工作组、制订修缮方案，由专人负责改造项目工程的进度、质量，村级组织负责做好涉及改造农户思想工作。10月初，项目顺利完成。2015年10月，省农村环境综合整治现场会在三江口村召开。

10. 大洋镇将苑新村建设项目。将苑新村位于麻车村大溪口，规划为青源村、杨桥村、柳村村、麻车村、江东村的住房改造安置点。2013年4月开工，占地面积10.80万平方米，总投资5700万元。2015年12月竣工，总建筑面积13.43万平方米，户数662户，其中联建房265户、公寓楼397户。完成部分分房工作，公寓楼安置农户357户、联建房安置农户265户。竣工区块污水管网及道路硬化等室外工程根据安置进度分区块实施。

11. 府前路东侧麻园地块改造项目。府前路区块为建德市建设年代较早的老城区之一，虽地处城中心，但房屋破旧不堪、环境脏乱差、配套设施不完善，建筑密度高，道路狭窄，存在严重消防安全隐患，是名副其实的“棚户区”，群众要求改变现状的呼声强烈。该项目旧城改造征收范围内涉及被征收户215户，涉及单位10家、住宅183户、非住宅21户、集体户1家；房屋征收建筑面积约2.85万平方米，土地面积约2.56万平方米。2015年6月，市政府将府前路区块旧城改造工作列入建德市重点征收改造项目，至年底按照规定程序完成调查摸底、数据统计、公租房搬迁、征收补偿方案制订、确权认定、入户评估、签约腾空，215户被征收户数全部确权、评估、签约。

12. 杭州荣恩自行车有限公司。盘活原建德市格莱勇豪电器有限公司闲置厂房，投资1000余万元实行旧厂区改翻建。项目主要采用国内先进流水线作业技术，购置台钻机、编圈机、生产装配流水线等国产设备。项目建成后形成年产20万辆自行车、滑板车、三轮车等整车、零配件，以及配套的休闲用品、健身器材、家居用品、五金配件的生产能力。2015年，实现销售收入2000万元，利税200万元。

【“三改一拆”工作大事记】

2013年4月3日，建立市“三改一拆”行动领导小组成立。

4月18日，出台《建德市“三改一拆”三年行动计划（2013－2015）》。

4月22日，召开全市“三改一拆”三年行动动员大会。

6月5日，省政府党组副书记、省政府顾问王建满到建德市调研村镇建设、城市道路和“三改一拆”工作。

8月9日，市委、市政府召开全市“三改一拆”工作百日攻坚誓师大会，强调全市上下同舟共济，克难攻坚，决战决胜，确保打好“三改一拆”工作翻身仗。

2014年2月7日，省委书记、省人大常委会主任夏宝龙，省委常委、杭州市委书记龚正，省委常委、省委秘书长赵一德等领导到建德市督查指导“三改一拆”工作。

2月25日，召开“三改一拆”暨“无违建市”创建工作动员大会，明确2014年10月底前，全面创建成为杭州市“无违建市”，所有乡镇（街道）都要达到“无违建乡镇（街道）”创建标准。

6月17日，杭州市“三改一拆”行动第四次现场会暨“无违建”创建推进会在建德召开。

6 月 23 日 ~ 9 月 30 日，完成全市 256 个村（社区）的“无违建”创建验收工作。

8 月 18 日，市委书记戴建平代表建德市在全省“三改一拆”工作推进会上作典型发言。

10 月 16 日 ~ 17 日，召开“无违建乡镇（街道）分片区验收评估工作。

10 月 29 日 ~ 31 日，完成 16 个拟推荐杭州市“无违建乡镇（街道）公示工作。

11 月 10 日，市政府向浙江省人民政府递交《浙江省“无违建县（市、区）”申报表》。

11 月 11 日，省政府党组副书记、省政府顾问王建满对建德市“三改一拆”“五水共治”等工作进行专题调研。

11 月 26 日 ~ 27 日，杭州市“无违建县（市、区）”验收小组到建德市开展验收。

2015 年 1 月 13 日 ~ 15 日，省考核验收组到建德市考核验收“无违建市”创建工作。

1 月 16 日 ~ 1 月 30 日，市委、市政府启动为期半个月的专项整改活动。

2 月 12 日，关于公布 2014 年度杭州市“三改一拆”行动考核结果的通报（中共杭州市委办公厅 市委办发 [2015]12 号文件）中，建德市政府被评为 2014 年度杭州市“三改一拆”行动优胜单位。

3 月 19 日，召开全市“五水共治”和“三改一拆”工作推进会。

6 月 19 日，召开建德市“三改一拆”工作督查推进会。

7 月 29 日，召开全市“无违建市”创建工作“百日攻坚”推进会。

9 月 25 日，召开全市“三改一拆”工作督查推进会。

10 月 28 日 ~ 11 月 18 日，市 " 三改一拆 " 办对全市“无违建乡镇（街道）”创建工作情况进行逐一全面系统的自查自评。

12 月 1 日，市领导听取 16 个督导组组长关于各乡镇（街道）“无违建市”创建工作情况汇报。

12 月 21 日 ~ 25 日，杭州市“无违建县（市、区）”验收小组到建德开展验收。

【“三改一拆”重要文件选录】

建德市“三改一拆”三年行动计划（2013—2015）

建政办函〔2013〕74号

一、“三改一拆”范围

（一）旧住宅区改造范围：全市城市规划区范围内，房屋年久失修、配套设施缺损、环境脏乱差的住宅区和零星住宅。

（二）旧厂区改造范围：全市城市、镇规划区内按照规划拟进行厂区改造的旧厂区，包括异地搬迁、厂区整体改造和环境整治等方式。

（三）城中村改造范围：农村住房“二合一”改造（以宅基地换城镇公寓式住房与承包地转换城镇社保）和“示范村”建设纳入城中村改造。

（四）拆除违法建筑范围：对全市 1999 年以来违反土地管理等法律法规和城乡规划，未批先建、超标违建、乱搭乱建的违法建筑，历年立案查处的违法建筑，涉及旧住宅区、旧厂房和城中村改造的违法建筑进行重点清理整治。

二、目标任务

（一）总体目标

以旧住宅区、旧厂区和城中村改造促进违法建筑拆除，以拆除违法建筑推动旧住宅区、旧厂区和城中村改造。通过三年努力，旧住宅区、旧厂区和城中村改造全面推进，违法建筑拆除大见成效，违法建筑行为得到全面遏制。

（二）具体目标

1. 旧住宅区改造目标：2013—2015 年改造旧住宅区 129 户、面积 1.01 万平方米。其中，2013 年改造 50 户、面积 0.3 万平方米；2014 年改造

36 户、面积 0.31 万平方米；2015 年改造 43 户、面积 0.4 万平方米。

2. 旧厂区改造目标：2013 年改造用地面积 9.43 万平方米，建筑面积 3.53 万平方米；2014 年、2015 年旧厂区改造目标另行制定。

3. 城中村改造目标：2013—2015 年，城中村改造 300 户、面积 3 万平方米，每年各改造 100 户、面积 1 万平方米。

4. 拆除违法建筑目标：2013 年确保拆除城乡违法建筑 10 万平方米，力争拆除城乡违法建筑 15 万平方米。拆除 1999 年以来建造、经立案查处的违法建筑，全面禁止新的违法用地和违法建筑。2014 年、2015 年全市拆除城乡违法建筑的目标另行制定。

三、行动阶段

（一）动员部署（2013 年 4 月底前）

召开全市“三改一拆”动员大会，统一部署全市“三改一拆”行动。市政府与各乡镇政府、街道办事处签订目标责任书，确定时间节点、目标任务，明确职责分工。

（二）排查摸底（2013 年 5 月上旬前）

领导小组办公室组织住建、经信、城管、国土等部门和各乡镇政府、街道办事处对辖区内的“三改一拆”情况进行排查摸底，重点摸排包括 1999 年以后建造、经立案查处的违法建筑在内的违法建筑存量情况，全面掌握辖区内违建信息，分类梳理，统计上报。

（三）全面实施（2013 年 4 月—2015 年 12 月）

根据市政府统一下达的目标任务，各乡镇（街道）结合实际，明确辖区范围内各乡镇（街道）的“三改一拆”三年总目标和年度分目标，并组织实施。

（四）总结考核和迎接验收

每年年底，由市“三改一拆”行动领导小组办公室牵头，有关部门参与，对全市“三改一拆”行动进行考核。在每年年底考核的基础上，2016 年一季度，市政府对“三改一拆”三年行动进行全面验收考核，对工作突出的单位和个人进行表彰奖励。同时，做好迎接上级验收的各项准备工作并确保通过验收。

四、职责分工

（一）建德市“三改一拆”行动领导小组办公室

在建德市“三改一拆”行动领导小组的领导下，牵头负责全市“三改一拆”行动的组织、计划、指导、协调、检查和考核工作。牵头组织制定“三改一拆”三年行动的有关政策、目标责任考核的评分标准和考核办法，并指导实施；做好“三改一拆”有关数据的统计上报工作。

（二）各乡镇政府、街道办事处

各乡镇政府、街道办事处是辖区“三改一拆”工作的责任主体，具体负责本级行政区域内“三改一拆”行动，并建立长效机制、做好善后工作。各乡镇（街道）行政主要负责人是“三改一拆”工作的第一责任人。

（三）部门单位职责

1. 市住建局：负责牵头实施全市旧住宅区、城中村改造工作；制定旧住宅区、城中村改造相关政策，并指导各乡镇（街道）开展旧住宅、城中村改造工作。负责对涉及旧住宅区改造、旧城区改造和城中村改造的规划审核；对违反城乡规划法律法规的违法建筑进行审核，为执法部门提供涉及规划权证材料的合法性和有效性审核，与城管、国土等部门协调配合，研究全面禁止新违法建筑的政策。

2. 市经信局：负责牵头实施全市旧厂区改造工作；制定旧厂区改造相关政策，并指导各乡镇（街道）开展旧厂区改造工作。

3. 市城管局：负责牵头实施全市“一拆”工作，做好相关协调、指导及统计数据上报工作。同时，作为城乡规划区范围以内违法建筑查处的执法主体，研究制定对违法建筑查处、全面禁止新违法建筑的相关政策，并指导落实。

4. 市国土局：作为城乡规划区范围以外的违法建筑查处的执法主体，研究制定对违法建筑查处、全面禁止新违法用地的相关政策，并指导落实；参与指导违法建筑拆除后的土地利用。

5. 市委宣传部：负责“三改一拆”行动的宣传发动工作，制定“三改一拆”行动的宣传方案并指导实施，营造良好社会氛围。

6. 市考核办：负责对各乡镇（街道）及有关部门“三改一拆”行动目标任务完成情况进行综合考评。

7. 市公安局：负责对拆除违法建筑行动中出现的阻挠、阻碍拆违以及暴力抗法的当事人进行处理，做好突发事件应急处置等工作，并指导各派出所开展工作。

8. 市监察局：负责制定“三改一拆”行动中涉及违法违规的党员干部和公职人员的责任追究办法，并指导实施。

9. 市环保局：负责“三改一拆”行动涉及的环境保护和恢复工作，做好“三改一拆”与其他环保行动的协调工作。

10. 工商建德分局：通过依法查处、吊销营业执照等方式处理利用违法建筑进行经营的行为，并指导各工商所开展工作。

11. 市交通运输局：负责公路管理范围内违法建筑的调查和处置，做好统计报送工作；制定相关政策并指导落实。

12. 市林业局：负责山林管理范围内违法建筑的调查和处置，做好统计报送工作；制定相关政策并指导落实。

13. 市水利水产局：负责河道、湖泊、水利防洪设施范围内违法建筑的调查和处置，做好统计报送工作；制定相关政策并指导落实。

14. 市信访局：负责有关“三改一拆”行动引发的信访处理工作，并指导各乡镇（街道）做好信访处理工作。

15. 市法制办：负责为“三改一拆”行动提供法律保障。

其他各有关单位要按照各自的工作职责，各司其职，紧密结合，形成合力，共同推进全市“三改一拆”行动。

建德市“无违建市”创建活动实施意见

建政函〔2014〕23号

（一）总体目标

通过开展“无违建乡镇（街道）”“无违建村（社区）”一系列扎实有效的创建活动，全社会禁违控违的意识进一步增强，违法建筑防控和治理长效机制全面形成，既有违法建筑依法、有效、妥善处置，做到应拆尽拆，新违法建筑及时、有效处置，做到即查即拆。同时，在全市上下形成“比学赶超、破难攻坚”的创先争优氛围和“广泛参与、群策群力”的社会氛围，全市“三改一拆”行动成果得到进一步巩固和发展。

（二）具体目标

2014年，我市要创建成为“无违建市”，各乡镇（街道）要达到“无违建乡镇（街道）”创建标准，全市无违建乡镇（街道）创建成功率达到100%。

三、创建标准

全市“无违建”创建工作原则：全面申报，比例验收。

（一）申报标准

1. 申报无违建乡镇（街道），要求所辖80%以上的村（社区）且乡镇（街道）人民政府（办事处）驻地村（社区）达到“无违建村（社区）”标准。

2. 申报无违建村（社区），必须达到“无违建村（社区）”标准。

（二）无违建村（社区）标准

1. 无既有应拆违法建筑。全面完成“三改一拆”

目标任务，对既有违法建筑，依法、有效、妥善处置，做到应拆尽拆；

2. 无新增违法建筑。全面禁止违法建设行为，对新的违法建筑，第一时间发现、第一时间制止、第一时间处置，做到即查即拆；

3. 无规划盲区。全面完成村（社区）规划编制，实现规划全覆盖，严格执行建房规划相关要求。

4. 无管理死角。全面建立健全违法建筑防控治理的政策体系、工作机制和管理网络，做到管理规范有序。

5. 无非法“一户多宅”。全面完成农村非法“一户多宅”的清理整治，对符合“一户一宅”要求的无房户、危房户农民建房，做到优先保障用地指标。

6. 无重大群体性事件和安全事故。没有因违法建筑防控治理引发重大群体性事件和重大安全事故，做到辖区内社会和谐稳定。

7. 无已立案查处的违法建筑。1999 年以后建造且经立案查处的违法建筑必须拆除。

8. 无涉违信访。没有涉及村（社区）范围内违建的信访投诉，或有信访投诉但经核实后认定为不实举报或已立案查处。

9. 无党员干部违建行为。村（社区）范围内党员、干部没有违建行为。

四、创建步骤

（一）调查摸底阶段（2014 年 1 月 ~ 2014 年 2 月底）

各乡镇（街道）以村（社区）为单位，在对照无违建村（社区）创建的“九无”标准进行调查摸底基础上，向市“无违建”创建工作领导小组办公室进行申报，申报内容包括“无违建乡镇（街道）”、“无违建村（社区）”。

（二）全面推进阶段（2014 年 3 月初至 10 月底）

根据“无违建乡镇、村（社区）”创建活动的相关标准和要求，各乡镇（街道）应逐条分项对照检查，梳理分类，排定计划，抓好落实。根据“无违建”创建标准，加快推进创建乡镇（街道）、村（社区）范围内的乱搭乱建、一户多宅、已立案查处等违法建筑的治理，并做好基础台账。建立健全拆违机制和新违建防控机制，加大巡查力度，拆除历史遗留违法建筑，全面禁止新的违法建筑和违法用地，迎接检查验收。

（三）考核验收阶段（2014 年 11 月初 ~ 2014 年 12 月上旬）

11 月中旬前，各乡镇（街道）对照创建标准对所辖的村（社区）开展自查验收，及时发现、整改问题，完善工作台账。11 月中旬至 11 月底，市“无违建”创建工作领导小组组织开展“无违建”乡镇（街道）、“无违建”村（社区）创建考核验收工作；2014 年 12 月上旬开始，各乡镇（街道）开展查漏补缺“回头看”，全市“无违建”创建涉及单位全面做好迎接省、杭州市“无违建”创建活动考核验收的各项准备工作。

（陈卫东）

编辑：杨忠平

大事记

Chronicle of Major Events

2015 年建德市 10 件大事

【"支付宝 + 县域服务"全国首家试点落户建德】7 月 2 日，建德市与蚂蚁金融服务集团签订"支付宝"战略合作协议，"支付宝 + 县域服务"全国首家试点正式落户建德，标志着建德市与阿里巴巴集团、蚂蚁金融服务集团的合作进入了新阶段。近年来，建德市顺应互联网时代"大众创业、万众创新"的热潮，加快发展电商产业，通过与阿里巴巴集团的深入合作，借助"农村淘宝""建德产业带"等电子商务服务平台，将建德优质产品不断推向更广阔的市场。"支付宝 + 县域服务"建德试点首批上线的服务项目包括公积金查询、教育缴费、生活缴费、车辆违法查询、出入境办证、小客车摇号、挂号就诊等 9 项。

至年底，上线公积金查询、教育缴费、社保查询等 18 项民生服务，上线商家 357 家，页面浏览量达 29.32 万。自主开发支付宝建德旅游休闲"惠生活慧旅游"版块，累计景点订票共 3200 余人次，线上支付金额约 33.93 万元。12 月 16 日，互联网大会唯一指定官方媒体《钱江晚报》以《建德："支付宝 + 县域服务"的城乡样本》作专版宣传。

【成为"国家有机产品认证创建示范区"】10 月 14 日 ~ 16 日，在 2015 国际有机农业区域产业发展（西充）论坛暨国家有机产品认证示范创建工作会议上，建德市被国家认监委正式授予"国家有机产品认证创建示范区"称号，成为全国首批被授予此项荣誉的 9 家县（市、区）之一。

2004 年，建德市开始探索有机农业之路，2011 年获批"有机产品认证示范创建区"。在创建历程中，全市各部门单位以《建德市十二五有机产业发展规划》为指引，把有机产品认证示范区建设与国家级生态示范区、省级生态市建设相结合，加强政策扶持和全面监管，逐步提升创建成效。市市场监管局与农林水、环保等部门建立联席会议制度，实现从生产资料到生产过程及销售全过程监管。同时做好检测、推介、销售三大服务平台，保证有机产品质量，宣传有机生产理念，将建德有机产品推向市场。

至 2014 年，建德市有机产品认证企业从 2011 年创建工作开展以来的 17 家，增加到 24 家（含国内、国外有机认证），认证面积从 2586.29 公顷增加到 3394.5 公顷；有机企业生产总值从 1.8 亿元增长到 5 亿元以上，占全市农业总产值的十分之一；有机企业利润达到 8000 万元以上，占农业龙头企业总利润的四分之一以上，有机效益不断提升，农民收入逐年增加，有机产业逐渐发展壮大。

【签下 7 个重大产业招商项目】8 月 3 日，建德市在杭州分别与人福医药集团股份公司签订大健康产业园项目协议，与北京东方雨虹防水技术股份有限公司签订新型建筑防水防腐和保温材料项目协议，与杭州灿越网络科技有限公司签订快到网“互联网+”物流项目协议，与杭州三杭控股集团有限公司签订新马电梯科创园项目协议，与晶科电力有限公司、中节能太阳能科技股份有限公司签订太阳能光伏发电项目协议，与开元旅业集团签订开元芳草地乌石滩主题酒店项目协议。7个项目总投资额超过40亿元，涉及大健康、新能源、“互联网+”、休闲旅游、新型建材等领域，成为推动杭州产业转型升级的一大动力，对加快建德产业转型步伐、提升市域综合竞争力具有十分重要的战略意义。其中，人福医药在建德市投资发展生物医药产业，总用地26.7公顷，建设绿色环保的现代医药产业园，并大力发展医养结合的康复养老健康产业，打造面向华东地区的康复养老中心；东方雨虹在高新技术产业园投资9亿元，用地20公顷，建设新型建筑防水、防腐和保温材料生产研发项目；灿越网络公司利用“快到网+电商+物流基地”的聚合优势，投入6.5亿元打造千亿总营收物流电商平台；上海相伦机电设备有限公司、三杭控股集团收购新马电梯部分股权，开发建设杭州新马电梯研发科创园，项目总投资5亿元，新增土地4.1公顷；晶科电力投资3000万美元，在大慈岩镇、寿昌镇投资建设太阳能光伏发电项目；中节能投资约3000万美元建设装机容量为30MWp的农渔光游互补光伏发电项目；开元旅业在梅城镇乌石滩投资2亿元，建设主题酒店，打造生态环保的高品质住宿、独特的风味餐饮和多样化的户外运动相结合的休闲场所。

省委常委、杭州市委书记龚正会见了参加建德市重大产业项目签约仪式的投资方代表。杭州市委常委佟桂莉、杭州市副市长张耕，建德市领导戴建平、童定干、程茂红、吴铁民、周徐胤等，以及项目投资方代表出席签约仪式。

【梅城镇被列为浙江省历史文化名镇】 3月，梅城镇被浙江省人民政府列为第四批次浙江省历史文化名镇，成为该批次杭州市唯一上榜名镇，也是建德市唯一的省级历史文化名镇。被列入省级历史文化名镇后，严州古城保护从此纳入法定保护体系，梅城镇编制完成了《省级历史文化名镇保护规划》。

梅城镇地处新安江、兰江、富春江三江汇合处。从三国东吴黄武四年（225）置县，作为县城有近1800年历史。唐武则天神功元年（697）迁睦州州治，宋、元、明、清时均为州、路、府治所在地，古称睦州、严州等，是钱塘江上游徽州和下游杭州之间唯一的一座州府。明初严州作为浙江11个州府之一，其地位仅次于省会杭州排名第二，其下辖建德、寿昌、淳安、遂安、桐庐、分水六县。自古以来，梅城便人文荟萃、名臣咸至。唐代唯一的地方诗歌流派“睦州诗派”和清代的“新安画派”在此孕育而生；《三国演义》《水浒传》《聊斋志异》《官场现形记》均与此地有关；伍子胥、朱买臣、严子陵、谢灵运等历代名人也都与梅城有不解之缘。

近年来，梅城依托丰富的人文景观和深厚的文化底蕴，启动严州古城保护与开发，先后完成了玉泉寺、“南北双塔”沿江景观、六合古井、元末明初古城墙及大坝三座城门城楼等的修缮建设，实施了古城保护示范街一期改造；陆续出版富有地域特色的《严州古城——梅城》《陆游严州诗文笺注》《严州古今文丛》等书籍，并举办中国严州文化学术研讨会。2014年，梅城着手申报省级历史文化名镇，经普查整理，梅城辖区内拥有各类传统建筑、环境要素115处，百年以上古木26棵，历史街巷32处，民俗文化7种，严州虾灯、生漆、青石刻技艺等成功申报为省级非物质文化遗产。

【列入全省“坡地村镇”建设用地首批试点县（市）】2015年，建德市成功列入浙江省首批低丘缓坡“坡地村镇”试点县（市）之一。“坡地村镇”建设用地，是指将具备开发条件的低丘缓坡地块开发成为城乡建设用地，减少各类项目建设对现有耕地资源的占用，进一步拓展用地空间。共向上级申报2015年实施项目12个，区域面积162.93公顷，建设面积37.53公顷。经省9部门的联合会审，乌石滩区域旅游开发、乾潭镇杭派民居、杭州艾利斯民宿、十里埠岱头旅游综合体4个项目被纳入省级首批“坡地村镇”试点。12月，4个项目建设实施方案经省国土厅审查通过，核拨农转用指标6.37公顷，农转用农手续全部批复到位。此次“坡地村镇”建设用地试点，将充分依托建德市地域自然条件，推进低丘缓坡综合开发利用，使全市耕地得到更好保护，有效缓解建设用地供需矛盾。

【中国首届传统村落保护利用国际高层研讨会在建德召开】10月16日～17日，中国首届传统村落保护利用国际高层研讨会在建德举行，来自国家文物局、联合国教科文组织亚太地区世界遗产培训与研究中心、清华大学、日本早稻田大学等40多名国内外专家学者，围绕传统村落的保护利用这一主题进行深入探讨，并为新叶古村等古村落的保护利用提出思路和方法。

建德在以新叶村为代表的传统村落的保护利用工作上，始终坚持“保护为主、抢救第一、合理利用、加强管理”的方针，牢固树立“尊重自然、顺应自然、天人合一”的理念，积极抢救挖掘历史文化遗产，利用各自独特的资源，形成保护、整治、开发的良性循环。是年，新叶全国首批传统村落保护工程有序实施，投入309.6万元完成崇智堂、雍睦堂、存心堂等5处重点历史建筑的修缮和21处抢救性维修。收购新叶历史建筑产权10处，实施新区周边配套项目工程。将“贻燕堂”打造成土曲酒展示馆、“西山祠堂”打造成村史馆、“文昌阁”打造成耕读文化展示馆、“崇仁堂”打造成村规展示馆、“双美堂”打造成民俗生活展示馆、“有序堂”打造成戏曲展示馆。完成收购产权的6处古建筑，按照新叶村的风俗建成民宿。

研讨会初步形成《中国传统村落保护利用建德共识》，提出把古村镇保护纳入美丽乡村建设的整体布局中，正确处理保护、更新、利用的关系，做到完整性和独特性的和谐统一，实现传统村落的永久保护、永续利用。

【建设特色航空小镇】建德千岛湖通用机场，距离建德市区15千米，可满足全重5250千克以下A类飞机起降，建有可停放10架以上航空器停机坪和15架航空器机库，是浙江省首家取得A类民用机场许可证的通用机场。上海东方通用航空等7家单位在此建立主运行基地。2014年，机场全年飞行日265天，飞行7300多架次。2014年5月，编制完成建德市通用航空产业基地概念性规划大纲。2015年，建德市政府提出打造集飞机组装制造、维修、培训、航空旅游及航空体育赛事为一体的特色航空小镇。7月，建德经济开发区与浙江虹湾通用航空工程技术有限公司签订战略合作协议，双方将依托建德千岛湖通用机场和航空产业园，跨界整合资源，构筑集通航飞机托管、改装中心产业化、通用航空器前沿技术支撑于一体的通用航空示范基地建设。8月，国家体育总局在通用机场成功举办了全国科研类航模比赛。同年获得了国家体育总局国家级飞行营地授牌，成立了第一家无人机培训机构。2015年12月2日，建德航空小镇被列入杭州市第一批特色小镇创建名单；2016年1月26日，被列入浙江省第二批特色小镇创建名单。小镇规划面积3.57平方公里，建设用地面积1.39平方公里，分为航空休闲旅游、航空服务和航空制造三大区块。

【三江两岸 · 建德绿道开通】8月25日，“三江两岸 · 建德绿道”建成并正式对外开放。建德绿道东起乾潭镇，西至梅城镇严东关，全长18公里，跨越富春江国家森林公园七里扬帆景区250平方公里的无人区，森林覆盖率接近90%，是一处极佳的天然氧吧，也是浙江省最纯粹的绿道。该绿道临江而建，路宽3米，全程沿胥溪与富春江江岸设计，主要由滨江景观道、栈道、廊桥、观景平台及驿站等构成。沿途设置了溪西畈、子胥渡、富家坞、乌石滩、方门、严东关等多个驿站，并设有电瓶车、自行车服务站等配套设施，是具有旅游开发价值的沿江精品绿道。该绿道支持徒步、慢跑和骑游，远期将推出水上帆船游览和观光船游览等多种水上项目，形成水路联动、景观互补为游客提供更多样的服务和体验。“三江两岸 · 建德绿道”2012年9月17日开工建设，项目总投资1亿元人民币，是杭州“三江两岸”生态景观保护与建设项目的重要组成部分，也是杭州市旅游西进的重大工程。

【“浙西国际心脏中心”落户建德】 2013年5月，建德市第一人民医院成为浙医二院建德分院，是浙江省首家启动优质医疗资源下沉项目的医院。此后，建德市中西医结合医院（建德市第三人民医院）、建德市第二人民医院先后与杭州市中医院、杭州市第一人民医院集团建立紧密合作关系。建立合作之后，先进的仪器设备、知名专家、多项新技术与新项目走进建德。

2015年7月9日，全省“双下沉、两提升”工作现场推进会上，建德市与浙医二院就“双下沉”长效合作项目签约，在建德共同投资新建“浙西国际心脏中心”，成为全省首批探索长效机制合作项目之一。该项目计划选址于洋溪新城区块，定位为一家三级甲等专科医院，由浙医二院独立运营管理，拟开放床位300张，下设冠心病、心律失常、结构性心脏病、高血压、心力衰竭、心血管外科和心血管康复等亚专科及“浙西心硅谷”研发中心，开展国际最新的心血管介入治疗技术，实行人才培训一体化、业务管理一体化和财务管理一本账的管理模式。

【建德市客运中心投入运营】 10月27日，建德市老长途车站全部关闭，新客运中心投入试运营，11月10日正式投入使用。新车站位于洋溪街道新安江高速收费站出口西侧，总占地面积5.34公顷，总建筑面积1.59万平方米，总投资1.78亿元。2011年10月26日开工建设，2015年7月29日通过竣工验收。主要包括客站主体建筑、公交停车场、出租车停靠站、餐厅、商业区等基础设施，设计日旅客发送量1.2万人次。该中心开通网上售票系统，可以通过畅途网预订新安江站发车的长途班车票，可以用手机下载APP客户端订票、微信关注“畅途网”订票，乡镇（街道）邮政服务网点购票。同时，所有长途客运车辆及新安江—大同农村客运线路迁至新客运中心，班次按新发班时刻表执行，并调整1路、4路公交线路。

2015年建德市大事记

1月

1日起 建德市城乡居民最低生活保障标准由每人每月520元调整为每人每月540元，最低补差每人每月135元；农村居民最低生活保障标准由每人每月375元调整为每人每月405元，最低补差每人每月122元。建德市调整完善征地养老保障政策，惠及全市被征地农民4万余人。

是日 建德市执行阶梯水价。80% 居民家庭用水每吨上涨 0.17 元，低保户家庭每月减免 6 吨水。

5 日 市委召开十三届八次全体（扩大会议），总结 2014 年工作，研究部署 2015 年任务，动员全市广大干部群众，坚定信心，乘势而上，狠抓落实，在加快建德发展的新征途中开拓奋进。

6 日 市政府组织开展农贸市场活禽交易休市情况督查。2014 年 11 月份以来，省内发生多例 H7N9 病例，建德周边县市环境监测 H7N9 阳性率呈上升趋势，现阶段防控形势较为严峻。

9 日 市委书记戴建平调研中策橡胶（建德）公司时强调：加大技改投入，打造百亿企业。

是日 市十五届政府召开第 33 次常务会议。审议讨论 2015 年建德市政府投资重点项目建设计划，听取研究 2015 年财政预算编制情况汇报。

10 日 建德草莓杭州展示展销推介会在杭州吴山广场举行，拉开第七届建德新安江 · 中国草莓节的帷幕（为期 4 个月）。2014 年，建德草莓产业总产值首次突破 10 亿元大关，草莓成为建德农民增收致富的大产业。

12 日 建德市十五届人大常委会举行第二十四次会议。会议初审建德市 2014 年财政预算执行情况和 2015 年财政预算（草案）、建德市 2014 年国民经济和社会发展计划和 2015 年国民经济和社会发展计划（草案），审议通过了 2015 年新增政府投资重大项目。

13 日～15 日省考核验收组到建德考核验收《无违建市》创建工作。

16 日 建德市召开见义勇为表彰会，表彰 2014 年度 7 名见义勇为积极分子。

是日 省召开宣传思想文化工作会议，建德市获“浙江省示范文明城市”荣誉称号。

17 日 20 点，中央电视台中文国际频道（4 套）播出《新叶古村》。《新叶古村》是暨《诸葛村》之后浙江省第二个亮相央视《记住乡愁》栏目的浙江古村。

20 日 建德市与兰溪市签订芝堰水库饮用水源保护合作协议。

21 日 洋溪街道撤村建居改革全面启动。

23 日 建德市召开全市农村工作会议，总结 2014 年工作，部署 2015 年农业农村工作。强调坚持“强农业、美农村、富农民”目标，走出一条具有建德特色的农业农村现代化发展道路。

是日 建德市部署春运工作。2015 年春运从 2 月 4 日开始至 3 月 15 日结束。

26 日～29 日 建德市政协十三届四次会议在新安江召开。会议选举叶志高为政协建德市第十三届委员会副主席。

28 日～30 日 建德市十五届人大四次会议在新安江召开。会议选举童定干为建德市人民政府市长。

是月 建德市与阿里巴巴成功“联姻”，正式签署阿里巴巴农村发展战略建德市试点项目合作协议，标志着阿里巴巴“农村淘宝”项目在建德全面启动。建德也成为浙江省暨桐庐、临安、诸暨之后第四个试点县（市）。

是月 《建德市物业服务企业管理考核办法（试行）》施行。

是月 九姓渔民文化公园在三都镇三江口村落成。公园占地面积 1.2 公顷。

2 月

2 日 建德市人民法院出台 20 条意见为全市金融发展保驾护航。

4 日 市委书记戴建平接受杭州网专访，对接杭州“两会”。

是日 建德市“夕阳红”大讲堂正式开讲。

6 日 杭黄铁路征迁房屋拆除正式启动。

7 日 杭州市市长张鸿铭参加杭州市人代会建德代表团讨论时指出：建德拥有深厚的文化底蕴，丰富的山水资源，良好的经济基础。要坚定信心，乘势而上，加快发展。

9日 “建德果蔬乐园”现场推进会暨海峡两岸草莓文化创意园启动仪式在下涯红群草莓采摘基地召开。

是日 建德市首个中央财政补助水土流失治理项目（三都镇后源溪小流域水土流失综合治理项目）通过省专家组验收。

10日 市政府召开全体（扩大）会议，部署落实2015年政府主要目标任务和重点工作。

同日，市纪委召开十三届五次全体（扩大）会议，总结2014年党风廉政建设和反腐败工作，研究部署2015年工作任务。

是日 杨梅公路完成标高抬升工程并通车。

11日 浙江电视台《流动大舞台》走进大同。

12日 建德市召开工业经济暨招商引资大会。会议强调，量质并重抓投入，创新驱动促转型，全力以赴推动建德新型工业化加快发展。

是日 下涯镇之江村举办首届“之江春晚”。

13日 杭州市总结部署“五水共治”“三改一拆”工作。建德市被授予“五水共治”工作先进区县（市），并获“三改一拆”行动优胜单位。

15日 全市党建工作会议召开。

25日 全市深化作风建设大会召开，以“弘扬拆违治水精神，激励干部干事创业”为主题，全面部署开展深化“作风效能年”活动。

3月

4日 省平安考核检查组到建德检查考核“平安建德”创建工作。建德市反邪教警示教育基地在明珠社区揭牌。

5日 建德城投与杭州水务控股集团签署《水务合作框架协议》。

11日 阿里巴巴“农村淘宝”建德服务中心启动仪式在逸龙电子商务产业园举行。

是日 “严州学子”励志奖学金在严州中学梅城校区成立。由严州中学校友、加拿大华侨汪思孟、俞亚男夫妇发起并捐赠。

16日 建德市法院依法对新化生活区3号楼107室强制腾退，并交付拆除。桥东区块国有土地房屋拆迁工作全面完成。

是日 《严州古今文丛》在梅城首发。

16日～19日 省、杭州市教育实践活动整改落实督查组对建德市教育实践整改落实情况开展专项督查。

17日 杭州沈氏换热器有限公司节能科技产品获日内瓦发明展金奖，系浙江省唯一获此殊荣的企业。

19日 建德市召开市领导“六个领衔”工作会议，全面部署2015年度工作任务，深化“六个领衔”，再掀奋战热潮。

27日 建德市红十字会召开第六次会员代表大会，回顾总结过去五年工作，部署今后工作任务。

30日 省督查组到建德督查“五水共治”“三改一拆”工作。实地查看13个乡镇（街道）近30个点位。并于4月3日作出反馈。

是月 梅城镇被列为浙江省历史文化名镇，是该批次杭州市唯一上榜名镇，也是建德市唯一的省历史文化名镇。

是月 新叶古村被评为“华东十大油菜花观赏地”。

4月

1日 杭州市人大常委会主任王金财到建德调研基层人大工作。

2日 全市一季度经济形势分析会召开。市长童定干强调，以“创新、实干、担当”精神奋战二季度，确保时间过半、任务过半。

3日 国家安全生产监督管理总局副局长孙华山到建德调研危险化学品运输安全工作。

8日 省政协副主席王建满到建德调研。视察杨村桥镇长宁溪整治情况、黄盛村生活污水处理设施建设情况、梅城大坝二期建设及古街改造情况等。

是日 建德市召开乾潭小城市培育试点工作推进大会。

10日 省委书记、省人大常委会主任夏宝龙到建德调研，视察乾潭镇胥江村河道整治和农村生活污水治理点以及杭州艾利斯玫瑰公司。省委常委、省委秘书长赵一德，副省长黄旭明随同调研。市委书记戴建平、市长童定干等市领导陪同调研。

11日 第六届中国·建德千岛银珍茶叶节在杭州“茶都名园”开幕。

17日 建德市入选“浙江最具魅力新水乡”。

18日 建德市传统文化教育促进会成立。

20日 省委常委、杭州市委书记龚正到建德调研基层党建工作。

是日 中华环保世纪行新闻采访团走进建德。

23日 杨村桥美丽乡村国际营地度假公园项目正式落地。

24日 由国家发改委、环保部、水利部等组成的联合视察组到建德，视察新安江上游流域保护工作。

是月 央视《远方的家》分别走进新叶古村、之江村、三江口渔村。

是月 建德市获省农村文化礼堂建设先进县（市、区）称号。

是月 大洋镇被确定为浙江省新能源示范城镇。

5月

2日 2015“万里挑一·富士杯”全国万人钓鱼大奖赛建德分区赛在乾潭大悦山庄开赛。

7日 在第二届农药行业经济运行分析暨农药行业排行榜发布会上，新安集团蝉联中国农药销售百强榜首。

10日 奥立达电梯产业园在杨村桥镇开园。电梯年产能3万台，开辟建德工业4.0时代。

14日 建德市召开工作评议暨“公述民评”动员会议。

14日～15日 新华社视频、中央电视台等中央媒体记者到建德采访低压电器出口质量安全示范区创建工作。

15日 第九届中国餐饮产业发展大会上，浙江严州府餐饮有限公司、浙江万新餐饮管理有限公司喜乐大酒店获2014年全国餐饮500强。

18日 省委第六巡视组召开巡视建德工作动员会。组长杜林德作动员讲话。戴建平作表态发言，童定干、程茂红、吴铁民、周徐胤等出席。

19日 建德市列入全省“坡地村镇”建设用地首批试点县市。

20日 2015年杭州市科技活动周（建德站）开幕。

21日 建德市召开软弱落后村党组织整转暨发展党员工作会议。

同日 全省千名残困少年专项资助活动在建德市启动。资助活动涉11个县（市、区）1000名残困少年。建德市130名孩子成为第一批受益者。

22日 全市“三严三实”专题党课暨专题教育会召开，市委书记戴建平在会上作专题党课。建德市“三严三实”专题教育正式启动。27日，戴建平书记在市领导“六个领衔”工作督查推进会上强调：践行“三严三实”，强化责任意识，掀起“六个领衔”抓落实的新高潮。

23日 建德市举办首届集邮品鉴会。

25日 来自发展中国家智力引进与国际化人才培养管理官员研修班的23位外国友人到建德引智企业视察。

26日 北大民营经济发展（地方）论坛暨浙江·江苏企业商务合作对接会在建德举行。

31日 “古韵严州、诗画梅城”全省摄影大赛开镜。

6月

4日 共青团建德市第二十二次代表大会开幕。

5日 江干·新安江旅游休闲特色街落成揭牌。

是日 参加全国农村基层党建工作座谈会的中央组织部、国务院“扶贫办”领导，以及江苏、安徽、江西、湖南、广东等5个省组织部部长、民政厅厅长、农办主任，到建德视察乾潭镇幸福村党建工作。

10日 建德市首个乡镇书法协会在大洋镇成立，有会员41人。

12日 中共建德市委常委会召开扩大会议，传达习近平总书记在浙江视察讲话精神和省委十三届七次全会精神。

是日 建德市通过全国义务教育发展基本均衡市复查。

是日 建德市法学会正式成立。

17日 建德市举行“三严三实”专题学习研讨会。会议强调，党员领导干部要把严以修身作为终生必修课来抓，切实增强政治自觉、思想自觉和行动自觉。

19日 建德市召开“三改一拆”和“无违建市”创建工作督查推进会。市长童定干强调，全市上下要以认真坚定的态度、统筹统揽的理念和项目化管理的方式，坚持目标导向、问题导向、效果导向，做到认识再提高、重点再突出、力度再加大，确保建德“三改一拆”和“无违建市”创建工作继续走在全省、杭州市前列。

23日 建德市召开打造“美丽杭州”建设“两美”浙江示范区整治行动动员部署会，拉开整治行动序幕。

24日 建德市第十五届政府召开第38次常务会议，审议讨论商事制度改革、“五证合一”“证照合一”等相关政策。

26日～28日 建德市229个行政村党组织书记接受集中轮训。轮训的主题是“书记抓党建”。主要目的是增强村党组织书记的政治意识、组织意识、规矩意识、纪律意识、法治意识，提高抓好党建工作、服务群众和履行职责的能力水平。

26日 台湾南投县名间乡乡长陈文德一行18人到建德市参观访问。

29日 开发区（寿昌镇）与浙江虹湾通用航空工程技术有限公司签订战略合作协议，标志着浙江虹湾通航千岛湖维修基地项目正式启航。

7月

1日 中共建德市委召开常委（扩大）会议，传达习近平总书记会见全国优秀县委书记时的讲话精神。“七一”前夕，作为全国百名优秀县委书记之一，建德市委书记戴建平在北京接受表彰，并受到习近平、刘云山等党和国家领导人的亲切会见。

是日 建德市成为杭州地区首个自办老年优待证的县(市)。

是日 建德市分级诊疗推行正式运营。

2日 “支付宝＋县域服务”全国首家试点落户建德。

是日 九三学社中央委员会举行授牌仪式，授予杨村桥镇“多党合作社会主义新农村建设示范点”。此为九三学社中央在东部沿海省份设立的唯一一个示范点。

3日 环城北路拱新路改建工程开工。全长约1.59千米，宽15～25米。

是日 建德市首届小学生五人制足球联赛鸣哨开球。

6日 晚，省委召开第九次县（市、区）委书记工作交流视频会议。市委书记戴建平在视频会上作交流发言。

8日 国际香料香精（杭州）有限公司整体搬迁和提升改造工程正式开工。是继新安迈图、格林生物、建业有机等搬迁至高新技术产业园后，又一集聚入园的企业。

9日 建德市紧急召开全市防台减灾工作会议，积极应对防御9号台风“灿鸿”。

是日 在全省“双下沉、两提升”工作现场推进会上，建德市与浙医二院就“双下沉”长效合作项目签约，计划在建德共同投资新建“浙西国际心脏中心”。

10日～12日 在第十届浙江国际传统武术大赛上，新安江街道府东社区木兰拳3人获5枚金牌，集体项目木兰双扇获第一名。

13日 建德市对新设企业实行“五证合一”的登记模式。五证即：组织机构代码证、税务登记证、社会保险登记证、统计登记证、营业执照。“五证合一”费用全免。

15日～18日 省督查组督查建德“五水共治”“三改一拆”工作。

17日 “致清、智慧、致青春”2015中国C9高校建德新安江龙舟赛激情上演。

18日 2015第五届国际（杭州）毅行大会首次落户建德。来自C9高校联盟和社会各界1500名选手，参加了5千米、15千米两个组别的青春毅行活动。

是日 建德市第七届十里荷花精品园开门迎客。

22日 建德市国防动员工作接受杭州市考评。

22日～23日 建德市启动“亮剑3号”环境执法专项行动，把脉问诊10大工业园区。

25日 市农副产品综合批发市场项目正式启动。该项目为建德市十大服务项目之一，位于更楼街道湖岑畈村，占地3.8公顷。

30日 航头镇石屏村发现大娃娃鱼，长78厘米，重3.2公斤。

31日 建德市党建研究会成立。

是日 梅城镇南峰工业园区三弟兄家禽家畜自动化深加工项目开工建设。是全省最大的家禽定点屠宰基地。

8月

1日 中国航空体育（休闲）产业与航空小镇发展研讨会在建德举行。同日，2015“新安集团杯”科研类全国航空航天模型（建德）公开赛在建德千岛湖通用机场拉开帷幕，来自全国20余所高校参赛队的数百名学生以及数千名飞行爱好者参加。

3日 省委常委、杭州市委书记龚正会见参加建德市重大产业项目签约仪式的投资方代表。当日，建德市在杭州签下7个重大产业招商项目，总投资额超过40亿元，涉及大健康、新能源、“互联网+”等多个领域。

是日 建德电网供电负荷达45.15万千瓦，刷新历史最高纪录。

4日 省住建厅副厅长赵克一行到建德，对建德市世界银行贷款项目和棚户区改造项目进行调研。

是日 建德市启动“廉政电影下乡月”活动。

8日 1500余名省内外耐寒勇士“泳”闯新安江，零距离体验17摄氏度。

12日 建德市第一人民医院以9.908的分数通过第五版JCI认证。

15日 浙江省首届生态运动会走进莲花。

18日 建德市被评为全国柔力球之乡。

21日 建德市旅游商务局成立。

24日 经省委同意，省委第六巡视组组长杜林德向建德市委书记戴建平反馈了巡视情况，省委巡视工作领导小组办公室副主任洪国良传达了省委书记夏宝龙关于巡视工作讲话精神。根据省委统一部署，5月18日至6月17日，省委第六巡视组对建德市进行巡视。11月13日，市委在今日建德刊登《中共建德市委关于巡视整改情况的通报》。

25日 首届中国大学生帆船锦标赛开幕式暨“三江两岸”建德绿道开通仪式，在建德市三江口水上运动中心举行。

28日 杭黄铁路（浙江段）工程建设推进会在建德召开。杭州市人大常委会主任王金财出席会议并调研建德段工程建设情况。

是月 首批56辆纯电动微公交进驻建德，最高时速100公里，一次充电可行驶60千米～150千米。

9月

1日 “全国三八红旗手”徐美英受邀代表建德人民赴京，参加9月3日抗战胜利70周年纪念活动。是浙江省唯一受邀参加现场观礼的“全国三八红旗手”。

2日 建德市召开“机器换人”工作推进会，全面推进工业产业转型升级步伐，促进工业经济增量提速。

7日 省十二届人大代表杭州市第七小组一行视察建德市“三江两岸”整治工作。

11日 建德市纪委通报10起“四风”和腐败问题案件。

16日 建德市第十届邻居节开幕。

17日 建德市第一笔农村土地承包经营权抵押贷款在大慈岩发放。

18日 “中共建德小组纪念馆”在梅城开馆。1927年2月，建德县第一个共产党组织——中共建德小组在梅城诞生。

21日 发展中国家女官员参与社会管理能力建设研修班一行（17个国家40人）到建德视察。

24日 建德市金融学会成立。

29日 省委常委、杭州市委书记赵一德到建德调研，听取建德市工作情况汇报。

30日 建德市举行烈士纪念日公祭活动。缅怀革命先烈，弘扬烈士精神。

10月

1日 建德市婺剧团精品剧目、全国首部畲汉婺剧《畲女凤凰》在金华中国婺剧院首演。

8日 “众创未来 · 梦圆建德”2015建德青年创业创新大赛十强出炉。雨歌动漫《屹塔》项目获得冠军。

9日 由省人大党组书记、副主任茅临生带队的省人大督查组到建德，跟踪督查建德市“五水共治”工作。

10日 杭州市人大常委会主任王金财到航头、大同、寿昌等乡镇走访看望人大代表，广泛听取代表的意见建议。

14日 建德市举行2015年度工作评议暨“公述民评”大会,直面部门一把手,零距离问政评议。

是日 大洋镇成立建德市第一个乡镇文联组织。

14日～16日 在2015国际有机农业区域产业发展（西充）论坛暨国家有机产品认证示范创建工作会议上,建德市被国家认监委正式授予“国家有机产品认证创建示范区”。成为全国首批授此荣誉的9家县（市、区）之一。

16日～17日 中国首届传统村落保护利用国际高层研讨会在建德市举行，40多名国内外专家学者与会。

18日 国家体育总局航管中心主任李正梅到建德，考察建德千岛湖通用机场，调研航空特色小镇建设。

22日 全省农村环境综合整治工作现场会在建德召开。

23日 省政协副主席王建满到建德督查“两路两侧”“四边三化”专项整治工作。

24日 第七届中国建德柑橘节暨“江干——下沙全民游建德”首发式开幕。

27日 建德客运中心试运营。11月10日正式启用。占地面积5.34公顷，总建筑面积1.59万平方米。

是日 省政协主席乔传秀在杭州市市长张鸿铭、杭州市政协主席叶明陪同下到建德调研。参观视察农夫山泉建德生产基地、建德千岛湖通用机场。

11 月

1 日 里叶白莲获第 16 届绿博会金奖。

2 日 省级特色小镇调研组到建德调研航空特色小镇创建工作。

3 日 建德市召开全市领导干部大会，传达学习十八届五中全会精神。会议强调，学习贯彻五中全会精神，要内化于心，外化于行，全力冲刺完成全年目标任务，加紧谋划“十三五”规划，推动建德经济社会又好又快发展。

4 日 中央党校专题调研组到建德，就“社会结构与政协界别设置”开展专题调研。

5 日 位于洋溪街道雅鼎路 666 号的建德浙西垮境电子商务产业园正式挂牌。

6 日 新安集团举办新安文化节主题晚会，庆祝集团创建五十周年。

10 日 三都省级现代农业综合区通过考核验收。

12 日 央视《探索 · 发现》栏目摄制组走进新叶古村，进行为期 7 天的拍摄。

19 日 省委常委、组织部部长廖国勋到建德调研经济社会发展和基层党建工作。

24 日 杭州市人大常委会主任王金财到新安江街道府东社区代表联络站接待选民，了解基层社情民意，听取代表和选民对经济社会发展的意见建议。市委书记戴建平、市人大常委会主任程茂红参加活动。

26 日 建德市创建省慢性非传染性疾病综合防控示范区工作通过评估。

29 日 《建德市国家有机食品基地示范市建设规划》通过评审。

是月 建德市 17 万只液化气钢瓶投保产品责任险。如发生燃气事故，单次事故最高可赔 100 万元。

12 月

1 日 杭州市第七人民医院（建德分院）挂牌成立。

2 日 市十五届政府召开第 47 次常务会议，专题审议《建德市经济体制综合改革方案》。

3 日 灵栖村成为建德市首个“浙江书法村”。

4 日 杭州市政协主席叶明到建德视察。

7 日 建德市与中国电信杭州分公司就浙西数据中心项目（落户洋溪街道岩口区块）签订合作协议。

10 日 建德市纪委统一派驻（出）15 个监督机构，实现对市级机关单位派驻全覆盖。

15 日 市长童定干应邀做客新浪网总部并接受专访，畅聊农夫山泉水源地“建德草莓”。

16 日 航空飞行营地落户建德。

17 日 中国少年先锋队建德市第十次代表大会召开。

18 日 紫金新安悦府在洋安新城开工。该项目占地 6.5 万平方米，建筑面积 18 万平方米，总投资 8 亿元。

19 日 ~ 20 日 省海外高层次人才联谊会到建德市对接交流。

21 日 府前路东侧麻园地块改造项目非住宅房屋开始签约。整个征收区块共 214 户，当日签约 208 户，签约率 97.2%。

21 日 ~ 25 日 杭州市“无违建”验收组到建德，对建德市“无违建乡镇（街道）”创建工作进行验收，并反馈初检情况。

25 日 杭州建德自来水有限公司、杭州建德污水处理有限公司举行揭牌仪式。

是日 市委召开 2015 年度党组织书记抓基层党建工作和履行党风廉政建设主体责任述职评议会。16 位乡镇（街道）党（工）委书记和市直机关工委书记通过口头述职，其他部门单位党组织书记通过书面述职，接受与会人员评议。

26 日 第八届建德新安江 · 中国草莓节暨建德果蔬乐园冬季采摘节在杭州启幕。

28 日 民进建德市委会举行成立 30 周年纪念

大会。

是日 省委、省政府考核小组到建德，对杭州市“五水共治”和生态省建设2005年度工作进行考核。

28日～31日 建德市乡镇党代会和街道党员代表会议召开。

29日 第三届中国（建德）17度新安江养生美食节在新安江广场开幕。

31日 建德市获“浙江省休闲农业与乡村旅游示范县”称号。

是日 建德市不动产统一登记中心成立。

是年 建德市通过自查上报的各类国有资产总量433.42亿元，净资产201.41亿元。完成17个部门、9个乡镇、2家市级国有公司以及177个下属单位的进点核查。核查新增资产7.72亿元，并归类整合首批资产26.55亿元。

是年 乾潭镇、大同镇中心卫生院，杨村桥镇卫生院入选全国首批“2014年~2015年群众满意的乡镇卫生院”。

是年 建德市招商引资工作实现历史性突破。全市16个乡镇（街道）及高新园、62个纳入招商引资考核的机关部门全部完成建德市外内资、杭州市外内资、浙江省外内资及外资四项招商引资指标，为历史首次。

编辑：杨忠平

概 貌

General picture

历史沿革

【概况】 建德市境在1958年前为建德、寿昌两县地。1974年冬，中国科学院古脊椎动物与古人类研究所李家镇新桥乌龟洞内发掘出一枚人类的上犬齿化石，鉴定为更新世晚期后一阶段的智人类型，命名为“建德人”。约在10万年前就有古人类在建德繁衍生息。市境内发现新石器时期遗址多处，由此可知，新石器时期有很多古人在建德境内聚居，从事渔猎、农业、畜牧、蚕桑等生产活动。

建德古为越地。秦王政二十五年（前222）于原吴、越地置会稽郡（郡治在今江苏吴县），今建德地属会稽郡富春县。西汉因之。东汉仍属吴郡富春县。

三国吴黄武四年（225），析富春县地置建德县，县城在今建德市东北的梅城镇，建德之名自此始；同年，又析富春县地置新昌县，县城在今建德市西南的大同镇。两县均属吴郡。晋太康元年（280），新昌县更名寿昌县，寿昌之名自此始。自西晋至南朝的宋、齐两代，建德、寿昌仍属吴郡。

梁普通二年（521），寿昌改属新安郡，南朝陈时亦同。梁普通年间，建德划归金华郡，陈时仍旧。隋开皇九年（589），寿昌并入新安县（今淳安）；建德并入金华县。

唐武德四年（621），分金华复置建德县，属严州。七年（624），又析建德并入桐庐、雉山两县。永淳二年（683）复置建德县，属睦州。神功元年（697），睦州治移至建德，建德为州治始此。永昌元年（689）复置寿昌县，属睦州，旋又废。神龙元年（705）再置，属睦州。五代，建德、寿昌隶睦州，属吴越国。建德仍为睦州治所。

北宋因之。宣和三年（1121）改睦州为严州，建德、寿昌隶属不变。南宋咸淳元年（1265）升严州为建德府，建德、寿昌属之，建德为府治。

元至元十四年（1277）改建德府为建德路，路治建德，寿昌仍为所属。

明初改建德路为建安府。洪武八年（1375）又改为严州府，府治建德，寿昌仍为属县。

清仍明制。宣统三年（1911）十月，废旧府制，设立严州军政分府，建德、寿昌属之，建德为府治。

民国元年（1912）10月，严州军政分府废。民国3年（1914），建德、寿昌属金华道。民国16年（1927），废道制，建德、寿昌直属浙江省。民国20年（1931），设立第六行政督察区，建德、寿昌属之。民国22年（1933）10月6日，专员办事处设建德。民国24年（1935）9月，在兰溪设立第四行政督察区，建德属之；在衢县设立第五行政督察区，寿昌属之。民国32年（1943）9月，增设第十一行政督察区，建德、寿昌属之。专员公署始设淳安，后移建德。民国36年（1947）5月，撤销第十一行政督察区，建德、寿昌直属浙江省。民国37年（1948）4月，两县又属第四行政督察区。

1949年5月5日，建德、寿昌解放。同月设立第四专署，后改建德专区，建德、寿昌属之。1950年3月22日，撤销建德专署，建德、寿昌属金华专署。1955年3月31日，重设建德专署，建德、寿昌回属。1957年1月，为适应新安江水电站建设需要，分建德县地置相当县一级的新安江区，直属建德专署。1958年3月31日，新安江区改为新安江镇，隶建德县。11月21日，撤销寿昌县，并入建德县。1959年4月，撤销建德专署，建德县划属金华专署。1960年8月，县城由梅城镇移白沙镇（今新安江街道）。1963年5月16日，建德县划属杭州市，至今。1992年4月1日，建德撤县置市，市治新安江镇（今新安江街道）。

【市名由来】 建德市名因封建德侯而来。《三国志·吴书·孙韶传》载，“孙韶，字公礼……权为吴王，迁杨威将军，封建德侯。”又据《三国志·吴书·大帝记》，孙权为吴王是魏文帝黄初二年（221），孙韶封建德侯也是这一年。黄初六年（225），建德置县。孙韶的故乡在建德，原建德县的辖境为孙韶的封地。故此，建德市名因封建德侯而来，取“建功立德”之义。

（市史志办）

【区域位置】 建德市地处浙江省西部，钱塘江上游，杭州—黄山黄金旅游线的中段，位于北纬29°12′20″～29°46′27″、东经118°53′46″～119°45′51″。东与浦江县接壤，南与兰溪市和龙游县毗邻，西南与衢州市衢江区相交，西北与淳安县为邻，东北与桐庐县交界。东起乾潭镇梓洲村双门灶，西至李家镇石鼓村卢桐源，长84.38千米；南起航头镇珏塘村，北至乾潭镇罗村村石豹头扶梯岭，宽62.93千米。总面积2314.66平方千米，占全省面积的2.28%。距杭州高速公路里程108千米，市政府驻地新安江街道新安路1号。

【自然环境】 市境地处浙西丘陵山地和金衢盆地毗连处，地表以分割破碎的低山丘陵为特色，大部分地区地质构造属钱塘江凹槽带，山岭属天目山、千里岗和龙门山系。千米以上主峰有12座，主要分布在境域西北和东南。山脉大致呈北东向西南走向。整个地势为西北和东南两边高、中间低，自西南向东北倾斜。水系由周边向中间汇集，主要河流由西南流向东北，与山脉走向基本一致。

◎“建德侯”孙韶雕像

境域水系属钱塘江流域，有新安江及其支流寿昌江和兰江、富春江4条较大河流及38条中小溪流。新安江在市境西部的芹坑埠入境，由西向东流经新安江城区、洋溪、下涯、马目、杨村桥，在梅城与兰江汇合后流入富春江；境内全长41.4千米，流域面积1291.44平方千米。兰江在三河入境，自南而北流经三河、麻车、大洋、洋尾，于梅城东关汇入富春江；境内长23.5千米，流域面积419.38平方千米。富春江由西南流向东北，经乌石滩、七里泷，于冷水流入桐庐县；境内长19.3千米，流域面积615.75平方千米。寿昌江是新安江的一级支流，发源于李家镇长林大坑源，主流长65.8千米，流域面积692.3平方千米；河道曲折，集流时间短，河床宽浅，总落差428米，比降大，流速快，暴涨暴落，易造成洪涝灾害。境域山地和丘陵占全市总面积的88.6%。北部和西部山岭由古生代到新生代的砂岩、石灰岩和页岩等组成，侵蚀明显，切割较深，山势陡峻，相对高差达400米~600米，坡度常为30° ~40° 。南部为200米以下的丘陵，地势平缓，坡形浑圆，坡度一般在15度以下，谷地也较开阔。海拔50米以下的平原215平方千米，占全市总面积的9.4%。河谷平原主要分布在新安江、寿昌江及兰江两岸，土地肥沃，排灌条件良好，是建德市的主要农耕地带，也是商品畜禽的重要产区。

【资源状况】 1985年土地概查，境域耕地面积为29901.79公顷，占境域总面积的12.85%。水域总面积8592.11公顷，占境域总面积的3.69%，其中河流面积7515.63公顷、水库面积1076.47公顷，分别占水域面积的87.47%和12.53%。园地面积5839.87公顷，占境域总面积的2.51%，主要种植茶、桑、果等经济作物。据1999年森林资源调查，境域有林地面积15.57万公顷，森林覆盖率达75.4%。境域多山地丘陵、缓坡，发展种植养殖业回旋余地较大。

境内生物资源丰富，据查明，有森林树种700余种、药用植物700多种、动物140多种，其中有44种动植物资源属国家重点保护对象。初步探明的金属、非金属矿有27种，矿点63个，主要矿藏有石灰岩、白云石、大理石、花岗岩、石煤、铜、铁、铀等，其中石灰石储量最大，出露面积约85平方千米，估计储量143亿吨。建德气候温暖湿润，适宜农作物生长，是联合国粮农组织协助建立的全国10个林业技术推广中心县之一。立木蓄积量359.15万立方米。主要经济作物有茶叶、蚕桑、柑橘、严州白梨、里叶白莲、新安江牌草莓、板栗等。其中茶叶为全国重点生产县之一，柑橘、板栗是浙江省重点产区；里叶白莲洁白如玉，质地优良，为浙江省名土特产；严州白梨晶莹如雪，肉质细嫩，南宋时即为皇家贡品。境内水系发达，河网密布，水资源、水力资源较丰富，水资源总量18.58亿立方米，水能蕴藏量6.81万千瓦。水质极佳的淡水资源，又为大水面网箱养鱼奠定了基础。

建德山川毓秀，境贯“两江一湖”（富春江、新安江、千岛湖），旅游资源丰富，是国家首批公布的重点风景名胜区之一。新安江水电站的建成，使新安江城形成冬暖夏凉的独特小气候，为江南难得的旅游休养胜地。 （市史志办）

2015年建德行政区划

2015年底，全市辖3个街道、12个镇、1个乡；229个村、27个社区、15个居民区。

全市行政村、社区、居民区名单：

新安江街道：罗桐、沧滩、府西、新安、府东、健安、明珠、叶家、白沙、溪头、岭后社区；新蓬、黄泥墩、梅坪、丰产村。更楼街道：更楼、更化社区；邓家居民区；洪宅、邓家、桥岭、石岭、于合、许乐、岩源、后塘、湖岑畈、骆村、新市、黄畬、甘溪、张家村。洋溪街道：洋溪、洋安、青龙头、朱池社区；友谊、团结村。梅城镇：东湖、宝华洲、总府、严陵、梅花社区；龙泉、城西、龙溪、滨江、利群、洋程、望山、姜山、南峰、伊村、西湖、葛家、顾家村。寿昌镇：横山、西湖、东昌、望江社区；十八桥、卜家蓬、红路、余洪、周村、西华、童家、绿荷塘、桂花、山峰、陈家、金桥、大塘边、永嘉桥、南浦、西门、乌石、东门、城北、城中、河南里、石泉、三岩村。大同镇：上马、劳村、大同居民区；高桥、胡村源、淞溪、富塘、清潭、城山、儒博、小溪源、禹甸、葛岭、寻芳、潘村、黄垅、黄山头、黄家、田畈、管村桥、永平、永盛、徐韩、大同、溪口、盘山、镇源、朝阳、万兴、上马、郎家、三村、劳村、枫树岭、丰畈、江头、竹源村。乾潭镇：马鞍岭社区；姚村、沛市、安仁、下梓、前陵、王岩、梓洲、牌楼、下包、邵家、罗村、胥江、骑龙、方家、后山、施家、仇村、新程、万龙、大畈、乾潭、乾一、陵上、幸福村。三都镇：三都居民区；寿峰、洋峨、绿源、前源、圣江、樟村畈、新和、和村、镇头、梓里、乌祥、凤凰、大唐、东方、马宅、三江口、松口、春江源、三都村。杨村桥镇：杨村桥居民区；梓源、杨村桥、龙溪桥、上山、岭源、长宁、龙源、绪塘、官路、十里埠、徐坑、路边、黄盛村。下涯镇：下涯居民区；大洲、金洲、春秋、下涯、乌驹市、之江、江湾、联和、马目、丰和、施家埠村。大慈岩镇：檀村居民区；新叶、李村、汪山、三元、檀村、大慈岩、上吴方、双泉、狮山、陈店、里叶、吴山村。航头镇：航头居民区；东村、航景、黄木岗、溪沿、航川、航头、乌龙、千源、田畈村、彭家、罗源、曹源、南屏、灵栖、石屏、珏塘、石木岭、大店口村。大洋镇：三河、麻车、大洋居民区；河源、三河、倪家、江东、建南、麻车、柳村、青源、上源、新源、大洋、高垣、里黄、徐店、胡店、庆丰、鲁塘、贺宅、杨桥村。莲花镇：莲花居民区；莲花、戴家、昴畈、林茶、齐平、徐家村。李家镇：李家居民区；李家、龙桥、沙墩头、新桥、诸家、三溪、白马、石鼓、长林、新联村。钦堂乡：钦堂居民区；大溪边、蒲田、钦堂、谢田、庄丰、庙前、葛塘村。（市民政局）

气象

【概况】 2015年，全市气温偏高；降水和雨日异常偏多；日照异常偏少，创历史新低。梅雨较为典型且降水偏多；无霜期接近常年略偏长。全年先后出现春季长连阴雨、“倒春寒”和强对流天气；梅雨期3次暴雨，夏季低温多阴雨，有3次台风影响；秋冬季多阴雨寡照、降水异常偏多等灾害性天气，给全市工农业生产和群众生活带来较大损失。

【气温比常年偏高】 年平均气温17.4℃，比常年高0.5℃（编者注：历年各月平均值均为1981～2000年30年平均资料），比上年高0.1℃。据全市区域自动气象观测站网资料显示，各地年平均气温差异较大，年平均气温最高为下涯测站的18.7℃，最低为杨村桥镇徐坑测站的13.2℃。8月6日，出现年度极端最高气温38.8℃，比历史极值低4.1℃；1月2日出现年极端最低气温-3.8℃，比历史极值偏高4.9℃。月平均气温除7月、8月和9月比常年偏低外，其余月份均比常年偏高（见图1），其中1月、3月、11月和12月气温比常年偏高明显；7月平均气温26.4℃，比常年明显偏低；全年极端最高气温≥35℃的高温日数18天，仅为常年的一半；全年极端最低气温≤0℃的低温日数11天，比常年少17天，均为2000年以来最少（小）值；全年未出现极端最低气温≤-5℃的低温天气。全年无霜期269天，比常年多8天。终霜日3月2日，

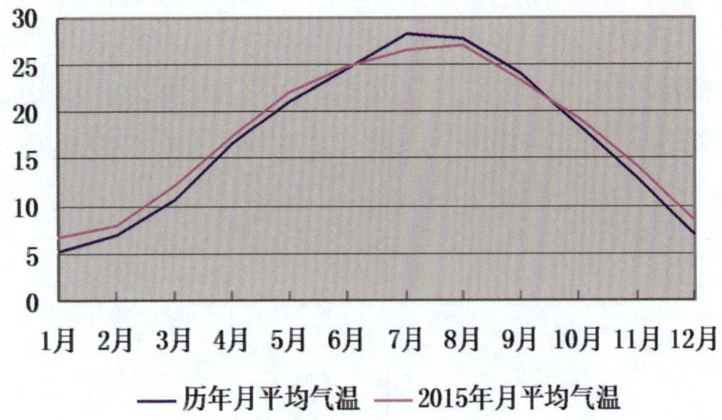

图 1. 2015 年建德市各月平均气温变化图

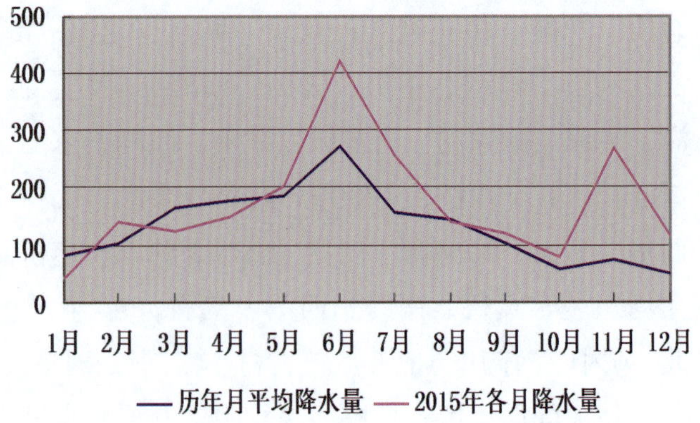

图 2. 2015 年建德市各月降水量变化图

比常年早 4 天；初霜日 11 月 27 日，比常年迟 5 天。

【降水量和雨日异常偏多】 全年总降水量 2069.2 毫米，比常年多 488.8 毫米，比上年多 342.4 毫米；雨日 181 天，比上年多 22 天。降水量和雨日异常偏多，均为 1957 年有气象记录以来第三多值年。全市各地降水分布不均匀，据全市区域自动气象观测站网资料显示，年降水量最多为大同镇江头村茶坪测站的 2552.1 毫米，最少为莲花测站的 1719.7 毫米，差值达 832.4 毫米。降水时空分布不均，1 月、3 月、4 月降水比常年偏少，8 月降水接近常年，其余月份降水均比常年偏多，其中 11 月降水 270 毫米，创同期历史新高（见图 2）。5 ~ 7 月连续 3 个月降水量比常年偏多，其中 6 月降水偏多 148.3 毫米、7 月偏多 98.8 毫米，6 ~ 7 月由于降雨相对集中，造成全市江河水位明显上涨，大部分乡镇道路积水较严重、部分农作物受淹，局部乡镇因降水引发的小流域山洪造成部分堤坝倒塌，部分地区还出现山体滑坡等地质灾害。11 ~ 12 月降水量连续偏多，出现罕见的秋汛和冬汛天气。

全年共出现日雨量 50 毫米以上的暴雨天气 7 天：6 月 7 日（雨量 57.2 毫米）、6 月 8 日（83.9 毫米）、6 月 18 日（59.3 毫米）、7 月 1 日（63.7 毫米）、7 月 17 日（56.6 毫米）、8 月 9 日（56.7 毫米）、11 月 8 日（84.3 毫米）；未出现日雨量 100 毫米以上的大暴雨天气。

5 ~ 7 月上旬梅汛期总降水量 789 毫米，比常年偏多 243 毫米。梅雨较为典型；6 月 7 日入梅，7 月 12 日出梅，梅雨期 36 天，比常年多 12 天；梅雨量 536.3 毫米，比常年多 203.6 毫米。梅雨期出现 6 次较明显降水过程：6 月 7 ~ 10 日、18 日和 21 ~ 22 日，7 月 1 日、4 ~ 6 日和 10 ~ 11 日，据自动气象站网资料显示，过程雨量分别为 174.6 毫米（航头镇石屏测站最大 220.2 毫米）、65.2 毫米（大同镇黄金坞水库最大 102.9 毫米）、43.7 毫米（寿昌镇千岛湖机场测站最大 65.9 毫米）、61.3 毫米（李家测站最大 111.0 毫米）、94.7 毫米（大同镇茶坪测站最大 130.2 毫米）、22.1 毫米（乾潭镇姚村测站最大为 82.0 毫米）。引发局地性的洪涝灾害和山体滑坡等地质灾害。

【日照偏少创历史新低】 全年日照总时数 1291.5 小时，比常年偏少 479.4 小时，比上年偏少 310.4 小时，为 1957 年有气象记录以来最少年。1 月、2 月、4 月比常年偏多，其余各月均比常年偏少；5 ~ 12 月连续 8 个月日照比常年偏少。其中，7 月日照仅 138.1 小时、11 月 37.2 小时，均为有记录以来同期最少值；12 月 52.1 小时，为历史第二低值年；10 月日照 121.2 小时，为 2000 年以来最少（见图 3）。

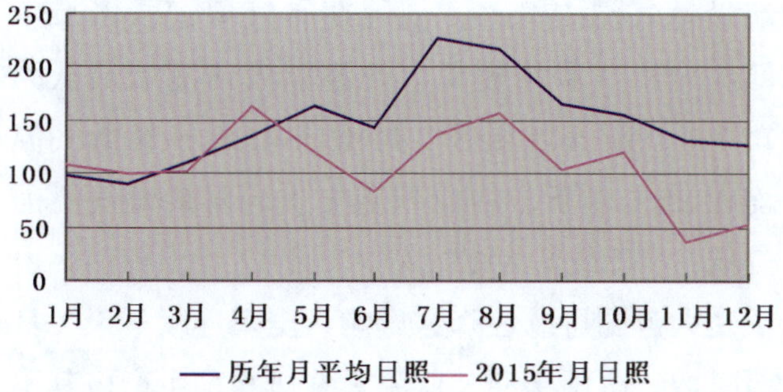

图 3. 2015 年建德市各月日照变化图

【倒春寒】 受强冷空气影响，4 月 3 日起建德市出现持续的降温、降水和短时大风天气，5 日 ~ 7 日平均气温过程降温幅度达 12.9℃；7 日 ~ 9 日连续三天日平均气温低于 10℃，分别为 8.2℃、9.0℃和 9.9℃，最低气温分别为 5.6℃、5.6℃和 7.0℃，出现“倒春寒”天气，但尚未出现冰冻天气，对作物的影响较小。因连日持续降水，造成部分地域出现山体滑坡等地质灾害。4 月 6 日 ~ 7 日乾潭镇白佛寺村的麻早线、三都三将线九龙湾、下涯下北线 12 千米＋500 米处相继发生地质灾害，引发山体崩塌，一度影响通行。

【“4·13”冷空气大风】 受北方较强冷空气影响，4 月 13 日全市大部分地区出现 7 级以上的偏北大风，其中新安江最大风力达 17.4 米 / 秒（8 级），致使大洋、三都等乡镇（街道）农作物和农业设施受损，其中大洋镇 3.3 公顷油菜绝收，部分油菜减产，造成经济损失约 10 万元；三都镇圣江村德泽农业蔬菜基地多个大棚受损，损失 5 万余元。

【3 次强对流天气】 “3·17”雷雨大风。3 月 17 日夜间，受强对流云团影响，全市出现雷雨大风天气，杨村桥、乾潭等地最大风力 11 级以上，造成部分农业设施大棚倒塌受损。受灾较重的杨村桥镇徐坑村和长宁村，两村农作物受灾面积 3 公顷，倒塌大棚 70 多个，直接经济损失 40 多万元。

“7·18”短时强降水。7 月 18 日 14 时起，受强对流云团影响，建德市自西南向东北方向出现短时强降雨并伴有雷雨大风天气，14 ~ 20 时，全市累计平均面雨量 21.2 毫米，其中，航头、大同、乾潭、钦堂等 9 个测站雨量接近或超过 60 毫米，乾潭镇幸福村测站最大达 112.5 毫米。以乾潭镇雨量最为集中，雨量最集中的时段为 18 ~ 20 时，乾潭测站 84.3 毫米、乾潭镇幸福村测站 105.1 毫米、乾潭镇下梓村测站 84.2 毫米。强降水造成乾潭镇较严重洪涝，全镇农作物受损 37.3 公顷、经济作物受损 43 公顷、民房倒塌 6 间、道路冲毁 518 米、水利设施冲毁 28 处、地质灾害塌方 7 处。

“7·29”三都短时大风、冰雹灾害。7 月 29 日傍晚，三都镇部分村遭遇大风、强降雨和冰雹等强对流天气。梓里、前源、凤凰、镇头、洋峨等村 100 余户住房瓦片受损；寿峰村路侧 1 株百年香榧树被吹倒。全镇多处供电线路受损造成大面积停电。寿峰村、前源村、梓里村、镇头村等多个村蔬菜基地、水果基地作物受损减产甚至绝收，全镇农业产业损失约 760 万元。

【2 月下旬和 11 月连阴雨】 2 月下旬，受西南暖湿气流和弱冷空气交汇影响，市境出现连续阴雨天气，平均面雨量 139.5 毫米，大部分地区累计降水量在 120 ~ 170 毫米之间，乾潭镇胥岭测站累计降水量最大为 192.4 毫米。部分山塘水库水位猛涨，27 日前后，李家镇石鼓水库和钦堂乡胜利水库相继开闸泄洪。部分地区油菜、小麦、蔬菜等农作物出现渍害和病害。

11 月 1 ~ 25 日出现连阴雨天气，雨量 268.4 毫米（历史同期 64.1 毫米），雨日 19 天（历史同期 7.7 天），日照时数 21.2 小时（历史同期 113.1 小时），雨量、雨日为有记录以来同期最多，日照时数为有记录以来同期最少。其中，7 日 8 时至 9 日 8 时，全市平均面雨量 78.6 毫米，有 12 个测站累计雨量超过 100 毫米，梅城测站最大为 124.0 毫米，8 日中午市域中部地区出现 1 小时 30 毫米以上的短时强降雨，并伴有雷电现象。连续降雨，致使320国道建德大桥桥头处11月17日晚发生大体积石块滚落至公路，造成交通障碍。

【梅雨期3次暴雨灾害】 6月7日～10日”暴雨灾害。受西南暖湿气流和弱冷空气共同影响，全市普降暴雨,部分乡镇(街道)大暴雨。7～10日,全市平均面雨量174.6毫米，有20个自动站雨量超过200毫米，最大的航头镇石屏测站220.2毫米，最小的乾潭镇下梓测站122.5毫米，城区新安江测站208.9毫米。本次强降雨致使全市12个乡镇受灾，受灾人口12250人，倒塌房屋15间，转移人口78人，直接经济总损失932万元（其中，农林牧渔业直接经济损失430.5万元，水利设施直接经济损失255万元）；市境内县道寿李线、三将线、三下线、梅梓线、杨梅线等44条道路多处发生塌方。

“6·18”暴雨灾害。受高空槽、低层低涡切变线共同影响，18日全市平均面雨量65.2毫米，雨量最大的大同镇黄金坞水库测站102.9毫米。16个测站雨量超过80毫米。强降雨导致大同镇小溪源村练小平户1处附房及梅城镇宝华洲社区戴家弄20号、造纸厂宿舍2户平房倒塌；莲花溪、长宁溪等水位迅猛上涨，造成部分堤坝塌方。兰江流域建德大洋段两岸受淹严重，集镇进水，部分住房进水，大量农田淹没，给当地造成严重经济损失。全市出现多处山体坍塌、滑坡等地质灾害。

“7·1”暴雨。7月1日，全市平均面雨量61.3毫米，其中李家测站最大达111.0毫米；更楼测站101.3毫米。更楼街道街面积水深约60厘米；航头镇杭州禾运农业科技有限公司基地种植的1.3公顷芦笋全部被淹。

【7月低温寡照】 7月出现罕见的低温寡照，平均气温26.4℃比常年低1.8℃；平均最高气温31.5℃比常年低2.7℃；平均最低气温23.1℃比常年低0.8℃，均为2000年以来最低值。月极端最低气温17.1℃，创同期有气象记录以来新低。全市气温均较低，乾潭镇大珠测站最低为14.3℃，新安江城区7月1日～10日最低气温均在25℃以下，均位列历史上同日最低气温前三低；6日最低为17.1℃。7月12日出梅前，由于受大范围持续性降水影响，全市连续9天无日照时数。多雨寡照及低温天气对水稻生产极其不利，使早稻结实率和千粒重降低影响单产；早稻灌浆时间延迟，不利连作晚稻早栽；连作晚稻秧龄增加影响培育壮秧；单季晚稻排水搁田困难影响根系生长和控制无效分蘖，不利大穗增产。

【3次台风影响】 “灿鸿”台风。受2015年第9号超强台风“灿鸿”外围环流云系影响，7月9日夜间至11日，市境出现暴雨过程；9日夜间至12日出现6级以上大风。9日20时至12日20时，全市累计平均面雨量22.2毫米，雨量最大的乾潭镇姚村测站82.6毫米，极大风速最大出现在乾潭镇胥岭测站23.8米/秒（9级），市境北部地区乾潭镇、三都镇、钦堂乡3个乡镇受灾，受灾人口1190人。全市转移人口1977人；倒塌房屋11间；农作物受灾面积53.3公顷，经济作物损失5万元；因洪涝灾害造成的直接经济损失220余万元。县道和长线、大罗线、麻早线、三下线、梅梓线、寿李线、下北线、杨长线发生塌方，挡墙倒塌500立方米；护栏损坏150米；行道树倒伏51棵。7月11日建德市至周边地区的20条客运班线、52个班次暂停发车。

“苏迪罗”台风。受2015年第13号台风“苏迪罗”影响，8月7日～11日全市连续5天出现阴雨天气，其中9日日雨量达暴雨标准。市境大部分地区出现5～7级阵风，乾潭镇胥岭测站最大风度达9级（21.4米/秒）。台风大风导致部分地区玉米等高秆作物出现倒伏。

“杜鹃”台风。受2015年第21号台风“杜鹃”影响，9月28日19时至10月1日17时全市平均面雨量 19.2 毫米，雨量最大的为大同镇茶坪测站 48.3 毫米；乾潭镇胥岭、大慈岩、寿昌等测站出现 7 级阵风。

【雷击灾害】 2015 年，建德市共发生地闪（云地之间的闪电）3323 次，其中正地闪 160 次、负地闪 3163 次，正地闪所占比例为 4.81%。地闪总数比上年减少 60.95%。位居杭州市第二位（全省第十二位），占杭州市总量的 21.30%。

市境中部偏北的新安江北部、洋溪、莲花、下涯、杨村桥片，以及西南部李家、大同片。其中洋溪街道地闪分布最为集中，密度达 4.97 次 / 平方千米。中部偏南的更楼、寿昌、大慈岩以及北部的钦堂乡地闪分布相对较少。其中，大慈岩地闪密度最低为 0.48 次 / 平方千米。

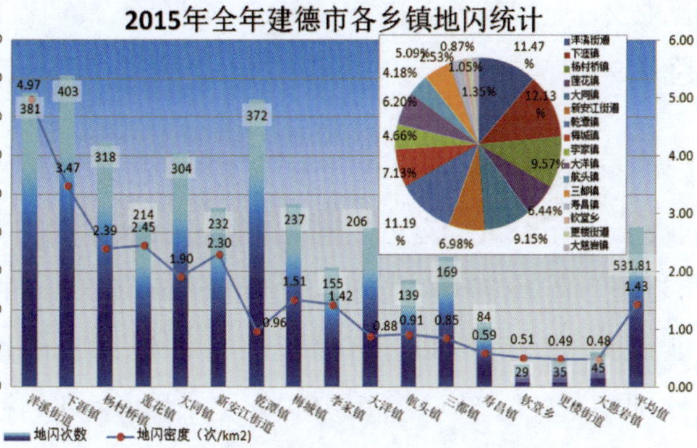

图 4. 2015 年建德市各乡镇（街道）地闪统计图

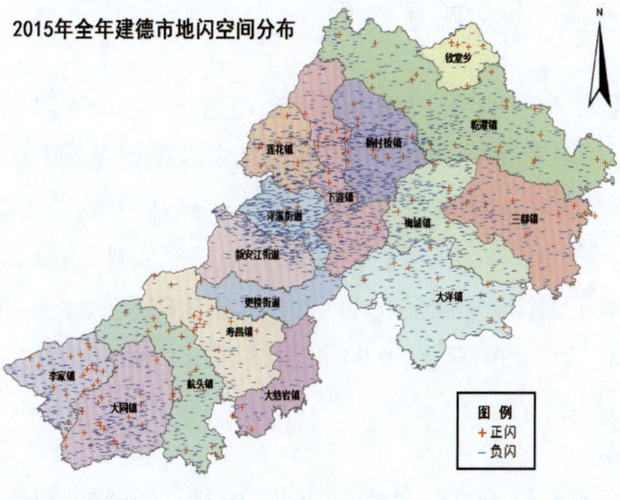

图 5. 2015 年建德市各乡镇（街道）地闪空间分布图

全年出现雷暴日 68 天（有 5 次及以上地闪数据的雷暴日数为 45 天）。主要出现在 4 ~ 8 月，其中 7 月最为集中。

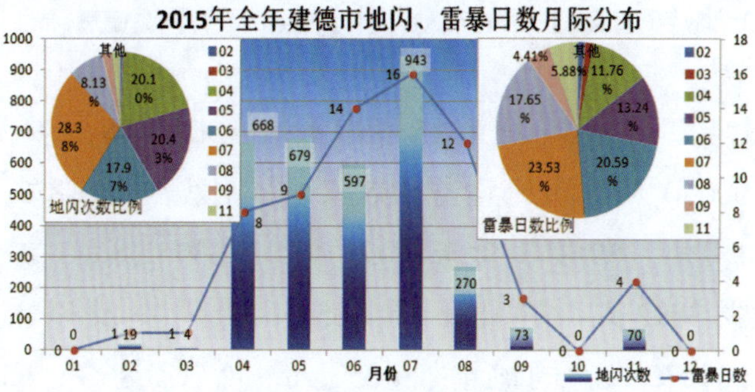

图 6. 2015 年建德市地闪、雷暴日数月分布图

全年发生雷击灾害 20 起（5 月发生 8 起），比上年增加 53.8%。年内，发生在近郊或开发区的非化工类企业雷灾 4 起，郊区化工类企业雷灾 8 起，农村的农居房、电力、交通设施雷灾 8 起。全年雷灾造成直接经济损失 51.8 万元，比上年增加 108.8%。其中：建（构）筑物损失 0.7 万元，市电电气设备损失 21.74 万元，监控、自控等弱电设备损失 29.37 万元，无人员伤亡。 （许 宏）

区划人口

【行政区划】 2015 年年末，建德市辖 3 个街道、12 个镇、1 个乡；群众自治组织有 229 个村委会、27 个社区、15 个居民区，与 2014 年相比减少 3 个村委会、增加 3 个社区。

【全市人口】 年末，全市总户数 171251 户，比上年增加 1449 户；总人口 508673 人，同比减少 1046 人，同比下降 0.21%；平均每户 3 人。全年出生人口 3549 人，同比减少 1678 人，出生率 6.98‰，同比下降 3.28 个千分点。全市死亡人口 3661 人，同比减少 155 人，死亡率 7.20‰，同比下降 0.29 个千分点。自然增长 –112 人，自然增长率 –0.22‰，同比下降 2.99 个千分点。

【人口结构】 总人口中，男性258874人，占总人口的50.89%；女性249799人，占49.11%。性别比为（女=100）103.63，同比下降0.22。全市城镇人口174967人，占总人口的34.40%。

【年龄分布】 全市15岁以下（含未满16周岁）60050人，同比增加105人，同比增长0.18%；16岁~59岁（含未满60周岁）339553人，减少3592人，同比下降1.05%；60周岁及以上109070人，同比增加4057人，增长3.86%；65周岁以上72652人，同比增加2560人，增长3.65%。

【人口迁移】 2015年，全市迁移人口4901人，同比减少81人，下降1.63%。其中，迁入人口2116人（其中省外迁入1434人），同比减少226人，下降9.65%；迁出人口2785人（其中迁往省外650人），同比增加145人，增长5.49%。

【人口分布】 新安江、洋溪、更楼3个街道总人口117044人，占总人口的23.01%，同比增长0.06个百分点。西部地区（包括寿昌镇、大慈岩镇、航头镇、大同镇、李家镇）总人口178431人，占总人口的35.08%，同比减少0.06个百分点。东部地区（指莲花镇、下涯镇、杨村桥镇、梅城镇、大洋镇、三都镇、乾潭镇、钦堂乡）总人口213198人，占总人口的41.91%。 （陈丽云）

国民经济和社会发展概况

【地区生产总值320.36亿元】 2015年，全市实现地区生产总值（GDP）320.36亿元，增长8.9%。其中：第三产业增加值122.14亿元，增长12.0%。三次产业结构为9.51：52.36：38.13。按年末户籍人口计算的人均生产总值为62980元。

【财政收入36亿元】 全市财政总收入36.47亿元，同比增长6.0%；其中地方财政一般预算收入21.19亿元，同比增长7.1%。在税收收入中，同比增值税14.29亿元，同比增长19.2%；营业税4.54亿元，同比增长14.6%；企业所得税6.17亿元，同比下降15.4%；个人所得税2.41亿元，下降1.4%。全年地方财政支出41.09亿元，同比增长27.0%。

【工业总产值677亿元】 全市工业总产值677.02亿元，增长0.1%。工业销售产值665.69亿元，其中规模以上工业销售产值420.70亿元，同比增长1.1%。规模以上工业实现新产品产值134.51亿元，同比增长5.4%，新产品产值率由上年的30.7%提高到31.8%。规模以上工业高新技术产业实现销售产值110.94亿元，同比下降1.9%。

【农林牧渔业总产值45.9亿元】 全市农林牧渔业总产值48.81亿元，同比增长6.3%。其中，农业产值29.77亿元，林业产值2.68亿元，牧业产值12.97亿元，渔业产值2.18亿元，同比分别增长11.5%、增长10.0%、下降4.6%、同比增长4.3%。全年粮食总产量8.6万吨，水产品产量1.13万吨，肉类2.97万吨，禽蛋7.8万吨，水果21.9万吨。

【对外贸易实现增长】 全市外贸进出口总额10.10亿美元，增长7.2%。其中，进口总额0.63亿美元，下降17.9%；出口总额9.47亿美元，增长9.4%。主要行业：化工、五金工具、家纺、低压电器分别实现自营出口额3.67亿元、1.92亿元、0.6亿元、0.94亿元，占出口总额的比重达75.3%。

【教育事业】 全市幼儿园39所、小学29所、中学 27 所，在园幼儿 12181 人、在校小学生 20990 人、中学生 21596 人（其中初中 10681 人、高中 8744 人、高职 2171 人）。全市专任教师 4041 人（其中幼儿园 734 人、小学 1277 人、初中 1191 人、高中 681 人、高职 135 人、教师进修学校 9 人、电大 8 人、特殊教育学校 6 人）。

【科技事业】 全年 R&D（科学研究和试验发展）经费 5.38 亿元，同比增长 15.5%，与地区生产总值（GDP）比重为 1.80%。实施各类科技计划 325 项，其中国家级 8 项。至年末，全市被认定的高新企业 101 家，其中国家级 25 家；杭州市级以上高新技术企业研发中心 55 个，其中省级以上 22 个。全年专利申请 1246 项，专利授权 956 项。

【文化体育事业】 全市总藏书 543 千册（件），书刊外借 280 千册次。有县级以上文物保护单位 91 处（群），其中国家级 3 处（群）。有线电视用户 12 万户，有线电视信号 100% 数字化。《今日建德》出版 250 期，发行 2.15 万份。全市健身苑点 620 个，当年新建 10 个。体育设施达到省级标准的行政村 199 个。全市体育场馆 2 个。举办各类群众性体育比赛 151 场，参赛运动员 2.6 万人次。全年获得杭州市级以上各类奖牌总数 315 枚，其中金牌 177 枚。

【社会保障】 年末，全市参加养老保险人数 34.47 万人，比上年减少 1.80 万人；参加基本医疗保险人数 46.25 万人，增加 200 人。城镇登记失业人数 5825 人，城镇登记失业率 2.62%。敬老院 23 所，年末敬老院供养人数 2061 人。全市最低生活保障 1.10 万人，其中城镇 710 人、农村 1.03 万人，城镇居民最低生活保障线标准 612 元/人·月，农民最低生活保障线标准 490 元/人·月。公积金缴存职工 3.83 万人，公积金归集额 40.52 亿元。

表 2

2015 年建德市国民经济主要指标

指 标		单位	2015年	
			总量	增长 ± %
人口	年末户籍人口数	万人	50.87	−0.2
	年均户籍人口数	万人	50.92	0.0
	年末常住人口数	万人	44.65	0.2
综合	生产总值（GDP）	亿元	320.36	8.9
	其中：第一产业	亿元	30.48	2.4
	第二产业	亿元	167.73	7.9
	第三产业	亿元	122.14	12.0
	人均生产总值（GDP/年均户籍人口）	元	62915	8.9
农业	农业总产值	万元	488080	6.3
	农业增加值	万元	309482	2.5
工业	工业总产值	万元	6770157	0.1
	其中：规模以上	万元	4261183	0.9
	其中：新产品产值	万元	1354128	5.4

续表2

指标		单位	2015年	
			总量	增长±%
工业	工业销售产值	万元	6656899	0.1
	其中：规模以上	万元	4207023	1.1
	其中：高新技术产业	万元	1109360	−1.9
	水产业	万元	251386	−3.4
	高新园区	万元	611077	4.3
	规模工业企业家数(±%为绝对额)	家	356	1
	规模工业利税	万元	383705	−9.7
	自营出口额	万美元	94717	9.4
财政	财政总收入	万元	364699	6.0
	其中：地方财政	万元	211944	7.1
	地方财政支出	万元	410936	27.0
金融	金融机构存款余额	亿元	311.07	8.9
	其中：储蓄存款	亿元	197.30	6.3
	金融机构贷款余额	亿元	242.98	1.4
固定资产投资、房地产	固定资产投资	万元	1758713	22.7
	其中：基础设施投资	万元	662057	63.7
	第一产业	万元	41790	8.1
	第二产业	万元	707650	18.3
	其中：工业现代化技改	万元	493974	2.8
	第三产业	万元	1009273	26.8
	其中：房地产投资	万元	241162	−13.1
	房地产开发住宅施工面积	万平方米	173.95	18.3
	房地产开发住宅竣工面积	万平方米	30.97	1157.6
	商品房销售面积	万平方米	31.90	67.5
	商品房销售额	万元	263696	72.3
商贸	社会消费品零售额	万元	1044830	11.9
	其中：批发零售业	万元	854898	11.3
居民收入	城镇居民人均可支配收入	元	38102	8.5
	农村居民人均可支配收入	元	20051	9.6
	低收入农户人均纯收入	元	8902	17.3
社会用电	全社会用电量	万千瓦时	274655	−4.2
	其中：第一产业	万千瓦时	2067	−8.0
	第二产业	万千瓦时	227740	−5.8
	其中：工业	万千瓦时	224730	−6.3
	第三产业	万千瓦时	18746	4.6
	城乡居民用电	万千瓦时	26101	5.0

（陈丽云）

编辑：杨忠平

农业　农村

Agriculture & Countryside

农业综述

【特色产业提升】 全年实施农业主导特色产业提升项目162个，提升现代农业示范园6个。全年实施重大农业项目10个，完成投资1.97亿元。优势特色产业实现产值36亿元，占农业总产值的73.7%。

【农民经营主体培育】 2015年，全市新增省级农业龙头企业2家（浙江严州府食品有限公司、浙江千岛银珍农业开发有限公司），杭州市农业龙头企业6家（建德新希望牧业有限公司、建德市精制米厂、建德市绿博农业发展有限公司、杭州九仙生物科技有限公司、建德市红群农业科技有限公司、杭州平坡谷农庄有限公司），认定建德市级农业龙头企业90家。组织37家农业企业入驻“阿里巴巴·建德农食馆”，开展草莓专题等系列销售活动，全年实现线上交易3172万元，带动线下交易2.2亿元。进一步规范农民专业合作社建设，全年新增国家级示范专业合作社2家（建德市下涯红群草莓专业合作社、建德市梅城桐溪禽类专业合作社），杭州市规范化专业合作社5家（建德市大洋镇老六头水产专业合作社、杭州富民香榧专业合作社、建德市大慈岩莲子专业合作社、建德市上马茶叶专业合作社、建德市农明蔬菜产销专业合作社），认定建德市示范性农民专业合作社21家；出台《建德市示范性家庭农场认定管理办法（试行）》和《关于规范化农民专业合作社评定办法》，新增省级示范性家庭农场3家（建德市大慈岩镇景塘家庭农场、建德市梅城镇伊夏家庭农场、建德市寿昌镇雅梦家庭农场），杭州市示范性家庭农场7家，认定建德市级示范家庭农场23家。

表3　　**2015年建德市重大农业产业项目情况**

项目名称	项目地址	项目主要内容	投资额（万元）
大洋花木产业园	大洋镇	流转土地67公顷，种植花卉、苗木。	3200
现代化高产奶牛设施示范园	更楼街道	养殖奶牛960头，引进全自动化机械化操作设备，建设粪污处理设施，搭建景观台。	3500

续表 3

项目名称	项目地址	项目主要内容	投资额（万元）
农业设施生产加工基地	航头镇	购买工业用地1.7公顷，建设加工厂房10000平方米，仓储6000平方米，办公用房3000平方米；购置航吊、冲床、折弯机、剪边机、卡槽机等设备。	2500
花卉苗木–湖羊立体种养循环农业园	大同镇	流转土地53.3公顷，新建一座年出栏10000头湖羊养殖场，其中建设养殖房1200平方米、办公用房800平方米，仓储或其他用房1000平方米、加工厂房500平方米，购置粉碎机、自动化充料机、货车、搅拌机等；种植名贵花卉苗木43.3公顷。	1950
凤凰龙泉山香榧基地	三都镇	流转土地20公顷，香榧套种桃树；建设办公、仓储等综合用房3000平方米；购置挖机、拖拉机、旋耕机、割草机等设备；修建水塘5000立方米；建桥1座；修建机耕路5千米，堤坝100余米；建设喷灌设施20公顷。	2028
湖羊养殖基地	航头镇	流转土地3.5公顷，引进种羊4000头；建设养殖房7000平方米，仓储750平方米，办公用房250平方米；购置粉碎机、颗粒饲料机、地磅、运输车等设备。	1500
休闲农庄及垂钓、采摘基地	乾潭镇	流转土地93.3公顷，建设休闲水产基地15公顷，采摘果园13.3公顷，生态养殖场3000平方米，建设管理用房1000平方米，水上餐厅700平方米。	2000
红群草莓乐园	下涯镇	建设园区内大洲溪河堤景观休闲生态区、主楼楼顶草莓城堡3个、园区内道路及环境改造、建德草莓博览园、草莓观光工厂、草莓亲子民宿。	820
水果苗木–肉鸡立体种养循环农业园	梅城镇	流转土地6.7公顷，建设养殖房10幢、办公用房、仓储及其他用房，共计13000平方米，新建污水处理池并购置安装全自动肉鸡养殖设备10套。种植珍贵苗木及水果3.3公顷。	1200
旱粮精品示范园	大慈岩镇	种植13.3公顷玉米、大豆、番薯等旱粮；饲养肉羊500头。建设加工厂房200平方米、办公用房200平方米、仓储或其他用房1000平方米、养殖房1000平方米，田间设施建设（土地平整8公顷、道路1千米、排灌渠道2.5千米、小水库1座、晒场1000平方米），购置烘干设备、喷滴灌设备、饲料加工设备、种植收割设备等。	1000

表4　**2015 年建德市新培育省级、杭州市级农业龙头企业情况**

企业名称	企业地址	企业产品	企业品牌	年销售额（万元）	备注
浙江严州府食品有限公司	新安江街道	特色餐饮美食	严州府牌“东坡秘制猪蹄”	13278	浙江省级（2家）
浙江千岛银珍农业开发有限公司	梅城镇	千岛银珍茶	注册商标“千岛银珍”	10654	
建德新希望牧业有限公司	更楼街道	奶牛养殖、鲜奶及奶初级加工产品		2259	杭州市级（6家）
建德市精制米厂	寿昌镇	大米	注册商标“基能”	3200	
建德市绿博农业发展有限公司	航头镇	黄桃、芦笋等各类果蔬	注册商标“春博园”	457	
杭州九仙生物科技有限公司	莲花镇	铁皮石斛	注册商标“九仙灵斛”	358	
建德市红群农业科技有限公司	下涯镇	草莓	“红群牌”	1817	
杭州平坡谷农庄有限公司	下涯镇	蓝莓及其深加工产品	注册商标“平坡谷”	2646	

【农业招商引资】 3月，市政府出台《关于建立金融支农长效机制的实施意见》《关于切实保障现代农业发展配套建设用地的实施意见》，夯实农业招商引资基础，通过阿里巴巴·建德农食馆运营商和“建德果蔬乐园”宣传平台，及电视综艺节目《爸爸去哪儿》媒介，与客商开展对接交流。2015年，共引进各类农业项目31个，协议资金10.59亿元，到位资金6.57亿元。

表5　**2015年建德市农业招商引资1000万元以上项目**

招商项目名称	投资人	项目地址	投资额（万元）	
			协议资金	实到资金
奶牛养殖	四川新希望生态牧业有限公司	更楼街道	3000	4224
家禽、家畜自动化屠宰项目	河北刘兰凯、杜振生、刘金辰	梅城镇	20000	2448
年产600吨蓝莓鲜果深加工	杭州鲁宝君、钟琼	梅城镇	2200	5550
豆制食品生产项目	义乌叶勤锋、叶剑剑	梅城镇	2000	2326
农业休闲旅游项目	兰溪叶仲青	建德经济开发区（寿昌镇）	5000	4500
新三农股权转让	桐庐陈叶珠、蓝根火	乾潭镇	1000	1000
杭州天门农林发展有限公司	桐乡钟亚东	乾潭镇	10000	9000
大悦生态建设项目	兰溪胡建阳	乾潭镇	1560	2300
杭州世茂蓝莓基地综合开发项目	温州曹燕霞、台州章进通	三都镇	7980	2664
西红花种植与加工项目	萧山韩昕、湖南郑成军	三都镇	3000	2103
水果、坚果、蔬菜的种植销售项目	浦江朱小兵、朱笑汶、朱雪珍	三都镇	1000	1000
宏盛温室农业设施生产项目	寿昌城东周萍、周才洪、罗巧凤	航头	5000	3631
林蛙科技养殖示范园项目	江苏吴保重、海南李平梅	航头	2000	1058
龙脑樟种植、销售及产品展示项目	江西鹰潭市坤和投资管理咨询有限合作企业、上海檀信健康管理有限公司、西湖史吕忠、上海陆文燕	莲花镇	2000	1496
建德3000万羽家禽综合开发项目	杭州金三意食品有限公司、拱墅区陶红兵	莲花镇	10000	1500
小洋村无土栽培项目	广东邱方刚、义乌虞爱军	大洋镇	10000	4600
庆丰村黄金茶项目	兰溪金建宇	大洋镇	2000	2000
农林开发及苗木花卉种植项目	上城区陆秋生、淳安余书花	大洋镇	2000	2000
城镇绿化苗、普种经济林苗种植销售	江干陈伟平、河北邱三川	林业局	4859	4859
初级食用农产品、日用百货、针织品、卫生用品的销售	浙江明辉蔬果配送有限公司	教育局	1000	1000

【休闲农业与乡村旅游】 以果蔬乐园建设为主要平台，发展休闲农业，促进乡村旅游。2015年，全市新创“建德果蔬乐园”星级示范基地8个，（绪塘草莓采摘基地、禾运草莓采摘基地、兴民草莓采摘基地、欣悦草莓采摘基地、绿博生态黄桃采摘基地、十里荷莲子采摘基地、瑞德火龙果休闲采摘基地、维好多猕猴桃采摘基地）。新增省级农家乐示范村（点）2个、杭州市示范村（点）1个、建德示范村（点）1个，新增农家乐经营户（点）四星级2家、三星4家、二星

11家。全年争取杭州市民宿示范村3个（大慈岩镇新叶村、三都镇春江源村、莲花镇戴家村），示范点3个（杨村桥镇十里埠村万韬岱头精品民宿、大慈岩镇新叶村本源精品民宿、下涯镇之江村光影驿站乡村民宿）；新认定星级民宿31家。全年乡村休闲旅游接待游客总量136.5万人次，实现收入1.42亿元。

【农业品牌建设】 2015年，全市新增驰名商标1个（浙江国贸饲料有限公司的“谷王”）、省著名商标1个（建德市新安江铁皮石斛专业合作社的“天怡”），松蜜、霞雾、秋梅通过省著名商标复评，千岛银珍牌千岛银珍茶、“大库湾”香榧通过浙江名牌产品复评，新增5个杭州市著名商标（“九仙灵斛”“千里岗”“睦山农”“一品江南春堂”“谷茂”）。全市累计3个（“怡可”“致中和”“根发”）商标在49个国家和地区注册，创建中国名牌产品1个（农夫山泉），中国驰名商标6个（“致中和”“秋梅”“农夫山泉”“千岛银珍”“怡可”“谷王”），中华老字号1个（致中和五加皮酒），国家地理标志保护产品4个（“建德苞茶”“致中和五加皮酒”“里叶白莲”“怡可牌龙井茶”），国家农产品地理标志保护产品2个（“XinAnJiang草莓”“千岛银珍”）；浙江省知名商号3个（“致中和”“农夫山泉”“怡可”），浙江省名牌产品7个、著名商标13个；杭州市名牌产品8个、著名商标28个。

表6 **2015年建德市农产品获奖情况**

企业名称	产品/商标	类别
浙江国茂饲料有限公司	谷王	驰名商标
建德市柑橘产业协会	建德柑橘	证明商标
建德市新安江铁皮石斛专业合作社	天怡	浙江省著名商标
建德市松蜜果园	松蜜	浙江省著名商标通过复评
建德市霞雾农业开发中心	霞雾	
浙江秋梅食品有限公司	秋梅	
杭州九仙生物科技有限公司	九仙灵斛	杭州市著名商标
杭州千里岗农产品有限公司	千里岗	
杭州睦山农实业投资有限公司	睦山农	
杭州江南春堂生物科技有限公司	一品江南春堂	
浙江国茂饲料有限公司	谷茂	
浙江千岛银珍农业开发有限公司	千岛银珍牌千岛银珍茶	浙江名牌产品通过复评
杭州大库湾生态农业有限公司	“大库湾”香榧	
浙江秋梅食品有限公司	秋梅牌倒笃菜	2015年最具影响力品牌农产品
浙江秋梅食品有限公司	秋梅牌倒笃菜	2015年浙江农业博览会金奖
浙江御香露酒业有限公司	御香露牌荞麦酒	
杭州千里岗农产品有限公司	千里岗牌白茶	
浙江严州府食品有限公司	严州府牌东坡秘制猪蹄	
杭州思味王食品有限公司	思味王牌绿豆冰糕	2015年浙江农业博览会优质奖
建德市霞雾农业开发中心	霞雾牌山茶油	
杭州九仙生物科技有限公司	九仙灵斛牌铁皮石斛	
建德市新龙食品有限公司	千岛一珍牌风味鱼干	
浙江省建德市里叶白莲开发有限公司	里叶牌白莲	

新农村建设

【"秀美山村"建设】 按照《关于开展"秀美山村"建设的实施意见》和《关于开展中心村培育建设的实施意见》等政策意见，以农村生活污水治理为重点，深入推进"秀美山村"建设，全年实施以中心村、精品村、精品线路、精品区块和风情小镇为主要内容的"秀美山村"建设项目214个，完成投资3.7亿元（不含农村住房改造），其中：大同镇江头村等6个重点推进中心村、24个一般推进中心村实施并完成建设项目125个，投资2.53亿元；完成梅城镇洋程村等10个精品村（2014－2015年）建设项目57个，投资8400万元；建设"大慈岩－古村落风光线"（2014年项目续建）、"玉泉寺—三江口风情线"（2014年项目续建）、"胥江七里扬帆风景线"（2014—2015年）和"温泉楠木林风韵线"（2014—2015年）4条精品线路项目22个，完成5个、投资1390万元；建设"乾潭养生养老"精品区块（2014—2015年）项目4个，完成3个、投资300万元；完成幸福村"风情小镇"（2014—2015年）建设项目6个，投资1005万元。获2014年度省级社会主义新农村建设优秀县（市）。

【历史文化村落保护利用】 2014年省历史文化村落保护利用重点村（三年）大慈岩镇上吴方村2015年度开工建设项目8个，完成投资350万元；2015年省历史文化村落保护利用重点村（三年）大慈岩镇李村村2015年度开工建设项目10个，完工8个，完成投资327万元。通过综合保护古建筑、发掘传承古文化、整治美化古村落、培育发展古村游等举措，历史文化村落旅游资源得到有效利用，全年新叶古村购票游客达19.5万人，30余家农家乐、民宿共接待人数29.9万人，经营总收入704.55万人，对全市旅游及三产服务业发展的带动作用明显，当地农民增收效应明显。

【农村住房改造】 2015年，全市农村住房改造任务2500户，实际完成农村住房改造3018户，其中二合一100户、二选一1148户、民建公助1770户，超额20.7%完成年度目标任务，完成投资3.02亿元。全市"三改一拆"城中村改造任务数8万平方米，实际完成17.03万平方米，超额112.9%完成计划。

【农村环境整治】 结合"五水共治""三江两岸""四边三化"专项建设，落实农村生活污水治理、"清洁乡村"长效保洁制度，强化农产品加工企业及农家乐污染源治理。制定出台《建德市农村村庄环境卫生（河道、池塘）长效管理考核办法》。完成3个省级垃圾分类试点村和1个杭州市级垃圾分类试点镇（大洋镇）建设工作。大洋镇垃圾焚烧处理中心试运行，可日处理生活垃圾约15吨，垃圾焚烧后减容量约为90%。全年共开展清洁乡村明察4次、暗访7次，共明察192个村、暗访120个村，查到问题点415个，下发整改通知书109份，各问题点均整改到位。通过明察暗访，农村生活垃圾集中收集处理"户投、村收、镇运、市处理"运行机制更加优化。至年末，全市共有农村保洁员1633名，压缩式垃圾中转站19座，固定式垃圾收集房1795座，可移动塑料垃圾桶19351只，清运机动车112辆，收集双轮车565辆，机械化垃圾处理站4座，太阳能光照垃圾处理站2座，垃圾焚烧处理中心1座。全市16个乡镇（街道）240个建制村生活垃圾集中处理覆盖率100%，其中219个行政村生活垃圾实现域内农户全覆盖，占建制村比例91.25%。全年共投入清洁乡村工作资金1700万元。同时，完成6家农产品加工企业、21家农家乐的污染物处理系统建设工作，完成年度计划的159%。

农村经营管理

【三资管理】3月，市政府制定出台《关于进一步规范村级非生产性开支,加强农村集体“三资”管理工作的通知》，重点对村级招待费、会议费、差旅费、考察费等村级非生产性开支进行具体规定和明确，操作性强，各乡镇（街道）根据文件精神制定实施细则,组织乡镇(街道)农经员、“三资”管理服务中心出纳、会计进行培训，由市农办会同市纪委对全市16个乡镇（街道）贯彻落实文件情况开展专项检查，对检查出的问题进行通报并要求限期整改。同时，对村级负债情况开展调查摸底,印发《关于立即停止村集体向个人、企业筹资和集中开展村级债务专项清理工作的通知》《关于开展村集体“小金库”专项治理工作的通知》《关于开展村级债务专项清理工作的通知》，召开乡镇（街道）分管领导和农经员会议进行专题部署。

【村集体经济发展】全年完成31个村（社区）村集体资产股份改革，全市240个村集体经济组织股份制改革工作全部完成。年初对2015年度集体经济扶持项目进行公开申报，全市16个乡镇（街道）共申报扶持发展项目56个,按照“物业类项目优先、乡镇集中推进优先、效益好的项目优先”原则，对30个符合扶持条件的村集体物业类项目进行立项、扶持，项目总投资额达3087.8万元，扶持金额达1800万元。

【农村改革】2015年，市委、市政府在大慈岩镇开展以“确权、赋权、活权”为重点的农村综合配套改革试点工作，对农村集体资产股权、农村土地承包经营权、农村宅基地用益物权进行确权颁证，以农村产权开展抵押贷款。制定出台《关于深化农村综合配套改革试点工作实施意见》等8个政策文件及《关于开展农村土地承包经营权确权登记颁证工作的实施意见》。至年末，大慈岩镇农村宅基地颁证率达85.7%，农房颁证率达75.2%，农村土地承包经营权确权登记工作基本完成，发放农村土地流转经营权证18本，开展土地流转经营权抵押登记3宗，发放抵押贷款400万元。

【农村劳动力培训2.16万人】以农村实用人才为主要培训对象，以提高农民就业创业能力为重点，以提升农村“两创”人才素质、增加农民收入为目标，大力开展农民素质提升培训。全年累计完成农村劳动力培训21637人，分别完成建德市、杭州市年度任务的118%和163.92%，其中：转移就业技能培训7864人，农业专业技能培训6953人，农村实用人才培训2805人，文明素质培训4015人。培训后转移就业7220人，就业率达91.81%。

城乡区域统筹发展

【区市协作】2015年，江干区、萧山区、杭州经济技术开发区继续共同支持建德市发展，全年实施年度协作项目23个，其中市级重点项目7个、镇街协作项目16个，到位协作资金1.4亿元。在三个区的大力支持下，县市协作项目省级经济开发区基础设施建设明显加快，江干·新安江旅游休闲特色街正式开放运营，建德市中西医结合医院（市三院）新建项目完成主体工程；经济薄弱村集体经济得到发展；镇街协作项目涉及民生服务、公共设施、农村住房改造等方面。三个区与建德市签约并实际投资的产业转移项目达18个，协议总投资125.9亿元，累计完成投资45.3亿元，年度完成投资6.13亿元，其中：杭橡新安江分公司迁扩建项目、致中和酒厂搬迁项目、浙江兴信周氏电子科技有限公司、新安江温泉度假村有限公司、杭州中宝钢球制造有限公司、建德杭燃燃气有限公司、浙江华电电站设备有限公司、浙江德邦检测技术有限公司等13家单位协作项目建成投入运营，形成区域资源优化组合、产业协作共赢共兴的联动发展格局。2015年建德市在杭州市城乡区域统筹发展考核中名列第二，连续五年被评为杭州市城乡区域统筹发展（社会主义新农村建设）工作优秀县（市）。

【扶贫开发】 2015年，扶贫开发工作以低收入农户增收为重点，全面实施低收入农户收入倍增计划。全市实施联结项目260个（含建德市联结项目147个），到位联结资金3265万元（其中杭州市联结资金2559万元）。全年实施扶贫重点村来料加工基地（厂房）建设项目8个，组织低收入农户1857户、2018名参与来料加工，发放低收入户加工费2190.85万元，人均月增收904元，低收入农户人均纯收入达8902元，同比增长17.3%。同时，结合新一轮农村住房改造和农村土地综合整治，全年新安置下山移民2017人。11月，全面完成“消除家庭人均收入4600元以下的贫困现象”，率先打赢脱贫攻坚战。

表7 **2015年建德市下山移民情况**

项目名称	实施单位	户数	人数	总投资（万元）	安置用地（公顷）
建德市梅城镇利群村下山集聚工程	梅城镇利群村	49	145	860	0.33
建德市大洋镇建南村下山集聚工程	大洋镇建南村	10	32	180	0.07
建德市大洋镇麻车村下山集聚工程	大洋镇麻车村	33	99	580	0.2
建德市大洋镇杨桥村下山集聚工程	大洋镇杨桥村	104	347	2072	0.67
建德市寿昌镇西华村下山移民项目	寿昌镇西华村	17	71	430	0.73
莲花镇莲花村（薛上）下山移民集聚工程	莲花镇莲花村	19	57	277	0.18
乾潭镇幸福村下山移民集聚工程（瑞坑）	乾潭镇幸福村	65	208	1022	1
大同镇清潭村下山集聚工程	大同镇清潭村	34	92	460	0.8
李家镇沙墩头村下山集聚工程	李家镇沙墩头村	31	104	512	0.18
李家镇新联村下山集聚工程	李家镇新联村	18	55	290	0.4
洋溪街道赤岭脚、团结新村下山集聚工程	洋溪街道团结村	110	317	1566	1.53
三都镇大唐村农户下山移民安置工程	三都镇大唐村	19	48	240	0.18
三都镇凤凰村农户下山移民安置工程	三都镇凤凰村	60	180	900	1.12
三都镇新和村农户下山移民安置工程	三都镇新和村	52	169	860	0.37
大洋镇高垣村下山集聚工程	大洋镇高垣村	28	75	380	0.2
大洋镇贺宅村下山集聚工程	大洋镇贺宅村	3	10	52	0.03
大洋镇三河村下山集聚工程	大洋镇三河村	1	3	17	0.02
三都镇三都村农户下山移民安置工程	三都镇三都村	1	2	补报	
梅城镇伊村村下山集聚工程	梅城镇伊村村	3	3	补报	

（李智军）

粮油生产

【概况】 2015年，全市粮食作物播种面积13856公顷，同比增长11.5%；粮食总产量8.60万吨，增长17.2%。谷物播种面积10952公顷，同比增长12.1%，总产量7.54万吨；其中稻谷播种面积6706公顷，同比增长6.7%，总产量5.38万吨，同比增长8.9%。豆类播种面积1791公顷，总产量4890吨。薯类播种面积1113公顷，同比增长120.8%，总产量5706吨。油料作物播种面积5038公顷，总产量1.22万吨。粮食作物总产值3.02亿元，其中谷物产值2.56亿元，同比分别增长17.5%、14.3%。

年内建成建德市级粮食生产功能区48个计1223.62公顷，其中2个待认定为杭州市级粮食生产功能区；旱粮功能区340公顷，其中杭州市级水田型粮食功能区3个114.76公顷，市级旱粮型功能区3个26.67公顷。粮食生产功能区建设总投入资金724.9万元，其中：省级以上资金308万元、杭州市级281万元、县级117万元、建设主体投资18.9万元。继续实施标准农田质量提升工程，总面积2133.33公顷，其中2010年立项333.33公顷标准农田质量提升完成，报省农业厅验收；实施补建标准农田质量提升600公顷。

5月，省农业厅发文公布建德市创建成2015年省级农产品质量安全放心示范县。

表8　　2015年新认定建德市粮食生产功能区名单

项目名称	编号	面积（公顷）	地点
建德市大慈岩李村畈县级粮食生产功能区二期	JD-18-001	92.33	李村、汪山村
建德市大同淞溪畈县级粮食生产功能区	JD-18-003	30.77	淞溪村
建德市大同溪口畈县级粮食生产功能区	JD-18-004	43.44	溪口村、徐韩村
建德市大同管村桥畈县级粮食生产功能区	JD-18-005	44.89	管村桥村
建德市大同胡村源畈县级粮食生产功能区	JD-18-006	31.17	胡村源村
建德市大同久山湖畈县级粮食生产功能区	JD-18-007	16.61	永平村
建德市大同黄垄口畈县级粮食生产功能区	JD-18-008	46.40	黄垄村
建德市大同角塘畈县级粮食生产功能区	JD-18-009	10.94	劳村村
建德市大同潘村畈县级粮食生产功能区	JD-18-010	37.06	潘村村
建德市大洋上徐畈县级粮食生产功能区	JD-18-015	20.00	江东村
建德市更楼过塘源畈县级粮食生产功能区	JD-18-019	27.89	石岭、洪宅、甘溪等
建德市更楼长岭畈县级粮食生产功能区	JD-18-022	18.38	石岭村
建德市更楼南山畈县级粮食生产功能区	JD-18-023	7.48	石岭村
建德市航头南山畈县级粮食生产功能区	JD-18-024	105.58	灵栖、南屏、曹源村
建德市李家李家畈县级粮食生产功能区	JD-18-025	21.06	李家村

续表 8

项目名称	编号	面积 (公顷)	地点
建德市李家前山排畈县级粮食生产功能区	JD-18-026	25.85	李家村
建德市李家石门畈县级粮食生产功能区	JD-18-027	14.32	龙桥村
建德市李家杜家畈县级粮食生产功能区	JD-18-028	10.97	沙墩头村
建德市李家沙墩头畈县级粮食生产功能区	JD-18-029	22.58	沙墩头村
建德市莲花昴畈县级粮食生产功能区	JD-18-030	9.17	昴畈村
建德市莲花莲花畈县级粮食生产功能区	JD-18-031	20.64	昴畈村、莲花村
建德市梅城洋尾畈县级粮食生产功能区	JD-18-032	15.53	滨江村
建德市梅城童家桥畈县级粮食生产功能区	JD-18-033	10.59	滨江村
建德市乾潭沛市畈县级粮食生产功能区	JD-18-036	88.08	沛市村
建德市乾潭滚坞塘畈县级粮食生产功能区二期	JD-18-040	23.26	陵上新村、王岩、沛市村、前陵村
建德市乾潭幸福畈县级粮食生产功能区	JD-18-043	23.06	幸福村
建德市乾潭庄头畈县级粮食生产功能区	JD-18-045	30.95	邵家村
建德市乾潭俞湾畈县级粮食生产功能区	JD-18-046	11.92	邵家村
建德市乾潭下吴畈县级粮食生产功能区	JD-18-047	12.80	邵家村
建德市乾潭陈家畈县级粮食生产功能区	JD-18-049	11.64	邵家村
建德市乾潭前山畈县级粮食生产功能区	JD-18-052	6.80	骑龙村
建德市乾潭孙蔡畈县级粮食生产功能区	JD-18-053	32.52	骑龙村
建德市钦堂陈家坪畈县级粮食生产功能区	JD-18-056	4.19	大溪边村
建德市钦堂下埠畈县级粮食生产功能区	JD-18-058	5.75	大溪边村
建德市三都樟村畈县级粮食生产功能区	JD-18-059	45.23	圣江村、和村村、新和村、樟村畈村
建德市三都梓里畈县级粮食生产功能区	JD-18-060	27.57	和村村、新和村、樟村畈村
建德市寿昌上仓畈县级粮食生产功能区	JD-18-061	4.23	绿荷塘村
建德市寿昌沙坂畈县级粮食生产功能区	JD-18-063	53.80	西华村、绿荷塘村
建德市寿昌项墩头畈县级粮食生产功能区	JD-18-064	13.47	西华村
建德市寿昌西华南畈县级粮食生产功能区	JD-18-065	4.96	西华村
建德市寿昌西华北畈县级粮食生产功能区	JD-18-066	2.99	西华村
建德市寿昌童家畈县级粮食生产功能区	JD-18-067	33.59	童家村、西华村
建德市寿昌下邵畈县级粮食生产功能区	JD-18-068	8.26	童家村、西华村
建德市下涯上河畈县级粮食生产功能区	JD-18-069	88.37	丰和村
建德市杨村桥张家山畈县级粮食生产功能区	JD-18-070	11.75	长宁村、龙溪村
建德市杨村桥长宁畈县级粮食生产功能区	JD-18-071	14.52	长宁村
建德市杨村桥安宁畈县级粮食生产功能区	JD-18-072	49.30	长宁村、徐坑村
建德市杨村桥隐将畈县级粮食生产功能区	JD-18-073	10.91	长宁村

2015年，全市推广测土配方施肥4万公顷，推广应用配方肥2000吨，应用面积2.67万公顷，减少不合理施用肥料565吨，推广商品有机肥2.52万吨，应用面积3333.33公顷。全年为合作社（农业企业）、大户采集草莓、柑橘、粮油等种植园土样350个，检测项目2150项次，其中农户服务性土壤检测141个，检测项目1205项次，为到西安等外出种植草莓农户提供土样检测和咨询服务，为企业、大户合理施肥、配方施肥提供技术依据。

◎2月27日，市委书记戴建平、市长童定干调研粮食生产和农业产业工作（朱永标 摄）

【粮食高产创建活动】 在大同镇和航头镇建立农业部单季稻万亩示范片2个，面积分别为669.33公顷和700.0公顷。在寿昌镇山峰、桂花村，钦堂乡蒲田村，乾潭镇王岩村、下包村、邵家村，大洋镇徐店、胡店村，建立6个省级千亩单季稻高产示范方，杭州市级百亩示范方1个，建德市级百亩示范方12个；新建省级旱粮精品示范园1个；组织12位种田能手开展单季稻超高产攻关。推广强化栽培节水技术5666.67公顷，示范水稻“两壮两高”栽培技术3333.33公顷。对全市8个示范畈和8块高产攻关田进行测产实割，高产攻关田最高单产每公顷13.81吨，示范方最高平均单产每公顷12.84吨.

【实施水稻产业提升项目】 实施中央财政水稻产业提升项目，总投资530万元，中央财政补助资金400万元，建设一批排灌渠道、堰坝、机耕路等田间基础设施，建成粮食烘干中心6家，新增粮食烘干能力2400吨。

【落实粮食生产扶持政策】 落实各级规模种粮补贴、粮食生产贷款贴息、旱粮规模种植直补等种粮惠农补贴政策，全年共发放规模种粮直接补贴807.45万元、旱粮直补8.82万元。

经济作物

【概况】 2015年，在大田经济作物中，本地草莓种植面积781公顷，同比增加133公顷，公顷单产33.46吨，总产量2.61万吨，同比增长8.3%。全市中药材种植面积629公顷，同比减少4.0%，总产量2171吨，同比增长4.3%，产值2.63亿元。果用瓜（包括草莓）种植面积2480公顷，同比增长7.4%，总产量6.62万吨，同比增长5.1%，总产值5.03亿元，增长5.0%。

全市各类水果面积6688公顷，同比增加30公顷；总产量1526.44万吨，同比减少25.3%；总产值10.53亿元，同比增长8.3%。其中：柑橘3896公顷，总产量11. 69万吨，同比增长7.8%；

总产值3.59亿元，同比增长7.8%。桃园面积341公顷，总产量7677吨。梨园面积307公顷，总产量6163吨。枇杷园502公顷，总产量2252吨。杨梅园563公顷，总产量1689吨。

全市茶园面积4107公顷，增加13公顷，茶叶总产量2398吨，增长3.0%，茶叶总产值2.46亿元，增长3.4%。

桑园面积1367公顷，同比增加30公顷；蚕种饲养量1.56万张，同比减少9.8%，其中春蚕7000张、秋蚕8281张；蚕茧总产量925吨，总产值4506万元，同比增长27.0%。

蔬菜（含菜用瓜）种植面积7783公顷，同比增长3.5%，公顷单产31.50吨，全市蔬菜总产量24.52万吨，增长3.5%。蔬菜总产值5.64亿元，同比增长3.5%。

继续实施草莓、茶叶、中药材三大优势产业提升工程。草莓产业：新发展5亩以上草莓种植户125个计93.93公顷；建立“草莓—稻”粮经轮作示范点1个；提升草莓采摘游示范点3个；与省农药所签订草莓安全用药控制农药残留合作意向，破解草莓安全技术难题；建设海峡两岸草莓产业园。7月～10月，举办草莓培训23期，培训4739人次，发放“草莓技术培训证”225份，“草莓师傅证”4514份，实现全市草莓种植户技术培训全覆盖。

茶叶产业：推广种植白茶等无性系优新品种16公顷，在三都镇洋峨建立1个茶园优新品种（新安1号）示范基地；大同上马建成1个种质资源品种园，收集种质资源品种、品系10个，完成标准化茶厂改造2处，建成1个示范茶厂，引进连续化流水线1条。

中药材产业提升：印发西红花标准化生产管理技术和生产操作模式图等技术资料小册子7000份，完成《图说种植业标准化丛书（中药材）》西红花全程标准化操作手册初搞编写工作。新种和改种铁皮石斛面积7.06公顷，新发展西红花12.91公顷。

【建德新安江 · 中国草莓节】 1月10日，建德草莓杭州展示展销推介会（暨第七届建德新安江中国草莓节）在杭州吴山广场举行。杭州市副市长戚哮虎与省农业厅副厅长王建跃，建德市领导童定干、周徐胤、饶秋林、张早林、谢春凤和省、杭州市相关部门领导参加推介会。

12月28日，第八届建德新安江 · 中国草莓节（草莓论坛）开幕。上午与会领导和专家考察建德欣和草莓专业合作社（欣悦草莓采摘基地）、建德市航头草莓专业合作社、建德市杨村桥草莓专业合作社、建德市下涯红群农业开发有限公司草莓基地。下午及29日上午举行论坛，全市70多名莓农代表和省、杭州市的多家新闻媒体参加论坛。沈阳农业大学教授张志宏对草莓新品种和草莓种植新技术作点评和介绍。北京农林科学院研究员张运涛作草莓产业发展战略学术报告。浙江农科院研究员蒋桂华作大棚草莓标准化栽培技术学术报告。

【第六届中国 · 建德千岛银珍茶叶节】 4月11日，在杭州“茶都名园”举办第六届中国 · 建德千岛银珍茶叶节暨新品推介会，杭州市副市长戚哮虎、建德市市长童定干、省农业厅副厅长唐冬寿、中国农业科学院茶叶研究所所长杨亚军等与会并致词。本次茶叶节，推出千岛银珍白茶和千岛银珍有机红茶两个新品，中华供销合作总社、杭州茶叶研究院院长张士康对两个新品作了点评，并给予高度评价。

【“草莓用药”报道事件应对处置】 2月11日，浙江交通之声、中国食品报两名记者暗访杨村桥镇一农户草莓喷施农药情况，12日8:00左右，FM93交通之声官方微博发布题为《一次打了五种药的草莓就隔天上市！ 93记者暗访建德草莓之乡，结果……》的文字报道，同时，FM93.《93

焦点》栏目对该事件进行了播报。报道事件发生后，市农业局立即组织工作人员前往杨村桥镇对该事件开展核查处置，对涉事草莓大棚进行封棚处理，对当事人进行笔录调查。按相关程序对该户草莓进行取样送交省农产品检测中心检测。与交通之声进行电话沟通协调，中午市农业局负责人以及执法大队、监管科、水果站等会同宣传部、杨村桥镇相关人员前往杭州与媒体进行沟通协调，并接受媒体采访，就草莓事件反映的问题进行解答说明。17:15，以官方口径在建德农业官方微博上发布题为“建德市高度重视农产品质量安全工作”的长微博，该条微博 @FM93 浙江交通之声、“建德发布”微博等媒体转播，为公众解疑释惑。12 日 20:10 及 13 日 8:30，FM93 交通之声播报题为“涉事大棚被封，副市长带队检查，建德第一时间回应草莓问题”，对报道进行回应。受报道影响，建德草莓市场销售价格大幅降低，春节（2 月 18 日）前后建德市境内草莓收购价每千克 12 元～16 元，而上年度同期价格为每千克 28 元～32 元。

【制订《建德市草莓产业发展三年行动计划》】 制订并实施 2015 年至 2017 年草莓产业发展三年行动计划，到 2017 年，全市草莓栽培面积达到 1066.67 公顷以上，种植农户达到 1700 户，实现产值 4 亿元；示范带动 6000 户农户异地种植草莓 4000 公顷以上，实现产值 18 亿元；累计推广草莓优新品种繁育 1400 公顷，实现草莓种苗原产地供应；草莓产业总产值达到 23.9 亿元，带动农民人均收入 6280 元以上；建立异地莓农合作组织 15 家以上，异地农资配送点 6 家以上；建设海峡两岸草莓文化创意产业园，新增草莓观光采摘示范点 10 个以上，草莓观光采摘覆盖草莓种植面积的 60% 以上；开发草莓深加工产品 3 个以上。规范提升“建德草莓”品牌，严格农业投入品及质量安全监管，确保产品质量安全，抽检合格率达到 98% 以上。

【夏宝龙考察艾利斯玫瑰公司】 4 月 10 日，省委书记、省人大常委会主任夏宝龙，省委常委、省委秘书长赵一德，副省长黄旭明到建德市调研，专程参观玫瑰庄园和玫瑰开发产品展示区，了解玫瑰种植、加工、销售以及发展休闲观光旅游情况。夏宝龙对该公司从水晶加工业转型特色农业发展作了高度肯定：“20 年前，做污染环境的事；20 年后，做美化环境的事，希望艾利斯玫瑰园越做越好，打造出建德特色农业的品牌。”

◎市农业局技术人员赴武汉开展草莓技术培训

【举办龙井茶手工炒制大赛】 4 月 10 日，在童家茶叶专业合作社举行全市高山龙井茶手工炒制大赛，全市各乡镇 20 名炒茶能手参加炒茶技艺角逐。大赛组委会邀请品茶专家从外形、香气、汤色、滋味、叶底五个方面进行综合评价，建德市绿荷茶叶专业合作社曾海云获一等奖，建德市镇源茶叶专业合作社王卫娟、余贵获二等奖，建德市童家茶叶专业合作社过双林、黄卫珍、郑金菊获三等奖。 。

【建德茶叶获多个奖项】 5月22日～24日，建德市慧芝源农业开发有限公司选送的慧芝源牌清心三绿茶，获得第十届浙江绿茶博览会（在河南郑州举办）金奖；千岛银珍新品白茶和千岛银珍有机红茶获也深得中原消费者好评。8月7日，第十一届"中茶杯"全国名优茶评比活动评比结果揭晓，建德市农技推广中心选送的新安江白茶（新安1号）和建德市峰鼎茶场选送的金岩峰牌白玉莲心茶获得绿茶类一等奖。

【获省级骨干农业龙头企业】 8月11日，省农业厅、省林业厅、省海洋与渔业局、省粮食局、省供销社联合公布第八批省级骨干农业龙头企业名单，浙江千岛银珍农业开发有限公司列入省级骨干农业龙头企业。

【开拓桑叶茶产品】 桑叶内含有1-脱氧野尻霉素（DNJ）生物碱，含量约100毫克/100克，同时桑叶内还含有丰富的γ氨基丁酸和植物醇，其含量是绿茶的3～4倍，具有减肥、美容、降血糖的作用。2013年，大同镇创新利用桑叶制茶，由大同徐韩蚕桑专业合作社将田间养蚕剩余的桑叶收购来制作桑叶茶和保健茶，当年全市制作桑叶茶10余吨，得到市场认可。2014年，逐渐扩大桑叶茶制作规模，加工生产桑叶茶80余吨，主要销往、日本、韩国、东南亚等国家。2015年全市加工桑叶茶170吨，销完中国台湾地区、美国等国家及中国台湾地区作保健茶原料。

【"互联网＋蚕桑"】 大同镇叶元挺2012年开始蚕桑产品电商销售，当年网上蚕桑销售额30万元。2015年，扩大网上销售品种，蚕品种各式各样并配备桑叶销售，如彩色蚕、彩色茧、桑叶茶、蚕丝被等，全年网上销售额600余万元。

畜牧生产

【概况】 2015年，全市生猪饲养量32.73万头，同比减少14.0%，年末存栏10.56万头，同比减少17.3%。全年家禽饲养量1136.00万羽，同比减少19.3%，家禽年末存栏440.41万羽，同比减少33.3%。全年猪肉类产量2.97万吨，同比增长67.8%，禽蛋产量7.81万吨，同比减少17.8%。全市畜牧业产值12.91亿元，同比减少5.1%，其中生猪饲养业产值4.14亿元，同比增长21.1%。禽蛋产值6.00亿元，同比减少19. 6%。

开展全市重大动物疫病集中防控及春防、夏防、秋防、冬防、"免疫周"等专项行动，全年共使用猪口蹄疫疫苗84.3万毫升，猪瘟疫苗45.3万头份，高致病性猪蓝耳病疫苗52.68万毫升，免疫生猪31.59万头次；使用牛羊口蹄疫疫苗13.5万毫升，免疫牛羊5.13万头次；使用高致病性禽流感疫苗748.4万毫升，免疫家禽1062.4万羽次；使用犬单联苗8.2万头份，免疫犬7.3万头次。全市未发生重大动物疫病。

开展小反刍兽疫、牛羊两病防控排查、监测，使用小反刍兽疫疫苗2.75万头份，免疫羊2万余头次。共采集检测牛羊养殖户32户样品2087头份。检出并无害化处理布病阳性羊及同群羊51头、奶牛1头，疑似小反刍兽疫羊79头。

开展重大动物疫情监测，全年共监测口蹄疫样品39场次1403份，群体合格率100%；猪瘟样品21场次529份，群体体合格率100%；高致病性猪蓝耳病样品4场次117份，群体合格率100%；高致病性禽流感样品125场次2666份，群体合格率为100%；新城疫样品49场次1327份，群体合格率为100%。

2015年，全市产地检疫生猪14.35万头、家禽372.47万羽。屠宰检疫生猪10.77万头、家禽358.91万羽，检出病畜61头、病禽1.16万羽。全市共备案报验2031批次，其中生猪819批、17673头，活牛1批、8头，活羊35批、2724头，活禽1912批、422.59万羽，动物产品119批、368.98吨。全市各生猪屠宰场（点）共检验出不合格肉品及废弃物9404.15公斤，所有病害产品均作无害化处理。

1月20日、27日，宁波市畜牧兽医局一行13人、青海省西宁市动物卫生监督所一行4人，先后到建德考察定点屠宰工作，实地察看三弟兄家禽定点屠宰厂从下禽到产品包装整个流水线操作过程以及驻厂官方兽医和品质检验人员同步检验检疫过程。

【标准化规模养殖示范场建设】 建德新希望牧业有限公司通过国家级标准化规模养殖示范场验收，建德市丰收禽业有限公司通过省级标准化规模养殖示范场验收，两家企业成为建德市奶产业和肉鸡产业龙头企业。

【畜产品安全监管】 开展全市养殖环节畜产品和料槽饲料定期集中抽样检测，组织4次集中抽检和监督检查，完成猪尿、禽蛋、牛奶、饲料等样品260个批次送检；全市16个药残监控点共检查养殖场(户)1500余家次，现场检测2560批次，检测合格率达到100%。定期开展产地检疫和定点屠宰厂禁用药物宰前检测情况监督检查，规范宰前“瘦肉精”尿检制度，2015年全市共监督抽检生猪尿样1800余批次，检测合格率达到100%。开展鸡蛋等畜产品药物残留监管，对所有蛋禽无公害基地及较大规模蛋禽养殖场进行检查及指导，印发《畜禽养殖场户规范使用兽药告知书》和《蛋鸡禁用药物清单》3000份，与重点养殖场户、饲料生产单位签订承诺书330份。开展家禽产品药物残留监测，抽检样本90批次，检测合格率达到98%。推进快速检测新技术新方法应用，将“瘦肉精”现场检测品种由原来的3种增加到8种。

【开展联合执法和“百日会战”专项行动】 组织执法人员对全市各畜禽屠宰企业开展“零点检查”行动，重点检查病害生猪屠宰、生猪注水和“瘦肉精”自检等情况。联合市公安局、市场监管局等部门对城乡接合部、小型肉摊等重点场所开展以“打击生猪私屠滥宰，保障肉品质量安全”的联合执法行动。开展肉品整治“百日会战”专项行动。全年共出动执法人员690余人次、检查畜禽屠宰场（点）68家次，畜禽养殖场890家，冷库3座、肉类批发市场3个、农贸市场、商场、超市等10个，现场抽到各类样品65个，查处违法行为10起，责令整改20个（次），取缔生猪私宰点5个。发放《肉品和水产品安全专项整治“百日会战”行动的通告》1000余份。与6家畜禽屠宰企业和50个生猪收购、贩运户分别签订《生猪定点屠宰企业肉品质量安全主体责任承诺书》和《生猪收购贩运个人肉品质量安全主体责任承诺书》。

【畜禽养殖污染整治】 全年共关停拆除畜禽养殖户706户，拆除栏舍面积39.66万平方米，同比减少存栏生猪1.36万头、蛋鸡318万羽，发放补助资金5600万元，禁养区内养殖场关停拆除基本到位。加强限养区、宜养区内保留养殖场污染治理，建成标准化示范场3家，新建成沼气池、储液池、三格式处理池共6790平方米，干粪收集池1590平方米，机械式病死动物无害化处理设施4套，沼液运输车4辆，完成规模猪场污染治理152家，其中139家通过达标验收，实现新增生态消纳地3.3万亩，新增沼液利用量8.5万吨。

【动物卫生监管】 对全市养殖场（户）、动物诊疗机构、定点屠宰场（点）及饲料兽药经营企业开展执法检查，全年共出动执法人员200余人次，检查各类单位1950家次，立案查处违法行为1起，罚没款500元。

【动物尸体无害化处理监管】 开展冬春病死动物无害化处理专项监管行动，印发《病死动物无害化处理告知书》《建德市养殖场户病死动物无害化处理承诺书》各1900份、《关于严厉打击随意弃置倾倒病死动物等违法犯罪行为的通告》2420份，张贴宣传标语及横幅306条。规范病死猪台账记录，采取“剪耳核数”和“拍照留据”的方法进行审核，全年共无害化处理病死猪25019头。

农业科技及政策

【概况】 2015年，市种子管理站引进粮油、瓜菜、西甜瓜、旱杂粮等试验、试种和展示示范品种350多个、组织试验27项计249个品种，建立粮油瓜菜（包括旱杂粮）展示示范点11个计109个品种。市农技推广中心粮油站引进“春优927”籼粳杂交稻、“台粳14”“台南14”“外引7号”等优质稻、“浙油51”双低高含油油菜等新品种试验种植。

开展新品种对比试验。市种子管理站实施甜玉米新品种金银208和双色先蜜试种、钱江糯3号玉米品种试验、糯玉米新品种对比试验、超甜玉米“金银208”品种秋栽试验、救灾贮备品种（玉米）引选及不同播期试验、马铃薯新品种展示、救灾贮备品种（大豆）引选及不同播期试验、荞麦新品种引选试验、甘薯品种引选。

市种子管理站建立粮油新品种展示示范点6个品种44个。油菜新品种“浙油51”等展示示范、大小麦新品种展示示范、杭州市单季晚籼稻新品种展示、杭州市良种引进公司籼稻展示、特种米（美香占、加禾优555、紫血糯、红米等）品种展示示范、省单季杂交晚稻甬优1540和甬优15品种丰产示范。

全市建立旱杂粮品种展示点4个品种19个。饲用玉米品种展示、钱江糯3号玉米新品种试种示范、乾潭邵家建德荞麦示范等。

建立瓜菜新品种展示基地，计46个品种。辣椒6个品种（采风11号、苏椒2号、满分107、满分106、翘楚、巨龙辣椒）；茄子5个品种（冠王2号、浙茄3号、紫轩、红哥、浙茄1号）；小番茄2品种（黄妃2畦、金陵美玉）；小南瓜6个品种；甜玉米2品种（金银208、双色先蜜）；斯维特、利丰5号、秀丽3品种；甜瓜、哈密瓜22个品种。

【病虫害防治技术】 2015年，发布《病虫情报》13期，免费印发至全市各乡（镇、街道）、行政村、农资网店及主要农业生产主体（专业合作社、农业企业）等5640份，通过农民信箱、农业网络等平台发布病虫预警情报2万多条（次）。全年完成农作物病虫统防统治面积4000公顷，农药减量70.4吨，绿色防控1633.33公顷。

在大同上马村实施杭州市农作物（茶叶）绿色防控示范区建设项目。种植新型蜜源植物“六道木”，安装太阳能杀虫灯，开展经济作物绿色防控示范，促进天敌生长，减少农药用量。开展草莓安全标准化生产技术示范区建设，与省农药检定管理所联合制定和完善草莓用药方案，筛选草莓病虫防控安全绿色农药，规范草莓病虫防控和合法用药，保障建德草莓质量安全。在杨村桥镇绪塘村，与省植保检疫局药械科、台州速邦公司联合开展“草莓田硫酰氟土壤熏蒸剂示范”，研究硫酰氟熏蒸剂对草莓田土传病虫害的防治效果。在航头黄木岗村开展药效和安全性试验，筛选出防治苦瓜根结线虫病高效药剂噻唑膦颗粒剂。在航头珏塘村开展小麦赤霉病药剂筛选试验。

【开展农作物病虫动态监测】 1月，位于更楼张家村的市级病虫观测场升格为国家农作物重大病虫预警体系建德区域站，承担全国重大病虫预警功能。以更楼张家国家农作物重大病虫预警体系建德区域站为主，开展系统监测水稻、小麦、油菜等作物的病虫发生情况。建立航头珏塘、大同永盛、大洋胡店、钦堂蒲田和杨村桥梓源村等早晚稻面上病虫测报点，张家小麦、油菜病虫测报点，航头黄木岗、更楼湖岑畈两个蔬菜基地病虫测报点，开展重点病虫调查，通过点面结合，加大面上病虫害普查力度，科学分析病虫发生态势，制定科学防控措施，《病虫情报》准确及时。

【省级农业科技奖】 7月30日，省农业厅公布2014年度浙江省农业科技奖励项目，建德市种子管理站严百元、孙加焱等主要完成人实施的杭州西部山区油菜新优品种及高产技术示范推广获省农业厅农业丰收项目二等奖。建德市农业技术推广中心孔樟良、童英富等为主要完成人实施的草莓清洁化栽培技术集成研究与应用获省农业厅技术进步奖二等奖，廖益民获2014年度浙江省农业技术推广贡献奖。

【建成三都省级现代农业综合区】 11月10日，省考核验收组对三都省级现代农业综合区进行考核验收。考核验收组实地查看绿帆达食品有限公司、春江源柑橘产业示范区、春江源水产精品园、新和西红花精品园、德泽农业山地蔬菜产业示范基地、东方香榧精品园等。召开评审会，听取建德市创建工作汇报、查阅台账资料和质询评议，省考核验收组同意三都省级现代农业综合区通过验收。12月30日，省农业厅下文正式确认三都省级现代农业综合区，同时确认三都柑橘示范区、三都山地蔬菜示范区、三都香榧示范区等3个特色农业示范区，三都白茶精品园、三都蓝梅精品园、三都西红花精品园、三都水产精品园等4个特色农业精品园。

【特色蔬菜品种开发应用】 “花梅豆”“园梗油冬儿”“白玉苦瓜”“糯米丝瓜”等地方特色品种，品质好、口感好，多年来一直深受种植户、消费者欢迎，但种性退化、用种不足。开展地方特色品种的提纯和生产应用，组织实施“花梅豆”种植示范及种子繁育、单株种植（提纯、选优），寿昌糯米丝瓜、园梗油冬儿、白玉苦瓜提纯，收获250多公斤“花梅豆”种子、白玉苦瓜20个单株、圆梗油冬儿繁种0.2公顷。

【建设新品种展示示范基地】 建成大同三村粮油新品种展示示范基地、航头航景村瓜菜展示示范基地。召开新品种观摩会5次，4月26日召开全市性的油菜新品种现场观摩会、6月中旬召开西甜瓜、甜糯玉米新品种现场观摩会3次、9月28日召开单季稻新品种现场观摩会。

【实施浙江省整建制水稻病虫统防统治示范项目】

在航头镇珏塘村全面推进统防统治，由航头航盟植保专业合作社负责实施，实施面积120.27公顷，统防统治覆盖率达到97.8%。试点区域内吸收带动散户，推行五统一服务。建立绿色防控核心示范方，全面示范应用绿色防控技术，采用物理、生物、生态等措施，新购置安装太阳能杀虫灯，放置性诱捕器，释放稻米螟赤眼蜂，田埂种植芝麻、大豆二等显花植物，示范区绿色防控技术到位率100%。

农业行政执法

【概况】 开展“放心农资下乡进村”和“3·15”消费者权益日现场咨询活动，举办现场咨询各1

场次，出动执法和科技人员30人次，发放宣传资料1000余份，悬挂横幅2条，接受群众咨询450人次，展销农资产品500千克。组织有害生物监测培训会、现场会，培训人员150人次。开展农业投入品经营人员，培训人员168人。

全年日常巡查共出动执法人员960余人次，检查各类农资生产经营单位、农产品生产基地等320余家。

开展“绿剑”执法行动，其中，3月中旬至5月底，开展打击侵犯品种权和制售假劣种子行为的春季执法专项行动，包括开展种子、农药、肥料、兽药、饲料和饲料添加剂、农产品质量安全等日常检查、集中执法行动、抽检、违法案件处罚。出动执法人员310余人次，检查农资生产经营单位及农产品生产基地130余家，抽检投入品52个，立案查处违法案件8起，查获假冒伪劣农资产品1857.8千克。6月中旬至7月底开展夏季“绿剑”执法行动，以农业投入品生产经营单位和夏季主导农产品生产主体为检查重点，依法查处制售假冒伪劣农资产品和非法添加等行为，特别是在农产品生产过程中使用禁限用、高毒高风险农药和使用添加隐性成分的农药等行为；依法查处卫生杀虫剂市场中存在的违法行为。出动执法人员100余人次，检查农资生产经营单位及农产品生产基地30余家，抽检农业投入品8个。检查中未发现经营使用违禁农业投入品等行为。9月中旬至10月底，开展“绿剑”秋季执法行动，重点查处兽药、饲料和饲料添加剂等农业投入品和农产品质量安全领域的违法行为，依法查处制售假冒伪劣农资产品和非法添加隐性成分等行为，特别是在农产品生产过程中使用禁限用农药和使用添加隐性成分的农药等行为。出动执法人员90人次，检查农资生产经营单位及农产品生产基地28家。检查中未发现经营使用违禁农业投入品等行为。

开展农业投入品质量监督抽检，共抽取样品148个送检，其中农药36个、肥料34个、饲料30个、兽药30个、种子18个。开展种子经营单位普查，全市77个种子经营点验证备案。全年组织种子市场检查58人次，77个种子经营点监管到位。

开展农业违法案件查处，全年共立案查处违法案件29起，其中农药2起、肥料11起、饲料5起、兽药7起、种子4起，结案29起，罚没款6.7万元，查获不合格产品2010千克。受理农业举报投诉案件、督交转办件、信访件、农业生产事故鉴定（调处）共40起，其中组织农业事故鉴定19起；调处10起，协议金额502.1万元。

2015年，全市发生3起农机道路交通事故，造成2人死亡、3人受伤，其中死亡事故2起，2人死亡，1人受伤。

【有害生物监测】 2015年，设立8个有害生物综合监测点，调整设立4个植物检疫签证点。开展黄瓜绿斑驳花叶病毒病的普查和防除，经普查未发现此病毒。开展梨枯梢病普查防除，普查全市16个乡镇（街道）有梨树分布的124个村，种植农户1213户，梨树种植面积284.48公顷，植株196237株，未发现梨树疫病疫情。开展红火蚁、稻水象甲、柑橘溃疡病、葡萄根瘤蚜、柑橘黄龙病的普查，未发现有疫病在建德市境内发生。

【开展农资示范店创建】 对申报2013年度建德市星级农资示范店的单位进行考核评定，认定22家单位为“建德市星级农资示范店”，其中三星级2家、二星级3家、一星级17家。

【实施农药包装废弃物回收工程】 对连片33.33公顷以上的草莓园，发放回收桶500余只；对市级以上农业龙头企业、规范性及以上专业合作社、家庭农场发放回收桶700余只，共收集废弃农业包装物20余吨，进行集中无害化处置。

【农产品质量追溯体系建设】 9月，通过省级农产品农产品质量安全追溯体系建设验收，全市69家市级以上农业龙头企业、示范合作社、家庭农场实现生产主体信息和生产过程可追溯，其中52家生产主体运用农产品质量安全追溯二维码。“杭州模式”农产品质量安全追溯管理系统与浙江省农产品质量安全追溯平台实现对接，全市共有86家生产主体纳入该追溯平台。

【农产品质量安全检测】 全年共抽检农产品10586批次，合格10502批次，合格率99.21%，其中定性检测10251批次，合格10167批次，合格率99.18%；定量检测335批次，合格335批次，合格率100%；配合部、省、市三级抽检392批次，合格389批次，其中3个批次样品被检出“毒死蜱”农药残留超标，及时对被抽样单位建德市更楼新市蔬菜专业合作社展开调查处理。市级、乡镇（街道）快速检测室向公众免费开放工作有效开展，全年共接待群众205人次，为群众服务免费检测276个样品。

【成功调处草莓肥害生产事故】 12月12日，市执法大队、草莓办接到多个莓农投诉举报，反映所种草莓喷施从本地农资经销商购买的“面耐百”牌微量元素水溶性肥料后，出现叶片烧灼、僵果等现象，产量受损严重。接报后，市农业行政执法大队立即开展调查取证，查清肥料来源，组织专家跨省进行技术鉴定、现场核查和损失评估，经调解，促成农资经销商补偿41家莓农种植户共计176.1万元经济损失。

【农机监管】 全年纯农田拖拉机上牌30台，联合收割机12台、插秧机10台。安全检验烘干机36台、联合收割机42台、插秧机69台，纯农田拖拉机430台。全年年检上道路拖拉机577台；全年执法检查100多人次，检查42个合作社，11家农机维修网点，1家农机销售企业。拖拉机报废60台。全年举办2期拖拉机驾驶员培训班，培训学员23名。 （姚金富）

林业生态和农村新能源建设

【概况】 2015年，全市完成绿化造林总面积1586.7公顷，为省林业厅下达造林计划的110.7%；其中防护林266.7公顷（包括山地人工造林200公顷，平原林带林网造林66.7公顷），封山育林200公顷，迹地更新造林986.7公顷。森林抚育面积6333.3公顷，其中列入国家、省补助2000公顷，争取上级补助资金600万元。以杭千高速两侧为重点，实施彩色健康森林建设面积133.3公顷，争取上级资金200万元。

全市参加义务植树20.7万人次，尽责率85%以上，完成路旁、水旁、村旁、宅旁“四旁”植树26.6万余株，无偿赠送乡村绿化苗木3万株。

配合全市的“五水共治”、畜禽限（退）养和生态型新农村建设等专项工作，共计推广、新建公益性生活污水净化池90处、容积3920立方米，生活污水污水处理能力增加880吨/日。完善沼气利用技术，清除农村畜禽养殖污染面并实现能源循环利用；继续实施以太阳能为主的农村清洁能源开发和新技术应用推广，实现省柴、节电、减煤的环保目标，全市农村可再生清洁能源利用率达77.9%，受益农户2950户，受益人口0.8万人。

【森林抚育和彩色健康森林建设】 全年森林抚育面积6333.3公顷，其中列入国家、省补助2000公顷，争取上级补助资金600万元。以杭千高速两侧为重点，实施“彩色健康森林”（即通过不同树种合理搭配，对林相进行合理改造，打造生态功能强大、风景色彩丰富、资源林丰物茂的森林景观）建设面积133.3公顷，争取上级资金200万元。

【公益林资金发放】 开展省级公益林扩面工作，全年新增省级公益林面积19689.7公顷。共发放省以上公益林补助资金3005万元、杭州市级公益林补偿资金308.4万元。完成公益林变更调整面积4.3公顷。

【建德桐庐公益林插花纠纷调处】 2014年8月，建德市乾潭镇罗村村因在桐庐县钟山乡歌舞村的山林"插花"所需，前往桐庐县进行审批，审批中发现桐庐县已将此块山林划为公益林，不能采伐。而罗村村从未领取过公益林补偿款，由此引发争议。经过双方现场踏勘认定，罗村村提供的插花山林权证3处，属该村大源第九组所有，面积18.67公顷，其中公益林18.33公顷；歌舞村提供的插花山林权证16处，属该村天井自然村的公益林面积1.33公顷。

2015年11月24日，建德和桐庐林业部门相关负责人、当地乡镇林技员、村干部、村民代表在桐庐县钟山乡歌舞村对此争议进行调处并达成一致意见，签订县际纠纷调处协议。协议约定，上述公益林的日常管护依旧遵照原管护办法执行；桐庐县钟山乡歌舞村补偿给建德市罗村村大源第九组2004~2015年公益林补偿款计23000元，当月25日由罗村村开发票到歌舞村结算；从2016年开始，上述公益林的省公益林损失性补偿资金归罗村村所有，桐庐县财政配套的公益林补偿资金归歌舞村所有。两地林业部门约定，若今后再出现类似的山林纠纷，可以此次达成的协议为样本协商解决。

【"三江两岸"项目建设】 2015年，建德市林业局委托建德市城市建设开发有限公司实施完成洋溪街道江和城沿江绿色景观长廊6万平方米、莲花镇莲花溪两侧绿色景观长廊1.2万平方米、下涯镇下北线入口绿色景观长廊0.8万平方米、更楼街道寿昌溪及国道两侧绿色景观长廊0.7万平方米。项目二期工程为子胥野渡—乾潭段，长4.6千米，于2013年12月15日开工，2015年9月验收，完成投资约3300万元，建设内容包括栈道、堰坝、游船码头、跨江廊桥等内容，2015年8月全面对外开放。

【沼气和沼液利用】 全年在大同、航头等地推广、新建畜禽养殖污染处理沼气工程15处，容积2800立方米，年处理养殖污水能力增加9.8万吨，年产沼气量增加15.3万立方米。至此，全市养殖污水处理能力达到35万吨，年产沼气164.25万立方米。配合农业部门开展沼液资源化利用工作，开展沼液利用的技术培训、种养基地对接技术服务和示范点建设相关工作，全年共完成新增沼液利用8.1万吨，沼液使用面积1200公顷。

【太阳能利用】 全年推广太阳能热水器3100台，折合面积6200平方米。至2015年年底，全市累计推广使用太阳能热水器6.99万台，折合面积12.49万平方米，年开发利用太阳能折合节约标煤2.2万吨。

【可再生能源示范乡镇建设】 2015年，大慈岩镇、大洋镇创建"杭州市清洁可再生能源示范乡镇"通过杭州市级验收。两个镇项目建成后年开发利用清洁可再生能源折合标煤665吨，可减排二氧化碳1729吨。农村清洁能源利用率提高3%以上，可再生能源利用户率提高到80%，新增太阳能热水器2100台。新安江街道新增太阳能路灯、诱（杀）虫灯85盏，新建、改建农村生活污水处理设施8处、容积1400立方米。

林业产业

【概况】 2015年，全市完成省级现代林业产业示范区创建1个（建德市大同油茶示范区，面积354.3公顷，投资440.1万元）、省级特色林业精品园创建2个（建德市乾潭玫瑰精品园，面积36.7公顷，投资795.8万元；建德市岭后毛竹精品园，面积33.3公顷，投资163万元）。

全市完成省级林区道路150千米、杭州市林区道路55.7千米，并通过杭州市、建德市的多次绩效评价和审计，综合评价列杭州市各县（市、区）前列。

完成林业产业发展327公顷，其中三都、乾潭等地香榧造林67公顷、李家、航头、寿昌、大慈岩等地油茶造林227公顷、大同、乾潭等地薄壳山核桃和山核桃造林33公顷。

【珍贵树种基地建设】 完成珍贵树种基地建设300公顷，其中珍贵树种人工造林100公顷、人工培育200公顷，争取杭州市珍贵树种发展项目资金125万元。人工造林主要分布在乾潭、航头、新安江及建德林场、寿昌林场等地，人工培育分布遍及全市。

【建德市林业总场】 2015年，全市有建德林场、新安江林场、寿昌林场3家国有林场，经营总面积1.21万公顷，林业用地总面积1.24万公顷，林木总蓄积109.97万立方米；生态公益林面积8873.3公顷，占经营面积的73.33%，占林业用地总面积的71.56%，为生态公益型林场。3个国有林场同时也是3个森林公园，分别是国家级富春江森林公园、省级新安江森林公园和杭州市级绿荷塘森林公园，森林公园总面积1.24万公顷。

5月，正式将3家国有林场合并为一，总称建德市林业总场，确定建德市林业总场为公益类全额拨款事业单位，并增挂国有林场生态公益林保护站牌子。原有3家林场继续保留，由林业总场进行统一管理。经建德市机构编制委员会和浙江省林业厅的批复确认，确定建德市林业总场为公益一类全额拨款事业单位，增挂国有林场生态公益林保护站牌子，归属建德市林业局管理，级别为正股级事业单位，核定全额事业编制8人。年末，核定60人聘用指标（不列入事业编制序列，经费参照全额事业人员标准）。全场68人的经费纳入地方财政，总经费额度实行包干使用。6月，市国有林场改革通过浙江省国有林场改革试验验收组验收。

12月，把原3个国有林场从事的经营性职能剥离出来，由市林业总场注册资金5000万元，组建建德市林业投资有限公司，负责经营林场多种经营和旅游开发，参与社会林业开发。

建德林场。2015年，建德林场在岗职工33人，年总收入697万元。全年造林39.67公顷，补植造林5000株；完成幼林抚育269.07公顷/次，生物防火林带抚育33.6公顷/次；完成防火线维修109.69千米，林区道路维修71.2千米。景观林改造采伐松林15.07公顷，实际采伐出材350立方米；生物防火林带提升间伐4.33公顷、出材松木65立方米。实施并完成市林业局重点项目—“浙江省建德市2014年农业综合开发林业生态示范项目”建设，其中，封山育林100.4公顷，低产低效林改造110.4公顷，项目建设总投资280万元。细果秤锤树种群保护项目，至年底完成调查面积200公顷，投资15万元。年内，建德林场作为全国15家森林经营示范林场之一，与省林勘院合作，完成了富春江森林公园规划修编工作。

新安江林场。2015年，新安江林场在岗职工26人，年总收入607万元。完成珍贵树种造林11.93公顷，油麻坞抚育间伐项目造林2公顷，施肥 8.2 公顷。建成香榧采穗基地 3.6 公顷，林下种植黄豆和绞股蓝 1.3 公顷。珍贵树种补植 6.53 公顷，中幼林抚育 70.4 公顷，森珍贵树种园施肥 8.2 公顷，新建林区道路 1.8 千米。松材线虫病防控林相改造 44.87 公顷，松毛虫防治 233.33 公顷。林木采伐作业设计 11.73 公顷，林木采伐蓄积 1535 立方米。战略储备林实施 69 公顷。防火线维修 17.52 千米，防火林带抚育 23.87 公顷。新安江林场与中国林科院亚热带林业研究所合作建设钱江源生态站实验楼（防林房）项目，计划投资 277 万元，选址铜官林区好运岛码头；与浙江林科院合作在朱家埠林区七坞口，建成全国首个榉树快繁基地，榉树采穗圃面积 0.3 公顷，苗木快繁大棚 1200 平方米，全年完成 45 个榉树品种的良种选优工作；与市种苗站共同出资 30 多万元，建成苗木大棚总计占地 0.8 公顷；向上级财政争取移民资金 40 多万元，建成朱家埠潘家山至七坞口的林区沥青公路近 1 千米。

寿昌林场。2015 年，寿昌林场在岗职工 15 人，年总收入 325 万元。完成各项造林 37.93 公顷，其中：珍贵树种造林 23.27 公顷、防火林带造林 1.33 公顷、补植造林 13.33 公顷。完成各项抚育 97.86 公顷，其中：幼林抚育 74.33 公顷、油茶抚育 15.33 公顷、水果园抚育 8.2 公顷（枇杷 7.2 公顷、桃子 1 公顷）。完成生物防火林带抚育 22.4 千米折合面积 38.67 公顷；防火线维修 43.11 千米；维修林区道路 10 千米，林道 8 千米；完成国家储备林建设项目规划、设计、招标实施 155 公顷(其中战略储备林大径材培育 20 公顷），投资 200 万元；完成市林业局下达的寿昌镇绿荷塘村楠木色村建设补植造林浙江楠 4 公顷、间伐杉木 3.33 公顷、挖大穴林下套种浙江楠 3.33 公顷。开展林区基础设施及配套设施的建设与改造，投入 181 万元完成寿昌林场塘坞林区林道硬化 3.5 千米；投资 12 万元完成滩下、长林林区新建林道 3.5 千米。为防治松材线虫病进行马尾松打滴药物防治 3.33 公顷，清理枯死松木 25 立方米。（李伟明）

林政资源管理

【概况】 2015 年，继续对采伐限额执行情况、林地保护、森林消防、林业有害生物防治等内容进行目标管理。全市完成森林采伐总限额 19.95 万立方米。全市林木实际消耗 15.41 万立方米，同比减少 9.2%。林业有害生物发生面积 1280 公顷，防治面积 1280 公顷。无公害防治率 100%，测报准确率 92.6%。种苗产地检疫率 100%，成灾率 0，圆满完成杭州市“十二五”森防目标管理“四率”指标考核任务。

根据本年度森林资源动态监测数据显示，2015 年，建德市森林覆盖率达到 76%，同比净增 0.17 个百分点，位居杭州地区第二；森林蓄积量达到 857.58 万立方米，年度净增 65.36 万立方米，位居杭州地区第三；乔木林每亩蓄积量达到 3.75 立方米，同比增加 0.27 立方米。

【林木采伐管理】 2015 年，建德市林业局印制发放《林政资源管理法规政策汇编》，宣传林政相关法律法规及新政。审批林木采伐限额 9.41 万立方米，预留烧柴 6 万立方米，实际消耗 15.41 万立方米，占总限额 19.95 万立方米的 77.2%。核发林木采伐许可证 725 份，发证合格率 100%，全部实现电脑开证，审批采伐公示率 100%，做到公开、公正、公平。

【行政审批制度改革】 2015 年，建德市林业局围绕“减少审批环节、减少前置条件、减少审批层级”改革要求，落实行政审批“一审一核”制、“首席代表”制，深化行政审批“两集中两到位”改革，对乾潭分中心事项进驻和事项授权提出实质性建议。召开林业中介服务机构会议，落实中介服务与部门审批捆绑考核。印发《建德市林业中介机构服务项目质量考核评价细则》，推进中介服务提质提速。对惠民减负政策及时做好落实，从2015年2月1日起，窗口对全年产值500万元以下的林企停止征收森林植物检疫费；野生动物驯养繁殖审批由前置审批转变为后置审批。

【木材经营加工行业管理】 6月，市林业局森林消防办、林政审批科、执法大队、森林公安共同开展“绿盾护林”联合执法行动，出动执法人员48人次，共核查木材经营加工单位88家，签订松木使用承诺书56份，发放宣传资料200份，核查木材库存量16842立方米，核销木材库存量2845立方米。同时加大日常检查巡查力度，严厉打击违法调运松木及其制品的行为，共查处违法调运外来松木制品案件8起,处罚款5.43万元。

【重点建设项目占用林地审批】 2015年，市林业局完成多项重点建设项目占用林地审批,其中：新建杭州至黄山铁路工程建德段占用征收林地报批104.47公顷（长期占用征收林地73.73公顷、临时占用林地30.74公顷）、生态公墓建设占用林地7个；杭州市第二水源千岛湖配水工程建德段占用征收林地报批19.28公顷（长期占用林地1.84公顷、临时占用林地17.44公顷）；小洋坞区块、巨化集团石码头老矿区、马南园区新安化工预留地块、卓达集团大慈岩地块等本市重点项目占用林地报批，共计61.38公顷；乌石滩区域旅游开发项目等13个“坡地村镇”试点占用林地初审。

【“十三五”期间年森林采伐限额编制】 1月上旬，市林业局完成《“十三五”期间年森林采伐限额报告》编写工作；同月26日，该报告经杭州市林水局组织的专家审查论证获得通过，最终认定：建德市“十三五”期间年森林采伐限额总量为19.83万立方米,占全市森林蓄积量的2.5%。

【林地年度变更调查工作】 4月～12月，市林业局开展林地年度变更调查，将林地范围和林地利用现状（地类）更新至2013年年底，并将林地变更调查与国土部门的土地调查成果进行衔接，对部分类型进行确认核实。调查结果显示，建德市土地总面积23.14万公顷，其中林地面积18.71万公顷，占80.83%，非林地4.44万公顷，占19.17%；林地面积比2009年净减203.88公顷，减少的主因为各类建设所需的林地征占用。

【建德市湿地保护规划编制】 2015年，市林业局完成《建德市湿地保护规划》编制工作。全市有湿地68处（其中8公顷以上的湿地有55处），总面积6010.49公顷（不含水稻田面积），占全市土地总面积的2.60%。湿地总面积中，天然湿地面积3670.5公顷，占61.07%；人工湿地面积2339.99公顷，占38.93%。该规划在分析建德市湿地保护与管理现状的基础上，提出湿地保护体系、湿地管理体系、优先行动等规划，对维护建德市湿地生态系统和生物多样性、保障区域生态安全，促进当地经济社会发展和生态文明建设，具有十分重要的现实意义。

【林地限额追加】 2015年，建德市林业局为有效保障和推动重点项目施工建设，向省林业厅获追加市定额2.89公顷，合计定额97.89公顷。共审核报批林地征占用项目70宗，面积183.78公顷，共收取植被恢复费1084.5万元。

【野生动、植物资源调查和保护】 3月，市林业局组织开展“3·3”世界野生动植物日宣传活动。4月，在新安江文化广场开展以“关注候鸟保护、守护绿色家园”为主题的野生动植物保护宣传月暨“爱鸟周”宣传活动。共发放宣传资料100份，悬挂宣传横幅16幅。

全年，市林业局配合森林公安查处非法狩猎国家二级野生动物鬣羚1起，并追究其刑事责任；

救护国家二级野生动物白鹇1只、猫头鹰2只、娃娃鱼2条，省重点保护动物夜鹭1只；参加省、杭州市两级组织的寻找最美古树名木和寻找最美古道评选活动中，建德市获得杭州市级最美古树8棵、最美古树群2个，市级最美古道2个。同时，参加由杭州市电视台组织的拍摄《建德寻找最美古树5棵》系列电视宣传报道活动。

【松材线虫病防控】 全年实施疫情监测5.35万公顷，枯死木清理1708.49吨，喷药防治松褐天牛573.9公顷，树干药剂注射3万瓶，松林改造226公顷。由护林员负责枯死松树清理及清理下山松木的看管，对采伐、运输、除害等各个环节实行全程监控，防止枯死松木外流。同时，将高速公路两侧枯死松树清理工作列入中央和省级森林抚育补贴项目，范围涉及乾潭镇、杨村桥镇、下涯镇，建设规模333公顷，补助经费为200元/亩，其中公益林补助另加100元/亩，总计补助资金121.8万元，其中建德财政配套资金21.8万元，确保该项工作安全推进。

【林业有害生物监测预报】 2015年，在原国家级森林病虫害中心测报点及8个县级测报点基础上，新增乾潭镇大畈村、新安江街道白沙村、更楼街道后塘村、杨村桥镇十里埠村、建德林场管理处、新安江林场沧滩林区、寿昌镇河南里村7个杭州市级松树病虫害测报点和1个竹子病虫害测报点（大同镇江头村）。全年应实施监测调查55.79万公顷，实际监测面积55.79万公顷，监测率100%，测报准确率96.2%。

【林业有害生物普查】 3月，市林业局以外包形式，委托浙江农林大学开展市境内林业有害生物普查工作，普查工作按计划于2016年8月份结束。至年底，采集标本号数昆虫1650个、病害130个，制作标本昆虫35盒，近900个标本完成鉴定。

【森林消防工作】 2015年，全市实施创建森林消防示范村（点）5个，其中航头镇航川村和中房旅业公司创建工作完成。全年杭州市林区村级（林场）森林消防队伍建设10个，分别为：新安江街道白沙村、航头镇南屏村、杨村桥镇龙溪桥村、三都镇洋峨村、李家镇白马村、寿昌镇南浦村、乾潭镇骑龙村、大慈岩镇大慈岩村、大同镇竹源村、大洋镇青源村。新建森林消防水池48个，配置高压水泵38台。开展墓区清理及隔离带建设，共清理涉及16个乡镇（街道）、3家林场、144个村（林区）的墓区232处；对影响森林消防的痴呆精神病人进行全面排查，全年累计送医救治42人。确保市境内未发生森林火灾。

11月11日，在航头镇红塘水库举行建德市森林消防高压接力水泵灭火实战演练。全市21支代表队、315名队员参演，杭州市森林消防指挥部组织杭州市各区（县）市林业局分管领导、森林消防办主任及本市各乡镇街道分管领导、林技员、国有林场场长约80余人参加观摩。

【林权管理】 2015年，全市新增林地流转面积433.5公顷，发放林权证47本，办理林权抵押贷款1668万元，投保生态公益林火灾险面积8.26万公顷，商品林综合险面积4020公顷。发放林地流转奖补资金88.36万元，林权抵押贷款贴息资金16.9万元。以林地流转工作为载体，实现林业招商引资3559万元。3月，开展林地经营权流转证和林业股份合作制改革试点，发放林地经营权流转证5本，成立林业股份合作社1家（名称尚在等工商部门登记中）。开展林权纠纷排查化解，新增纠纷积案1起，成功调处7起。

【行政执法】 2015年，建德市森林公安持续开展“雷霆”系列专项行动，打击各类涉林违法犯罪活动。全年共接处警197起，同比减少151起；

立刑事案件11起，侦破11起，侦破率100%，发案率同比下降21%，移送起诉15人；立行政案件47起，发案数同比下降50%，查处行政案件46起，查处率98%；收缴罚没款13.3万元。5月，市森林公安局获2014年度市禁毒先进集体称号；2016年1月，市林业局被命名为"平安示范单位"。建德市获2015年省"平安林区"荣誉称号。

水利水电建设

【概况】 2015年，建德市境内有新安江、兰江、富春江及新安江支流寿昌江4条较大河流，38条中小支流（其中流域面积在100平方千米以上的有7条）。全市河道总长1324千米，其中省级河道3条84.2千米、县级河道39条514.2千米、乡镇河道425.9千米、乡镇级以下（其他）河道300千米。全市堤防总长674.07千米，其中50年一遇标准防洪大堤（城防工程）12.17千米，20年一遇标准三江堤防27.53千米。

全市有山塘水库3167座，总库容12865万立方米。其中中型水库1座（罗村水库），总库容2182万立方米，正常库容1950万立方米，集雨面积44.7平方千米；小型水库140座小㈠型25座、小㈡型115座，总库容8100万立方米。

全市防洪水、保供水、抓节水项目共151处，总投资3.44亿元。全年完成万方以上山塘加固11座，重要堤防加固4处共1.7千米；整治农村河道12处共37.8千米；完成小山塘整治15座，农田渠系改造14.3千米，堰坝、泵站改造17处，高效节水灌溉工程20处、277.47公顷；完成水厂管网延伸项目52处，受益人口4.05万人。

表9　　2015年建德市11座1万立方米以上山塘加固除险工程情况表

山塘名称	位置	库容（万立方米）	完成投资（万元）
龙门坞	梅城	2.0	60.0
芦沙塘	乾潭	1.0	60.0
九龙山2#	梅城	1.0	198.5
石坞塘	更楼	1.9	91.1
麻车岗	更楼	5.0	157.4
庵基塘	乾潭	1.2	91.8
明塘后	大慈岩	6.0	115.5
大坞塘	大同	1.1	104.4
新塘	航头	4.3	121.8
郑山塘	寿昌	3.0	141.0
倪家坞	大洋	4.0	103.0

【水利基础设施建设】 2015年，实施第七批中央财政小农水项目县（建设期3年）年度项目21个。至年底，共实施小山塘整治14个、农村河道整治9.75千米，新增节水灌溉面积113.33公顷、渠道改造4.17千米；28个2016年度项目全部完成前期工作，准备开工建设。

【千岛湖配水工程】 该工程在建德境内长38.7千米，占整个总工程的40%。涉及6个乡镇（街道）的9个行政村。设16个施工点，包括11个

◎罗村水库主体工程

施工支洞、3个埋管点、2个事故修建闸。根据建德市政府与杭州市政府签订的《建德段政策处理工作包干协议》，1月14日，成立千岛湖配水工程建德分指挥部，由水利水产局担任综合协调组组长单位，具体牵头开展工作。3月底，全面完成建德段前期征、借地工作，共完成永久征地7.64公顷、临时借地73.07公顷，搬迁墓穴98处，签约农户1020户。9月底，境内5个施工标段全部进场施工。

【四项专项整治工作】 压减整治三江网箱。为保护三江水环境，提升全域旅游，2015年加大对富春江水库水产网箱整治力度，将原有5个水产养殖区缩减到3个，网箱养殖面积从20公顷减至10公顷。共清除杨村桥镇、三都镇等库区网箱2005只、计4.73万平方米，围网22.67公顷，管理房（趸船）52只。

整治新安江主城区无证船只。7月，由市水利水产局牵头，对主城区江段水域内渔船及"三无"小型船只进行集中整治。共拆解无证小型船只78艘，对23艘持证小渔船实行集中定点停放，规范管理，并进行外观美化改造。

整治"清三河"（"清三河"即治理黑河、臭河、垃圾河）。开展河道生态、村庄池塘整治，完成农村河道整治15处47.55千米、村庄池塘整治102只。完成莲花溪生态河道建设1.7千米、戴家水库清淤3万立方米，胜利水库排砂清淤22.4万立方米。加强河道保洁工作，全年打捞三江漂浮垃圾9600余吨，动物尸体650余只（具）。全市农村河道保洁全部纳入"清洁乡村"统筹管理。

整治电鱼、毒鱼和非法采砂。成立建德市涉水联合执法行动领导小组，结合"河道警长制"，与建德市公安、城管、国土等部门密切配合，加大对电鱼毒鱼、非法采砂等涉水违法行为的打击力度。全年开展巡查活动180余人次，制止和查处违法采砂16起，罚款8万余元，没收电鱼工具70余套，罚款1.1万元。为建德市获得全省第二批"清三河"达标县奠定坚实基础。（李雪梅）

防汛防旱

2015年，建德市汛期为4月15日至10月22日，先后遭受梅汛期系统性暴雨、"7·18"暴雨和兰江两次流域性洪水袭击。

市境6月7日入梅，7月12日出梅，梅雨期共35天，比常年偏多11天。全市平均面雨量532.3毫米，比常年332.7毫米偏多60%。梅汛期遭受"6·7""6·17"暴雨袭击。6月7日~11日，市境平均雨量178毫米，最大站点李家大坑源228毫米。兰江发生流域性洪水，兰江大洋站6月9日14时超警戒水位（24.50米），10日0时最高达到24.95米。6月12日13时40分，罗村水库达到263.88米，超汛限水位1.78米，当日按每秒10～20立方米泄洪。6月17～18日，全市面雨量66毫米，最大站点大同镇石塘水库100.5毫米。兰江大洋站18日晚18时，超警戒水位（24.50米），19日2时超保证水位（25.50米），在19日10时达到最高25.71米后开始回落。梅汛结束后，市境遭遇短时雷雨天气，局地强降雨频发。7月16日至18日连续3天遭受局地强降雨袭击，全市10处遥测站超过1小时50毫米。

市境灾情以洪涝灾害为主。梅雨期全市各地多处发生水利工程损毁、农田受淹及低洼处进水；兰江上游来水导致大洋集镇进水。“7·18”暴雨中乾潭镇、钦堂乡等地发生不同程度灾情，多处村庄农户房屋进水，水利工程损坏。超强台风“灿鸿”直接登陆浙江沿海，为建德北部乡镇带来降雨。

汛期全市累计受灾人口2.3万人，倒塌房屋48间，转移2100余人；农作物受灾面积600公顷；冲毁、损坏堤防（护岸）120余处2.5千米，损毁山塘8处，损坏灌溉设施及机电泵站37处。全市因灾直接经济损失2900万元。

【防汛准备工作】 2月上旬，市防汛防旱指挥部（简称市防指）发出《关于做好2015年防汛检查工作的通知》，各乡镇（街道）认真组织，开展自查。市防指和水利部门派出5个检查组，分片分组对16个乡镇（街道）进行检查。3月底，根据检查发现的问题，经研究分析，下达《2015年度建德市病险水库堤防电站和在建工程度汛方案》，并对全市防汛检查情况进行通报。5月上旬，市委、市政府召开全市防汛防台抗旱暨气象防灾减灾工作会议，对防汛防台抗旱工作进行动员部署，并与各乡镇（街道）签订防汛安全目标责任书。主汛期前，水利部门、各乡镇（街道）组织开展了巡查员、预警员和水务员等1400余人培训，提高业务能力和责任意识。市防指全面开展洪涝台风险隐患大排查工作，各成员单位、乡镇（街道）对所辖范围内安全隐患进行排查，共排查水利工程隐患108处、山洪灾害危险区72处、地质灾害点238处以及危旧房、基础设施、企事业单位、船只等，并建立洪涝台风险隐患档案，落实整改责任人。

【抗洪抢险救灾】 在防汛防台期间，市防指根据汛情和预案规定，先后启动防汛防台应急响应Ⅳ级4次，升至Ⅲ级响应1次。分别为：6月8日9时，市防指启动防汛Ⅳ级应急响应，当日14时将应急响应提高至Ⅲ级，6月15日15时解除防汛应急响应；7月10日13时至12日9时，启动防台Ⅳ级应急响应；7月18日23时至20日11时启动防汛Ⅳ级应急响应；9月29日9时至30日15时启动防台Ⅳ级应急响应。

市委、市政府以及水利、国土、民政等部门多次派出工作组检查指导各地防汛防台工作。市水利部门重点对二类、三类坝、高水位水库、病险村头库进行检查，同时抽查乡镇防汛值班情况，将整改责任落实到个人，并及时通过短信、传真向乡镇负责人实时通报超汛限水库水位情况，加大预排预泄工作力度。入汛之后，市防指、市水利部门重点对杭黄高铁施工阻洪、旅游廊桥阻洪和山塘病险等问题进行重点督查，并督促整改。

（李雪梅）

水政和水资源管理

【概况】 2015年，全市共拆除涉河违建637处，拆除上岸面积19万平方米，水面网箱80.5万平方米。全年共出动水保巡查55次，共计110人次，共计征收水土保持补偿费90余万元。至年底，累计开展渔船安全生产检查26次，参加检查人员达130人次，检查捕捞渔船208艘，对6艘不符合安全捕捞的船只进行处罚。

2015年，市水利水产局进一步落实水功能区管理制度，加大水资源监测能力建设和水功能区监测管理工作力度，全市共设置河道水功能监测区9个；积极开展节水型社会建设，提高水资源利用效率和效益，提升水资源保障能力。至年底，全市水资源总量为18.58亿立方米，其中地表水16.45亿立方米、地下水2.13亿立方米，人均水资源占有量3616立方米。水资源可开发量6.95亿立方米，可供水总量2.74亿立方米，农田灌溉用水8460万立方米、林牧渔畜用水量3578万立方米。全市建成以源口水文站为中心，以白沙、梅城、三河水位监测站为骨干，以6个雨量观测站为重点，88个小流域遥测站为布局的水雨情监测系统，依法划定水功能区24个。全年完成重要水功能区和非重要水功能区16个站点断面立碑工作。

【“无涉水违建河道”创建工作】 2015年，建德市坚持以“治环境、促转型、惠民生”为宗旨，严格按照省、杭州市创建标准，全力推进涉水拆违。全年共拆除岸上涉水违建652处，共计19万平方米；拆除水面违建90.42万平方米，其中拆除千岛湖养殖网箱4545只、计12.54万平方米，富春江库区养殖网箱9012只、计76.27万平方米。1月，获得全省首批“大禹鼎”，12月，成为“清三河”达标县。“无违建河道”创建工作得到省水利厅领导的充分肯定。

【水土保持工作】 市水利水产局与行政审批中心相关科室负责人加强沟通与协调，推动水土保持方案作为项目审批的前置条件，加强矿山水土保持工作的管理，就矿山企业未落实水土保持方案一事，联合市国土资源局对21个矿山进行检查，对其中未编制水保方案的11家矿山企业下达整改通知。至年底90%的矿山企业开始实施、落实和采取水土保持措施。对大洋镇、梅城镇、大同镇、寿昌镇、大慈岩镇5个镇111.33公顷土地整治项目进行现场踏勘。至年底，李家镇前三排小流域水土流失综合治理工程初步完成。

【渔政监察】 年初，是水利水产局印发《关于加强春节期间渔船安全生产工作的通知》，坚持贯彻落实“安全第一，预防为主，综合治理”的方针，严格落实安全生产监管责任，制定防范措施，确保渔民生命财产安全。全年开展渔船安全生产检查26次，参加检查人员达130次，检查捕捞渔船208艘，对部分在渔业生产作业过程中不注意安全生产的现象进行教育，对6艘在捕捞作业过程中不穿救生衣的船员进行处罚。

5月，制定建德市“2015春潮行动”实施方案，建立河道警长制，制定《新安江主城区段江面渔船及无证小型船专项整治工作方案》，与公安联合下发《关于开展渔业资源保护 打击电毒鱼行为专项行动的通知》，与杭州市渔政总站、桐庐县渔政站开展联合执法，与大同、更楼、下涯、航头等乡镇（街道）开展联合执法6次，开展渔政巡查106次，共计320人次。与公安部门、乡镇一起展开查处电鱼毒鱼专项执法行动8次，其中电鱼5起、毒鱼3起，收缴罚没款6900万元。

【资源增殖放流】 通过政府公开招投标，全面完成冬片鱼种增殖放流任务，共放流鲢鱼、鳙鱼、三角鳊、黄尾密鲴冬片鱼种72.32吨、计250.72万尾，价值78.07万元。

2015年，按照杭州市统一安排，在市境内建成墒情监测站点2处，分别位于航头镇农业园区、三都镇柑橘基地。

【取水许可】 2015年年底，全市取水有效许可证共计82本，其中自来水制水企业9家、自备取水单位45家、水力发电28家。

全年小水电换证新发、或换发新证共17本，对10家长期不取水的停产企业，注销其取水许可证。至年底，小水电持证企业28家。（李雪梅）

水产业

【概况】 2015年，受网箱养殖水域整治等因素影响，全市渔业经济各项指标均有所下降：渔业总产出4.73亿元，同比减少3.8%；其中渔业产值2.12亿元，同比减少5.45%，涉渔工业和建筑业产值2839万元，同比减少2.1%，涉渔流通和服务业产值2.33亿元，同比减少2.5%。

水产养殖面积与产量减少。全年放养总面积1917公顷（其中池塘441公顷、山塘545公顷、围坝366公顷、水库565公顷），同比减少2.2%，水产品总产量1.13万吨，同比减少3.81%，其中网箱、网拦、网围“三网”养殖面积48.3公顷，产量1697吨，减少39.2%；稻田、莲田、茭白田“三田”养殖面积44.3公顷，产量225吨，同比增长7.7%。全年生产鱼苗3000万尾、鱼种15吨，投放鱼种1687吨。水产品加工总量257吨。

调整渔业产业结构，推广石蛙、鳊鱼、青虾、河蟹、泥鳅、甲鱼、青鱼、翘嘴鲌（白花）等名优水产品，发展地方特色渔业。全市名优水产品产量6031.6吨，产值1.68亿元，分别占水产品总产量、总产值的53.42%和79.77%。

全市渔业人口6211人，渔业从业人员4733人。渔民人均可支配收入16807元，同比增长8.49%。休闲渔业稳步发展。休闲渔业经营主体72个，总投资2169万元，休闲渔业总产出2137万元，接待游客26.87万人。

全市机动渔船345艘（计820吨位、功率3395千瓦），同比减少70艘（因捕捞证到期、网箱养殖渔船整治），其中捕捞渔船268艘（减少14艘）、养殖渔船73艘（减少56艘）、渔业执法船3艘。

全年抽检水产品样品59个（其中省任务32个、杭州市任务27个），合格59个，合格率100%。新申报无公害水产品基地2家，认证面积74.87公顷。无公害水产品检查员证书续展2人，无公害水产品内检员证书续展6人。

【网箱整治】 2015年，继续整治千岛湖塘坞水域、富春江水库三都大桥与渔村码头江段水域、杨村桥镇十里埠库湾水域网箱。共整治养鱼对象108户，清除养鱼网箱1772只（4.73万平方米）、围网5处（17.47公顷）、小渔船72艘、养鱼管理房50只（3810平方米），总投资585万元。

【2公顷以上养殖主体调查】 为基本摸清规模化水产养殖和流通加工主体的分布、生产及经营情况，根据浙江省海洋与渔业局《浙江省水产养殖和流通加工主体基本情况调查实施方案》，2014年9月～2015年5月，开展养殖面积2公顷以上的养殖主体（企业、个人）的现场调查、测量定位、登记工作。经调查，全市2公顷以上养殖主体共128个，养殖面积共1092.11公顷，其中：乾潭镇15个计154.93公顷，大慈岩镇14个计115.47公顷，李家镇5个计15.97公顷，杨村桥镇6个计40.67公顷，大同镇19个计128.67公顷，三都镇9个计123.87公顷，莲花镇2个计18.53公顷，下涯镇2个计8.33公顷，航头镇4个计24.33公顷，寿昌镇9个计27.53公顷，大洋镇17个计121.33公顷，梅城镇20个计274.28公顷，钦堂乡3个计13.87公顷，更楼街道3个计24.33公顷。调查数据全部录入浙江省水产养殖主体调查和水产加工流通企业调查平台。

【水产“菜篮子”基地建设】 2015年，分别由建德市小诸葛实业发展有限公司、建德市三都姚坞网箱养殖场、建德市大洋丰庆青虾生态养殖场承担实施的建德市小诸葛水产菜篮子基地、建德市姚家水产菜篮子基地、建德市大洋丰庆高标准池塘改造3个项目按杭州市水产“菜篮子”基地（高标准池塘改造）建设要求完工并通过验收，总投资340万元（其中财政补助110万元），实施规模22.73公顷，水产品产量比项目实施前增加70吨，产值增加168万元。（何蕴华）

气象服务

【概况】 2015年，建德市气象事业以气象现代化建设为重点，不断深化气象社会化管理、提高公共气象服务能力，在气象防灾减灾体系建设方面强化政府主导作用，市政府继续将气象防灾减灾工作列入乡镇（街道）工作目标考核，纳入进村（社区）工作任务。全市气象灾害监测预警能力、气象现代化建设、服务地方经济社会发展能力等方面取得新成绩。更楼街道新市村、寿昌镇余洪村、大同镇城山村、梅城镇梅花社区等3个村、1个社区创建成为浙江省气象防灾减灾标准化村（社区）。市气象局获2015年度浙江省气象系统防雷减灾工作先进集体；气象局工会被中共农林水利工会全国委员会评为（浙江省唯一）“全国气象行业模范职工小家”。

【政府主导开展气象防灾减灾工作】 5月8日，市政府召开“2015年全市防汛防台抗旱暨气象防灾减灾工作会议”，部署防汛防台体系建设、气象现代化建设、气象灾害监测预警全覆盖县建设、农村气象防灾减灾体系健全完善等工作；与各乡镇(街道)签订“气象防灾减灾工作责任书”。

6月，继《建德市气象灾害预警应急预案》《建德市雷电灾害预警应急预案》和《建德市雨雪冰冻灾害预警应急预案》后，建德市气象灾害防御工作领导小组印发《建德市高温天气预警应急预案（试行）》，明确由市气象局负责全市的高温天气灾害防范、应对与处置工作；要求各乡镇街道、各相关部门以市气象局发布的预警信号为先导，启动相应的应急响应和各自的应急行动方案，履行职责。全市气象灾害预警信号体系及多部门快速应急联动的气象灾害应急响应机制得以进一步完善。

7月，为进一步加强和规范人工影响天气工作，建德市政府下发《关于印发建德市人工影响天气作业实施细则的通知》（建政办函〔2015〕103号），明确由建德市气象灾害防御工作领导小组负责全市人影作业的审批和组织协调工作，并在市气象局下设人工影响天气工作办公室，负责全市人工影响天气的日常工作、人影作业的组织实施和指导管理。

9月，市机构编制委员会下发《关于明确乡镇（街道）气象灾害防御职责的通知》，明确各乡镇（街道）农村工作科增加“组织建设气象预警信息传播网络，开展气象灾害普查，制定并实施气象灾害防御规划和气象灾害防御应急预案；开展气象防灾减灾标准化乡镇（街道）、村（社区）建设；协助开展气象灾害防御知识宣传、应急联络、信息传递、灾害报告和灾情调查工作”等职责。

是月，市政府印发《建德市突发公共事件预警信息发布实施办法（试行）》，明确在预防和处置突发公共事件时，以建德市政府或者建德市政府突发公共事件专项应急指挥部为主体，利用设在气象部门的预警信息发布平台，以手机短信全网发布、广播电视和数字电视全频道推送的形式向公众发布突发公共事件预警信息。年内，市气象部门与水利、国土等部门联合实施了预警信息全网发布。人工增雨火箭弹储运服务、防灾减灾气象信息传播、气象设施设备维修保养3项列入市政府向社会力量购买服务指导目录。

【公共气象服务】 全年市气象台发布各类专题

气象服务材料275期，发布气象灾害预警信号90余次，各类灾害性天气预警短信170余次约330万人次；向市政府、部门、乡镇（街道）电话服务80余次。春运、清明节、“两会”、梅汛期、台汛期、国庆、全国航模公开赛、大学生帆船赛等重大社会活动、节假日及过程气象服务到位。应用乡镇（街道）自动气象站、负氧离子、空气污染物PM10和PM2.5、酸雨、灰霾等精细化观测资料，开展生态环境气候月评价工作，发布生态环境气象监测公报12期。

建立农业、林业、水利、交通、国土、新安化工集团等敏感行业的影响天气预报，开展雾霾天气预报预警、森林火险、地质灾害等气象次生、衍生灾害预报预警业务。市气象台重新制订气象业务服务工作流程，规范气象服务信息发送对象，梳理气象服务产品发布渠道。开展分乡镇（街道）的中期、短期、临近滚动预报预警业务。完善华数电视气象灾害预警信息全频道分乡镇及圈阅式发布系统，实现华数电视全频道及时准确安全传输和接收气象预警信息。

积极拓展新媒体气象服务。“建德气象”“建德预警发布”新浪、腾讯微博和“建德气象”微信全年发布各类气象信息和气象科普宣传近万条。气象微博发布在36家开通政务微博单位中6次（月）获评第一名。

【农业气象服务】 进一步推进农业大户（专业合作社）“联系卡”制度，新建“联系卡”20家，总数达到140余家。重点做好茶叶、草莓、杨梅、葡萄、蜜梨等建德特色农产品的针对性服务。加强农业气象服务设施信息化、自动化、网络化建设，以下涯红群草莓专业合作社为基础开展农业气象试验站建设，为农服务业务平台投入运行，实现关键气象要素可视化、可控化、智能化，为建德市“智慧农业”“特色农业”“生态循环农业”提供直通式的农业气象服务。继续做好农产品气候品质认证工作，完成下涯镇建德市红群农业科技有限公司“红群”牌草莓、杨村桥镇建德壶笑天茶场“壶笑天”牌绿茶（白叶一号）、大同镇峰鼎茶场“金岩峰”牌茶叶、寿昌华森农业开发有限公司“齿墨庄园”牌蓝莓、三都镇春江源村欣源水果专业合作社生产的“宫川”柑橘等5项农产品气候品质“优”级认证工作。同时，市气象局与农业局联合发文开展面向新型农业经营主体的直通式气象服务，合作成立建德市农业气象服务专家联盟，建立特色农业数据库，气象与农业专家联盟成员10余次前往受灾害性天气影响较大的乡镇（街道）进行灾情调查，共同开展灾害损失评估。

【基层气象防灾减灾组织体系建设】 年内，市气象局分别召开气象协理员工作会议、气象灾害防御部门联络员会议、气象灾害防御重点单位联系人会议和防雷重点单位安全员会议，就深化村级便民服务中心气象服务、气象防灾减灾组织管理、气象防灾科普宣传、应急预案修订、气象灾害防御应急准备工作认证、防雷安全等工作进行部署和培训。完成4个村（社区）浙江省气象防灾减灾标准化村（社区）建设工作和5家气象灾害防御重点单位气象灾害应急准备认证工作；报送全国气象防灾减灾标准化乡镇2个。2月，市气象局修订印发《建德市气象灾害乡镇视频会商制度》，充分发挥乡镇视频会商系统的作用，对会商组织、维护保障等事项进行明确，建立常态化工作机制，充分发挥视频会商系统在基层气象防灾减灾中的作用。10月，市政府发文“公布建德市第三批气象灾害防御重点单位”5家。

【多部门联合横向开展气象防灾减灾工作】 继续推行气象部门与农业、民政、广电、国土、环保等部门联合会商制度，联合开展防灾减灾工作。年初市气象局与市减灾委联合发布《2014年建德市自然灾害公报》，向社会通报自然灾害及其防御、救助等情况；与建德海事处对接，共商三江流域沿线及港湾码头气象信息监测、预警等方面的共建合作事宜，并联合签署部门合作备忘录，共同推进水上交通安全。12月，气象与林业部门合作共建人工影响天气联合作业队；开展人口影响联合作业队WR系列防雹增雨火箭系统操作技能专题培训、考试，市林业局全体作业队员、市气象局11名新进作业队员，参加培训并通过考试。

4月，市气象局被列入建德市城乡规划委员会成员单位；9月，市发改、经信和气象局联合印发《建德市气象监测设施规划建设和资源共享协调办法》，建立气象监测设施规划建设和资源共享联络机制，成立联络小组，并联合水利、林业、环保等部门备案气象监测设施共计120个。12月，市气象局与住建局联合公布新修订的“建德市暴雨强度公式”，完成暴雨强度公式修订及精细化监测预报预警业务平台改造工作，全面完成“五水共治”气象工作试点县考核任务。

【气象现代化建设】 结合“气象灾害监测预警全覆盖县”建设、山洪地质灾害气象保障工程、“五水共治”等工作，统筹推进和完善重要流域、山洪地质灾害易发地区等重点区域的气象灾害监测站建设，对全市56个自动气象站进行站点资源整合，升级站点的观测要素和观测频次。2015年，升级15个自动气象站采集通信设备，对5个站点按需求增加气压、能见度、湿度、土壤水分等观测要素；新建自动站1个；新建乡镇气象灾情实景视频监控系统和精细化雨雪天气监控系统13个，实现全市16个乡镇（街道）实景监控全覆盖；完成全市9个雨雪冰冻监测站建设，气象监测覆盖面及监测资料传输时效得以提高。建设覆盖社区、旅游景点、气象防灾标准化村等人员密集场所的气象信息发布终端（电子显示屏）20个，提升气象预警信息发布接收能力。

【气象行政审批制度改革】 按照气象行政审批制度改革的要求，在市行政审批服务中心分设气象行政审批及防雷技术服务窗口，进一步提高行政审批效率。开展投资项目审批“形式审查制”和模拟审批制等的试点工作；对行政审批承诺件办理实施“容缺预审”受理；将“升放无人驾驶自由气球、系留气球单位资质年检”非行政许可事项调整为行政服务事项。将原本办件累计20个工作日压缩至4个工作日，提速80%。编印《建德市项目代办员气象审批工作手册》，详细介绍防雷审核、验收和升放气球等气象审批事项的办理、服务收费的最新规定以及如何开具气象灾害证明和获取其他各类气象服务。5月下旬，取消涉及防雷装置设计审核和竣工验收行政审批事项中的“雷电灾害风险评估”“防雷产品测试”等2项行政审批中介服务事项；11月，在开展防雷行政审批时，不再将“防雷设计技术评价”报告作为行政审批的前置要件，将“防雷装置设计技术评价”中介服务转为受理后的技术性服务，由市气象局通过委托业务机构或组织机构联审等方式，开展防雷设计技术评价，依法出具设计技术评价报告，取消防雷装置技术评价收费。这一改革，提高了审批办事效率，也为企业减轻一定的经济负担。

按照《关于印发建德市推行工业企业零土地投资项目不再审批试点实施方案》要求，制定《建德市气象局关于工业企业“零土地”投资项目不再审批管理细则》；设定《企业投资项目不再审批气象准入标准》，梳理“零土地”技改项目清单，建立集中预审公示制和前置审批承诺+备案制，开通“零土地”技术改造项目审批“气象高速通道”，对符合受理条件的，签订建德市工业企业“零土地”投资项目气象事项承诺书。气象窗口积极配合市审管办、经信窗口完成4家单位的“零土地”技改项目不再审批工作。

规范防雷中介（技术）服务机构监管。对气

象部门所管理的3家中介（技术）服务机构每月进行打分式考核。要求各中介（技术）服务机构在防雷技术服务收费方面严格落实上级和市政府的各项惠企政策，为企业减负。全年中介（技术）服务机构完成防雷技术评价报告95份，其中有29家单位享受到收费优惠政策。

全年气象窗口累计受理办结行政许可事项204件，其中防雷装置设计审核（施工图设计）110件、系留气球活动审批7件。办理气象灾害证明便民服务事项45件。

【防雷减灾安全管理工作】 4月中旬，建德市雷电防御安全管理领导小组办公室对全市危化企业、教育卫生、金融证券、旅游商贸、电力通讯等多个行业共计53家防雷重点单位名单予以公布，明确其落实防雷安全责任。4月中旬，在各乡镇（街道）及各行业主管部门、防雷重点单位开展防雷安全自查；6月上旬，在自查基础上开展防雷安全专项检查，重点检查卫生、教育、旅游等部门（行业）。联合寿昌镇气象工作站对寿昌镇辖区易燃易爆场所建德杭燃燃气有限公司、建德市横山气体有限公司、杭州建德杭氧气体有限公司等3家单位进行防雷安全专项检查；对新安江街道建德市浙能天然气有限公司进行防雷安全专项检查。对存在问题的单位出具“建德市防雷防静电安全隐患整改意见书”督促整改。8月下旬，联合市旅游商务局对大慈岩景区、灵栖洞景区等重点开展山洪、地质灾害、雷电等突发气象灾害的预警接收传播和应急预案编制情况，及景区缆车、滑道等设施防雷装置安全情况和制度建设情况专项检查；对存在的问题，现场开具隐患整改意见书，要求限期整改。同时，对全市各主要景点的大树、凉亭等易受雷击点进行排查并加挂防雷安全警示牌。

8月，根据上级文件精神，市气象局、市安监局联合对全市危化企业进行梳理，确定易燃易爆场所46个，并全部排查到位。在4～6月防雷安全专项检查的基础上，8月中旬对中石化建德石油支公司进行专项防雷安全检查，开具隐患整改意见书，落实该公司所属24个加油站和1个油库的防雷装置安全性能检测工作。开展对杭新景高速公路建德所辖的大店口收费站、航头收费站、新安江收费站、杨村桥收费站和建德服务区防雷装置检测，对不符合要求的防雷装置及时出具防雷问题整改通知书。

依托大气电场监测数据和雷电定位监测网络等气象现代化系统，持续开展对强对流天气进行监测并做好雷电预报预警服务，及时将雷电监测、预警信息和相应的防雷措施通过手机短信和广播电视、网络等媒体进行发布和宣传。2015年共向社会公众和防雷重点单位安全负责人、安全员发布雷电监测公报2期、雷电灾害预警信号13次，雷电预警短信发送4万余人次，同比增加六成多，及时提醒相关单位和社会公众采取防雷应急措施。

全年，建德市防雷设施检测所为全市167家企事业单位出具防雷（防静电）检测报告1265份，其中定期检测报告994份，竣工检测报告271份，出具问题整改通知书64份。并完成全市42所中小学校217幢建筑单体的防雷装置定期检测。

（许 宏）

编辑：黄建生

工 业

Industry

综 述

【概况】 2015年，建德市围绕“稳中求进、改中求活、转中求好”总基调，贯彻落实“工业强市”发展战略，推进“三大竞赛”（在全市范围开展的招商引资大竞赛、项目推进大竞赛、服务企业大竞赛）活动，主攻项目，狠抓投资，优化服务，聚焦经济报表抓落实，实现全市工业经济稳定发展。实现工业总产值420.7亿元，同比增长1.1%，增速位居杭州五县（市）第二位；实现规模以上工业增加值90亿元，同比增长8.2%，增速位居杭州五县（市）第一位；完成工业投资70.77亿元，同比增长18.3%，增速位居杭州五县（市）第二位；实现新产品产值135.41亿元，同比增长5.4%，新产品产值率31.8%。

【项目推进大竞赛】 继续实施《建德市工业项目推进三年行动计划（2013—2015）》，对全市39个5000万元以上重大工业项目、35个一般性工业项目实行“一月一梳理，一月一协调，一月一督查”。围绕历年未开工、未投产重大工业项目，逐一进行分解落实，明确时间节点，具体开展项目审批、项目征迁、“三通一平”、项目投入、争取扶持等项目推进五项竞赛，实施“一月一通报，一季一颁奖”，加大项目督查的推进力度。重点突出“一区一园”工业主平台地位，有序拓展园区空间，加快基础设施配套，完善空间布局，为项目落地夯实基础。推进东方雨虹新型防水材料、新德环保固废处置等项目落地高新园区，针对IFF、白沙化工、顺发化工、农夫山泉四期、卓达新型建材等一批土地出让到位的重大项目，加大对接力度，争取项目尽快入库。

强化重大工业项目库、准入审查项目动态更新，随时掌握项目进展情况，以实地踏勘、现场办公的方式，及时协调解决项目推进过程中的问题。2015年，全市40个5000万元以上重大工业项目开工31个，共完成投资23.16亿元，完成年度计划123.7%。十大工业项目中，防火门窗、防火卷帘及挡烟垂壁生产线等7个项目开工建设，完成投资5.46亿元。

【服务企业大竞赛】 年初，制订“服务企业大竞赛”活动方案，确立重点项目，明确服务内容、责任部门和完成期限。完善“乡镇街道－职能部门－分管市领导－市主要领导”四级联动协调机制，评选出50家重点工业企业及40家成长型企业，建立市领导联系重点企业制度及重点企业服务专员制度，由市长效服务机制协调小组办公室各成员单位业务骨干“一对一”指导与帮扶企业。协调各职能部门，推动解决低压电器和五

表10

2015年建德市十大工业项目

序号	项目名称	项目地址	项目主要内容	计划投资（万元）		备注
				总投资	年度投资任务	
1	年产30万吨饮用水生产基地扩建项目	新安江街道	项目占地3.64公顷，总建筑面积4.4万平方米。主要建设桶装水和小瓶装水生产基地、水产业研发中心、水产业观光体验中心（含展示中心）、物流储运仓库、停车场和办公生活等配套辅助用房。可实现年销售收入3亿元，利税3800万元	12000	3000	
2	年产500吨防漏自封胶及加工20万条安全轮胎项目	洋溪街道	项目通过盘活原建德市电工器材厂土地及厂房实施，主要采用自主研发技术或工艺，购置螺杆挤出机、自动喷胶机、大规格轮胎喷胶机、烘干流水线、动平衡检验机等国产设备。项目建成后形成年产500吨防漏自封胶及加工20万条安全轮胎的生产能力，产品具有国内首创、国际领先、突破全球安全轮胎的防漏、防扎、防抖动的特点。实现销售收入2.7亿元，利税3000万元	8000	4000	已开工
3	新安化工白南山整体搬迁项目	“高新园（下涯镇）”	项目以白南山生产基地搬迁为契机，实现企业产业结构调整和转型升级。通过先进的生产工艺技术的应用，降低生产成本，提高产品市场竞争力；通过先进的自动化工艺控制技术的应用，实现设备大型化、控制自动化、管理集约化，推进“机器换人”；通过自主研发的安全环保技术的应用，提高副产资源的综合利用水平，实现安全生产、节能减排；通过先进的物联网等信息化技术的应用，打造具有企业特色的智能园区。项目中原草甘膦原药产能不扩增，淘汰了部分工艺落后、综合效益差的产品和装置，突出发展绿色有机硅下游产品。项目建成后形成年产11.6万吨有机硅下游系列产品、3万吨草甘膦原药、6万吨草甘膦水剂系列产品、5万吨硅粉加工等产品的生产能力，产品具有市场竞争力强、环境相容性好等特点，并配套建设研发中心、公用工程等，实现销售收入33.64亿元，利税4.78亿元	151000	12000	已开工
4	年产20万吨有机硅单体和年产10万吨聚硅氧烷项目	“高新园（下涯镇）”	项目主要采用美国迈图有机硅一流生产技术，直接法合成甲基氯硅烷技术或工艺，引进具有国际先进水平的氯甲烷混合气体压缩机组、盐酸解析（气提）系统、石墨设备、除沫器、搪玻璃反应釜设备，购置流化床反应器、洗涤塔、粗单体塔、氯甲烷塔、混合器、分离器、裂解釜、逼干釜、水洗釜等国产设备。项目建成后形成年产20万吨有机硅单体和年产10万吨聚硅氧烷的生产能力	130000	5000	已开工
5	年产4000万支医用精密刀具项目	杨村桥镇	项目拟盘活存量用地2.37公顷，新建厂房、办公楼25000多平方米，新增自动焊接机、数控磨床等设备，项目投产后，可年产医用高速车针2000万支；医用骨科钻及接骨构件500万支；精密滚磨刀具1500万支，实现年销售收入4.8亿元，税收1000万元	10800	4000	取消
6	生物发酵、植物提取系列保健品项目	寿昌镇	项目主要采用先进技术或工艺，引进具有国际先进水平的高效液相色谱仪等检测设备，购置液质联用仪、发酵罐、全自动胶囊填充机等国产设备。项目建成后形成年产4亿粒保健食品胶囊、500吨功能性红曲、10吨人参皂苷（RH2）的生产能力，产品具有绿色环保、安全健康的特点，实现销售收入1.4亿元，利税1060万元	13000	3000	已开工

续表10

序号	项目名称	项目地址	项目主要内容	计划投资（万元）		备注
				总投资	年度投资任务	
7	年产6万套网络机柜和10万套PDU机柜专用插座项目	航头镇	项目通过盘活杭州伊曼纽尔科技有限公司的3.3公顷土地和厂房实施，购置制造现代化数控设备仪器、软件等。建设研发测试平台，项目建成后，生产网络机柜6万套、PDU机柜专用插座10万套，网络布线工程项目达150个，预计可形成年产值约1.5亿元	8000	3500	已开工
8	防火门窗、防火卷帘及挡烟垂壁生产线项目	大同镇	项目通过盘活杭州奥尼威尔实业有限公司3.32公顷土地及厂房，购置开榫机、木工刨、精密裁板锯、冷热压机、烘干设备、开式可倾压力机等国产设备。项目建成后形成年产4万樘钢质隔热防火门、8万樘钢木质隔热防火门、10万樘木质隔热防火门的生产能力，产品具有耐火性稳定、完整性好和隔热性强特点，实现销售收入9050万元，利税850万元	6000	4000	已开工
9	新型建材与住宅产业化工业园项目	大慈岩镇	项目主要采用先进成熟的国产化连续生产技术或工艺，引进具有国内外先进水平的高效节能设备，购置自动计量系统、搅拌系统、制板系统、脱模系统、冷压和卸压系统、养护系统等国产设备。项目建成后形成年产1000万建筑平方米新型建材与装配式住宅的生产能力，产品具有绿色环保、恒久释放负氧离子、无限可塑性、节能减排、循环利用、防火阻燃、防水耐浸、超强耐候、综合物理性好特点，实现销售收入120亿元，利税30亿元	150000	10000	
10	无卤阻燃剂及复合材料项目	大洋镇	项目拟新增用地6.7公顷，无卤阻燃剂项目主要采用以次磷酸盐或次磷酸和乙烯为原料，催化体系下反应得到烷基次膦酸或烷基次膦酸盐的自主知识产权技术或工艺，引进具有先进技术水平的高效反应器、多效蒸发器；购置搪瓷釜、不锈钢结晶釜等国产设备。项目建成后形成年产2000吨/年新型无卤有机阻燃剂的生产能力，产品具有化学稳定性增强,具有耐水、耐溶剂、阻燃效能高、低烟、无毒、对材料的力学性能影响小等特点；复合材料项目主要采用先进的捏合挤出技术、预混复配技术、模压成型技术及模塑结构件性能测试技术或工艺，引进具有国内先进水平的捏合挤出、SMC成型、产品模压成型设备，购置捏合机、撕松机、SMC片材生产线、液压机等国产设备。项目建成后形成年产50万件增强酚醛模塑结构件（其中地铁阻燃结构件30万件/年、电缆支架阻燃结构件10万件/年、气象火箭烧蚀喷管结构件10万件/年）的生产能力，产品具有阻燃性好、电绝缘性和耐高温性优良、机械强度高、耐腐蚀、抗老化、成型加工性好等特点；整个项目投产后，预计实现销售收入2.1亿元，利税3495万元，创汇200万美元	13000	3000	
合计：				501800	51500	

金工具类企业的电镀配套、碳酸钙企业矿石配套、久晟茶业厂房防雷验收、企业退休人员移交安置、企业员工子女就学等一批问题。全年走访企业（项目）760余家次，召开企业问题协调会80余个，印发“进帮助”活动交办单21份，解决企业难题357个。

【优化审批服务】 严格实施《建德市工业项目指标安排评价办法》和《建德市工业项目复核监管办法》，优化审批服务，规范工业项目管理，引进绿色、高效、高质的项目。设立投资项目联合审批专窗，牵头负责工业项目立项阶段的审批工作，推进“一门受理、抄告相关、同步办理、统一许可”的联合审批工作，减少企业审批流程。实施“零土地”投资项目不再审批试点工作，对清单外的“零土地”投资项目实行承诺备案制，项目办理时限由原先的33个工作日缩减至16个工作日。全年办理各类审批事项495件，其中项目备案187件、土地招拍挂29件、新型墙体材料88件、散装水泥90件。

【推进节水改造工程和水平衡测试】 2015年，浙江新安化工集团股份有限公司、浙江新化化工股份有限公司、浙江建业化工股份有限公司、格林生物科技股份有限公司、杭州朝阳实业有限公司等5家企业开展水平衡测试工作，并通过验收。以新安江街道、洋溪街道、更楼街道及下涯镇2012年至2014年的规模以上工业企业用水量为基础，下达2015年建德市城区规模以上工业企业用水计划，做好计划用水及定额管理，对全年用水超过计划的企业，在年底收缴超计划加价水费。加大工业节水技术改造，建设工业节水示范工程，在碳酸钙、造纸、化工等行业进行节水技术改造和再生水回用工程，企业中水回用率达50%以上，少数企业达到80%以上，万元工业增加值用水量明显下降。

【旧厂房改造】 据市“三改一拆”办公室统一部署，对各乡镇（街道）旧厂区（厂房）情况进行调查摸底，将目标任务细分落实到各乡镇（街道），并要求各乡镇（街道）对旧厂区（厂房）改造工作的台账进行规范化、精细化管理。将旧厂区（厂房）改造与小化工、灰窑、碳酸钙等行业整治、企业搬迁、空间换地、腾笼换鸟等工作有机结合。至年末，全市旧厂区（厂房）改造任务中上年结转项目全部完工，新实施项目22个，其中完成改造共22个，完成旧厂区（厂房）改造面积21.72万平方米，完成年度计划的153.3％。

【十大工业行业】 2015年，全市十大工业行业有规模以上企业355家，全年完成工业总产值405.16亿元，同比增长0.6%，实现销售产值399.89亿元，同比增长0.8%，自营出口交货值75.81亿元，同比下降7.5%。

表11 **2015年度建德市十大税收贡献企业**

企业	2015年入库税收
农夫山泉（建德）新安江饮料有限公司	22668万元
中策橡胶(建德)有限公司	13184万元
建德海螺水泥有限责任公司	11038万元
建德红狮水泥有限公司	10909万元
国际香料香精(杭州)有限公司	9288万元
浙江新安化工集团股份有限公司	6004万元
浙江新安迈图有机硅有限责任公司	4888万元
青岛啤酒（杭州）有限公司	4073万元
浙江新化化工股份有限公司	3631万元
建德南方水泥有限公司	2888万元

生物科技行业有规模以上企业24家，其中医药企业3家、香精香料企业3家、化工企业16家、生物化工企业2家。完成工业总产值67.17亿元，同比下降6.4%；实现销售产值65.75亿元，同比下降7.1%；自营出口交货值19.82亿元，同比下降6.8%。

纺织服装行业有规模以上企业73家，其中家纺企业69家、纺织企业3家、服装企业1家。完成工业总产值36.71亿元，同比增长8.4%；实现销售产值36亿元，同比增长8.9%；自营出口交货值24.18亿元，同比增长0.8%。

电子电器行业有规模以上企业31家，其中低压电器企业20家、电子工具企业等11家，完成工业总产值19亿元，同比下降3.9%；实现销售产值18.58亿元，同比下降3.2%；自营出口交货值11.13亿元，同比下降9.2%。

建材水泥行业有规模以上企业26家，其中水泥企业9家、墙体材料企业3家、沙石料企业2家、混凝土企业8家、矿山开采企业4家。完成工业总产值44.81亿元，同比增长0.2%；实现销售产值44.37亿元，同比增长0.5%。

金属加工行业有规模以上企业37家，其中

冶金加工企业12家、五金工具企业17家、电线电缆等企业8家。完成工业总产值27.06亿元，下降14.9%；实现工业销售产值27.11亿元，同比下降13.1%；自营出口交货值6.98亿元，同比增长7.3%。

日用轻工行业有规模以上企业66家，其中竹木板材及制品企业6家、伞业企业2家、工艺品企业12家、车业企业7家、橡胶制品企业2家、装饰及玩具等企业37家。完成工业总产值100.38亿元，增长4.3%；实现销售产值99.32亿元，同比增长4.3%；自营出口交货值10.3亿元，同比下降18.8%。

机械制造行业有规模以上企业34家，其中输送设备企业8家、节能环保企业3家、机械加工企业23家。实现工业总产值20.62亿元，同比增长9.3%；实现销售产值19.91亿元，同比增长8.3%；自营出口交货值1.08亿元，同比下降8.4%。

食品饮料行业有规模以上企业21家，其中饮用水企业3家、酒业企业3家、制茶企业4家、饲料加工企业1家、农产品深加工企业10家。完成工业总产值42.49亿元，同比增长1.7%；实现销售产值42.12%，同比增长2.6%；自营出口交货值1.3亿元，同比下降29.8%。

新材料行业有规模以上企业43家，其中有机硅企业1家、粉末冶金企业2家、特种冶金企业1家、碳酸钙企业25家、碳酸钙制品企业13家、其他新材料企业1家。完成工业总产值46.88亿元，增长6.5%；实现销售产值46.69亿元，同比增长6.9%；自营出口交货值0.98亿元，同比下降53.6%。

信息和智慧经济

【概况】 2015年，市委、市政府按照创新发展、协调发展、开放发展、融合发展和绿色发展的要求，改造提升传统产业，发展潜力产业，引进新兴产业，走新兴工业化道路。结合杭州市“一号工程”总体部署，推进产业信息化、智慧化，引导工业化和信息化“两化深度融合”，推进“物联网”“机联网”“厂联网”等创新应用，做大信息经济总量，促进经济结构调整和产业转型升级。

成立建德市信息经济和智慧经济发展工作领导小组，建立“一号工程”每月工作例会、电子商务联席会议等机制，统筹协调重点工作和重大项目推进。

制定出台《建德市信息经济发展三年行动计划》《产品换代三年行动计划》，以及智慧医疗、智慧教育等行动计划。同时，对各类产业扶持政策进行整合，制定出台《关于进一步加快众创空间发展和孵化器建设的若干意见》《关于加快电子商务发展的若干意见》，加强规划引导和政策扶持。

【实施“一号工程”重点项目22个】 2015年，建德市列入杭州市信息经济重点项目共2批22个项目，涉及物联网产业、云计算、电子信息制造、动漫文创、智慧物流、智慧旅游、智慧应用等方面。分别为：逸龙文化创意产业园项目、阿里巴巴“农村淘宝”建德项目、年产10万套无铅环保节水龙头的研发及生产项目（雅鼎创意家居）、建业化工迁建（二期工程）DCS控制系统应用（建业化工）、科研管理信息化（新安化工）、全自动智能化数控磨齿机（虎鼎机械）、LED车灯生产线智能信息化应用（五星车业）、乙烯基树脂电解槽浇铸系统智能化改造（三耐环保）、基于物联网的化工生产管理提升（新安化工）、互联网+集团管控系统与生产网络智能化管理（新化化工）、超净高纯电子级氨智能控制系统（建业微电子）、自助洗车及汽车服务移动互联网O2O模式（九川电子商务）、《屹塔》漫画第一季（雨歌动漫）、致中和实业ERP-U9项目、智慧农业草莓种植示范基地建设（红群农业）、艾利斯玫瑰园智慧农业示范点建设、九仙智慧农业示范点建设项目、WiFi 放大器 WLAN 开发（新万利电子）、大慈岩镇智慧旅游综合开发项目、智慧医疗—区域卫生健康综合服务平台及门户、智慧校园—校园食堂安全监控项目（二期）、智慧旅游（景区 WiFi 覆盖及客流监控系统）。至年末，第一批 6 个项目完成投资 3345 万元，完成总投资额的 73. 9 %；第二批完成投资额 2750 万元，完成总投资额的 57.5%。

【完成信息化改造任务 80% 以上】 2015 年，杭州市下达的工业企业信息化改造目标为 40% 以上。7 月，部署开展“工业企业信息化改造专项行动”，共举办“工厂物联网”企业对接会 4 场，引导企业建设智慧工厂，共争取上级扶持资金近 1000 万元。召开化工建材行业工厂物联网交流对接活动，建业化工、沈氏换热器等 4 家企业成功获批杭州市第一批工厂物联网，新安化工、新化化工获省两化融合智能制造计划专项示范和试点项目。至年末，全市乡镇（街道）完成 80% 以上的信息化改造任务。

【加快“两化融合”步伐】 根据省经信委发布的《浙江省区域两化融合发展水平评估报告》，2015 年建德市“两化融合”指数为 84.39，在全省 99 个县（市、区、功能区）中排名第十。浙江新化化工股份有限公司、青岛啤酒（杭州）有限公司、雅鼎创意家居股份有限公司等 3 家企业入围国家工信部“两化融合”贯标试点企业。建德市五星车业有限公司成功创建浙江省工业设计中心。锌电解阳极泥抽泥装置（杭州三耐环保科技股份有限公司）、人参皂苷 RH2（杭州双马生物工程有限公司）、DQ1000/1000.30 斗轮堆取料机（浙江华电智能电站设备股份有限公司）、KBC 系列高效细粒破碎机（浙江华电智能电站设备股份有限公司）、食品添加剂碳酸钾（浙江大洋生物科技集团股份有限公司）、植物型高效乳猪饲料（浙江国茂饲料有限公司）、合成革专用水性烙印变色树脂（浙江深蓝轻纺科技有限公司）、沙发革用耐磨耐干洗表面处理剂（浙江深蓝轻纺科技有限公司）被省经信委认定为省级新产品。高纯异丙醚（浙江新化化工股份有限公司）、罗茨水环式成套真空机组（杭州新安江工业泵有限公司）、R410A 制冷系统用高能效同轴换热器（杭州沈氏节能科技股份有限公司）获省级优秀新产品新技术奖三等奖。

【推进“互联网 +”工程】 建成并完善“建德果蔬乐园”“阿里巴巴 · 建德农食馆”“阿里巴巴 · 建德产业带”“建德旅游官方旗舰店”“5250 团购网”等公共电商服务平台，初步形成涵盖一、二、三产的完善的电商体系。3 月，建成“阿里巴巴 · 农村淘宝”公共服务平台，成为浙江省开设“农村淘宝”的第 4 个县（市），并建成 1 个市级运营中心和 57 个村级服务点，同时推进“农村淘宝 2.0”模式。引导工业企业利用网络平台开展电子商务应用，至年末，全市线上销售额超过 1 亿元，带动线下成交 5 亿元。其中，雅鼎卫浴线上销售超过 5000 万元，2015 年“双十一”单日成交金额突破 1500 万。8 月 25 日，成功引进“快到网”第四方智慧物流平台，注册资金 2 亿元，该平台将线下庞大的货运市场搬到网络上，建立物流企业与货车司机信息沟通的渠道，方便双方及时完成车货匹配，实现物流公司和货运司机“零等待”。至年末，平台登记入网货车 5 万多辆，营业额 3.1 亿元，纳税 1670 万元。

企业培育

【概况】 2015 年，重点做好 50 家重点企业和 45 家成长型企业的培育扶持工作，培育名企，培养名家，推进“小升规”工作。全市新增规模以上企业27家、亿元企业12家，主营业务收入超过1亿元以上企业达到90家，其中40亿元以上企业1家、20亿元以上企业1家、10亿元企业4家。

◎市委书记戴建平走访奥立达电梯

坚持“人才强市”战略，抓好企业经营管理人才队伍建设工作，举办企业执行力提升等17期培训。举办“2015中小企业创新发展专题论坛”，举办质量管理、办公自动化、财务管理等培训20余期，培训企业人才1600余人次。组织市重点工业企业主要负责人赴复旦大学参加短期培训班，组织企业负责人赴临安等地考察学习“机器换人”工作，组织新生代企业家赴余杭等地考察学习电子商务、物联网等先进经验，组织企业参加杭州市中小企业CIO专题研修班。配合市人才办，研究制定建德市人才新政，完成人才生态示范区创建相关工作。

2015年，化工轻纺和机械电子仪表专业累计报名工程师19人、高级工程师14人，建设工程和建筑施工专业累计报名工程师48人、高级工程师16人，工程技术类教授级高工累计报名5人。其中，16人被评定具有化工轻纺和机械电子仪表专业工程师资格，通过率84.2%；10人具有高级工程师资格，通过率71.4%；34人被评定具有建设工程和建筑施工专业工程师资格，通过率70.8%；13人具有高级工程师资格，通过率81.2%。市电子商务协会会员企业达到78家。

【“机器换人”智能改造工作三年行动计划】 2月10日，制订下发《建德市推进工业企业“机器换人”智能改造工作三年行动计划（2015-2017）》。提出通过开展“机器换人”专项行动，在2015-2017年，重点推进企业“机器换人”技术改造、企业管理水平提升，开展示范试点和普及推广，培训和引进技工类人才，构建“机器换人”服务平台等工作，实现“四减二提高”，促进工业制造方式向智能化、精细化和高效化转变，力争在减员增效、提质增效上取得新突破。

分批次组织五金电器、家纺行业企业赴临安、余姚、慈溪和上海、余杭、滨江等地考察学习，在杭州奥立达电梯有限公司召开全市“机器换人”工作现场会，印发典型案例和政策汇编。加大与机器换人技术服务机构的对接力度，与力太科技、中国机械科学研究院浙江分院签订合作协议，邀请专家至建德与斐凌工具、建德旋具、凯特电器、万家电器等企业开展技术对接。2015年，全市共开展“机器换人”示范推广活动5场，实施“机器换人”重点项目27个，完成工业现代化技改28亿元。

【摸底调研“小升规”潜力企业】 3月起，会同市国税局、市统计局等单位，对全市“小升规”潜力企业进行调研摸底，动员企业加入浙江省小微企业培育和监测平台，开展企业统计数据直报工作，做好小升规企业摸底和入库工作。配合众诚资信评估有限公司对维佳科技、日日贸易、畅鸿塑料、敏达车业、新丰粉末、俊杰塑料、舒尼家纺、金曦工具、三业金属、万奇太宝等企业，开展小微企业信用评级工作。组织编制食品饮料、金属加工两个行业发展规划。开展水产业、碳酸钙、环保碳酸钙、五金工具、时尚产业发展调研，并撰写分析调研材料5篇。

【推动结构调整和产业升级】严格执行《建德市工业项目准入审查办法》和《建德市工业项目复核监管办法》，规范工业项目管理。全年召开准入审查会议11次，准入项目27个，盘活存量企业39家，盘活工业用地58.1公顷、闲置厂房21.5万平方米，“零增地”技改完成11亿元。兑现“腾笼换鸟”（“腾笼换鸟”：由于土地资源、环境资源及其他资源的限制，迁出或淘汰区域内低端、低效产业，引入并发展高端、高效产业，从而完成区域内的产业置换、产业结构调整和产业升级）扶持资金1600余万元。加快化工企业搬迁入园提升工作，IFF搬迁项目开工建设，新安化工白南山搬迁签订补偿协议，白沙化工、顺发化工前期审批基本完成。

品牌建设

【概况】2015年，建德市坚持市场主导与政府推动、分类指导与重点扶持、整合资源与优化机制相结合，以创建“名企、名牌、名家”为载体，强化扶优扶强政策导向，支持企业增强创新能力。

组织企业申报省级创新型示范中小企业和杭州市“三名”（“三名”，即着力培养名企、名牌、名企业家，打造行业龙头）试点工作，浙江华电电站设备有限公司、杭州银迈针纺有限公司获省“小升规”创业之星称号。杭州三耐环保科技股份有限公司、杭州新安江工业泵有限公司、农夫山泉（建德）新安江饮料有限公司、青岛啤酒（杭州）有限公司、浙江隆源压滤机有限公司、浙江严州府食品有限公司6家企业获省成长型企业称号。

推进全市中小企业转型升级、创新发展，培育杭州市级以上大企业、大集团、成长型企业、高新技术企业。有10家企业被认定为2015年度杭州市工信经济成长型企业，分别为：浙江天石纳米科技有限公司、杭州沈氏节能科技股份有限公司、浙江远力健药业有限责任公司、杭州三耐环保科技有限公司、雅鼎创意家居股份有限公司、浙江致中和实业有限公司、浙江新化化工股份有限公司、格林生物科技股份有限公司、浙江建业化工股份有限公司、浙江大洋生物科技集团股份有限公司。建德市双超钙业有限公司获评“杭州市最具成长型中小企业”。建德市明鑫钙业有限公司、浙江新伽玛化学有限公司、浙江新伽玛化学有限公司3家企业获评“杭州市最具创新活力小微企业”。

5位企业家获评“杭州市优秀中小企业家”：浙江大洋生物科技集团股份有限公司董事长陈阳贵、浙江宏都寝具有限公司董事长吕益民、杭州沈氏节能科技股份有限公司董事长沈卫立、杭州奥立达电梯有限公司董事长沈子恒、浙江斐凌工具有限公司总经理唐建章。

【评选“十大行业龙头企业”】参照主营业务收入、生产性投入、研发投入、品牌、利润率、入库税收等指标，评选出2015年度十大行业龙头企业：浙江新安化工集团股份有限公司（生物科技）、建德市耀欣针纺有限公司（纺织服装）、杭州凯特电器有限公司（电子电器）、建德海螺水泥有限责任公司（建材水泥）、浙江斐凌工具有限公司（金属加工）、雅鼎创意家居股份有限公司（日用轻工）、杭州奥立达电梯有限公司（机械制造）、农夫山泉（建德）新安江饮料有限公司（食品饮料）、浙江天石纳米科技有限公司（新材料）、建德晶科光伏发电有限公司（新能源）。

【打造“名品、名企、名家”】实施质量强市和品牌战略，促进经济发展方式转变，引导和激励企业不断增强综合竞争力，全力打造“名品、名企、名家”。2015年，“XAJ”品牌（浙江新化化工股份有限公司）被认定为浙江省出口名牌，“”商标（建德市五星车业有限公司）被认定为杭州市著名商标，“WJ”品牌（建德市万家电器电缆有限公司）、“KMC”品牌（杭州凯特电器有限公司）被认定为杭州市出口名牌。

企业管理

【概况】2015年，全市开展“招商引资、项目推进、企业服务”三大竞赛活动，强化企业运行监测与沟通协调，夯实工业经济和招商引资基础性工作，帮助企业减轻负担，解决生产经营过程中的审批、融资、办证等困难与问题，优化建德经济发展环境。

2015年，卓达新材料、秋梅食品、格林生物、优米科技、泰麟汽车5家企业成功挂牌浙股交创新版，三耐环保、隆源环境2家企业成功在新三板挂牌。

【经济运行监测】坚持“一月一监测，一月一预报，一月一分析”，分别抓好10亿元以上企业、重点企业和规模以上企业、小微企业监测平台数据报送工作，及时通报乡镇（街道）任务完成情况，配合杭州市做好“百家工业企业、58个重点项目和工信经济存量增量及成长型企业情况服务调研专项活动”，报送省工业强县（市、区）综合评价数据，配合省经信委做好工业强县（市、区）评价工作。做到“日常监测，定期分析”，掌握企业生产经营总体情况，及时了解工业经济运行中存在的趋势性问题和共性困难，研究提出建议和对策，做好综合协调。实施名单动态监测管理，准确掌握企业资金链、担保链异动信息，分析研判企业资金链、担保链风险类型，做到对风险企业早发现、早介入、早处置，维护良好的经济发展环境。

【推进企业减负】落实国家规定的税费减免优惠政策，全市兑现工业经济暨招商引资大会奖励949.7万元，小微企业所得税优惠受益面100%，累计减免税款605万元。享受各类增值税优惠企业8734户次，减免增值税2亿元。梳理出中策橡胶等12家超5亿元企业及斐凌工具等30家劳动密集型企业，建立问题协调、政策宣讲、法律服务、融资服务等重点帮扶制度。从10月起，全面实施“五证合一、一照一码”登记制度，优化行政审批制度，有效解决企业办证难问题。落实专项治理行动，对涉企社会团体的涉企收费项目、收费依据、规收费标准等结合年检工作进行检查，规范涉企经营服务性收费。开展中介机构专项治理，对环保、能源、安全、三大评估体系的中介服务收费实行备案供企业自选。通过报刊、网络、广播等媒介平台，采用惠企政策宣讲会、企业座谈会、送政策进企业等方式，宣传优惠政策、审批流程、办理地点和政策解读等内容，为企业答疑解惑。

【破解企业融资难题】监测重点企业、10亿元以上企业、小微企业三大平台，做好企业资金链担保链预警及化解工作。开展“杭州中小企业服务日——建德专场”2期，赴钦堂乡、寿昌镇等地开展融资担保巡回对接活动3场，召开全市融资担保大会及浦发银行融资担保专项对接会，搭建“银企担”交流平台。利用市财政应急调头资金，全年为151家企业调头249笔、总金额10.25亿元。与人行、担保机构、金融机构对接，探索推进融资租赁，鼓励银行推进专利、股权质押、基金池建设，创新抵质押担保方式。同时开展小微企业贷款风险补偿工作，鼓励金融机构服务小微企业。

【实施亩均绩效评价管理办法】 以乡镇（街道）为单位，对工业企业进行《建德市工业企业发展绩效评价管理办法（试行）》的宣传，并做好解释指导工作。以2014年年底规模以上企业年报数确定330家企业为2015年评价对象，通过核定面积、数据收集，进行A、B、C、D四类分类，10月公布2014年度全市工业企业发展绩效评价结果。通过评价管理，在财政扶持、项目用地、生产用电、融资支持等方面实施差别化配置，有效引导企业转型升级、提质增效、做大做强。

表12 **2015年度建德市十大亩产效益企业**

序号	企业
1	浙江斐凌工具有限公司
2	农夫山泉（建德）新安江饮料有限公司
3	国际香料香精(杭州)有限公司
4	建德市白沙化工有限公司
5	杭州新安江工业泵有限公司
6	建德红狮水泥有限公司
7	建德三狮松涛水泥有限公司
8	杭州双马生物工程有限公司
9	杭州沈氏节能科技股份有限公司
10	中策橡胶(建德)有限公司

【墙体材料改革】 2015年，完成建德市三桥新型墙材有限公司、建德市马目上河新墙体材料厂等2家企业2座54门砖瓦窑的淘汰工作，淘汰落后产能6200万块标砖，核减落后产能6200万块标砖，可节约标煤8060吨、减少二氧化硫排放161吨、节约土地8公顷。2015年度杭州市发展新型墙体材料竣工项目5个，其中：新墙材应用试点2个，新墙材生产性项目3个，总计建筑面积达15.09万平方米，可安置农户895户；杭州市发展散装水泥竣工项目3个，新建散装水泥应用试点总建筑面积约4万平方米。开展发展新型墙体材料、散装水泥工作的政策宣传，开展各类业务培训5次，培训人数150人次。

（叶智）

建德经济开发区

【概况】 2015年，建德经济开发区完成卜家蓬工业平台土地平整20公顷和二期路网建设。横铁区块实施横峰路、横岩路建设。完成新城区块A01沿江安置房、寿昌江治理、滩下桥等项目建设。铁路货场和危化品仓库项目、开发区绿化项目、B-02地块配套工程、双马生物二期场地平整项目、中球冠场地平整项目进展顺利。

以工业招商和机场区块的航空产业招商为主要着手点，制定招商推介计划，对资源招商、存量盘活招商和地块招商制定专项方案。全年共新引进晶科光伏、同创物流等12个项目，其中5000万元以上重大项目8个，正在洽谈中的产业项目10余个，晶科太阳能光伏项目实现当年落地、当年投产，全面完成当年招商引资任务。

【北亚通航“5050”项目落户建德经济开发区】 3月10日，开发区（寿昌镇）与北亚通航正式签订项目投资合作协议，计划投资1.5亿元，占用土地面积12公顷，打造集飞机展览、常态化飞机（不飞行）体验娱乐、通航产品展示和商务配套服务于一体的航空产业休闲基地。项目分两期建设，一期计划引进50架以上各国具有代表性的收藏类飞机，打造飞机体验经济区；二期计划引进50家国际通航供应商进驻，打造国际保税展示交易中心，拓展上下游产业链。

【双马生物保健品项目】 该项目为建德市十大工业项目之一，年产4亿粒保健食品胶囊、500吨功能性红曲、10吨人参皂苷项目，年度新增土地2.53公顷，建设厂房及办公楼30000平方米。至年底，完成一期工程建设，1号厂房完工，2号厂房结顶，实验楼装修，完成年度投资3300万元。

【晶科太阳能农光互补发电项目】 建德晶科光伏发电有限公司20兆伏农光互补发电项目，是2015年寿昌镇重点项目之一。该项目于2015年1月份正式进场施工，7月初实现并网发电，提前完成年度建设计划，全年实现投资2.46亿元。

【昌鑫金属棒线材技改项目】 寿昌镇重点项目之一、昌鑫金属公司年产40万吨棒线材技改项目，在不新增用地和能耗的前提下，进行轧机生产线设备改造更新及修建生产车间，其中设备投资约1.3亿元。技改设计目标为：生产线工艺改造后，生产成本下降180元~200元/吨、电耗下降35千瓦时/吨，达产后实现销售产值10亿元。3月初，该项目开工建设；11月，完成轧机生产线底部基础建设；12月，设备进场安装、调试。全年完成投资1.38亿元。 （卜旖旎）

杭州市建德高新技术产业园

【概况】 杭州市建德高新技术产业园位于建德市东部梅城镇与下涯镇辖区内，是建德市融入环杭州湾产业带的重要阵地，由马目、五马洲、南峰3个区块组成，总规划面积13.52平方千米。遵循“绿色、循环、创新”发展理念，3区块布局各有侧重与特色：马目区块重点发展有机硅单体及下游产品，适度发展新型建材和精细化工产业；五马洲区块重点发展医药化工和精细化工产业、环保产业及金属加工产业；南峰区块重点发展电子信息、新材料、低压电器产业，兼顾发展休闲旅游、养生养老等产业。5月，杭州市发改委、财政局批准为第一批市级循环化改造示范试点园区。

2015年，园区新增工业用地面积109.3公顷，基础设施建设投入2.4亿元，固定资产投入16.86亿元，其中工业生产性投入12.18亿元。新安化工白南山搬迁、新安迈图、IFF搬迁、新安热电二期、杭州大丰辐条有限公司、杭州斯洛玛格磁电技术有限公司、建业化工搬迁、浙江深蓝轻纺科技有限公司二期、杭州日耀涂料有限公司开工建设，项目共计投入5.42亿元。其中，国际香料香精（以下简称IFF）（杭州）有限公司整体搬迁和提升改造一期工程概算总投资3.77亿元，项目总用地16.5公顷，建筑面积6.68万平方米，包括两个主要生产装置及相关的辅助设施，项目建成后可以形成年产13350吨香原料单体的生产规模，工期两年。

8月，北京东方雨虹防水技术股份有限公司新型建筑防水防腐和保温材料项目、人福医药集团股份公司大健康产业园项目落户该园区。东方雨虹项目位于马目区块，占地面积23.9公顷，概算总投资15.78亿元，固定资产总投资10.78亿元；人福医药投资发展生物医药产业，总用地9公顷，概算总投资4亿元，固定资产投资3.58亿元。

至年底，园区内有工业企业188家，其中规模以上工业企业29家；其中规模以上企业总产值61.4亿元，同比增长4%；工业销售产值61.1亿元，同比增长4.3%。2015年，高新技术企业实现总产值50.96亿元，占工业总产值的比重达83%。

【园区基础设施与平台建设】 2015年，园区征地60公顷，拆迁90户，面积4073.8平方米，平整土地68.5公顷。完成施家路、雨虹路、白章线至施家砖瓦厂连接线3条路网建设，其中五马洲区块2014~2015年累计拓宽、延长道路12千米，形成以姜山路、钟山路、五马洲路、新胜路、肖塘路、电镀园路等为主干道的两纵四横的道路格局。完成五马洲工业集中式污水厂扩建（一期）工程5000万元投资；完成投资525万元的南峰截污纳管工程；完成4.5万平方米绿化工程。

【五马洲电镀废水集中处理厂试运行】 5月20日，五马洲电镀废水集中处理厂一期建成并投入试运行。该工程占地面积0.53公顷（8亩），总投资5100万，一期完成投资4200万，电镀废水设计日处理能力为5000吨。工程分两期建设，一期土建按5000吨/日规模一次性建设到位，设备按2500吨/日安装。

【杭州市电镀行业协会建德分会成立】 10月29日，杭州市电镀行业协会建德分会在高新园成立，来自桐庐县、萧山区等7个县（市、区）150余家杭州市电镀行业协会成员单位到场祝贺。该分会由建德市马南镀业有限公司、建德市辉煌镀业有限公司、建德市雅鼎镀业有限公司、建德市新盛镀业有限公司等4家电镀企业及其余20家成员单位组成。首任会长为建德市新盛镀业有限公司总经理方红文。

【南峰区块截污纳管工程完工】 12月，南峰区块截污纳管工程建设完成。该工程总投资525万元，共计敷设八郎庙路、景江路、何家岗路、锦峰路、严陵路等道路污水管网4千米。该工程完工后，该区块污水全部接入泵站并进入五马洲污水处理厂处理。

【市环保科技创新创业中心启用】 12月17日，浙大建德环保科技创新创业中心正式启用。该中心由建德市人民政府与浙江大学环境与资源学院合作建设。8月，开始环保科创中心进入实验室和附属研发条件建设阶段。该中心在创新创业、成果转化、企业孵化、招商引资、教育培训、实习实践六个方面发挥作用。同时，也为新安集团、IFF、新安江工业泵等本地大中型企业提供环保技术服务，开展技术合作，努力实现技术落地—市场推广—收益反哺—技术研发的良性循环。

（朱丽莉）

工业企业选介

【浙江新安化工集团股份有限公司】 2015年，该公司围绕“练内功、抓创新、求突破”的工作思路，强化内部挖潜，实施管理变革，夯实产业基础。全年实现营业收入72.3亿元；总资产达78亿元，净资产达43亿元，资产负债率45%。获得中国化工企业500强、浙江省制造业百强企业、国内农药行业销售百强第一名、全国农药出口前10强等称号。

以“做绿色化学的先行者和领跑者”为使命，发展循环经济，加大安全环保治理，成为行业内践行科学发展的楷模。草甘膦——有机硅两大产业间氯元素循环技术以及有机磷废水磷资源化利用技术，形成独具特色的两大核心知识产权体系，奠定企业发展基础。作为国家级创新型企业，新安集团拥有国家级企业技术中心、浙江省企业研究院、院士工作站和博士后工作站，是国家级专利示范企业。

抓好成本管控。在集团范围内实施“成本领先战略”，为降本增效灌输新的理念、打开新的空间，完善新的体系。重点在企业的精细化管理上做文章，细致分析成本构成，关注每一个环节成本的产生和变化，实现综合成本最低。通过合理调配内部资源，加快推进“机器换人”，强化产品结构调整，全年运营成本较上年大幅下降。

加快项目建设。白南山搬迁项目与政府相关部门签订搬迁及补偿协议，草甘膦项目完成土地平整。新安迈图二期项目进入长周期设备招标采购，土建工程进场施工。马目热电二期项目新增一炉一机，基本具备开车条件。新安集团与安阳全丰共同组建农飞客农业科技服务有限公司，进入农业无人机领域；成立崇耀科技，拓展有机硅特殊功能材料高端发展应用服务领域。

强化安全环保。强化“底线”思维，全方位推行SHE管理（SHE：安全、健康、环保管理体系）。在“天津港8·12事故”发生后，新安集团开展安全生产自查自纠工作，全面排查、治理安全生产隐患，堵塞安全生产漏洞，强化安全生产措施。全年安全环保运行情况整体平稳，企业安全气象图基本处于安全区，各类事故量大幅下降。

实施管理咨询。为新安集团与全球最大的管理咨询公司——美国埃森哲公司合作，以战略规划、组织管控、供应链优化三个方向为切入点，实施管理咨询，适应经济“新常态”，推进管理变革，迎接新一轮发展。通过与管理咨询团队互动交流、专业研讨，共同剖析企业发展中面临的问题，形成全新的组织架构，制定了“2234发展战略”（2234：两大愿景，中国领先的农业服务与有机硅综合服务提供商。“翻两番”发展目标，2020年收入达到150亿元–190亿元2025年收入达到350亿元–500亿元。三大发展路径，现有主营业务，农业服务，有机硅终端。四项关键能力，战略规划落地实施能力，资本市场融资能力，并购投资能力，数字化业务经营能力），在立足存量业务发展的基础上，重点发展农业服务平台与有机硅综合服务平台。

举办50周年庆典系列活动。2015年是新安集团创建50周年，5月9日，新的总部办公大楼——新安大厦启用，坐落在新安江街道江滨中路1号。11月6日，《新安集团志》出版发行。相继举办新安文化节龙舟赛、新安好声音、首届电影周、“新安精神”辩论赛、“新安记忆”征文比赛、书画摄影比赛、“薪火传承 赢创未来”主题晚会等系列活动。表彰为集团发展做出特殊贡献的“新安人物”。

（姚崇法）

【新安江水力发电厂】 新安江水力发电厂隶属国网新源水电有限公司。2015年，该厂按照国网新源公司的部署，坚持强化内部管理，持续提升服务能力，着力建设法治企业，保持安全稳定良好局面，年度目标全面实现。年发电量27.98亿千瓦时，创历史最高纪录；机组启动成功率100%，连续安全生产4927天；检修、技改、科技、信息化、零购等计划项目全部完成，在国网新源公司水电生产单位综合管理对标中排名第一。继续保持全国文明单位称号，获全国“安康杯”竞赛优胜单位，连续第十一年荣膺“全国大型水电厂（站）劳动竞赛先进单位”称号。

年发电量创历史新高。该厂采取“两控两保”调度措施，适时调整设备检修停役计划，完成4号机、9号机B级大修，220千伏母线保护双重化改造，有序推进紫金滩区域给排水管道、电缆、道路、交通、环境等综合整治项目。加强项目实施全程管理，严格流程和节点控制，重点强化外包项目和承揽项目管理，编制并严格执行承揽项目执行手册，保证全部27项大修项目、17项技改项目、5项科技项目、4项信息化项目和13项零购项目均实现规范化管控。成功应对连续强降雨和罕见冬汛汛情，水能利用提高率达到6.0%。全面完成发电、保电、防汛、运检等各项任务，提前197天完成预计发电量计划，年发电量27.98亿千瓦时，完成年度计划的119.1%，同比增长24.0%，创历史新高。

完成“两会”及春节保电工作。在节前制订全国“两会”及春节期间保电工作方案，成立厂长为组长的保电领导小组和运行、事故抢险、新闻发布、通信保障、治安保卫和物资保障6个专业工作组，并制订14项保供电具体措施。

迎战台风“灿鸿”和“莲花”。7月，第9号

◎4月13日，建德市首个“检企”共建联络工作室在新安江水力发电厂揭牌

台风“灿鸿”和第10号台风“莲花”威胁新安江流域。该厂接到国网公司预警通知后，立即落实相关要求，密切关注当前水库水位运行状态，在台风来临前加大发电量，降低水库水位；组织对全厂设备进行防台检查，特别是主变压器、坝顶门机、220千伏开关站等户外设备及设施；对户外起重设备组织检查，确认坝顶门机夹轨器制动，并做好相应的防风措施，潜水船做好加固措施；封锁左岸上坝公路；加强对户外端子箱、操作机构箱、电源箱、设备间巡查；做好台风影响电网稳定运行的应急预想；检查通信设施，做好相应防风措施，确保讯道通畅；对户外标识牌等进行加固或清理；做好低洼处仓库防水工作，暴雨来前将可能进水的仓库内电源进行隔离，确保台风“灿鸿”和“莲花”经过期间安全发电。

“检察联络室”电厂挂牌。4月13日，建德市检察院与该厂共同设立的“检察联络室”在电厂办公楼揭牌启用，标志着该厂与地方检察院的检企共建活动向常效、规范、实效化迈进。该厂以“检察联络室”的启用为起点，在开展预防职务犯罪、加强依法治企、拓展党风廉政教育、深化法律咨询等方面，寻求检察院系统的大力支持，与市检察院共同做好依法治企这篇文章，为新安江电厂开辟“警示教育基地”发挥积极作用，促进企业安全、稳定、和规范经营。

建德市委党校教学基地“落户”电厂。11月12日，中共建德市委党校现场教学基地启动仪式在电厂举行，建德市委、新安江电厂领导和100余名党校培训班学员参加仪式。市委党校与电厂商议现场教学基地设置方案，创新教学的新方式，运用新安江电厂的浙江省爱国主义教育基地、红色旅游经典景区和党史教育基地等资源特色，拓展干部教育培训资源、建立现场教学基地。

（吕志峰）

【中策橡胶（建德）有限公司】 该公司坐落在下涯镇春秋村，是中策橡胶集团有限公司重要的全钢和斜交轮胎生产基地，生产的各种品牌规格轮胎均通过国家和国际认证，产品畅销国内市场，远销欧、美、亚、澳、非等地70多个国家和地区。2015年末，有在册员工4860人。

2015年，下涯镇春秋厂区的里程试验站完成建设，多功能食堂、炭黑生产项目、机修车间及热电厂工程的主体工程基本完成。炼胶车间Ⅱ项目厂房结顶，部分主要设备开始安装。80吨/小时中水处理站、厂界（南）边坡回填治理进行桩基工程，厂区入口桥梁改造工程投入使用。全钢轮胎Ⅰ的成型工序至硫化工序智能物流系统进入全面调试阶段。8月底，大筒帘布智能输送系统投入试运行。9月，成品轮胎后整理智能化输送线投入试用，基本实现轮胎智能化输送功能。

开发新产品61个，其中24个新产品投入批量生产。重点开发工矿型20寸尼龙子午胎ET258、16寸尼龙子午胎金系产品EZ167、新一代旱田农业胎 CB568、新一代水田农业胎 CB550 花纹系列产品。

改进第二代产品 CR808A 系列工艺和技术，使用性能得到提升。7.00R16 系列 12 个月滚动退赔第二代比第一代下降 42.2%；6.50R16 系列 12 个月滚动退赔第二代比第一代下降 53.1%。

港口胎冠部专用配方 X116 设计。宁波港口装车试验结果减少花纹异磨量，轮胎使用 15 个月未出现肩空，7 月，该配方投入生产应用。

炼胶一次法工艺控制。通过工艺改进，一次法一次合格率由 87.0% 提高到 95.1%。高温硫化工艺在尼龙子午胎、斜交胎中应用，在尼龙子午胎、7.50–16 及以下轻卡胎全部投产，硫化时间较之前缩短 6~8 分钟。

全年轮胎总产量 635 万条，其中全钢 514 万条、斜交 121 万条，实现总产值 57.3 亿元。被建德市政府授予“十大税收贡献企业”“十大亩产效益企业”称号，被杭州市实业投资集团有限公司评为“2015 年度安全生产先进企业”。（张 甜）

【农夫山泉建德基地】 农夫山泉股份有限公司是集研发、生产、营销为一体的知名综合性饮料企业，中国饮料工业“十强”企业之一、农业产业化国家重点龙头企业、国家级工业化和信息化深度融合示范企业。公司旗下共有天然饮用水、天然矿泉水、果（蔬）汁饮料、功能饮料、茶饮料等多个产品。公司的核心品牌“农夫山泉”为中国驰名商标。农夫山泉饮用天然水市场占有率位居国内第一、国际第三。

公司始终坚持“健康、天然”的品牌理念，坚持“水源地建厂、水源地灌装”，1996 年后，相继在国家一级水资源保护区浙江省千岛湖、吉林省长白山靖宇矿泉水保护区、南水北调中线工程源头湖北丹江口、国家级森林公园广东万绿湖、天山冰川区新疆玛纳斯、世界自然文化双遗产四川峨眉山、国家级自然保护区陕西太白山、国家级森林公园贵州武陵山建成十多座国际领先的天然饮用水及果汁饮料生产基地。

建德是农夫山泉的发祥地，1996 年 9 月公司前身在建德注册成立，1997 年 4 月农夫山泉全国第一家工厂在建德开机生产，装备 2 条瓶装和 3 条大包装饮用天然水生产线，并配套建设瓶装水铁路专用线。依托千岛湖的源头活水，“农夫山泉有点甜”从此深入千家万户。2010 年，公司秉承“当年签约，当年建设，当年投产”的原则，建德二期项目从签约到投产，只用短短一年时间，创造当时农夫山泉项目建设的新速度。公司从国外引进 4 条自动化程度极高的饮用水和饮料生产线，同时还配备相应的瓶坯、瓶盖注塑系统及 1 条国产大包装饮用水生产线。2011 年三期项目施工建设，共引进 4 条先进的高速饮用水和无菌饮料生产线并投入生产，是继农夫山泉建德一、二期后的又一个新的发展飞跃。

农夫山泉建德基地拥有现代化、花园式生产厂区，是工业旅游示范基地，是多品项、多包装规格的华东地区重要生产基地，涵盖天然饮用水、果蔬饮料、功能饮料、茶饮料等多个品类，产品畅销全国，为建德市打造“水产业基地”奠定了坚实的基础。

2015 年，公司与建德市政府签订四期项目投资协议，并进入场地平整阶段。公司新增一条大包装 PET 瓶饮用水线。（章建龙）

【杭州奥立达电梯有限公司】 该公司成立于 1993 年，注册地所在地大洋镇三河建兰路 6 号，注册资金 40800 万元。历经 20 余年的发展，完善了从电梯的设计研发到制造、安装、调试、维修服务的一条龙管理体系。公司致力于为客户提供更加专业精准快捷的整体解决方案，是一家专业的大型综合性电梯制造企业，是中国电梯协会会员单位、浙江省电梯产业联盟理事单位、国家高新技术企业、杭州市高新技术企业、杭州市企业技术中心。拥有业内先进水平的“电梯防溜车保护装置”等15项发明专利，通过ISO9001：2008质量管理体系认证、ISO14001：2004环境管理体系认证、GB/T28001：2001职业健康管理体系认证、标准化良好行为AA级认定、AA级测量检测体系认证、安全生产标准化认证。

“责任精神”是奥立达电梯的企业核心价值。公司在发展过程中，确立以服务为核心的市场竞争理念，在设计、研发、制造、销售、安装与维保等方面，都以更专业的服务满足客户所需，打造成为中国电梯服务先行品牌。“承载每一次”是企业的核心使命，奥立达电梯以卓越的品质和服务保障每一次承载的安全、舒适，为客户创造价值。

5月10日，奥立达电梯工业产业园开园，整个园区占地面积9公顷，总建筑面积12万平方米。顺应工业4.0标准概念，公司从德国、意大利等国引进具有世界先进水平的自动生产线，具备年产3万台的制造能力，成为中国电梯生产和研发实力雄厚的产业基地。

2015年，公司销售收入4.08亿元，同比增长27.5%，创利税1853万元。至年底，奥立达电梯在中国拥有近2000名员工，55家分公司、300多个维保服务站、220个销售代表处。

奥立达电梯先后获得“浙江省重合同守信用AAA级企业”“杭州市社会责任建设先进企业”“杭州市创建劳动关系和谐达标企业”“杭州名牌”“杭州市著名商标”等称号，连续多年被评为“建德市年度纳税大户”，是“建德市重点工业企业”“企业信用等级AAA单位”“建德市年度十大行业龙头”。 （陈忠义）

◎奥立达电梯车间

【浙江斐凌工具有限公司】 该公司坐落在乾潭黄立垟工业区8号，是一家专业从事螺钉旋具系列产品研发、生产和销售的国家高新技术企业，公司具备年产螺丝批头上亿颗、各式螺丝批近5000万支的生产能力，是国内生产螺钉旋具最大的企业、中国五金工具协会会员厂家。公司属于私营独资企业，注册资本3000万元，占地面积2万平方米。2015年末有固定资产5922万元，职工400余人，其中专业技术人员65人。

公司在上海设立国际贸易部，可直接出口报关与接洽国际商务活动。产品远销美国、加拿大、墨西哥、日本、欧洲等2 0多个国家和地区，在全国出口销售排行榜上排名第二。2015年，公司赴德国科隆、美国拉斯维加斯的参加了工具展。

公司始终坚持“以客户至上，品质至上；科技引领转型、创新驱动发展”的宗旨，并逐步完善生产设备的自动化、生产工艺和技术水平的精细化。主要的技术来源是自主研发，同时注重引进、培养各类专业技术人才，建立高素质的技术研发队伍，聘请国内和国外的技术、设计等方面专家、学者、教授担任公司顾问。

斐凌工具基础设施完善，设备齐全，拥有先进的数控车、铣复合机床自动化生产线、微控自动注塑和机械手设备、热处理淬火设备、产品技术研发中心和试验车间，以及德国 TUV 公司授权指定测试的实验室。公司拥有 90 多项自主专利，包括两项发明专利和两项国外专利，主起草螺钉旋具的 1 个国家标准和 8 个行业标准，公司生产的产品性能均达到或超过 ISO、ASME 等国际标准。2015 年，公司实施“机器换人”，更新 CNC 数控机床。同时，对测试中心和模具车间进行设备增添和更新，加大自主创新能力。

2015 年，公司实现销售产值 17437 万元，出口创汇 1826 万美元，纳税 877 万元。公司被评定为“国家高新技术企业”。（唐 飞）

【浙江天石纳米科技股份有限公司】 该公司创立于 1997 年，坐落在下涯镇朗索路 9 号，厂区占地面积 10 公顷。是一家集科研、生产、销售为一体的高科技股份合作制企业，主要经营范围有纳米科技产品的研发，普通工业级、食品级碳酸钙、氢氧化钙、氧化钙系列产品的生产与销售。公司技术力量雄厚，是国家认定的高新技术企业、全国化学标准化技术委员会无机化工分会碳酸钙工作组组长单位、全国碳酸钙行业重点企业，建德市新材料行业龙头企业，通过杭州市级清洁生产企业验收。2015 年末，公司拥有各类产品生产线 6 条，员工 200 余人。

2003 年，公司组建了浙江省级研发中心——“特种碳酸钙高新技术研究开发中心”。依托研发中心平台，以特种碳酸钙、纳米碳酸钙研发为重点攻关目标，引进人才、加强与科研单位合作，不断提高产品的技术含量和核心竞争力。至 2015 年末，累计承担了 30 余项县级以上新产品的研发工作，其中列入国家火炬计划项目 2 项、省级新产品计划项目 20 余项；获得授权专利 23 项，其中发明专利 7 项、实用新型专利 16 项。

2015 年，公司申请 2 项国家发明专利（生石灰化学反应活性的快速测定方法与聚氨酯密封胶用纳米碳酸钙的原位乳化改性方法）、1 项实用新型专利（安全节能的风机运行系统）；获得 4 项国家专利授权，其中发明专利 2 项（湿热废气回收利用轮式换热器及使用权方法、干燥螺旋桨叶连接结构）、实用新型专利 2 项（一种负压保护装置及带有该装置的窑气洗涤管道、石灰窑卷扬限位保护装置）。“奇白石”商标成功通过国家商标局的注册，并用于子公司广西天石新材料有限公司的产品生产。完成 5 项省级新产品试制工作，通过了两项省级新产品的验收。

2015 年，公司围绕产品升级换代，提高产品质量和稳定性，努力降低成本，积极开拓市场，其中主导产品纳米碳酸钙在多家全国知名的密封胶生产厂家获得好评。开展“新三板”上市准备工作，至年底完成了上市必需的文件编制、收集、整理工作。

2015 年，公司全年完成各类产品销售量 8 万吨，实现销售收入 9200 万元，上交税收近 1000 万元，实现利润 1700 万元。（汪竹生）

【雅鼎创意家居股份有限公司】 该公司创办于 2001 年，坐落在洋溪街道雅鼎路 777 号，建有 10 万平方米标准厂房的生产基地。专业设计、生产和销售高档创意家居和卫浴洁具产品，2015 年，公司销售收入 2.5 亿元。

雅鼎坚持以“设计为王、品质制胜”的理念打造自有品牌，所有产品均自主设计研发，拥有国内发明专利 2 项、实用新型专利 22 项、外观专利 1000 余项，并在欧盟和美国申请专利。

雅鼎拥有行业一流的设计研发团队，在国内外工业设计大赛中屡获殊荣，包括“德国 iF 设计大奖”“德意志联邦共和国设计奖”“中国企业产品创新设计金奖”“中国创新设计奖红星奖”和“中国创新设计大奖红棉至尊奖”等。公司设计中心被授予杭州市工业设计中心、浙江省工业设计中心，公司技术研发中心成为浙江省中小企业技术中心、杭州市企业技术中心。

该公司通过 ISO9001、ISO14001 和 OHSAS18001 等

国际通行的管理体系认证，水龙头产品通过了美国NSF和CUPC认证、欧盟CE认证,是国内首批获得“陶瓷片密封水嘴金属污染物析出量”认证的企业。是“2006年中国最具创新力企业”“2011年浙商最具投资价值企业”，并连续七年获得“中国厨卫百强企业”及“中国卫浴五金十强企业”称号，先后获得“中国驰名商标”“浙江省著名商标”“浙江名牌”“浙江出口名牌”“杭州名牌”“杭州出口名牌”“中国十大卫浴龙头品牌”“中国十大浴室柜品牌”和“中国十大卫浴工程品牌”等殊荣。（陈 辽）

◎雅鼎设备自动化加工中心

【建德海螺水泥有限责任公司】该公司坐落在李家镇，是安徽海螺水泥股份有限公司（简称“海螺水泥”）的全资控股子公司。公司成立于2001年11月，公司熟料基地位于李家镇洞山脚下，水泥生产线位于寿昌工业园区。公司主导产品为“海螺牌”普通硅酸盐水泥和高标号商品熟料，符合海螺集团内控水泥熟料质量标准，商品熟料主要销往金华、衢州、丽水等地区，在用户中享有较高的声誉。

建德海螺拥有两条5000吨/日熟料生产线，两套9000千瓦余热发电，两条直径3.8米水泥粉磨系统和一套年产百万吨骨料系统。公司首条5000t/d新型水泥熟料干法生产线于2002年7月开工，2003年5月投产；120万吨水泥生产线于2002年2月开工建设，2002年10月投产。为促进水泥行业技术进步，发展循环经济，公司2006年投资8000万元建设一套8300千瓦纯低温余热发电项目，2006年10月27日成功并网发电。公司二期5000吨/日新型干法水泥生产线于2010年10月18日正式点火投产，二期余热发电项目于同年12月29日并网发电。年产100万吨骨料系统于2014年6月25日投产，两台辊压机系统分别于2015年5月22日、6月10日投产。公司形成360万吨熟料、180万吨水泥、100万吨骨料的产能规模。

2015年，该公司主动适应经济新常态，谋划市场建设，加强生产组织，抓工程项目技改，熟料产量、水泥产量、骨料产量、发电量均创新高，“辊压机、三风机、砂岩破碎机”年度技改项目全部提前1个月投运。5月，厂外道路——1.2千米李洞线拓宽改造工程完工通车，改变了外道路狭窄、条件差的问题。实现工艺、质量、设备、环保等重大事故为零的目标。全年缴纳各类税费1.14亿元。

建德海螺公司秉承“至高品质、至诚服务”的经营理念，坚持走资源节约型、环境友好型大型水泥企业路线,大力开展“综合治理、节能减排、降本增效”工作，注入高效的管理模式。2015年，该公司承办省国土资源厅、省环保厅联合举办的全省粉尘治理现场会议。联合浙江区域举办“美丽海螺、青春梦想”专题文艺晚会。公司获得2014年、2015年度建德市“十大税收贡献企业”“年度行业龙头企业”、2015年度工资集体协商A级示范单位、杭州市总工会“先进职工之家”等称号。

（秦 栋）

编辑：郑志良

商 贸

Commerce and Trade

商业综述

【概况】 2015年，建德市商贸行业围绕“服务业兴市”发展战略，深化改革创新，推进传统商贸业转型升级、新型商贸业态提升发展，消费市场平稳向好，继续保持快速、稳定、健康的发展趋势。市旅游商务局引进内资招商项目293个、外资招商项目16个，实到内资71.4亿元，同比增长14.24%，实到外资1.43亿元，完成杭州目标任务的102.14%，同比增长2.03%，内外资招商均完成目标。建德市获得2015年浙商创业创新工作考核先进单位三等奖、2015年度杭州市国内招商引资工作考核先进单位三等奖。

全年社会消费品零售总额首次突破百亿元大关，达到104.48亿元，同比增长11.9%。其中，批发业零售额11.55亿元，同比增长3%；零售业零售额73.94亿元，同比增长12.7%；住宿业出现下滑，零售额0.85亿元，同比下降4%；餐饮业增长较快，零售额18.14亿元，同比增长15.7%。

农村消费品市场实现零售额31.65亿元（占社会消费品零售总额的30.3%），增长12.2%，城镇消费品市场实现零售额72.83亿元（占社会消费品零售总额的69.7%），增长11.7%。

至年末，全市年度新增限额以上商贸企业22家。

表13 **2015年建德市新增限额以上商贸企业名单**

企业名称	所在地	企业名称	所在地
建德市强身药店连锁有限公司	新安江	杭州中流燃料油有限公司	洋　溪
建德市杭新酒业有限公司	新安江	建德新希望牧业有限公司	更　楼
建德华鑫食品有限公司	新安江	杭州凡茗进出口有限公司	杨村桥
建德市万橘山大酒店有限公司	新安江	建德市硕真禽蛋专业合作社	下　涯
建德市润德化工有限公司	新安江	杭州宝德银业有限公司	寿　昌
建德晶杰商贸有限公司	新安江	建德市虹杨废纸收购有限公司	三　都
建德市新安植保有限责任公司	新安江	建德市摩根运动器材有限公司	梅　城
杭州康桥新之众汽车有限公司	新安江	浙江幸福生物科技有限公司	莲　花
杭州乾鹏隆建材有限公司	乾　潭	建德市李家镇长林源村加油点	李　家
杭州艾利斯玫瑰科技有限公司	乾　潭	建德市昌泰加油站有限公司	航　头
建德市平云贸易有限公司	大慈岩	浙江佳森农牧有限公司	大慈岩

【商贸安全生产管理】 年初全市各大型商场、大型市场、加油站等40家重点商贸企业签订2015年度安全生产目标责任状。6月，继续深化安全生产领域“打非治违”等各类专项整治和开展第14个“全国安全生产月”活动。成立以全市10家大型商贸重点企业为主要成员的商贸消防联防中队，出台《建德市商务系统安全生产应急预案》和《2015年度市级机关单位创建“平安建德”工作责任分解》，落实责任。全年答复举报咨询2条，检查生产经营主28次，查处隐患排查2处；组织生产安全、酒类、肉食品、消防安全隐患排查活动，出动执法、检查人员181人次。确保全市商贸企业安全生产保持无事故。

【报废汽车管理】 全年共回收各类报废汽车1381辆，同比增长18.03%，其中轿车156辆、客车568辆、货车647辆、摩托车10辆，确保市场健康有序运行。5月21～22日，全省物资再生协会在建德市报废汽车回收公司堆放场地召开现场会，来自全省商贸系统报废汽车主管单位有关人员120余人参加现场会，省商务厅领导对建德市报废汽车回收工作给予高度评价。

按照市创建“建设美丽浙江、创造美好生活”和《杭州市2015年黄标车淘汰工作实施方案》要求，加强车辆报废回收、监销等环节的保障措施，优化回收拆解流程。全年淘汰黄标车1340辆，全面完成黄标车淘汰任务。

继续推进企业升级改造工作，建德市报废汽车回收公司分别在原场地附近和洋溪街道各租用场地2处，共计4处2万多平方米，确保全年未发生因回收缓慢、停滞而引发投诉举报及群体性事件。

【餐饮行业提升】 2015年，该行业加大餐饮品牌创建力度取得新成效，获得多项重大荣誉：严州府、喜乐大酒店入选全国餐饮五百强门店；万新餐饮管理公司董事长陈德余在第25届中国厨师节上获“中华金厨奖”称号，并和严州府董事长王拥军同获“2015中国餐饮优秀企业家”称号。在第五届浙江省厨师节上，王拥军被评为“2015浙江省餐饮业金鼎杯风云人物”，喜乐大酒店邱光明被评为“浙菜金牌大师”，喜乐大酒店荣获最具影响力品牌企业。在2015西湖国际茶宴挖掘、推广活动中，鼎尚轩和薛上山庄被评为2015杭州茶宴体验点。建德市餐饮协会先后组织多家餐饮企业赴常山、衢州及云南丽江等地考察学习；举办首届建德“最美餐饮服务员”“最美餐饮职业经理人”“最美名厨评”选活动，并举办了全市餐饮服务员培训班和首期餐饮行业职业经理人培训班。

【成品油市场管理】 2015年，全市汽油、柴油销售17.25万吨左右，增长6.6%。市旅商、公安、住建、环保等部门多次联合开展散装汽油销售监管、油气回收设施整改、油品提升等多项专项整治工作，对企业进行企业证照、运营实绩查验，规范经营，确保安全。至年底，全市共有成品油网点60个，其中，加油站35个（中石化26个、中石油2个、民营7个），加油点25个。在建规划内网点2个。

完成大洋镇杭石徐店加油站迁建项目和大慈岩镇排塘加油站前期项目。更楼加油站于4月份开工，并于年底完成基础设施建设。开展李家加油站、杨村桥十里埠加油站的选址论证，协调落实寿昌经济开发区等地新增网点选址及规划调整工作。

【商贸业节庆与会展活动】 5月1日～3日，在新安江体育馆举办第十一届杭州汽车消费节暨汽车下乡巡回展，该活动由杭州市商务委主办、建德市商务局和杭州市汽车流通协会承办、建德市昌炎物资有限公司协办。展会设有150多个展位，共有13家杭州车企和7家建德本地车企携30余款时尚车型共同参展，此次车展实现销售各类汽车100多台。

12月29日，新安江街道举办第三届中国（建德）17度新安江养生美食节，该活动以“绿色养生、食美建德”为主题，展示建德市十大特色餐饮名店、十大养生菜以及部分宾馆餐饮企业的主打产品。全国八大菜系均派出代表参加此次活动，探讨建德餐饮业发展走势，现场制作并传承养生美食。（黄 倩）

电子商务

【概况】 2015年，全市各相关部门协同推进电子商务发展的工作机制初步建立，共召开电子商务各类推进会议15次，有效对接农村电商发展的各项工作，第一时间统筹、协调解决问题。同时，学习周边县市先进经验做法并开展调研，起草出台电子商务扶持政策，通过相关部门意见征求会、企业座谈会等多种形式公开进行意见征求并及时修改完善，正式出台《关于进一步加快电子商务发展的政策意见》，市政府每年统筹安排1500万元电商发展专项资金支持建德市电子商务发展。经过一年的建设，境内电子商务平台服务、电子支付、物流配送等支撑体系加快完善。新增一批围绕电子商务信息、交易和技术等的服务企业。

全市实现网络零售额15.97亿元（该数据为第三方电子商务销售平台数据，不包含企业自建网络销售平台、微信等渠道产生的数据），在同年阿里研究院发布的2014年中国“电商百佳城市”榜单上，位居第73位，较前一年上升11个名次，获评全国电子商务百佳县。

【引进一批重大电子商务项目】 通过“走出去、请进来”的招商方式，努力促成优质电商项目落地。8月25日，全市首个物流电商项目“快到网”正式签约，项目计划投资逾1亿元（注册资金），新增就业岗位500多个。同时全市首家综合性电商平台企业——“指来指往”电子商务有限公司也正式落地签约，由此实现本市电子商务由网络销售向网上交易领域延伸的电子商务模式突破；该项目为市内首家专注细分市场的垂直型平台，涵盖47个营业项目，注册资本1.01亿元，投资总额20亿元。年内，中国网库“建德产业集群电子商务基地”等项目签约落地。

【电商平台建设】 2015年，全市工业、农业、商贸流通、交通运输、金融、旅游和城乡消费等各个领域，积极拓展电子商务应用的平台建设，应用水平日趋提高，跨境电子商务活动日益频繁，移动电子商务成为发展亮点，形成与实体经济深入融合的发展态势。全年电商联席会议成员单位共组织各类电子商务培训40余场，培训人次4000余人。建德农食馆平台全年线上交易总额3970万元，带动线下销售总额约1.53亿元，共入驻企业37家。阿里巴巴 · 建德产业带平台全年线上交易总额3200万元，带动线下销售总额约1.5亿元，全年新增企业122家，共入驻企业297家。完成“邮乐网”——“建德馆 · 果蔬乐园”平台搭建，17家企业210多种农产品实现网上销售。

【电商产业园建设】 逸龙文创园等电子商务园区粗具规模，成为省商务厅首批认定的省电子商务产业基地、电子商务实践基地，至年底，该园区共入驻企业86家，就业人数700余人，全年园区企业总营业额约3亿元，电子商务产业集聚效应开始显现。

11月5日，浙西跨境电商产业园正式挂牌成立。园区占地10公顷，建筑面积20余万平方米，至年底入驻企业23家（规划入驻企业100家）。园区为入园企业提供各类跨境电商相关服务，致力打造集公共服务、培育培训、仓储物流、会议

◎11月5日，建德浙西跨境电商产业园挂牌成立

交流等于一体的智能化、现代化跨境电商产业园，并申报杭州市跨境电商综合试验区建德园区。

【建德市电子商务公共服务中心】 根据《浙江省商务厅浙江省财政厅关于建设全省电子商务服务体系的通知》（浙商务联发〔2014〕60号）精神，申报成立建德市电子商务公共服务中心，6月获得批复，成立建德市电子商务公共服务中心。该中心由旅游商务局牵头主管，逸龙电子商务产业园区承接的运营模式开展日常工作，主要负责全市公共平台上电子商务服务资源和辖区内企业电商业务的对接工作，同时为全市电商相关企业提供电子商务培训和咨询服务。

【开展各类电子商务主题活动】 7月，建德市商务局、天天快递、杭州火图科技有限公司在新安江联合主办“2015微商论剑对话互联网+”活动，来自全国各地的100余名“微商”就“互联网+”主题开展研讨；天天快递董事长奚春阳等多位电商领袖人物在会上作主题演讲。10月，是商务局组织参加2015中国（杭州）国际电子商务博览会，展馆整体以“美丽江城、智慧建德”为主题，以科技蓝为主色调覆盖与17度新安江相呼应的17个展示区块；会展期间共接待参观者5000余人，现场通过扫码发放各类景区门票小礼品7000余份。12月，举办第二届建德市“淘宝节”，涵盖家纺、家居、电子用品、化妆品、农特产品、首饰、日用品、婴儿用品、服装、汽车用品、动漫、智慧旅游、农村电商、支付宝、美团大众点评、百度糯米等30多个类别，1000余种商品；通过微信集赞发放礼品400余份，现场通过扫码发放各类体验券和小礼品3200余份；当日逸龙电商园区销售额达28.2万余元，浙西跨境电商产业园销售额达4万余元。

【农村电子商务】 2015年，阿里巴巴·农村淘宝、京东、邮政村邮站等在建德市建成市级服务中心，并陆续进驻市内农村市场，农村电子商务发展迅速，实现全市16个乡镇（街道）全覆盖。至年底，农村淘宝建成村级服务站57个；邮政村邮站项目建成村级农村电商服务站232个，其中带电视机背景墙等配置的标准化站点90个；京东商城项目签约乡村推广员105名。分片区组织开展农村电子商务知识培训班5场次，全市16个乡镇（街道）近400余名镇村（社区）干部参加培训。在杭州市农村电子商务示范工程创建中，大同村被评为农村电子商务示范村，洋溪街道被评为农村电子商务示范镇（街道）、大洲村电子商务服务站和农村淘宝新叶村服务站被评为农村电子商务村级示范服务点。（王　薇）

招商引资

【概况】 2015年，建德市委、市政府把招商引资作为产业结构调整和拉动经济增长的主要抓手，继续深化“招商引资年”活动；重新制定完善吸引浙商创业创新和招商引资考核办法，有效分解落实全年的目标任务；将原设4个专业组整合为5个招商组，开展对口和专业招商；完善招商工作月度汇报、季度督查、半年考核的例会制度，加强乡镇部门重大项目推进、信息上报及主要领导外出汇报通报制度，每月编制两期招商快讯，及时出报各单位主要领导招商工作开展情况；重新梳理并完成项目手册、招商宣传片、招才引智宣传册等招商宣传品的更新；完善项目库、“客商名录库”和浙商创业创新信息库建设，全年完成1200多位在外建德籍商人和知名人士的信息录入工作；在抓招商项目上，继续施行市领导领衔、乡镇部门联动的招商机制；开展“全市招商引资大竞赛”，围绕项目包装、载体培育、招商推介、信息收集、洽谈签约、基础工作六个方面，乡镇（街道）和机关部门全员参与，分季度验收招商成果，年终进行综合考评，全面促进招商基础工作质量提升，并在全市范围内，形成强化招商的氛围。

【内资招商】 全市引进内资项目293个（包括增资项目），其中：一产项目25个，实到资金3.64亿元，占总投资额的5.10%；二产项目165个，实到资金39.31亿元，占总投资额的55.05%；三产项目103个，实到资金28.45亿元，占总投资额的39.85%。166个新引进内资项目，实到资金44.89亿元，同比增长92.22%，其中3000万元以上项目72个，实到资金36.02亿元，占全市招商引资实到资金的50.45%。

全年引进杭州市外内资项目140个，实到资金42.08亿元，完成杭州市下达内资任务数（40亿元）的105.21%，同比增长30.33%；引进“浙商回归”境内外资金16.59亿元，完成杭州市下达目标任务数（13亿元）的127.58%，同比增长33.43%。

表14　　**2015年建德市内资招商投资1亿元及以上项目**

项目名称（内容）	注册公司名称	产业	投资方单位名称	协议资金（万元）	实到资金（万元）
农夫山泉四期	农夫山泉（建德）新安江饮料有限公司	二产	农夫山泉股份有限公司	80000	11280
物流运输基地建设	杭州全程物流有限公司	三产	湖南省客商	10000	3800
年产防盗门10万套、防火门5万套项目	浙江省建德市振元实业有限公司	二产	广东翕源劲恺门业有限公司	10000	7175
年产100万吨建筑用砂岩矿建设项目	建德南方矿业有限公司	二产	浙江南方水泥有限公司	20000	9216
裕全贸易总部经济项目	建德裕全贸易有限公司	三产	湖南省客商	10000	13000
年产100万条安全轮胎项目	浙江龙速汽车科技有限公司	二产	四川省、江苏省客商	10000	4481
建德怡生堂医院建设项目	建德怡生堂医院有限公司	三产	海宁市客商	20000	2544
造纸胶项目	杭州龙驹合成材料有限公司	二产	富阳区客商	20000	3000
家禽、家畜自动化屠宰项目	建德市三弟兄农业开发有限公司	二产	河北省客商	20000	3448
1000MW太阳能非晶硅电池项目	杭州捷斯里实业有限公司	二产	苏州市、北京市客商	20000	5000

续表14

项目名称（内容）	项目名称（内容）	产业	投资方单位名称	协议资金（万元）	实到资金（万元）
养生养老项目	建德市德馨阁养老产业发展有限公司	三产	四川客商、杭州德馨阁投资管理发展有限公司	10000	8000
通用航空综合产业项目	北亚通航科技发展（杭州）有限公司	三产	北亚通航投资管理（北京）股份有限公司	15000	2000
太阳能光伏发电项目	建德晶科光伏发电有限公司	二产	海宁晶科电力有限公司	24600	27611
大同镇洞山矿区李家蓬矿段年产200万吨溶剂用石灰岩矿生产线项目	浙江安联矿业有限公司	二产	广州龙票机械贸易有限公司	41000	5551
林木、水果种植、销售，农林休闲观光服务项目	杭州天门农林发展有限公司	一产	桐乡市客商	10000	9000
年产60万立方米商品混凝土生产线项目	杭州新桐建材有限公司	二产	富阳区、兰溪市客商	12000	9969
30MWp农光互补太阳能发电项目	建德振发光伏发电有限公司	二产	无锡市机施工程有限公司	25000	2120
卓达高科技新型建材与住宅产业化项目	卓达新型建材科技集团杭州有限公司	二产	卓达新材料科技集团有限公司、卓达投资控股有限公司	500000	20000
小洋村无土栽培项目	浙江亿倡垣盛农业科技有限公司	一产	广东省、义乌市客商	10000	4900
投资管理、投资咨询项目	浙江庚隆投资管理有限公司	三产	温岭市客商	11000	5500
“快到网”项目	快到网	三产	“快到网”入驻企业	20000	2000
增资	浙江电联担保有限公司	三产	浙江电联集团有限公司	15000	1832
受托对企业资产进行管理项目	建德市中小企业金融服务中心有限公司	三产	杭州中小企业金融服务中心有限公司、杭州市下城区广信小额贷款股份有限公司、杭州客商	10000	2700
生产研发基地建设项目	杭州东方雨虹建筑材料有限公司	二产	北京东方雨虹防水技术股份有限公司	157800	5000
热电联产等技改项目	浙江新安化工集团股份有限公司	二产	传化集团有限公司、开化县国有资产经营有限公司	18831	3796

【区域经济合作】 2015年，与开化县林山乡詹村村开展“山海协作”工作，对该村基础设施建设等方面，落实“百村结对”到位资金25万元。做好“山海协作”工程和西部大开发等省市两级的财政贴息资金补助项目申报工作，新安化工获得省市两级共30万元的贴息补助；与重庆涪陵区江东街道、贵州省岑巩县开展“双对口”工作，对接帮扶项目，分别落实对口帮扶资金40万元、100万元。

【浙商创业创新】 市政府制定2015年重大浙商招商活动方案，以“请进来”“走出去”相结合的方式，大力推进浙商创业创新。全年举办水产业资源、存量资源、旅游资源等10余场专题招商推介活动，邀请人福医药、北京东方雨虹防水技术股份有限

公司、香港清华同方等知名企业，共接待考察客商 1200 余人次。（童 露）

外经外贸与服务外包

【概况】 2015 年，国际经济形势整体疲软，导致国际需求下降、价格下降，同时部分生产外迁，全市外贸出口压力较大，整个化工行业增长乏力，尤其是龙头企业新安化工价格下跌 35%，跌幅较大；五金工具、家纺、低压电器三大行业在龙头企业的支撑下基本保持平稳，五金工具和家纺略为下降，低压电器略有增长。为保障健康稳定的外贸出口发展，建德市通过出台政策、创新服务、完善平台等多举措并举，全力提升外贸企业出口竞争力，推动转型升级。全年新增浙江省出口名牌 1 个（浙江新化化工股份有限公司的“XAJ”），新增杭州市出口名牌 2 个（杭州凯特电器有限公司的“KMC”、杭州万家电器电缆有限公司的“WJ”）。

至年末，全市共有自营出口企业 583 家，其中新增备案登记企业 63 家，有自营进出口业绩的企业 319 家（年度新增 37 家），全市进出口总额 10.10 亿美元，同比增长 7.16%；其中出口 9.47 亿美元，同比增长 9.37%，完成 9.4 亿美元的目标任务；进口继续下降，总进口额 6252 万美元，同比下降 17.94%。

全年完成境外投资项目 3 个，投资总额为 2174 万美元，完成杭州市下达外经目标任务（1200 万美元）的 181.16%。

全市实现服务外包合同总额 3884 万美元，完成全年任务（3600 万美元）的 107.88%，离岸执行额 3433 万美元，完成全年任务（3200 万美元）的 107.28%。

表15　**2015 年建德市境外投资项目**

新设机构名称	所在地	国内投资者	投资额（万美元）
美国黑水能源有限公司	美国	浙江庚隆投资有限公司	1500
圣缔尔国际贸易有限公司	加拿大	杭州盛泰乳胶有限公司	30
新安集团（香港）有限公司	中国香港	浙江新安化工集团股份有限公司	644（增资）

【争取外贸扶持资金】 积极向中央、浙江省和杭州市争取各类外贸扶持资金共 750 万余元，对企业进口资源类产品、开拓国际市场、开展国际认证、出口名牌建设、扩大出口额等方面给予支持，惠及 100 余家企业。兑现建德市级 2013 年度外向型经济扶持资金 900 余万元。出台本地跨境电商扶持政策，配套扶持资金 600 万元，为进一步推进跨境电商提供政策资金支持。

【跨境电子商务】 市政府制定相关工作方案和出台扶持政策，成立跨境电商工作领导小组；组织专题培训 6 场，受训企业 500 余家次，全年共推动外贸企业上线 120 家，有线上出口实绩的企业 45 家，实现跨境电商出口 2531 万美元。加快建设建德浙西跨境电商产业园，成立跨境电商产业园管委会，并于 11 月 5 日挂牌营业，至年末园区入驻企业 22 家。同时积极推进海外仓建设，成功申报 1 个省级公共海外仓，并申报 2 个杭州市级公共海外仓。

【首创信保贷融资工具】 市商务局联合浙江中信保公司、市信用联社和担保公司开展四方合作推出信保贷政策措施，即基于出口信保保单给予投保企业一定额度的免反担保的融资贷款，融资模式简便，贷款利息较低，还款方式也较为灵活。通过手段的创新、政策的完善，为出口企业提供金融支持,缓解中小企业资金“贫血”问题。9月，首笔融资贷款发放到企业。至年末，累计发放贷款20余万美元。

【组织企业“走出去”】 8月，建德市组织招商考察组赴美、加进行招商和海外仓考察，并组织企业与海外华商就海外自主营销网络建设和海外仓建设进行对接洽谈，并达成部分合作意向，推进本市家纺产品自主品牌在南、北美市场的推广销售。9月，组织企业赴南非、中东市场进行对接洽谈，协助企业拓展新兴市场。

【出口信保工作】 与中信保公司联合制定全年合作方案，继续推广小微企业出口信保联保，举办小微企业现场服务会2次，开展相关培训。至年末投保企业192家，覆盖率达到60%以上；新增加买家资信调查服务数量至420个。帮助企业利用出口信保降低出口风险和损失，共帮助企业解决出口纠纷6起，挽回经济损失58万美元。

【出口市场与主要出口商品】 2015年，全市外贸出口市场有156个国家和地区，完成自营出口9.47亿美元,同比增长9.37%：其中亚洲市场2.74亿美元，占28.93%；北美市场2.76亿美元，占29.14%；欧洲市场2.03亿美元，占21.43%；拉丁美洲市场0.92亿美元，占9.71%；非洲市场0.7亿美元，占7.39%。主要出口商品为：化工产品3.67亿美元，占38.75%；家纺产品1.92亿美元，占20.27%；五金工具0.6亿美元，占6.4%；低压电器0.93亿美元，占9.82%。

表16　**2015年建德市参加各类展览（销）会情况**

项目	时间	展览会名称	参展企业（家次）	摊位数
参加内地及中国港澳特区、中国台湾地区展	2015.3	25届华交会	21	28
	2015.3	杭州户外用品家居展	3	13
	2015.4	台北汽配展	1	1
	2015.4	香港环球资源电子展（春）	8	13
	2015.4	香港礼品展	3	3
	2015.4	香港家居用品展	5	5
	2015.4	117届广交会	61	99
	2015.6	14届消博会	5	6
	2015.9	118届广交会	62	98
	2015.10	香港礼品展	1	1
	2015.10	环球资源香港电子展（秋）	6	7
	2015.10	香港Mega Show	3	3

续表16

项目	时间	展览会名称	参展企业（家次）	摊位数
参加境外展	2015.1	美国拉斯维加斯电子展	2	2
	2015.1	法兰克福家纺展	5	4.91
	2015.1	美国空调制冷展	1	1
	2015.2	巴黎国际面料展	1	1.3
	2015.2	法兰克福春季消费品展	3	2.94
	2015.3	奥兰多宠物展	1	2
	2015.3	科隆五金展	5	5
	2015.3	法兰克福卫浴展	1	4
	2015.3	圣保罗工业设备展	1	1
	2015.3	西班牙国际汽配展	1	1
	2015.3	印度医疗展	1	1
	2015.3	圣保罗电子展	1	1
	2015.4	日内瓦国际发明展	1	1
	2015.4	国际制药原料展	1	1
	2015.5	拉斯维加斯五金展	11	14
	2015.5	哈萨克斯坦汽配展	2	2
	2015.5	中国品牌波兰家居展	2	2
	2015.5	越南汽车摩托车制造展	1	1
	2015.6	中国品牌土耳其家居展	6	10
	2015.6	迪拜汽配展	3	3
	2015.6	德国国际化学工程展	1	1
	2015.6	东京机械展	1	0.5
	2015.8	拉斯维加斯夏季礼品展	2	2
	2015.8	美国国际医疗设备展	1	2
	2015.8	巴西农用化学品展	1	1
	2015.8	圣保罗国际家纺展	1	1
	2015.8	泰国国际制冷展	1	1
	2015.8	拉斯维加斯服装展	2	2
	2015.8	加拿大展	1	1

续表16

项目	时间	展览会名称	参展企业（家次）	摊位数
参加境外展	2015.8	莫斯科国际汽配展	1	1
	2015.8	德国欧洲自行车展	1	1
	2015.8	法兰克福秋季消费品展	1	1
	2015.8	德国国际户外用品展	3	10.66
	2015.9	南非中国家居品牌展	3	11
	2015.9	约旦中国家居品牌展	3	7
	2015.9	浙江出口商品大阪交易会	2	2
	2015.9	墨西哥五金展	1	1
	2015.9	慕尼黑烘焙展	1	1
	2015.9	巴黎国际面料展	1	1
	2015.9	南美家纺服装展	1	2
	2015.9	拉斯维加斯自行车展	1	2
	2015.9	中国–东盟贸易展	1	1
	2015.10	浙江出口商品伊斯坦布尔交易会	1	1
	2015.10	西班牙国际制药原料展	1	1
	2015.10	秘鲁国际建材展	1	1
	2015.10	美国高点家具展	2	3
	2015.10	日本大阪国际展	1	1
	2015.10	墨西哥自行车展	1	1
参加境外展	2015.10	科隆FSB体育展	1	1
	2015.11	拉斯维加斯汽配展	3	3
	2015.11	俄罗斯五金展	1	1
	2015.11	印尼包装塑胶展	1	1
	2015.11	东京国际家具展	1	1
	2015.12	孟买国际制药原料展	1	1
	2015.12	迪拜中国家居品牌展	1	1
	2015.12	印度中国工业品牌展	1	2

（蒋恺）

出入境检验检疫

【概况】 2015年，杭州出入境检验检疫局建德办事处（简称建德检验检疫办事处）以“促进辖区内的外贸进出口产业健康发展”为工作目标，创新监管手段，提升服务水平，全年共完成77家企业出口货物报检5999批次，出口货值1.24亿，其中抽检批次435批，出具货物检验检疫证书448份。新注册报检企业57家。为企业签发各类原产地证书2730份，直接减免关税453万美元。

【建立出口危化品联合监管机制】 天津发生“8·12”危化品仓库重大爆炸造成人员重大伤亡的事故后，建德检验检疫办事处联合市安监局、商务局等部门，制订建德地区出口危化品突发事件应急响应预案，并开展出口危化品检验监管突发事件应急处置演练。同时，在生产环节，实行全面监控，定期核查，在封装运输环节，重点核查，特别是对危险化学品包装，加强频次管理，杜绝泄漏。在通关环节，积极联合海事、海关等部门，对危险化学品进行联合查验。全年完成危险化学品出口230480件，总批次3897批，未发生出口危化品事故。

【出口竹木草制品企业检验监管模式改革】 以风险管理为核心，以企业建立和实施风险管理计划为基础，辖区内30余家出口竹木草制品企业联合建立风险监控体系，实现监管模式的改革：一是从“批批检”或“抽批捡”的商品检验模式，转变为针对企业竹木草制品风险体系进行评估与考核；二是从“一批一报告”出具结果检测，转变为生产过程中的检测和风险监控；三是从以往对特定产品的查验，转变为对企业质量安全风险管理计划进行监管。通过监管模式改革，竹木草制品的质量安全得以有效提升，激发企业的出口活力，降低企业的运营成本。

【落实企业原产地关税减免政策】 一方面加大力度宣传原产地关税减免政策，通过举办外贸形势座谈会、“外贸服务月”“走村入企”活动等多种活动，先后20余次主辖区内的镇（村）企业，通过开座谈、发册子、办展览、填问卷等方式，集中向企业积极宣传原产地的优惠政策。另一方面，引导具备产业互补性的企业，自发整合成互补产业链，促进辖区内的企业横向互动和协作。全年有轻纺、化工、低压电器等领域的12家企业自发整合成相关产业链。

同时，建德检验检疫办事处积极帮助辖区企业，简化原产地办理流程，实行24小时预约制度和网上无纸化申报制度，最大限度为企业节省各项开支。全年为辖区内企业签发各类原产地证书2730份，其中具备关税减免的原产地证书1850份，为企业直接减免离岸进口关税453万美元。

（陈焕斌）

成品石油营销

【概况】 2015年，中国石化销售有限公司浙江杭州建德石油支公司（以下简称建德石油支公司）以建设“高度负责任、高度受尊敬”石化企业为发展目标，积极维护建德市成品油市场稳定，保障石油能源供应；同时，严肃经营管理纪律，做好市场远景规划，为建德地方经济发展提供有力能源保障。全年共销售成品油11.98万吨，同比增长0.3万吨。全年非油品完成销售额1716.76万元，同比增长27%。IC卡充值额为3.92亿元，同比增长25.6%。

【安全管理建设】 2015年，建德支公司进一步加强安全管理队伍建设，提高管理人员业务技能，先后组织开展员工的现场安全管理、油品接卸取证培训、消防管理员和安全管理员换证培训工作，参加培训人员45人。各安全管理人员均取得由省安监局组织的安全生产管理资格证书和特殊岗位上岗证书。积极配合政府部门传递压力、明确责任。开展散装汽油销售管理系统和消防户籍化管理系统的日常运维录入工作，加油站日常安全管理工作体系得到完善。先后完成大慈岩镇檀村加油站超龄油罐更换、童家石油商店清罐测量壁厚工作，进一步降低超期服役的老旧油罐的安全隐患；加强加油站安保设备升级工作，新增梅城、安仁、杭石三都3处加油站的红外线报警器配设安装；6月，完成辖区内加油站油气回收设备的维护工程。建立加油站职业病危害管理体系，对辖区内所有汽油加油站进行员工工作业场所职业病危害因素检测，初步建立加油站安全标准化工作程序，并对各站标准化工作情况开展多次检查，有效提高油站安全标准化工作水平。

【成品油市场促销与管理】 因2015年度国际油价持续走低，成品油批发、零售差价不断拉大，系统外加油站参与市场强势竞争，全年成品油销售形势严峻。建德石油支公司按照上级公司部署，发动员工，迅速开展“多卖一吨油”、非油品抵扣券活动等促销活动，改善航头、杭千、官路、檀村、大同等加油站的柴油自助加油形式，有效促进加油站的柴油销售。全年建德石油支公司加油站共销售汽油5.21万吨、柴油5.05万吨，汽柴比例基本持平。在市场的日常管理上，稳妥行使政府行对市场监管职能进行宏观经济调控职能，确保境内成品油市场运行畅通，保证公平竞争和公平交易，维护企业和消费者的合法权益。全年成品油共调价19次，有效维护建德市成品油市场的稳定，为建德社会经济健康发展提供坚实的能源保障。

【营销网络建设】 2015年，全市共有成品油供应、销售网点25处，各乡镇、各主要路段均设网点，实现城乡网点合理覆盖。在加油站日常管理中，沿革落实支公司、分公司、省公司三级督查制度，每月对加油站实行督查考核，支公司经理、区域管理员每月必须到加油站2次；对在检查中发现的问题，予以录入企业管理系统并限时整改，逾期不改者，对加油站管理人员进行追责。11月下旬，年度新发展网点杭石徐店加油站（位于大洋镇徐店村下埂坞98号）通过竣工验收，正式营业。

对杭千高速南北加油站、檀村加油站先后进行油罐隐患整改、建筑物布局、外室面等改造，对于合（淤堨）、更楼、钦堂、安仁等站进行地坪维修，对焦山加油站实施“碧水蓝天”工程，总投资48万元。改造后各加油站点安全隐患进一步消除，同时提升加油站的品牌形象。（单卫明）

粮食购销与储备

【概况】 2015年，建德市商品粮购进总量29.08万吨，完成省政府下达的地方储备粮规模任务；全市地方储备粮油管理账物相符、账表相符、账账相符，库存粮油全部安全、宜存。年末，建德市获得杭州市粮食安全考核第一。

【粮食安全应急预案】 开展全社会粮油供需平衡调查工作，科学、及时地调查掌握本行政区域粮食需求、产需缺口情况，提出2015年全市粮食供需平衡计划；粮食、物价部门在全市共设立监测点20个，定期报送粮食市场供应和价格监测信息，掌握粮食购销、储备、价格和市场供应等情况。市粮食局与全市21个应急供应点、3个应急加工点、2个应急运输企业签订应急保障协议；出台《建德市粮食经营企业最低周转粮管理办法》，确定2015年储备任务1000吨。

【危旧仓老库维修】 2015年，建德市实施“危仓老库”维修改造项目，根据粮食收购需求、粮食产量、交通情况等实际，按照科学布局的原则，上报寿昌粮站、航头粮站、大同粮站、中心粮库4个维修库点。项目总改造资金142.9万元；其中争取中央、省财政补助资金32万元，至年底完成进度84%。

【梅城中心粮站迁建工程】 2015年，完成梅城中心粮站迁扩建工程项目前期工作，完成工程勘探及护坡测量。该项目用地面积约1.67公顷，规划建设一座仓容为1万吨以上规模现代化中心粮站，总建筑面积6261平方米。

【粮食收购】 6月，市粮食局、农业局、财政局联合出台《2015年建德市订单粮食政策及实施办法》，明确2015年生产的小麦（三等）最低收购价按国家定最低收购价每50千克119元，每50千克订单小麦奖励30元，早籼稻、中晚籼稻的最低收购价格分别为每50千克135元、138元，对签订订单的种粮大户、粮食生产专业合作社每交售50千克订单早籼稻、晚籼稻分别奖励30元、25元。对农户“订单”外的稻谷，市国有粮食收储有限公司按市场价敞开收购。

【储备粮油轮换】 2015年，建德市对存储到期的6732吨储备原粮（其中：早籼谷3584吨、晚籼谷3048吨）、100吨菜籽油通过浙江粮油交易网公开拍卖，300吨储备成品粮按季进行拍卖；对补库储备原粮1.49万吨（含用于储备成品粮加工补库的晚籼谷）、菜籽油100吨，除本市“订单粮食”外均通过浙江粮油交易网公开招标采购。

【军粮供应】 2015年，全市有军粮代供点2个。“八一”建军节前夕，组织相关部门开展慰问驻建人民子弟兵活动；根据驻建德部队需要，定期送粮上门，全年送粮上门19次，为部队供应大米51.3吨、面粉11.6吨；走访部队22人次，召开座谈会3次，赠送各类物品价值1.6万元，推进军地关系建设。（许雯婷）

烟草专卖

【概况】 2015年，建德市烟草局以“新常态、新活力、新成效”为工作目标，做足做好“稳、优、精、和”（即：经济运行“稳”健发展、专卖管理“优”化提升、基础建设“精”耕细作、队伍锤炼“和”谐共进）四篇文章，精心谋划烟草市场建设规划，强化员工业务技能，提高管理水平，确保全年经济运行平稳向好。全年建德烟草卷烟销量2万箱，同比减少0.14万箱；实现销售额8.75亿元，同比增长3.42%；实现利税2.2亿元，同比增长16.3%。本地区烟草市场价格稳定，为地方经济建设贡献自己的力量。

继续落实“烟草惠民工程”，通过建德市慈善总会、建德市红十字会先后捐助70余万元，用于建德市的春风行动、社区共建、农村结对帮扶、见义勇为基金、爱心助学基金等社会公益事业。

【业务营销】 根据建德市总数2707户零售客户的经营实际，以“品牌培育”和“终端建设”两项重点工作为依托，主动应对卷烟市场，充分挖掘现代终端建设成果，确保“提税顺价”工作实现平稳过渡，经济运行情况总体良好。“品牌培育”工作，以“积分管理”“能手竞赛”“共享成长”三项建设为载体，通过目标管理、过程管理、考核评估管理的阶段部署，不断激发队伍活力，做好行业重点品牌的培育、推广、上柜和销售工作。“终端建设”工作，以巩固现代终端建设成果，进一步提升终端建设质量，积极发挥现代终端在品牌宣传、库存监测、消费跟踪等方面的积极作用为目标，主要做好三方面内容：一是根据现代化终端的进退管理机制，结合零售客户意愿，择优发展标准化现代终端，进一步推进零售终端层级建设，发挥标准化现代终端的标杆引领作用；二是在维持好2014年年末现代化终端比例的基础上，有序发展网上配货客户，提升网上配货客户的数据采集准确率，确保卷烟销售数据采集准确率在98%以上；三是根据省、市烟草局（公司）的营销重点，推进普通现代终端——数据采集终端的发展，从选户、培训、操作指导到监督，把握好关键环节，保障零售数据采集质量达到98%以上。

【专卖管理】 结合建德市的地域特点，以“优化队伍素质提升机制、优化人员配置结构和优化市场监管格局”为工作主线，推进APCD工作法（即基于互联网条件，建立完善的卷烟市场信息采集、分类、分析和处理功能，为专卖工作的执法管理提供科学数据，明确职权分工、强化数据监督）和微信公众号的应用，引入精益思维开展“精益专卖”建设，积极探索专卖人员积分管理办法，以防范卷烟非法流通为突破口，围绕“打假破网、市场监管、内管监督、许可证管理和队伍建设”五项重点工作内容，卷烟市场规范有序。全年共查获涉烟违法案件56起，查获卷烟4096.8条，涉案金额113.7万元；其中：查获案值5万元以上案件10起，同比增长150%。各类涉烟违法案件均依法依规查办处理结案。卷烟市场净化率继续保持在100%。

【卷烟物流管理】 以“精益物流”为抓手，开源节流，降本增效，强化可控费用支出；细化完善班组化建设和作业流程，不断优化送货线路，提升物流运行效率、服务能力和专业化水平。全年共送货卷烟52266箱，送货13.5万户（次）。卷烟送货到户率和准确率均达100%，客户送货满意度达100%，服务态度客户投诉案例为零，送货破损率为零。 （周福良）

供销合作业

【概况】 2015年，建德市供销合作事业坚持以服务“三农”为宗旨，创新为农服务模式，积极推进农资经营服务网络建设，抓好供销社工作创新，突出“两区”建设、农产品流通服务、农村日用生活消费品服务等工作。全年全系统完成商品总购入5.1亿元，商品总销售5.6亿元，实现利润420万元。各项主要指标均完成年度计划。

【首创农资经营服务网络】 在积极做好本地农资经营服务的基础上，拓展省外异地农资服务网络建设。利用当地农资服务点资源，规范新建和改造异地服务网点，充分发挥建德市莓农服务中心的作用，为农户提供农资安全保障。全年先后完成新安江、下涯2家农资直营店建设，新建建德市新诺草莓专业合作社1家和杨村桥、寿昌等9个农资经营服务示范点；改造提升基层农资连锁服务店50家；新建建德市庄稼医院和杨村桥庄稼医院，改造提升马目庄稼医院，新建更楼街道黄泥墩、三都镇和村等15个庄稼医院服务点，有效扩大了经营和服务范围。至2015年年末，全市共有138家基层农资连锁服务店、15家庄稼医院、20个庄稼医院服务点。全年完成农资销售1.31亿元，同比猛增118%。其中化肥销售8410万元，约占农资销售的64%；农膜销售为802万元，约占6%；农药销售1126万元，约占

8.6%。供销系统农资经营实现总量供应、质量安全、价格稳定的目标要求。

【深化“两区”建设】 全年先后6次组织开展送农资和科技下乡，支持和服务“两区”（现代农业园区、粮食生产功能区）建设。加大有机肥应用和推广力度，全年共销售有机肥2530吨，推广应用有机肥1.26万吨，同比增长26%。全面推行专业化统防统治工作，推进绿色防控。

【农产品流通服务】 市供销总社积极组织产销对接，搭建农产品销售服务平台，全年开展对系统内各类农产品经纪人、专业大户和专业合作社负责人、业务骨干等进行业务培训12次，提高其市场经营销售、业务管理、技术等水平。全年为农民推销农产品达6.19亿元，同比增长77%。同时,对乡镇（街道）的农产品质量安全监管员、专业合作社负责人、农业标准化生产示范基地负责人，进行农产品质量安全管理与检测的培训，全年培训6次，共计370人次，确保全市农产品的安全，全年系统内企业、农户未发生农产品安全事故。

【农村日用生活消费品服务】 全市累计有42家供销便利店和农资连锁服务店进入村社区服务中心，服务的范围进一步延伸，共配送商品3036万元，丰富农村居民日用生活品的消费渠道。

【再生资源回收利用服务】 2015年，建德市再生资源回收利用有限公司新建梅城、寿昌、更楼3经营个再生资源回收服务网点，全市10个回收服务网点共实现产值4410万元。

【农村基层组织建设】 经营在领办的专业合作社和经营服务店积极创建基层分社，创新发展新型基层供销社和综合性服务组织，新建梅城、寿昌、乾潭、大同、李家、大洋、下涯、航头和杨村桥9家基层供销社，改造提升下涯基层分社、杨村桥基层分社2家基层分社。新建建德市航头甘蔗专业合作社、建德市春土苗木专业合作社、建德市高坪山核桃专业合作社3家农民专业合作社和新叶村等10家村级综合服务社，实现经营服务网络向基层延伸和完善。 （叶文婷）

编辑：黄建生

旅　游

Tourism

综　述

【概况】 2015年，建德市坚持“旅游兴市”战略，加快全域旅游规划编制，全力开展招商引资，推进重点旅游项目建设；落实包括“建德籍市民免费”等在内的多种举措，加大旅游品牌营销力度；开展对旅游市场的专题执法，强化行业监管；强化对旅游从业者特别是专职导游的资质培训，提高服务质量服，旅游业总体呈现有序平稳发展态势。全年接待游客751.1万人次，同比增长13.9%；实现旅游总收入59.6亿元，同比增长28.1%，超额完成年度目标任务。其中11家收费景点全年共接待游客107.54万人次，同比增长13.77%，实现营业收入6217.98万元，其中门票收入3963.64万元。

实施“建德市民非公假日免费游览国有景区”惠民政策，免费接待建德市民累计13万人次。开展建德市旅游资源、资产整合工作，先后完成虹鳟鱼场和严东关区块、姚坞区块、绿道沿线等东线旅游资产整合工作。江干 · 新安江旅游休闲特色街启动招商运营，至12月底，街区招商签约率达80%。中央电视台CCTV-4“远方的家”、CCTV-7“乡土”、浙江影视“爱情最闪耀”、浙江经视“悠游浙江”等栏目先后走进国有景区，对建德进行全方位宣传报道。

至年末，全市249家住宿业经营单位有房间5070间、床位数8685张（不包括农家乐床位数），其中星级宾馆房间620间、床位数1104张，占全行业总量的12.23%、12.71%。19家旅行社全年实现地接游客12.06万人次，增长4.51%。

【旅游市场秩序专项整治】 根据国家旅游局、省旅游局统一部署，以及杭州市旅委开展旅游市场秩序专项整治活动的要求，市旅游局、市场监管局、公安（交警、消防）、交通运输局（港航）、安监局、食品卫生安全监管部门多次联合开展对旅游企业、旅游市场的检查监督。全年开展涉及旅游广告、购物商场商标标识、低价组团、食品卫生、强迫消费、游乐场所设施安全、经营许可证未及时续证问题等各类检查12次，出动检查人员59余人次，共检查旅游企业61家（次），其中旅行社15家（次）、宾馆饭店16（次）、景点景区26家（次）、其他4家（次），并开展暗访2次，对涉嫌低价招揽游客行为的营业部和微信招揽游客的社会人员提出口头警告。全年督办、依法处理旅游投诉案52件，其中景区景点41起、宾馆3件、旅行社4件（其中1件理赔1000元），处理率、满意率均为100%。

【旅游市场促销活动】 2015年，创新新媒体营销方式，与新浪网展开互联网＋旅游营销战略合作，以“17度青春”为主题、“六个一”工程（一个核心卖点、一批人气明星、一群意见领袖、一轮话题炒作、一场引爆活动、一次借势营销）为策略，先后开展了致青春—2015中国C9高校建德新安江龙舟赛、正青春—“夏日冬泳”耐寒勇士挑战赛、2015新浪粉丝嘉年华暨首届17度建德新安江帐篷节等系列青春主题活动，引爆互联网热点，当红明星、旅游达人、新浪微博大V、媒体体验团纷纷助阵，“梦想不老，青春似水”—“17度青春”体全国同步推出，荣登全国热门话题榜第二，覆盖2.6亿网络用户，做到旅游宣传有空间、有阵势、有刺激，实现城市形象推广的聚合效应和放大效应。建德“17度青春”案例在第八届（中国·温州）网络旅游节暨2015“互联网＋旅游”创新大赛上获优胜奖。

利用微信等新媒体开展“我是建德人，我为建德代言”最美建德大学生网络评选活动，共吸引400余名建德籍省内大学生参与活动，总投票数达33.6万人次，官方微信公众平台粉丝数突破7万人。成功策划实施苏州建德旅游年活动、江干—下沙全民游建德、金华万人一起游建德等市场促销活动，提升“美丽江城 幸福建德”城市品牌。

【“17度青春”系列主题休闲旅游活动】 2015年，围绕17℃的江水，以“17度青春”为主题，“至清·智慧·致青春”，先后举办2015中国C9高校建德新安江龙舟赛（7月）、“夏日冬泳”耐寒勇士挑战赛（8月）、全国大学生帆船锦标赛（8月）、大学生航空航模比赛（8月）、2015新浪粉丝嘉年华暨首届17度建德新安江帐篷节（8月）等休闲旅游活动。7月～8月，建德城区各大宾馆周末客房爆满，常出现一房难求现象，非周末客房入住率也达到70%左右；部分星级宾馆散客比在70%以上，以家庭自驾出游为主的外地自驾散客明显增加。

【首届17度建德新安江帐篷节】 8月22日，在新安江举行2015新浪粉丝嘉年华暨首届17度建德新安江帐篷节开幕式。该活动分为魅影青春穿越篇、味蕾青春盛宴篇、17度青春礼赞篇、活力青春骑行篇、性感清纯时尚篇、歌舞青春翱翔篇、梦想青春大咖篇和完美青春印象篇等八大青春主题活动。当红明星、旅游达人、新浪微博大V、媒体体验团以及新浪粉丝近300人，亲身体验新叶古村、月亮岛、新安江水电站、绿道、七里扬帆等魅力。同时在主场地月亮岛，300名新浪粉丝一起躺在帐篷睡袋里与明星数星星。帐篷节推出“梦想不老，青春似水”的专属17度青春体。8月10日，在新浪微博的开启画面中得到独家展示后，清新秀丽的新安江景加上一抹动人的渔家灯火，让无数网友留下深刻印象。蒋欣、后弦、江映蓉、李子峰等明星及9位建德草根版“17度青春体”全国同步推出，当周即荣登全国热门话题榜第二。17度建德新安江帐篷节消息覆盖用户2.6亿户。

【景区对建德市民免费开放】 2月，2015年建德市政府为民办实事十大项目之一的“建德市民免门票游国有景区”正式施行。建德市市民凭身份证等有效证件，可免费进入国有景区游览。至年末，灵栖洞等5大国有景区共接待免费市民18.3万人次，其中灵栖洞接待5.7万人次、大慈岩接待3.8万人次、新叶古村接待4万人次，免费游景区成为市民周末休闲度假的新时尚，同时也带动景区周边乡村旅游及“农家乐”。

【行业服务培训】 3月30日～4月3日，市风景旅游局组织部门、乡镇的旅游工作分管领导50人，赴浙江省旅游职业学院参加旅游服务管理培训，培训重点内容为：围绕“打造建德全域旅游、特色旅游经济”主题，如何进一步深化改革、整合资源、集中优势、积聚力量，实现建德旅游事业协调可持续发展。6月8日～11日，全市旅行社、宾馆饭店、景区景点、乡村旅游点等负责人共48人，赴浙江省旅游职业学院参加旅游行业经理人培训班，并实地考察体验德清县莫干山镇庾村文化市集、安吉“大年初一”风情小镇以及高家塘景区，在旅游资源开发、旅游产品设计、产品营销、形象推广、经营管理进行系统培训，提升全市旅游行业经营管理人员的观念和素质，促进旅游产业结构调整和转型升级，加快落实建德市全域旅游发展战略。

【行业监管和旅游执法】 4月，市政府召开全市第二季度安全生产工作会议，市风景旅游局与37家企业签订《2015年度旅游企业消防安全目标管理责任书》，对旅游安全生产责任进行分界落实。组建旅游行业消防联防中队，开展安全隐患排查工作。同时，继续实施季度安全例会制度，每月20日为“隐患排查日”，对旅游行业的安全生产、平安创建、禁毒、反恐反邪教等工作进行落实和督察。

全年开展各类安全生产应急演练5次；组织与市场监管局、安监局、港航处、消防等部门组成联合检查小组，开展节前联合检查，检查防汛防台防雷、设施设备等各类检查18次，对发现的隐患提出整改要求并督促整改到位。4月，市旅游局、市安监局对情人谷景区野外拓展项目安全问题开展检查，并下达“暂停经营”现场处理决定书；8月，召集情人谷景区管理方建德中房旅业发展有限公司和拓展项目经营者，对该野外拓展项目撤出景区事宜协商调解；9月底，双方达成相关协议后完成清场。

【导游队伍建设】 2月～3月底，组织开展2014年度导游员（共有324人，其中专职148人，社会导游176人）年审在线培训，通过培训学习达到学分并通过考核的，经网上申报、审核通过后，办理导游IC卡清卡手续，完成年审的导游员共290人，完成率达89.5%。导游员按等级分，高级4人，中级12人，其余为初级；按语种分，英语9人，其余为普通话。

开展导游大赛专题培训。9月，邀请浙江旅游职业学院教授和旅游专业人员，对参加2015杭州市第四届金牌导游大赛6名选手进行有针对性的培训和演练，在10月28日、29日大赛中，朱丹萍取得金牌导游称号，周卫芬、石泉取得优秀导游称号。（何美华）

【智慧旅游建设】 强化基础WiFi网络建设，推动江滨公园及双江特色街等沿江游人密集区WiFi免费覆盖；开展“秀图片 晒攻略”建德人免费游建德深入宣传活动，丰富以游客为中心的咨询服务体系及旅游攻略网站建设；进一步加强以“17度建德新安江”微信服务号、官方微博、建德微旅网等为主体的自媒体平台建设。依托“天地图·建德”，建成全市旅游信息系统，使游客在地图上主动掌握全市旅游资源分布及线路规划。进一步扩大在线旅游业务份额。发展农村淘宝、建德果蔬乐园、建德旅游天猫旗舰店等平台。“支付宝+县域服务”全国首家试点落户建德，市民及游客一机在手即可实现特色餐饮、景点订票等服务。建设智慧旅游体验馆，使之具有旅游咨询、免费WiFi、3D照片打印、手机充电等延伸服务，游客通过扫一扫幕墙的二维码，即可体验吃住行游购娱等旅游要素的O2O连接。

【多家电视台栏目组走进建德国有景区】 中央电视台CCTV-4《远方的家》、CCTV-7《乡土》、浙江影视《爱情最闪耀》、浙江经视《悠游浙江》等栏目先后走进国有景区，对建德进行了全方位宣传报道。4月17日～21日，《远方的家》、《江河万里行》剧组拍摄三都渔村、新安江水电站、新叶、绿道及七里扬帆景区行走纪录片；5月12

日～15日,《乡土》剧组拍摄三都渔村、玉泉寺、新叶及七里扬帆景区乡土文化；6月24日～26日，爱情最闪耀以相亲形式拍摄灵栖洞、新叶古村。8月22日～23日,《悠游天下》剧组拍摄新叶、大慈岩、七里扬帆及绿道景区宣传片。（顾伟梁）

旅游投资

【重启七里泷、新安江景区详细规划编制】 5月，市政府委托浙江省城乡规划设计研究院和中国美术学院风景建筑设计研究院，重新启动搁置多年的《七里泷景区详细规划》《新安江景区详细规划》编制工作。根据规划，建德市风景名胜区共划分为千岛湖新安江大坝景区、新安江景区、严东关景区、七里泷景区、灵栖景区、大慈岩—新叶景区6个，景区详细规划在“两江一湖”风景区分区规划成果的基础上，进一步明确各景区内地块的用地性质，以及容积率、绿地率、建筑密度等各项指标，控制景区开发强度，保护风景名胜资源，并为今后景区内建设项目选址审批提供依据。

【编制“大新叶”景区规划】 上半年，市旅游局以公开招标的方式，委托“远见”旅游发展机构编制《“大新叶”旅游区总体规划及重要节点详细规划》。该规划以新叶古村为核心，辐射李村、上吴方等周边村落，形成古村落集群，明确各村落功能定位，充分利用现有乡村旅游资源，进一步挖掘历史文化内涵，开发旅游互动项目，并考虑与大慈岩景区联动发展，完善整体基础配套设施，提升景区内涵，带动里叶、双泉十里荷花景区的发展。（孙元峥）

【获得杭州市第二本温泉采矿证】 12月24日，经国土资源部批准，省国土资源厅向旅投公司颁发了“寿昌镇桂花村2#、5#井地热矿资源采矿许可证”。从1986年5月勘察出地热异常，历经多次勘察、论证，耗时30年。该两处井地热水可作为优质的理疗、洗浴地热水加以开发利用，分别达到浙江省温泉资源A级和AA级命名标准。此为浙江省颁发的第十本温泉采矿证，也是杭州市继湍口温泉后的第2本温泉采矿证，实现建德市温泉采矿证零的突破。

【“乌石滩主题酒店项目”落地】 8月3日，市旅游投资公司与开元旅业集团就乌石滩主题酒店项目正式签约，并委托省规划设计院编制项目前期选址论证报告。9月30日，签署补充协议。12月10日，建德开元芳草地酒店有限公司注册成立；12月18日，3000万元注册资金全部到位。该项目计划总投资2亿元，建筑面积3.67公顷，租赁用地（含林地和水塘）10.3公顷。计划新增建筑面积约2.1万平方米，包括配套住宿248间，以1层和2层度假排屋为主，辅以少量船屋。增设综合配套服务中心1座，里面包括大堂、餐厅、休闲娱乐和茶馆等设施。

【江干 · 新安江旅游休闲特色街启动招商运营】 6月5日，位于新安江主城区东入城口的江干 · 新安江旅游休闲特色街举行街区揭牌仪式。该项目为杭州市城乡统筹区市协作重点项目，也是杭州市首个集旅游集散、观光休憩、休闲娱乐、住宿购物、运动健身于一体的大型旅游综合体，核心街区长500余米。12月25日，举行圣诞狂欢夜商家试营业活动，吸引50余家商户前往对接洽谈。至年底，街区与商户签订意向书及协议达招商面积的80%。（章 磊）

编辑:黄建生

交 通
Traffic

综 述

【概况】 2015年，建德市交通运输局围绕“攻项目、深服务、提效能”目标，推进各项工作。全年完成交通建设投资11.46亿元，为年度计划的169.4%。320国道东南两个入城口段6.52千米路面大中修工程建成通车，23省道隧道工程通过交通运输部五年一次的国省道公路设施检测。客运中心投入营运，启用2座公交首末站、5对港湾式停靠站。对100辆出租车实施“一企一色”改造，打造机动车维修行业“绿色维修”“阳光维修进社区”等服务品牌建设。开展“黑车”“超限超载”整治行动，全年查处违法超限运输车512辆、“黑车”45辆。对新安江主城区夜游船实施现场实时监管，推进100吨以下货运船舶退出运输市场的拆解政府补贴工作。

【强化安全管理】 以落实安全生产主体责任、加强监管和排查隐患为重点，开展“企业安全生产标准化达标”“公路安全生命防护工程”等多项活动。规范企业安全管理制度，全年完成14家普货企业和18家一、二类维修企业的安全生产标准化达标工作。完成“两客一危”(“两客一危”：旅游包车、三类以上班线客车，运输危险化学品、烟花爆竹、民用爆炸物品专用车）车辆的GPS卫星定位仪安装及联网联控工作，落实专人对重点车辆进行视频监控，促进行业安全、平稳、有序。

【农村公路改造提升62千米】 “改造提升农村公路，积极发展公共交通”是2015年浙江省十方面民生实事之一。交通部门在全省范围内启动农村公路改造提升工作，其重点是将原有四级及以下乡村公路进行拓宽、局部改造、设施完善，提高公路通行和安全保障能力。建德2015年计划实施农村公路提升等级项目39个，建设里程60千米。至年末，共投资2476万元对41条村道公路从原路面3.5米～4米宽度，拓宽成5米～6米，完工里程61.9千米；投资242.8万元，对其中的36.8千米道路增设钢质护栏板1830米，及交通安全标志、反光镜等设施，惠及12个乡镇（街道）41个行政村，提高了农村公路安全通行保障能力。

重点工程建设

【安钦线改建工程建成通车】 安仁至钦堂公路改建工程项目起点为杭新景高速安仁连接线终点处（桩号K0+000），路线经后坞线安仁桥接安钦线，沿老路改建，经安仁、下施后，在施家村下穿杭新景高速公路经石碣、郭家后，至亭子桥与徐七线（K23+702）相接，终点桩号K3+524.39，全长3.52千米。按二级公路标准建设，设计速度60千米/小时，项目总投资5386万元。该工程于2014年8月28日开工建设，2015年11月份完成主体工程，2015年12月中旬建成通车。

【杭新景高速大二期建德段建设完成】 杭新景高速公路大二期工程位于“杭州至瑞丽”和“上海至昆明”两条国家高速公路之间，工程起于寿昌镇，与杭新景高速公路相连，终点为开化县白沙关，与江西省景婺常（黄）高速公路相接，全长128.5千米。其中建德段全长23.45千米，起点于寿昌镇卜家蓬村，终点为李家镇三溪村，穿越4个镇14个行政村。工程概算投资15.46亿元，双向四车道，按一级公路标准建设，路基宽26米，设计时速为100千米/小时。境内在八亩丘、大同各设一处互通，其中八亩丘枢纽为分道枢纽，大同互通主要实现与23省道相连接。全线有大中小桥33座、2052.3米，隧道3座、4563米。2013年4月26日开工，2015年11月底完工，2015年12月25日通过交工验收，省交通工程质量监督管理局派员参与了交工验收的全过程，于12月28日完成交工验收的备案工作。

表17 **杭新景（寿昌至李家段）工程基本信息**

一	工程地点及主要控制点	项目起点于寿昌镇卜家蓬村，终点位于李家镇三溪村，全长23.453千米，全线有大中小桥33座2052.3米（其中大桥958.5米/6座、中小桥1093.8米/27座）；涵洞3778.21米/113道。东皇庙左隧道长1069米、右隧道长1045米，中间设车行横通道，隧道净高5米、宽10.75米、行车道宽2×3.75米
二	建设依据	国发改基础〔2010〕2583号、交公路发〔2011〕477号、水保函〔2008〕227号、环审〔2008〕337号、国土资函〔2012〕1031号、林资许准〔2012〕022号、浙交复〔2012〕9号、浙交复〔2014〕38号、交通部颁发的有关公路技术标准、规范、规程等
三	技术标准与主要指标	该项目技术标准采用交通部颁发的《公路工程技术标准》及《公路路线设计规范》中的高速公路技术标准进行设计建设，双向四车道，设计时速为每小时100千米，整体式路基宽26米，分离式路基宽13米，路面宽22.5千米，行车道宽2×7.5千米、中央分隔宽2千米，硬路肩2×3.0千米、土路肩2×0.75千米，大中小桥及涵洞设计洪水频率：1/100，荷载等级为公路—1级，桥涵与路基同宽。境内在八亩丘设分道互通、大同互通与23省道相连接
四	工程建设主要内容	主要工程量为路基挖方209.14万立方米，填方262.82万立方米，防护工程2.53万立方米，沥青砼路面62.28万立方米，水泥砼路面0.6万立方米；收费设施、管理设施各一处，停车区二处；路侧波形护栏47001米、中央分隔带波形护栏40540米，砼护栏5332.7米，隔离栅44885米；标志130套、标线3.7万平方米，双向隧道3座4563米（单向2280米），枢纽式立体交叉1处，互通式立体交叉1处
五	征用土地数	141.97公顷、拆迁房屋174栋41500平方米
六	开、交工日期	2013年4月26日开工，2015年11月30日完工12月25日通过交工验收
七	批准概算	15.46亿元

（陈有富）

公路养护与管理

【概况】 2015年，全市新增村道13.67千米，公路总里程达到1949.38千米，公路密度达82.46千米/百平方千米。其中，国道117.21千米（包括高速公路23.45千米）、省道151.07千米、县道439.63千米、乡道206.04千米、村道1035.43千米。按技术等级分，高速公路107.12千米、一级公路93.70千米、二级公路157.14千米、三级公路208.37千米、四级公路754.40千米、准四级公路619.51千米、等外公路9.14千米。公路桥梁652座、38863.83延米（其中高速201座、21509.96延米），公路隧道44座、22615.15延米（其中高速33座、18406延米）。

完成320国道建德段2015年路面大中修工程，总长6.52千米；完成320国道迎“国检”追加计划部分，全长4.75千米。完成330国道建德段2015年路面大中修工程，项目全长单幅计9.41千米。完成白章线、溪石线、麻旱线、寿李线、杨长线等10条县道大中修工程，实施里程28.5千米，总投资2300万元。

及时修复水毁公路，全年完成坍方清理1.50万立方米，完成坑洞修补6.03万平方米，公路修复率100%。清理国省道、县道边沟620千米，清理抛洒物5.68万平方米。对遮挡标志标牌及影响行车视线的行道树进行多次修枝，同时完成绿化治虫约15万平方米。

实施农村公路安保工程41条,其中县道1条、乡道1条、村道39条，总里程107.14千米，概算投资707.3万元，安装钢质护栏31240米。

结合“五水共治”工作，全年出动养护人员1500余人次,拖拉机230余台班,对市境内国省道、县道的620千米边沟进行了全面清理，清运边沟垃圾5860立方米，清理路肩堆积物和建筑垃圾9550立方米；增设涵洞2处、18米，边坡治理3.18万平方米；修复国省道干线公路4000延米的1800余立方米破损边沟、3000立方米破损挡墙。完成320国道东站农贸市场沿线边沟的整治；投入13.5万元修复县道溪胡线边沟260立方米、路肩硬化730平方米；投入90万元完成县道下北线1座盖板涵的及1800余立方米路基防护挡土墙的修复。

【建德干线公路通过“国检”】“十二五”全国干线公路养护管理检查为五年一次，检查内容由路况检查和管理规范化检查两部分组成。10月31日，320国道与干线公路平交口（杭千高速新安江出口）、303省道建淳线安保工程通过交通运输部检查组规范化检查验收。11月3日，交通运输部检查组通过路况检测车对建德市境内330国道及320国道K370+615—K387+224（航头加油站至320国道会泽里段）路段进行不间断全程扫描检测，通过现

◎ 320国道大中修（何育雄 摄）

场采集路面数据，并比对国家公路建设、养护的标准进行信息化数据考核。最终，浙江省取得“十二五”全国干线公路养护管理检查综合评分全国第六的成绩，浙江省交通运输厅获“十二五”干线公路养护管理工作先进单位的称号。

【完成国道建德段路面大中修21千米】320国道建德段2015年路面大中修工程，总长6.52千米，具体桩号为K344+300–K348+400（新安江高速路口至新安江加油站段）和K354+100–K356+520（桥南立交桥至新安物流红绿灯段），概算投资3838万元。该项目于6月5日完成招标，6月24日进场施工，8月19日完工。320国道迎“国检”追加计划部分（320国道K366+000–K368+500下行段，K368+500–K372+000全幅），项目全长4.75千米，其中一级公路3.38千米，二级加宽段1.37千米，预算1082万元。该项目6月16日完成施工图审查，9月15日开工，10月20日完成路面主体工程。

330国道建德段2015年路面大中修工程，项目全长单幅计9.41千米，批复预算1509万元。6月29日完成招标，7月14日开工，8月27日完工。

【道路隐患点整治】2015年，建德市公路安全隐患点整治工程总投资147万元。7月，完成320国道于合村段与305省道富衢线的连接线安全隐患整治；8月，完成严州中学新安江校区跨320国道人行天桥险情整治；12月中旬，完成大罗线降下垄段（K4+200–K4+350）、三将线石塘埠段（K17+380–K17+520）截弯取直主体工程。

（胡锡军）

路政执法与管理

【概况】2015年，市公路路政管理大队负责市境内913.95千米国省道、县乡道路政管理工作，依法保护路产路权和维护公路安全畅通。年末，有在岗执法人员25人、协管员13人，下辖四个队、一个科（新安江中队、杨村桥中队、寿昌中队、治超中队、安全法制科）。新安江中队、杨村桥中队，寿昌中队主要负责各自管辖范围内的公路安全巡查，治超中队主要负责制止和查处违法超限运输行为。2015年实施路政行政许可8项，处理行政处罚案件516件，查处违法超限运输货运车辆512辆(次)，配合做好“无违建公路创建”、公路边“三化”及“两路两侧”整治，有效维护公路路产路权和安全畅通。

【实施重大行政许可6件】2015年共受理重大行政许可案件6件：杨村桥镇政府申请在老杨梅公路用地林木更新、砍伐许可；建德市城市建设发展投资公司申请在西朱公路上增设平面交叉道口许可；长途客运车站的一号通道桥穿越320国道工程许可；建德体育馆地下通道穿越320国道工程许可；建德市水务公司在303省道公路用地范围内架设、埋设管线等设施许可；一江春水公寓增设公路平面交叉道口许可。

【创建“无违建公路”】2015年，市境内2条国道、3条省道、35条县道、37条乡道全部列为“无违建公路”创建范围。全年整治公路边违建点位56处、1212平方米。除2处缴纳有偿使用金、1处（23省道扩建征迁时一并拆除）暂缓拆除外，国省道点位在9月底前完成整治，县乡道路点位在10月份完成整治。12月初，会同市“三改一拆”办对全市各乡镇（街道）拆除点位整治情况进行验收。年底，全部国省道、县乡道公路均被市“无违建市”创建办命名为“无违建道路”。

【公路边“三化”及“两路两侧”整治】开展公路边“三化”及“两路两侧”整治（公路边“三化”：指公路边洁化、绿化、美化，“两路两侧”：

公路和铁路左右两侧）全年排查市境内6条国省道及全部县乡道公路涉及的违法建筑、污水、企业工棚，以及畜禽养殖棚、绿化差、脏乱差、房屋景观差等方面内容的公路路域环境点位数423处。由交通公路部门实施整治的88处点位于9月底全部完成，其中，整治脏乱差点位39处3420立方米、拆除广告牌30处175平方米、清除墙体广告2处65平方米、整治边沟问题13处435立方米、拆除1处违章建筑10平方米、补植3处绿化缺失600平方米。10月底前，配合完成省政协督查整改点位50处。12月中旬，会同市“四边三化”现场办，对全市各乡镇、街道点位整治情况进行验收。

【整治车辆超限超载与非法改装】 全年市交通局联合交警、运政等部门开展治超行动11次，7月至9月，配合杭州市路政支队开展治超“风暴”专项整治行动，全年累计查处违法超限运输车辆512辆，卸载509辆14602.38吨。从12月15日开始，在市治超办的牵头下，路政大队联合交警、运管、城管等部门开展车辆超限超载和非法改装整治行动，在重要路段设置卡口，进行24小时不间断检查。通过整治，当地运输的货车拦板高度从1.6米降至1米，货车超限率从70%降低到30%。

【完善与增设道路标志标线】 投入经费324万元，完善与增设市境内国省道标志、标线。更换警告禁令标志牌版面36块，修复43块，增设164套；更换指路标志牌版面10块，修复3块，增设4套；更换指示标志牌版面39套，修复16块，增设56套；更换“12328”告知牌51块；更换桥梁双限标志牌254套。漆画标线3.88万平方米。设指向高速公路信息标志牌12处，增设橡胶减速垄1400余米。 （黎国华）

【推进收费公路“阳光收费”】 320国道新安江收费管理所以交通运输部“十二五”全国干线公路养护管理检查为契机，推进“阳光收费”和星级收费站创建，严格做到“应征不漏、应免不征”，全年收取车辆通行费1117万元。年通行车流量606万辆次，日均流量1.66万辆次。全年免费通行“鲜活农产品”绿色通道车辆10415辆次，免费金额20.95万元；四个重大节假日七座以下小型客车免费通行35.73万辆（次），免费金额535.95万元。全年办理符合条件的免费车辆通行证4982件。 （陈有富）

道路运输管理

【概况】 2015年末，全市有道路客运企业13家，客车589辆，1.73万客位，经营里程1.72万千米。其中，三类以上班线车辆94辆，3246座位，经营线路78条，146个班次；农村客运班线62条，营运班车254辆，6338座；旅游专车56辆，2585座；城区公交65辆，3968座；机动车12辆，478座；出租车100辆，500座。

全年完成客运量1228万人次，旅客周转量65184万人千米。有危险化学品运输企业17家，车辆414辆（含194挂），6483吨位；普通货运企业38家，车辆486辆（挂车84辆），吨位7489吨，全年完成货运量1577万吨，货物周转量217450万吨千米；个体运输747家，车辆1193辆，吨位1.47万吨。有各类机动车维修企业370余家，其中一、二类机动车维修企业59家。机动车驾培机构8家（其中摩托车培训机构1家），教练员278人，各类型教练车243辆，其中小型教练车238辆、大货教练车4辆、大客教练车1辆，电动训练仪4辆，模拟驾驶器31台，摩托车教练车10辆。训练场地9.56公顷。全年学驾报名人数1.02万人，同比下降1.8%。有车辆综合性能检测站1家、机动车配件经营户备案41家、汽车租赁经营备案登记27家。全年办理行政处罚案件329件，采取行政强制措施72起，罚没款88.07万元，未发生行政复议、行政诉讼案件。

整理编纂《运政执法常用法律法规汇编》，强化法制宣传提升执法手段。启用新的行政处罚系统，实现行政处罚案件网上审批、线上流转、实时指导，提升执法手段。开展机动车维修技术人员职业资格理论培训、实操考试工作，有117人参加培训考试并取得职业资格证书，其中初级工30人、中级工28人、高级工59人；7月中旬开展有214人参加的机动车维修技术人员从业资格培训，通过考试，有197人取得交通部门核发的从业资格证。

开展洗车行业排污整治，共检查新安江城区洗车业户34家，重点检查洗车行的排水、排污情况。经检查，符合排水、排污工作要求的业户13家、要求限期整改业户10家。至年底，全部整改完成。

【完成农村客运改造】 1月22日，根据《建德市新一轮农村客运经营权改造配置实施方案》和相关法规，进行农村客运班线经营权服务质量招投标。专家组依据资格预审评分细则对各标的申请人申请文件进行评分。第一标的新安江长运巴士有限公司得分90.50分，第二标的和通客运有限公司得分79.80分，第三标的腾飞客运有限公司得分89.80分，第四标的新叶明古屋客运有限公司得分79.50分，第五标的春风客运有限公司得分79.90分。五家单位均超过资格预审评分细则的60分。经公示无异议后，作出同意行政许可的决定，并签订客运经营权使用合同。经营期限自2015年2月1日至2021年1月31日止，签约班线共69条。其中新安江长运巴士有限公司经营25条线路、建德市腾飞客运有限公司经营8条线路、建德市和通客运有限公司经营17条线路、建德市新叶明古屋有限公司经营9条线路、建德市春风客运有限公司经营10条线路。

【完善城市公共交通】 3月底，府前路公交首末站投入使用。6月和8月，分两期新增10辆公交车投入运营。9月底，完成新安东路公交港湾式停靠站改造。10月下旬，延伸1路公交经东站后过洋安大桥、洋安新城区块、洋溪大桥至长途客运中心，畅通城区、洋安新城、客运中心的交通衔接。加密主干线公交发车班次，倡导低碳交通，提高市民选择公交方式出行的吸引力。把杭州市“工人先锋号”的1路公交线路，作为建德市的“文明示范线”进行营运，实现全市公共汽车行业规范营运、文明服务的提升。

【出租车及公交车经营权续营】 9月底，全市100辆出租车全部更新完毕，并按照“一企一色”要求区分，提升出租汽车乘车环境。建德市2010年、2011年投放的65辆为期5年的出租车经营权，分别于2015年12月、2016年1月及2016年12月期满。依据相关法律法规，结合建德实际，制订续营方案，对65辆出租车经营权分2批次进行续营。其中,第一批41辆续营5年，自2016年1月1日始至2020年12月31日止。第二批24辆将于2016年12月底完成经营权到期出租车辆续营许可工作，实现出租车行业经营权平稳过渡。

落实新一轮公交经营权续营，对新安江长运公司公共交通中心的公共汽车客运经营者服务质量进行评价考核，并确认合格后，批准同意其公共汽车客运线路经营权期限延期的申请，经营权使用期限为4年，自2015年10月1日起至2019年9月30日止。

【省级重点监管企业联合整改】 根据浙江省道路运输管理局《关于公布2015年省级重点安全监管企业名单的通知》（浙运[2015]7号），市运管处和市公安局交警大队成立联合监管办公室，对违章率、违法率排名全省第一的建德市好伙伴运输有限公司进行企业安全隐患整改监督，督促企业从安全生产管理制度、安全工作职责、车辆管理、人员管理等全方位查找存在的问题与不足，研究制定行车事故、交通违法和运输违章的预防措施，实施整改。至2015年年底，该企业违法、违章率明显下降。

【维修驾培行业监管】 邀请维修行业协会，共同开展“严查严控”专项整治、维修驾培行业百日专项整治、安全隐患排查整治等工作。先后检查维修企业110余家，对符合开业条件的告知并督促其办理道路运输经营许可证；对不符合要求的，责令其立即停止违法经营行为。全年发放停止违法行为通知书61份，其中涉嫌无证维修经营41家、超范围维修经营20家。落实7所驾培机构“规范教学、文明服务”专项检查活动，开展“文明出行、礼让斑马线”活动倡议，并与每名在职教练员签订承诺书。对驾培单位发放安全隐患排查整改通知书9份，查处驾培类违法违章行为18起，其中教练员私自收取培训费用1起、教学期间离岗教学16起。（张 莺）

水路运输管理

【概况】 2015年，杭州市港航管理局建德管理处(浙江省建德市地方海事处)按照“安全、畅通、满意”的工作要求，围绕“平安港航、法治港航、智慧港航、绿色港航、满意港航”五大港航建设，推进各项重点工作。航区全年发生小事故等级水上交通事故3起，直接经济损失99.5万元，未发生重特大水上交通事故，无死亡或受伤人员，安全形势基本稳定。

年末，辖区在册营运客旅船舶41艘，1212客位，运力与上年下降17 %；在册营运普通货船191艘，27319载重吨，船舶数量减少37艘，运力下降23. 6 %。全年完成货运量42.63万吨，货物周转量5326.70万吨千米，港口吞吐量31.8万吨，分别下降44.4 %、增长14.4%、下降83.2%；完成客运量13.14万人次，旅客周转量292.19万人千米，分别增长19.6%、35.6%。

发布实施《关于进一步加强水上交通安全管理工作的通知》，对安监、公安、交通、水利、旅商、体育、城管、气象及乡镇等部门单位的水上安全监管主体责任进行明确。加强三江流域水上水下活动安全监管和许可制度，全年完成水上体育比赛、水上施工许可13起，达到近年的最高峰。完成“C9高校龙舟赛”“新安江夏日冬泳”“首届中国大学生帆船锦标赛”等一系列大型水上体育比赛活动的安全监管工作。推进水上休闲娱乐禁航区、及姚坞、杨村桥两块水上休闲娱乐水域的划定,促进辖区水上旅游发展。积极应对台风“灿鸿”“杜鹃”影响，强化安全预警、电子巡航和应急救援，成功救助遇险船舶1艘次。全年发布安全预警44次,惠及船员和船舶2847人(艘)次。

全年共出动海巡艇154艘次，490人次，巡航里程6753千米，检查船舶897艘次，完成船舶安检102艘次，船舶检验189艘次。共实施静态监管1143艘次，动态监管8215艘次。实施船舶诚信扣分42艘次，计1282分。在非现场执法工作中，利用动态监管系统查处船舶违章行为，实现辖区该类型非现场执法案件零的突破。组织召开重大行政处罚集体讨论会，集体讨论通过6起重大行政处罚；率先在系统制作行政强制措施执法案卷，全年组织实施6起行政强制，果断处置相关违法行为。实施行政处罚43起，其中重大行政处罚6起、行政强制措施执法案件7起，一般程序30起、简易程序13起，海事案件38起、港政案件4起、航政案件1起，共计处罚19.49万元。

以船舶垃圾上岸、垃圾去向跟踪检查为重点，全年共完成船舶防污染专项检查209艘次，回收船舶垃圾2918艘次、4594.5千克。组织开展辖区船舶及所用油品摸底调查，完成航区274艘船舶污染源排放清单。梅城、大洋两处油污接收装置投入使用，规范了船舶油污水回收工作。

【推进水上工程建设】 按照三年航道疏浚工程计划，做好航区疏浚项目局部扫尾整改工程的监管，督促疏浚工程联合体于2月10日停止施工作业，4月初组织第二、三标段评审会，通过竣工验收，全面完成建德航区三年航道疏浚工程。做好三都锚泊区现场管理工作，年底，三都锚泊区水工码头部分完成交工质量评定，陆地管理用房部分进场施工，累计完成投资1100万元。十里埠综合作业区完成项目规划选址、水土保持方案、环评、土地预审、社会稳定风险评估、防洪影响评价和工可批复等前期工作。

【"三江"航道码头治理】 开展非法装卸作业点专项治理，先后查处下塘、千鹤和三都水域3个违章装卸作业点，对非法装卸的运输船予以严厉处罚，并书面建议市安委会组织并督促有关乡镇等部门对非法装卸作业点予以取缔。开展桥涵标隐患专项排查，督促业主落实辖区6座桥梁桥涵标隐患的整改工作，优化通航环境。加强通航水域涉航事项日常管理，强化对三都锚泊区和"三江两岸"乾潭段绿道跨江廊桥工程项目日常现场监管，对乾潭胥江水域皮划艇漂流影响航道通航环境的行为及时予以制止和劝离。查处富春江航段松三线支线航道内涉嫌擅自占用岸线设置码头设施等违章行为。

【专项破解主城区管理难点】 加强对主城区3家客旅企业的规范管理，专题探索并细化主城区航段船舶监管方法，规范能见度不良状况及夜航条件下船舶航行行为，对航行水域、航行循环方向、船舶调头区域、追越船型分类等进行明确，促进长效管理。完善主城区远程视频监控布局，新增3个视频监控点，以信息化手段增强安全监管效率。通过对夜游高峰期现场实时监管，开展主城区快艇夜航专项整治，对金龙快艇公司6起违章行为给予行政处罚6000元、责令停业整顿14天的措施。对新安江主城区段江面长期遗留，难以解决的30艘无证小型船（浮动设施）进行上岸集中拆解，优化主城区水域通航环境。

【推进船舶拆解政府补贴】 起草和实施《建德航区船舶拆解政府补贴实施方案》，做好补贴政策的宣传和引导工作。全年受理船舶拆解126艘（其中100总吨以下的有86艘），完成拆解的83艘。实施交通部内河船型标准化补贴工作，对符合该政策条件的32艘船舶逐一告知和督促，全年受

◎ 三都锚泊区（黄瑜 摄）

理申请26艘，其中补贴资金申领到位8艘。

（范益黔　黄　瑜）

铁路

【概况】 金（华）千（岛湖）铁路支线建德境内K45+800（与兰溪市分界）～K78+500（与淳安县分界），全长32.7千米，分别设有排塘、寿昌、更楼、新安江、朱家埠、千岛湖6个火车站，均隶属金华车务段管理，按技术性质均属中间站，按业务性质均属客货运站，新安江火车站核定为三等站，其他站均为四等站。2013年5月30日根据上级货运体制改革方案，成立新安江经营部，隶属金华货运中心管理，承担各车站的货物运输业务。各火车站设有货运列车股道2～4条，受理全国各货运营业站的货物到发业务，其中更楼站、寿昌站设有卸煤轨道吊各1台，新安江站办理罐车（化工原材料及燃油）接卸业务。2015年，新安江火车站日均办理货物列车21对，更楼站、寿昌站、排塘站各15对，朱家埠、千岛湖站各12对。年末，6个火车站共有正式职工108人。

【安全和运输】 境内6个火车站坚持"安全第一，预防为主"方针，开展"安全大检查及打非治违专项整治""接发列车安全整治"主题教育活动，不断增强职工安全意识。开展"调车安全专项整治""学标、对标、达标"活动，加强班组建设。实施推广6S（清理、整理、清洁、保持、素养、安全）现场管理，不断提升职工业务技能，使安全生产有序可控、稳定发展。进一步加强内部挖潜，优化运输组织，更好地满足各有关单位的进出货需求，各站确保运输安全持续稳定。2015年6个火车站货物到发量共计184.89万吨（其中货物发送137.8万吨、同比上升17%，货物到达47.09万吨，同比下降9.7%）；运输收入共计1.67亿元，与2014年基本持平。

表18　**2015年建德境内火车站基本情况表**

站名 / 情况 / 项目	排塘站	寿昌站	更楼站	新安江站	朱家埠站	千岛湖站
站　长 党支部书记	陈志平	蒋建平	王含谦	金锦健　俞杭生	陶献成	陈建军（1-3月） 徐雁忠（4-12月）
下设部门	行车	行车、货运、装卸	行车、货运、装卸	行车、货运、装卸	行车、货运、装卸	行车、货运、装卸
职工人数	10人	18人	20人	25人	15人	20人
所处位置	大慈岩镇	寿昌镇	更　楼	新安江	朱家埠	岭　后
中心里程	K46+100	K53+781	K62+224	K67+343	K71+550	K77+199

续表18

站名/情况/项目	排塘站	寿昌站	更楼站	新安江站	朱家埠站	千岛湖站
主要设施与营业范围	设有接发列车股道2条，仅办理列车交会	设有接发列车股道2条，货物线1条，装卸作业线2条计910米，专用线2条计10628米,受理全国各货运站的货物到发业务。2015年发送货物1.8万吨，到达货物6.7万吨，运输收入132.57万元	设有接发列车股道2条，专用线2条，受理全国各货运站货物到发业务，办理专用线罐车（化工）接卸业务。2015年发送货物24.5万吨，到达货物16.1万吨,运输收入1343.54万元	设有客运列车股道2条，有货物列车股道4条，装卸作业线6条，计1649米，专用线3条计746米，受理全国各货运站的货物到发业务，办理罐车（化工、石油）接卸业务。2015年发送货物2.0万吨，到达货物19.0万吨，运输收入981.79万元	设有接发列车股道2条，专用线2条计1771米，受理全国各货运站的货物到发业务。2015年发送货物55.3万吨，到达货物5.09万吨，运输收入8385.93万元	设有客运列车股道2条，有货物列车股道4条，装卸作业线8条计2533米，专用线1条计175米；受理全国各货运站的货物到发业务。2015年发送货物54.2万吨，到达货物0.2万吨，运输收入5775.05万元
服务范围		承担寿昌地区各企事业单位的原料、产品到发业务，并辐射大同、李家、大慈岩等镇。	承担巨化石矿、三狮水泥厂、更楼化工厂、大洋化工厂等单位货物运输业务	承担建德境内各厂矿企业事业单位的原料、产品到发业务，并辐射淳安、桐庐等县	承担浙江千岛湖养生堂饮用水有限公司、新安江电厂的原料、产品到发运输业务	承担浙江千岛湖养生堂饮用水有限公司、建德、淳安各厂矿、企事业单位的货物到发业务
2015年年底安全天数	12197天	9519天	7776天	8020天	12522天	9680天

（金锦健）

编辑: 郑志良

城乡建设与管理

Urban and Rural Construction & Management

城乡规划

【概况】2015年，建德市成立城乡规划委员会，推进“大规划”管理。完成《建德市市域总规评估》《城东片区发展思路规划研究》《建德市公共交通专项规划》《建德市城南片区三产服务业规划》《建德市棚户区（旧住宅区、城中区、工矿区）改造规划》《建德市“十三五”住房保障规划》《建德市城镇危旧（危险）住宅改造专项规划》《建德市控制性详细规划汇编》等规划编制工作；完成农夫山泉四期建设项目、洋溪街道C-15-2地块（怡生堂医院）等17个项目的选址论证工作；完成《三都镇总体规划》《下涯镇总体规划》等规划的前期技术审查工作。完成新安东路环境景观综合整治方案思路研究、府前路麻园地块改造方案规划前期研究、旧城有机更新研究等市重点区域及项目的前期规划研究工作，提出前期规划思路。

【启用地理信息公共服务平台】完成规划管理系统和规划“一张图”系统建设，并投入试用，实现审批流程数字化、数据管理集中化。完成数字建德地理空间框架项目建设，完成1:2000 3D数据生产和规划管理、地下管线、“数字城管”、旅游信息等项目的应用示范。该平台依托数字建德地理信息公共服务平台政务版、数字建德地理信息公共服务平台公众版暨“天地图·建德”以及内部局域网，为政府部门、企事业单位和社会公众提供多样化的地理信息服务。

【完成地理国情普查】2013年12月，根据浙江省人民政府《关于在全省开展第一次地理国情普查的通知》（浙政办发〔2013〕38号文件）要求，开展地理国情普查工作。2015年，完成城市建成区、绿地率、绿化覆盖率的普查等省情普查任务以及开展市情普查，完成普查内业数据整理等工作，并出具普查成果。2015年12月，该项目通过省测绘局、杭州市规划局组织的专家组验收，实现了2000建德坐标系在建德市范围的统一，打破垄断，实现公平竞争，成为杭州地区第一个率先探索实践的县（市、区）。

【村庄规划实现全覆盖】全市232个行政村，有207个村庄完成规划编制并获市政府批复，剩余控规范围内20个行政村，以及5个位于农村住房改造搬迁范围内或整村搬迁的行政村不编制村庄规划。

城乡建设

【概况】 2015年，桥东城市客厅综合体：完成桥东区块国有土地上房屋协议签订并腾空拆除工作，建成宫里路、洋富潭四期安置房建设，新安大厦、汇金大厦、聚龙大厦等总部经济大楼全部建成投入使用，实验小学建成投入使用。桥南新城完成白沙社区小塘坞安置房项目建设，车辆检测中心项目完成建设并投入使用。

全年新增公交车辆10辆并投入使用，完成道路建设5千米，完成地下空间开发11.2万平方米，新开工地下空间7.1万平方米，配套建设地下停车位1900个，新增公共停车位235个，新增公共自行车500余辆。实施环城北路拱新路改建工程，完成新建路口至罗桐埠段改建工程，道路总长680米，完成年度投资2015万元。东入城口横穿320国道地下通道项目完成明挖段支护施工，完成年度投资额1100万元。

【桥东城市客厅综合体建设】 2015年，完成国有土地上房屋协议签订并腾空拆除工作，15家企事业单位全部完成搬迁，所涉违法建筑全部拆除，剩余集体土地房屋有5户未签约，拆迁工作进入扫尾阶段。建成宫里路、洋富潭四期安置房近6万平方米，推进花坞、茅山岗三期等安置房建设。区块内的2-2、2-3、2-4、2-6、2-8、2-9、2-10、2-12、2-16等9宗地共18.9顷出让，全年完成投资1.8亿元。新安大厦、汇金大厦、聚龙大厦等总部经济大楼全部建成投入使用，绿城春江明月、香溢新安花园、巴萨星城等房地产开发项目全部完成主体结项、上市销售，绿城商业综合体开工建设，实验小学建成投入使用、幼儿园基本建成。

【桥南新城开发建设】 桥南新城完成李家坞安置房项目16200平方米安置房及配套室外、挡墙、边坡治理等附属工程建设，完成53户拆迁户安置工作。完成白沙社区小塘坞安置房项目4200平方米安置房及配套工程建设，完成车辆检测中心项目建设并投入使用，完成3.2千米污水管网改造。完成园区中路道路建设，完成姚公塘地块2公顷土地平整，以及其中1公顷土地出让。

【多举措推进交通治堵】 2015年，完成府前路首末站并投入使用。全年新增公交车辆10辆并投入使用，完成5对港湾式公交停靠站改造工程，确定2条完善调整公交线路方案，确定城区1路、2路公交路线作为运速提高重点线路。完成5千米道路建设，完成政法路口、明珠路口拥堵点治理改造，完成地下空间开发11.2万平米，新开工地下空间7.1万平米，配套建设地下停车位1900个。完成程周坞老小区生态停车坪、新安江广场地下停车场、紫金家园西侧停车场项目，累计完成公共停车位235个。完成东入城口大转盘、市第一人民医院、

◎新安江桥东区块

新安江集贸市场周边交通综合治理。完成新安江农贸市场周边区域循环交通组织，围合范围拱新路、严东关路、保健路、环城北路。确定新安东路作为治堵严管示范区，完成明珠路治理改造工程。

在建德城区实现公共自行车零的突破，第一期投入公共自行车500余辆。建立浙江政务网支付宝交通事故处理平台。

【环城北路拱新路改建工程】 该工程是集“五水共治”“交通治堵”和城市景观改造为一体的重点民生工程，西起罗桐埠，东至拱新路农贸市场，全长1.59千米。工程包括路面、自来水管网、供电线路改建，工程施工为期两年（2015年—2016年），整体概算7400万元。建设单位为建德市住房和城乡建设局，施工单位为建德市同欣建筑工程有限公司，监理单位为浙江求实工程咨询监理有限公司。2015年完成新建路口至罗桐埠段改建工程，道路总长680米，完成年度投资2015万元元。

【东入城口横穿320国道地下通道项目】 该工程为建德市首个地下人行通道项目。项目选址位于新安江体育馆至金色阳光房产项目之间，横穿320国道，整个地下通道呈“U”字型布置，全长122.36米，投资总概算2800万元。建设单位为建德市住房和城乡建设局，施工单位为杭州市市政工程集团有限公司，监理单位为浙江天成项目管理有限公司。至年末，完成明挖段支护施工，完成年度投资额1100万。

【村镇基础设施配套建设】 2015年，全市村镇基础设施配套共投入资金5.27亿元，其中供水9535万元、燃气1400万元、道路及桥梁8010万元、排水2.42亿元（其中污水处理2.16亿元）、园林绿化2138万元、环境卫生3784万元（其中垃圾处理3137万元）。全市村镇道路总长1297.71千米，桥梁124座；绿化覆盖314.85公顷，绿地167.86公顷，公园绿地25.97公顷。有生活垃圾中转站14座，环卫专用车66辆，年清运生活垃圾5.73万吨，年处理生活垃圾5.55万吨。

【农村困难群众住房救助】 2015年完成310户农村困难群众住房救助。其中，低保户225户，残保户66户，因灾倒房户15户，困难救助证持证户4户。改造方式为：新建184户、置换36户、修缮90户，救助总面积2.63万平方米，受益总人口820人。补助资金718万元，其中中央资金232.5万元、杭州市级资金77.5万元、建德市级补助300万元、乡镇补助108万元。

行业管理服务

【概况】 全年发放规划“一书两证”320本、出具规划意见单256件、设计条件62件，出台《建德市建设项目规划审批事中事后监督管理实施办法（试行）》。出台《建德市促进房地产市场健康稳定发展实施细则》，完成房地产总投资24.12亿元，全市商品房累计成交36.28万平方米，收缴维修基金1364.33万元，收缴保修金1029.54万元，启用建德市第一笔保修金，组建市物业管理中心，制订出台《建德市物业服务考核评分标准（试行）》，并完成第一次物业企业考核。

完成建筑业总产值29.33亿元，上缴税收1.13亿元，完成招投标项目295个，合计造价12.45亿元，梅城垃圾填埋场项目获中国市政金奖、“钱江杯”优质工程。拆除安装肇事损坏路灯34起（杆），修复更换光源4917盏，修复更换电缆3000余米，清理疏通维修雨污水管道管沟16746米，新增绿化总面积10.01万平方米，提升改造绿化面积3.68万平方米。

编制完成《建德市城镇棚户区和城市危房改造及配套基础设施建设等三年计划及实施方案》，全年实际完成征地数512.8公顷，完成拆迁868户、企业14家。完成府前路东侧麻园地块和新安江铁路货场所东侧地块的房屋征收项目。出台《关于规范基础测绘和各专项测绘的通知》，在杭州地区率先采用统一的建德2000坐标系，全年预、实测绘总面积110万多平方米。

【规划管理】 全年发放规划“一书两证”320本（建设用地规划许可证165本、建设工程规划许可证112本、建设项目规划选址意见书43本），出具规划意见单256件、设计条件62件，为12家企业通过“绿色通道”程序办证，合计建筑面积7.79万平方米。打造具有建德特色的杭派民居示范点，推进大洋镇横坑湖区块、乾潭镇安仁区块及胥江区块3个杭派民居示范点建设；打造“美丽宜居”示范村，将三都镇三江口村确定为2015年省级美丽宜居示范村。出台《建德市建设项目规划审批事中事后监督管理实施办法（试行）》，增加对建设项目正负零零检测及底层和顶层高度检测两个监管环节，对新安江、洋溪、更楼3个街道的59个在建项目进行清查，并将新审批项目全面纳入批后监管。

【房地产业及物业管理】 2015年，全市共有房地产开发企业43家，其中三级资质7家、四级资质9家。出台《建德市促进房地产市场健康稳定发展实施细则》，加大保障性住房货币化工作推进力度，采取政府补贴优惠措施促进新建商品房销售库存去化。全年核准商品房预售面积32.94万平方米，比上年下降28.3%。其中，新增住宅面积24.26万平方米，下降35.3%；新增住宅2088套，下降33.9%。完成房地产总投资24.12亿元，下降13.1%。全市商品房累计成交36.28万平方米，增长62.5%；成交合同金额29.16亿元，增长50.5%，下降7.4%。存量房成交25.48万平方米，增长22.5%，成交合同金额14.22亿元，增长22.1%。商品预（销）售备案4070件，建筑面积36.28万平方米；二手房交易2348件，建筑面积25.48万平方米，共核发所有权证22572本。收缴维修基金1364.33万元，历年累计收缴维修基金1亿元，拨付维修基金97.26万元；收缴保修金1029.54万元，历年累计收缴保修金4343.94万元。启用建德市第一笔保修金，共拨付保修金10万元。

2015年6月，组建市物业管理中心，制订出台《建德市物业服务考核评分标准（试行）》，抽查物业企业11家，对其中存在问题的6家企业要求限期整改，并将考核结果与企业资质挂钩。

【建筑业管理】 新受理监督工程81个，总建筑面积73万平方米；竣工验收并出具监督报告项目74个，总计面积82万平方米。施工总承包企业36家（一级1家、二级11家、三级24家），全年完成建筑业总产值29.33亿元，同比增长12.7%；上缴税收1.13亿元，同比增长16.88%。完成外出建筑安装产值5.77亿元，同比增长22.0%。完成招投标项目295个，合计造价12.45亿元。推进建筑施工质量安全标准化建设，由浙江钜元承建的梅城垃圾填埋场项目获中国市政金奖、“钱江杯”优质工程。市建筑业管理处获全国优秀建设工程质量监督站称号。

【市政设施管理】 全年受理城市道路挖掘等市政审批8件，路灯应急抢修36次，拆除安装肇事损坏路灯34起（杆），修复更换光源4917盏，修复更换电缆3000余米。修补人行道彩砖2849平方米、路面1.39万平方米，清理疏通维修雨污水管道管沟16.75千米，清理雨污水窨井水箅1756只，更换水箅47套，更换窨井44套，更换窨井盖114块。新增绿化总面积10.01万平方米，总投资2231万元；提升改造总面积3.68万平方米，总造价318万元。

【房屋征收管理】 9月，编制完成《建德市城镇棚户区和城市危房改造及配套基础设施建设等三年计划及实施方案》。开展重点（重大）项目征地拆迁“清零”百日攻坚专项行动，全年实际完成征地数512.8公顷，完成拆迁868户、企业14家。推进府前路东侧麻园地块和新安江铁路货场所东侧地块的房屋征收，征收户签约率100%。其中，府前路东侧麻园地块房屋征收项目在半年时间内实现100%确权、100%评估、100%签约，创下建德市征收速度之最。

【供气管理】 2015年，全市液化气消费量7253吨、天然气消费量987.5万立方米。投资1920万元，埋设天然气中低压管道约45千米。推进新安江老旧小区管道燃气埋设安装，管网覆盖3300余户，实际安装点火使用2400余户。开展安全生产大检查、安全隐患大排查等专项整治行动，检查燃气企业、供应站（服务部）290站（次），下达整改通知书35份，消除安全隐患43处（起）。开展无证经营点执法查处活动，查扣违法经营钢瓶145只，对5名无证违法经营者、2名行业内违规经营者进行行政拘留。创新推出用户安全使用保险，全市17万余只自有产权钢瓶投保用户使用安全责任保险，解决发生燃气事故后的赔偿（补偿）纠纷。

【测绘管理】 11月，出台《关于规范基础测绘和各专项测绘的通知》，在杭州地区率先采用统一的建德2000坐标系，实现测绘成果坐标系共享。全年预、实测绘总面积110万多平方米，完成70个验放样项目、30个土石方测量项目、13个地质勘查项目、393幢竣工图测绘项目。完成大慈岩镇李叶村、双泉村等12个行政村，共5966户、总测绘面积134万平方米农房的外业测绘、内业在地形图上形成丘地号及数据入库工作。

（陈卫东）

供　电

【概况】 2015年，建德市供电公司坚持“抓队伍、抓管理、争进位”的工作思路，完成固定资产投资1.54亿元；投产35千伏及以上线路40.37千米，变电容量11.5万千伏安；完成销售电量19.80亿千瓦时；综合线损率2.4%；资产总额8.91亿元，增长17.2%；电网综合电压合格率99.7%。首次获得全国“安康杯”优胜单位，第五次被建德市委、市政府授予“满意单位”称号。

是年，建德电网区域共有220千伏变电所3座，变电容量93.00万千伏安。110千伏变电所11座，变电容量102.15万千伏安；35千伏变电所8座，变电容量20.20万千伏安。10千伏公用配变2401台，容量65.02万千伏安。110千伏线路19条，257.97千米；35千伏线路20条，196.21千米；10千伏线路129条，2322.60千米；低压线路2858千米。另有用户产权110千伏变电所4座，变电容量14.80万千伏安。35千伏变电所12座，变电容量20.885万千伏安；6~10千伏用户专变2163台，容量76.78万千伏安。

【连续安全日达4483天】 推行生产员工安全积分制，不断强化“大安全”理念渗透和安全行为养成。加强本质安全管理，统筹推进各类安全隐患排查整治活动。深化电网应急管理，完成变电站“一站一策”预案编制，成功举办建德、淳安、桐庐三地联合应急救援协同演练。推进配网精益管理，规范10千伏线路柱上开关保护投退，完成配网设备规范化命名，集中治理中低压废弃杆线985根，精品台区、线路建设初显成效。前移安全风险管控关口，全面应用现场作业人员IC卡管理，持续强化现场安全稽查，安全生产形势保持平稳。公司连续安全日达到4483天，保持历史最高纪录。

【电网建设全面提速】 首次召开全市最高规格电网建设工作会议，形成加快电网发展就是加快建德发展共识。市政府出台《关于加快推进全市电网建设的若干意见》等文件，成立由建德市市长挂帅的电网建设领导机构，35千伏以上电网项目全部纳入政府年度重点工程，并由市领导领衔全程督办。启动实施电网建设改造“三年行动计划”，完成“十三五”电网规划和电力设施布局规划编制；完成220千伏严州变、110千伏大同变、杨村桥变等8项输变电工程选址选线、可行性研究、核准、初设等前期工作；首座自行建设管理的智能化变电站——110千伏更楼变建成投运，35千伏南三、南洋输电线路投产，110千伏马目输变电工程开工建设。

【开展营销管理深化年活动】 4月开始，开展高危化工用户、出租房安全用电等专项检查，供用电合同规范、超容用电整治和反窃电工作成效明显。实施业扩报装提质提速，推行“一证受理”和“一岗制”，高压业扩平均时限大幅缩减。做好政府重点项目和新能源并网等服务，推动乌龙山抽水蓄能项目进展，同步实施马南园区的电力配套工程建设，杭州地区首个中型地面光伏电站——晶科光伏发电项目顺利并网。推进电力普遍服务，新增电力村邮站布点16个，开展“互联网＋电力营销”智能互动服务体系建设，完成迎峰度夏电力供应保障工作。 （李心孔）

供排水

【概况】 2015年，建德市水务有限公司供水量2337.27万立方米，取水量（地表淡水）2407.62万立方米。实现售水工业总产值2870万元，销售产值2217万元。污水处理总量1035万立方米，城市污水处理率88.2%，实收污水处理费891.5万元。

【成立杭州建德自来水有限公司和杭州建德污水处理有限公司】 12月，建德市政府与杭州市城投集团公司战略合作，引入杭州市城投集团公司旗下大型国有独资企业——杭州市水务控股集团有限公司资本。该公司以现金1.5亿元、市水务有限公司以实物资产9652万元入股，分别组建成立杭州建德自来水有限公司和杭州建德污水处理有限公司。杭州方与建德方在两家新公司中的股份分别为62.98%、37.02%和57.9%、42.1%。12月25日，杭州建德自来水有限公司和杭州建德污水处理有限公司揭牌成立。市长童定干和杭州城投集团公司总经理章维明为两家公司揭牌，市委书记戴建平和杭州市城投集团公司董事长冯国明在揭牌仪式上讲话。

◎12月25日，杭州建德自来水有限公司、杭州建德污水处理有限公司举行揭牌仪式
（朱永标 摄）

【成立乡镇污水处理厂统一运维中心】 7月，市水务有限公司牵头成立全市乡镇污水处理厂统一运维中心，创新乡镇污水厂运维管理模式。至年末，莲花镇、乾潭镇、大同镇、大慈岩镇、寿昌镇、梅城镇、李家镇、大洋镇污水处理厂全部移交市水务有限公司进行统一运行管理。至年末，接收的8家污水处理厂出水水质在正常情况下均稳定达标排放，各厂资料整理、维修整改、自控系统的优化等相关工作逐步完善。

【居民生活用水实行阶梯水价】 根据浙江省、杭州市“五水共治”工作要求，建德市自2014年12月31日起执行阶梯水价。阶梯水价的实施范围为建德市水务有限公司供水区域内所有“一户一表、抄表到户”的居民用户。阶梯分档水量按年度用水量为计算周期，将居民家庭全年用水量划分为3档，水价分档梯增。第一阶梯用水量为300立方米（含）以下，供水价格为每立方米1.22元；第二阶梯用水量在300~420立方米（含）之间，供水价格为每立方米1.83元；第三阶梯用水量为420立方米以上，供水价格为每立方米3.66元。未实行“一户一表”的合表居民用户和执行居民生活用水价格的非居民用户，供水价格为每立方米1.25元。对城乡“低保户”家庭采取每户每月减免用水量6立方米的补贴措施。

【乾潭镇饮水工程主供水管线贯通】 乾潭镇饮水工程是建德市域中心城镇供水工程的延伸部分，工程总投资1.07亿元，建设内容包括DN800至DN300各型主供水管道约32.5千米，10000吨、5000吨、3000吨水池各1座，以及其他配套工程。该工程主供水管道起于杨村桥镇绪塘村东线给水加压泵站，终于钦堂乡政府门口，主要沿320国道、后坞线、安钦线、钦大线等公路两侧埋设。9月22日，主供水管线全线安装贯通。同月，3座水池通过工程验收。

【城东污水处理厂二期及配套管网工程】 建德市城东污水处理厂二期估算总投资为1.16亿元，由世界银行提供贷款项目。工程建设地位于下涯镇溪上（城东污水处理厂东南侧），主要功能是

表19 建德市水务有限公司城市供水到户价格情况

<table>
<tr><th colspan="3" rowspan="2">用水类别</th><th rowspan="2">供水价格（元）</th><th colspan="3">污水处理费（元）</th><th colspan="3">到户价格（元）</th></tr>
<tr><th>新安江</th><th>寿昌</th><th>梅城</th><th>新安江</th><th>寿昌</th><th>梅城</th></tr>
<tr><td rowspan="4">居民生活用水</td><td rowspan="3">户年用水量（立方米）</td><td>0～300（含）</td><td>1.22</td><td>0.4</td><td>—</td><td>0.2</td><td>1.62</td><td>1.22</td><td>1.42</td></tr>
<tr><td>300～420（含）</td><td>1.83</td><td>0.4</td><td>—</td><td>0.2</td><td>2.23</td><td>1.83</td><td>2.03</td></tr>
<tr><td>420以上（含）</td><td>3.66</td><td>0.4</td><td>—</td><td>0.2</td><td>4.06</td><td>3.66</td><td>3.86</td></tr>
<tr><td colspan="2">非“一户一表”抄表到户的居民用户、居民合表用户和执行居民生活用水价格的非居民用户</td><td>1.25</td><td>0.4</td><td>—</td><td>0.2</td><td>1.65</td><td>1.25</td><td>1.45</td></tr>
<tr><td>非经营性用水</td><td colspan="2">—</td><td>1.35</td><td>1.5</td><td>—</td><td>0.4</td><td>2.85</td><td>1.35</td><td>1.75</td></tr>
<tr><td>经营性用水</td><td colspan="2">—</td><td>1.50</td><td>1.60</td><td>—</td><td>0.5</td><td>3.10</td><td>1.50</td><td>2.00</td></tr>
<tr><td>特种行业用水</td><td colspan="2">—</td><td>2.00</td><td>2.00</td><td>—</td><td>0.5</td><td>4.00</td><td>2.00</td><td>2.50</td></tr>
</table>

收集处理新安江街道和洋溪街道的污水，污水处理能力为1.9万吨/日。至年末，0.45万吨/日洋安泵站土建与设备安装调试及出水压力管建设完工，决算审计价为705.78万元，支付工程款646.31万元，世行报账72.19万美元；主城区至城东污水处理厂污水主干管二期工程埋设安装完工，决算审计价为871.23万元，支付工程款737.89万元，世行报账85.89万美元；城东污水处理厂二期厂区土建工程结束，工程款支付2099.45万元，世行报账345.96万美元；城东污水处理厂二期厂区设备安装完工，工程款支付1184.54万元，世行报账180.98万美元。

【农村饮水提升工程】 2015年，市水务有限公司子公司——建德市新水建设有限公司负责施工安装的农村饮水安全工程，共有7个项目，涉及新安江、更楼、洋溪3个街道，梅城、杨村桥、下涯、寿昌4个乡镇的15个村。至年末，7个工程项目全部完工。工程造价4114万元，工程资金由市财政局直接拨付给项目实施单位。该批农村饮水安全工程所建设的管道统一纳入市水务有限公司自来水管网，引入新安江自来水。

（蒋 磊）

城市管理

【概况】 2015年，建德市城市管理工作以打造一支“敢于担当、忠于职守、贴心服务、群众满意”的城管队伍、建立长效管理机制为抓手，弘扬拆违治水精神，主动适应新常态，拉高管理标杆，创新管理方式，不断提高城市管理水平。全年，共立案查处各类案件3910件；受理各类举报投诉987件，办结反馈率100%，满意率98.8%；受理各类行政审批事项2009件，办结率100%；办理“两代表一委员”提案建议32件。

【向“智慧城管”升级】 数字城管中心按照杭州地区目标考核要求，不断优化工作流程，完善部件和事件立结案规范，出台《2015年建德市数字城管目标考核办法》，把寿昌镇、大同镇、梅城镇、乾潭镇四个中心镇与杭州市考核全面捆绑，增强市、镇两级协同平台功能，提高疑难推诿案件处置能力。发挥数字城管在“三改一拆”“五水共治”“两美创建”“抗台防汛”等工作中的特殊作用，加大对非法张贴涂写、占道经营、垃圾满溢、公共设施破损、疑似新建违法建筑、污水设施堵塞等问题采集力度，对消防安全隐患、城市雕塑、沿街立面脏缺损、山体滑坡、低洼积水、门牌缺失、亮灯工程等15项民生问题进行专项普查与整改。全年共立案交办问题8.14万件，问题解决率100%，及时解决率99.9%，考核成绩位列杭州市考核小组第一，连续三年获得“浙江省智慧（数字）城管先进集体”称号。

【城区“排涝水”管理】 2015年，新安江环卫所按照《2014-2016年五水共治“排涝水”三年行动方案》和《2015年城市防汛排涝工作实施方案》，完成辖区范围排水（雨水）防涝规划编制和内涝风险评估工作；对主城区和各乡镇（街道）排涝水资金使用情况进行收集编排整合，实施“排涝水台账信息化管理”，开展实战演练，确保排涝年度工作任务保质保量完成。完成新安江街道东入城口由东往西车行道两侧排水沟、桥南立交桥西侧路口、金山湾、田坞等处积水改造。全年共投入资金30万元，按照“六不放过”（防汛责任制不落实的，管理制度、操作规程、规范不健全的，坚持检查中发现隐患和薄弱环节的，防汛物资储备不到位的，应急预案和防范措施不健全的，抢险队伍、车辆、设备、通讯不落实的）的原则，开展全方位、全覆盖的排涝安全大检查，完成管渠清疏60千米，清理水箅3000个，清理垃圾70余吨。同时，采购8.46

万元排涝设备，借用市防汛办，新增应急排水设备2000立方米/小时。

【巩固“一拆”成果】 市城管局围绕“三改一拆”工作巩固年、深化年、关键年和冲刺年各项工作，巩固成效、提升实效、健全长效。城区三个中队围绕“巡查区域全覆盖,违法建设零增长”目标，建立以“块”为主的网格化违建巡查机制，以城市干道为线，社区为点，对接各个社区，对洋安家园、望江豪庭、金色阳光、风尚泽园等新建小区开展摸底排查，提高分类处置效率，减少存量违建。全年，共拆除27处存量违建、面积0.76万平方米。发挥物管作用,强化封闭式小区管理，联合街道、国土、住建和公安等力量，对新违建做到即查即拆，提高执法工作实效。全年拆除违法建筑581处、面积4.64万平方米,其中城区2.72万方米、乡镇1.92万平方米。

【固废治理工作取得杭州市考核100分】 按照杭州市关于垃圾分类小区覆盖率50%的要求，逐步完善垃圾分类收运体系，动员社会参与，推进机关、事业单位生活垃圾分类工作，制订垃圾分类考核办法，生活垃圾分类“三学”工作实施方案。开启首批垃圾分类志愿者招募工作,启动“美丽江城，幸福家园”垃圾分类文艺宣传，组织开展“垃圾分类主题游园会”大型广场活动，新增公交车车体宣传、广播电台、电视台和广场、大润发LED大屏等5个垃圾分类宣传平台。启动“垃圾分类，全民行动”暨大熊猫旧衣回收项目，在市区布点30个废旧衣物“熊猫桶”回收点，共收集废旧衣物约40吨。至年底，新安江建成区垃圾分类小区达65个，分类覆盖率为50.4%。全年,共发放厨余垃圾袋360余万只,新增(更换)垃圾桶及相关配件200件；全市13个乡镇共转运生活垃圾7.21万吨；规范处置生活垃圾11.44万吨，无害化处理率100%。其他由市城管局牵头的有毒有害工业固废治理和污水厂污泥治理考核全部达到杭州市考核硬性指标，全市固废治理工作考核100分。

【建立“三办联动”新机制】 建立城市管理例会制度、抄告制度和曝光制度，实行城管办、文明办、创建办“三办”联合办公，牵头召集涉及城市管理事务的单位“一周一例会”协调布置会。针对文化广场地下商业街雨水渗漏、污水排放、商户占用堵塞消防通道、出入口雨蓬设置等一系列老大难问题，先后4次召开专题会议，明确责任，通过各部门进行综合整治，彻底解决地下商业街乱象问题。针对江滨公园管理难题，联合印发《“三办”联席会议纪要》，牵头制订《江滨公园管理方案》《新安江主城区段江面船只长效管理实施办法》，联合相关部门单位对江滨公园开展联合整治,对主城区段江面船只开展联合巡查，对各类摊点实施“四限”准入管理，对无障碍通道进行现场管理，为市民提供一个良好舒适的休闲环境。全年，组织整治30次，发放限改通知40余份，立案查处11件。

【开展城市专项整治】 按“疏堵结合”原则，对群众反映的热难点问题开展专项整治。重点加强对犬类、渣土、摊店乱摆、环境卫生、环卫设施、车辆乱停、校园周边等进行治理；加大“引摊入市”管理力度，取缔马路市场；对6个擦鞋摊、22个早餐摊、41个小商品夜市摊位重新进行招标，优化便民服务。全年办理建设工程渣土运输车辆准运证新证40件，换证233件，立案查处59件；城区开展犬只整治74次，新办证61件，年检86件，立案查处115件，捕杀706只；开展校园食品安全整治160余次，出动执法人员660余人次，规范和取缔食品摊贩57个，立案查处13件。研究制订“四边三化”“两路两侧”整治实施方案，城区和城郊接合部重点部位结合

"两美建设"工作任务，重点开展针对占道经营、乱搭乱建、乱堆乱摆等"十乱"行为的整治工作。是年，共开展专项整治行动240余次，立案查处450余件，实施简易处罚2989件，教育劝导违法行为9401人次；完成3460余处重点部位整治，共计清理面积3.16万平方米，土石方0.84万立方米；拆除广告牌2150处，拆除违法建筑410处，面积4.55万平方米。

【新增停车泊位308个】 市城市管理局与资投公司对接，研究探索智能停车收费管理机制，主动调整主城区停车收费管理模式，加强停车引导和管理，划定重点管理路段，确定入城口大转盘周边、新安江农贸市场周边为交通综合治理区域，新安东路至明珠路周边为严管示范区，在主要道路、重要场所、农贸市场等节点路段设置隔离石墩，设立违停警示牌，强化违停抄告。全年，共违停处罚车辆7506件。完成紫金家园地块停车场工程，设计停车位37个；完成代建项目新安广场地下停车库工程，设计停车位82个；施划严州大道、保健北路、拱新路等路段停车位144个；环城北路改建工程新设置停车泊位45个。全年新增停车位308个，城区公共停车泊位达到2689个，其中收费车位485个。

【落实长效环卫保洁机制】 以"精品示范工程"为抓手，建立"线与块"相结合的环卫保洁机制，接管江滨公园等绿化区块77.4万平方米保洁面积，对公园绿地、园林、道路和江面、湖面实施立体化和一体化保洁。落实道路扬尘控制要求，推行道路洒水、机械化清扫等低尘作业方式，提高主次干道洒水频次，建立果壳箱清运"四色卡"和"建筑垃圾清运联系卡"制度，实施装潢垃圾清运新模式，全面打造干净整洁环卫品牌。至年底，建成区建筑垃圾全部实现密闭运输，道路机械化清扫率为80.0%，主干道洒水6次/天，次干道4次/天。是年，环卫城区保洁面积1065万平方米。城区共清运生活垃圾3.44万吨、装潢垃圾19433.38吨；疏通窨井1318只，清理管道8810米；清理江面垃圾613吨；协助社区、园林等部门清理各类死角垃圾1394.2吨。（项玉清）

住房公积金管理

【概况】 2015年，建德市实际执行的住房公积金缴存比例最高为12%，最低为5%。职工人均月缴存额1123元，同比增加54元。全年新增建制住房公积金的单位85个，新增建制职工3043人，同比净增建制职工1249人，同比增长1%。全市住房公积金建制单位达到1228个，建制职工5.39万人；正常缴存单位888个，职工3.8万人；封存账户的职工1.56万人。全市有住房公积金协管员单位38家。

年底，杭州住房公积金管理中心建德分中心资产总额17.07亿元，负债总额16.35亿元，净资产总额7218.72万元。档案全宗卷9个，案卷目录12本，业务档案1.64万卷，文书档案1245件，会计档案1905卷，录音磁带、录像磁带、影片档案82盘，照片档案95卷，实物档案18件。取消单位行政权力事项12项，保留6项。

全年完成住房公积金业务收入6408.71万元，业务支出1510.92万元，完成增值收益4897.79万元，比上年增长61.7%。提取城市廉租住房建设补充资金3207.05万元。办理住房公积金提取1.51万人，共计金额4.1亿元，其中购建住房、偿还住房贷款本息支取3.2亿元，用于住房方面的占78.1%。贷款余额为14.44亿元，净增2.56亿元，增长21.6%。经分中心审批办理的住房公积金贴息贷款581户，计金额2.43亿元。发放贷款1021户，发放贷款额4.2亿元，比上年增加

1.31亿元，增长45.3%。贷款支持1.31万户职工家庭购买和改善自住住房。个人住房公积金贷款比率为90.8%。逾期贷款额0.83万元，逾期率为0.001%，低于省公积金监管办和杭州公积金中心的逾期率控制指标。

【公积金贷款受理工作转交银行】 提升住房公积金贷款服务效能，参照杭州市住房公积金管理中心的办事流程，从4月20日起，住房公积金贷款受理业务由公积金中心建德分中心服务大厅受理改为由各受委托银行受理。2015年度受理住房公积金贷款的银行有工行、农行、中行、建行、交行、农村信用合作社、杭州银行、邮政储蓄银行、浦发银行、民生银行。银行承担以下工作贷款受理和贷款审查。

【资金归集余额首超15亿元】 全年归集金额5.16亿元，同比增长5.98%；历年累计归集住房公积金40.52亿元，累计提取住房公积金25.41亿元。年末，全市住房公积金余额15.11亿元，同比增长7.58%，资金归集余额首超15亿元。

【调整住房公积金贷额度确定方式】 自4月15日起，对首套住房贷款的首付比例从30%降为20%。11月1日开始，调整贷款额度确定方式，职工个人可贷额度由“按住房公积金月缴存额确定”调整为“按住房公积金账户月均余额的15倍确定”。住房公积金账户月均余额是指职工申请贷款时近12个月（不含申请当月，下同）的住房公积金账户月末余额（不含近12个月的一次性补缴）的平均数，计算公式为：住房公积金账户月均余额＝近12个月的住房公积金账户月末余额合计数/月数。月数的确定方式：职工住房公积金账户设立不足12个月的，按实际月数确定；住房公积金账户设立（含异地缴存）12个月及以上的，按12个月确定。

【简化职工租房提取住房公积金程序】 4月16日起，租房提取住房公积金无须提供租房发票，仅需凭无房证明等资料，每人每月可按400元标准提取住房公积金。改变原来缴存职工租房提取住房公积金需提供租房发票的环节，减轻职工租房负担。

【设立公积金微信服务平台】 10月，建德市住房公积金开通微信公众号，微信用户仅需扫描二维码或搜索公众账号（jdgjjzx）即可进行相关信息的查询。市住房公积金微信服务平台设立“便民服务、办事指南、联系我们”三大功能菜单，进入“便民服务”中的公积金查询，输入查询账号（公积金账号或者联名卡号）、身份证号和查询密码（身份证后六位），账户余额、月缴金额、单位和个人缴存比例等信息一目了然；进入“办事指南”菜单，即可了解公积金提取、公积金贷款、公积金缴存和公积金新政等方面的信息；在“联系我们”功能菜单中，可以进入建德公积金网站，了解市住房公积金的政策法规与最新动态。

【住房公积金龙卡发放率达98%】 与建设银行建德支行开展合作，完善住房公积金龙卡联名卡软件管理功能，全年发放住房公积金龙卡1729张，累计完成发放3.74万张，发放率97.8%。加强按月划扣住房公积金归还住房公积金贷款（即按月还贷）宣传，至年底累计有5144户家庭7373名职工签订按月还贷协议，有4475户家庭采用按月还贷方式归还住房公积金贷款，占公积金存量贷款户数的72.9%。（应子亭）

编辑：郑志良

环保 土管

Environmental Protection & Land Resources Management

生态建设

【概况】 2015年，建德市坚持“绿水青山就是金山银山”理念,以“五水共治”为引领,以“两美整治”为抓手，以环境质量改善为目标，加强主要污染物减排和生态文明建设。

组织开展绿色学校、绿色矿山等创建活动，创建杭州市级绿色学校4家，建德市级绿色学校7家，省级、建德市绿色矿山各1家。完成建德海螺水泥有限公司等14家企业强制性清洁生产审核。杭州双马生物工程有限公司等10家企业通过ISO14001环境体系认证。省级环保模范城市通过技术核查。

【落实生态文明建设工作332项】 推进国家级生态市建设，分解落实生态文明建设目标责任制工作任务332项；推进生态建设工程，53个村和57个村分别通过杭州市级生态文明村和生态村命名。11月，完成国家有机食品基地示范市规划论证，完成浙江久晟茶叶有限公司国家有机食品基地创建申报。围绕创建环保模范城市目标，抓好“创模”与“治污”工作，推进“生活垃圾无害化处理率”“机动车环保定期检测率”等六大领域23项重点工程。完善新安江饮用水源一级保护区的隔离防护设施，完成乾潭、大同、大洋、大慈岩等乡镇集中式饮用水源地整改工作。

【基本实现农村生活污水处理全覆盖】 推进农村生活污水、畜禽养殖治理，关停畜禽养殖户3289户，拆除养殖棚118万多平方米，减少生猪存栏15万头、蛋鸡存栏587万羽，实现禁养区“清零”退养，2342户退养户转产转业。投入1000余万元，申报省级垃圾分类试点村3个、杭州市试点镇1个。选择莲花镇和杨村桥镇为农村生活污水处理设施运维工作示范，先试先行。确定“专业公司”与“专业公司+镇村”的两种运维模式（即终端设施由专业公司负责运维，出户井、管网、检查井等由镇村或第三方负责运维），通过公开招标形式，确认浙江浙大水业有限公司、浙江商达环保有限公司、浙江省环境工程有限公司对16个乡镇（街道）的农村生活污水处理设施开展运行维护，确保农村生活污水处理达标排放。10月22日全省农村环境综合整治工作现场交流会在建德召开，200多名代表参与会议。

【河长制与“三江两岸”建设】 开展沿河道排污口排查，排查各类排口140处，整治42处，完成5处排口阳光公示牌设置。完成河道视频监控系统建设，实施江村溪污水管破损处修复，胜利水库、乌龙山溪汇流处河道清淤。创建“零直排区”

基本信息排查和方案编制。实施全市范围内 205 条河道月度水质监测工作，完成全市河长基础信息更新和全市 400 余块公示牌内容调整，印制下发河长工作日志 600 份。完成下涯镇渔跃楼餐饮船和洋安大桥下遗留船只的整治和拆解，开展大洋江南造船厂生态化改造，建设景观林带 5 万平方米。（王宇峰）

环境保护

【概况】 2015 年，建德市加强污染减排和区域污染防治，妥善处理重点污染源企业和重点敏感区块的发展与稳定问题，全市环境质量稳中有升。完善承办人责任制度、重要信访、敏感性纠纷的书面报告制度、投诉首问责任制、有奖举报工作制度。受理各类信访件 617 件，其中来信来电投诉 396 件、环境违法行为有奖举报 221 件，接待来访 18 批 49 人次，处理率 100%，满意率 100%。

按环境质量指数法及质量等级划分法，建德市城区环境空气质量总体上属于尚清洁水平，空气中主要污染物为细颗粒物。全年空气质量指数（AQI）范围是 18 ~ 299，指数年均值为 68.7，较 2014 年下降 7.04%；空气质量Ⅰ级（优）、Ⅱ级（良）天数合计为 316 天，优良率 86.5%，细颗粒物 PM2.5 全年平均值为 43.3μg/m3，下降 19.8%。可吸入颗粒物（PM10）、二氧化硫、二氧化氮的年均值均达到《环境空气质量标准》（GB3095-2012）的二级标准限值要求。黄标车淘汰任务在杭州市率先完成。

新安江饮用水水源保护区水质达标率为 100%，其余 7 个乡镇集中式饮用水水源保护区水质平均达标率为 99.3%，与 2014 年相比，维持在较好水平，超标项目主要为粪大肠菌群。新安江、兰江、富春江、寿昌江四大河流共设 12 个监测断面，其中电厂桥、洋溪渡、严陵坞、大洋溪入兰江口 4 个监测断面达到Ⅱ类水质标准，大同三村、将军岩、兰江口、三都大桥、汪家桥、胥溪入富春江口、莲花溪入新安江口、大溪入兰江口 8 个监测断面达到Ⅲ类水质标准，按各断面监测指标年均浓度进行评价，各断面均达到功能区目标要求，达标率为 100%。根据国内普遍采用的酸雨污染程度分级标准评价，全市仍处于重酸雨区，pH 值平均值为 5.06，酸雨率为 100%。

城市区域环境噪声平均等效声级 54.3 分贝 (A), 比上年下降 0.3 分贝 (A)；城市道路交通噪声平均值 67.2 分贝 (A), 下降 0.1 分贝 (A)；主要影响声源为交通噪声和生活噪声。各类功能区噪声均达到功能区标准要求。

◎6月5日，“河道结亲 先锋治水”活动启动仪式（市机关工委供稿）

【主要污染物减排】 2015年，建德市推进结构、工程、管理三大减排，实施减排项目47个，分别可削减化学需氧量、氨氮、二氧化硫和氮氧化物58吨、7.4吨、1580吨和446吨。落实环保部和省环保厅总量准入制度，新、改、扩建项目新增排污权指标100%通过市场交易获得。完成31套刷卡排污系统建设，完成71家工业企业的初始排污权交易，交易总额8300余万元。

【"三废"排放】 2015年，全市工业废水统计排放量2399.66万吨，工业废水排放达标率100%。工业废水排放主要集中在化学原料及化学制品制造业行业，工业废水中化学需氧量排放量1958.4吨、氨氮排放量53.1吨。全市工业二氧化硫排放量9750.47吨，工业氮氧化物排放量10743.8吨，工业烟尘和粉尘排放量4951.86吨。危险废物主要为化工和电镀企业产生的废渣及污泥，全年危险废物产生量1.18万吨，综合利用量2229吨，安全处置量9287吨，贮存量177千克。其中,综合利用往年量183吨，处置往年量1282吨。

【危险废物管理】 产废企业按照"双达标"的管理要求,开展"一源一卡"挂牌和数据入库工作,全市放射源均按要求进行刷卡，实施动态监管。医疗机构均与杭州大地维康公司签订医疗废物集中处置合同。开展危废专项执法行动，全市危险废物做到100%安全处置贮存，全年未发生危险废物污染环境事件。

【污染防治】 制订下发《建德市2015年大气污染防治行动计划《关于10蒸吨/时以下（含）高污染燃料锅（窑）炉整治工作的实施意见》《建德市高污染柴油车淘汰补助实施细则补充意见》等系列政策，按规定要求推行能源结构调整、防治机动车污染、治理工业污染、调整产业布局与结构、整治城市扬尘和烟尘、控制农村废气污染等6个污染防治专项行动。电镀产业生态园区基本建成，电镀污水处理站委托浙江海拓运维，雅鼎镀业一期通过验收，新盛镀业、辉煌镀业进入试生产备案阶段。全市化工企业控制在15家以内，并逐步向园区集聚，完善化工企业废水、废气等环保设施，实现稳定达标排放。7月2日，电镀行业整治提升通过杭州市污整办考核验收。轻钙、氧化钙企业完成整治，8家灰钙企业通过验收。

【建设项目环境管理】 按照"项目、空间、总量"三位一体的审批原则，优化审批流程，提高审批速度。全年受理许可办件731件，其中，环境影响报告书31件、环境影响报告表323件、环境影响登记表377件，建设项目环评执行率达到100%。建设项目严格"三同时"（建设项目中防治污染的设施，应当与主体工程同时设计、同时施工、同时投产使用）监督，以及验收采取局和所分级验收措施，全年验收"三同时"项目244件，其中报告书项目21个、报告表项目111件、登记处表项目112件。

【环境科研与监测】 开展12个地表水断面、8个饮用水源地、4个功能区噪声、100个区域环境噪声的常规监测以及国控、省控、市控重点企业的监督监测等工作。定期对全市205条乡级以上河道水质采样点进行采样与监测，为治水决策提供数据依据。全年完成监测报告1203份，获取有效监测数据10万余个。建设4个水质自动监测站、2个空气质量自动监测站。至年末，全市污染源监测系统共48套，其中废水在线系统30套、废气在线系统18套。2015年新建站点4个，共有全市国控站点为10个、省控站点10个。申报杭州市生态环保新技术应用推广项目--水质变化与地表水径流量关联性技术研究，在将军岩断面水质异常预警中的应用。

【环境监督与执法】 全年开展"清水治污·环境整治零点行动"联合执法行动85次，检查企业411家次；开展重点源飞行监察，现场检查企业1989家，取监察水样105家，出具监察意见书160份；开展各类环境执法专项行动11次。完成排污申报及年审企业433家，申报、年审率100%。

建立环保权力清单、责任清单、负面清单156项，推行法律顾问制度，与贤哲律师事务所签订法律顾问合同。对57件环境违法案件处罚决定落实情况进行全面检查，制订规范性文件审核管理办法，规范行政程序。调解乾潭镒元塑化环境污染纠纷，通过搬迁解决长期困扰周边群众大气污染和企业发展的矛盾。全年立案50起，作出行政处罚决定47起，罚款额130万元。8件环境违法案件移交公安查处，行政拘留11人，申请法院强制执行案件5件，完成15家单位环境责任保险签订。 （王宇峰）

国土资源管理

【概况】 2015年，建德市国土部门坚守耕地红线，推进土地整治。全市耕地26400公顷、基本农田22780公顷、标准农田9400公顷、高标准基本农田7133.33公顷的保有量四项指标，均完成上级考核要求。自实行耕地占补平衡考核制度以来，连续19年实现耕地占补平衡。

推进建德市土地利用总体规划中期修改工作，其中建德市级规划（2006–2020年）获省政府批复、13个乡镇级规划（2006–2020年）完成专家听论证程序。市政府与16个乡镇（街道）签订责任书，建立"市、县、镇、村"四级耕地保护责任体系。强化政府主体责任，明确耕地保护工作的重点任务，将耕地保护目标责任纵向延伸到农户，横向扩展到林业、水利、农业、财政等政府职能部门。

全年上报农转用18个批次，其中计划批次11个、盘活批次1个、单独选址批次3个、"坡地村镇"试点项目批次3个，总用地面积287.33公顷。全年供地189.2公顷（包括划拨和使用），保障杭黄高铁、千岛湖配水工程、23省道、农夫山泉四期、新安化工搬迁、卓达、东方雨虹等重大基础设施和重点产业项目的用地需求。全年出让金实际收益11.8亿元，其中土地出让金8.4亿元、采矿权出让金3.4亿元。报批农民建房地块181块，面积10.97公顷。

开展批而未用土地消化处置工作，摸清全市批而未供、供而未用土地家底，完成消化利用105.33公顷。专项督查闲置土地，对全市闲置土地提出"一宗一方案"，处置率达到90%以上。推进城镇低效用地再开发工作，全年完成110.8公顷。

经卫片执法检查，全市共涉及违法用地220宗，违法面积37.25公顷，其中违法耕地面积12.28公顷。借助"三改一拆""无违建市"创建契机，通过补办、拆除、复耕，将违法占耕比从初始的7.9%压降为1.05%，并通过杭州市验收，达到省级验收标准。打击非法盗采矿产资源行为，共制止非法采矿案件28起，查封处理涉嫌非法开采的挖机60余台，对非法开采当事人作出行政处罚决定14件。做好信访受理办理工作，全年共受理涉土信访件407件，其中来电343件、来信25件、来访39人次，反馈率和办结率均为100%。

【不动产登记中心挂牌成立】 推进不动产统一登记制度，根据国家、省和杭州市加快不动产统一登记工作的要求，6月启动建德市不动产统一登记工作，市编委11月下发职责整合文件，明确市不动产登记中心机构设置和职责分工。12月31日，挂牌成立不动产登记中心。

【划定永久基本农田示范区 8120 公顷】 按照要求，规划永久基本农田任务数为 22780 公顷，划定的永久基本农田示范区面积不低于基本农田保护任务的 35%，建德市划定面积不少于 8013.33 公顷。2015 年，建德共划定永久基本农田示范区 8120 公顷，并按要求纳入禁止建设区管理。编制完成永久基本农田划定方案，12 月，方案及数据库通过省国土资源厅批复。

【土地整治】 编制《建德市土地整治规划（2015–2020 年）》，推进土地开发和农村土地综合整治，落实验收制度。出台《建德市垦造水田项目实施细则（试行）》，落实“占优补优、占水田补水田”,共立项土地开发项目 203.73 公顷（其中垦造水田 72.73 公顷、“旱改水” 51.6 公顷）；竣工验收垦造耕地 184.6 公顷（其中垦造水田 5.33 公顷）,完成 7180 公顷高标准基本农田建设任务。

【土地征收】 严格履行征地批前“告知、确认、听证”和批后“两公告”程序。全年共组件上报土地征收批次 12 个、土地面积 274 公顷。出台《关于被征地农民基本养老保障工作有关事项的意见》，配合被征地农民养老保障审核联合办公，全年办理被征地农民参保审核 3630 人。出台《建德市农村宅基地审批管理办法》，推进大慈岩镇宅基地发证试点，共补办用地审批手续 914 户、发证 2308 户。按时间节点要求,完成“一乡一所”创建工作。全年征收 40 家单位土地年收益 132 万元。完成国有土地使用权转让审批 2214 个单位（个人）、面积 41.87 公顷，征收交易服务费 32 万元。完成 27 个单位 32 宗地、面积 28.13 公顷的国有出让土地使用权首次转让（公示）审查工作。

【耕地保护补偿】 11 月，拟定《建德市耕地保护补偿机制工作实施方案（征求意见稿）》。初定补偿标准永久基本农田示范区 80 元 · 亩 / 年，永久基本农田 50 元 · 亩 / 年，一般耕地 30 元 · 亩 / 年，同时，按保护耕地面积给予各村补助资金 2 万至 4 万元，并将耕地保护与违法纠正等挂钩，有违法行为的扣减相应经费，直至扣完。4 项共计财政每年约需支付 3000 余万元。

【实施标准农田质量提升工程】 2015 年，全市共投入资金 4000 余万元，建成标准农田 666.67 公顷。开展粮食生产功能区建设，全年建设粮食生产功能区 1226.67 公顷，认定县级粮食功能区 48 个。全年粮食生产功能区建设总计投入资金 724.9 万元，新建和修复排灌渠道 18.6 千米、机耕路 7.6 千米，新建机埠 2 座、农田井 1 个，新建下田坡 94 处。

【矿产资源管理】 按照“在保护中开发，在开发中保护”的总要求，开展建德市“十三五”矿产资源规划编制工作。开展“两路两侧”矿山生态环境专项整治行动和“绿色矿山”创建工作。开展矿山粉尘治理，编制完成全省首个县级矿山粉尘（污水）防治实施方案。开展全市制采砂行业专项整治，大同镇洞山寺家蓬熔剂用石灰岩矿采矿权以 3.37 亿元成功挂牌出让。成功申领寿昌镇桂花村 2 号、5 号井地热矿采矿许可证。

【地质灾害防治】 对全市 233 处存在隐患的点进行全面排查，对新增的地质灾害隐患点落实监测人和防范措施。开展地质灾害治理和避让搬迁 24 处，其中治理工程通过竣工验收 5 处，完成避让搬迁 11 处、88 户、273 人，全年地质灾害防治实现“零死亡”。 （胡晓坤）

编辑：郑志良

金融

Banking

综述

【概况】 2015年，建德市各金融机构围绕经济社会发展大局，坚持金融服务实体经济的本职要求，货币信贷和社会融资规模保持适度增长，贷款利率持续走低，金融惠及民生、支持实体经济发展的能力显著增强。至年末，全市本外币各项存款余额311.07亿元，同比增长8.91%；本外币各项贷款余额242.98亿元，同比增长1.4%；余额存贷比78.11%。全市金融机构新发放贷款的加权平均利率为6.32%，同比下降1.6个百分点。

【推进金融改革】 落实利率市场化改革政策措施，引导辖内法人金融机构制定《存款利率定价管理办法》，并加入浙江省市场利率定价自律机制。不断完善农村"三权"抵押贷款业务操作细则，促进业务扩面增量。做好存款保险制度落地相关工作，完成辖内两家存款保险投保机构保费缴纳工作，并开展风险监测。加强对法人金融机构的信贷规模调控，组织建德信用联社开展并通过合格审慎评估，推动信用联社完成首笔2亿元同业存单发行工作。

【深化普惠金融县域实践】 推进"九位一体"的多功能金融普惠示范村服务点建设，23个建德市级普惠金融示范村通过创建验收。7月，出台《关于深化"信用建德"建设 全面开展"信用市"创建的实施意见》，启动信用县（市）创建"3310"工程，在176个行政村开展"整村批发、集中授信"信贷模式，取得贷款的信用户2.85万户，累计发放贷款37.21亿元。涉农金融机构做好"互联网+金融普惠"文章，助推65家农村淘宝店开展线上服务并予经费支持。运用支农再贷款等货币政策工具，发放1.3亿元再贷款，加大对小微企业、"三农"的信贷支持。

【优化金融服务】 深化现代化服务型国库建设，建德国库全年累计办理预算收入3.46万笔，金额79.73亿元；办理预算支出4.64万笔，金额100.78亿元；更正调库261笔，金额3.8亿元。推广现代支付工具使用，指导建德联社与5家农业专业合作社使用"福农通"开展农产品收购试点，完成1个"刷卡无障碍示范区"和2个"网上支付应用示范区"的创建工作，成功创建"刷卡无障碍示范县"。加强现金运行分析和现金供应管理，全年投放79.24亿元，回笼59.79亿元，净投放19.44亿元，同比增长123.5%。

【强化金融监管】 全力开展不良资产处置和打击逃废债专项行动，2015年年底按五级分类全市不良贷款余额6.39亿元，不良率2.63%，同比下降0.5%。出台国际收支非现场核查工作指引，固化非现场核查规则41个，完成3家银行即期结售汇业务准入展业，新增1家县域对公结售汇网点。加强预算专户事前管理，参与制定地方行政事业单位公款竞争性存放管理办法。联合五部门开展辖区银行卡网上非法买卖专项整治工作与打击利用离岸公司和地下钱庄转移赃款专项行动。利用“110”社会应急联动系统，及时受理、处理金融消费者投诉19起。（林　鑫）

金融管理

【概况】 2015年,建德监管办事处围绕“一三三”（一个核心工作，三大主要任务，三项助推工程）重点工作，结合建德实际推进各项工作，不断提升建德银行业稳健运行和金融服务能力。

督促辖内各银行业金融机构严格落实浙江银监局《关于开展加强内部管控、遏制违规经营和违法犯罪专项检查的通知》要求，认真做好自查、整改工作，按时上报自查报告及整改方案。对辖内银行机构“两加强、两遏制”专项检查以及运营条线“清雷防险”专项行动进行督查，督促全面排查重点业务、关键领域和重要环节存在的风险点，彻底整改消除风险隐患。开展不规范竞争行为巡查。组织对辖内个别银行涉嫌违规揽储、部分银行网点不规范宣传等情况进行巡查，下发《关于规范业务行为 制止不正当竞争的通知》，要求银行机构开展自查，纠正不规范竞争行为，约谈违规机构，维护良好的竞争秩序。

推进平安金融创建，确保银行机构安全经营。对辖内银行机构平安金融创建工作进行督查，督促机构通过创建工作自查并整改安全风险隐患。会同公安部门组织开展银行业金融机构第四轮安全评估活动，全面推进银行机构的安全保卫工作；组织开展反抢劫处置应急预案演练比赛，促进提升银行机构的应急能力。开展银行机构业务库专项安全检查暨自助设备专项安全检查，发现问题并及时督促整改，消除风险隐患。要求辖内银行机构高度重视涉及银行机构的舆情，增强敏感性，制定预案，妥善处置，全年共督促银行机构处置舆情10余起，未出现影响较大的负面舆情；妥善处置群众投诉和情况反映11例。规范做好市场准入初审工作，全年完成16例。

【多举措防控信用风险】 坚持全力守牢风险底线，持续推动“银法”深入对接，坚持银行与法院商定执行案件“一户一策”做法，推进加快银行不良贷款处置,辖内银行不良贷款实现持续“双降”。不断完善信用风险监测报告制度，引导银行机构做好打持久战的准备，做实信用风险“降旧”和“控新”两篇文章，银行机构因行而异，一户一策，建立差异化的信用风险监测、防控、处置机制。推进打击恶意逃废银行债务行为，对辖内涉嫌以虚构交易、转移资产、突然歇业“跑路”不协助银行进行处置等恶意逃废银行债务的企业及个人情况进行排查摸底，汇总形成书面专报市委、市政府，并通过法院依法撤销涉嫌逃废银行债务的非法交易。开展授信总额联合管理，源头防控多头授信、过度授信，按照“政府支持、银监引导、协会指导、银行主导、企业自愿”的思路，开展调查摸底，抓住“自觉合理控制企业授信总额”的核心思想，因地制宜指导有关银行机构将此要义植入信贷管理工作。开展“两链”协调工作，全年共帮扶困难企业12户，参与、组织各类帮扶协调会20余次。配合建德市纪委做好公职人员违法违规借贷（担保）治理，拟定实施意见，部署辖内银行机构开展专项排查，建议纪委采取约见借款人（担保人）谈话,责令整改。

【服务实体经济】 推进银行机构结合“大众创业 万众创新”，支持小微企业发展。推进银行业支农支小不放松。加大督导引领，组织专题推进会,要求银行机构制订方案,扩大对“两转企业”、电子商务的信贷支持，督促法人机构完成小微企业贷款目标任务。深入推进普惠金融，继续引导银行机构向金融服务薄弱地区倾斜，设立金融便利服务网点、助农取款服务点等，提升村级金融覆盖面，加强“村村通”建设，打通农村金融服务“最后一公里”；推进银行机构对农村“整村授信”、批量授信，满足农民贷款需求，服务农民创业致富；参与、推进政府探索开展农村“三权”抵押、担保、转让试点工作，出台农村“三权”抵押贷款办法，切实缓解农村抵押难、担保难的问题。发出银行业“服务实体经济”好声音，开展“3·15”消费者权益保护宣传周活动，推进金融知识普及。利用银监专报方式，向当地党委政府报告银行业支持重点建设、实体经济和民生事业取得的良好成效。

【实施分类监管】 做好法人机构月度、季度非现场信息系统数据及季度地方政府融资平台数据的审核上报，及时发现和纠正机构的数据错误10余次，保证了数据的正确性；与3家法人机构各开展审慎监管会谈2次，传导监管政策，提出监管意见24条；指导法人机构做好外部审计，组织开展三方会谈，利用外部审计力量发现和披露法人机构日常经营和风险管理中的问题；紧密跟踪、科学分析法人机构经营管理及风险管控情况，撰写要情分析报告及风险评估报告，结合日常监管情况，提出年度监管意见。 （胡琼月）

银 行

【工行建德支行】 2015年，中国工商银行股份有限公司建德支行面对宏观经济持续下行、利率市场化以及内外部监管要求不断提高的经营环境，围绕“存款、客户、效益”工作目标，主动适应新常态，各项业务实现持续健康发展。年末各项存款余额35.61亿元，各项贷款23.13亿元，实现中间业务收入5075万元，实现拨备前利润10891万元。

全面实施互联网金融战略。3月23日，中国工商银行在北京向全国正式发布互联网金融品牌“e-ICBC”和一批主要产品，主要包括“融e购”电商平台、“融e联”即时通讯平台和“融e行”直销银行平台三大平台，支付、融资和投资理财三大产品线上的“工银e支付”“逸贷”“网贷通”“工银e投资”“工银e缴费”等一系列互联网金融产品,以及“支付+融资”“线上+线下”和“渠道+实时”等多场景应用。推广互联网金融品牌，为15家商户开通O2O业务，为建德市竹兰雅实业有限公司开通“融e购”电商平台，为建德市新安江第二小学开通银校通业务，以工银e缴费方式实现全方位的学费代缴。

支持重点项目。积极向上级行争取政策，推进马南工业园区项目、府前路拆迁项目、新安化工搬迁项目、绿城置业房地产项目，落实放贷前提条件，做好前期审批工作。

创新发展国际业务。办理全省首笔代理同业福费延业务、省分行营业部第二笔代客商品交易业务和人民币利率互换业务；开办“金溢金”“日溢金”“期兑通”等新产品，为企业锁定汇率风险的同时，节约了财务成本。

个人信贷业务快速增长。抓住房产交易活跃的有利时机，加强与二手房中介及优质房产开发商的合作，宣传营销“家家乐”产品，取得较好成效。当年个贷发放额2.54亿元，新增1.2亿元，均创近五年新高。

成立财富管理中心。9月1日，该行财富管理中心正式成立，专为金融资产达到100万元以上的财富客户、800万元以上的私人银行客户悉心提供完善的个性化、全方位、专家级服务。财富管理中心设有接待咨询区、客户等候休息区、贵宾窗口服务区、理财单间区、自助服务区、产品推介演示区、理财沙龙区、会议区、品茶洽谈区等，满足不同客户所需。

中间业务取得较快发展。突出绩效考核核心指标，持续推进网点阵地营销基础产品；职场营销全面出击，成为产品外拓的一个新亮点。高收益基金、高收益保险、理财产品等销售取得快速增长；机构养老金中间业务收入任务完成率在省分行营业部排名第四；电子银行业务中间业务收入847万元，任务完成率112.94%，在省分行营业部排名第七。

完善渠道建设和布局。10月，广场支行进行全面装修改造，优化功能布局，增设附行自助银行。11月，本级业务部、新安江支行和月坪支行自助设备进行新增和调整。至年末，该行配置自助存取款机23台、自助取款机8台、自助终端16台、智能终端4台、网银机8台、自助发卡机2台、自助回单机4台。

推进标准化服务。开展“服务体验建设年”主题教育活动，推行柜面服务“十八步法”，本级业务部继续保持省分行优质服务四星级网点称号，月坪支行获营业部县域网点上半年经营绩效考核第一，梅城支行和广场支行名列前三，其中个人存款日均余额、5万元以上个人中高端客户新增、中间业务收入等项目均在县域网点中名列前茅。（沈银根）

【农行建德市支行】 2015年年末，中国农业银行建德市支行本外币各项存款余额40.38亿元，同比增加4.59亿元，其中个人存款余额25.86亿元、对公存款余额14.52亿元。各项贷款余额26.38亿元，同比增加1.7亿元（含上划信用卡透支0.64亿元），其中个人贷款余额8.5亿元、法人客户贷款17.88亿元。年末不良贷款余额1551.1万元，同比减少2304.6万元，不良率0.59%，同比下降0.94个百分点。超额完成上级行下达的2015年度经营效益指标，全年实现安全经营。支行获2015年度农行浙江省分行先进单位；王博精被评为省分行百名优秀党支部书记；柴丽萍被评为省分行百名优秀柜员；王梓健评为省分行清收处置能手；陈杜娟评为省分行BoEing四期工程推广先进个人；刘金祥评为省分行农户金融业务先进个人。

支持美丽乡村建设。把美丽乡村贷作为深化服务的重点产品，通过美丽乡村贷，支持美丽乡村建设。全年共投放到新安江街道、梅城镇等6个乡镇（街道）美丽乡村贷款1.19亿元。

支持“五水共治”项目。将支持“五水共治”项目作为重点项目，从快从简加以落实。共审批同意建德市农村污水治理项目4亿元贷款，期限15年，年利率优惠5.8%，发放2.5亿元。投放梅城防护堤建设项目贷款0.55亿元。

走村进户，深化“三农”服务。针对市支行无网点的乡村，制订“驻行进村活动方案”，各乡镇网点每周至少开展一次走村活动，落实1~2个村，进村访户做调查、搞宣传，掌握农户基本情况和金融需求，为贷款支持打下基础。支行三农流动服务车，巡回到各“惠农通”服务点进行维护、指导，开展金融知识宣传。

落实全面风险管理。开展合规文化建设、基础管理整治、员工行为排查等活动，加强对重点业务、重点部位的风险控制。贯彻落实运营“三化三铁”、信贷“三化三无”、保卫“三化三达标”，以及员工行为管理等各项工作要求，提高全行精细化管理水平和风险管控能力。加强不良清收，化解信用风险。全年无安全事故和案件发生。

（章国平）

【中行建德支行】 2015年，中国银行股份有限公司建德支行贯彻“担当社会责任，做最好的银行”战略目标和“三比三看三提高”工作要求，围绕“重发展、讲效益、控不良、严治行”工作思路，调结构、抓收入、控不良、防案件、提士气，在推动业务创新、强化内部管理和提升经营效益等方面强化履职，各项工作稳健开展。

助力地方经济发展。多渠道向上级行汇报当地经济金融的实际状况和当地市委、市政府对金融环境建设的政策措施，为服务支持地方经济社会发展争取信贷资源。坚持将民生工程、重点工业企业、招商引资项目、政府基础设施项目作为支持重点，加大支农支小支实方面的扶持力度，2015年本外币各项贷款44.47亿元。创新小微企业金融产品和服务方式，紧贴电子商务发展的趋势，创新推出电子商务企业融资平台，为解决小微企业、初创企业的融资（担保）难题，促进小微企业转型升级开辟新路。持续发挥海内外渠道优势和国际结算优势，拓宽外向型企业融资渠道。银监办《积极有为、逆势而为——建德中行支持服务地方经济发展有实招、见实效》的专报，得到建德市领导的批示肯定。

提升业务发展质量。加强公私联动，夯实客户基础，促进存款稳定增长。加快挑战优化信贷结构，调整贷存比管控政策，用足用好信贷规模。落实存款稳定性管理，加强过程管理，利用员工绩效考核系统及时通报员工业绩指标，强化绩效考核导向，激发员工的积极性。着力打好不良清收整体“攻坚战”，建立不良贷款清收考核机制，制订下发年度不良清收考核方案，激活现有闲置资金，重新积聚发展实力。同时，及时排查清退风险程度较高的授信客户，分析风险状况，加强贷前、贷中、贷后的风险管控，严防新生不良冒生。开展“双遏制”、“清雷行动”、案防合规教育等活动，制定下发《建德支行开展“合规操作、杜绝案件”主题教育活动实施方案》等方案，提升内控案防水平。做好安保、维稳工作，确保全年实现“零发案”。

深化普惠金融建设。坚持“履行社会责任、争做最好银行”的宗旨，贯彻《建德市“普惠金融工程”实施意见》，多举措深化普惠金融。加强渠道建设，提升自助服务覆盖面，推进网上银行、手机银行等自助服务，提升电子渠道为民服务能力。在新安江、洋溪、乾潭、大同等地安装ATM机25台、自助服务终端11台，ATM机覆盖乡镇达到6个，在全市各乡镇累计设有POS机300余台、转帐电话800余台。开展金融服务宣讲活动，到乡镇（街道）、社区、工业园区进行上门服务，提高市民对金融产品的认知度。建立助农取款安装服务小组，至年底，共建助农取款点137个，将服务触角延伸至农村，为广大村民享受现代金融服务提供便利。打造民生金融，搭建市民卡金融服务平台，提升市民卡激活使用率。（王　慧）

【建行建德支行】 2015年，建行建德支行致力于地方经济发展，稳抓业务经营，严控经营风险，持续提升服务质量和服务水平，各项工作得到有效推进。至年末，一般性存款余额（大口径）31.57亿元，其中，对公存款10.70亿元、个人存款20.87亿元。

推广创新金融产品。为解决中小微企业担保难、融资难问题，支行与建德市国税局、市地税局以及建德市工商联签订战略合作协议，对具有良好成长性的中小企业推广“税易贷”产品，组织辖属7个网点与全市16个乡镇（街道）按就近原则进行对接，并借力商会的帮助，成功举办“税易贷”产品推荐会8场，发放税易贷24户，金额2430万元。与市市场监管局进行对接，以“银政合作、提高效能、简化程序、服务客户”为抓手，组队进街道、社区、工业园区、市场，宣传建行工商专享结算产品。

强化金融风险控制。开展以“以案为鉴 规范操作行为”为主题的警示教育月活动，着力解决业务流程中的合规性和业务操作中的规范性问题，培育支行依法合规经营的企业文化。组织中层以上干部员工参观“新安江街道禁毒教育基地”，接受现场教育，增强员工知毒、防毒、拒毒意识。开展防抢夺、消防演练，提升员工安全防范意识，提高突发事件应变处置能力。开展员工行为排查，对重要部位、重要环节和重要岗位人员开展重点排查，确保员工行为合规，不触红线，不越底线。

建立健全长效机制。落实党风廉政建设主体责任，抓好领导干部廉政档案、个人重大事项报告等廉政制度的落实，加强对领导干部的监督，促进领导干部廉洁自律。层层签订安全责任书，分解落实反腐倡廉、案件防控责任，加大重点部位、重要环节检查力度，全年无安全责任事故。

（沈雪红）

【交通银行杭州建德支行】 2015 年，该行围绕业务经营中心，以服务客户为宗旨，各项业务实现稳步增长。至年末，本外币各项存款 19.69 亿元，同比增加 3.12 亿元；对公存款 11.34 亿元，同比增加 2.72 亿元；对私存款 8.34 亿元，同比增加 0.4 亿元；人民币各项贷款余额 15.42 亿元，同比减少 3.87 亿元。实现经营利润 5480 万元。组织员工参加建德市银监办和市公安局联合举办的“建德市金融机构突发发事件桌面和实战演练竞赛”，取得较好成绩；参加 11 月建德市金融系统业务技能操作比赛，分别获得点钞比赛个人第 3 名和金融知识竞赛个人第 2 名。

履行社会责任，向慈善总会捐款 33 万元，其中“五水共治”20 万元。

坚持抓存贷款，市场份额上升。面对激烈同业竞争，支行结合省分行“天天进、日日增”活动要求，组织对客户按“四个一批”进行分类营销，通过“1+10”产品联动、以贷方发生额为抓手，促进存款增长；组织客户经理开展营销活动，采取加强产业链客户上下游平台联动，提高授信客户业务回报考核，授信品种结合等措施。推进表外业务发展，在省分行的支持下，开展“双利行动”。利用总行规模，完成非信贷投放 1.3 亿元。全年实现对公保险费、国际业务结售汇手续费、银行承兑汇票查询费及开立银承手续费、完成新业务国内保理手续费及非信贷收入零售业务等中间业务收入 342 万元。通过在岸、离岸联动，贷款美元结售汇、进口开立信用证、进口押汇、出口风险参与等产品完成国际结算量 2890 万美元。根据省分行下达的各项“春来早”任务数，将各项任务进行分解到各网点科室，发挥员工的积极性和主动性，在工资代发新增、重点基金、保险销量等方面，均取得较好的名次。

强化内部管理和风险防控能力。通过加强客户贷后监控，增加上门走访频率，根据客户情况不同进行加固、压降等缓释风险措施，收回不良贷款本金 2005 万元，通过法院清收、资产转让、资产重组、贷款平移等多种措施齐头并进，加快风险贷款的处置，有效地防范相关风险。增强会计操作风险防控力度和会计结算风险防范的能力，提高会计结算内控管理的规范性和有效性，强化每月的会计核算质量考核；落实考核责任，要求员工严格执行国家金融法律、法规、交行业务方针政策，严格执行授权管理制度；每月不定期进行一次查业务库。做好支行安全保卫工作，强化支行“人防、物防和技防”各项安保措施，确保支行各项业务安全运行。全年无违规经营案件或重大风险问题发生。

完成“531 工程”系统升级工作。贯彻落实总行、分行《交通银行“531”工程》业务系统升级实施方案，组织各条线、各部门学习各项要求，严格实施各项测试，组织员工到省分行培训。至 6 月底完成“531 工程”系统升级工作。（徐志达）

【建德市农村信用联社】 2015 年，建德联社紧扣“普惠金融引领、社区银行转型建设”工作主线，把握“强基、创新、转型、优管”总基调，各项工作取得较好成绩。至年末，各项存款余额 93.86 亿元，比上年末增加 11.27 亿元；各项贷款余额66.14亿元，新增8.8亿元，涉农贷款余额61.60亿元，新增8.4亿元；小微企业贷款余额47.98亿元，新增6.39亿元；四级不良贷款余额14554万元，新增4489万元，存款、贷款增量和总量均居全市金融机构之首，实现存贷款两旺的良好局面。全年共缴纳税收6995.95万元，其中国税4804.18万元、地税2191.77万元。连续5年获得“建德市满意单位”、建德市“货币信贷综合评价一等奖”、浙江省农信联社“十强联社”等荣誉。

集聚农信优势，构建免费服务体系。加大业务办理免费力度，继续对新开通企业网银、个人网银、手机银行、电话银行等业务，实行免工本费、免证书年费、免证书换发费，免行内转账手续费、手机银行免跨行转账手续费等优惠，至年末，共让利各类费用200余万元。修订实施《建德联社结算费用管理办法》，加大服务结算免费的力度，从2015年11月起，对93种服务收费项目实行全免费。加大绿色经济发展支持力度，主动让利企业、农户，陆续推出莓农贷、莲农贷、石斛贷等特色农贷产品，帮助养殖户转型发展绿色种植产业，实现了“富民＋治水”的良好局面，至年末，共帮助1000余户农户转型进行绿色种植。

加大产品和服务的创新力度。推出“信保贷”“税银贷”“养老贷”等信贷产品，满足广大中小微企业及个人的“两创”融资需求，与建德市中小企业服务有限公司合作，拓宽中小企业与个人转贷融资途径。与市人力资源和社会保障局对接，推出被征地农民养老贷款，发放养老贷款3016户，金额1.04亿元。搭建17Bank会员俱乐部平台，开展异业联盟活动，通过联社帮忙推介客户、商户打折让利、客户享受实惠的合作形式，不断“批量获客”，让更多的客户享受“看得到”的优惠。结合“我是大堂经理”活动，制订《大堂经理管理考核办法》，明确配备标准，细化大堂经理的引导、营销、服务、协调的管理职能，不断获取“厅堂获客”，有效提升客户对农信服务的认知度。

整合资源，优化物理渠道。根据服务区块、客户流特点和服务需求，优化网点布局和自助机具的布放，加快在中心村、特色村、精品村等地布设自助银行、助农POS、助农终端等自助机具的布放力度，打造全能型、自助型、简易型等不同模式的金融便利店，至年末，共布放ATM、CRS机具84台，POS机769台，便农自助终端100台，设立自助银行14家，全能型金融便利店3家，实现农村金融机具覆盖率100%，社区金融服务机具覆盖率100%；设立便民服务点256个，助农取款服务点233家。做好国库集中支付以及乡镇集中支付工作，推进公务卡发行工作，全年代理财政国库集中支付业务1.44万笔、金额8.5亿元，发行公务卡1666张。利用流动服务车和3G移动终端，不断满足偏远山区金融服务需求，流动服务车全年出车137次，惠及人口9.31万人。参与市民卡新增合作银行项目的招标，对接市民卡业务工程，成功入选为该项目的中标银行，竞得10个乡镇的市民卡代理权。

加大风险管控，实施“清雷防险”“两遏制、两加强”等专项行动，梳理和排查重点业务、关键领域、重要环节存在的风险点，加强制度的执行力，规范操作，防范各类风险事件。实施大额贷款分级联系制度以及500万元及以上大额贷款副职管理制度，有效控制集中度风险。加大隐性不良贷款的排查，将风险关口前移，防范各类风险事件。加大不良资产保全中心的清收力度，规范大额不良贷款的处置流程，持续做好贷款核销工作，应核尽核，促进业务健康稳健地发展。实施“双轨三线”管理，规范员工8小时内外的行为管理，加大员工信用卡开办情况、家庭负债情况的监控，并落实责任追究。全年开展干部员工谈心谈话1063人次，行政纪律处分13人、组织处理3人。

（邵馨莹）

【中国民生银行杭州建德支行】 2015年，该行围绕“做民营企业的银行、做小微企业的银行、做高端客户的银行”的经营定位，将民生银行“服务大众、情系民生”的宗旨和理念落到实处。年末，各项存款余额5.21亿元，各项贷款余额2.89亿元。

以支持地方经济发展为己任，结合地区情况拓展业务，通过产品创新和优质服务，不断加大对小微企业和涉农信贷支持力度，支持当地农业龙头企业，发挥金融机构支持实体经济的输血功能，成功对接招商企业12户，发放政府融资平台贷款1.75亿元，通过“小微企业互助基金贷款”项目向各类小微企业发放信用贷款6627万元。

夯实服务基础，强化培训和监督考核，不断提高服务效率和服务水平。坚持“一对一、面对面”的服务方式，通过上门开卡、办理手机银行、网上银行等便民业务，提升惠民金融服务。支行以普惠理念引领发展方向，开展金融知识“进社区”“送下乡”活动，向市民宣传普及金融知识，引导其熟练运用银行金融产品及服务。

2015年，支行贯彻民生银行“风险底线不可越、合规底线不能碰、道德底线不可破”的风险文化精髓，围绕“风险管控”与“管理提升”两大主线，强化全行员工的风险意识，建立健全内部控制体系，加强风险管控，保障业务健康持续发展，全年运行总体平稳，资产状况良好，无重大安全事故，实现全年安全经营。 （方晟）

【民泰银行杭州建德支行】 2015年，浙江民泰商业银行杭州建德支行围绕“服务地方经济、服务中小企业、服务城乡居民”的市场定位，致力于为中小企业打造便捷、高效、灵活的金融服务，在小微企业金融服务上做出了自己的特色，建立一套效率高、管控严、风险小的小微企业信贷服务模式，被授予“小企业之家”的荣誉。是年，支行以上级行提出的“做定位、控风险、转方式、促发展”为战略目标，各项业务取得明显成效。年末各项存款余额1.22亿元，贷款余额2.33亿元，贷款资产转让及核销1.14亿元。

调整业务结构，促进转型升级。通过修正考核导向，细化考核方式，加大对50万元以内的小额贷款业务的奖励力度，大力发展50万元以内小额贷款业务。结合“做小做微”的市场定位和“四个不低于”考核要求，贷款业务持续下沉，针对小额贷款设立专项信贷规模，基本做到小额贷款需求全覆盖。是年，总行推出微贷卡、宜居贷、车贷通等创新信贷产品，支行以新产品为切入点，结合建德地区市场情况，积极探索了小微企业批量化营销模式，取得较好成效。

防控并抓，加强风险管理。推行“三人小组”工作机制，进一步规范支行授信审批工作程序，明确工作职责。落实专人做好“一户一策”工作。至年末，支行不良清收任务全面完成。落实风险考核机制，新增不良率考核指标，对客户经理实施尽职管理，开展信贷业务检查监测及授信尽职评价工作。

提高行政办公效率，构建“上级为下级、二线为一线、后台为前台、员工为客户”的大服务格局。营造合规经营氛围，通过全面落实各项业务自查，加强对重点业务环节、重点风险区域的排查工作，并针对自查发现的问题及时进行整改。推进安保案防工作，坚持“多措并举，重在防控”的原则，将防控意识融入内控机制中，全年安全无事故，建德支行被评为2015年杭州市级“平安金融”示范单位和2015年杭州市综合治理先进单位。 （朱玉琪）

【建德市新安小额贷款股份有限公司】 2015年，建德市新安小额贷款股份有限公司进行了战略调整和部署，通过优化信贷结构，延伸服务领域，发展客户群体；依托自身优势，建立贝兜互联网金融平台。

年末，各项贷款余额3.2亿元，同比下降12.3%；存量客户745户，同比增长34. 5 %；户均余额42.95万元，同比减少34. 9 %；全年累计发放贷款14.83亿元，同比减少8. 3 %；累计放贷5683笔，同比增长18.0%。实现总收入6287.59万元，同比增长2.7%；缴纳税收1396.22万元，减少0.4%。获得“浙江省A级优秀小额贷款公司” 和建德市地税“重点纳税大户”称号。

新办公楼开业。公司原址新安东路永兴商厦1号楼四楼办公场地面积小、无门面，客户办理业务停车困难。2013年10月，新安小贷承租市教育局位于严州大道秀水华庭18号（面积922.32平方米，共三层）房产作为新的办公场地。2015年1月1日，举行入驻仪式。

杭州贝兜互联网金融服务有限公司成立。11月27日，杭州贝兜互联网金融服务有限公司（简称“贝兜金服”）在杭州云栖小镇云计算产业园注册成立，注册资本3000万元，其中新安小贷出资1800万元，占注册资本的60%，新安集团全资子公司浙江新安创业投资有限公司出资1200万元，占注册资本的40%。贝兜金服以新安小贷为主要项目策划和实施主体，历经前期市场和行业调研、项目论证和商业模式研究、平台金融产品创新、第三方合作考察洽谈、项目投资环境考察，团队建设、运营规划等筹备工作。初期推出产品有“家装宝”“车险宝”“商E贷”“小钱贷”等。

（洪 骏）

保 险

【人保财险建德支公司】 2015年，中国人保财险建德支公司以“业务有效发展为中心，实现亿元目标，转变观念，加强队伍建设”为重点，向广度、深度要规模，向精准化、精细化要效益。支公司全年保费收入1.05亿元，成功跨入亿元公司行列，支付赔款8300万元，发挥了原国有公司的主渠道作用。

2015年，人保财险建德市营销服务部入驻新衢路，成为人保财险在建德市的第五个营销网点，主要办理农业保险、车辆保险、财产保险、责任保险、意外健康保险、货物运输保险等6大类保险业务。为桥南及其周边群众提供保险业务，打破了摩托车、农用车不能进入主城区办理保险业务的局面。

7月，“关于在建德市开展草莓特色品种保险的请示”向杭州市农办、省发改委申报。11月20日，省发改批文同意建德开展草莓特色品种保险。12月5日开展试点，先后在航头、大同、下涯等乡镇，与当地草莓种植大户签订《建德大棚草莓保险》保单，至年末共计签单128笔，参保面积94公顷。

（王越强）

◎8月8日，人保财险为冬泳爱好者提供保险保障和后勤保障服务

【平安财险建德支公司】 2015年，该公司市场份额继续提升，成本持续优化，实现规模和效益双丰收，全年保费收入3541万元，比上年增长23.5%，市场占比12.4%，支

付赔款1252.3万元。个车(投保人为个人，区别于单位)业务继续发挥车行与综拓渠道作用，个车业务2436万元，增速11%。拓展诉讼保全责任险、信用险、环境污染责任险业务，其中诉讼保全责任险获浙江高院下文认可，在6个月的试行期内,允许平安财险公司和人保两家公司开展。年末，公司有员工22人。

在快速发展的同时，前、中、后台以客户为核心，不断提高客户满意度，用专业和贴心全力服务客户，以提升NPS(Net Promoter Score，净推荐值，又称净促进者得分，亦可称口碑，是一种计量某个客户将会向其他人推荐某个企业或服务可能性的指数。是最流行的顾客忠诚度分析指标，专注于顾客口碑如何影响企业成长。通过密切跟踪净推荐值，企业可以更加成功)为核心，在全体柜面中树立主动为客户服务的理念。开展妆容、礼仪课程巡讲，提升柜面礼仪形象。开展“停车关怀”服务,鼓励员工遇到事故发生时,主动停车，为车主提供理赔服务指引，协助报案，伤者救助等关怀服务。推出“国庆护航”“日行一善”等等系列关爱客户服务活动，彰显平安正能量。平安产险让客户用最简单的方式，解决最迫切的需求，用最少的精力完成投保—理赔—服务。

加快网点铺设，建立乾潭服务部，为乾潭、钦堂、梅城、三都4个乡镇的客户提供更方便快捷的服务。 (潘旭涛)

证券

【银河证券建德新安路营业部】 2015年，中国银河证券股份有限公司建德新安路证券营业部(以下简称建德营业部)营业收入5478.56万元，比上年同比增长272.1%；累计税前利润3109.7万元，同比增长276.34%，累计股票基金权证交易量为698.61亿元，同比增长381.75%；客户总资产为12.8亿元，新开户数为3251户，有效客户数1.5万户。年末，有员工21人，其中正式员工8人、客户经理9人。

2015年，中国股市在A股年鉴册上留下深刻的印记，超过1700点的史上最长年度上影线，126万亿元史上年度最高成交量，超过1990年以来总成交的30%，以5178点创史上第三高点，非单边市中，振幅超过70%，3个月17次千股跌停。在金融新秩序、新规则，监管新态度、新举措下，建德营业部未雨绸缪，把握机遇，全年围绕“做精通道业务，做大创新业务，做强理财服务，做优资源配置”这一经营管理思路，积极搭建服务平台，超前规划业务目标，推进过程管理，深入实践核心文化。

是年，建德营业部从传统的通道服务转型，积极开拓多元化收入，稳步推广现金理财产品，增加客户的闲置资金使用率和收益率；把握市场节奏，精耕细作融资融券业务，提出“两融”业务的发展要将“开发客户、培育客户、保护客户”作为经营宗旨，从原先充分关注两融业务为营业部经营带来的效益，转向更多关注客户资产的保护。营业部持续进行每周2次的股民学校活动，开展“了解你的客户”活动，将合适的金融产品推荐给适当的客户；开展“理财经理的一天”活动，推广标准化服务及规范化管理。 (吴文涛)

编辑: 郑志良

财政　税务

Finance & Taxation

财 政

【概况】 2015年，建德市财政总收入36.50亿元，同比增长6.0%。其中，一般公共预算收入21.20亿元，同比增长7.2%，占财政总收入的58.1%；一般公共预算支出41.09亿元，同比增长27.0%。全年财政收支平衡。

突出重点领域，对接国家、省、杭州市转移支付补助政策，全年向上争取补助资金17.5亿元，其中地方政府新增债券3亿元。开展营业税专项辅导清理，加强房地产业、建筑业税收管理，加强杭黄高铁工程、千岛湖配水工程项目税收管理，加快企业重组、资产转让、股权转让税收审核。推进建筑业企业所得税预警管理，实现新增税收1000万元以上。加强个人出租房税收征管，管理初见成效。谋划项目、建立机制、凝聚合力，推进开源增收，实现新增税收1.38亿元。以注册地经济为导向，扩展渠道，开展招商引税，新引进企业79户，入库税收1.01亿元。

强化非税管理，确定排污费收入、土地出让金、采矿权拍卖所得、河道采砂权出让收入、经济适用房上市交易收入5项为非税收入开源增收项目，并制订专项考核办法。继续推进政府非税收入管理信息系统建设相关工作，对新纳入系统的21家教育系统执收单位进行业务培训和指导。开展收费专项清理规范工作，全年组织非税收入20.35亿元，同比增长2.5%，其中政府性基金收入17.42亿元，同比减少2.0%。

建立碳酸钙行业税收常态化管理机制，引导资源型企业集约利用资源，倒逼高能耗行业推行节能减排。开展服务企业大竞赛活动，支持大众创业万众创新，继续配合相关部门助推“个转企”（是指个体工商户利用现有的生产经营条件，依法重新登记有限公司、个人独资企业、合伙企业等各类企业）、“四换三名”（腾笼换鸟、机器换人、空间换地、电商换市合称“四换”。“腾笼换鸟”即集中力量扶持高科技、高附加值的产业和产品，淘汰高能耗、高排放、低产出的产业和企业。“机器换人”即通过技术改造和设备更新，实现减员增效。“空间换地”即集约用地，以亩产论英雄。“电商换市”即大力发展电子商务，实现商业模式的创新和提升。“三名”即着力培养名企、名品、名家，打造行业龙头）工作。落实清费减税优惠政策，加大小微企业扶持力度。对拟挂牌上市的优质企业进行培训辅导，并对上“新三板”企业给予每户80万元的资金补助。设立1亿元应急调头专项资金，为全市中小企业解决融资难、担保难问题，全年共为176家中小企业办理贷款调头362笔，财政出借资金累计12.41亿元。开展“三大竞赛”（服务企业大竞赛、项目推进大竞赛、招商引资大竞赛）。大走访活动，累计走访企业530家，帮助企业解决实际问题435个，建立上市培育企业点对点服务、促进企业重组等3项长效机制。开展总部经济、注册地经济、产业基金、基金小镇等多方面的招商引资工作，引进企业8家，实到资金9000万元，其中市外资金6000万元。设立规模为3亿元的市政府产业基金，首期到位资金1.2亿元。成立建德市金融投资有限公司，发挥产业基金的引导和放大作用，推进产业转型升级和新兴产业发展。

【保障民生支出33.50亿元】 全年用于民生方面的财政支出33.50亿元，同比增长26.5%，占一般公共预算支出的81.5%。全年教育支出8.30亿元，同比增长13.26%。科技文化事业支出2.30亿元。医疗卫生支出3.42亿元，同比增长28.57%。社会保障和就业支出5.89亿元，同比增长49.76%。用足用好各项强农惠农政策，支持农村电子商务、生态农业、现代农业等新型农业和新农村建设，做好草莓、柑橘等特色产业培育；争取一事一议财政奖补助推美丽乡村建设资金4500万元，以莲花镇和下涯镇为试点，整合资源、集中资金着力打造美丽乡村建设新样板。争取地方政府新增债券3亿元，用于“三改一拆”、“五水共治”行业整治提升等工作。其中，重点区块棚户区改造工程项目2亿元、节能环保加大农村生活污水整治项目8000万元。

【推进财政改革】 2015年，市财政局完善预算编制、执行、监督“相互循环、互为前提、一体运行”的“三位一体”财政管理框架，优化业务流程。按照财政资金支持方向进行分类整合管理，规范专项资金准入和退出机制，形成全市“一盘棋”。严格支出执行，硬化预算约束，建立结转结余资金定期清理机制，强化结转结余统筹。实施全口径预算，将一般公共预算、政府性基金预算、国有资本经营预算和社会保险基金预算纳入政府预算体系，试编中期财政规划，调整预算支出结构，实现预算安排有保有压。全面推开专项资金清理，实行分类管理，336个财政专项资金清理归并为107个项目，建立市本级财政专项资金目录清单。

【财政监督实现全覆盖】 完善“三公”管理，全市除3个符合保密规定暂不公开预算的部门外，其余63个部门全部对外公开2015年“三公”经费预算并向市财政局备案。强化政府投资项目全过程监管，全年共计完成前期项目审计203个，工程预算审核65项，审核拨付项目资金10.10亿元，审核支付过程中纠正不合规发票19份，完成10个投资项目的竣工财务决算审批。推进国有资产监管全覆盖，核实国有资产数据，夯实国有资产整合基础，完成全市17个部门、9个乡镇、2家市级国有公司以及177个下属单位的进点核查，在上报资产433.42亿元的基础上核查新增资产7.72亿元，并归类整合首批资产26.55亿元，用于项目融资和国有公司增资注资。

【提高财政资金使用效率】 出台《关于推广运用政府和社会资本合作模式的实施意见（试行）》，梳理筛选全市适用PPP模式建设的项目，公布2015年建德市鼓励社会资本参与建设运营项目库，第一批PPP模式推荐项目共30个。启动财政资金竞争性存放，出台《建德市财政专户资金竞争性存放管理暂行办法》《建德市市级行政事业单位公款竞争性存放管理暂行办法》，各竞争银行对账户资金进行公开招标。创新性开展存放工作试点，率先于杭州四县（市）组织4亿元财政资金竞争性存放招投标。规范地方政府债务管理，全年新增金融机构融资61.7亿元，争取3批政府债券置换21.7亿元，新增地方政府债券3亿元，全年节约财务成本2.1亿元，负债期间累计可节约财务成本16亿元。出台《关于打造之江湾财富小镇的若干意见》，引进平台公司和基金公司，推进全市各类基金聚集发展和基金业态创新发展，加快形成产业集聚。

【成立建德市金融投资有限公司】 7月28日，建德市金融投资有限公司成立，该公司股东为建德市国有资产管理委员会办公室，注册资本1.2亿元，主要从事金融类股权投资、政府性股权投资基金管理及资产管理和服务等业务。

（江泽潭）

地 税

【概况】 2015年，全市地税部门共组织各项收入41.94亿元，比上年增长44.8%。税收收入累计入库16.80亿元，同比增长3.6%。其中，营业税4.50亿元，增长14. 7%；企业所得税3.13亿元，同比减少11.8%；个人所得税2.40亿元，同比减少1.4%；其他各税6.76亿元，同比增长7.2%。其他基金费收入累计入库25.14亿元，同比增长97.3%，其中社会保险基金收入23.37亿元，增长110. 2%。

完善重点税源监控，纳入县（市）级以上监控的户数由上年的185户增加到189户。完成40家企业全国税收调查工作。11月1日起，停止发售88–89版印花税票，推行退税电子退库。加强欠税清理，累计清理企业121户，清欠税费541.96万元；完成纳税评估100户，入库税费961.14万元。制定《房地产业税源专业管理办法》，推进建筑业集中管理。做好经济适用房上市交易税收征管，实现收入670.55万元。深化风险管理，推进碳酸钙行业税收风险管理。深化国地税协作，落实国地税合作工作规范（1.0版），新建国地税税收网格化征收点13家。推进税收保障工作，市政府出台涵盖24个部门57类涉税信息的税收保障工作实施意见，通过定期采集，共取得各类涉税信息100263条。

完成1206户企业所得税、1226户个人所得税汇算清缴，应补税款6298.04万元。完成2014年度社保费结算，结算应补社保费3427万元。组织年所得12万元以上个人自行申报个人所得税，共2408人完成申报，补缴税款37.5万元。强化企业所得税后续管理，完善建筑业所得税预警管理，对纳入建筑业所得税预警管理的企业，实行1%的建筑业所得税预警税负率指标值。推进营业税专项辅导清理，辅导清理企业368户，入库税款1058.56万元。强化印花税征收管理及清理，专项清理企业644户，入库税款110.64万元。加强资源税征收管理，完善国税委托代征，完成32户企业的资源税年度结算，补缴税款288.37万元。开展房产税、土地使用税税源核查，核查全市房产税、城镇土地使用税征收范围内所有企业的经营性房产和土地，比对发现问题企业108户，新增土地使用税129.32万元、房产税125.55万元。

落实《全国纳税服务规范（2.0版）》，打造标准化办税服务厅。推进建德地税纳税服务平台建设，注册企业700余户。深化国地税协作，提升"纳税人学堂"办学水平，举办主题培训20期，参培人员1500余人次。落实"便民办税春风行动"，组织税收宣传月活动，举办"同心汇聚"杯篮球赛活动、青少年暑期开放日、税法宣传直通车等主题活动7场，累计发放宣传资料5000余份。落实"五证合一、一照一码"登记制度改革，推进行政审批制度改革，做好浙江省政务服务网上线运行工作。

【开源增收项目实现收入26.67亿元】 2015年，市财政局、市地税局、市国税局牵头开展开源增收工作，共制定包括物流行业税收管理，重点交通工程建筑项目税收管理，饮料、水泥行业关联交易税收管理，碳酸钙行业税收管理，资源税管理，房地产、建筑业税源专业化管理，加强出租房税收征管，加大欠税清理力度，建立纳税人费款异常申报预警系统，强化税务稽查和纳税评估，排污费收入，土地出让金，采矿权拍卖所得，采砂权出让收入，经济适用房上市交易在内的15个开源增收项目，建立服务专班，坚持“依法征收，不收过头税”的原则，工作项目化、项目清单化、清单责任化，通过国税、财政项目推进带动地税税收增长，优化地税收入结构。全年开源增收项目共实现收入26.67亿元，其中税收项目实现收入16.80亿元，增收2.65亿元，增长18.7%。

【涵养地方优质税源】 2015年，市地税局落实小型微利企业减半征收企业所得税、促进重点群体创业就业、小微企业、二手房免征营业税等税收优惠政策，减免各类税款1.92亿元。推进社会信用体系建设，完成全市3127户纳税人2014年度纳税信用等级评定。推广“银税互动”守信激励措施，与中国建设银行、建德市农村信用合作联社两家银行签订“税银企”互动全面合作协议。推进优质税源培育，确定建德市新安小额贷款股份有限公司等10家企业为优质税源培育对象，成立高新技术、上市、挂牌、重组等企业专班服务团队。建立碳酸钙行业税收常态化管理机制，引导资源型企业集约利用资源，倒逼高能耗行业推行节能减排。开展“三大竞赛”大走访活动，累计走访企业530家，帮助企业解决实际问题435个。

【个人出租房税收征管】 2015年，市地税局开展个人出租房税收调查，共登记房源信息7249条。委托专业评估公司对租赁价格进行评估，形成288个不同区域、路段、用途的出租价格，并测算确定合理的计税价格和征收任务，统一政策口径和征管程序。开展业务培训，在《今日建德》、电视台和公交车、广场显示屏宣传个人房产出租税收政策。委托新安江街道、梅城镇等6个乡镇（街道），以及浙江锦润百货有限公司等2家企业进行代征。对接乡镇（街道）及所辖社区，加大催报催缴力度。全年应征收5763户，征收入库5101户、税费734.69万元，征收面88.5%。

【税收执法】 落实债权申报和申请法院协助执行程序，深化法院涉税协作机制，完善税费债权主张，申报破产企业税收债权3件、参与法院执行案件拍卖款分配23件，金额360余万元。整顿和规范税收秩序，组织开展税收专项检查5批次、182户，涉及房地产、建筑安装企业、矿山行业、碳酸钙行业、五金行业、低压电器行业、非金融企业股票转让企业，查补税款2200余万元。严厉打击发票违法犯罪，在全市范围内开展发票使用情况专项整治，比对发票1800余份，发现违规发票17份，涉及企业11家，查补税费24.43万元。强化重大案件审理和跟踪管理，制定税务稽查指南和稽查案件时效监督管理制度，健全纳税人陈述申辩制度，完善案情分析会制度，落实取消多项进户执法项目政策。

【成立纳税人权益保护协会建德分会】 11月18日，杭州市纳税人权益保护协会建德分会正式成立，成为杭州市县区第一家由纳税人自主发起、自主管理的纳税人权益保护组织。分会作为创新纳税服务的全新载体，努力为建德市广大纳税人搭建起三个平台。一是培训平台。定期对会员进行税收政策培训，切实提高企业财务人员的纳税申报技能和综合素质。二是税企沟通平台。经常开展税收研讨、税法讲座等活动，帮助企业用足、用活、用好税收政策。三是特色服务平台。建立政务办理绿色通道，为会员提供个性化服务，将

各项承诺落到实处。分会共有会员单位21家，其中会长单位1家，轮值秘书长单位2家，普通会员单位18家。（李 蕾）

国税

【概况】 2015年，市国税局围绕税收现代化建设六大体系内容，通过抓“开源增收”关联交易管理等系列举措，全年组织收入18.50亿元，增幅8.5%。其中，营改增1.14亿元，同比增幅58.3%；不含免抵调收入16.50亿元，同比增幅2.8%。构成财政总收入17.26亿元，同比增幅9. 6 %；构成地方财政收入5.51亿元，同比增幅12.2%。

强化税源培育，全面落实各项税收优惠政策，全年累计办理各类减免退税5.77亿元，占国税收入的32.4%；开展全员招商，完成招商引资1.06亿元，创历史最高，居市级机关部门之首。

【落实税制改革】 做好“营改增”试点扩围，至年末，有1736户纳税人纳入营改增试点范围，全年改征增值税入库1.14亿元，同比增长58.3%，占国税地方财政收入的20.6%。完成增值税发票系统升级版工作。推行出口退（免）税无纸化管理，退税时间最快缩短至5个工作日，全年累计办理各类减免退税5.77亿元，占国税收入的32.4%。

【税收专业化管理】 通过系统累计推送后续管理任务12962件，完成率99.6%。完成省局、杭州市局下发61件重点税源风险应对任务，入库税款762万元。通过中小企业税收风险系统分析排序，累计完成115户次中小企业风险应对任务，入库税款140万元。开展企业所得税后续审核，调整减亏额7509万元，补缴入库税款1554万元；推进企业所得税的核定征收工作，核定征收746户，核定面23.3%。

【2项管理新模式入选省创新项目库】 制定国税、地税合作意见，明确合作项目41项，探索联合开展碳酸钙行业“以电控税”管理新模式，入选省局管理创新项目库。通过市药监局、市旅游商务局、市财政局、市地税局等第三方涉税信息运用，补交税款和滞纳金近70万元，调整企业以前年度亏损86万元。

开展重大事项预约裁定工作，为企业提供涉税政策处理确定性和税收政策执行统一性服务，入选省局管理创新项目库。建立局领导走访大企业制度，为21户大企业排查各类风险15条，补缴税款580余万元、加收滞纳金70余万元。通过关联申报审核、同期资料检查等监控管理，入库税收1001万元，加收滞纳金1.04万元。

【纳税人满意度提升】 制订《2015年度纳税人满意度管理工作方案》，涵盖10个方面、28项内容，在第三方满意度调查中，办税服务厅、企业所得税核定征收两个事项的满意度上位列杭州市第一；与杭州市局、西湖区局合作《纳税人满意度管理》创新项目，被省局立项。推行“网格化管理”，在全市13个乡镇（街道）设立社会化办税服务点，10058户纳税人全部纳入网格化管理，完成各类信息采集任务12328条，代开发票54896份，入库国税收入1921.77万元，代征地方税收953.07万元。完成全市3458户企业的信用等级评价工作，与建行建德支行、市信用联社开展税银合作，推出“税易贷”服务，累计向B级信用以上纳税人发放信用贷款24户次共2370万元。

【创建成为全省首批法治税务示范基地】 严格遵守重大税务案件审理办法，执法准确率为

99.99%。全年召开案审委审理案件15件，1个案件获杭州市优秀税务稽查案件三等奖，1个案件入选杭州市纳税评估优秀案例，“三级质检”指标考核情况在7个县（市）局排名靠前，成功创建全省首批法治税务示范基地。落实行政审批制度改革，清理取消63项非行政许可审批事项，保留6项行政许可，压缩办税时限42%。落实“五证合一、一照一码”，共完成486户纳税人发证、换证工作。整顿规范税收秩序，开展打击虚开发票、骗取出口退（免）税违法犯罪活动，查办虚开发票案件14起、出口骗税案1起，移送公安6件，判刑7人；全年稽查入库税收1916万元。

（万文文）

编辑：郑志良

◎市国家税务局“微夜校”

经济管理

Economic Management

发展规划

【概况】 2015年，建德市实现生产总值320.4亿元，同比增长8.9%，其中第三产业增加值122.1亿元,同比增长12%；完成农业总产值48.8亿元，增长6.3%；完成规模以上工业销售产值420.7亿元，同比增长1.1%，规模以上工业增加值90亿元，同比增长8.2%；完成社会消费品零售总额104.5亿元，同比增长11.9%；自营出口9.5亿美元，同比增长9.4%；完成全社会固定资产投资175.9亿元，同比增长22.7%，其中工业投资70.8亿元，同比增长18.3%；省市县三级重点项目开工率均达到100%，完成年度计划投资均在120%以上，均创历史新高；实到内资71.4亿元，增长14.2%,实到外资1.43亿美元,同比增长2%；地方财政收入21.2亿元，同比增长7.1%；城市居民人均可支配收入38102元，同比增长8.5%，农村居民人均可支配收入20051元，同比增长9.6%；人口自然增长率为3.1‰，新增城镇就业人数6832人，城镇登记失业率2.62%；城乡居民医疗参保率达到99.9%；初中毕业生升学率99.7%。纳入国民经济和社会发展年度计划的19项预期目标，受宏观经济环境影响，规模以上工业销售产值、城市居民人均可支配收入、农民人均可支配收入3个指标未能完成全年目标。

确定全市“十三五”规划总体规划1个、区域规划4个、专项规划30余个。市发改局牵头编制的重大项目、大健康产业、服务业、物流业、产业发展主要平台等规划均形成征求意见稿，同时，组织开展“十三五”“重大项目、重大工程、重大政策、重大平台”梳理与申报。

2015年，市发改局紧扣关键和重点环节开展调查研究，撰写《关于全市拆迁安置房建设和管理情况的调查与思考》《我市中央投资项目监管情况分析及建议》和《关于我市建立大计划管理体系的建议》。完成建德市“十三五”规划基本思路研究、建德市“十三五”节能主要方向和重点领域思路前期研究、建德市“十三五”重点项目建设思路研究、建德市产业结构调整和空间布局优化研究、建德市环境功能区划深化研究、建德市人口分析、建德市三次产业增加值占比情况分析、建德市十三五经济社会发展阶段目标环境研究、建德市线性基础设施建设布局研究、建德新型城镇化推进等10个重大课题研究。先后编制2015年和2016年国民经济和社会发展计划草案，通过十五届人大常委会审核通过；编制《全市主要经济目标、项目任务清单》，由市委、市政府督查室下文执行。

组织开展全市重点企业、中小企业和重点服务业监测工作。至年底，参加监测的各类企业

211家，全年监测上报率达到95%以上。完善经济形势分析例会制度，逐季主持开展经济运行分析例会，及时撰写季度经济运行分析材料，并在《建德内参》或《建德参阅》刊登。

【重点项目建设】 全市列入省重点实施类项目9个，总投资72.7亿元；列入省重点预安排项目4个，总投资34.7亿元。2015年实施类项目全部开工建设，完成投资9.4亿元，为年计划的158.9%。其中，列入杭州市重点实施类项目15个，总投资101亿元，年度计划投资11.6亿元；列入杭州市重点预备项目10个，总投资68亿元。50个建德市政府投资重点实施类项目全部开工建设，总投资156.8亿元，年度计划投资37.5亿元，全年完成投资44.6亿元，为年度计划的119%。

【落实专项规划27个】 编制《2015年规划编制计划》（建政办函〔2015〕99号）。是年，需编制的规划共27个，其中，综合发展类7个、产业发展类8个、城市建设类11个、其他类1个。至年底，规划按进度计划要求全部完成。《浙江省千岛湖及新安江上游流域水资源与生态环境保护综合规划》及《浙江省千岛湖及新安江上游流域水资源与生态环境保护综合规划实施方案》通过国家发改委检查。完成《建德市通用航空产业园总体规划》编制招投标相关工作。参加全市全域旅游发展规划、水土保持规划、土地利用规划修改、市域总体规划评估等征求意见会，并提供相关基础材料。

【列入省级经济社会发展总体规划编制试点】 开展“多规合一”（指将国民经济和社会发展规划、城乡规划、土地利用规划、生态环境保护规划等多个规划融合到一个区域上，实现一个市县一本规划、一张蓝图，解决现有各类规划自成体系、内容冲突、缺乏衔接等问题）工作，撰写《关于我市推进“多规融合”的几点建议》。起草《关于要求将建德市列为“多规合一”试点工作市（县）的请示》，并通过市政府审核报省发改委，11月30日，建德市被省发改委列为经济社会发展总体规划试点县（市）。制定《建德市“多规合一”试点工作方案》和《建德市“多规合一”总图划分技术方案》，形成包括城镇、生态、农业在内的三类空间布局总图。

【编制建德市“十三五”规划】 根据《中共建德市委关于制定建德市国民经济和社会发展第十三个五年规划的建议》，组织开展《建德市民经济和社会发展第十三个五年规划纲要》编制工作。该规划提出“生态立市、创新活市、工业强市、服务业兴市”四大战略要求，明确今后五年建德市经济社会发展的六大任务：突出经济转型升级，优化现代产业结构；突出城乡协调发展，增进市域统筹一体；突出生态文明建设，增强永续发展能力；突出民生福祉改善，共建共享“幸福建德；突出社会治理完善，激发品质发展活力；突出开放合作深化，提升发展层级与水平；突出社会治理完善，激发品质发展活力。12月，《建德市民经济和社会发展第十三个五年规划纲要》通过专家评审。

【探索“PPP”建设模式】 9月，市政府出台推广运用“PPP”（“PPP”，Public-Private Partnership，即政府和社会资本合作模式，在该模式下，鼓励社会资本与政府进行合作，参与公共基础设施的建设）的实施意见，成立推广工作领导小组，建立PPP项目储备库，并向社会公开推荐第一批项目30个。同时，争取列入上级实施计划。至年末，浙西国际心脏中心（1期）、杭州第二固体废物处置中心、杭黄铁路建德东站连接线及站前广场等“PPP”项目实施方案编制完成。

（吴 晶）

经济体制改革

【概况】 2015年，建德市落实《浙江省人民政府关于全面开展县域经济体制综合改革的指导意见》要求，起草《建德市经济体制综合改革方案》，涉及要素差别化配置机制、产业结构调整创新、城乡一体化发展、民间资本进入社会事业领域、企业投资项目高效审批制度、建立健全普惠金融体系六大改革领域，实施差别化电价制度、完善项目准入制度等31个小项。12月2日，该方案经政府常务会议讨论通过，并上报省发改委。

【国有旅游资源资产化经营】 探索国家公园体制机制，对国有旅游资源进行统一规划、统一管理、统一建设开发利用，实现资源开发利用最优化。6月25日，出台《建德市大新安江景区国有旅游资源资产化经营实施方案（试行）》，采取试点先行的办法，以大新安江景区范围内的东线国有旅游资源资产化经营为试点，明确总体开发规划由市旅投公司负责，东线旅游资源的具体经营管理由旅游投资公司子公司富春江国家森林公园旅游有限公司负责，分两批实现资源性资产的管理经营权移交。

【小城市培育】 2015年，建德市小城市培育试点工作领导小组下设规划建设、项目推进、体制创新、产业培育四个小组，研究和协调乾潭镇小城市培育工作过程中的重大问题及事项。下发《2015年乾潭小城市培育试点重点工作任务分解表》，建立工作督查、推进、协调月度例会机制。建立小城市培育重点工作任务完成情况每月通报机制。争取到位省小城市培育扶持资金2820万元。3月26日，市政府印发《2015年乾潭小城市培育试点重点工作任务分解表》，下达19项重点工作任务到21个市级部门单位，并将培育试点工作任务纳入各责任单位年度目标管理考核。4月8日，童定干市长在乾潭镇主持召开全市小城市培育推进“千人”大会，进行“再动员、再部署、再落实”，动员部署2015年乾潭小城市培育试点工作。

【中心镇培育】 1月，出台《关于下放中心镇第三批经济社会管理权限的通知》，下放经济社会管理权限58项。四个中心镇（乾潭镇、梅城镇、寿昌镇、大同镇）全年固定资产投资54.43亿元，完成年度任务的110.4%；完成“双千工程”项目投资15.6亿元，申报杭州市中心镇建设项目5个，分别是乾潭镇安仁弃矿土地综合整治项目、钱塘江干堤富春江库区建德市梅城段(梅城大坝）加固工程II标段、梅城镇污水处理厂提标改造工程、寿昌镇农村住房集中安置建设项目一期（A01)、大同镇农村生活污水治理工程，争取上级扶持资金2800万元。梅城镇获杭州市中心镇建设重点补助经费500万元。

【企业改制】 2015年，杭州三耐环保科技股份有限公司、浙江隆源环境科技股份有限公司完成股份制改造并在“新三板”挂牌，卓达新材料科技集团杭州有限公司、浙江泰麟汽车科技股份有限公司在浙江股权交易中心创新板挂牌，浙江华电智能电站设备股份有限公司、浙江久晟油茶科技股份有限公司等6家企业完成股份制改造。出台《关于促进企业利用资本市场加快发展的若干意见》，全年兑现股改挂牌奖励资金490万元。杭州沈氏节能科技股份有限公司股权融资264.6万元，成为建德市首家利用资本市场直接融资企业。

【3家小贷公司全省监管评级均获A级】 2015年，建德市新安小额贷款股份有限公司、建德

市建业小额贷款股份有限公司、建德市白沙小额贷款有限公司在2014年度全省小贷公司监管评级中，均考核为A级。3家小贷公司当年累计发放贷款6647笔、22.78亿元，其中100万元以下小额贷款15.01亿元。市金融办争取小贷公司风险补偿金17.33万元，小额贷款保证保险风险补偿金1.35万元，初审转报新安小贷定向借款、白沙小贷高管变更工作。（方馨卉）

市场监管

【概况】 2015年，建德市市场监管局坚守食品、药品、特种设备三大安全底线，服务经济社会发展，开展各类专项整治27次，检查企业、个体工商户、市场、超市6300家次，立案查处各类违法违章案件260件，其中大案73件，罚没款410.65万元。受理各类消费投诉举报714件，调处率98%；37家消费维权服务站共受理投诉2．11万起，为消费者挽回直接经济损失200余万元。开展消费领域"霸王条款"整治，查处问题合同14份，纠正不公平格式条款17条。在11家农贸市场、61家加油站、28家眼镜店、25家医疗机构、15家超市（商场）开展诚信计量体系建设，其中，医疗用强制检定计量器具、加油机等检定合格率100%，农贸市场计量器具检定合格率98.7%，定量包装商品检查合格率95.6%。

寿昌、白沙农贸市场成功创建为省放心农贸市场，新安江农贸市场四星级、府西农贸市场二星级、乾潭综合市场二星级文明规范市场通过验收，新安江农贸市场被认定为2015年度全国诚信示范市场及浙江省诚信示范市场。完成地下商业街整治改造，出台《新安江地下商业街管理公约》。推进桥东农副产品批发市场搬迁工作，完成溪头、大塘坞农贸市场整修、摊位布局调整及一期招租。

【商事登记制度改革】 推行注册资本认缴制，取消最低注册资本限制，进一步放宽经营场所、名称登记条件，简化取冠杭州市名、冠省名程序，直接核准冠杭州市名称企业175个，办理冠省名企业39个。2015年，全市新增市场主体3687户，其中内资企业795户，注册资本62.36亿元，注册资本数额比上年增长91.9%。134项工商登记前置改后置工作全部落实，先后完成"先照后证""证照合一""五证合一""一照一码"工作，实行局所一体化审批，平均为每家企业减少重复资料25份、缩短办证时间15个工作日。简化企业退出程序，办理无债务企业简易注销登记31件。

【小微企业培育】 9月，市政府出台《建德市小微企业三年成长（2015—2017）实施意见》，至年末，全市新增小微企业789家。其中，新增科技型企业30家，七大产业小微企业303家，新

◎新安江农贸市场

三板挂牌企业6家，挂牌后实现融资1家，“小升规”企业61家。组织开展“当好店小二、服务小微企”——百名市场监管干部服务小微企业成长活动，共走访企业3500户次，发放电子服务券21万余元，发放政策汇编4000余份，帮助小微企业解决实际问题200余个。通过动产抵押、股权质押融资，帮助企业解决“融资难”问题，共办理公司股权质押登记37件，出质股权83.3亿元，助企融资7.24亿元。开展“个转企、小升规、规改股、股上市”工作，共引导个体工商户转型升级为企业245家，完成小微企业成长计划三年任务的146.7%，其中转为公司制的企业220家，占比89.8%。实现“规下”工业企业升“规模以上”25家，完成目标任务的312%；“规下”服务业小微企业升“规模以上”14家，目标任务为1家；完成“限下”批发零售、住宿餐饮业小微企业升“限上”22家，完成目标任务的183%。

【企业信用信息公示监管】 完成2013及2014年度企业年报及信用信息公示工作，2013及2014年企业年报率分别为90.9%和90.4%；个体年报率分别为83.4%和80.3%，2014年农专社年报率为65.3%。指导开展“守合同重信用”评定，新认定浙江省工商企业信用“守合同重信用”企业A级30家、AA级26家、AAA级2家，续展认定AAA级“守重”单位4家；完成355家抽查企业的核查及系统录入工作；帮助2家企业成功申报浙江省信用示范企业。

【实施名牌标准化战略】 组织实施《建德市2015年质量强市建设行动计划》，开展建德市政府质量奖评定和推荐工作，成功引导8家企业导入卓越绩效管理模式，8家企业主动申报2015年政府质量奖，培育获证首席质量官6名。新增杭州市名牌产品5件、国家驰名商标1件、浙江省著名商标1件、杭州市著名商标6件。出台工业、农业标准化激励政策，兑现标准化奖励58万元；指导标准化技术委员会工作，完成化工行业标准3个；指导企业参与10个国家、行业标准制修订；制定发布《建德草莓栽培技术》系列标准，为主导农业产业发展提供技术支撑保障；通过杭州市地方标准制修订项目1个、标准化示范项目3个、“美丽乡村”标准化试点项目1个；首次将标准化工作引入服务行业，建德果蔬乐园项目首次纳入服务标准化考核内容；审核规模以上企业采用国际标准情况，364家规模以上企业采标率达60%。推进企业网上自主申明工作，企业网上标准自主申明率及备案率达100%。57家企业办理商品条码（含新注册10家）。

【食品安全监管】 推进108家豆制品、卤味制品、糕点小作坊改造提升，整治品种扩面至米面粮油制品等。在全省创新开展“阳光作坊”建设，在新安江农贸市场13家卤味摊位开展试点，巩固小作坊整治成果。推进校园饮食放心工程及“五可阳光餐饮”工程，全市学校A、B等级食堂比例达到80%，15家大型、特大型餐饮企业及49家学校食堂（不含幼托机构）建成“视频厨房”；完成餐饮食品“量化分级”管理1555家，量化率100%；整治174家无证小餐饮，城区持证率达95.8%。开展68家校园及周边食品经营户专项治理，立案查处涉嫌滥用食品添加剂、“三无”“假冒伪劣”的小食品7种2000余包，强制下架退市“五毛”“一元”食品2万余包。全面建成食品安全基层网络，16个乡镇（街道）建立食安委及其办公室并落实2名专职工作人员，村社配备259名食品安全专管员和702名食品安全信息员；成立由13名理事、114名会员组成的食品安全监督协会。

【药品安全监管】 全年共检查药品经营企业179家次，器械经营企业21家次，责令整改33家次，当场处罚9家次。实施新版GMP、GSP，32家药品零售企业通过新版GSP认证检查，全市药品零售企业完成阴凉区（柜）建设。重点规范医疗机构药械使用质量管理行为，防控使用非法或不合格药械，监督检查医疗机构157家次，责令整改11家次。完成中药饮片生产经营使用专项检查、医疗器械生产经营使用综合专项检查等专项行动，检查单位218家次，抽检60批次，发现不合格6批，作违法案件移交处理。推进药品信息化监管，在线实现基药电子监管码生产赋码、经营配送核注核销管理、药品批发连锁仓储温湿度管理、特药购销经营管理、监控药品零售购销存管理、药师驻店在岗管理和处方药销售管理，药品进销存数据上报率超过95%，信用扣分处理1300余家次，发送质量预警、监管信息40余条，处理药师不在岗问题23家次。完成药品不良反应和医疗器械不良事件监测并上报，共收集上报药品不良反应763例、器械不良反应50例。完成药品抽验225批次、医疗器械抽验2批次，其中药品检测不合格29批次、器械不合格1批次。全年回收家庭过期药品1600余盒（瓶）。处置药械保化（保健食品和化妆品）举报投诉16起。

◎药品及保健品知识宣传（宁华 摄）

【保健食品和化妆品监管】 全年检查保健食品和化妆品经营企业124家次，完成40个非特殊化妆品的备案核查。完成节日市场、虫草类、酒类非法添加等专项检查，检查经营单位80余家，抽检产品17批，移交查处不合格2批次。开展保化经营示范创建，推荐上报保健食品示范单位5家、化妆品示范单位9家。完成抽检保健食品63批次、化妆品16批次，保健食品、化妆品不合格各1批次。

【特种设备安全监管】 2015年年末，全市实际在用特种设备使用单位930家，在册特种设备共计7340台件，其中锅炉在用456台、压力容器3961台、电梯1264台、起重机械1007台、客运索道1条、大型游乐设施7台、厂内机动车辆644辆，压力管道200千米、各类气瓶20余万只。全年检查单位297家，排查隐患253项，整改率98%；发出安全监察指令书59份，受理投诉举报16起，查处立案违法行为9起；培训作业人员810人次。联合安监、旅商、燃气主管部门开展检查30余次，分解落实专项隐患整治工作至乡镇（街道），通过乡镇排除隐患1276项。开设"建德市电梯公众查询平台"，将电梯制造、维保、使用管理和年检、人员取证等信息向公众开放。清理新《特种设备目录》和"清库修档"，调整目录设备659台件。组织开展"电梯安全大会战"，全市71家单位1103台电梯"一梯一表"完成全面自查自纠；抽查电梯255台次，责令停用电梯11台件，查处整改隐患数169项。（廖小俏）

审 计

【概况】 2015年，市审计局以“审计价值提升年”和“书香审计、活力审计、自信审计”主题活动为载体，加强监督力度，提升服务水平，主动地融入建德经济社会发展大局。全年完成审计和审计调查项目37个，查出主要问题金额8.62亿元，其中管理不规范金额8.50亿元、违规金额224万元、损失浪费金额1035万元。查出非金额计量问题121个，提出并被采纳审计建议100条，促进出台制度和办法24项，其中市级层面制度12项。移送案件线索9起，其中8起移送纪检、司法机关。完成政府投资项目工程价款结算审核项目134个，送审造价合计16.23亿元，审定造价15.17亿元，净核减工程款1.06亿元，净核减率6.55%。指导开展内部审计项目155个，提出建议意见被采纳123条。编发审计专报、信息49篇，其中省厅录用11篇，市局录用34篇。市审计局被评为全省审计机关考核优秀单位、杭州市审计系统考核优秀单位。

全年3次赴审计署、2次赴南京审计大学，介绍经济责任审计量化评价体系经验，13家审计机关到建德学习交流。4个科研课题获省厅一般项目立项，4个审计实例和方法入选省厅案例库、方法库。

建立《建德市审计局审计整改工作操作规范》，对审计整改期限、审计整改要求、认定是否完成整改的标准等，进行明确；创新试行“审计整改告知制度”，在审计报告后附上《审计整改告知书》，把整改时限、整改要求和整改结果运用等事项进行明确告知。

【服务中心工作】 开展对市公安局、市司法局、市市场监管局及市文广新局4个部门2014年度和2015年1~6月预算执行情况的专项审计调查，为市人大评议、市纪委“公述民评”提供审计意见。对浙江华成织造有限公司厂房搬迁补偿评估报告进行审核，并与市国资办、市住建局一同出具联审意见报告；对乾潭镇自来水厂的全部股权收购评估进行审核；对旅投公司股权收购新安江水上公司进行审计并出具审计意见。安排审计干部参加上级审计机关安排的台州市书记、市长经济责任审计和淳安县保障房建设跟踪审计。

【村镇政府投资项目管理情况专项审计】 3月至8月，开展村镇政府投资项目管理情况专项审计调查，抽查4个乡镇（街道）、9个行政村共590个项目的建设管理情况。揭露公开招标存在的串标现象、违规签订合同和支付工程款、投标报名费收缴缺乏监管等问题；移送案件线索3起，其中，1人涉嫌贪污报名资料费10万余元，某施工企业工作人员涉嫌伪造公章和某施工企业涉嫌围标串标。为市政府和有关部门出台《区域性小额公共资源交易平台组建意见》《建德市政府投资工程建设项目标后监督管理暂行办法》《建德市政府投资小型项目招投标活动实施意见》等项目管理制度做好参谋。

【行政事业单位对外投资情况审计调查】 6月至11月，开展行政事业单位办企业或对外投资情况审计调查，在各部门自查的基础上，审计抽查其中23家企业和12处对外投资情况，揭露并促进解决一批资产、股权管理问题，积极参谋市政府出台《建德市国有企业经营性房产出租管理办法》。

【小额贷款公司经营风险情况审计调查】 3月至4月，对建德市新安小额贷款股份有限公司、建德市建业小额贷款有限公司和建德市白沙小额贷款有限公司三家小额贷款公司的经营风险情况进行专项审计调查，围绕“维护安全，防范风险”目标，检查是否参与民间借贷、非法集资和账外经营等重大违规行为。揭示小额贷款公司发展和运行过程中存在的风险隐患，提出防范金融风险和改进管理的审计建议。

【“五水共治”跟踪审计】 4月至10月，对2014年项目进行工程质量“回头看”和资金支付检查，现场踏勘、检查20余个行政村和10余个乡镇(街道)。保持人员力量、增进参与程度、提高协审要求、改进考核措施，全面跟进2015年度“五水共治”项目，揭露项目进度、质量与运行维护中存在的问题。根据审计结果，撰写课题《农村生活污水治理项目跟踪审计初探》获浙江省审计厅2014–2015年度优秀调研文章。

【梅城新城开发建设负债经营损益情况审计】 5月至9月，开展梅城新城开发建设有限公司2014年度负债经营损益情况审计，查出梅城镇退休领导干部方某某存在重大违法违纪嫌疑，相关线索移送纪检监察机关。纪检监察机关作出开除党籍、取消退休待遇的处理，并被移送司法机关追究刑事责任。梅城工业园区管委会办公室原主任陈某某，受到开除党籍处分，其涉嫌犯罪问题移送司法机关处理。

【开展四类专项审计】 4月至5月，开展医保基金管理使用情况专项审计调查，涉及市人社局、市财政局、市卫计局等部门，延伸审计市一院、市四院、市中医院、康复医院4家定点医院及杭州市怡生堂大药房连锁药店1家。揭露征缴不到位、部分补助政策未及时落实、监管措施不力形成基金管理漏洞等影响基金收支，基金支付能力逐年下降的问题。

3月至4月，对22家主管单位及其11家下属单位2014年度的公务支出公款消费情况进行专项审计。2014年公务出国（境）支出及公务接待支出费用比上年分别下降32.0%和60.9%，对发现公务接待中存在的问题进行处理。

3月至5月，开展科技经费使用管理情况专项审计调查，重点关注财政科技资金投入、项目设置情况，相关政策措施是否完善及落实情况，促进科技资金引导、支持全市各类企事业单位开展科学技术研发、增强科技创新能力。

6月至7月，开展基层网格化人员情况专项审计调查，发现14家市级部门设立网格员，涉及护林员等25类4959人，年度预算资金2179万元，乡镇配套补助资金513万元。 （罗 文）

统 计

【概况】 2015年，市统计局以统计“四比四赛”（比学习赛思考、比业务赛成绩、比分析赛写作、比服务赛口碑）主题活动为载体，围绕全市中心工作，组织开展政府统计工作，承担完成1%人口调查工作，开展涉及居民出行、食品安全、教育卫生、“五水共治”等11项专项调查工作。联合市经信局、市商务局、市财政局等部门，每月15号定期召开经济分析联席会议和GDP核算联席会议，分析问题，提出对策，加强国民经济监测预警。

全年撰写统计分析和专题专报31篇、统计新闻信息212篇,其中被省、市各类媒体录用73篇，《上半年亿元企业简析》《前三季度信息经济简析》等多篇统计分析得到市领导批示。围绕全市经济社会发展大局，开展各项调研分析，完成《“五水共治”畜禽养殖规模户减少后农业总产值增长新亮点研究》《提升两项收入调查数据质量研究》《CPI中衣着类价格指数统计难点与方法探索》等9个重点课题研究工作,并形成调研报告。编制《全市国民经济主要指标统计快报》《统计月报》《统计季报》《统计公报》《统计年鉴》，为社会公众提供全方位统计信息服务。

全年召开乡镇、村（社区）及企业的工业、投资、服务业统计人员培训50余期，培训人员2000余人次。首次开展乡镇统计员基础素质培训，培训人员100余人次。继续与会计事务所合作，对全市1700余名持有统计从业资格证书的人员，分7批次完成统计教育培训。统计从业资格考试报考人数184人，报名参加初、中、高级职称考试人员19人，同比增加9人。考试合格率达67. 2%，同比增长8.85个百分点。

【首次建立法律顾问服务制度】 7月，建立重大决策、重大项目的法律风险评估制度，并聘用1名专业律师为法律顾问。对2010年之后的规范性文件进行清理，废止《建德市统计行政处罚裁量标准》（建统字〔2010〕77号）文件，建德市统计行政处罚裁量标准按照《杭州市统计局行政处罚裁量标准》（杭统〔2010〕138号）文件执行。组织全市乡镇（街道）、部门、企事业的主管和统计人员进行普法轮训，培训人员2000余人次。统计“六五”普法通过上级统计部门和市依普办检查验收。全年稽查统计报表单位71家，处罚统计违法行为单位10家。

【统计基础建设】 围绕数据质量中心，推进统计基础建设常态化。持续推进杭州市统计先进乡镇和诚信单位评选，洋溪街道、下涯镇、乾潭镇、航头镇、寿昌镇、新安江街道创建成为杭州市统计调查工作先进乡镇（街道），并通过两年复评验收；更楼街道、钦堂乡通过最后一次复评验收。工业、建筑业、服务业领域的44家企业成功创建为建德市“2014年度统计诚信单位”，12家企业连续两年被评为“杭州市统计诚信单位”。强化统计基本单位名录库管理与更新维护，全年新增法人单位965家、产业活动单位1014家，申报新增、变更和退出各类“四上”（规模以上工业企业、资质等级建筑业企业、限额以上批零住餐企业、规模以上服务业企业）单位110余家。

【开展统计调查】 开展工业统计调查，对重点工业企业、成长型企业、高新园区、工业十大行业开展产值、效益数据一月一监测；逐家走访年耗能5000吨标准煤以上的重点用能企业，开展能源摸底工作，夯实“十三五”能耗基数。编制固定资产投资统计知识汇编，建立投资统计“一项目一档案”制度，规范投资统计台账设置，实地走访5000万元以上项目现场，掌握项目进度，保证数据质量。加强对乡镇（街道）贸易统计员的业务培训，建立与乡镇、企业沟通的新平台；开展商业综合体调查，为探索建立城市商业综合体统计制度方法提供基础性资料；对重点乡镇（街道）、重点企业开展实地调研，了解企业实际经营情况，确保数据应统尽统。加强居民收入统计，实地走访95个记账户，进行面对面沟通和业务指导。

【1%人口抽样调查】 开展全国1%人口抽样调查是为了了解2010年以来我国人口在数量、素质、结构、分布以及居住等方面的变化情况，为制定国民经济和社会发展规划提供科学准确的统计信息支持。2015年全国1%人口抽样调查的标准时点为2015年11月1日零时。11月，按照“统一领导、分工协作、分级负责、共同参与”的原则，采用填写纸质调查表及由调查员手持电子终端设备（PDA）入户登记的方式，组织乡镇（街道）指导员、村（社区）调查员对全市10个乡镇（街道）14个调查小区共1230户调查户开展1%人口抽样调查工作，调查内容主要包括姓名、性别、年龄、民族、受教育程度、行业、职业、迁移流动、社会保障、婚姻、生育、死亡、住房情况等。全市共填报登记人口数3895人。经调查统计，全市常住人口为44.65万人。（占晓红）

物价管理

【概况】 2015年，物价工作围绕省市物价部门工作部署，结合建德实际，开展市场价格监测、价格（收费）管理及监督检查、成本监审和农产品成本调查、价格认证工作，完成年初制定的各项工作任务。建德市居民消费价格总指数为101.2%，同比下降0.5个百分点。

开展市场价格监测调查巡视，做好粮油、肉禽蛋、蔬菜等100余种商品价格的日常监测、节日期间价格监测工作，对重要商品价格进行监测分析，预测市场价格走势，及时报告市场价格动态，完成价格监测数据的汇总、审核、上报工作。核定新安路老年体协室内停车场、政法路停车场、仁爱路明珠社区西测停车场、文化广场停车场等4个停车场收费标准。核定巴萨星城、近溪嘉园、江和城和风苑、江城嘉苑、寿昌水岸鑫域、梅城西湖茗园、玉泉雅苑、下涯之江大厦等8个住宅小区前期物业管理服务收费标准。调整新世纪实验学校学费收费标准。审核并上报钦堂乡大溪边水电站、李家杨家口电站、寿昌镇绿荷塘水库电站上网电价。受省物价局和省交通厅委托，就杭新景高速公路建德寿昌至开化白沙关（浙赣界）建德段通行费收费标准举行听证会，征求社会各界对高速公路通行费方案的意见和建议，对制订价格的必要性和可行性进行认证。配合建德客运中心的搬迁，调整1路公交线路延伸票价。

开展城市供水价格和污水处理费定期成本的监审、汪家经济适用房、管道天然气价格、新世纪初中学费的定价成本监审工作，累计核减定价成本1.35亿元(含经济适用房初审核减1.18亿元)。

完成省、市部署的农产品成本调查任务。全市有35个农本调查户，涉及柑橘、莲子、蚕茧、生猪、蛋鸡、网箱养鱼等6个品种，调整蛋鸡、养鱼农本调查牵头户。

价格认证工作履行“服务司法、服务社会、服务政府、服务系统”价格认证职能，全年共办结各类涉案物品价格认证390余件，涉案金额达2253.58万元。其中，公安涉案物品价格认定案件370余件，涉案金额519.45万元；涉税财物价格认定业务9件，标的金额1316.68万元；涉纪检监察案件3件，标的金额82.26万元；涉职务犯罪案件7件，标的总额335.19万元。

畅通群众价格权益诉求渠道，全年共办理各类价格投诉、举报、价格咨询计59件，其中办理“12345”市长公开电话办公室交办件20件、“12358”杭州市物价局交办件5件、投诉举报咨询件34件、办结率100%，满意度100%。做到及时受理、及时办结、及时反馈，较好地回应居民的诉求，解答宣传价格政策，为消费者挽回经济损失。

表20 **2015年建德市居民消费价格指数**

序号	类　别	上年同期=100
	居民消费价格总指数	101.2
一	食品类	104.2
二	烟酒及用品类	102.3
三	衣着类	101.6
四	家庭设备用品及维修服务	98.6
五	交通及通信	96.1
六	娱乐教育文化用品及服务	100.8
七	医疗保健和个人用品	101.0
八	居住类	99.2

【启用“12358”价格举报电话】 1月，启用新的“12358”价格举报管理系统。“12358”价格举报电话24小时开通，并实现中央级、省级、市级、县级四级互联互通。消费者可通过拨打“12358”电话，网上价格举报系统等渠道对价格

违法行为进行举报。信息进入全国统一的举报信息库，价格主管部门对价格举报实行编码管理，举报人可凭编码通过电话、互联网等方式公开查询举报事项办理进度和办理结果。

◎建德市居民生活用管道天然气价格改革听证会

【实施天然气阶梯价格制度】 10月，通过召开座谈会、发放阶梯气量和阶梯气价设置征求意见表、对居民用气随机抽样调查1000户，同时委托浙江天平会计师事务所对建德市浙能天然气有限公司和建德杭燃气有限公司2013年和2014年的燃气经营成本情况进行专项审计，摸清两家公司的财务状况、经营情况和售气量情况；分别对两家公司开展成本监审工作。通过调查摸底，在向社会公布两套居民阶梯气价听证方案后，通过气价改革听证会及公开征求社会各界的意见和建议，报经市政府常务会议审议通过，决定实施居民生活用管道天然气阶梯价格制度，调整居民生活用管道天然气销售价格（两家燃气公司原居民天然气销售价格分别为3.50元/立方米、2.40元/立方米）统一为3.10元/立方米。自2016年1月1日起执行。

【行政事业性收费监管】 完成2015年之前所有价格政策文件清理工作，共上传价费文件240个，整理归类有效文件37个，部分有效文件12个，清理无效文件130个，废止文件1个，推进管理方式转变和政策衔接，加强行政事业性收费的事中事后监管。实施收费执行情况报告制度，对2014年度行政事业性收费进行统计分析，同时将全市52个行政事业性收费执收单位44项行政事业性收费情况录入“全国收费动态监管系统”平台，建立行政事业性收费目录清单制度，督促各收费单位建立健全收费台账，通过政府网站和单位官方网站向社会公布“行政事业性收费公示表”，接受社会监督。公示表之外的收费，被收费单位可以拒绝缴费。

【价格监督检查】 开展涉农涉企、明码标价、中介机构、零售业促销、旅游业价格、药品市场价格、养老机构等七项专项检查，宣传有关价格和收费政策，规范中介服务公司价格行为。推进实体店明码标价工作，规范价格促销行为。对景区门票及周边餐饮、住宿、购物点进行排查，杜绝欺客宰客行为发生。检查单位超过200家，查处案件5起。全年共查处价格违法案件9件，其中2起为网络电商价格举报案件，实现经济制裁金额37.54万元。（杨富森）

安全生产监督管理

【概况】 2015年，建德市安全生产工作始终坚持“以人为本”的安全发展理念，围绕“安全第一、预防为主、综合治理”的工作方针，严监管，强基础、降事故。全年发生各类安全生产事故（火灾除外）97起、死亡46人，同比分别下降2.0%、4.2%，安全生产形势总体稳定。

严格安全生产行政许可，加强项目审批管理，对高危行业从严把关审批。督促企业自查，积极开展日常检查、专项检查、联合检查，共排查出安全隐患1.14万条，整改率达99%以上。适时聘请专家为辖区内危化品、非煤矿山等高危行业"把脉"。组织开展碳酸钙企业专项治理、夏季高温时节危化企业消防安全专项治理等联合整治行动。

全年共培训特种作业人员1285人，培训矿山、危化品和烟花爆竹等生产经营单位负责人、安全管理人员1191人，开展全员安全培训4.90万人次。

【健全安全监管体制】 制订出台《关于加强安全生产促进安全发展的实施意见》，在坚持安全生产季度例会的基础上，市委常委会、市政府常务会议和市长办公会议分别听取有关安全生产工作专项汇报，及时分析解决安全生产问题。适时部署开展全市性安全生产大检查，推动安全生产责任制的落实。按照"党政同责、一岗双责、三个必须"的要求，逐级逐层签订安全生产责任书，把《杭州市安全生产综合目标管理任务书》的工作任务分解到乡镇（街道）和24个有关部门，并纳入年终综合考评。将道路交通安全、消防安全和社会平安相关工作纳入市安全生产委员会办公室统一协调，实现跳出安监管安全（市安监局与市安委办为一套人马、两块牌子，安监局主要职能是对非煤矿山、危险化学品、烟花爆竹经营安全的管理，市安委办是对全市道路交通、消防，工矿商贸等领域的大安全监管）的目标。加大检查频次、严格考核奖惩，将安全生产工作纳入党政领导干部业绩考核。

【安全基础建设】 建立"一大平台"统一调度（将安全生产事故接警整合到"110"社会应急联动平台上，对市内生产安全事故，实现"全覆盖"接警处置）、"两支队伍"专业救援（以新安化工应急中心为基础的建德市危化品道路运输事故应急中心、依托杭州建铜集团有限公司为基础的矿山安全生产专业应急救援队）、"三大系统"高效保障（组织指挥系统、物资保障系统、专家人才库系统）的应急救援体系，健全基层安监队伍考核机制，安全生产应急水平全面提升。2015年，建德市危化品应急救援中心参加省局、杭州市局组织的全省、杭州市应急救援技能比赛，囊括比赛项目的冠军。全年新增48家企业开展标准化工作，全市安全生产标准化达标企业占规模以上企业总数的90%以上。李家镇、大同镇、大慈岩镇、寿昌镇、高新园开展了社会化服务工作，涉及企业87家。

【首创《建德市危化行业安全距离控性规划》】 出台《建德市危化行业安全距离控性规划》，为全省首创。该《规划》实施后，被新华网、《浙江工人日报》等媒体广泛宣传报道，并作为创新典型在全省推广。2015年天津港"8·12"瑞海公司危险品仓库特别重大火灾爆炸事故发生后，如何守护好危化企业与居民的"安全距离"，成为亟待破解的难题，建德市具有前瞻性的《规划》因此引起国家安监总局领导高度重视。12月，《中国安全生产报》对建德市创新实施危化行业安全距离规划工作予以了整版专题报道。

【完成职业卫生监管职能划转】 5月1日，完成职业卫生监管职能划转，职业病防治工作有序推进。在16个乡镇（街道）、高新园安监中队设立17名职业卫生联络员，基本建成一支"到底到边"的职业卫生监管工作队伍。全市完成摸底调查企业204家，接触职业病危害工人9050名，其中有30余个行业均涉及粉尘、化学毒物、物理因素、射线等职业病危害因素。（余月仙）

编辑：郑志良

中共建德市委员会

Jiande City Committee of the Communist Party of China

综 述

【概况】 2015年，是建德全面深化改革的关键之年，是全面推进“法治建德”建设的开局之年，也是全面完成“十二五”奋斗目标的收官之年。面对严峻复杂的宏观形势，市委围绕上级决策部署，深化“六个领衔”（指市级领导领衔推进“重要工作、重点工程、重大项目、招商引资、信访包案、难题破解”六个方面工作），完善“四项机制”，团结带领全市广大党员和干部群众，立足当前谋发展，着眼长远抓规划，持续推进“三个年”（指市委十三届四次全体＜扩大＞会议上提出的“主攻项目年、招商引资年、作风效能年”）活动。全市经济运行总体平稳，产业结构不断优化，社会大局和谐稳定，总体保持平稳趋好、转中求进的良好势头。

全年实现生产总值340亿元，同比增长8.5%，其中第三产业增加值122亿元，同比增长10%；规模以上企业工业增加值90亿元，同比增长8%。实现规模以上工业销售产值418亿元，同比增长0.5%；农业总产值48.7亿元，同比增长6%。实现财政总收入36.5亿元，其中地方财政收入21.2亿元，同比分别增长6%和7.1%；完成固定资产投资169亿元，同比增长18%；实现社会消费品零售总额103亿元，同比增长10%；城镇和农村居民人均可支配收入为38102元和20051元，同比分别增长8.5%和9.6%。

【综合实力不断提升】 坚持“一张蓝图绘到底”，牢牢抓住发展第一要务不放松，大力实施“四换三名”（指省委省政府为大力推进转型升级开展的“腾笼换鸟、机器换人、空间换地、电商换市”和培育名企名品名家工作），狠抓招商引资，着力推动传统产业转型与新兴产业发展。全年完成工业投资67.3亿元，增长12.5%。东方雨虹、人福医药等一批项目签约落户，全年实到内资70亿元，同比增长15%；实际利用外资1.43亿元，同比增长10%。加快全域旅游发展步伐，全面启动大新安江AAAAA级景区创建工作，全年实现旅游总收入59.6亿元，增长28%。推进现代农业发展，三都现代农业综合区通过省级验收，摘得国家首批有机产品认证示范区“金字招牌”。加快实施信息经济发展三年行动计划，“支付宝＋县域服务”全国首家试点落户建德，浙西跨境电子商务产业园挂牌成立。组织开展项目推进大竞赛活动，以项目建设的大进展，推动经济总体实力的大提升。“一区一园”平台建设加快推进，航空小镇建设迈出坚实步伐，产业承接能力大幅提升。

【创新能力不断提高】 坚持以改革增动力，持续深化行政审批制度改革，实施投资项目零土地不再审批制度，市场活力有效激发。推进投融资体制改革，加强政府债务流动性风险管控，债务存续期内节约成本近11亿元。申报成为全省首批低丘缓坡试点县，4个项目被纳入省级首批“坡地村镇”试点。坚持以创新添活力，深化科技创新服务体系，新增国家级高新技术企业4家，全市高新技术产业和战略性新兴产业增加值分别增长8%和16.5%。推进金融创新，全市新增“新三板”挂牌企业2家。

【生态环境不断优化】 推进城市建设的有机更新，桥东城市客厅、洋安江滨公园等项目进展有序，府前路东侧麻园地块206户私有住宅及店面房屋征收签约率达100%，新安江铁路货场东侧地块80户房屋征收全部签约。推进中心镇、中心村、精品村、风情小镇等建设，梅城、寿昌两大新城形象初显，237个美丽乡村建设项目进展顺利，成功创建为全省“美丽乡村”先进县（市）。加快建设城乡交通项目，完成投入11.6亿元，23省道开工建设，新客运中心投入使用，杭新景高速大二期建德段春节前通车。持续推进“五水共治”，农村生活污水治理实现全覆盖，城镇污水处理能力大幅提升，第三方运维等长效机制逐步完善，通过省“清三河”达标县（市、区）考核验收，防洪排涝保供节水等工程建设进展顺利。以“无违建市”创建为抓手，推进“三改一拆”，新增“三改”面积51.7万平方米，拆违44.6万平方米，拆后土地利用率达78.7%，宗教建筑标志物规范工作得到省委主要领导批示肯定。深入开展“两路两侧”“四边三化”“两美”整治等行动，公共秩序、市容市貌以及环境质量同步提高。

【百姓福祉不断增强】 坚持问题导向、需求导向、满意导向，集中财力优先保障社会民生，社会事业和民生支出占公共财政支出的80%以上，城乡养老保险、医保参保率不断提高，城乡居家养老照料中心覆盖率达85%以上。坚持以就业创业促增收，城镇新增就业人数6832人，城镇登记失业率控制在2.62%以内；实施低收入农户收入倍增计划，全市低收入农户人均收入增长15%。全国义务教育发展基本均衡市通过复查，教育教学质量稳步提高；浙西国际心脏中心落户建德，“双下沉两提升”工程和省级卫生镇创建走在全省前列。深化基层文明创建，下梓村入选全国文明村，实现建德市全国文明村零的突破。推进新叶全国首批传统村落综合保护利用工程，成功举办首届中国传统村落国际高层研讨会。“六五”普法通过杭州市考核验收，综合成绩名列县（市）第一。推进“平安建德”创建，群众上访诉求化解率达99.8%，刑事发案率下降1.72%。严格落实安全生产和食品药品市场监管责任，开展隐患排查治理工作，全年安全生产形势稳定趋好。

【党的建设不断加强】 推进“三严三实”专题教

◎市委常委会专题听取常委班子成员“一岗双责”履职情况汇报（市纪委供稿）

育，组织开展党章党规党纪专题培训，始终突出问题导向，省委巡视组反馈意见整改工作取得阶段性成效。严格落实全面从严治党要求，建立基层党建工作季度例会制度，乾潭镇幸福村成为全国农村基层党建工作座谈会参观示范点；严格落实党风廉政建设“两个责任”，推进纪检监察体制机制改革，始终保持惩治腐败高压态势，查办党员干部违纪案件219起，处分219人，移送司法机关13人。不断巩固和拓展教育实践活动成果，以“弘扬拆违治水精神，激励干部干事创业”为主题，深化“作风效能年”活动，严格正风肃纪，有效整治作风建设深层次问题。深化“走村不漏户、户户见干部”和“进企走访、帮企解困、助企发展”活动，“寿昌经验”连续两年登上中央电视台《新闻联播》。严格落实选人用人“两制度一办法”,形成“实绩用人”的“风向标杆”。加强退二线干部管理和作用发挥，实施优秀年轻干部培养“墩苗计划”，形成“一线练兵”良好机制。

（叶志宇）

市委重要会议

【市委十三届八次全体（扩大）会议】 1月5日召开。会议的主要任务是：深入贯彻党的十八大和十八届三中、四中全会精神，总结2014年工作，研究部署2015年任务，动员全市广大干部群众，坚定信心，乘势而上，精准发力，狠抓落实，在加快建德发展的新征程中开拓奋进。市委书记戴建平代表市委常委会作题为《乘势而上、精准发力、狠抓落实，在加快建德发展的新征程中开拓奋进》的工作报告。会议指出：要切实把握“稳中求进、改中求活、转中求好”总基调，围绕“三转一争”，深化“六个领衔”，持续推进“三个年”活动，乘势而上、精准发力、狠抓落实，在加快建德发展的新征程中开拓奋进。

【市委十三届九次全体（扩大）会议】 7月14日召开。会议的主要任务是：全面贯彻落实省委、杭州市委全会精神，回顾总结上半年工作，研究部署下半年任务，动员全市上下按照“三严三实”要求，进一步改进作风，创新实干，以决战姿态决胜勇气确保圆满完成全年发展目标任务。市委书记戴建平代表市委常委会作题为《从严从实、加压加力、决战决胜全年发展目标任务》的工作报告。会议强调，要聚焦落实，决战决胜，确保加快发展的目标任务实现“全年红”。下半年工作的总要求是，认真贯彻落实省、杭州市全会精神，继续坚持“稳中求进、改中求活、转中求好”的总基调，从严从实，加压加力，决战决胜。

【市委常委会议】 2015年，召开市委常委会议共计21次。

1月4日，十三届市委常委会召开第50次会议，研究市“两会”及市委十三届八次全会会议方案、2015年全市经济社会发展目标安排建议、市人民政府职能转变和机构改革实施意见、干部人事相关事宜。

1月20日，十三届市委常委会召开第51次会议，传达中央、全省农村工作会议精神，听取市委常委班子成员履行“一岗双责”和廉洁自律情况以及党风廉政建设责任制考核情况、相关案件情况、政法、信访2014年工作情况及2015年工作思路汇报,研究2014年“一府两院”及计划、财政工作报告及2015年重点项目安排情况、全市政法信访工作会议方案、全市农村工作会议方案、关于“无违建市”创建验收整改方案,以及“两会”选举办法及相关人事安排。

1月27日，十三届市委常委会召开第52次会议，研究干部人事相关事宜。

2月9日，十三届市委常委会召开第53次会议，传达杭州市纪委十一届四次全会和省、杭州市宣传思想工作会议精神，听取市纪委十三届五次全会方案及纪委工作报告、全市党建工作会议方案、全市深化机关作风建设动员大会方案、全市工业经济暨招商引资大会方案、指标分解及相关工作意见、加强农村集体“三资”管理工作的意见、各类专项考核情况以及2014年度综合目标管理考核和领导班子考核情况、杭州水务与建德水务合作情况的汇报，研究干部人事相关事宜。

3月5日，十三届市委常委会召开第54次会议，听取了调整市委常委分工的方案、杭州市纪委对建德市委落实党风廉政建设责任建议及我市相关整改措施、全面深化法治建德建设的若干意见、推进红十字事业发展的意见的汇报，研究干部人事相关事宜。

3月17日，十三届市委常委会召开第55次会议，听取2015年度市级领导“六个领衔”工作任务、国有企业管理相关办法、深化“作风效能年”活动实施意见的汇报，研究调整部分党政机构领导职数及完善督查考评机构设置事宜。

3月30日，十三届市委常委会召开第56次会议，研究2015年度乡镇（街道）和市级机关部门目标管理综合考评办法、加强人大工作充分发挥人大作用的意见以及市委人大工作会议建议方案、配备正股级乡镇（街道）宣传干事、2015年深化“招商引资年”工作方案、招商引资和吸引浙商创业创新工作领导小组和职责分工等事宜。

4月14日，十三届市委常委会召开第57次会议，传达全省和杭州市农村基层党建工作会议精神，研究2015年城乡区域统筹发展（社会主义新农村建设）工作要点、杭州市管副职后备干部新增补人选。

4月28日，十三届市委常委会召开第58次会议，听取2015年完善惩防体系、建设廉洁建德组织领导和责任分工以及2015年党风廉政建设责任制检查考核标准和宗教工作情况的汇报，研究领导干部调配及撤销、新建组织方案相关事宜。

6月9日，十三届市委常委会召开第60次会议，传达习近平、俞正声、孙春兰在中央统战工作会议上的讲话精神，听取相关案件情况的通报，研究新安江景区国有旅游资源资产化经营实施方案（试行）。

6月25日，十三届市委常委会召开第61次会议，听取落实省委巡视组意见整改初步方案、2015年上半年全市党风廉政建设和反腐败工作情况的汇报，研究草莓产业发展三年行动计划、促进企业利用资本市场加快发展若干意见、2015年度市管领导班子和领导干部考核实施意见、规范市级机关部门党委委员、党组成员、办公会议成员、部务会议成员等职位设置管理暂行意见。

7月12日，十三届市委常委会召开第62次会议，讨论市委十三届九次全会方案及报告，听取加强安全生产促进安全发展的实施意见、贯彻落实省委、杭州市委加强“双基”建设的两个决定精神建议的汇报。

8月7日，十三届市委常委会召开第63次会议，传达中央党的群团工作会议精神，研究加强宗教（民间信仰）事务管理的实施意见、全面加强基层党建巩固基层政权的意见、政府机构改革组建旅游商务局及确定领导职数的建议方案、核定市卫生计生局等单位领导职数建议方案，听取相关案件情况的通报、上级近期出台有关干部工作文件精神、领导干部调配方案及撤销、新建组织方案的汇报。

8月20日，十三届市委常委会召开第64次会议，传达杭州市“三严三实”专题教育推进会精神，研究通过追授潘樟友为建德市优秀共产党员的报告和领导干部调配方案的建议。

8月28日，十三届市委常委会召开第65次会议，听取乡镇（街道）纪（工）委书记、副书记提名视察办法（试行）情况和省委对各级党委宣传部部长分管教育工作的贯彻落实意见的汇报，研究2015年度建德市重点单项工作考核办法、巡视反馈意见整改方案。

9月28日，十三届市委常委会召开第66次会议，研究纪检相关案件的处理意见。

10月23日，十三届市委常委会召开第67次会议，传达杭州市乡镇（街道）党（工）委书记培训班主要精神，听取区域性小额公共资源交易平台组建方案、省委巡视组巡视反馈意见整改落实情况、对梅城镇、大洋镇“无违建市”创建过程中工作失职问题的调查情况和处理建议、进一步加强退出现职领导岗位市管干部管理考核和作用发挥的若干意见、申报创建杭州市人才生态示范区工作方案的汇报，研究领导干部调配方案和有关市管正职后备干部调整方案。

11月17日，十三届市委常委会召开第68次会议，研究市纪委派驻（出）机构全覆盖工作情况、纪检相关案件的处理意见。

11月23日，十三届市委常委会召开第69次会议，传达全省从严贯彻《干部任用条例》规范选人用人工作会议精神，听取在动议阶段实行领导干部署名推荐办法（试行）、在动议阶段署名推荐市管正职干部工作的汇报，开展对相关市管干部的动议阶段署名推荐工作。

12月3日，十三届市委常委会召开第70次会议，传达浙江省委关于认真贯彻落实中央文件精神加强县乡人大工作和建设的若干意见，研究经济体制综合改革方案、领导干部调配方案及撤销、新建组织方案。

12月9日，十三届市委常委会召开第71次会议，传达杭州市十一届市委常委会第128次会议关于做好国际峰会有关工作的精神，听取全市环境质量形势的分析汇报、府前路区块旧城改造房屋征收工作情况和市人大常委会审议决定重大事项的规定（试行）相关情况的汇报，研究激发社会组织活力促进社会治理工作意见和干部人事相关事宜。

【全市农村工作会议】 1月23日召开。会议的主要任务是认真贯彻落实党的十八届三中、四中全会和中央、省、杭州市农村工作会议精神，回顾总结2014年建德市农业农村工作的成绩和经验，研究部署2015年建德市农业农村工作，进一步动员全市广大干部群众统一思想、振奋精神、扎实工作，加快转变农业发展方式，加快提升美丽乡村建设水平，加快提升农民收入水平，努力开创“农业强、农村美、农民富”的新局面。市委书记戴建平作重要讲话，市委副书记、代市长童定干主持大会并作会议小结，市委副书记周徐胤通报2014年度农业农村工作考核结果。会议要求，要深入贯彻上级农村工作会议精神，坚持“强农业、美农村、富农民”这一目标不动摇，精准发力、重点突破，加快走出一条具有建德特色的农业农村现代化发展道路。

【全市工业经济暨招商引资大会】 2月12日召开。会议的主要任务是全面贯彻落实中央、省经济工作会议和市委十三届八次全会精神，总结2014年度工业经济和招商引资工作，深入分析当前经济发展形势，全面部署2015年度工业经济和招商引资工作，进一步统一思想、认清形势、鼓足干劲，推动建德加快发展。市委书记戴建平出席会议并作重要讲话，市长童定干主持大会并作会议小结。会议强调，要坚定不移推进工业经济“第一经济”、招商引资“一号工程”，坚持做大总量与提升质量并重，加大投入与优化服务共抓，依靠创新驱动，加快转型升级，努力走出一条符合建德实际的新型工业化发展道路。

【全市党建工作会议】 2月15日召开。会议的主要任务是贯彻落实习近平总书记关于从严治党系列讲话精神，回顾总结2014年党建工作，安排部署2015年工作任务，进一步提升党建工作科学化水平。市委书记戴建平作重要讲话，市委副书记周徐胤主持大会，市委常委、宣传部部长吕平作宣传思想文化工作部署，市委常委、组织部部长沈波作组织工作部署，市政协副主席、统战部部长吕勇作统战工作部署。会议要求，要认真贯彻落实上级党建系列会议精神，紧紧围绕市委十三届八次全会的决策部署，巩固深化教育实践活动成果，以从严治党为主线，从严从实，加压加力，努力开创党建工作新局面，为加快建德发展提供坚强保证。

【全市深化作风建设大会】 2月25日召开。会议的主要任务是认真贯彻落实党的十八届三中、四中全会和省、市相关会议精神，对深化作风建设工作进行专题部署。市委书记戴建平作重要讲话。市委副书记、市长童定干主持会议。会议强调，新的一年全市各级党组织和广大党员干部要以“弘扬拆违治水精神、激励干部干事创业”为主题，全面部署开展深化“作风效能年”活动，拿出拆违治水的劲头来干好新一年各项工作，为完成年度目标任务提供坚强的作风保证。

【全市扩大有效投资暨项目攻坚大会战动员会】 3月18日召开。会议主要任务是贯彻落实全市作风建设大会精神，动员全市各级各部门进一步强化抓投资、抓项目的意识，全力以赴实现有效投资的“开门红”和“全年红”。市委书记戴建平作重要讲话。市长童定干主持会议并作小结，市委常委、常务副市长周友红部署2015年全市扩大有效投资暨项目攻坚大会战专项活动、大计划管理等相关工作，市发改局、经信局、开发区(寿昌镇)、大同镇、城投公司作交流发言。会议强调，全市上下要攻坚破难抓项目，全力以赴扩投资，全面夺取项目攻坚大会战的胜利。

（叶志宇　章睿）

调查研究与政策制定

【概况】 2015年，市委办公室（政研室）围绕全市改革发展稳定大局，牵头组织调查研究，全年共起草各类综合材料60余篇，完成调研报告、起草和修改政策意见近20个。全年共刊发《调查研究》45期、《领导参阅》38期、《专报》14期。在杭州市委内部刊物上刊发信息类大稿14篇，累计获得杭州市领导肯定性批示17个。

【组织开展全市性调研】 通过依托外力、挖掘内智、整合资源等途径，完善市级领导、部门单位、干部个人“三位一体”的大调研工作体系。协助市领导开展调研，市四套班子领导结合“六个领衔”和分管领域工作深入一线开展调查研究，形成课题调研报告16个，及时推动相关问题的解决。整合市委党校、发改、经信、统计等相关单位人员力量，围绕全市热点难点问题分头开展调研工作，完成重点课题报告5个。借助杭州市决咨委、杭州市委政研室等上级部门力量开展前瞻性战略性重大问题研究，完成年度合作课题《以建德为蓝本推进土地资源利用的调查与思考》，课题通过对建德市土地资源利用现状的全面调查分析，重点就杭州市在项目招引、产业转移过程中，如何与建德土地资源实现更加有效对接提出了对策建议，为杭州市委、市政府决策提供参考。

【围绕重点开展调研】 围绕编制“十三五”规划开展调研，代表市委起草《关于制定建德市国民经济和社会发展第十三个五年规划的建议》，研究提出建德“十三五”时期发展的指导思想、主要目标和实现路径。同时，组织开展《建德市省级经济开发区提升发展思路研究》《杭州市建德高新技术产业园扩容提升发展思路研究》等“十三五”规划思路研究重点课题10个、一般性课题37个。围绕全面深化改革开展调研，承担市委全面深化改革领导小组办公室职能，制定下发《2015年度全面深化改革重点项目和主要任务分解表》，并会同市委、市政府督查考评办及时跟踪督查重点改革项目进展情况，研究协调解决相关问题。围绕发展现代特色农业开展调研，为促进农民增收，实现草莓产业持续健康发展，形成《我市草莓产业发展现状、存在问题及对策建议》，为市政府出台草莓产业发展三年行动计划提供决策参考。围绕干部队伍建设开展调研，根据“三改一拆”“五水共治”等重点工作推进中涌现的典型事迹，总结提炼“拆违治水精神”，并以《弘扬拆违治水精神、激励干部干事创业》为主题，在省委政研室《政策瞭望》发表市委书记戴建平署名调研文章。

【制定重要政策意见】 以“弘扬拆违治水精神、激励干部干事创业”为主题，出台《2015年度深化“作风效能年”活动实施意见》，全面深化作风建设，着力解决部分党员干部中存在的怕担当、不作为、效率低下等突出问题。制定出台《工业经济和招商引资“三大竞赛”活动实施方案》，通过“三大竞赛”这一活动载体，以每季竞评“流动红旗”、年终进行综合考评的方式，营造各部门你追我赶、争先恐后的工作氛围。出台《关于激发社会组织活力促进社会治理工作的意见》，优化全市社会组织发展环境，发挥社会组织在建设幸福美丽和谐新建德中的积极作用。出台《关于深化“走村不漏户、户户见干部”完善党员干部密切联系服务群众长效机制意见》，进一步深化“驻进访”工作。出台《关于进一步加强退出现职领导岗位市管干部管理考核和作用发挥的意见（试行）》，进一步规范和加强退出现职领导岗位市管干部管理考核，激发退二线干部工作动力。

（陈晓峰）

纪律检查与行政监察

【概况】 2015年，市纪委（监察局）深入学习贯彻习近平总书记、王岐山书记在浙江视察指导时的重要讲话精神，落实中央、省市委和上级纪委关于党风廉政建设和反腐败工作的一系列决策部署，推进“廉洁建德”建设。

严格执行党内监督条例和“9+1”（《市委工作规则》《关于重要情况通报和报告的规定》《关于实行领导干部述职述廉制度的实施办法》《关于党员领导干部民主生活会制度的实施细则》《关于党内信访处理的规定》《关于谈话和诫勉的规定》《关于舆论监督工作的规定（试行）》《关于询问和质询的规定（试行）》《关于罢免或撤换要求及处理的规定（试行）》及《关于加强对党政主要领导干部监督的规定（试行）》）配套制度，强化对民主集中制执行情况和“三重一大”（重大问题决策、重要干部任免、重大项目投资决策、大额资金使用）事项的监督。加强对党员干部选拔任用的监督，完善廉政鉴定内部流程，共开展各类廉政鉴定147人次。围绕市领导“六个领衔”(重要工作、重点工程、重大项目、招商引资、信访包案、难题破解)、府前路区块房屋阳光征收等重点工作，深化廉政风险防控，下发各类督办单、监察建议书27份，促进廉洁高效，保障政令畅通。

全年受理信访举报506件次，比上年下降14.8%；重复访179件，下降15. 3 %；越级访261件，下降29.9%，降幅居杭州区县（市）前列。市纪委（监察局）班子成员接访50批次65人次，在媒体上公开接访时间、地点。落实匿名举报适度公开调查结果，实名举报家庭走访答复，疑难复杂信访公开答复听证，化解重复访和越级访。公开答复听证8件，信访反馈率达100%，群众满意率达90%以上。深化乡镇（街道）党（工）委书记领办疑难复杂信访和办理情况通报制度，推行乡镇纪委书记办信“三必须一穷尽”（调查过程书记必须亲自参与，核查报告书记必须亲自撰写审核，答复反馈书记必须亲自到场，调查取证务必穷尽到位）做法，实行办信评议打分全覆盖，提级审核严把报结关，有效提高办信质量。

开展全市正风肃纪专项检查54次，督促整改问题78个，下发通报10期，问责82人，查处违反中央八项规定精神案件13件，处分党员干部17人。各乡镇（街道）、机关部门分片开展正风肃纪自查374次，督促整改问题97个，问责57人。全市党员干部主动向廉政账户上交137.17万元。开展反映笼统、问题轻微的谈话函询25人次，任前谈话、信访监督谈话、诫勉谈话等各类谈话提醒教育328人次。

全年立案221件，上升38.1%；处分党员干部219人，上升43.1%，其中市管干部7人、农村党员干部167人，移送司法机关追究刑事责任13人，免予处分2人。严肃查处市供销总社原主任金忠根、财务科原科长方××挪用公款串案，梅城镇党委委员、副镇长方××及镇园区办公室主任陈××滥用职权、倒卖土地窝案，市建设局原局长、党委书记凌××、市财政局国资科原科长杨××受贿案，以及乡镇干部彭××、方××、朱××和村（社区）干部郑××、程××等一批违纪违法案件。完善执纪审查制度，印发《关于进一步规范问题线索报送和处置工作的通知》，明确问题线索报送、处置和报结的具体程序和要求，全年完成线索上报445条。9次牵头召开反腐败协调小组会议，及时协调大要案查办，完善审计提前介入、审计过程信息互通等机制。提升改造核实性谈话室，加强对纪律审查全过程监督，规范涉案款物处理。

出台《市纪委监察局机关和派驻（出）机构工作人员平时考核实施办法（试行）》，对机关和派驻（出）机构工作人员进行统一考核管理。完善纪委书记（纪检组长）、副书记（副组长）后备干部培养选拔任用机制，对136名后备干部实行“一人一档”管理。与桐庐县纪委建立纪检监察干部作风交叉互查机制，调整乡镇纪检监察干部3人，其中免职1人。开展内部检查，4家下级纪委因办信不认真、问题不报告受到约谈和通报批评，2名乡镇纪检干部违反规定受到从重处理。

【市纪委十三届五次全体（扩大）会议】 2月10日，中共建德市纪委十三届五次全体（扩大）会议召开。市委常委、纪委书记王伟平主持会议，并作题为《坚持依规管党 全面从严执纪 在新征程中推进党风廉政建设和反腐败斗争》的工作报告，会议回顾总结2014年全市党风廉政建设和反腐败工作，研究部署2015年工作任务。市委书记戴建平围绕党风廉政建设和反腐败工作提出“四注重”要求：注重教育监督，严明纪律和规矩；注重作风建设，严防“四风”反弹回潮；注重标本兼治，严厉惩治腐败；注重制度建设，严密权力笼子，切实把思想和行动统一到中央、省、杭州市对形势的判断和任务的部署上来，坚决把党风廉政建设和反腐败斗争进行到底。

【全市纪检监察系统作风建设大会】 3月6日，市纪委（监察局）召开建德市纪检监察系统作风建设大会。会议部署2015年党风廉政建设和反腐败工作重点、具体任务，表彰2014年度纪检监察工作各类先进单位和个人。梅城镇纪委、乾潭镇纪委、市纪委派驻林业局纪检组作了交流发言。

【工作评议暨“公述民评”大会】 10月14日，根据《关于印发〈工作评议暨“公述民评”活动实施意见〉的通知》（建人大【2015】13号）要求，召开2015年度工作评议暨“公述民评”大会，“两代表一委员”、企业负责人、社区人员、村干部、新闻媒体、普通市民、网友代表，以及特邀监察员组成的评议代表共200余人参加，市领导程茂红、周友红、王伟平、汤文全、童文扬、程旭出席。市委常委、常务副市长周友红作重要讲话。会议结合市纪委“公述民评”活动与市人大常委会工作评议，对市公安局、市司法局、市文广新局和市市场监管局进行“公述民评”。

会上，四个单位主要负责人围绕本职工作进行述职，评议代表对部门负责人提出涉及食品卫生、交通安全、文化环境以及普法宣传等内容问题，现场进行满意测评，并征集意见建议104条，反馈给机关单位并督促整改。该大会得到评议代表一致好评。

【省委第六巡视组巡视建德】 5月18日至6月17日，由组长杜林德（正厅级巡视专员），副组长童发根（副厅级巡视专员）等12人组成的中共浙江省委第六巡视组，对建德市开展巡视工作。

8月24日，省委第六巡视组召开省委巡视组巡视建德市情况反馈会，市委、市人大、市政府、市政协领导班子成员，市法院代院长、市检察院检察长、市人武部部长；正市级离退休老同志和2010年以来退休的副市级老同志；市级机关各部门、市直属各单位党政主要负责人，市人大、市政协各部门主要负责人；各乡镇（街道）党（工）委书记、乡镇长（办事处主任）；市纪委（监察局）、市委组织部领导班子成员；杭州市级以上“两代表一委员”代表等参加了会议。省委巡视工作领导小组办公室传达了省委书记夏宝龙关于巡视工作讲话精神，组长杜林德向市委书记戴建平反馈了巡视情况。第六巡视组提出建德市涉及党风廉政建设和反腐败工作，执行中央八项规定、省委“28”条办法、“六项禁令”精神和加强作风建设，执行党的政治纪律，执行组织纪律、民主集中制和干部选拔任用等四大方面问题。

11月12日，在新闻媒体上公布《中共建德市委关于巡视整改情况的通报》，对国有资产管理比较混乱，工程建设、征地拆迁等重点领域腐败案件高发，农村（社区）党员干部违法乱纪现象比较突出，顶风违纪现象时有发生，少数党员干部精神不够振奋、为官不为，“两个责任”（党委负主体责任，纪委负监督责任）落实还不够到位，个别党员干部发表与身份不符错误言论，“三超两乱”（超职数配备干部、超机构规格提拔干部、超审批权限设置机构，擅自提高干部职级待遇、擅自设置职务名称）清理还不够到位，执行有关干部工作制度不够严格，部分干部选任工作程序不够规范，培养选拔年轻干部力度不够大等11个问题进行整改。省委巡视组巡视期间交转办的140件信访件，全部办结。通过办信，转立案18件，查处党员干部18人，其中市管干部4人，移送司法机关追究刑事责任6人。

【派驻（出）机构全覆盖】 11月25日，市委出台《关于全面推进市纪委派驻（出）机构统一管理工作的意见》，统一派驻（出）15个纪检组（纪工委）。采用综合派驻和单独派驻（出）两种形式，设置综合派驻监督机构8个（派驻第一至派驻

◎11月25日，全面推进市纪委派驻机构统一管理工作会议

第八纪检组)、单独派驻（出）监督机构7个（派驻市法院纪检组、派驻市检察院纪检组、派驻市公安局纪检组、派驻市教育局纪检组、派驻市财政局纪检组、派驻市卫生计生局纪检组、市直属机关纪工委)。选优配强纪检干部50名，其中40岁以下20人，占40%；大学以上学历48人(其中研究生2人)，占96%。

12月10日，市纪委（监察局）召开全面推进市纪委派驻机构统一管理工作会议，市领导戴建平、朱红丹、王伟平出席。市委常委、纪委书记王伟平主持会议，市委常委、组织部部长朱红丹宣读建德市纪委派驻机构组长（纪工委书记)、副组长任职文件，市委书记戴建平作重要讲话，戴建平指出，一要把握形势，提高认识，深刻领会推进派驻机构全覆盖的重要意义；二要精准定位，理顺关系，切实把握派驻机构工作职责；三要高点定位，严格要求，着力加强派驻机构自身建设。

【开展“执纪审查业务大练兵”】 是年，市纪委（监察局）开展“执纪审查业务大练兵”活动，全市纪检监察业务骨干轮流主讲，检察院、审计、税务等部门业务骨干交叉讲。全年组织讲学21堂，参与人员2300人次，46名纪检干部通过行政执法证考试；102名纪检干部参加《准则》和《条例》闭卷测试，平均成绩92.7分；启动“四合一”(常委+科室+派驻+乡镇)协作练兵机制，将乡镇（街道)、委局机关科室、派驻纪检组分成5个片区，每个片区成员单位抽调人员组成练兵小组，对片区内的疑难复杂信访件进行协作办理，全年通过协作办理疑难复杂信访件38件。

【履行主体责任情况报告制度】 1月24日，市委常委会专题听取常委班子成员“一岗双责”履职情况汇报。3月4日，市纪委（监察局）点题听取新安江街道、乾潭镇、市财政局、市卫计局、市体育局、市城投公司等6个部门单位履行主体责任情况汇报。实地督查16个乡镇（街道）和32个行政村（社区）党委落实主体责任情况。建立并严格执行“两个责任”约谈提醒、签字背书制度，严格“一案双查”(既要追究当事人责任，又要倒查追究相关领导责任)，7名市管领导干部因分管范围内发生违纪案件被约谈。出台《2015年党风廉政建设责任制检查考核标准》，强化对乡镇（街道)、市级机关单位党风廉政建设工作的约谈整改和扣分处理，20家单位被书面函告存在问题。面对面听取乡镇（街道）党（工）委书记和市直机关工委负责人的工作报告。

【实行乡镇（街道）纪（工）委书记专职专用】 2015年，市纪委(监察局)推进乡镇(街道)纪(工)委班子建设，16个乡镇（街道）均配齐5名纪委委员。全面落实纪委书记、副书记专职专用，严格纪（工）委书记单列考核，建立分工报备抽查制度和半月工作动态交流通报制度，跨乡镇交流纪委副书记2名。是年，各乡镇（街道）均有自主查办案件，共自办案件44件，比上年增长100%。

【破解“三不”问题】 2015年，市纪委（监察局）约谈市、镇两级存在“三不”(不担当、不作为、不落实)问题人员161人，其中单位主要负责人29人；问责41人，其中给予党纪政纪处分9人、免职1人、降职2人、责令辞职1人、诫勉7人、通报批评21人。全程跟踪、约谈问责《今日建德》、建德电视台《重点关注》栏目曝光涉及“三不”方面问题，督促整改问题39个。

【“五项整治”行动】 开展“五项整治”行动，专项整治违规兼职（挂证）取酬、公款旅游、收送“小红包”、违规借贷（担保)、公款存放等五个问题。24名公职人员主动退缴违规兼职

（挂证）所得 128.67 万元，20 名公职人员和 10 名村干部主动退缴公款旅游费用 19.1 万元。约谈问责党员干部 62 人，党政纪处分 4 人。其中，新安江街道副镇级干部朱 ××，未如实上报在企业担任党建指导员期间，无偿使用企业车辆并享受公车改革补贴的情况，受到党内警告处分；市住建局建筑业管理处质检科科长吴 ××，在工程验收中收受企业赠送“小红包”300 元，受到党内警告处分。

◎廉政文化教育

【廉政文化教育】 2015 年，市纪委（监察局）建立“两微一网一基地”（廉洁建德”微博、微信，建德廉政网，市廉政警示教育基地）宣传教育平台。开展旁听法庭庭审、廉政电影下乡、“青春倡廉”廉政辩论赛、廉政微作品创作等活动，2.3 万人次党员干部接受廉政教育。开展党员领导干部党章党规党纪专题集中培训，677 名市管党员干部参加学习，集中学习党章党规党纪、市优秀共产党员潘樟友先进事迹，结合《建德市市管领导干部任职廉政教育实施办法》，组织开展党章党规党纪测试、参观廉政警示教育基地。

【推进农村党风廉政建设】 深化村级工程全程公示制度，试行村级工程管理责任承包和工程质量评议奖惩制度，提升工程优质高效，打造“阳光工程”。开展“三整治两规范一创建”（整治村级财务管理混乱问题、整治基层干部贪污侵占问题、整治涉农涉地等方面群众反映的突出问题，规范农村集体“三资”管理、规范基层干部权力运行，深化农村基层党风廉政建设示范村创建活动）活动，梳理出农村工程领域问题线索 37 条，立案查处党员干部 8 人；督促职能部门开展村级工程、农村“三资”管理、村集体“小金库”等专项整治，核实职能部门移送的 37 个农村工程领域问题和 27 个农村财务领域问题。在农村工程领域，21 名镇村干部受到党纪处分，其中 5 人被追究刑事责任。在“三资”管理领域，13 名村干部因违反中央八项规定精神受到党纪处分。

（王一丹）

组织工作

【概况】 2015 年，建德市委组织部按照“三严三实”要求，树立“重担当、重干事、重实绩”的用人导向，规范干部选任程序，完善干部“办事实绩档案”、专题分析研判、领导班子和领导干部“三考三评”考核等制度体系。坚持党管人才原则，认真落实杭州“人才新政 27 条”，完善政策、抓实载体，着力提高人才服务保障水平。落实全国农村基层党建工作座谈会和省市委全会精神，以市委书记戴建平被评为全国优秀县委书记、乾潭镇幸福村被列为全国农村基层党建工作座谈会现场视察点为新坐标，制定《中共建德市委关于全面加强基层党建巩固基层政权的意见》，全市组织工作初步呈现出整乡推进、整县提升、全面过硬的变化。

全年收集领导班子和领导干部办事实绩档案3654份，推荐评选月度实绩之星722人次，开展专题分析研判市管领导班子和领导干部6次。从“三改一拆”、“五水共治”、项目推进、招商引资等克难攻坚一线累计提拔重用干部27人，其中提拔使用20人、转任重要岗位7人。

2015年，组工干部在“三严三实”专题教育中，认真查找部机关不严不实表现，梳理出问题9大类38条，坚持从严从实、即知即改、从严整改的原则全面整改到位。深化“七联系”制度，在部机关干部中开展“当一日村干部”“当一周档案员”活动，推动部机关工作力量下沉，争做“全科型”组工干部。围绕“专业娴熟、业务过硬”要求，用好省委组织部组工讲堂等学习平台，开展干部档案专项审核等5次专题培训，开展“周二夜学”22次，组织16个乡镇（街道）组织员开展组工信息写作、基层党建工作交叉检查等理论实地学习6次。结合“智慧党建”，做好大组工网建设和分级保护工作。

乡镇（街道）配足配强党建工作力量，组织委员、组织员、组织干事、兼职组织员全面配备到位，乾潭镇、大慈岩镇等乡镇公开选聘村级党建联络员，充实人员抓党建。全面提升基层基础经费财政保障水平，村级运转经费、村主职干部待遇报酬、党员活动经费、服务群众专项经费、“两新”组织党建经费得到大幅提升。2015年，全市基层基础经费保障支出达5500余万元。

【戴建平被授予“全国优秀县委书记”称号】 6月，经党中央同意，中共建德市委书记戴建被中央组织部授予“全国优秀县委书记”称号。此次共评选出全国优秀县委书记102名，其中浙江省3人。在中国共产党成立94周年前夕，中共中央总书记、国家主席、中央军委主席习近平在北京会见102名全国优秀县委书记。

戴建平，男，汉族，1962年9月生，浙江兰溪人，1987年6月加入中国共产党，1979年11月参加工作，省委党校研究生学历。2013年12月任中共建德市委书记。戴建平说：“全国优秀县委书记的荣誉崇高而光荣，这个荣誉不仅仅是县委书记个人的，更是对一个团队、一个班子乃至一个县域工作的全面肯定。获得这个荣誉，我会感动一辈子、要以此激励自己一辈子，在新的起点上要有新的作为，为党的事业工作，为老百姓造福。”

【幸福村成为全国农村基层党建工作考察点】 6月，全国农村基层党建工作座谈会在杭州召开，时任中央组织部副部长陈向群带领参加全国农村基层党建工作座谈会的中央组织部、国务院扶贫办以及五省省委常委、组织部部长等参会代表到乾潭镇幸福村视察农村基层党建工作。幸福村注重发挥村党委的领导核心作用，认真做好“创业承诺”，健全“五议两公开”“六事一日”工作法、“网格化管理、组团式服务、片组户联系”“三会一课”等机制，考实考准党员先锋指数、党组织堡垒指数和服务指数，让群众党员有更多的获得感。

◎中国共产党成立94周年前夕，戴建平等102名全国优秀县委书记，在北京受到中共中央总书记、国家主席、中央军委主席习近平接见(建德广播电视台 供稿)

【开展“三严三实”专题教育】 5月，以市委书记戴建平上专题党课为契机，启动全市党员干部“三严三实”专题教育活动。活动中，党员市领导带头上党课50余堂（次），各级干部为党员群众上党课520余堂（次）。围绕修身做人、用权律己、谋事创业开展专题学习讨论，并高标准、严要求开好市四套班子以及全市各单位领导班子和党员领导干部专题民主生活会。追授下涯镇潘樟友为“建德市优秀共产党员”，开展“学习好班长、争做好干部，学习潘樟友、争做好党员”活动，在基层党组织中成立“潘樟友服务队”。召开“双百”优秀乡村干部座谈会，大力宣传“千名好支书”“双百”优秀乡村干部。

【从严抓好党内政治生活制度】 出台并实施《进一步推动基层党的组织生活规范化制度化常态化的意见》《关于全面推行党员固定活动日制度的通知》等文件，进一步规范落实“三会一课”制度。全面推行党员固定活动日，做到月月有计划、有督查、有通报，党员到会率普遍达到80%以上。研究制订《加强流动党员教育管理办法》，在杭州市区建立11个流动党员管理服务站。组织开展党代表巡查活动，完成18件市级党代表提议的征集和办理工作，办结率、代表满意率均达100%。指导乡镇（街道）开好党代会（党员代表会议），1034名乡镇（街道）党代表（党员代表）参加会议，共收集办理党代表提案154件。

【规范干部选任程序】 出台《建德市关于在动议阶段实行领导干部署名推荐的办法（试行）》，全面实行领导干部署名推荐，分层分类开展定期和定向署名推荐工作。建立和完善市管领导干部选拔任用“一人一档”、全程纪实、领导干部任职回避制度。强化任前审查核实，实行干部档案“凡提必审”、个人有关事项报告“凡提必核”、干部监督联席会议成员单位意见“凡提必听”、反映考察对象线索具体的信访举报“凡提必查”等“四必”制度，有效防止“带病提拔”。全年调配任免干部300人次，30名新提任市管干部中，35周岁以下干部7人、女干部7人、党外干部3人。

【深化“百名优秀年轻干部”培养工程】 出台年轻干部培养选拔配备工作计划，制订优秀年轻干部“墩苗计划”，筛选110名优秀年轻干部。全年围绕蹲点招商、无违建创建、重点项目督查等市委市政府中心工作，选派105名优秀年轻干部到一线培养锻炼，5个乡镇（街道）的团（工）委书记进行轮岗交流。强化廉政把关，调整充实334名市管正、副职后备干部库，调整面达35%。

【干部工作专项整治与监督管理】 建立健全干部监督工作联席会议制度、个人信用事项报告制度、党组织书记履行干部选拔任用工作职责离任检查实施办法，完善干部监管工作协调机制，梳理并录入648名市管干部个人有关事项报告材料；对13家单位18名市管领导干部进行经济责任审计，对4名新提任正职领导及时进行经济责任告知，对25名市管正职后备人选进行十部门廉政联审。出台《建德市不适宜担任现职领导干部“反向提名”实施办法（试行）》，加大对“不作为、不担当、不落实”干部的组织调整力度，进一步畅通干部“下”的渠道。2015年，共有53名表现一般的领导干部被提醒谈话，5名不适宜担任现职领导干部提前退二线或转任非重要岗位，2名领导干部被免去领导职务。做好省委巡视组有关选人用人工作专项检查整改，累计清理消化超职数配备领导干部40名，完成除兼职以外的其他超职数配备整改工作。规范市级机关部门党委委员（党组成员、办公会议成员、部务会议成员等）职位设置，明确相关职务不再与行政职级直接挂钩。加强领导干部出国（境）证件的统一管理，开展违规办理和持有因私出国（境）证件专项治理工作，对全市领导干部225本因私出国（境）证件进行集中保管，有效规范和清理退（离）休领导干部在社团兼职问题。制订《建德市中层干部选拔任用操作办法》，规范中层干部选任工作。出台《关于进一步加强退二线干部管理和作用发挥工作的意见》,建立退二线干部作用发挥“八大员”制度。

【强化干部教育培训】 制订下发《建德市干部教育培训实施办法》《建德市党员学习教育管理实施意见》，充分发挥市委党校主阵地和干部学习新干线、远教“红色讲堂”、网上学习平台等载体作用，开展党章党规党纪、习近平总书记系列重要讲话精神等专题学习。实行干部点名调训制度，组织市管领导干部经济工作专题培训班等共35期37个主体班次，参训人员4752人次。

【落实党建工作责任制】 分层面制订乡镇(街道)党（工）委书记、分管领导抓基层党建责任清单和机关党建工作“三方”责任清单,明确党（工）委书记直接分管、组织委员专职抓党建工作，每月检查督促，做到一张清单抓到底。发挥市委党建工作领导小组成员单位作用,成立党建研究会,建立基层党建工作季度例会制度，明确“责任、规矩、作为、实效”4季主题，实行申报制，采取“现场看点+开会交流”的形式进行。全面开展市镇村基层党组织书记履行基层党建述职评议。开展“书记谈党建”电视访谈，各乡镇（街道）党（工）委书记领办1～2个党建重点项目。

【建立三级服务群众联动联办机制】 深化“走村不漏户、户户见干部”，建立市、乡、村三级联动联办机制，明确每年一季度为乡镇干部集中走访季；乡镇党委会每月一次专题分析处置走村访户收集的问题，每周固定一天为集中走访日，实行访户销号、日记周报。全年安排乡镇（街道）干部走村访户专项经费273万元，实现走访全覆盖，解决问题2733个。寿昌镇通过走村访户增强年轻干部做群众工作能力的做法，在中央电视台《新闻联播》等栏目中播出。开展农村党员“联系不漏户、党群心贴心”，在职党员进社区开展志愿服务、领办微心愿，机关事业单位党员“先锋治水 · 河道结亲”“双联系”，离退休支部党员“新安夕阳”银色人才志愿服务等活动，发挥党员作用。实行“把支部建在项目上”，助推府前区块征迁等重点工作的开展。

【夯实基层组织基础】 以“百名组织部部长蹲百村”调研为契机，探索基层党组织建设新出路。市委常委、组织部部长朱红丹带头调研指导软弱落后村、扶贫帮扶重点村等90余个行政村的党建工作，部机关干部全年走遍全市所有行政村。开展村干部履职践诺“回头看”，调整村“两委”干部36人,其中村党组织书记8人；对“亚健康”的村班子进行谈话提醒，产生村级后备干部887名。推动软弱落后村整转，共调整充实15名村两委干部，新增民生实事项目38个，党员群众对整转工作满意度平均得分达90分。做好农村第一书记选派工作，55名优秀年轻干部担任农村第一书记，出台管理办法，强化管理考核。部署开展“基层党建推进月”、村级活动场所集中整治、“十群百点”创建等活动，成功创建三星级以上党建示范点41家,培育党建示范群16个，离退休干部党支部实现全覆盖。加强“两新”组织建设，召开重点骨干企业座谈会，开展“两新”组织党务工作者培训和资质认证评级，创建成蓝领驿站26家。推进村规民约、社区公约制订修订工作，探索推进基层协商民主议事制度。

【加强党员队伍教育管理】 严把发展党员质量关，落实发展党员四个积分制，认真开展发展对象联审把关，全年共发展党员451名。加强党员教育管理，全面推行党员先锋指数考评管理，共评出警示党员194人，处置不合格党员40人，除名23人。推广三都镇新和村“设岗定责、贴心服务”、李家镇“一亮五规定”等经验做法，充分发挥党员在“拆违治水”、平安建设、美丽乡村建设等中心工作中的先锋模范作用。深化“领头雁”工程建设，集中轮训229名村党组织书记，组织部分村党组织书记赴上虞市祝温村、富阳区八一村学习先进经验。同时，乡镇（街道）党（工）委对其他村（社区）干部、党员开展集中轮训，联合机关工委、老干部局对机关党组织和离退休党支部负责人进行培训。（赖艳芬）

宣传思想工作

【概况】 2015年，市委宣传部加强思想理论巩固、重大主题宣传、社会舆论引导、精神文明建设、文化繁荣发展，为加快建德发展提供强有力的思想保证和舆论支持。

组织市委理论学习中心组学习17次，调整充实形势政策、道德模范、健康知识等8支宣讲团，全年共开展各类宣讲300余场次。邀请杭州及建德市最美人物赴基层开展微宣讲活动100余场次。面向全市基层理论宣讲骨干举办全市微型党课大赛，评选优秀党课12堂。建成千人网军队伍，基本实现全市各单位全覆盖，及时处置“通用机场坠机”等重大突发舆情事件，编发各类网络舆情分析资料162期。

开展“弘扬拆违治水精神，今年我们怎么干”大型媒体访谈，组织38个部门和乡镇（街道）的党政领导、项目负责人、服务对象110余人次参加访谈；推出专栏20余个，报道1600余篇，完成“五水共治”、“三改一拆”、“学习先进，加快发展”、工业经济和招商引资“三大竞赛”、府前路区块征迁、回顾“十二五”展望“十三五”等重大主题宣传。

在市外主流媒体刊播重点工作新闻稿件1000余篇，其中，《人民日报》3篇中央电视台新闻联播和中央人民广播电台各3条，《浙江日报》专版3个、头版8篇，《杭州日报》专版11个、头版26篇。

【基层理论阵地建设】 重点培育提升基层党校5所，新增省级先进基层党校1所（李家镇委党校）。新增杭州市社科普及基地2个（建德市大同书院、建德人遗址展馆）、基层理论宣讲点1个（洋溪街道综合文化中心）。巩固提升杭州悦学体验点16个，新增8个。87家农村文化礼堂打造成为复合型学习阵地。指导成立建德市传统文化教育促进会，举办德文化论坛2次。

◎经济转型升级与创新发展专题讲座

【精神文明建设】 持续做好“美丽建德人、美丽建德景”的选树宣传，救火英雄潘樟友入选杭州市第三届最美人物，最美教师吴庭槐入选“浙江好人榜”，并被评为2015年度“杭州十大道德模范（平民英雄）”。开展第十届“公民爱心日”爱心捐助，组织2000余名机关干部参与第三轮“交通文明劝导”活动，全年组织开展各类志愿服务活动480余场次，共3.1万余人次参与。开展“美德少年”评选、“同在蓝天下 · 欢乐度中秋”“代理家长”与留守儿童亲子游等系列活动，新建留守儿童俱乐部5个，寿昌一小成功申报中央专项彩票公益金支持乡村学校少年宫项目，新增钦堂乡“陈怀白革命纪念馆”为建德市级爱国主义教育基地。完成杭州市城市文明程度指数测评，打造“家训挂厅堂”示范村8个，在江滨公园东段新建“水文化”主题公园。实现乡镇（街道）道德文化长廊全覆盖。

【文化礼堂“建管用”】 全年新建农村文化礼堂26家，累计建成87家，完成星级认定61家。探索建立文化礼堂管理使用长效机制，全面推广理事会管理制度，创新推出理事驻堂、干部驻堂、乡贤驻堂、协会驻堂“四驻堂”长效管理制度。全年共组织各类走亲活动50余场，举办农村文化礼堂精品节目展演、礼仪视频征集等活动，优化农村文化礼堂网站和掌上文化礼堂。乾潭镇下梓村和文化礼堂下涯镇之江村文化礼堂获“杭州市十佳农村文化礼堂”称号。

【实施文化惠民工程】 全年完成送戏下乡200场、送电影3432场、送图书3万余册。完成洋溪、大洋综合文化站改造提升，杭州市示范综合文化站增至12个，大洋镇获评2015年度杭州市特色文化镇。建成洋溪街道图书分馆，实现全市乡镇（街道）图书分馆全覆盖。出台民营剧团、民办公益类文化服务机构等扶持办法，评选星级群众文化团队61支，市婺剧团《天下第一疏》获评2015年度民营文化表演团优秀剧目。承办浙江省第六届十大城市戏曲演唱联赛，主办婺迷争锋 · 百姓戏迷大赛（建德赛区）选拔赛等活动。成功举办全市第二届农村文化节。举办纳凉大舞台活动31场，观众达6万余人次。（俞 侃）

统一战线工作

【概况】 2015年，建德市委统战部深化中国特色社会主义学习实践活动，举办读书会、交流会、培训会、联谊会10余次，举办党外干部培训班、党外知识分子培训班。召开情况通报会、双月座谈会8次，向党外人士通报工作情况，征求意见建议。开展民主党派、市工商联与相关部门对口联系活动10余次。开展市委常委、党员副市长与民主党派工商联座谈交心、联系交友活动，走访党外人士72人次，汇总意见建议12个方面45条，11个部门给予书面答复。全年提交提案、议案、调研报告和社情民意238件，编印《统战专报》11期。开展民主党派、工商联和无党派人士“五个一”比贡献活动（引进一批招商引资引税项目、撰写一批高质量课题调研报告、为建德发展献一策、争创一批社会服务品牌基地、创先争优一批特色亮点工作），获得国家级荣誉1项、省级4项。

开展侨务助力工程，参与引进人才12名，引进智力2项、资金1200万元。成立香港建德同乡会，做好加拿大华侨汪思孟夫妇捐资助学工作。全年走访重点侨眷、留学人员家属22户，走访服务侨资侨属、高科技企业32家。受理“三侨生”认定2人。组织侨界政协委员撰写提案6件、社情民意4件。接待和处理涉侨信访案件4件。

慰问少数民族困难家庭10户，做好少数民族考生享受（中）高考优惠政策资格审核工作98人次，少数民族成分更改把关审核工作25人次。完成省扶持项目6个，完成中央重点项目申报，争取上级资金139万元，建德市配套资金63.5万元。

宗教建筑规范工作在全省率先完成，得到省委、杭州市委主要领导批示肯定。完成民间信仰甲类登记编号69处、乙类58处，在杭州市建德现场会、全省推进会上作典型交流发言。印发《关于加强宗教（民间信仰）事务管理的实施意见》（市委办发〔2015〕47号）。举办“纪念净土宗五祖少康大师圆寂1210周年暨净土宗文化研究高峰论坛”，邀请专家学者80余人参加讨论交流，形成学术论文37篇。举行演通大和尚荣膺玉泉寺方丈庆典活动。

【开展“五个一”比贡献活动】 2015年，建德市委统战部在各民主党派工商联和无党派人士中开展“五个一”比贡献活动，引进招商引资引税项目11个，实际到位资金4300万元；围绕建德经济社会发展撰写调研报告11篇；69名统一战线民情观察员开展调研活动13次，梳理问题16个，撰写社情民意158篇；创建新叶村民革“同心博爱”基地、工商联“新生代创业实践基地”、民盟“同心基地”等15个社会服务基地，开展服务活动30次，服务群众1200人。民进建德市委会主委谢春凤被民进中央授予“全国民进先进个人”；民建寿昌支部被民建省委会授予“浙江省先进基层组织”称号、民进建德市委会被授予“模范爱心集体”称号、市工商联被评为“浙江省工商联系统2015年度综合先进单位”、民盟建德市委会“盟员之家”实现全覆盖。

【对口联系工作实现全覆盖】 6月，市委统战部拟定下发《关于进一步完善政府部门与民主党派和工商联对口联系制度的通知》（建政办函〔2015〕93号），细化对口联系要求和内容。9月1日，市政府召开对口联系工作座谈会，全市24个政府组成部门与民主党派工商联明确分管领导和联络员各1人，对口联系工作实现全覆盖。市政府各部门与各民主党派工商联建立对口联系工作日常信息交流制度、重大事项事先通报制度、邀请参加重要会议（活动）制度、联合调研制度，对口联系工作走上制度化、经常化、规范化轨道。市政府相关部门聘请25名民主党派成员、工商联会员担任特邀行业监督员、行风评议员，对部门依法行政、清正廉洁等方面展开评议监督。全年邀请各民主党派、工商联开展各种考察、考察活动共12次。

【建立党外代表人士库】 2015年，市委统战部建立党外代表人士库，有人员339人，其中，民主党派代表人士128人、无党派代表人士44人、少数民族代表人士6人、宗教界代表人士4人、非公有制经济代表人士88人（包括新生代21人）、港澳台海外代表人士25人，党外后备干部48人。通过建立党外代表人士库，实地了解党外代表人士的思想、工作、生活状况，摸清全市党外代表人士队伍现状，为市委加强党外代表人士队伍建设和党外人士政治安排工作打好基础。（陈兰云）

机构编制工作

【概况】 2015年，建德市编委办加快推进简政放权，推进政府职能转变和机构改革，严格机构编制管理，优化执政资源配置，为地方经济社会发展提供体制机制保障。

加强金融管理、重大项目的前期管理以及土地收储管理工作，在市发改局整合设立政府金融工作办公室（挂牌）、投资项目前期办公室（合署）。设立市地方政府性债务管理办公室，加强政府性债务管理，防范化解财政困难和矛盾。整合市国有资产管理办公室机构职责和人员，发挥市债管办和市国资办双促进双落实作用。完成上收99名事业编制的精简任务。按照精简、统一、效能原则，组建市旅游商务局，制订“三定”规定。

至年末，全市共有行政单位67个（其中党委部门11个，人大1个，政府工作部门25个，政府派出机构1个，政协1个，法院1个，检察院1个，民主党派4个、众团体6个，街道3个，乡镇13个），事业单位275个（含参照公务员管理的事业单位和群团组织45个）；行政编制（含专项编制）2485个，事业编制（含参公事业编制）8191个。

【推进综合行政执法改革】 自3月开始，按照省政府统一部署开展调研，制定契合建德实际的综合行政执法改革实施方案，拟将21个领域646项行政执法事项纳入综合行政执法，其中首批划转15个领域444项（含原城市管理“7+X”内容），2017年底前分步划转12个领域202项，推动执法重心下移，解决多头执法、多层执法，提高执法效率，推进政府部门依法行政。

【构建权力清单和责任清单动态管理制度】 在省政务服务网公布权力清单和责任清单之后，于6月完成历次省、市、县三级权力事项基本目录比对完善工作。在此基础上，研究制定《关于做好深化权力清单责任清单工作的通知》《建德市人民政府部门职责管理办法》《建德市政府部门权力清单管理办法》等文件，实现权力清单、责任清单动态调整规范化。推进乡镇权力清单制定发布工作。

【推行“大国土”体制改革】 针对土地经营管理机制不够完善，土地收储和做地规范欠缺、力量分散等问题，于4月提出加强土地收储和政府做地工作的建议方案，整合机构、强化力量。同时，在不增加机构数量的前提下，以挂牌设置的形式实现“一乡一所”，通过统筹资源、区域管理、强化职责等方式，加强乡镇国土资源所建设，更好地发挥基层机构服务职能。

【推进不动产统一登记制度改革】 根据不动产统一登记制度改革部署，于11月将市住建局房屋登记职责、市林业局林地登记职责、市农办农村土地承包经营权登记职责划入市国土资源局，组建市不动产登记服务中心。合理设置工作职责和人员编制，承接不动产统一登记工作，保证各类登记工作的稳定性、连续性和实效性。

【完善督查考评机构设置】 理顺和完善“督考合一”工作机制，整合督查资源，于5月在市委办增挂市综合考评办牌子，划入市委、市政府督查考评职能，提高党委政府的督查、考评效能。

【理顺血站管理体制】与省、市编委办以及卫生计生部门对接，于11月设立市中心血库，解决因建德血站非独立法人机构的性质带来的编制、人事、经费等历史遗留问题，为血站的发展建设、人员的经费落实和公益性体现提供了体制机制保障。

【规范国有企业机构编制管理】 探索企业机构编制管理模式，于5月出台《国有企业编制管理暂行办法》，核定市属国有企业机构和编制。探索纳入机构编制实名制管理，提高国有企业人力资源管理效能，提升国有企业经营管理工作质量。

【推动事业单位登记制度改革】 1月，将事业单位法人年检制，改为事业单位法人年度报告公示制。完成263家事业单位2014年度事业单位法人年度报告的审核工作，并推动其通过市政府门户网，或举办单位官方网站等媒体，直接面向社会公示上年度的年度报告书，内容涉及《事业单位法人证书》登载事项、开展业务活动情况、资产损益情况、绩效和受奖惩情况、涉及诉讼情况、社会投诉情况等十个方面内容。同时将事业单位法人证书有效期由1年改为5年，在规定时间内

完成全部登记在册的事业单位法人新法人证书的更换工作。（黄 辉）

史志工作

【概况】 2015年，市委党史研究室、市地方志办公室（以下简称市史志办）围绕中心，发挥史志工作“存史、资政、育人”作用，编印完成《中共建德县委历次代表大会及全会重要文献选编》，编辑完成改革开放新时期党史专题资料30篇；完成抗日战争时期人口伤亡和财产损失情况调查，征集口述史200余篇、历史文献5篇、档案文献3万字；开展人物口述史征集，其中原县委书记张书声的事迹材料《老一代共产党人的“严”“实”作风》，在省委党史研究室《党史研究参考》第7期上专刊发表，并得到省委书记夏宝龙的批示。

江西县民主政府纪念馆、洋尾抗日自卫队纪念馆2个项目获得杭州市党史胜迹保护专项资金42万元支持。陈怀白革命事迹陈列室、中共建德第一小组纪念馆先后建成开放，为全市各单位开展党员固定活动日提供新的学习教育阵地。协助江东县建浦区革命纪念馆、洋溪革命斗争史纪念馆、寿南暴动纪念馆及蒋治故居的建设与保护。

12月，《建德年鉴（2015）》由方志出版社出版。《新安集团志》正式出版，《建德地名志》完成评审，《寿昌镇志》《白沙社区志》完成初稿，《乾潭镇志》《钦堂乡志》《建德公安志》《建德文化志》《建德广电志》启动编修。《建德往事》出版第五、六辑，《建德史志丛书》编纂出版第二辑。《当代建德人物》完成资料征集和编辑，进入校对审查阶段。征集建德老照片1400余张，内容涵盖历史变革、城市建设、人民生活等多方面。

新四军历史研究会组建讲师团，完成《老区新貌—大洋镇》一书编写；家谱文化研究会发展会员140余人。吴康福的《一段情缘一段思考一段实践——做好县级党史工作的几点体会》在中央党史网站发表。黄建生被评为杭州市“最美方志人”。

【“中共建德小组纪念馆”建成开放】 9月18日，“中共建德小组纪念馆”举行开放仪式。省新四军研究会名誉会长、省人大常委会原副主任杨彬，建德市委副书记周徐胤为纪念馆揭牌。纪念馆坐落于梅城镇总府后街43号，是中共建德小组发祥地——建德第一个共产党员竹均之的宿舍旧址，总建筑面积120平方米，内设5个展厅，分“五四运动”在建德、共产党员唐公宪到建德、省立九中学生自治会成立、九中师生反对军阀统治、进步教师张石樵到九中任教、国共合作在建德、北伐革命军进军建德、打击土豪劣绅、建立中共建德小组、开展减租减息运动、开展抗交码头捐斗争等11个主题，以及1927年4月建德中共

◎9月18日，“中共建德小组纪念馆”开馆（杨忠平 摄）

党员名单进行展示，并设革命历史人物塑像一组和竹均之宿舍原景。成为建德市的党史教育基地、红色旅游基地、爱国主义教育基地。至年末，共有各界人士1万余人进馆参观。

【《建德史志丛书》（第二辑）出版发行】 8月，由中国文史出版社出版。该辑丛书由市史志办主办，包括《抗日烽火——记者眼中的建德》《跨过红河——抗美援越战争回忆录》《陈怀白传》《建德家训精选》《新安江富春江库区大移民》，共127.8万字。其中，《抗日烽火》汇编抗战时期全国一些重要报刊书籍对建德情况的记载，是对建德抗战史弥足珍贵的补充，由徐重光选编；《跨过红河》是口述史征集的延伸，汇聚70余名建德援越抗美战争老兵的回忆，由黄根华、涂益清选编；《陈怀白传》讲述建德籍新四军战士、教育出版界专家陈怀白为党和党的事业奉献一生的故事，由洪淳生编著；《两库移民》记载新安江、富春江两库区移民的重大历史事件，反映当时30万移民为祖国建设作出巨大牺牲的往事，由市移民局编著；《建德家训》精选了建德86个村落54家具有代表性的家规家训原文，经过简译注释后，成为弘扬家庭美德、传承良好家风、引导党员干部带头树立良好家风带动党风政风的辅助教材，由戴荣芳等选编。

【《新安集团志》正式出版】 10月，《新安集团志》由方志出版社出版发行，成为建德市属企业第一部正式出版的志书。该志设大事记、专志12编、文献辑存等，字数规模110万字，内容翔实，图文并茂。其中，志书各专门章节后附收11篇专记，真实、多角度、有深度地记录新安集团艰苦创业、搏击世界农药行业风云的历程。该志书由洪淳生任主编，市史志办多名专业人员参与志稿评审。中国人民解放军武警部队原政委徐永清上将为该志题写书名。中国石油和化学工业联合会会长李勇武、方志专家魏桥先生分别为该书作序。

【《老一代共产党人的“严”“实”作风》得到省委书记批示】 12月9日，由市史志办通过采访当事人、征集史料和召开座谈会等多种形式，整理撰写的在寿昌、建德任职长达18年的老县委书记张书声事迹材料——《老一代共产党人的“严”“实”作风》，专刊发表在省委党史研究室《党史研究参考》第7期上。29日，该文得到省委书记夏宝龙的重视，专门批示给省委组织部，要求发给各县、市委书记学习。这是市史志办在开展“三严三实”专题教育活动中，深入挖掘老一代共产党人的先进事迹，抓好党建服务全市工作大局取得的又一成果。近几年，市史志办先后采访中共建德县委原书记张文楷、张书声、李铁峰、张义根、缪开寿，以及毛泽东批示过的千鹤女妇女先进典型苏连珠和付爱娥，抗美援朝特等功臣樊志先，新四军老战士、金萧支队老战士等50余人，抢救大批珍贵历史资料，丰富基层党建教育内容。

【开展纪念抗战胜利70周年宣传活动】 广泛搜集抗战时期各大报纸对当时建德的报道60余篇、共10万字，以及部分珍贵图片，编纂出版《抗日烽火记者眼中的建德》一书。在《钱江晚报》“建德生活”版块开辟“抗战往事”专栏，与读者共同回顾历史。通过《今日建德》向全市征文，征集各类口述史、访谈录、回忆文章、专题调研共40余篇。联合市委老干部局开展“抗战老兵”采访活动，搜集21名抗战时期参加革命的建德老兵口述资料，编印成《红色足迹》一书。联合全市40多个乡镇、社区、企业、学校举办纪念抗战胜利图片展。

（何 彬）

对台工作

【概况】 2015年，市委台湾工作办公室、市政府台湾事务办公室把握两岸和平发展这一主题，贯彻中央对台工作部署，全面落实省、杭州市对台工作要求，结合建德实际开展各项对台工作。

加强建德台胞台属联谊会建设，指导台联会组织台胞台属开展“寄一封家书、打一个电话、发一条短信（微信）”活动，加强与台湾岛内亲属的联系联络。指导台联会组织理事、代表走访台资、台属企业和重点台胞、台属，传递关怀，联络感情。全年共走访台资企业、台商、台属企业20余次，宣传落实各项政策举措，发送工业产业、招商、税收、环保政策等宣传资料50余份。走访慰问定居台胞、重点台属18人次，接待处理台胞、台属到访10余人次，帮助协调处理涉台经济纠纷、房产、遗产、寻亲等问题5个。

【建德首家台商独资企业注册成立】 1月，台商刘琪男收购建德市望江宾馆，投入资金800万美元，注册成立建德市国瑞酒店管理有限公司。这是建德专业从事酒店管理、物业管理服务的首家台商独资企业。

【6次赴台交流交往】 3月，建德市大丰辐条厂连续第5年组团参加海峡两岸自行车展。5月，市民政局赴台进行老龄工作业务培训。6月，市农办赴台考察农村经营体制改革和新农村建设工作。9月，市委副书记周徐胤带队赴台开展基层交流和民宿考察。11月，市妇联、文创办先后赴台考察相关领域工作。

【台湾名间乡两次到建德参访】 2月，台湾南投县名间乡乡长陈文德一行17人到建德参访。6月，南投县名间乡乡长陈文德、乡民代表会主席陈永生、国民党名间乡党部主任张世淦率乡民代表、农民代表一行18人，再次到建德参访。其间，新安江街道新蓬村、梅城镇宝华洲社区与名间乡三仑村、浊水社区分别签订结对合作协议书。

【台湾中华台北游泳总会到建德交流】 11月，台湾中华台北游泳总会会长林进添一行27人到建德，与市冬泳协会开展民间友好交流。近百名建德冬泳爱好者与台湾同胞一起畅游千岛湖，共叙同胞情。 （夏成毅）

党校教育

【概况】 2015年，建德市委党校以“三新”（新党校、新作为、新风采）为目标，以“三要求”（围绕中心、服务大局、发挥作用）、“七提升”（品牌意识、办学设施、主体培训、流动党课、科研资政、队伍建设、规范管理）为总领，以“四载体”（建阵地、强特色、创品牌、优服务）为具体抓手，大力推进党校各项工作的有序开展。以《党校规章制度汇编》为基础，完善《党校考评办法》《调研蹲点活动规定》《现场教学基地建设工作方案》《“导师带徒”工作实施意见》《2015年信息舆情大比武活动实施意见》等制度，科学管人、制度管人常态化。

全年开展各项学习、教育、服务中心、服务基层活动35次，完成各类培训班次56期，参训学员达7500余人次，其中主体班36期37个班次，参训学员5334人次；首次实现外省、市到校异地办班8期，培训人员457人次。做好新党校搬迁工作，完成招标并进场施工。主动融入中心工作，派驻借用农村第一书记1人、拆迁办1人、干部审核1人、开发区招商1人、市委信息工作2人，受聘市党建研究会党建特约研究员4人、市委讲师团成员5人。全年完成招商引资700万元，完成目标任务的140%；完成招商引税50万元，完成市委指导性计划。

5月，党校迁建项目开始论证并着手前期各项准备工作，11月施工队进场。按照市委市政府"一次规划分期实施"总体要求，新校区迁建工程由市机关事务局代建，新校址位于下涯镇320国道旁原下涯初中，校园占地总面积2.37公顷，总投入概算2981万元，其中一期改建总概算927万元，改造原主教学楼等总面积共计4510平方米。

【新建现场教学基地4个】 新建并启动严州文化、红群草莓文化创意园、新安江水力发电厂、新叶古民居等4个现场教学基地。其中，红群草莓文化创意园成功创建成为杭州市级现场教学基地。2015年，党校教学培训办班期数、培训人数实现"量"的倍增，年办班期数为历年来最多，参训人数为上年的1.9倍；现场教学、对外培训传递"建德声音"；加大对教学方式的改革力度，其中现场教学达到25%的班次、互动教学达到35%的班次。

【流动党课送教下基层127场次】 是年，"流动党课"立足田间课堂，变"上来"为"下去"，改变党员培训"坐堂式"的单一模式，"哪里有党员、哪里就有课堂"，以党员固定活动日为契机，主动送教下基层，党员教师足迹遍布全市16个乡镇（街道）和大部分机关部门，深入农村、学校以及非公有制企业；大党校大教育变"封闭"为"开放"，改变了党员培训"专有式"的固定方式，形成了"举全市之力办好党校"的办学模式；重实效求创新，变"包桌"为"点菜"，改变党员培训"固定式"的送餐局面，做到"因地制宜因人而异"。全年3次印制党课菜单共2100份、76个党课课题送到各基层党组织，对外宣讲次数达到127场次，受教育党员群众近万人。

【科研调研活动取得新成果】 围绕市委市政府中心工作，四位校领导各领衔1个课题组，以服务经济建设和社会发展为主线开展大调研活动。在原有12个联系点的基础上进行调整并新建4个蹲点单位，加强与部门的合作，服务基层、服务中心工作深入持续开展。在原有科研奖惩办法的基础上，开展信息调研大比武活动，设立"奋勇争先奖""季度标兵奖""年度冠军奖"，全校科研调研氛围浓厚。《浙江建德"上承下传"推动城市优质医疗资源下沉的实践与思考》一文在《浙江信息》发表，实现"零"的突破；《建德市扎实推进乾潭镇小城市培育》《建德市艾利斯玫瑰园三次产业融合发展，探索实现"第六产业"新路》等2篇调研文章得到杭州市委副书记杨戌标、杭州市副市长戚哮虎等领导的批示；3个党建案例文章被编入中共中央党校出版的《杭州市基层党组织和基层政权建设案例集》；参与部门合作课题（资政文章）11项、党校系统社科联课题7项，提交各类理论文章12篇。

（陈志宏）

机关党务工作

【概况】 2015年，市直机关工委以创建学习型、服务型、创新型机关党组织为载体，整体推进机关党的思想、组织、作风、反腐倡廉和制度建设。新成立直属机关党委2个（市检察院、市市场监管局）、临时党委1个、党总支1个、党支部19个，撤销3个，发展新党员96名，党纪处分11名。至年末，工委所属机关党委20个、党总支20个、党支部368个，党员5944名。

制订《2015年市直机关党员干部政治理论学习意见》，开展"三严三实""党章党规党纪"和《准则》《条例》专题教育。举办机关党员大讲堂6期、"夕阳红"大讲堂6期，送党课下基层6次，受教机关党员3000余人次。举办机关党务干部培训班3期、入党积极分子培训班1期，选派5名基层党组织书记参加杭州市基层党务干部培训。年终评选出党建调研文章一等奖2篇、二等奖3篇、三等奖7篇。

制订机关党建“三方”责任清单，试行机关党员先锋指数考评管理办法，加强对党员的日常教育管理。加强对58家基层党组织星级党建示范点创建的业务指导，验收通过一星级党建示范点单位16家、二星级党建示范点单位13家。组织20个直属机关党委书记开展述职述廉，同时推进基层党组织述职述廉。评出先进党支部23个、优秀共产党员150名、优秀党务工作者29名。

落实党风廉政建设责任制，制订下发《关于2015年党风廉政建设和反腐败工作及打造“廉洁建德”的责任分工》。开展“大力弘扬传统‘八德’，构筑反腐道德防线”为主题的廉政文化进机关活动，选送59幅廉政文化微作品参加杭州市第二届“廉洁杭州 你我同行”廉政文化微作品征集评选活动。开展“守纪律、优作风、强服务”机关作风建设专项行动，巩固群众路线教育实践活动成果。

推行“支部建在项目上”，围绕“三改一拆”“无违建市”创建和府前路区块改造征迁等中心工作，开展“市级领导——各级党代表——全体党员干部”三级联动专项行动。围绕省示范文明城市成果巩固，组织3300余名机关党员参与“交通文明劝导”活动；围绕“平安建德”创建，组织全市1787名机关党员志愿者和入党积极分子志愿者参加夜间义务巡逻。针对物业费收缴难问题，会同市住建局等相关职能部门在全市范围内开展了机关党员干部拖欠物业费情况的调查和催缴工作，并形成调研材料，为领导决策提供参考。

【推行党员固定活动日制度】 全面推行每月15日党员固定活动日制度。2月15日，组织开展“党群心贴心 · 和谐迎新春”——暨党员固定活动日集中大行动，24个市直机关单位、60余个党组织共300余名党员志愿者参加，现场提供各类为民服务项目，机关党员带头认领微心愿57个，组织党员小分队进社区、福利院、困难家庭等开展送医疗等志愿活动，为固定活动日开展提供样板参考。2015年，368个机关党组织累计开展相关学习、服务等活动4000余次，开展督查11次，发布通报11期。

【“双联系”工作被评为全国党建机关专委会优秀案例】 深化“双联系”党建品牌，配合“河长制”，由重点职能部门党组织联系省、杭州市重点河道，其余部门党组织按“联乡结村”就地联系或按单位所在地就近联系，安排380余个机关基层党组织分段联系42条重点河道；安排28个机关党组织联系28个较落后村党组织。该项工作被评为

◎第一期机关党员干部大讲堂

全国党建机关专委会优秀案例、浙江省直机关工委十佳党建品牌。

【在职党员进社区】 加强在职党员进社区的动态管理，市委常委带头以普通党员身份进社区报到，开展“倾听群众意见，领办群众心愿”活动。2015 年，4552 名在职党员进社区报到认领微心愿 5600 余个，成功推荐杭州市在职党员进社区“服务达人”3 名。

【千名党员干部结对千户困难家庭】 组织开展新一轮“千名党员干部结对帮扶千户城乡困难家庭”和“1+X”社会结对帮扶、走访慰问活动。2015 年，全市 1639 名机关党员多次走访结对的低保家庭、困难家庭和残疾人家庭，为 1639 户家庭送上慰问金和慰问品，总价值 160 万元。

【推进党群共建】 2015 年，机关工会工委举办工会主席、工会财务人员培训班各 1 期，举办了机关气排球赛、拔河比赛和户外拓展训练。机关团工委联合市纪委、团市委等单位开展“青春倡廉”辩论赛，联合市委组织部等单位开展“爱在建德”七夕联谊会。机关妇工委组织开展“迎三八”四个一活动；举办机关妇女烘焙培训班 2 期、摄影培训班 1 期。红会机关工委参加世界“五八”红十字会日广场献血、造血干细胞捐献等“三救三献”活动，举办市直机关救护技能比赛活动。（李　佳）

老干部工作

【概况】 2015 年年末，全市共有离休干部 169 人。按时期分：抗日战争时期 19 人、解放战争时期 150 人；按单位性质分：党政机关 55 人、事业单位 39 人、企业单位 75 人；按享受待遇分：处（县）级政治、生活待遇 81 人（含地专级医疗、乘车待遇 4 人），科局级政治、生活待遇 88 人。另有安置托代管的离休干部 33 人，其中，外来易地安置 6 人，受托管理杭州市属在建 7 家企业的 27 人。代管浙江省杭州市属在建单位的 11 人。市级离退休领导 28 人（含离休 2 人）。

全年组织离休干部集中学习 24 次，开展“走基层、看变化、促发展”活动 9 次，270 余人次参加。春节期间，上门走访慰问 183 位离休干部（含遗孀）和 29 位市级老领导（含遗孀）；7 月，开展“夏日送清凉送慰问”活动；老人节期间慰问市级老领导和离休干部。对居住在北京、上海、杭州、宁波、金华、衢州等地的离休干部一年上门慰问两至三次。上门为 21 位 80 岁、90 岁、100 岁的离休干部过生日。

新建离退休干部党支部 25 个。在老年大学建立临时党委，下设 6 个临时党支部、35 个党小组。全市共建有离退休干部党支部 78 个，实现全市离退休干部党组织全覆盖。全年举办离退休干部党支部书记培训 2 期；10 月 12 日，组织市级党员老领导、离休干部、离退休干部党支部书记、支部委员、老年大学党员学员 450 余人，开展全市性离退休干部党章党规党纪集中学习，市委常委、组织部部长朱红丹作专题授课，并听取优秀共产党员潘樟友先进事迹宣讲，重温入党誓词，齐唱《跟着共产党走》；全市离退休干部党支部组织多形式教育学习，实现党章党规党纪集中教育全覆盖。

2015 年，老年大学共开设 24 个专业，招收 40 个班，1052 名学员。在老年大学、活动中心开展消防、急救演练活动，提高工作人员和学员的安全意识。坚持政治建校为本，在老年大学各班级学员中开展《2015 年李克强总理政府工作报告解读》《李光耀与中国》《习近平的治国之策》《南海局势分析》等政治讲座。

开展第二届“五星老干部”和“最美老干部

工作室”评选活动，评出50名“五星老干部”和5个“最美老干部工作室”。举办第三届老干部文化艺术节，开展书画摄影作品展、文艺会演等活动十余场。

◎8月31日，建德抗日老战士参加纪念抗战胜利70周年书画展（朱永标 摄）

【离退休干部党支部“六个一”活动】 “六个一”活动即固定一个党员活动日，建设一支好支书队伍，建立一项离退休干部党支部“互学互进”制度，结对一批关爱群体，选树一批“最美老干部”、“最美老干部工作室”，建设一批“示范型五好党支部”，强化离退休干部党支部凝心聚力作用。2015年，全市离退休干部党支部结对留守儿童54名，离退休干部个人结对382名；支部书记个人结对大学生村干部53名。选树“最美老干部”50名，“最美老干部工作室”5个。

【“做一日孝子”活动】 2015年，市委老干部局结合党员固定活动日，每季度分成3至4个小组，上门为年老体弱、卧病在床、生活不能自理、孤寡、特困的离休干部提供一整天孝亲服务。服务内容包含做菜烧饭、洗衣拖地、打扫卫生；并与送学上门和思想政治引领紧密结合，与离休干部零距离同学习、陪聊天、做沟通，全方位零距离用情服务老干部。全年共为13位老干部上门孝亲服务。

【落实助老员“每周上门”制】 深化社区“四就近”服务，落实助老员“每周上门”制，实行全员联系离休干部制度，老干部局干部每人联系20名左右离休干部；建立社区“服务券”以奖代补制度；推行定点优惠就餐，联系餐饮企业为老同志提供就餐优惠服务。整合养老资源，在医院为离休干部开通绿色通道，向全体离休干部发放监测手环，推广“智慧养老”。主动对接社会志愿者等力量，及时高效地为离退休干部提供多元化、精细化的居家养老服务。

【开展“红色典藏”行动】 挖掘收集全市21名抗战老干部“红色记忆、红色故事”，出版了《红色足迹——建德抗日老干部的烽火岁月》；8月31日，召开全市抗战离休干部座谈会，回顾抗战老干部的亲身经历来铭记抗战历史，11名抗战老干部到会发言；举办抗战胜利主题的书画摄影作品展，展出作品90余幅；8月份开展“红色电影周”纪念活动，吸引社会群众3200余人到场观看。

【成立“新安夕阳”银色人才老干部志愿服务团】 2014年，市委老干部局组织全市离退休干部成立“新安夕阳”银色人才老干部志愿服务队，广泛开展文明劝导、交通疏导、绿色环保、法律服务、医疗卫生等各类活动，为党和人民事业增添正能量的精神。2015年，“新安夕阳”银色人才老干部志愿服务团成立，建立5个中队、10个特色项目组，吸纳志愿者385名，形成团部大型志愿活动“一年两次”、中队（组）集中志愿活动“一季一次”、每月2日交通文明劝导的长效机制。5月27日，承办杭州市“银色人才 · 服务社会”

大型广场志愿服务活动和专题工作推进现场会。

（徐三凯）

信访和“12345”

【概况】 2015年，全市信访和“12345”工作形势总体平稳，实现全国“两会”等重点敏感时期零非访。受理群众信访总量13376件（人）次，同比下降18.1%。其中，受理群众来信349件，同比下降33.5%；接待来访群众254批655人次，同比分别下降27.4%和24.9%（集体访26批377人次，分别下降3.7%和13.13%）；受理群众来电（邮件）12372件，下降14.8%。网上信访（市长信箱）770件，下降34.3%。市信访局被省人社厅、省信访局评为省信访系统先进集体。

【信访制度改革】 规范办理流程，提高初次信访的一次性办结率。创新信访“4+X”模式（信访“4+X”：仲裁、复议、诉讼、信访加涉事单位），对职责权限难以确定的信访事项进行甄别，实现精准分流，同时实施“点对点”精准督查，压实事权单位责任，推动信访问题及时、就地解决。探索通过法定途径分类处理信访投诉请求工作，践行法治信访，规范信访秩序。落实领导包案制，领导干部定期接待群众来访，把问题解决在属地、把人员吸附在当地，是年，33件市领导领衔信访积案全部化解终结。建立市人民法院、政法委、信访局、公安局四部门综合治理违法信访行为联动机制，依法打击处理违法信访行为，是年，共依法打击处理7人次，其中追究刑事责任3人。

【“百千万”督查活动】 2015年，按照省市工作部署，在“三严三实”专题教育中联动开展信访督查“百千万”（省级100件、各市1000件、全省近1万件）专项行动，分类建库，分级督查，分三期交办“红、橙、黄”三级督查事项72件，化解率97%。

（高 飞）

保密工作

【概况】 2015年,市保密局在以杭州市“十二五”保密事业发展规划和“六五”保密法制宣传教育落实情况检查验收为契机，制订《2015年度全市保密工作考核办法》，加大保密工作力度，全年组织开展保密专项检查4次。组织参加杭州市“保密在身边、使命记心间”征文大赛活动，获得一、二、三等奖及优秀奖各1名。组织开展保密知识竞赛活动,在《今日建德》刊发竞赛试题，共有机关部门、乡镇（街道）、企事业单位、村（社区）组织等工作人员以及社会群众3000余人参加。累计发送保密宣传短信2万余条。

【开展保密专项检查4次】 全年组织开展保密专项检查4次。其中，涉及机关单位8家，国有和国有控股企业、金融机构7家，学校4所。共检查非涉密计算机73台、非涉密U盘37个、台账30余册，并对保密管理落实不到位、保密制度建立不完善、泄密隐患突出的单位提出整改意见。

【强化涉密日常管理】 制订《2015年度全市保密工作考核办法》,内容涉及工作保障、宣传教育、保密检查、保密管理。利用好重要涉密单位互联网出入口保密监管平台与非涉密计算机防泄密辅助软件（入网保密审查辅助系统），定期对后台数据进行筛查，及时提醒存在泄密隐患的单位和用户终端管理人员。组织开展涉密文件资料销毁工作，累计销毁废旧报纸、杂志刊物和内部文件资料近7吨。

（章 斌）

档案管理

【概况】2015年，建德市档案局以法治档案、智慧档案、民生档案、平安档案、活力档案“五个档案”建设为主抓手，坚持档案服务大局、服务民生、服务社会的发展方向，坚持档案工作的改革创新，促进档案事业信息化、数字化，探索档案工作的转型升级，为社会发展和国民经济建设做出贡献。

全年接收第二批共25家机关单位的档案（1991—2005年）进馆，接收档案6907卷、22666件；接收2014年婚姻登记档案7331件，福利院1973-2012年收养档案733卷。征集到马正荣蜡染艺术作品实物100件、资料20件、书刊15册；征集家庭档案133卷。18家机关单位档案入库，合计4938卷、12375件；整理入库报刊94卷、图书资料376册。完成寿昌方言建档。接待查阅4415人次，增长20%；提供案卷11312卷次，复印7235份、22558页。

年末基本完成150万页馆藏纸质档案数字化加工，至此馆藏档案数字比率为近40%对保管期限到期的会计档案进行销毁鉴定。全年完成10个全宗3895卷会计凭证鉴定工作，拆出职工工资单近300卷继续保管，其余会计档案在年底按规定进行到期销毁。

5月，《建德市档案馆馆藏民国档案介绍》印制发行，该书介绍市档案馆保存的民国档案的基本情况。10月，《使命在肩——谢康春履职省、杭州市人大代表建言录》出版。市档案馆展厅全年开展各类展览活动5次：1月29日至2月11日的建德市文化交流中心受赠书画作品展，5月中旬的“黔乡风·建德情”——马正荣蜡染艺术及藏品展，5月23日至24日的“西泠印社”中人书画篆刻作品展（建德站），7月的“清溪行”建德书协会员作品展，12月底的“大美建德”首届全国摄影大展获奖作品展。

【基层档案业务指导】开展档案年检，8月18日至20日、9月8日至21日分两个批次对16个乡镇（街道）、60家机关单位进行档案工作年检和现场指导，并将整改意见以书面形式反馈给各单位。配合市人大组织考察档案工作，10月15日，市人大组织部分市人大代表实地检查市统计局、城管局、新安江街道、莲花镇等单位的档案工作。推进乡镇（街道）档案规范化建设，确定下涯镇、航头镇、寿昌镇、为2015年档案目标管理省二级认定单位，12月通过验收并下文确认。指导重点项目档案建设，对大慈岩镇月岭水库除险加固工程、大同镇洞山水库除险加固工程、大同镇跃进水库除险加固工程等重点项目档案的收集、整理进行全程指导和验收；配合杭州市建委和档案局对市妇保院建设项目进行抽查。

【6家单位创建成为省规范化数字档案室】根据《关于继续开展规范化数字档案室创建和示范数字档案室评选活动的通知》要求，申报单位对创建工作进行规划，制订实施方案，并按计划开展。对室藏永久、长期（或30年）保存的传统载体档案进行数字化加工，提供数字档案电子目录和相关全文的查阅。如期填报申报表，由杭州市档案局发文，确定市统计局、市国土局、公积金中心、市农业局、市交通运输局、信用联社6家单位创建成为2015年度浙江省规范化数字档案室。到2015年底，全市有浙江省示范化数字档案室2家，浙江省规范化数字档案室8家。

【创办“马正荣蜡染艺术品档案库”】马正荣1928年出生于乾潭镇江南村，中国一级美术师，著名蜡染艺术家、特级蜡染大师、民间美术收藏家、中国工艺美术终身成就奖获得者，曾任中国美术家协会会员、贵州省美术协会副主席兼秘书长。5月13日至20日，由建德市政府、中国美术学院、浙江画报社主办的“黔乡风·建德情”——马正荣蜡染艺术及藏品展在市档案馆举办。此次展出共有蜡染作品130余件，包括《九龙图》《百鸟图》等曾获国家级大奖的作品，以及马正荣个人收藏的背扇、贵州民间手绣鞋、蜡染床单等80余件西南少数民族服饰。展览吸引参观市民近500人次。展出结束后，马正荣将100件蜡染作品捐赠给市档案馆，档案馆利用这些作品和其他一些资料创办“马正荣蜡染艺术品档案库”。

【举办“档案—与你相伴”主题活动】 2015年6月9日是第三个“国际档案日”，主题为“档案—与你相伴”。市档案局在《今日建德》上专版刊登档案知识竞赛试题，宣传和群众息息相关的档案知识及档案相关法律法规，收到有效答题卡275张；同时举办许金标家庭档案展。通过这两项活动推进档案馆向社会开放步伐，让群众走进档案、了解档案、利用档案。

【举行许金标家庭档案捐赠仪式】 6月9日，市档案馆在一楼大厅举办许金标家庭档案捐赠仪式，吸引40多位家庭建档意向者参与。仪式上，市农办退休干部许金标将珍藏多年的家庭档案133卷，包含各类证书、照片、录像、生活工作记录等，全部捐赠给市档案馆，并发表整理家庭档案的感想。市档案馆工作人员向家庭建档意向者介绍许金标家庭档案的分类、整理方法，扩大家庭档案的普及面，使市民代表对家庭建档有了初步的认识，为宣传档案工作起到积极作用。

【建设乡土图书中心】 收集改革开放以来建德人所作或描写建德的文学艺术作品，共收集各类书籍400余册。在市档案馆二楼查阅大厅设立建德乡土图书中心，展示新中国成立以来特别是改革开放以来，建德人的文学艺术创作成果以及建德地方风情风貌，宣传建德本地特色，传承建德乡土文化。

（蒋维嫄）

编辑：郑志良

建德市人民代表大会

People's Congress Standing Committee of Jiande City

综 述

【概况】 2015年，市人大常委会共召开常委会会议7次，听取审议“一府两院”工作报告15项，作出决议决定15项，发出监督意见书17件，依法任免国家机关工作人员25人次，组织视察检查25次，召开主任会议听取专题工作汇报17次。

联动开展司法监督。根据省、杭州市人大统一部署，联动开展深化司法监督专项活动，围绕法院能动司法、法官履职评议“回头看”和检察院规范司法行为专项整治等工作，深入开展调研，形成监督意见书，力促司法机关依法履职、公正司法。加强对涉法涉诉信访案件的督办，全年受理人民群众来信来访92件次，督促相关部门依法处理，引导和支持人民群众理性表达诉求、依法维护合法权益。

重视推动产业发展。专题视察重大工业项目，及时梳理交办项目实施过程中存在的困难和问题。与上级人大联动，开展大气污染防治法执法检查、“转型升级十大组合拳”专项监督，促进企业节能减排、转型发展。认真听取全市旅游业发展、农业龙头企业和专业合作社建设等情况汇报，就推进旅游业与三次产业融合发展、培育壮大和发挥农业龙头企业作用分别提出意见建议。关注新型业态培育，开展农村电子商务专题调研。

致力促进民生改善。跟踪督查食品安全，保障人民群众“舌尖上的安全”。视察调研城区幼儿教育规划布局，视察寿昌中学、更楼小学在建工程，开展职业教育专题调研。视察杭黄铁路、305省道、杭新景高速二期建德段等工程。组织人大代表走村访户，开展“4600”贫困人口脱贫视察核查活动。开展查找“基层群众办事审批难事项”活动。听取小区物业、燃气建设等情况汇报，调研城乡公共文化服务体系建设，视察市中西医结合医院、妇幼保健院等项目建设，关注体育、档案事业发展。支持推动府前路改造。

推进重大事项议决。制订《关于审议决定重大事项的规定（试行）》，分四类共44项明晰常委会审议决定重大事项的具体内容，合理界定议决事项，依法规范议决流程。认真实施政府重大投资项目票决制，全年来共票决通过2015年度新增及调整项目3个、2016年度新增项目66个。全面推行乡镇实事工程代表票决制，出台《关于乡镇实事工程代表票决制的指导意见》，各乡镇人大因地制宜制订票决实施细则，并对项目征集、审查、确定、实施进行全程监督。

保障促进代表履职。组织召开“一府两院”工作报告会，邀请代表列席常委会，参加专题视察、工作评议。10名杭州市人大代表向常委会述职，市级代表向选民述职比例达到80%以上。全年代表参加常委会组织的各类活动300余人次，代表知情知政渠道进一步拓宽，主体作用进一步发挥。制定出台《关于进一步加强和规范人大代表联络站建设的意见》，优化站点布局，健全管理制度，规范接待程序。全市共建成47个联络站（点），新安江街道和大同镇试点开通网上代表联络站。研究落实领导干部人大代表进站接待选民制度，14名市级领导干部人大代表走进代表联络站，以普通代表身份接待选民。组织开展代表专题接待日活动，116名市级以上人大代表参加，接待选民232人次。

◎9月29日，市人大常委会召开工作评议暨“公述民评”会议

强化议案建议督办。组织代表开展会前视察调研和议案建议撰写专题培训。坚持代表小组集体评议议案建议办理工作制度。对“一区一园”工业平台建设、大同医院整体搬迁等10件重点议案建议，实行常委会领导领衔督办、市政府领导领衔办理制度，年中专题听取办理情况汇报，提出督办意见，年底对办理情况进行专题评议。对2014年“B”类建议（正在落实或列入计划落实的建议）办理情况开展“回头看”。市十五届人大四次会议收到的代表议案、建议159件全部办结，当年解决率达65.4%，比上年提高5.9个百分点。

【依法补选人大代表】 1月6日，依法补选建德市第十五届人大代表14名。补选工作涉及洋溪街道、梅城镇、寿昌镇、大同镇、乾潭镇、三都镇、下涯镇、航头镇、李家镇的14个选区。

【首次开展“部门述法”】 9月29日，结合工作评议，对市市场监管局、市公安局、市司法局、市文广新局等4个部门知法、学法、守法、执法等情况进行测评，推进政府及部门增强法治意识，规范执法行为，提高执法水平。

全口径预算审查迈出实质性步伐。是年，“四本预算”（一般公共预算、政府性基金预算、国有资本经营预算、社会保险基金预算）全部提交市十五届人大四次会议审查，全面接受代表监督；首次安排人代会专题预算审查会，邀请部分人大代表、市人大预算审查专家咨询组成员参加专题审查。听取和审议预算半年执行情况报告，加强对审计发现问题整改落实情况的监督。听取科技资金使用管理情况汇报，加大对部门专项资金使用的监督力度。专题听取和审议地方政府性债务情况报告，提出将债务逐步纳入全口径预算、提高债务资金使用绩效、防范化解债务风险等意见。作出《关于批准同意建德市2015年地方政府债务限额的决议》。

【深入推进“进厂入企，服务发展”主题活动】 4月3日，召开“进厂入企，服务发展”动员会，市、乡镇两级人大上下联动，组织代表走访调研340余家企业，梳理交办问题225个，促进部分企业用地难、办证难、融资难等问题的解决。8月4日，专题组织建德代表团的全体杭州市人大代表，赴江干、下沙视察企业转型升级，对接城区产业外溢、企业外迁。

【跟踪监督“五水共治”】 市人大常委会以质量为核心组织开展系列监督活动，不断扩大和巩固“五水共治”监督成果。3月27日，组织召开各级人大代表开展“已治理河流”监督活动工作会议，开展“已治理河流”专项监督活动。对全市34条治理达标的黑臭河、垃圾河和3条水质未达标河流（道）开展集中视察检查，16个乡镇（街道）人大共组织40余次各种形式的监督活动，及时梳理反馈泥沙淤积、生活垃圾污染、截污纳管工程质量、点污染源治理等建议220余条，其中180余条得到较好解决。5月21日，主任会议专题听取三年行动计划落实情况汇报。下半年，围绕促进提高污水处理率、运行负荷率、达标排放率，与省、杭州市人大联动开展城镇污水处理厂建设运行情况专项督查。

【参与立法调研】 在省、杭州市人大多项法规的立法修订中，响应代表和群众关切，提出意见建议。在杭州市第二水源千岛湖配水供水工程管理条例草案的立法过程中，提出“按照核定的取水量进行取水，并定期公布取水量”“年度配水计划应当公开，每年用水量应根据库容量进行调整”“建立新安江水力发电厂科学调度方案和相应的监督机制”等意见，均被采纳吸收。

【13次视察检查】 1月8日，专题听取公安工作汇报，提出要继续弘扬正气、保持对犯罪打击的高压态势；要进一步服务全市经济发展大局；要加强科技强警，将防控网络建设由主城区向中心集镇、中心村延伸；要提升执法办案条件，顺应法治建设要求；要从关注民生小事入手，强化便民利民举措。

4月13日，视察重点卫生基础设施建设情况，现场查看市政府重点项目——市三医院和市妇幼保健院的迁建工程，了解整体施工进度、样板房设计、功能区块规划、配套设施建设等情况，就群众关注的医疗环境改善、基础设施建设等民生问题建言献策。

5月15日，视察“一区一园”平台建设后续进展、招商引资以及相关决议落实情况，视察组先后到广鑫塑业、寿昌双马生物、IFF迁建区块、新安化工白南山厂区搬迁区块、深蓝科技和五马洲污水处理厂二期项目，了解“一区一园”基础配套设施建设、土地平整及项目建设进展情况等，听取省级经济开发区（寿昌镇）、高新技术产业园管委会汇报平台建设后续情况，重点了解关于加快“一区一园”工业平台建设的决议落实情况，提出建议意见。

6月18日，专题听取小区物业管理工作情况汇报，提出整合各方力量，探索成立职业化管理队伍，对全市小区实行网格化管理，监督指导业委会和物业管理企业各项工作；加大宣传培训力度，提升管理人员素质和水平，提升业主爱护共同家园意识；细化物业管理内容，进一步理顺职责，明确分工；拓展资金筹集渠道，物业管理企业要积极探索市场化、集团化、产业化发展道路。

7月3日，对全市教育基础设施建设情况进行考视察，到寿昌中学扩建项目、更楼小学迁建工程和更楼中心幼儿园新建项目的施工现场，了解工程项目的建设进度、资金保障和土地审批等情况。召开座谈会，就教育基础设施的规划使用、资金保障、土地审批等问题积极建言献策并协调解决。

7月22日至23日，专题调研乡镇污水处理厂建设及运行情况。调研组赴经济开发区（寿昌镇）、大慈岩镇、大同镇、李家镇、梅城镇、乾潭镇等地，实地查看当地污水处理厂的运行管理、污水处理现状及污水管网建设等情况，翻阅相关台账，观察出水水质，听取乡镇和相关部门汇报，提出推进当前工作的对策建议。

8月20日，视察重大交通项目建设，实地察看杭新景高速大二期建德段建设，听取市交通运输局、交投公司汇报。提出要加快项目进度，重新倒排计划，在确保质量和安全的前提下加快推进；突出重点，拉长短板，在23省道推进上有新的突破；量力而行，统筹安排，谋划好2016年交通项目。

9月9日，专题调研建德经济开发区建设情况。提出要有大气魄的项目规划，有大气魄的项目前期投资，有大气魄的基础设施投入，有大气魄的政策引导；要敢于担当，敢于研究，敢于创新；要脚踏实地，明确分工，责任到人，奖惩分明；要真正把开发区建设摆上市级层面，举全市之力解决开发区招商项目、建设资金、土地指标、审批权限等要素制约；要发挥全域优势，打造几大项目，升华千年古城，展现寿昌雄姿。

9月10日，组织视察重点工业项目推进情况，了解“进厂入企，服务发展”代表主题活动开展过程中所发现问题的落实情况。视察组先后到振元实业有限公司和卓达新材料科技集团杭州有限公司的项目现场，实地了解年产3万套钢制门（木制门）、高科技新型建材和住宅产业化这两个重点工业项目的进度、存在困难等，组织召开座谈会，就项目推进、平台建设、招商引资等工作提出建议。

10月15日，对基层档案工作进行视察，视察组先后到莲花镇政府、新安江街道办事处、市统计局和市城管局等部门的档案室，实地查看馆舍建设、除湿设备配置、日常管理等情况，认真翻阅相关档案，听取市档案局和被视察单位汇报，并提出意见建议。

10月26日，专题听取农业龙头企业和专业合作社发展情况汇报。提出要增强农业发展信心，加大生态农业基础设施建设，做大、做强“建德果蔬乐园”品牌，推进一、三产业的融合，进一步延伸产业链，规划好、经营好包装项目，创新融资手段，结合建德农业特色，推进全市农业龙头企业和专业合作社的发展。

12月2日，视察府前路区块旧城改造指挥部，听取工作进展情况汇报，强调要继续发扬拆违治水精神，公平公正地做好征收工作；要创新工作方法，善于总结工作经验，在重点项目工作推进中出经验、出成果、出人才；人大代表要发挥优势，协助做好身边群众的思想工作和政策宣传，共同推进工作。

12月15日，根据省、杭州市人大“消除4600”工作安排要求，视察核查各乡镇（街道）家庭人均年收入4600元以下贫困人口脱贫情况，听取相关工作情况汇报。检查组强调，各乡镇（街道）要加紧开展自查，全面查漏补缺，开展全方

◎10月9日，省人大常委会党组书记、副主任茅临生到建德跟踪督查“五水共治”工作

位、全覆盖的“消除4600”情况核查；要突出重点，真正将贫困人口、贫困情况、致贫原因搞清楚；以更加全面的帮扶政策、精准的帮扶手段，切实做好“消除4600元”工作。

重要会议

【市十五届人大四次会议】 1月27日至30日，建德市第十五届人民代表大会第四次会议在市文化中心召开。大会应到代表224人，实到215人，列席人员198名。会议听取和审查市人民政府代市长童定干作市人民政府工作报告，市发改局作的建德市2014年国民经济和社会发展计划执行情况与2015年国民经济和社会发展计划草案的报告（书面）、市财政局作的建德市2014年财政预算执行情况及2015年财政预算草案的报告(书面)、市人大常委会主任程茂红作市人大常委会工作报告、市人民法院院长梁以东作市人民法院工作报告、市人民检察院检察长江波均作市人民检察院工作报告，并通过相应决议。大会选举童定干为建德市人民政府市长。会议期间，收到代表议案93件，建议、意见66件。

【七次常委会会议】 2015年，市十五届人大常委会共举行7次常委会会议。

1月12日，市十五届人大常委会举行第二十四次会议。会议听取和审议市人民政府代市长童定干、市人民法院院长梁以东、市人民检察院检察长江波均提请的人事任免议案，以无记名投票表决的方式通过有关人事任免事项。会议审议市公安局关于提请许可对市人大代表施红卫、饶应松采取刑事强制措施的报告，许可对市十五届人大代表施红卫、饶应松采取刑事强制措施。会议审议并通过建德市第十五届人大常委会代表资格审查委员会关于补选代表的代表资格审查和代表变动情况的报告草案。会议初审了建德市2014年财政预算执行情况和2015年财政预算草案，建德市2014年国民经济和社会发展计划执行情况和2015年国民经济和社会发展计划草案，同时，审议通过2015年新增政府投资重大项目。会议听取和审议市政府关于洋安沿江城防工程项目融资事项的报告，形成并通过关于同意洋安沿江城防工程项目融资的决议草案。会议讨论提出市十五届人大四次会议日程草案，讨论决定市十五届人大四次会议列席人员名单草案，讨论提出市十五届人大四次会议各项建议名单草案。会议讨论并原则通过市人大常委会工作报告，讨论通过市人大常委会2015年工作要点。

5月28日，市十五届人大常委会举行第二十五次会议。会议听取和审议市人大常委会主任会议、市人民法院院长梁以东、市人民检察院检察长江波均提请的人事任免议案，以无记名投票表决的方式通过有关人事任免事项。会议审议通过关于乡镇政府实事工程代表票决制的指导意见。会议听取并审议关于提请审议交投公司23省道融资项目的议案和关于提请审议交投公司向浙商银行融资的议案，通过关于同意23省道项目融资的决议和关于同意交投公司向浙商银行融资的决议。会议听取并审议关于建德市地方政府性债务情况的报告。会议听取并审议关于建德市土地利用总体规划中期调整完善的工作报告。

7月27日，市十五届人大常委会举行第二十六次会议。会议听取和审议市人民政府市长童定干、市人民法院院长梁以东提请的人事任免议案，以无记名投票表决的方式通过有关人事任免事项。会议听取和审议关于提请审议建德市2014年度财政决算草案的议案、关于建德市2014年财政决算草案和2015年上半年预算执行情况的报告、关于2014年度市本级预算执行和其他财政收支情况的审计工作报告，通过关于批准建德市2014年财政决算的决议。会议听取和审议建德市2015年上半年国民经济和社会发展计划执行情况报告。会议听取和审议市政府关于农村生活污水治理项目融资的议案及相关报告，通过关于同意农村生活污水处理项目融资的决议。会议听取和审议市政府关于建立政府转贷基金的议案及相关说明，通过关于同意建立政府转贷基金的决议。会议听取和审议市政府关于调整建德市2015年国民经济和社会发展计划的议案，通过关于批准调整建德市2015年国民经济和社会发展计划的决议。

9月30日，市十五届人大常委会举行第二十七次会议。会议听取和审议市人民政府市长童定干、市人民法院代院长毛志军提请的人事任免议案，以无记名投票表决的方式通过有关人事任免事项。听取和审议市公安局关于提请许可对市十五届人大代表董拥军采取刑事强制措施的报告，通过关于许可对市十五届人大代表董拥军依法采取刑事强制措施的决定。听取和审议建德市环境功能区划编制情况的报告和编制单位编制情况说明。评议市市场监管局、市公安局、市司法局、市文广新局工作。听取和审议关于建德市2015年调整和新增政府重大投资项目的议案，关于建德市2015年调整和新增政府重大投资项目的报告。听取和审议关于2015年全市重大投资项目计划实施情况的报告和关于2015年全市重大投资项目计划实施情况的调查报告。

12月14日，市十五届人大常委会举行第二十八次会议。会议听取和审议关于提请审议建德市2015年预算调整方案的议案、关于建德市2015年预算调整方案草案的报告、关于建德市2015年预算调整方案的审查报告，通过关于批准建德市2015年财政预算调整方案的决议。会议审议并通过建德市人民代表大会常务委员会审议决定重大事项的规定（试行）。会议决定建德市第十五届人民代表大会第五次会议于2016年1月15日在新安江召开。

12月23日，市十五届人大常委会举行第二十九次会议。会议听取部分杭州市人大代表述职报告。会议听取市府办关于市十五届人大四次会议代表办理情况的报告和10件重点建议意见承办单位办理情况报告。会议审议并决定接受蒋跃中等6人辞去建德市第十五届人大代表职务。会议审议通过关于补选部分市十五届人大代表的决定，会议形成并通过关于补选建德市第十五届人大代表名额分配的决定。会议补选管军为杭州市第十二届人大代表，会议审议并通过关于调整建德市第十五届人民代表大会常务委员会代表资格审查委员会组成人员的决定。会议首次采用电子表决器对有关事项进行表决。

12月30日，市十五届人大常委会举行第三十次会议。会议听取和审议市人大常委会主任会议、市人民法院代院长毛志军提请的人事任免议案，以无记名投票表决的方式通过有关人事任免事项。会议听取和审议市政府关于建德市国民经济和社会发展第十三个五年规划（纲要）编制工作情况的报告。会议初审了建德市2015年财政预算执行情况和2016年财政预算草案。会议初审建德市2015年国民经济和社会发展计划执行情况和2016年国民经济和社会发展计划草案，票决通过66个2016年政府投资重大项目。会议听取和审议了市政府关于建德市2015年地方政府债务限额的议案，形成并通过关于批准同意建德市2015年地方政府债务限额的决议。会议讨论提出市十五届人大五次会议日程草案，讨论决定市十五届人大五次会议列席人员名单草案，讨论提出市十五届人大五次会议各项建议名单草案。会议讨论并原则通过市人大常委会工作报告，讨论通过市人大常委会2016年工作要点。（李文涛）

编辑：郑志良

建德市人民政府

Jiande City People's Government

综 述

【概况】 2015年是“十二五”规划的收官之年，面对经济下行压力持续加大、多重困难和挑战相互交织的严峻形势，全市上下大力弘扬“拆违治水”精神，主动适应新常态，抢抓新机遇，务实创新，攻坚克难，较好地完成了市十五届人大四次会议确定的各项目标任务。

【综合实力稳步提升】 全市实现生产总值320.36亿元，比上年增长8.9%，其中第三产业增加值122.14亿元，同比增长12%。实现规模以上工业销售产值420.7亿元，同比增长1.1%；农业总产值48.81亿元，同比增长6.3%。财政总收入36.5亿元，其中地方财政收入21.2亿元，同比分别增长6%和7.1%；社会消费品零售总额104.48亿元，同比增长11.9%；城镇、农村居民人均可支配收入达到38102元和20051元，同比分别增长8.5%和9.6%。

【经济发展稳中有进】 全年新引进项目122个，实际到位内资71.4亿元，比上年增长14.2%；实际利用外资1.43亿美元，增长2%。人福医药、东方雨虹、新马电梯科创园、浙西数据中心等一批符合产业发展方向的“大好高”项目签约落地。

完成固定资产投资175.87亿元，同比增长22.7%，其中工业投资70.77亿元，同比增长18.3%。50个政府投资重点项目全部开工建设，15个重大产业项目竣工投产，固定资产投资额、重点项目开工率均创历史新高。

奥立达电梯、通用防火门等装备制造产业项目投产，晶科电力投产并网，战略性新兴产业增加值增长16.5%，新产品产值率32%；完成建业化工搬迁；实施“机器换人”重点项目27个，“腾笼换鸟”淘汰落后产能项目15个，新增杭州市级以上高新技术企业16家，其中国家级5家；新增规模以上工业企业27家、个转企219家。全年接待游客751.1万人次，增长13.9%；实现旅游总收入59.6亿元，增长28.1%；启动大新安江A级景区创建；“三江两岸”北线绿道、江干·新安江旅游休闲特色街、三江口水上运动中心投入使用，开元芳草地乌石滩主题酒店项目落地；成为全国首家“支付宝+县域服务”试点城市和省内第四个“农村淘宝”试点县（市）；浙西跨境电子商务产业园挂牌。三都现代农业综合区通过省级验收；成功推出瑞德火龙果、维好多猕猴桃等8个采摘基地；“海峡两岸”草莓产业园开园运营；“邮乐网建德馆·果蔬乐园”上线运行。

航空小镇获杭州市批复，千岛湖通用机场扩建项目一期工程进展顺利。高新园区完成产业园战略规划，实施路网、绿化工程，产业承接能力明显提升。全市各类工业平台全年累计平整土地128.8公顷，完成基础设施投资3.5亿元、“零地技改”13.3亿元，盘活存量工业用地58.1公顷，厂房21.5万平方米，新入园企业71家。

【生态建设成效显著】 完成城东污水处理厂二期扩建提标工程，乾潭、大洋等一批污水处理设施投入运行，城市污水处理率达83%；城乡垃圾分类试点有序推进。农村生活污水治理提前1年实现全覆盖，农户受益率达82%。基本完成化工、电镀行业整治和电镀产业生态园区、杭州市第二固废处置中心主体工程建设。开展清水治污、环境整治“零点行动”85次，立案19件，行政拘留11人。全面落实“河长制”，全市205条主要河道Ⅲ类及以上水质达96%。成功举办省首届生态运动会，创建成为2015年省“清三河”达标县（市、区）。

全年完成“三改”面积51.7万平方米，拆除违法建筑2053处44.6万平方米，拆后土地综合利用率达90.4%，全市违法耕占比控制在2%以内，通过杭州市级“无违建市”创建工作初验。

完成省政协专项集体民主监督发现问题点位整治50处、自查自纠问题点位整治1228处。结合“三改一拆”拆除违法建筑、破旧建筑等5.9万平方米，清理垃圾10万立方米，完成土地复绿复耕9万平方米、裸露山体复绿10万平方米。

【城乡面貌日新月异】 全面推进府前路东侧麻园地块、新安江铁路货场东侧地块征收工作。完成环城北路罗桐埠至新建路段改建。基本完成江滨公园洋安段景观及配套一期工程。

乾潭入城口区块环境优化提升。寿昌新城初具形象。梅城古城墙修复工程有序推进。大同府东区块城镇综合体开工建设。完成中心村、精品村等237个项目建设，“杭派民居”示范村建设加快推进。成功举办全省农村环境综合整治现场会，获得省美丽乡村创建先进县称号。实施区市协作项目23个，到位协作资金1.4亿元。完成交通基础投资11.58亿元，杭黄铁路建设如期推进，23省道改建工程开工建设，完成铁路货场迁建主货场建设，杭新景高速大二期、安钦线改造工程建成通车，320国道路面大中修工程竣工，完成农村公路提升60千米，新客运中心投入使用。110千伏更楼变、南三线、南洋线输电线路建成运行。以“两美建设”专项整治为抓手，淘汰和改造高污染燃料小锅炉328台，完成率居全省前列；黄标车淘汰工作在杭州市率先完成；节能减排任务圆满完成。

【民生福祉有效增进】 社会事业和民生支出占公共财政支出达81.5%，城乡居民各类社会养老保险、医保参保率分别为95.3%和99.9%，城镇

◎8月11日，市政府法律顾问聘任仪式（市司法局供稿）

登记失业率控制在2.62%以内，“4600”低收入农户全面消除。326套保障性住房交付使用，实施农村住房改造3018户、农村困难群众住房救助310户。建成5家乡镇养老服务中心和66家城乡社区居家养老照料中心，为11万名老年人购买意外伤害保险。高考第一批上线人数列杭州四县（市）第一。更楼小学、乾潭中心幼儿园等项目落成。完成市妇保院迁建、中西医结合医院迁建主体工程。省级分级诊疗试点全面启动，成功创建浙江省慢病综合防控示范区。洋溪、大慈岩、莲花、钦堂等乡镇（街道）创建成为省级卫生乡镇。成功举办科研类全国航空航天模型（建德）公开赛、中国知名高校建德新安江龙舟赛、首届全国大学生帆船赛等一系列品牌赛事。“六五”普法考核验收顺利通过。社会治安进一步好转，刑事发案率比上年下降1.7%。加大信访积案化解力度，领导领衔积案化解率达100%。新安江农贸市场被评为全国诚信示范市场。十件民生实事工程全面完成。

重要会议

【市政府第1次全体成员（扩大）会议】 2月10日召开。部署落实2015年政府主要目标任务和重点工作。市委常委、常务副市长周友红主持会议，市委副书记、市长童定干作重要讲话。会议指出，执行力就是政府的生命力、竞争力、服务力，提升执行力是政府职责所系、形势发展所迫、人民群众所盼、“三转一争”所需，因此要切实加强能力建设，以有效执行作为政府自身建设的首要任务。一是切实加强组织统筹能力建设，要把握宏观，提升“吃透上情”的政策水平；要扭住重点，把资源要素、人员力量、工作内容集中倾向于重点领域和重点工作，突出解决重点问题。二是切实加强干部工作能力建设，重工作氛围建设，形成自加压力、精益求精、抓工作一天也不能停的氛围；重工作本领建设，重点提升对工作“细节”把握的本领。三是切实加强依法行政能力建设，把依法行政贯穿于政府治理、管理和服务的全过程，做到规范创新、公开透明。四是切实加强检查监督能力建设，主动接受外部监督，敞开胸怀迎接群众以及来自其他界别的社会监督，切实加强内部监督，不断完善政府内部监督机制，使行政监督无处不在，同时还要强化对执行不力的责任追究。执行力高与不高，检验的标准就是落实，因此要切实加强工作落实，以落实到位作为检验执行能力的第一标准。

【市政府第十五届三十三至四十八次常务会议】 1月9日召开。市长童定干主持会议。会议审议并原则通过《2015年建德市政府投资重点项目建设计划》《建德市2014年财政预算执行情况和2015年财政预算草案的报告》。

1月21日召开。市长童定干主持会议。会议审议并原则通过《政府工作报告（送审稿）》。会议还研究并通过有关人事工作。

3月18日召开。市长童定干主持会议。会议审议并原则通过《杭州市基本养老保障办法建德市实施细则》。会议还研究并通过有关人事工作。

4月9日召开。市长童定干主持会议。为贯彻落实党的十八届四中全会精神，深入推进依法行政，加快建设法治政府，市政府建立常务会议学法制度，会议提出学法制度有关要求和目标。会议审议并原则同意经济适用住房上市交易相关政策。

4月30日召开。市长童定干主持会议。会议听取市法制办关于浙江省和建德市行政复议工作情况的通报。会议审议并原则通过《关于我市行政区域全部划定为火化区的通告》《关于废止〈关于调整逐步推行火化区和进一步加强殡葬管理工作的通知〉等两份规范性文件的通知》。会议还研究并通过有关人事工作。

6月24日召开。市长童定干主持会议。会议审议并原则通过《关于进一步深化商事制度改革的实施意见》《关于实行企业“五证合一”登记制度的通知》《关于实行餐饮服务许可证、食品流通许可证、食品生产加工小作坊许可证、组织机构代码证、营业执照“证照合一”的通知》《建德市产业基金管理暂行办法》。

7月29日召开。市长童定干主持会议。会议举行法制讲座，邀请杭州市安全生产监督管理局局长王辉对新《安全生产法》进行解读，并学习了省安全生产委员会印发的《县（市、区）落实安全生产责任八条规定》。会议审议并原则通过《关于进一步加快众创空间发展和孵化器建设的若干意见（试行）》。

8月11日召开。市长童定干主持会议。会议审议《建德市府前路东侧麻园地块改造项目房屋征收补偿方案（征求意见稿）》，要求进一步修改完善和细化优化方案后依法依规开展各项工作。同时审议并原则通过推进政府和社会资本合作（PPP）工作建议。

9月9日召开。市长童定干主持会议。会议审议并通过《建德市环境功能区划》。会议还研究并通过有关人事工作。

9月23日召开。市长童定干主持会议。会议举行法制专题讲座，审议并通过《建德市府前路东侧麻园地块房屋征收补偿方案》《关于2015年度政府投资项目调整方案》。

10月14日召开。市长童定干主持会议。会议审议并原则通过《府前路东侧麻园地块改造项目房屋征收补偿工作社会稳定风险评估报告》，同意作出《建德市人民政府房屋征收决定》。会议还研究并通过有关人事工作。

11月4日召开。市长童定干主持会议。会议审议并原则通过《建德市不动产登记职责整合方案》，听取市政府法制办关于市政府及市政府办公室行政规范性文件清理工作有关情况，会议还研究并通过有关人事工作。

11月18日召开。市长童定干主持会议。会议审议并原则通过《建德市综合行政执法工作实施方案》。

12月2日召开。市长童定干主持会议。会议审议并原则通过《建德市经济体制综合改革方案》。

12月16日召开。市长童定干主持会议。会议审议并原则通过《居民生活用管道天然气价格改革方案》《建德市依法没收的建筑物处置办法》《关于明确违法建筑暂缓拆除条件的通知》。

【23次市长办公会议】 1月9日召开。市长童定干主持会议。会议研究并原则通过《建德市阿里巴巴农村电子商务合作协议》《调整事业单位高级职称退休人员生活补贴标准》《2015年度副市长安全生产责任书》。

1月21日召开。市长童定干主持会议。会议研究并原则通过《关于进一步规范村级非生产性开支加强农村集体“三资”管理工作的通知》《委托中国联政科技咨询有限公司招商引资协议》《建德市食品安全基层责任网络建设实施办法》《开展2015年度道路交通安全隐患治理专项工作的通知》及与卓达集团的合作协议。听取市政府班子成员履行党风廉政“一岗双责”和廉洁自律情况的汇报。

2月9日召开。市长童定干主持会议。会议研究并通过《建德市老年人意外伤害保险实施方案》《全面实施“三名”工程的意见》《推进企业“机器换人”智能改造工作三年行动计划》《推进技术创新实现产品换代三年行动计划》《推进“空间换地”提高土地利用率三年行动计划》《建德市企业房地产顺位抵押贷款登记管理办法（修改稿）》、市政府全体（扩大）会议方案及《政府工作报告》任务分解（征求意见稿）、建德市城市建设发展投资有限公司与杭州市水务控股集团有限公司合作框架协议、全市工业经济暨招商引资大会方案及相关事宜“三大竞赛”方案以及“两个开门红”通知。听取了关于2014年度固定资产投资等7个专项考核结果。

3月2日召开。市长童定干主持会议。会议研究并原则通过《推进红十字事业发展的意见》《创建省级慢性非传染性疾病综合防控示范区工作实施方案》《建德市信息经济发展三年行动计划（2015-2017）》《云创安全轮胎招商优惠政策及厂房招商使用协议》。

3月18日召开。市长童定干主持会议。会议研究并原则通过《2015年深化“招商引资年”工作方案》《建德市火灾等安全事故防控综合治理体系建设实施意见》《建德市创新型产业用地管理实施意见（试行）》。研究关于延期交付杭州和谐置业有限公司受让地块有关事宜。听取调整工伤保险缴费基数及执行省级部门关于调整失业保险费率等相关情况的汇报。

4月9日召开。市长童定干主持会议。会议研究并原则通过《推行企业投资项目高效审批工作意见》《2015年城乡区域统筹发展“社会主义新农村建设”工作要点》《中心村建设资金整合及使用工作方案》。

4月30日召开。市长童定干主持会议。会议研究并原则通过《关于进一步推进城乡社区居家养老服务工作的通知》《关于提高灵活就业和自主创业人员社会保险费补贴标准的通知》《建德市农村村庄环境卫生（河道、池塘）长效管理考核办法》《关于进一步加强国土资源管理基层基础建设的意见》《建德市分级诊疗工作实施方案》。研究市政府5月重点工作安排。

5月13日召开。市长童定干主持会议。会议研究并原则通过《建德市2015年规划编制计划》《关于将行业统筹企业退休人员纳入职工医保门诊统筹的请示》，以及关于高新园房屋征收安置方案。

5月26日召开。市长童定干主持会议。会议研究并原则通过《建德市天然气综合利用规划（2014-2020年）》《建德市土地利用总体规划（2006-2020年）》中期调整完善相关情况。听取关于引入社会资本参与建德市企业转贷服务相关事宜的汇报。

6月8日召开。市长童定干主持会议。会议研究并原则通过《关于促进企业利用资本市场加快发展的若干意见》《建德市大新安江景区国有旅游资源资产化经营实施方案（试行）》《关于要求停止执行退休移交人员缴纳安置费政策的请示》《关于明确被征地农民基本养老保障工作有关事项的意见》。听取建德市主要经济指标“双过半”预测情况的汇报，并部署市政府6月份重点工作。会议还研究市政府有关副市长工作分工安排。

6月24日召开。市长童定干主持会议。会议研究并原则通过《关于深化“信用建德”建设 全面开展“信用市”创建的实施意见》《建德市草莓产业发展三年行动计划》《关于加强安全生产促进安全发展的实施意见》《关于10蒸吨及以下高污染燃料锅（窑）炉整治工作的实施意见》《争取上级补助资金考核管理办法》《建德市环境功能区划》《关于促进房地产市场健康稳定发展的实施细则》、合作建设“浙西国际心脏中心”协议书及支付宝全国县域首家试点工作相关事宜。会议还研究市政府有关副市长工作分工安排。

7月10日召开。市长童定干主持会议。会议研究并原则通过建德市长途客运站搬迁运营方案、《建德市政府投资项目工程变更管理实施意见》《关于建德市妇幼资源整合工作的实施方案》、东方雨虹项目投资协议及桥东区块江滨景观公园代建合同中相关事项。

7月29日召开。市长童定干主持会议。会议研究并原则通过《建德市垦造水田项目实施细则（试行）》《关于全面推进城镇低效用地再开发工作的实施意见（试行）》《建德市水土保持规划》《关于进一步加强和规范财政支农专项资金管理的实施意见》《关于进一步深化全市社会治安防控体系建设的实施意见》、建德市外贸出口奖励政策、与国家体育总局航管中心战略合作框架协议、人福建德大健康产业项目战略合作协议、建德市“乌石滩主题度假酒店”项目投资协议书。

8月11日召开。市长童定干主持会议。会议研究并原则通过《建德市乡镇污水处理厂统一运行实施方案》《建德市公共租赁住房专项规划（2014-2020）》《建德市城镇危旧（危险）住宅改造专项规划（2015—2017）》《建德市城镇棚户区（旧住宅区、城中村、工矿区）改造规划（2015—2017）》、23省道建德航头至界头段改建工程项目合作备忘录和项目合作协议。研究市政府有关副市长工作分工安排。听取市政府7月工作完成情况和8月主要工作安排。

8月26日召开。市长童定干主持会议。会议研究并原则通过《建德市深化“四边三化”行动方案（2015-2020）》、2015年度建德市重点单项工作考核办法。明确市政府领导分管重大项目清单。听取设立建德市农村特岗教师津贴相关情况及关于建德市行政事业单位年终奖发放扣缴个人所得税的情况的汇报。

9月9日召开。市长童定干主持会议。会议研究并原则通过《关于加快推进全市电网建设的若干意见》《建德市电网工程建设政策处理补偿标准实施细则》《建德市农村宅基地审批管理办法》。听取10蒸吨/时及以下高污染燃料锅（窑）炉整治补助政策相关情况、新安化工白南山区块搬迁政府补助及相关事项。

9月23日召开。市长童定干主持会议。会议研究并原则通过《关于新安江铁路货场东侧地块国有土地上房屋征收补偿方案》《关于财政专户资金竞争性存放管理暂行办法》。听取关于建设综合指挥平台及矛盾纠纷调处中心相关事宜的汇报。

10月21日召开。市长童定干主持会议。会议研究并原则通过《关于政府投资工程建设项目标后监督管理暂行办法（试行）》《关于区域性小额公共资源交易平台组建方案》《关于2015年城镇低收入住房困难家庭认定标准》《关于城区公共自行车系统建设运行工作实施方案》。听取关于2015年专项资金目录清单相关情况、关于2014年医保总额预算清算结果和2015年医保总额预算方案相关情况的汇报。学习了中纪通〔2015〕6号文件。

11月4日召开。市长童定干主持会议。会议研究并原则通过《新安江铁路货场东侧地块国有土地上房屋征收补偿工作社会稳定风险评估报告》、《新安江铁路货场东侧地块国有土地上房屋征收范围内未登记建筑调查认定意见》《新安江铁路货场东侧地块国有土地上房屋征收补偿方案》《建德市批而未供和闲置低效土地专项清理工作方案》《2016年度基本医疗保险部分政策调整方案》《关于调整全市最低工资标准的通知》《推行先看病后付费诊疗服务的实施意见》《规范计划生育事业经费管理的实施意见（试行）》《激发社会组织活力促进社会治理工作的意见》《市政府向社会力量购买服务的实施意见》《建德市行政事业单位通用资产配置标准（试行）》《打造之江湾财富小镇的若干意见》《进一步加快电子商务发展的政策意见》《“十三五”规划思路编制工作情况汇报》。

11月18日召开。市长童定干主持会议。会议研究并原则通过《建德市国有企业经营性房产出租管理办法（试行）》《建德市土地整治规划（2015-2020年）》《关于加强传统村落保护发展工作的实施意见》《建德市政府重大内外事活动报告制度》。听取中国东方清洁能源公司的生活垃圾及畜禽粪便综合处置项目、垃圾处理装备制造项目准入工作相关情况的汇报。

12月2日召开。市长童定干主持会议。会议研究并原则通过《建德市城乡供水水源规划》《建德市森林城市建设总体规划》《建德市湿地保护规划》《建德市特困人员供养实施办法》《关于提高我市城乡居民最低生活保障标准的方案》。听取全市信访工作、安全生产工作情况汇报。

12月7日召开。市长童定干主持会议。会议研究并原则通过《浙西数据中心项目合作协议》《中国插座产业电子商务基地项目合作协议》。讨论建德市人民代表大会常务委员会《关于审议决定重大事项的规定（试行）》。听取关于全市主要经济指标等情况汇报。

12月16日召开。市长童定干主持会议。会议研究并原则通过《新安江街道拆迁安置房审批办证的分类处置意见》《建德市高层次人才、创新创业人才及团队引进培养工作的实施意见》《建德市小微企业三年成长计划（2015–2017）实施意见》《“十三五”规划纲要（初稿）》、《2016年政府投资重点项目计划（初稿）》、《政府工作报告（初稿）》。会议还讨论了建德市离任村妇代会主任信访问题。（黄光辉）

行政审批服务管理

【概况】 2015年，市行政审批服务管理办公室（市公共资源交易管理委员会）以打造“杭州审批最快县（市）”为目标，深化行政审批制度改革，推进“两集中、两到位”工作，力争使建德成为行政审批便捷、市场监管高效、公共服务优质的先行地区。全年受理审批事项11.78万件，办结11.55万件，群众满意度99.99%。市公共资源交易中心全年成交项目617个，成交总额20.73亿元。其中，工程建设交易项目450个，成交金额16.02亿元；公开招标290个，成交金额12.35亿元，资金节约率20%；政府采购项目111个，成交金额5954.2万元，资金节约率13.83%；土地交易40宗，成交金额3.94亿元；产权交易16宗，成交金额1779.78万元。

开展市级政务服务平台的装修和市行政服务中心乾潭分中心的组建工作，加强村级便民服务中心管理。下发《建德市村级（社区）便民服务中心建设工作考核细则》和《关于进一步加强村社区便民服务中心建设工作的通知》，推进村级便民服务中心规范化建设。全年共计发放村级便民中心运行补助经费423.86万元，争取上级补助60万元。

【“四张清单一张网”改革】 4月，市审管办出台《建德市“四张清单一张网”改革工作要点》，（四张清单：权力清单、责任清单、企业投资项目管理负面清单、财政专项资金管理清单，一张网：浙江政务服务网）建立健全权力清单、责任清单动态长效管理机制。6月，根据《浙江省人民政府办公厅关于公布取消和调整行政审批事项目录的通知》（浙政办发〔2015〕50号），取消6项行政许可事项和9项非行政许可事项，保留行政审批事项196项，实现全市无非行政许可事项的目标。同月，原市行政服务中心网上审批系统暂停使用，浙江省政务服务网建德平台正式启用，建德市成为杭州地区第一个使用省政务服务网的县市。至年底，建德市政务平台行政许可事项入库率达100%。9月，市审管办代拟《关于公布建德市企业投资项目管理负面清单的通知》，探索建立企业投资项目审批负面清单制。

【投资项目领域审批改革】 5月，市审管办代拟《关于印发建德市推行工业企业零土地投资项目不再审批试点实施方案的通知》，对符合排放物污染总量下降、单位能耗下降、建筑质量标准达标等条件，且不会新增建设用地的投资项目试行不再审批。通过施工监管、竣工验收等方式建立项目建设事中事后监管体系，在杭州地区率先取得实效。至年底，浙江远力健药业有限责任公司年产3亿片（粒）口服固体制剂项目等6个项目进入零土地不再审批程序，完成不再审批程序的项目3个，涉及总投资7202万元，总建筑面积3.83万平方米。

完善《建德市投资项目联合审批操作办法》，建立配套机制，严格按照新流程图操作。至年底，完成47家企业64个项目的联合审批工作，平均提速46%。建立项目分类协调机制，提高项目协调的合理性，协调完成建德市逸龙公司等18个重点项目的19个问题。强化矿山选址、餐饮业、娱乐场所选址等项目选址的联合踏勘，全年完成71家企业75个项目的联合踏勘工作。

完善中介服务评价体系，深化审批事项和中介服务捆绑式考核机制，加强中介服务机构考核结果运用，健全中介服务机构失信惩戒机制。开展中介服务机构综合测评，加强对中介服务机构的日常监管。全年检查中介服务机构56次，处理违规中介服务机构8家。

【推进交易平台建设信息化】 改造升级交易中心业务平台即市公共资源交易中心网站建设，实现网站后台业务系统与工程交易电子辅助评标系统、政府采购系统以及小额公共资源交易系统的对接升级。工程交易全面推行电子辅助评标系统，实现3个评标办法全过程电子化。全年完成电子辅助评标项目121个，占可实现电子辅助评标项目总数的87.7%。推行办公耗材采购“淘宝”模式，建成建德市政府采购网上商城交易系统并投入使用。该系统将原先二次竞价方式变为由采购单位在商城内自行采购，并可签订电子合同，提高采购效率，同时利用网络实时跟踪的特点，强化有效监管，保证采购过程的阳光透明。

【打造区域性小额公共资源交易平台】 11月，市委、市政府对全市乡镇（街道）交易平台进行整合，采用人员集中、资源集中的方式，将16个小额公共资源交易中心整合为5个区域性小额公共资源交易平台，分别设在新安江街道、寿昌镇、大同镇、梅城镇及乾潭镇。市公共资源交易中心负责业务指导和日常管理，区域分中心负责承担所辖区域的乡镇（街道）、村（社区）的建设工程、政府采购、产权交易等公共资源交易项目。全市形成以市公共资源交易平台为主，各区域性小额公共资源交易分平台为辅的统一、开放、透明、高效、廉洁的公共资源交易服务体系。

（邓艳芳）

应急管理

【概况】 2015年，全市发生Ⅳ级以上自然灾害3起，其中洪涝灾害2起，直接经济损失2200余万元；寒潮和暴雪灾害1起，直接经济损失1.11亿元。发生森林火情51起，过火面积4.1公顷，受害面积0.3公顷（5.3亩）。

发生各类安全生产事故97起，死亡46人、受伤76人，直接经济损失185.15万元，比上年分别下降2.0%、4.2%、18.3%、22.4%；未发生较大或较大以上事故。其中：工矿商贸企业发生亡人事故4起、死亡4人、直接经济损失180万元，同比分别下降20%、20%、20%；道路交通共发生事故93起、死亡42人、受伤76人、直接经济损失5.15万元，同比分别下降1.06%、2.33%、18.28%、62.1%；未发生水上交通事故。

防疫部门全年处理自动预警信号46起，其中其他感染性腹泻20起、麻疹16起、流行性感冒2起、手足口病3起、猩红热、恶性疟、疟疾（未分型）、流行性腮腺炎及丝虫病各1起。2起流行性感冒确认为聚集性疫情，其余均排除传染病暴发疑似事件，信号及时响应率为100%。接到疑似传染病突发应急事件报告20起，共派出突发事件应急小分队和流调人员20次，应急处置人员45人次，采集标本61件，消杀面积1800平方米，实施应急接种204人。应急事件调查率100%，及时处置率100%。

发生重大刑事案件4起（放火案件1起，致2人死亡；故意杀人案件1起，致1人死亡；故意伤害致人死亡案件1起，致1人死亡；诈骗案件1起，被骗金额93.9万元），紧急敏感事件3起。

2015年，先后组织开展建德市迎峰度夏电网联合反事故应急演练、建德市农机事故处理应急演练等10个预案的演练。通过建德电视台、建德公众信息网、楼宇电视以及报刊等播放、刊载应急管理知识和相关应急预案及自救互救的方式、方法，提高公众应急自救能力。推进应急管理“四进”工作，全面提升基层应对突发公共事件的综合能力。

【完善应急预案体系】 2015年，市应急办根据应急管理工作特点，针对性开展全市应急预案编制、修订和完善工作。共编制完善《建德市防汛防台抗旱应急预案》《建德市燃气突发事件应急预案》《建德市特种设备突发事件应急预案》等18个市级专项应急预案，配套修订操作手册18本，明确相关突发事件的防范措施和处置程序，增强预案的针对性和实效性。同时，要求各市级单位对三年以上未修订的预案进行修订，确保各级、各类相关预案的衔接。

【开展“110”社会应急联动】 提升“110”应急平台，完善联动考核制度和应急机制。对55家联动单位进行了相应的调整，具体确定一级、二级、三级应急联动单位。确定每季度召开应急联动单位联络员会议，分析讨论各联动单位运行当中存在的问题，提出整改意见和建议。根据2014年运行情况修改《建德市“110”社会应急联动工作考核办法》（建联通[2015]1号），加强检查督查和报警回访等工作，实行每月对工作情况通报制度。

【“8·29”重大突发事件处置】 8月29日0时49分，320国道382KM+400M(建德市航头镇梅岭村路段)发生1起废稀硫酸运输车侧翻，并引起驾驶室碰撞起火的交通事故。该事故车号为浙H03264、浙H0959挂，事故车辆属衢州市岳洋物流有限公司，运输化学品系废稀硫酸，核载31.9吨，现场泄漏废液总量约15吨。化学品运输车驾驶员徐贤通（男,47岁,衢州市衢江区廿里镇人）和押运员姚世根（男，50岁，衢州市衢江区樟潭街道人）二人当场死亡。110社会应急联动中心接到报警后指令相关单位赶赴现场处置，经交警部门初步调查，事故路段道路为双向车道，道路中间及两侧均具备硬隔离设施，道路安全设施健全，符号道路安全通行要求。涉事车辆从衢州往建德方向行驶，行驶过程中冲破中间及西侧硬隔离栏，冲入道路旁边的农田并发生侧翻。事发地周边系农田，距离主河道寿昌江水域10千米以上。经环保等部门现场应急处置，采用稀释和酸碱中和，所有废液控制在农田沟渠，未流入主河道。剩余废稀硫酸转运至安全地点存放保管。事发后，市领导戴建平、童定干第一时间做出指示，要求全力做好现场处置工作；市领导叶万生、汤文全、洪国根带领安监、环保、公安、消防、交通、航头镇等部门单位有关人员和市危化品道路运输事故应急中心的专家及时赶赴现场处置。至29日上午8时，现场处置完毕。根据省长李强和杭州市市长张鸿铭指示精神，建德市委、市政府迅速开展工作，加强流域监测，防止环境污染；迅速查明事故原因；做好事故善后处置工作；并加强网络舆情监测，防止引发稳定问题。该事件得到成功处置，未发生其他问题。（张 俊）

外事工作

【概况】 2015年，建德市办理因公出国（境）任务23批39人次，其中自行组团出国（境）4批20人次；审核办理企业邀请外国人到华工作申请3批3人次。4月，修订出台《建德市因公临时出国管理若干规定》。

【主要出访】 8月10日至14日，副市长祝军率团赴美国堪萨斯州威奇托市，开展建德航空小镇建设项目招商活动。通过此次出访，与威奇托市政府达成建立航空友好合作城市意向，与KG（堪萨斯环球贸易服务协会）建立合作关系，拟开展基于航空产业为主的经贸合作交流。威奇托市朗威尔市长接受回访邀请，并承诺出访时正式签订友好城市备忘录。

9月17日至25日，副市长徐建华率团赴南非、迪拜进行招商。招商团拜访中国驻南非使馆经商处荣延松参赞，对接多个商会、联谊会，并与南部非洲上海工商联谊总会和南部非洲浙江工商总会签订战略合作框架协议，协助建德化工和家纺行业与海外华商达成南非市场合作意向，与迪拜华人总商会和全球免税区组织达成初步合作意向，推进外贸企业走出去和吸引浙商回归投资工作。

9月17日至26日，市人大常委会主任程茂红率团赴英国、瑞典、俄罗斯视察基层医疗卫生项目，学习医疗卫生保障机制、分级诊疗医疗体系、医疗废物处置经验。

11月3日至7日，市委统战部部长吕勇率团赴香港开展香港建德同乡会成立筹备工作，视察拟担任香港建德同乡会班子人选。拜会杭州旅港同乡会，与部分代表人士进行座谈，并注册香港建德同乡会。

【主要到访】 5月25日，来自发展中国家智力引进与国际化人才培养管理官员研修班的23位外国友人，到建德市引智企业考察。研修班学员分别来自埃及、埃塞俄比亚、厄瓜多尔等8个国家。在国家外专局领导陪同下参观下涯红群草莓采摘基地与乾潭艾利斯玫瑰园。这是2011年以来，发展中国家引智官员第3次到建德考察。

7月16日至17日，美国林务局一行3人在国家林业局和浙江省林业厅相关人员陪同下，到建德考察交流森林经营工作。考察组一行通过实地考察、召开交流会的形式，从经营技术、机制模式等方面进行交流讨论。

9月21日，发展中国家女官员参与社会管理能力建设研修班成员到建德市考察。该研修班由亚洲、非洲、美洲共17个国家40位学员组成。研修班一行考察了浙

◎5月25日，发展中国家智力引进官员考察下涯红群草莓基地（市人力社保局 供稿）

江秋梅食品有限公司洋溪生产基地、建德市名优特产农产品展示展销中心。 （宋 莹）

住房制度改革

【概况】 2015年，住房制度改革工作围绕“完善住房保障体系，推进和谐社会建设”的目标，履行住房保障工作职能，组织经济适用住房、廉租住房等保障性住房的分配和申购工作；完成《建德市城镇住房保障“十三五”发展规划（2016–2020）》编制工作，推进住房分配货币化、公有住房资金管理、房改房维修基金管理等各项工作。

10月，完成汪家区块600套经济房（候选家庭）选房工作，至年末，签订合同305户。贯彻落实《建德市行政事业单位住房分配货币化实施细则》规定，全年全市新核批住房补贴276户，补贴金额409.09万元。年末，全市住房资金余额达7804.81万元，其中单位住房资金2357.11万元、住房维修基金4424.88万元、住房租赁保证金2.67万元、应付维修费1020.15万元。全年审批使用维修基金申请共76个（次）、1592户，支付维修基金利息90.47万元。

2015年10月，完成保障性住房分配系统数据完善工作，共完成近3万册房改、住房维修基金、经济适用房、廉租房等档案数据的录入、转换工作，并通过杭州市住房保障和房产管理局的验收。

【经济适用房上市交易政策出台】 4月，《建德市经济适用住房上市交易政策》向社会公开发布并实施。政策规定经济适用住房购房人在签订购房合同（含预售合同）之日起满5年后，可通过补交土地收益等价款取得完全产权。同时，明确规定：经济适用住房购房人取得完全产权，不改变其已享受经济适用住房的事实。至年末，完成经济适用房上市交易252宗，完成开源增收土地收益733万元、契税315万元。

【启动第五批廉租住房实物配租】 4月，完成第四批廉租住房实物配租家庭的选房。10月，面向社会发布第五批廉租住房实物配租申请公告，启动第五批廉租住房实物配租申请工作。至年末，廉租住房租金补贴新增10户，累计保障家庭326户，在保108户，其中实物配租54户、租金补贴24户、租金核减30户。

【建立安置房源数据库】 11月，完成全市安置房数据的初步统计，建立安置房源数据库。全市累计建设安置房3776套、面积62.2万平方米；在建2180套、面积36.4万平方米；安置3033套、面积53.1万平方米，闲置743套、面积8.1万平方米。

【实施保障性住房“阳光工程”】 在市政府门户网站、市住房与城乡建设局网站和《今日建德》、建德新闻网等媒体，公布全市城镇住房保障年度建设计划、开工和在建项目信息、竣工项目信息及配售配租对象信息，确保项目名称、建设地址、建设方式、建设总套数、开工时间、年度计划开工套数、配售配租对象等信息阳光公开。

（陈卫东）

侨务工作

【概况】 2015年，市政府侨务办公室发挥海外资源优势，开展侨务助力工程，参与引进人才12名，引进智力2项、资金1200万元。协助做好香港建德同乡会筹备工作。全年走访重点侨眷、留学人员家属22户，走访服务侨资侨属、高科技企业32家。受理2名“三侨生”认定。接待和处

◎建德环保科创中心邀请外国专家团到建德深度对接先进制造产业

理4件涉侨信访。组织侨界政协委员撰写6件提案4件社情民意。

【侨务助力工程服务“三引”工作】 开展侨务助力工程，做好“引才引智引资”工作。协助建德环保科技创新创业中心引进高层次人才，引进海归硕士、博士12名，其中1名为引智项目外籍博士，组建科技团队4个，研发水处理催化剂产品4项、水处理剂产品2项、废物资源化产品1项；建德环保科技创新创业中心向市政府提交《关于建德市公共环保设施的问题和建议》《建德市乡镇污水厂摸底调查报告》等建议书5个。协助建德环保科技创新创业中心的技术团队为新安化工集团公司、浙江建德建业有机化工有限公司、杭州市第二工业固废处置中心、大同镇、莲花镇提供12项技术服务。邀请留日博士赵城琦和日本法政大学建筑学专家到建德参加“中国首届传统村落保护利用国际高层研讨会”，并作主旨演讲。引进资金1200万元，其中杭州深湾投资有限公司1000万元、杭州市归耕农业发展有限公司200万元。

【筹备香港建德同乡会】 根据2014年基本侨情调查数据，全市有涉港家庭106户，港籍人士300余名。2015年6月，建德市委、市政府、市海外联谊会和市侨办筹划成立香港建德同乡会。6月28日，建立筹备委员会，香港同胞程啸涛担任主任。7月1日，建立“香港建德同乡会微信群”，开始联系吸收会员。11月3日至6日，建德市海外联谊会派员赴香港进行联谊考察和对接，共同确定同乡会班子人选，程啸涛为会长拟任人选。11月6日，香港建德同乡会在香港警务署完成社团注册登记手续。筹备委员会将成立仪式安排在2016年春节后举行。

【“严州学子”励志奖学金成立】 9月，加拿大华侨汪思孟先生捐赠50万元，成立“严州学子”励志奖学金。汪思孟是建德梅城人，少年时代就读于严州中学，早年在台湾经商，后举家赴加拿大多伦多创业。2012年9月，汪思孟夫妇通过市侨办捐赠20万元，改建建德市下涯镇大洲彩云爱心幼儿园。 （练月珍）

机关事务

【概况】 2015年，建德市机关事务管理工作以深化机关安保“四防”体系建设为抓手，引进市保安服务公司参与管理，新增安保人员15人，与大院内14家单位签订《建德市机关大院消防安全管理责任书》，推进机关安保协同共建的管理体制建设。强化监控设施改造，开展机关大院安保监控系统更新升级，安装大型监控显示屏，更换升级监控探头70余只。安装自动伸缩门及车辆道匝系统，严格车辆进出管理；引进E邮柜快件管理系统5组，安装大院自助节水洗车系统3套；成立市机关文印室，拓宽服务渠道，丰富服务项目。实施机关大院道路专项整治，开展地下给水、排水部分管道整改，浇筑沥青路面，规范道路标识，新增停车位近80个。加强会议中心及机关车队管理，全年保障落实会议787场，安排各类公务用车2028趟次。

【党政机关房产管理】 全面统筹全市党政机关房地产管理，推进市老年体协气排球馆、市行政审批服务中心装修工程、市人武部库房改造、老年活动中心等工程，节约建设资金750万元。分步推进烟草大楼外立面改造、老新安化工楼改造等维修项目，确保工程质量进度。加强办公用房调配与房产出租管理工作，协调完成市委统战部、市农办等10家单位的办公用房调配工作，做好市运管处、原交通局、新安江环卫所房屋出租审批，保障房产使用效益。

【严格政务接待工作】 严格执行《建德市党政机关国内公务接待管理办法》等公务接待规定，加强公务接待程序化、标准化建设。全年共接待来宾184批、5780余人次，其中省部级以上领导10批、地厅级领导58批。承担中国首届传统村落保护利用国际高层研讨会、科研类全国航空航天模型（建德）公开赛、中国大学生帆船（建德）锦标赛、中华环保世纪行新闻采访活动、全省农村环境综合整治现场会、杭州市城乡区域统筹发展第三区市协作组2015年度联席会议等11批次大型会议活动的后勤接待保障工作。

【推进公共机构节能减排】 以创建节能示范单位为突破口，推广节能新技术、新产品的应用。做好空调、照明等重点耗能系统及部位的节能改造，市机关大院1号、2号楼安装待机管家控制设备190余套、协助市林业局等单位更换T5节能灯管800余套，全年完成公共机构推广应用LED灯7000余盏。组织开展节能宣传周、全国低碳日等宣传活动，发放节能减排宣传手册2000册，节能小标签1000余张，节能插座200余只，倡导节能低碳生活。科学制定全市年度节能目标，建立节能考核倒逼机制，市国土资源局、市疾控中心创建成为杭州市节能示范单位。2015年，人均综合能耗、单位建筑面积能耗和人均水耗三项指标分别下降22.5%（不含煤和天然气）、6.4%和4.6%，超额完成节能任务。（叶李毅）

编辑：郑志良

政协建德市委员会

Jiande City Committee of the Chinese People's Politica Consultative Conference

综 述

【概况】 2015年，市政协常委会按照中共建德市委十三届八次全体会议的决策部署，把服务改革发展作为首要任务，把促进民主法治作为重要责任，紧扣中心，扎实履职，发挥协调关系、汇聚力量、建言献策、服务大局重要作用，完成市政协十三届四次会议确定的各项任务。

发挥人民政协协商民主重要渠道作用，开展多层次的协商议政活动，不断拓展协商民主的广度和深度。把《建德市国民经济和社会发展第十三个五年规划》的编制工作列为年度重点协商课题，由市政协正副主席牵头，组成7个调研组，着重围绕城市发展、生态旅游、现代农业、环保产业、污水处理、危废处置、政府和社会资本合作等课题开展调研。进一步深化民主评议工作，对市发改局、市经信局、市科技局、市旅游商务局、市市场监管局等5个部门的“工业政策扶持绩效”进行专项评议监督。先后围绕河道整治、矿山污水治理、农民饮水工程、农村生活污水治理项目建设、“两路两侧”“四边三化”等开展专项考察监督。会同各民主党派及有关部门，分别就运输物流税收征管、草莓种植业、水产业、大健康医疗产业等课题开展专题调研。发挥政协组织联系广泛的作用，加强与各界人士的联络联谊，把各阶层、各群体的智慧和力量凝聚到市委、市政府的决策部署上来。开展“5·12”汶川地震“三亲”史料、建德桥梁文化史料的收集整理工作，编纂出版《5·12与建德》和《建德的桥》，丰富建德市的文化史料。创办《建德政协》刊物。

全年共收到以提案形式提交的意见建议282件，立案232件，并案处理34件，实际交办198件。至年末，提案全部办复，对提案办理情况满意的187件、基本满意的11件，满意率100%。全年收到社情民意167条，编报《社情民意》41期，转《市长信箱》办理126件，办复率达93%。

【协商建言】 5月14日，市政府、市政协联合召开6号提案《关于加快推进智慧经济的几点建议》办理答复协商会，市委常委、副市长梁克东，市政协副主席洪国根出席会议。该提案由市政协经济组在市政协十三届四次会议期间提出，被列为市政协重点提案，由市府办为牵头单位，市经信局主办，市文创办、市科技局、市旅游商务局、开发区（寿昌镇）、高新园管委会协办。会议要求各承办单位要认清形势、分析利弊，为抓住发展机遇创造条件；对照要求、紧盯目标，为完成任务积聚力量；加强培育、做好积累，为长远发展打好基础，推动建德市信息经济的发展。

6月16日，市政府、市政协联合召开重点

提案办理协商会，就民盟建德市委会提出的《关于切实推进城镇低效用地再开发的建议》（市政协第75号提案）进行协商座谈。市委常委、副市长叶万生参加会议，市政协副主席程旭主持会议。民盟建德市委会负责人就提案的案由做了说明。叶万生在会上指出，政府及有关部门要高度重视提案办理工作，领导要亲自领衔办理，要高质量、高水准做好提案办理工作，把提案建议意见落到实处，推进政府部门改进工作。城镇低效用地再开发工作事关全市经济发展，可以为建德市拓展发展空间，并成为经济发展新的增长点。要加快制订出台建德市城镇低效用地再开发实施意见，明确领导小组、政策措施、部门乡镇职责、目标任务和考核制度。要加大宣传力度，切实抓好2015年城镇低效用地再开发计划的实施，确保完成上级下达的任务。

6月19日，召开市政协十三届四次会议121号提案办理协商会，就《关于加强企业会计队伍建设、提升企业经营管理水平的建议》办理情况进行协商座谈。市委常委、常务副市长周友红，市政协副主席谢春凤出席会议。该提案被列为重点提案，由市委常委、常务副市长周友红领办，市政协副主席谢春凤督办，市财政局主办，市委组织部、市人力社保局等部门协办。会上，市财政局及其他承办单位就121号提案的办理情况进行通报。周友红指出，121号提案选题准，对促进建德市经济发展具有重要的推进作用，各相关部门要充分提高加强企业会计队伍建设重要性的认识。要强化责任，建立健全企业会计队伍建设的管理体制，坚持政府主导、行业主管、社会组织引导，做到有规划、有计划、有平台、有制度。要加大宣传营造氛围，建立严厉的奖惩机制，着力打造一流的企业会计队伍，让企业会计队伍更好地为助推全市经济社会发展服务。

12月18日，市政协召开十三届71次主席会议，对市委十三届十次全会工作报告（征求意见稿）和市委关于制定“十三五”规划的建议（征求意见稿）进行协商建议。市委副书记周徐胤到会听取意见。在听取市委办有关负责人介绍市委十三届十次全会报告和“十三五”规划建议（征求意见稿）的起草情况后，与会人员围绕全域旅游、信息经济、发展路径、民生事业、人才智库建设、平台建设、化工企业搬迁入园、建德高新园体制、教育工作、规划实施监管、人才工作等方面发表意见建议。市政协主席吴铁民肯定了市委十三届十次全会报告和“十三五”规划建议的起草，并对修改完善报告和建议提出三点意见。周徐胤表示，要继续坚持并不断深化科学民主决策机制，充分发挥协商民主重要作用，推进党委政府科学决策；要很好吸收并加以应用大家提出的真知灼见，进一步修改完善报告建议（征求意

◎10月27日，省政协主席乔传秀到建德考察建德千岛湖通用机场（朱永标 摄）

见稿）。

【专题议政】 3月26日，市政协召开十三届58次主席会议，对全市基本公共法律服务体系建设进行专题考察、议政建言。会议期间，与会人员实地考察市司法行政法律服务中心、浙江春秋联合律师事务所、浙江贤哲律师事务所、浙江杭星律师事务所和杨村桥镇司法所。召开汇报交流会，听取市司法局、市人民法院、市检察院、市公安局等部门有关基本公共法律服务体系建设情况的汇报，并就推进建德市基本公共法律服务体系建设发表意见。市政协主席吴铁民强调，推进公共法律服务体系建设，要强化落实，全面实施《关于推进覆盖城乡居民的公共法律服务体系建设的实施意见》；要加强领导，突出抓好法律服务平台网络体系建设、矛盾纠纷排查化解体系建设、普法教育体系建设、法律援助体系建设、法律顾问体系建设“五大体系建设”；要整合力量，突出参与主体；要加大投入，切实增强保障能力。

4月22日，市政协召开十三届60次主席会议，就梅城古城保护与开发工作开展专题议政。与会人员先后到梅城古街改造及梅城大坝二期建设、古城墙修复现场，考察梅城古城开发与保护工作。召开专题议政会，听取市风景旅游局、梅城镇、市资投公司有关梅城古城保护与开发工作进展情况以及下步工作打算，并围绕梅城古城保护与开发工作发表意见建议。市政协主席吴铁民提出，要以可持续发展为导向，凝聚多方共识；要以保护为前提，传承历史文化；要以开发为依托，打造旅游精品；要以市场为导向，实施多元投入；要高度关注古城墙的修复，切实展示古城墙的悠久历史。

5月12日，市政协召开十三届61次主席会议，就新安江主城区学前教育发展情况进行专题议政。副市长郑冰应邀参加会议。与会人员考察了桥南幼儿园、新星幼儿园、贝贝幼儿园、麻园小区幼儿园，听取市教育局、市住建局和新安江街道等部门关于新安江主城区学前教育发展情况的汇报。市政协主席吴铁民在听取大家发言后指出，要充分认识到学前教育的极端重要性，充分意识到建德市主城区学前教育面临的困难和问题，进一步增强做好学前教育的责任感和使命感；要统筹规划，进一步合理配置学前教育资源；要严格执行规划管控，确保规划布点到位、建设到位、移交到位、使用到位；要进一步加快建设，对于在建幼儿园要确保按期交付并投入使用，对于规划明确的布点要在土地、财政等资源要素上加大支持，确保建设项目尽快落地并开工建设；要大力引进民间资本新办学前教育，建立健全民办学前教育投入机制，动员社会力量投资办园、捐资助园，多渠道筹措学前教育资金，多形式扩大学前教育资源，推动建德市民办学前教育整体迈上一个新台阶。

5月29日，市政协召开十三届62次主席会议，对建德市特色农业产业融合发展进行专题议政。副市长张早林应邀出席会议。与会人员实地考察江南春堂铁皮石斛种植基地、红群高科技草莓园两个果蔬乐园。市农办、市农业局等部门负责人分别汇报建德特色农业产业发展情况，与会人员进行议政建言。市政协主席吴铁民指出，加快农业特色产业发展和一、三产业融合，关键是贯彻落实好《关于进一步加快现代农业发展实施意见》等系列政策文件，创新特色农业产业融合发展机制。要突出优化政策扶持机制，推进龙头带动机制，规范资金投入机制，创新市场销售机制，以草莓、茶叶、药材等为优势产业，集中精力扶持重点项目、重点企业、重点产业，着力打造“农业精品示范园”和“建德果蔬乐园”。要强化服务与管理，加快品牌创建，加强质量管理，优化投资环境，加强对异地草莓产业的服务，为加快特色农业产业融合发展提供强有力支撑。

8月20日，市政协召开十三届66次主席会议，就民宿经济及养老养生产业发展开展专题议政。副市长张早林等应邀出席会议。与会人员现场考察寿昌镇河南里村、莲花镇戴家村民宿经济及养老养生产业发展情况，听取市农办、市民政局有关民宿经济和养老养生产业发展情况汇报。吴铁民指出，民宿经济和养老养生产业是建德市未来发展的重要方向。下步工作中，要强化政府推动，引导民宿经济及养老养生产业加快发展；要整合多方资源，拓展民宿经济及养老养生产业建设路子；要完善保障支持，优化民宿经济及养老养生产业发展环境；要注重适度开发，避免因过度开发而丧失村庄原有的特色和优势。

8月27日，市政协召开十三届67次主席会议，就主城区污水处理设施建设进行专题考察。市委常委、副市长梁克东应邀参加会议。与会人员视察了环城北路、白头坞的污水处理设施建设工地，专项听取市住建局、新安江街道办、市城投公司的相关汇报。吴铁民在会上强调，要狠抓落实，着力推进三年行动计划有效实施，做到完善设计、科学施工，持之以恒、确保进度，强化监管、确保质量；要完善保障，健全主城区污水处理设施的管理机制，做到加强组织、资金和规划保障，强化档案管理和日常监管，不断扩大宣传，提升群众环保意识。梁克东对与会人员的建言献策表示感谢，并表示在下一步工作中，主城区污水处理设施建设工作将做到推进速度再加快，工程监管力度再加大，工程满意度再加强。

11月16日，市政协召开十三届69次主席会议，就全市化工企业搬迁入园和重大工业项目建设情况进行专项视察。副市长徐建华应邀出席。与会人员实地视察国际香精香料、新安化工白南山基地搬迁项目建设现场和白沙化工、顺发化工未开工搬迁项目用地，听取市经信局和市环保局相关情况汇报，并提出意见和建议。

11月27日，市政协专题视察新安江城区旧城改造征迁工作，考察黄龙月亮湾区块和府前路区块旧城改造现场，听取新安江街道汇报城区旧城改造工作情况。市政协主席吴铁民要求，坚定目标，突破重点，确保征迁工作整体顺利完成。坚持依法依规、公平公正和群众路线的工作理念。创新工作举措，将征用、迁移、安置、拆旧等工作有效结合，提高征迁工作整体成效。吴铁民强调，要尽心尽责，共同努力，全力助推征迁工作；政协委员要发挥优势，协助做好身边群众的思想工作和政策宣传，发挥民主监督的优势，加大监督力度，共同推进工作。

重要会议

【市政协十三届委员会第四次会议】 1月26日～29日，中国人民政治协商会议建德市第十三届委员会第四次会议在新安江召开。应到委员227名，出席委员215名；应到列席人员223名，出席217名。会议审议通过吴铁民代表政协建德市第十三届委员会常务委员会所作的工作报告和程旭受政协建德市第十三届委员会常务委员会委托所作的提案工作情况报告。会议期间，共收到以提案形式提出的意见建议269件。其中，市各民主党派、团体等集体提案36件，委员个人或联名提出233件。其中，有关经济科技方面的意见建议67件，占总数的24.9%；城乡建设和管理方面的意见建议85件，占总数的31.6%；教育、文化、卫生、体育方面的意见建议53件，占总数的19.7%；民生保障与社会管理方面的意见建议64件，占总数的23.8%。

会议期间，委员们列席建德市第十五届人民代表大会第四次会议，听取并讨论童定干代市长所作的《政府工作报告》和会议其他报告。委员们围绕“十三五”规划编制、产业发展、法治建设、环境保护、民生保障等事关建德经济社会发展的重大问题，广泛协商讨论、建言献策，并提出建设性的意见和建议。会议审议通过《关于推进“多规融合”深化规划管理的建议案》。

会议选举叶志高为政协建德市第十三届委员会副主席。

【常委会会议】 2015年市政协十三届常委会召开6次会议。

1月14日，市政协召开十三届十七次常委会议，协商讨论《政府工作报告》(征求意见稿)，审议市政协十三届四次会议有关材料和事项。会议听取了市府办有关《政府工作报告》(征求意见稿)的起草过程、报告依据、报告框架和主要内容等情况说明，与会人员围绕推进文化惠民、加快农业产业发展等方面提出意见和建议。会议审议了市政协十三届四次会议的日程(草案)和议程(草案)，审议通过市政协十三届四次会议秘书长、副秘书长名单、主席台就座人员名单、列席人员名单，审议通过市政协常委会工作报告和提案工作情况报告报告人名单，审议市政协常委会工作报告(审议稿)和提案工作情况报告(审议稿)。市政协主席吴铁民对做好市政协十三届四次会议筹备工作提出具体要求。市政协副主席严凌云、谢春风、吕勇、程旭，党组成员叶志高，秘书长蒋华及其他常委出席会议。市委常委、常务副市长周友红到会听取意见。

1月27日下午，市政协主席吴铁民主持召开市政协十三届十八次常委会议。副主席严凌云、谢春风、吕勇、程旭、洪国根，党组成员叶志高和秘书长蒋华及其他常委出席会议。会议听取市委常委、组织部部长沈波作的关于补选政协建德市第十三届委员会副主席、常务委员候选人建议名单的说明，协商产生补选政协建德市第十三届委员会副主席、常务委员候选人建议名单；听取各组关于市政协常委会工作报告、提案工作情况报告讨论情况汇报；协商《选举办法(草案)》，协商产生总监票人、副总监票人、监票人建议名单，协商市政协十三届四次会议建议案(草案)、决议(草案)。

1月28日，市政协主席吴铁民主持召开市政协十三届十九次常委会议。市政协副主席严凌云、谢春风、吕勇、程旭、洪国根，党组成员叶志高和秘书长蒋华及其他常委出席会议。会议听取各组关于《政府工作报告》及其他事项的讨论情况汇报；审议并通过《选举办法》(草案)；审议并通过总监票人、副总监票人(草案)和监票人名单；审议并通过补选市政协十三届委员会副主席、常务委员候选人名单；审议并通过市政协十三届四次会议建议案(草案)；审议并通过市政协十三届四次会议决议(草案)；审议并通过市政协十三届四次会议提案收集和初审情况报告。

◎市政协“五水共治”专项督查清渚溪综合治理

8月6日，市政协主席吴铁

民主持召开市政协十三届二十次常委会议，交流2015年市政协常委会重点课题调研成果。市委书记戴建平出席并作重要讲话，市委常委、常务副市长周友红应邀参加。市政协副主席严凌云、谢春凤、吕勇、程旭、洪国根、叶志高和秘书长蒋华，以及其他市政协常委出席。会上，"拓展城市空间、缓解管理难题""发展生态旅游""推动现代农业发展""加快环保产业发展""加强乡镇污水处理设施建设管理""加强危险废物及城市污泥处置""推进政府和社会资本合作"七个课题调研组代表分别作交流发言，提出了具有战略性、前瞻性、可操作性的建议和意见。戴建平指出，2015年市政协紧紧把握发展大局，紧扣市委、市政府工作中心，以强烈的责任意识和担当精神，充分发挥优势，认真履行职责，深入走访实践，积极推进工作创新，为全市经济社会加快发展做出应有贡献。主要表现在三个方面：围绕服务发展，履职成效充分显现；围绕机制构建，履职基础得到夯实；围绕中心工作，履职能力不断增强。吴铁民指出，结合市政协年度工作计划安排，贯彻落实好戴书记的重要讲话精神，要坚持以调研为基础，在协商"十三五"规划编制上下功夫；要坚持以事实为依据，在监督评议上尽职责；要坚持以实效为导向，在服务发展上谋良策。

10月23日，市政协主席吴铁民主持召开市政协十三届二十一次常委会议，对市发改局、市经信局、市科技局、市旅游商务局、市市场监管局5个部门牵头实施的工业扶持政策绩效进行民主评议。市政协副主席严凌云、谢春凤、吕勇、叶志高，秘书长蒋华以及其他市政协常委出席。市委常委、常务副市长周友红应邀出席。在听取5个被评议部门关于工业扶持政策绩效情况汇报、5个监督评议小组的调查汇报和其他与会委员发言后，市政协常委会组成人员依据5个部门的情况报告和各监督评议组的调查报告以及日常掌握的情况，对5个部门工业扶持政策绩效进行现场测评，会议当场宣布测评结果。吴铁民肯定扶持政策对企业发展的导向和促进作用，指出政府扶持政策有利于推动企业实现规模化发展，有利于提升企业的科技创新能力，有利于加快新兴产业发展，要进一步提升政策的合理性和可操作性。要优化政策制定程序，加强对接沟通，听取各方意见；要突出政策扶持导向，注意扶持导向的协调性、持续性、重点性问题；要完善政策内容，注重大型企业与中小企业兼顾、外来投资与建德企业兼顾、新兴产业与传统产业兼顾、事前扶持与事后奖励兼顾；要规范政策执行，提高扶持绩效。

12月7日，市政协召开十三届二十二次常委会议暨常委读书会，学习党的十八届五中全会精神，交流前期学习考察旅游发展心得体会，并建言建德市全域旅游发展，同时在总结2015年工作基础上谋划2016年工作思路。市政协主席吴铁民主持会议，副主席严凌云、谢春凤、吕勇、程旭、洪国根、叶志高和秘书长蒋华以及其他常委出席。会议指出，2016年是"十三五"开局之年，也是建德政协成立60周年，更是该届政协工作收官之年。谋划2016年政协工作思路，重点要围绕"一个中心"，把握"两条主线"，突出"三大职能"，做好"四项工作"。围绕"一个中心"，就是建言建德市全域旅游发展，研究确定全域旅游发展具体课题内容，有针对性地开展系列协商、建言、视察监督活动，推进全市旅游发展持之以恒、优化组合、全员重视。把握两条主线，一条主线就是回头看，回眸建德政协成立60周年和此届政协工作，同时督促重点参政议政成果的有效落实；另一条主线是向前看，加强研究一些重大政策调整问题，把建言好"十三五"开好局起好步作为履职重点。突出三大职能，就是在谋划和组织履职活动时，要注重履职计划性和统筹性，科学细化履职方案，深化履职多层联动。做好四项工作，就要做好团结联谊、提案办理、民生事业和文史宣传工作。（方　韦）

编辑：郑志良

民主党派 工商联

Democratic Parties & federations of industry

民革建德市委员会

【概况】 2015年，中国国民党革命委员会建德市委会围绕中心，认真履行参政党职能，提出学习实践活动“新七个一”（举办一次急救技能讲座，开展一项关爱抗战老兵的活动，开展一项围绕经济助推产业的调研，组织一次支部委员班子读书班，邀请一次杭州民革企业家协会来建考察活动，开展一次大型社会服务活动，组织一次与对口部门走亲活动）方案。在全体党员中开展读书学习活动，重点学习重要政治理论知识、传统文化知识和专业扩展知识。参加市委统战部组织的“五个一”（引进一个招商引资引税项目，撰写一篇高质量课题调研报告，开展为建德发展献一策活动，争创一批社会服务基地品牌，争先创优一项特色亮点工作）比贡献和支部议政日成果交流等活动，深化学习实践成果，弘扬民革优良传统，助推经济社会发展。

年内发展民革党员4人。年末下辖支部7个党员100人。全年共选送民革党员14人次参加省、杭州市级各类培训班学习培训。是年，民革建德市委会被评为杭州民革2014年度参政议政先进集体一等奖。

【齐续春指导建德民革工作】 10月20日，全国政协副主席、民革中央常务副主席齐续春在淳安县会见建德民革的领导班子，并进行座谈。齐续春对建德民革所做的努力和成绩表示充分肯定，并就深入学习贯彻中央统战工作会议和《中国共产党统一战线工作条例（试行）》精神提出希望，对今后党派工作提出具体要求。

【议政建言献策】 民革建德市委会通过与市委书记交心谈心会，以及市政府专题建言会、市政协常委会及主席督查会、市委统战部双月座谈会等渠道和平台，全年共组织党员70余人次、30余场次积极议政建言。在“两会”期间，市委会及民革中的人大代表、政协委员共提交提议案和社情民意29件，市委会集体提案《关于优化投资项目审批流程的建议》被市政协确定为重点提案，市委会调研报告《对我市畜禽业健康可持续发展的几点建议》在大会上做口头发言。市委会集体提案《关于对我市农业产业发展的建议》及2篇党员个人提案被评为2014年度优秀提案。2015年，市委会及民革党员完成调研报告7篇，《关于发展我市生态旅游的几点思考和建议》《关于加强我市无偿献血工作的几点建议》分别被中共建德市委办《调查研究》刊录。

【发挥民主监督职能】 民革建德市委会组织党员

参加市政协“工业扶持政策绩效”民主评议、“五水共治”专项民主评议的跟踪调查，组织党员参加市环保局农村环境整治现场视察、建德市五水共治办“清三河”自查以及“最美河道”评比。新安江一支部专题调研市食品药品检验检测中心机构建设运行情况以及食品安全监管工作，新安江三支部考察大洋里黄及新源二村河流整治情况，寿昌支部考察寿昌江两岸防洪堤建设情况。全年共组织党员40余人次参加各类监督建言活动10余次。

【对口联系五部门】 2015年，根据市政府的工作安排，民革建德市委会的对口联系部门在原有3个部门（市财政局、市农业局、市环保局）的基础上增加市林业局和市司法局2个部门。市委会定期走访与对口部门交流互通工作，召开对口联系部门的工作交流会，邀请对口部门参与考察活动。与市农业局联合开展农业产业调研，组织党员参加市司法局关于开展普法工作的意见征求座谈会，党员中的人大代表、政协委员分别受邀参加市农业局组织的现代牧业视察活动和林业局组织的“四边三化”及国有林场改革情况考察。

【同心牵手社会服务】 2015年，市委会先后2次与杭州民革联同组织在新叶村开展“同心博爱”社会服务基地活动，医疗服务村民100余人；2次组织赴洋溪街道开展送医送文化社会服务活动，医疗服务村民100余人，并为村民赠送字画和春联。邀请市红十字会专职讲师为环卫所职工讲授急救技能讲座；夏季慰问环卫工人，冬季慰问结对的特困精神病人家庭。新安江一、二、三支部结对社区慰问困难居民，新安江二支部为健安社区开展义诊和咨询活动，新安江五支部组织慰问大洋镇环卫工人，寿昌支部牵头组织寿昌镇留守儿童“行走寿昌江”夏令营活动。（胡文静）

民盟建德市委会

【概况】 2015年，民盟建德市委会围绕市委、市政府中心工作，提能力、强履职、重服务。开展“加入民盟为什么，历史责任是什么，我为建德做什么”大讨论，增强盟员的参政党意识。

全年累计撰写各类信息报道71篇。其中，被民盟中央网站录用信息4篇，民盟中央微信公众号推送信息1篇；盟省委录用10篇。刊印《建德民盟》2期。收集整理柯秉铎、陶维桢、李树帆等老盟员事迹，撰写《陶师鸿影》《铎振玉声》《孤帆远影》3篇个人传记，公开出版《桢挺柯秀》一书。

是年，民盟建德市委会共发展新盟员9人，平均年龄33.9岁，均为大学本科以上学历，其中研究生2名、副高职称1名。年末下辖支部10个，共有盟员161人。

【完成支部换届】 6月3日，民盟建德市委会召开市委（扩大）专题会议，研究部署支部换届工作，制订工作方案，明确工作程序和职责分工。至7月底，10个支部全部完成换届工作。换届后，盟市委组织各支部新班子成员外出学习考察，树立起“同心”理念，增强政党意识，激发爱盟热情，2015年各支部平均得分比上年度提高10分。

【议政建言】 2015年，21位盟员人大代表、政协委员共提交人大议案3件、政协提案33件（盟市委集体提案3件、盟员个人提案30件）。盟市委集体提案《关于加强我市村级集体经济发展的建议》《关于切实推进城镇低效用地再开发的建议》，以及盟员徐新平《关于切实缓解新安江主城区学前教育资源紧张问题的建议》等3件提案被确定为市政协十三届四次会议重点提案，由市委、市政府领导领衔办理，对相关工作起到了积极的推动作用。3件提案均被市政协评为年度优秀提案和提案优秀承办件。报送社情民意信息95条。其中，李新富的《关于高度重视新安江主城区段江面船只建造与管理的建议》、吴建明的《关于开通寿昌到梅城的周末直达班车的建议》,得到市委副书记、市长童定干的重视并批示，得到了有效落实；邵琳萍的《关于加强新安江文化广场地下商场卫生管理工作的建议》、李新富的《关于高度重视新安江主城区段江面船只建造与管理的建议》，被评为政协年度优秀社情民意；钱薇撰写的《食药体制改革后基层面临的问题和建议》被全国政协（全省3篇）和民盟中央录用；崔东柱、毛磊、徐茜、李江、马聿浩撰写的《关于遏制基本农田"非粮化"现象蔓延的建议》《推进工业强基，实现浙江智造》等12篇社情民意被民盟浙江省委会和民盟杭州市委会采用；徐新平撰写的《采取链式管理，妥善处置农药包装废弃物》获杭州市政府2014年度人民建议纪念奖。

【"盟员之家"建设实现全覆盖】 2015年，建德"盟员之家"建设在全省率先实现市委会和基层支部两级组织全覆盖，包括市委会"盟员之家"在内，共建成8家"盟员之家"（其中梅城3个支部采取合建方式）。民盟省委会主委成岳冲在全省坚持和发展中国特色社会主义学习实践活动中期推动会上，对建德"盟员之家"建设工作进行了肯定，盟市委在民盟杭州市委会"盟员之家"建设现场会上作交流发言，盟市委"盟员之家"获2015年度民盟杭州市委会优秀"盟员之家"称号。

【建立宝华洲"同心"实践基地】 9月28日，盟市委在梅城镇宝华洲社区建立建德市第二个"同心"实践基地。基地挂牌当日，盟员过承祁为150余位社区居民作《儒、释、道与我们的生活》专题讲座，传播健康生活理念。重阳节前，盟市委联合民盟杭州市委会，组织杭州市医疗专家到宝华洲社区为社区老人开展义诊，共接诊患者300余人次，发放价值9000余元的药品，受到社区居民点赞。

【成立"华夏建德书画苑"】 2月10日，民盟浙江华夏书画学会杭州分会建德书画苑（简称"华夏建德书画苑"）挂牌成立。书画苑全年组织多项活动，先后邀请书法博士乔宇，华东师范大学教授、盟员崔树强开展书法培训3次，免费培训建德书法爱好者50余人次。盟员汪小明书法作品入展浙江省书法家协会主办的中国梦——乡村行书法联展，汪小明、庄尚俊书法作品入展浙江省民盟举办的潮起东海——民盟华夏书画学会作品展，杨一帆、赵益琴等盟员的作品分别入围省、杭州市级展会。

【开展"三送"活动】 针对2017年即将实施的新高考制度改革，邀请民盟浙江省委会科普讲师团成员、浙江大学城市学院副院长朱永平教授，在新安江中学为800余名学生家长开展新高考改革专题讲座，帮助学生和家长们及时掌握新高考的动向。科技支部开展"电梯安全知识进校园""有机知识进校园""计量知识进校园"系列活动，为中学生普及相关知识。文教支部继续结对千鹤绿洲小学,关爱农村留守儿童,帮助孩子实现"微心愿"。医卫支部联合新一中支部，开展"应急救护知识培训讲座"，为中学生普及实用应急救援知识，并义务为盟员开展健身效果评估。严新支部继续开展"临界生帮扶"活动，为困难学生捐款。严梅支部开展困难学生帮扶,积极筹办"高考加油站"活动。杭科院严州校区支部组织义务法律咨询活动，结对困难学生。 （徐新平）

民建建德市委员会

【概况】 2015年，民建建德市委会围绕中心，积极履行参政党职能。共提交议案、提案27件，其中，市委会集体提案《关于加快发展我市新兴产业的建议》被评为市政协2015年度重点提案、优秀提案，并由市委书记戴建平领衔督办。《关于我市发展全域旅游的建议》被评为市人大2015年度优秀议案。

发挥民建联系经济界的特色，围绕全市经济社会发展开展调研，《中小企业难享降息政策问题应引起相关部门高度重视》《关于县域经济加快实施“中国制造2025”的几点建议》《农机融资租赁两大症结致其市场拓展受阻》3篇调研文章，被民建浙江省委会和民建杭州市委会录用。《关于推进“五水共治”行动，把农村养殖业污染治理工作放在重要位置的建议》获杭州市一等奖；《关于完善“律师进村”工作，加大统筹城乡法律服务的建议》《关于加强我市城区社区卫生服务中心建设的若干建议》《关于完善社会养老体系的若干建议》获二等奖。

是年，组织会员参加民建上级组织和市政协、市委统战部组织的各类学习培训活动60余人次，为各类社会捐款60.61万元，联系紧跟“归耕农业”“维丰科技”“广同节能”3个招商引资项目，2015年实际到位资金200万元。

全年发展新会员6名，至年末，共有6个基层支部，会员109名。2015年10月，完成基层支部换届工作。

【成立新安江四支部】 根据支部工作和会员发展的实际需要，经民建杭州市委会、市委统战部同意，通过分设的方式，将支部数调整为6个，分设成立民建新安江四支部，会员也作相应调整，进一步优化会员结构，促进支部发展。10月15日，召开新安江四支部成立会议，选举产生新一届支部班子。

【落实对口联系工作制度】 贯彻落实市委常委联系党派工作制度，与市委联系领导开展交心谈心，就加强传统产业转型升级、优化现有企业发展环境、加快全域旅游发展、打造“中国养生文化美食之城”等热点问题，积极建言。落实市政府《关于进一步完善政府部门与民主党派和工商联对口联系制度的通知》要求，组织开展对口联系小组上门走访、共同开展课题调研、征求工作意见建议、参加行风效能监督活动、走访服务民建会员企业等活动十余次。

【“四送活动”服务基层】 “六一”前后，继续开展市图书馆“民建少儿书架”“六一”赠书活动。12月，与杭州民建企业家联谊会共赴大洋三河小学调研，开展爱心助学活动，关注留守儿童成长。中秋节前夕，市委会、新安江二支部到新安江明珠社区开展帮困送温暖活动，慰问社区困难家庭42户。9月底，市委会、新安江一支部在新安江府东社区开展“中秋欢庆邻居节”活动，为社区20户困难家庭送上“全家福”合照。11月和12月，市委会联合寿昌支部、新安江三支部和四支部组织会内林业、农业、医疗、法律专家，赴大同镇小溪源村开展送医疗、送法律、送农技“三下乡”活动和“送温暖”新春慰问活动，并为村民讲解毛竹、油茶种植技术，帮助村民销售滞销的毛竹、竹笋等农产品；慰问特困家庭5户。 （陈　茜）

民进建德市委会

【概况】 2015年，民进建德市委会以开展坚持和发展中国特色社会主义学习实践活动为引领，以“五个一比贡献活动”、庆祝中国民主促进会成立70周年、民进建德地方组织成立30周年活动为契机，加强自身建设，履行参政党职能，各项工作取得新成绩。是年，先后提出建议、提案24件，其中市委会《加快会计人才队伍建设 提升企业管理水平》集体提案列为市政协2015年度重点提案，促成《建德市会计人才队伍建设规划（2016—2020年）》于2015年8月出台。10月份，市委会撰写《建议借我省通用机场发展规划加快推进“航空小镇”建设》报告在杭州网——《杭网议事厅》栏目发表。全年共上报社情民意60多篇，会员王才洪撰写的《促进农村小微企业创业的几点建议》被杭州市人民建议办采用，在杭州网、杭州政协新闻网刊登。在民进中央网站刊登各类信息13篇，在省民进网站刊登信息29篇，在杭州民进网站及《杭州民进》杂志刊登宣传信息52篇，人民政协网录用1篇。

政府部门与民进建德市委会对口联系单位由原先3个增加到5个（增加市国土局、统计局），市委会主动和对口联系单位联同开展社会调研，与市发改局联合调研“民宿经济发展”形成报告。与市水利水产局交流座谈水资源保护利用，对口联系工作机制进一步完善。

是年，民进建德市委会获浙江省民进五年社会服务“模范爱心集体”称号，谢春凤会员获民进中央“民进全国先进个人”荣誉称号，会员邵爱秀、何国平获浙江省民进五年社会服务“公益之星”荣誉称号。全年新发展会员7名。至年末，共有会员151名。

【谢春凤获“民进全国先进个人”称号】 2015年是中国民主促进会成立70周年，民进中央为表彰先进，决定从“政治坚定，重视学习；双岗建功，成绩突出；合作共事，团结会员”三个方面标准评选“民进全国先进个人”。谢春凤于2000年12月加入中国民主促进会，先后任民进建德市委会五届委员、副主委，六届、七届、八届主委。作为建德民进的负责人，谢春凤认真履行职责，全心全意带好建德民进队伍，民进工作跃上新的台阶，涌现一批先进基层组织和优秀会员，2个支部获全国先进基层组织、3个支部获省级先进集体。12月4日，谢春凤被民进中央授予“民进全国先进个人”称号。

【庆祝建德民进成立三十年活动】 12月28日，“庆祝中国民主促进会成立70周年、建德民进地方组织成30周年”纪念大会在新安江举行，会议总结回顾建德民进三十年的发展历程。举行《爱满民进——建德民进三十年》纪念画册首发仪式和举办庆祝建德民进成立三十周年画展。

【开展“社会服务年”活动】 围绕民进中央“社会服务年”工作要求，在送医、送药、送教、送

◎庆祝中国民主促进会成立70周年暨民进建德市委会成立30周年大会

文化方面开展社会服务活动。组织“新教材、新高考”辅导讲座、“智说达礼慧人生”演讲与口才培训、“婴幼儿智力与潜能开发”3场专题讲座，受益群众400余人。组织开展送医送药送文化活动，市一医院支部、市二医院支部发挥卫技人才优势，到医疗资源薄弱乡村送医、送药活动3次，送医疗技术培训1次，共免费发放药品9000余元。经科支部慰问福利院老人和孤儿，赠送1万余元慰问品。开展教育帮扶服务，严新支部为5所学校送书1000余册，为困难学生捐款500元、送教育券3000元。杭州民进企业家郑震、盛新农等继续结对建德市22名困难学生。市委会继续资助贵州7名困难学生。开展文化惠民服务，为新农村文化建设提供书画作品、文化设计和创意思路。

【扩大教学点社会影响】 2015年，新安江支部现场教学点接待定海、丽水、湖州、温州鹿城等地民进，以及湖州南浔统战部、浙江农林大学统战部8个批次、145人参观学习，教学点针对党派基层支部制度化和规范化建设、支部成员积极性调动、支部活动持续开展、支部班子能力锻炼和培养、支部工作如何与时俱进等方面，与参观学员进行交流互动，扩大建德民进的社会影响。

【民进开明画院】 2015年，民进建德市开明画院为乡镇、村、社区、企业送文化活动17次，与7个行政村建立长期文化服务机制。7月30日至8月1日，在康庆农庄举办宁波、金华、建德三地开明画院联合创作写生活动。11月8日，与市文联等部门联合举办《市井众相》陈若珏个人摄影作品展”暨画册发行仪式。12月28日，举办庆祝建德民进成立30周年书画展。12月31日，参加民进省委会庆祝民进成立70周年书画展。 （徐月芳）

工商联（总商会）

【概况】 2015年，建德市工商联新发展企业会员128家，总商会会员数达到1960家（人）。与安徽宣州区、浙江义乌市结成友好工商联，梅城镇商会与上海安亭镇商会结成友好商会。成立宁波建德商会。至年末，建德市异地商会增至4家（义务建德商会、广东建德商会、宁波建德商会、上海建德商会）。

举办“浙商之春”招商活动，走访友好商会8个、浙商异地商会12个，对接建德籍创业人士30余人，邀请韩国、上海、广东、安徽、广西、江西、福建等地商会组织走进建德活动13次，引进项目6个，总投资5.02亿元。

联合市经信局、市人社局、市商务旅游局、市企业家协会制定《建德市知名企业家培育实施方案》，75家企业负责人纳入培育计划，其中新生代22名。举办“TOM实战”“商道落地”“TPS精准化管理”“电子商务”“微商论坛”“成长型企业创新管理”等培训专场活动9场，参加培训1300余人次。推荐50余名企业家参加上级培训或重要活动。大洋生物科技董事长陈阳贵、红狮水泥总经理郭其正分获2015年度浙江省职业经理人金马奖、金牛奖。市工商联被评为2015年度省工商联综合先进单位。《关于我市传统产业开展电子商务情况的调查与思考》获2015年度杭州市工商联系统调研成果三等奖。

会同市人社局，以各基层商会为点举办招聘活动，提供就业岗位1132个，达成就业协议359个。与建设银行签订战略合作协议，推广助保贷业务，助力小微企业融资，23家企业获得融资4020万元。与民生银行小微互助基金合作，累计44家企业获得融资5460万元。与国际租赁公司合作，引入融资租赁模式，6家企业授信5000万元。

邀请浙江金道律师事务所律师为企业讲解《合同法》和《劳动法》，参加培训300余人次。启用杭州市商会仲裁院建德联络站，解决企业法律纠纷20余件。钦堂乡商会建立担保基金，启动“守法诚信”理想信念教育实践活动；寿昌商会举办关爱蓝领女性健康知识讲座，营造“双爱”活动氛围；新安江、乾潭等商会组织安全生产演习活动，开展《安全生产法》宣传；乾潭商会组织参加义乌中国装备博览会，更楼商会牵头制订的《装饰用品 玻璃烫钻》联盟标准通过验收，大同镇商会启动建德市“蓝领驿站”建设周活动。

是年，工商联会员投身“五水共治”“三改一拆”及光彩事业等活动，为“五水共治”事业捐款1855万元，自拆违建面积4万多平方米。建德市上海商会向白血病人捐款12.8万元；义乌市建德商会组织会员回乡献爱心，向2所小学捐助爱心书包、资助贫困学生5名。宁波市建德商会发起向救火英雄捐款2.8万元。

【工商联参政议政】 建德“两会”期间，工商联界别以及与会的民营企业人大代表、政协委员共提交集体提案1件、大会发言1件、人大议案32件、政协提案26件。其中，重点提案1案、市政府领导领办重点议案2件。组织12名执委与市委领导开展交心谈心活动，梳理上报32家执委企业发展中存在的问题、意见共34条，均被市政府采纳。

【成立宁波建德商会】 6月8日，在宁波市举行宁波市建德商会成立大会，共有57家会员代表参加。大会审议通过《宁波建德商会章程》，选举产生第一届理事会13人，浙江尼塔园林景观发展有限公司总经理徐雄文当选为会长，褚永贵、陈一心、夏默、钱震宇4人当选为副会长。

【新生代企业家联谊会成立】 10月23日，在建德市成立建德市新生代企业家联谊会，首批理事62人，杭州圣德义塑化机电有限公司的张毅当选为会长。22名企业新生代纳入名家培育序列，组织企业新生代活动6场。在梅城镇滨江村设立新生代“创业林”基地，开展第三届“十年树木、百年树企”植树活动。在洋溪街道商会逸龙文创园举办“新安彩虹”创业沙龙之“互联网+传统产业融合发展”。组织新生代企业家到宁波余姚健峰培训学校进行为期3天的封闭式培训。30名新生代赴余杭区、滨江区学习考察信息经济和工厂物联网、科技运用等先进经验。在《杭州商会》《中国工商》《每日商报》等报纸、杂志上宣传建德市新生代情况。（林志强）

编辑：郑志良

◎10月23日，建德市新生代企业家联谊会成立

群众团体

Mass Organizations

职 工

【概况】 2015年，全市乡镇（街道）总工会16个、部门（系统）工会工作委员会10个，产业工会3个，直属工会4个。新增基层工会44个、新增会员11276名。年末，全市有职工11.18万人,工会会员11.09万人。其中,农民工5.68万人，农民工会员5.65万人；外来务工人员2.33万人，工会会员2.10万人。

3.64万名职工参与三项职工医疗互助保障，280人获医疗补助83.45万元。连续7年为1000名困难女职工免费办理特殊医疗互助保障。举办第二季大型“情定江城、幸福牵手”青年职工交友联谊活动；联合举办“青，缘来是你”七夕大型青年人才交友活动。

全年慰问困难职工526户，发放金额88.66万元。资助55名优秀外来务工人员上大学。对27名高技能人才进行奖励。组织221名优秀职工和劳模参加免费疗休养活动。对400余名重点项目、重点工程优秀农民工进行免费健康体检。开展“同吃年夜饭”和“平安返乡”活动，组织450余名环卫工人同吃年夜饭，为80多名湖南、广西籍外来务工人员包车返乡。为17名工会会员做好工会会员意外伤害及家财损失保障工作，支付保障金14.6万元。开展高温“送清凉”活动，发放清凉慰问品100多万元，惠及职工5.73万人。

组织500余家企（事）业单位1.66万名职工参加《中华人民共和国工会法》《中华人民共和国劳动法》学习。组织4192名职工参加网上学法用法知识竞赛，发放普法宣传资料1.50万册。全年为职工群众、工会会员提供菜单式讲座、文艺演出、电影服务31场，劳模事迹宣讲2场。联合举办“我的建德、我的家、我的梦”诗歌征文大赛。开展为23家基层工会“送书进企业”活动，送书籍6000余册，价值13万元。举办第2届全市职工气排球比赛，激励基层工会举办大型职工文体活动30余场次。

7月，对工会行政资产及下属企事业资产进行全面盘点。对16个乡镇（街道）总工会及机关工会开展财务大检查，规范工会经费的使用。对全市12个乡镇（街道）总工会以及3个文化宫开展了财务收支审计和离任审计。

普及推广《企业社会责任评价规范》,8月起，开展第四轮企业社会责任建设评估，120家企业参与企业社会责任建设，浙江新化化工有限公司达到A级标准。

【成立4家区域性及行业性联合工会组织】 推进基层工会联合会和联合基层工会建设，9月，成立洋溪文化创意产业园区联合工会；11月，成立航头镇大店口区域联合工会；12月，成立钦堂乡工业园区联合工会、建德市五金行业工会联合会。在三都镇工业园区按多功能、全方位的标准建设集职工书屋、职工培训、医疗服务、爱心超市、体育健身等服务平台为一体“职工之家”，该建家模式在杭州市属首创。

【开展社会主义劳动竞赛】 围绕“五水共治”工作重点，举办市级技能大赛18项，开展重点工程立功竞赛5项。开展“大众创业、万众创新——我为建德发展献一计” 合理化建议征集活动，征集合理化建议2403条，被采纳实施1064条，其中10条被评为市级优秀“合理化建议”。创建建德市级“工人先锋号”10个、杭州市级“工人先锋号”4个、省级“工人先锋号”1个。被评为杭州市职工“五小”活动创新成果6项。授予技术能手称号33人，选树建德市级及以上职业技能带头人164人次。杭州福斯特药业有限公司工会委员会、浙江致中和实业有限公司动力车间工会小组，被中华全国总工会评为全国模范职工之家。推荐并被评选为全国劳动模范1人，杭州市五一劳动奖章3人，杭州市五一劳动奖状2个。

表21 **2015年劳动模范和五一劳动奖章榜单**

荣誉称号	获奖人（单位）
杭州市五一劳动奖章	毛金良（建德市马目五金有限公司）
杭州市五一劳动奖章	余晓斌（浙江新安化工集团股份有限公司）
杭州市五一劳动奖章	李小玲（建德市实验幼儿园）
全国劳动模范	周曙光（浙江新安化工集团股份有限公司）

【推进工资集体协商制度】 根据“提质、扩面、增效”的工作思路，工资集体协商工作更加规范有效。2015年共创建示范单位70个，其中行业性2个、区域性10个、单建工会58家（比上年增创25家）。11月30日～12月1日，杭州市“三方四家”（杭州市人力社保局、杭州市总工会、杭州市工商联、杭州市企业家协会）对建德市的工资集体协商工作给予充分肯定，并在建德召开现场交流会。（陈晓庆）

青少年组织

【概况】 2015年，全市各级团组织从服务党政、服务社会、服务青年出发，深入贯彻落实市委十三届八次、九次全会精神，以“干在实处永无止境，走在前列要谋新篇”为主线，团结带领全市广大团员青年在加快建德发展新征程中准确把握新常态、主动适应新常态、努力引领新常态，切实发挥共青团组织的生力军作用，各项工作取得新进展。年末，全市有共青团员2.08万人。

在巩固原有“团市委—直属团组织—基层团支部”三级组织架构的基础上，立足青年流向新特点，新建金融团工委，覆盖金融行业22家单位，团员青年900余人；成立新社会组织团工委，覆盖青年自组织10家，团员青年400余人；成立农村电商服务站网上团支部13家，覆盖农村淘宝、村邮乐购站等农村电商服务站88处，团员青年150余人；成立青春社团联盟，帮助18家青年组织完成民政注册，并提供场地、资金、智力支持。创新开展“一亮二提三覆盖”（围绕农村电商服务站，在阵地建设上将团组织标识亮出来，在队伍建设上将服务站人员的素质提起来，在组织建设上将符合要求的青年覆盖到位）农村电商团建工作，以农村淘宝、村邮乐购站等农村电商站点为抓手，亮牌阵地55处，各级团组织吸纳、任命农村电商站点优秀青年50余名。围绕“三严三实”主题教育，继续推进“我做基层团支书”“下基层、接地气、办实事”等实践活动；

围绕“团干部如何健康成长”大讨论活动，创新开展“三必访三必到”等活动；与市纪委联合启动第二批“青春倡廉示范岗”创建工作，举办青春倡廉主题辩论赛。

【共青团建德市第二十二次代表大会】 6月4日至5日，共青团建德市第二十二次代表大会在新安江召开，共青团杭州市委书记周扬，市四套班子领导戴建平、童定干等，以及来自全市各行各业、各条战线的200余名团代表出席大会。大会审议并通过题为《适应新常态 树立新思维 彰显新作为 团结带领广大团员青年在加快建德发展新征程中发挥生力军作用》的工作报告，选举产生新一届团市委领导班子。

【少先队建德市第十次代表大会】 12月17日，少先队建德市第十次代表大会在新安江召开，市四套班子领导戴建平、童定干等，以及全市150余名少先队员代表、辅导员代表、少先队工作者、特邀代表参加会议。大会审议并通过了题为《放飞领巾梦想，勇担时代使命，引领少年儿童在加快建德发展新征程中时刻准备着》的工作报告，表彰了第九届 “十佳少先队员”“十佳少先队辅导员”“功勋少先队工作者”，选举产生新一届少先队工作委员会。

【青少年思想引领】 2015年,以“中国梦 我的梦”为主题，开展“红领巾相约中国梦，核心价值观记心中”等主题宣教活动300余场；举办“美德少年”“志愿服务代代传”等优秀典型选树活动。以纪念中国人民抗日战争暨世界反法西斯战争胜利70周年等节庆纪念日为契机，动员青少年参与寻找“共青团的老照片”、寻访抗战老兵等各类主题教育实践活动百余场。把握青少年思想引领阵地，在巩固“新安青年”五位一体工作格局的基础上，重点突出微信建设，“新安青年”微信公众平台全年发布信息128期，网聚粉丝1.5万人；拓展实体阵地，依托市青少年活动中心和企业、乡镇资源，建成市级服务中心1处、服务站30余处，服务青少年3万余人次。

【激发青年创业创新热情】 围绕“新星火”青年网商发展计划，采用市、镇两级分层培训模式，轮训青年网商1000名，协助开设农村淘宝服务点50余家。对接众创空间建设，助推初创企业融资风险基金设立，全年发放小额贷款3492.6万元。开展寻访返乡创业达人活动，摸底返乡创业达人140余人。举办2015建德市青年创业创新大赛，筹集资金40万元，撬动相关政策配套200万元，参与项目共计70余个。组织青年文明号、青工技能比武等“青字号”工程20余场。

◎建德市“青春倡廉”主题辩论赛

【助力巩固“五水共治”成果】 组织青年突击队参与治水，全年开展“五水共治”集中和分类治理行动百余场。青春集结号宣传治水，发放节水、治水倡议书、小技巧信息1000余条；举办“保护母亲河 爱心树苗认养”“保护母亲河 青春在行动”五四青春毅行、“美丽家乡”绘画展等活动，参与人次达

8000余人；开展“我是监督员”“红领巾看治水”“金点子征集”等活动。共青团段长助力治水，采用网格长担任河段长的模式，就近就便包干河段，创建青年示范河段；强化“合作治水”，联系高校助力河道美化。

【弘扬传承志愿服务精神】 在全市深入普及“网上＋网下”“定期＋定向”招募制度，“分层＋分类”培训制度和“星级化”考评制度。依托定时定点的“雷锋角”广场志愿服务活动，深化固定服务，提供服务3万余人次；依托“就近就便”的结对服务方式，优化流动服务，56支志愿者服务队在结对的社区、农村开展服务近千场。围绕中心工作，开展“五水共治”“三改一拆”志愿服务；围绕社会治理，开展文明劝导、平安巡逻等志愿服务130余场；围绕弱势群体，开展为老、重点群体青少年关爱等志愿服务；围绕重大活动，开展航模、C9高校龙舟赛等专项志愿服务。

【青少年关爱工作】 通过深化与省青基会等公益基金会和协会的合作，整合中国移动公司、青年企业家协会等社会力量，累计发放爱心助学款324.48万元（含物资折合），联系援建希望小学2所，助力浙江省首个“安利快乐音乐教室”落户建德。开展“青少年维权岗”创建、“青少年与人大代表、政协委员面对面”活动，组织心理辅导、禁毒防艾、留守儿童关爱等活动。通过实体、网络、流动讲坛等形式，开展“新青年”讲坛活动。根据全市人才工作要求，建立单身青年库；举办2015建德青年七夕联谊交友系列活动，为300余名单身青年提供交流交友服务。 （洪 啸）

妇女联合会

【概况】 2015年，市妇联下辖乡镇妇联13个、街道妇联3个、机关单位妇委会28个，行政村（社区）妇联组织256个，“两新”（新经济组织、新社会组织）领域妇联组织2827个，“两新”“妇女之家”414个。

4月7日~9日，举办全市妇女干部培训班，培训内容为国家婚姻家庭咨询师专业资格相关专业知识，市妇联机关干部、乡镇（街道）妇联主席、机关妇委会主任、社区妇联主席、市巾帼维权志愿者等51人参加培训，其中42人获得国家三级婚姻家庭咨询师证书。6月17日，市委组织部、市妇联、市民政局联合举办女性村“两委”干部培训班，全市各行政村的107名女性村两委干部参加培训，课程内容包括女性健康、信息化与电子商务、农村“美丽庭院”建设等。

3月，建造市妇女儿童活动中心列入市领导“六个领衔”工作任务之市领导领衔难题破解任务，经协调，将新安江街道望江路22号（原建德市经济和信息化局）二楼作为市妇女儿童活动中心临时性过渡使用。

【发展来料加工业】 3月9日，市妇联在新安江广场举办建德市第二届来料加工展示展销暨业务对接会，销售总额达7.8万元，达成来料加工对接意向126个，现场对接6个订单。9月10日，举办来料加工经纪人与建德企业业务对接会，17家企业与全市40多个来料加工经纪人现场对接来料加工业务，达成初步合作意向34个。2015年，市妇联开展来料加工送货进居民小区、进来料加工经纪人“空白村”工作，在12个来料加工经纪人“空白村”、11个居民小区增设来料加工点，新增从业人员300余人。全市来料加工经纪人达到670人，从业人员5.07万人；全年共计发放加工费4.48亿元，人均年增收8836元。从事来料加工的低收入户1857户，2018人；发放低收入农户加工费2190万元；发放低收入农户来料加工项目扶持补助资金323.4万元，其

◎8月，市妇联举办建德市女性电子商务创业培训班

中争取杭州市财政扶持补助资金 258.7 万元。

【女性电子商务创业培训】 8 月 18 日至 28 日，市妇联在逸龙文创园举办为期 10 天的女性女性电子商务创业培训班。来自全市的女能手、女大学生和来料加工经纪人共 30 余人参加培训。培训就网店的开通、运营，店铺装修设计，店铺引流及售后，照片拍摄及美图等方面进行讲解，并进行实践操作。经培训，11 人从事网店、微店经营行业。

【“美丽庭院”创建】 3 月 10 日，市妇联、市农办、市林业局联合举办“投身‘五水共治’，共建美丽庭院”暨送绿进庭院活动启动仪式，巾帼志愿者 60 余人参加活动。5 月至 11 月，市妇联举办“晒晒我身边的美丽庭院”摄影大赛，面向全市征集“美丽庭院”摄影作品。共收到摄影作品 415 幅，评选出一等奖 3 名、二等奖 5 名、三等奖 10 名。10 月至 11 月，组织 16 个乡镇(街道)妇联举办美丽庭院巾帼志愿者培训班，培训内容为美丽庭院创建及家庭垃圾分类工作，共培训人员 2352 人。是年，全市有 229 个行政村、11 个涉农社区开展美丽庭院创建工作。

【“最美家庭”系列评选】 1 月至 5 月，市妇联以寻找“我心中的好女儿”“我心中的好婆媳”活动为契机，全面开展寻找“最美家庭”系列活动。经推荐上报、组织评定、公示确定，先后评选出新安江街道赵金元等 10 户家庭为建德市“十佳最美家庭”，新安江街道王碧霞等 10 位女儿为建德市“十佳好女儿”，新安江街道徐金兰、阮筱韵婆媳等 10 对婆媳为建德市“十佳好婆媳”，杨村桥镇周淑琴被评为杭州市“最美女儿”。

【同在蓝天下 · 欢乐共成长”主题活动】 2015 年，市妇联以“同在蓝天下 · 欢乐共成长”为主题，开展系列留守儿童关爱活动。1 月，为期两年的浙江大学留守儿童关爱项目，大学生志愿者为建德市 6 个留守儿童俱乐部 200 余名留守儿童提供学业辅导、素质教育等方面的志愿服务开始实施。3 月，组织建德市 600 余名留守儿童参加省妇联“亲情家书传真情”活动，通过辅导留守儿童给父母写一封家书，引导孩子抒发内心情感。3 月 14 日，市妇联开展“走进新农村 · 共享美好春天”代理家长与留守儿童亲子游活动，30 余名代理家长与留守儿童参与活动。9 月 19 日，开展“同在蓝天下 · 欢乐度中秋”代理家长与留守儿童亲子活动，44 对亲子先后参观浙江严州府食品有限公司、新安江水电站和农夫山泉饮料公司。

【“两新”妇女组织“三联三化”活动】 8 月，市妇联在全市“两新”(新经济组织、新社会组织)妇女组织中开展“三联三化”(联通、联抓、联建，网络化、品牌化、规范化)活动，通过组织联通、工作联抓、制度联建，实现两新妇女组织网络化、品牌化、规范化。在逸龙文创园成立全市首家“第四媒体”妇女组织；新建半岛凯豪大酒店、视力神眼镜店等服务业“妇女之家”4家；新建阿家工艺品有限公司等来料加工企业“妇女之家”3家。2015年，全市“两新”领域妇联组织2827个，“两新”“妇女之家”414个。

【“进万家门、访万家情、结万家亲”走访调研】9月至11月，市妇联组织全市各级妇女干部开展基层走访调研活动，通过进村入户访“三情”（妇女情况、家庭情况、基层组织建设情况）、固本强基定“三策”（制订激活基层组织末梢的对策、规范基层组织运转的对策、增强基层组织活力的对策）、指导帮扶结“五对”（各级妇联干部与基层组织结对，优秀妇女骨干与基层组织结对，先进示范性组织与相对薄弱组织结对，农技专家、女能手、女企业家与困难创业妇女结对，巾帼文明岗与村<社区>结对工作），加强妇女干部与基层的联系。活动中，市妇联党员干部重点走访调研行政村（社区）6个，走访家庭1100余户；各乡镇（街道）妇联干部重点走访调研村（社区）16个，到重点调研的村（社区）走访调研户比例达到65%，进一步密切妇女干部与基层妇女群众的联系，使妇情在一线掌握、问题在一线解决、作风在一线转变。（王思群）

文艺联合会

【概况】2015年，建德市文联下属9个协会、2个画院、2个研究院（会）、1个行业文联、1个基层文联。共有会员1499人，其中国家级44人、省级146人、杭州级259人。

是年，市文联举办广场文艺志愿者活动3次，受益群众1000余人。组织全市文艺家协会会员深入农村文化惠民，送春联400余对，送戏200场。协助杭州市文联开展文艺志愿者走进建德青龙头“送文艺下基层”文化惠民服务大行动。与市总工会联合开展“我的建德、我的家、我的梦”主题诗歌大赛，评出21个奖项，并选送4篇作品到杭州参赛，市作协4位会员获得一等奖1个、二等奖2个、优秀奖1个。与市农办、市文广新局联合开展《千村故事丛书》的收集、整理、编纂工作，到9个乡镇26个历史文化村落，分《礼仪道德篇》《清廉大义篇》《生态人居篇》《劝学劝农篇》《名人名流篇》《民风民俗篇》《手技手艺篇》《特产特品篇》八块主题创作。与市城管局联合开展“十年城管 · 美丽瞬间”主题摄影和征文比赛。

1月26日至27日，由市文联和建德摄影艺术研究会主办的“中国梦建德情”摄影展在新安江广场展出，共有128幅彩色照片，全部摄影作品均出自建德摄影艺术研究会会员之手。4月10日～30日在兰溪博物馆举办纪念抗日战争胜利七十周年千岛书画画师作品展。5月13日，“黔乡风 · 建德情”马正荣蜡染艺术及藏品展在市档案馆举办，展出蜡染作品50件，包括《九龙图》《百鸟图》等曾获国家级大奖的作品。7月12日举办“清溪行”建德书协会员作品展，共展出作品50余幅。9月9日，由余子龙主编、以建德市作家协会为创作主体的散文诗歌集《漂》举行首发式暨作品研讨会。9月24日，在老年大学举办“共度中秋佳节，庆祝新安诗社成立三十周年”中秋诗会，300余名诗迷参加。9月30日，在花园山文联宣传橱窗举行2015年“五水共治”摄影展，展出作品共50余幅。11月10～18日，《市井众相》陈若珏摄影作品展开幕式暨画册发行仪式在市文化中心举行，展出正方构图黑白摄影作品80幅。12月3日，航头镇灵栖村“浙江书法村”授牌仪式在该村文化礼堂举行，灵栖村是建德市唯一一个“浙江书法村”。12月11日，市文联举办建德市第一期中青年文艺人才培训班，60余名来自全市属各文艺院团的中青年文艺骨干参加封闭培训。12月17日，由市文联主办、市戏剧家协会承办的梨园颂迎新年大型戏曲综艺晚会在建德市文化中心开席。12月29日，“建德旅投杯”第二届全市中学生文学大赛颁奖仪式在新世纪学校举行，评出优秀作品44篇。

【首届“大美建德”全国摄影大展圆满成功】 7月，由中国摄影家协会和建德市政府主办，中国摄影报社、建德市文联、市旅游局、市摄影家协会承办的“大美建德”全国摄影大展活动落下帷幕。该活动于2014年7月启动，共吸引全国各地的摄影家和摄影爱好者近20万人次到建德观光旅游和采风创作，共收到作品25308幅，共评出一级收藏品4件、二级收藏品6件、三级收藏品10件、优秀作品80件。此次摄影大展宣传了建德市山水文化，带动了建德市旅游产业发展，成功引进投资2亿元建立五星级休闲度假村招商引资项目。12月28日，“大美建德”全国摄影大展获奖作品展暨颁奖仪式在市档案馆举行。

【九大协会完成换届】 5月，市文联成立换届选举领导小组，召开换届工作专题动员会议，正式启动协会换届工作。市文联通过走访会员谈心交流等形式，了解现任班子的整体情况、班子成员的思想状况和群众的满意程度，听取各协会运行情况及对换届工作的意见和建议，并要求各协会按照章程规定做好协会会员重新登记工作，对长期不履行义务、失踪、已故人员等进行及时清理。在选举过程中，建德市各文艺家协会按照协会章程制订会议议程，对协会换届选举的法定程序和各个环节，严格按程序操作，从开会清点到会人数，报告五年工作、协会财务公开、候选人按姓氏笔画顺序、一人一票、公开计票等细节上做到了法定程序不变通，规定环节不减少。在此次协会换届工作中，建德市原市音乐舞蹈家协会根据会员门类进行重新登记，分设成立建德市音乐家协会、建德市舞蹈家协会，相关程序也严格按照要求进行。8月中旬，召开建德市各文艺家协会秘书长工作会议；下旬，对各协会新产生的领导班子进行相关业务培训。

【第一个乡镇文联试点成立】 10月14日，大洋镇文联成立，是建德市第一个乡镇文联。在成立仪式上，选举产生大洋镇文联首届理事会，通过大洋镇文联章程，并进行市文联对其的授牌仪式。大洋镇文联共有文学、书法、舞蹈、民间文艺、大洋诗社等协会，会员200余人。

【第十五届建德市文艺奖圆满收官】 5月15日，市文联向全市各文艺协会发出《关于申报第十五届建德文艺奖的通知》，同时在《建德新闻网》刊登公告，向全社会受理申报。至6月30日，共收到申报作品85件，其中有效件77件。8月4日，经专家评委评审，最终确认58件文艺作品为第十五届建德市文艺奖获奖作品，并在《今日建德》、建德市文联网等媒体网络公示。12月17日，在建德市

◎建德市作家协会第八次会员大会

文化中心举行颁奖仪式。

【文艺作品成果斐然】 2015年，建德市文联出版《灯下集》《漂》《内在的贵族》《归园田居在乾潭》《大美建德》《市井众相》等文艺著作。有65件作品在国际、国家级、省级、杭州级上发表、入展、获奖。其中，建德市摄协会员范胜利作品《雨后》首次斩获自然数码组铜奖，实现建德市在奥赛奖项上的零突破。同时，《天上人间》《渔歌》等反映建德市风土人情的6幅作品入展，成为历年来在国际影赛获奖最多的一次。市摄协会员严凌云作品《神秘峡谷》入选2015年第25届全国摄影艺术展览艺术类展览，并获优秀奖，填补建德市“国展”的空白。市美协会员刘巧云的《养蚕避鼠》获第六届秀洲 · 中国农民画艺术节“丝路行”农民画大展上获优秀奖（最高奖）并被组委会收藏。市美协会员蒋云龙作品《飞舞的红蜻蜓》在第六届中国北京国际美术双年展入展。

（房顺利）

红十字会

【概况】 2015年，市红十字会系统发挥社会管理中的“社会稳定器、政府好助手、弱者保护伞”作用，以“三救”（救灾、救助、救护）、“三献”（遗体器官捐献、造血干细胞捐献、无偿献血）和学校青少年红十字工作为核心业务，不断提高红十字会人道服务水平，扩大社会影响力。

全年接受救护培训1.72万人，其中发证培训1.06万人、普及培训6571人。发放各类救助款计54.39万元，募集救助款44.58万元。新增100人实现造血干细胞采样入库，9人完成遗体器官捐献登记，遗体捐献1人，眼角膜捐献1人。7所学校成功创建建德市级红十字示范学校，初中生红十字救护培训课程进课堂开课率达到100%。以“珍爱生命，共享阳光”为主题举办第五届建德市红十字青少年夏令营活动。完成杭州市对在读初中生红十字应急救护课程进课堂的督察。开展18所学校红十字教学竞赛和7所创建校的防灾救灾知识比赛活动。计1200余人次志愿者参与295次志愿服务活动。成立红十字水上救援队，先后在衢州、萧山、上虞等地成功施救4次水上事故，队员殷小明获杭州市“见义勇为积极分子”称号。府西社区建立完善的心理咨询室工作制度和志愿者值班制度，坚持每周一次的值班制，为社区居民排忧解难，提供心理健康咨询服务，为社区矫正人员、留守儿童、失独家庭等群体宣传普及心理健康知识和开展心理评估和援助。红十字社区服务队全年共计服务52次，受益人数达8072人。6家市级医院及各乡镇卫生院红十字会员志愿者开展免费送医送药博爱助困活动。

以传播红十字“人道、博爱、奉献”理念为宗旨，开展形式多样的宣传活动，传播和承担起培育社会主义核心价值观的责任。每月短信平台发送急救小知识、公益橱窗定期宣传，特别结合初中生应急救护培训实施工程，设计编印11万份急救等知识的卡通系列套装书签。制作公交车视频广告，内容涉及红十字应急救护技能普及和“三献”动员等。对严州大道的红十字公益一条街31个宣传橱窗进行改版升级，更新宣传内容。继续开展“五 · 八博爱周”“五送系列”（送博爱到广场、送温暖到敬老院、送急救知识到学校、送救护技能到社区、送医送药到农村）宣传志愿服务活动。开展了“三关怀”（关爱慰问遗体捐献志愿者家属、造血干细胞捐献者和全市献血前三名人员）活动，重点加强对“三献”捐献者的关怀，突出红会主业职能。“5 · 12防灾减灾日”，纪念汶川地震7周年期间，在创建红十字示范学校中开展防灾减灾知识竞赛；邀请媒体参与红十字各类主题活动，传递红十字正能量，全年报刊文字报道22篇、电视报道11篇。

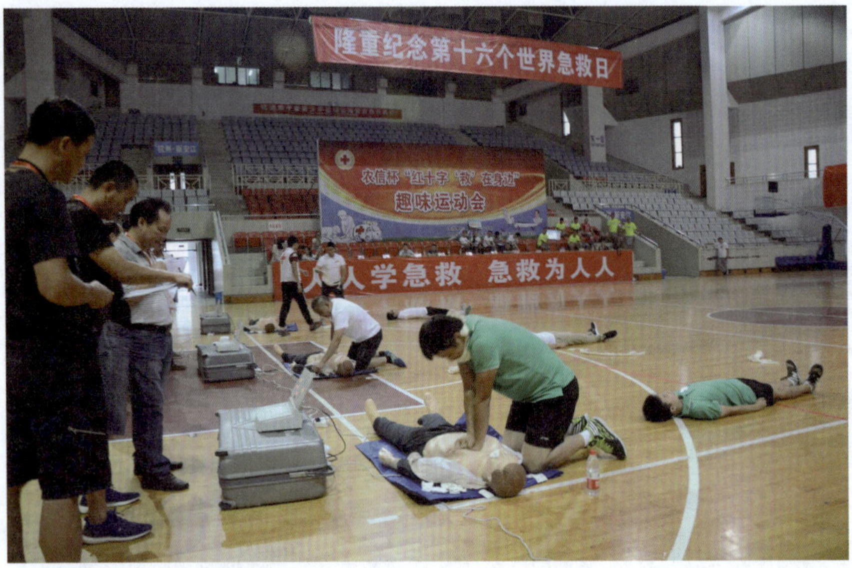

◎首届红十字趣味运动会

自 2015 年起，市财政每年安排全市人口每人每年 0.5 元的人道救助经费，逐年增加至 2020 年达到人均 1 元水平。市红十字会工作连续第六年获得杭州市区（县、市）红十字工作考核优秀等级。

【出台《推动红十字会加快发展意见》】 2015 年，市委、市政府加大政策支持，出台《推动红十字会加快发展意见》，支持红十字会依法履行职责，完善红十字应急救援体系，构建红十字应急救护培训长效机制，增强红十字人道救助实力，推进红十字关爱生命行动，深化红十字青少年工作，开展红十字民间交往活动。重视各乡镇（街道）和部门红十字组织建设，重点抓好红十字干部队伍建设和志愿者队伍建设。加大对红十字事业政策支持的力度，支持红十字会依法开展社会募捐，建立健全公开透明的运行机制，优化红十字事业发展环境。

【建德市第六次红十字会员代表大会】 4 月，建德市第六次红十字会员代表大会召开。会议听取和审议市红十字会第五届理事会工作报告，审议通过市红十字会第五届理事会财务收支情况的报告，依照《中华人民共和国红十字会法》和《中国红十字会章程》，选举产生第六届理事会，会长郑冰，聘请市委书记戴建平、市长童定干、市委副周徐胤为理事会名誉会长。

【制订《红十字应急救护培训工作三年行动方案》】 制订出台《2015–2017 年红十字应急救护培训工作三年行动方案》，按照“求精、抓实、提质、扩面”的总要求，坚持公益导向，注重社会效应，将救护员培训和救护普及培训并重发展，加快探索承接政府购买服务与向受益人群提供有偿服务相结合的培训模式。确保 2015–2017 年全市应急救护培训数量稳中有增，在保证质量的前提下，每年开展救护培训人数占当地户籍人口比例达到 1.8% 以上，其中注册红十字救护员不少于当地户籍人口比例 0.8%。同时要不断强化规范管理，加强师资队伍建设，严格培训考核，要强化对各培训基地建设、管理和监督，确保救护培训工作健康可持续发展。《红十字应急救护培训工作三年行动方案》的制订，进一步对培训的质量和数量提出了新要求。

【举办首届“红十字‘救’在身边”运动会】 在纪念世界急救日期间，9 月 12 日在新安江体育馆组织开展首届“红十字‘救’在身边”趣味运动会。红十字趣味运动会是一项将急救技能与体育竞技项目相结合的活动，旨在促进和推广群众性现场救护培训的开展，该形式为全省首创，将急救技能与体育竞技项目相结合。竞技项目包括烈火雄心项目比赛、生命桥梁项目比赛、极限答题项目比赛、千斤重担项目比赛、爱心接力项目比赛等。全市 16 个乡镇（街道）和红十字志愿者计 17 支队伍 200 多运动员参赛。（陈东升）

残疾人事业

【概况】 2015年，全市乡镇（街道）和民间的托养机构达到20家，残疾人庇护中心11家，其中企业工疗站3家、社区及民办工疗站8家。新建残疾人康复服务站1家（梅城镇卫生院残疾人康复服务站）。50家残疾人康复服务站配备出借轮椅，方便居民和残疾人的临时性需求。市四院扩建的120张床位病房工程启动。市残疾人托养中心（楼）项目完成项目立项、施工图图审、土地平整，取得施工许可证。全年征收残疾人就业保障金1376.5万元。

1月1日，开始实施残疾人单独施保政策。全市残疾人享受各类保障总人数达到1.05万人，占持证残疾人68.8%。其中：享受最低生活保障3016人、残疾人基本生活保障2026人、重度残疾人享受托安养工程1821人、残疾人享受特困补助1707人、残疾人享受18～60周岁无固定收入生活补助1905人。开展春节期间困难残疾人慰问活动，共慰问299户，发放慰问金和慰问品24.44万元。开展夏季困难残疾人送清凉慰问活动，发放慰问资金（物品）4.8万元。218名残疾人和困难残疾人子女享受补助，共发放补助金21.7万元。为21名困难残疾人发放爱心助残资金24.97万元；申报省、杭州市爱心助残对象76名（省、杭州市各38名），申报爱心助残资金60万元（省49万元、杭州市11万元）。四大残疾人专门协会（市肢残人协会、市聋人协会、市盲人协会、市精神智力残疾人亲友会与敬老助残协会）全年开展活动10次。

推进残疾人城乡统筹工作，杭州江干区、杭州经济技术开发区残联继续对口帮扶建德市残联，签订残疾人帮扶项目12个，发放帮扶资金60万元。至年末，帮扶项目全部完成。举办残疾人普法培训2期，203名残疾人受到教育。

在乡镇（街道）公开招聘乡镇（街道）残联专职委员，实现乡镇（街道）残联专职委员全覆盖。开展建德市第二届残疾人“爱心家庭”评选活动，通过乡镇（街道）推荐、网络投票和评委评选，评选出10个残疾人“爱心家庭”。在“建德新闻网”首页开办“残疾人事业”专栏，在建德广播电视台开设残疾人工作、活动宣传专题节目，提高残疾人工作、活动的社会知晓率。

6月19日，市残联选送市培智学校的节目《你行 我也行》参加杭州市残疾人文艺会演演出，获会演创作奖、鼓励奖两个奖项。在2015年杭州市残疾人田径游泳锦标赛上，建德市残疾人运动员取得2金、7银、5铜和团体总分第六名的成绩，并获得组织奖和体育道德风尚奖。在2015年杭州市聋人太极扇比赛上，建德市代表队获得团体银奖。在第九届全国残疾人运动会上，建德获盲人门球比赛团体冠军，运动员唐旋获金牌。

【市残疾人法律救助工作站挂牌运行】 2014年12月，建德市人民法院、市人民检察院、市司法局、市公安局、市民政局、市残联等11个部门，决定成立建德市残疾人法律救助工作协调领导小组及其办公室，并建立建德市残疾人法律救助工作站。2015年1月，建德市残疾人法律救助工作站挂牌运行。领导小组负责指导全市范围内残疾人法律救助工作，研究制订全市残疾人法律救助工作的意见措施，督促有关部门依法开展残疾人法律救助工作；针对侵害残疾人合法权益的重大典型案件，协调有关部门妥善处理和解决。领导小组办公室负责法律救助协调、联络、综合等日常事务工作；建德市残疾人法律救助工作站具体开展残疾人法律的救助工作。领导小组办公室与建德市残疾人法律救助工作站合署办公，办公地点设在市残联。

建立与市信访局联网的残疾人阳光信访网络平台，全年处理残疾人来信来访204人次。信访办结率100%，未发生重大群体上访事件和上京访、上省访，确保残疾人群体的社会稳定。

【完成“困难残疾人无障碍进家庭”729户】 年初，把实施好为700名“困难残疾人无障碍进家庭”项目列入2015年十大民生实事之一，并被列为杭州市政府对建德考评内容。全年完成卫生间及坡道改造100户，赠送轮椅282辆，赠送无障碍辅助器具230户，验配助听器50只，安装假肢12人，为4人置换髋髋膝关节，验配助视器15人，儿童辅助器具6人，培训盲人定向行走30人。同时落实18～60周岁无固定收入残疾人补贴提标工作（省政府民生实事项目），补贴标准从每人每月100元提高到125元。

【优化残疾人康复服务】 2015年，全市各康复机构服务残疾人5734人次。其中，市残疾人康复中心服务468人次，完成0～6周岁儿童抢救性康复25人；市第四人民医院为精神类残疾人服务2317人次，为白内障患者提供手术服务368人。出台《关于做好贫困精神残疾人服用基本抗精神病药物费用全额保障工作的通知》，对特困供养、低保或残保等困难家庭中的精神病患者，在享受医保政策的基础上实行救助，全市660名精神病患者享受救助。实施工疗机构组织残工、残疾人通过工疗、农疗锻炼，改善残疾人的身心健康和体能素质，促进残疾人康复，全市11家企业、社区工疗机构为300余名残疾人开展工农疗康复服务。

【促进残疾人创业就业】 3月6日，举办残疾人就业招聘会（连续15年），为残疾人就业与用工单位招人搭建平台，共有86名残疾人达成就业意向。市残工委成员单位安置残疾人就业52人，全社会共新增残疾人就业470人。至年底，有41家福利企业和3家企业工疗站集中安置残疾职工1315人，266家非福利企业分散安置残疾人509人，合计安置残疾人1824人。3家企业工疗站安置精神、智力残疾人52人，9家社区、民办工疗机构工疗人员达到147人。组织各种培训8期，有521名残疾人参加企业工疗站庇护照料和安全管理、白茶栽培加工技术、蜜梨种植技术等内容的培训班。5月、10月，市残联分别举办全市残疾人电子商务创业技能培训班，150余名残疾人参加集中培训和学习。安排141万元资金扶持残疾人自主创业，扶持杭州市级基地1家、建德市级基地3家，“种养加”大户100户、一般经营户46户。

【完成残疾人专项调查】 2015年，对全市持第二代“残疾人证”的15485名残疾人基础信息进行全面核查。与乡镇（街道）签订责任书，核查出死亡、户籍迁移等人员1305人，确定调查对象为14180人。完成调查13807人，调查率97.4%。按照抽取10%的覆盖面进行复录，全市共复录1395人，指标复录错率0.0035%。同时，配合省残联开展240户残疾人的状况监测工作。

（翁朝晖）

编辑：郑志良

国防建设

National Defense Construction

人民武装

【概况】 2015年，建德市人武部始终坚持把学习贯彻习近平主席系列重要讲话精神作为部队建设的“魂”和“纲”，以实战管用为目标，完善大规模作战、指挥所编组、动员扩编、非战争军事行动等11个战备计划方案，重新修订国防动员1个总案和8个子案。对作战值班室信息指挥系统进行升级改造，安装高清视频会议系统，加强办公区域整治和民兵情报网建设，提升市人武部信息化和正规化建设水平，为战备值班提供可靠支撑。严格民兵整组13项程序，编实建强基干民兵队伍，完成组织点验，在武装动员检验评估中得到警备区检查组较高评价。圆满完成征兵任务，其中大学生新兵人数，为历年最多。

4月至9月，市人武部分批组织各类人员军事训练；4月底至5月上旬，分两批组织全市民兵连长、基干民兵分队骨干共160人，开展以政策法规、维稳防暴、山林灭火、步枪射击为主要内容的强化训练。6月下旬，组织新安江街道、梅城镇等沿江10个乡镇（街道）组成的36人民兵水上应急分队训练，提高抗台防汛实战能力。5月底至6月初，选派2名专武干部、2名民兵骨干参加省军区组织的教学组训和无线通信2个专业跨区联训。9月下旬，组织2名基干民兵参加东海舰队预编兵员返岗训练。

7月8日，市人民武装部召开干部任职命令大会。李顺华转业地方工作，包亚斌接任市人武部部长，部长李广运改任政治委员。

2月16日，省军区副司令员周少锋带着“将军之家”牌匾及慰问品到建德慰问军职干部家属。11月25日，省军区参谋长周志斌到市人武部调研指导工作。

【武装工作暨国动委会议】 2月15日，建德市2015年武装工作暨国动委第十二次会议召开，会议总结部署武装工作，强调坚持党管武装原则，推动军民融合发展。市领导戴建平、童定干、周徐胤、周友红、李顺华、李广运、尤荣福参加会议。市委书记、人武部党委第一书记戴建平讲话，市长、国动委主任童定干宣读年度武装工作先进单位和个人名单，市委常委、人武部政委李顺华主持会议，人武部部长李广运作年度武装工作报告并部署2015年武装工作，洋溪街道、梅城镇、寿昌镇、航头镇党（工）委书记作党管武装工作述职。戴建平强调，切实增强新形势下做好武装和国防动员工作的责任感，切实提高武装和国防动员工作的整体水平，切实形成武装和国防动员工作的整体合力。

【民兵整组】 2月至5月上旬，市人武部按上级统一部署，结合建德市实际开展民兵整组工作。2月12日，召开全市民兵整组任务部署会，下发民兵整组业务培训辅导材料。3月3日，市政府、市人武部下发《关于做好2015年度民兵组织整顿工作的通知》，并调整市民兵整组工作领导小组，明确目标、任务、方法步骤和要求。按照“编组科学化、人员专业化、训练实战化、保障一体化”标准，经过整组编实建强各类基干民兵2557人、组织点验45批次。警备区检查组先后两次到建德点验民兵应急连和专业分队，到点率均达100%，物资装备齐全、七率达到规定要求。

【民兵应急分队水上训练】 6月29日，市人武部组织沿江10个乡镇(街道)民兵应急分队骨干，在新安江水域开展水上抢险训练。专门聘请市公安局水上派出所专业教练员担任示范教学，完成冲锋舟驾驶、水上救援、油料使用、装备保养等训练科目，70名参训民兵骨干掌握了冲锋舟操作要领。

【国防动员工作接受考评】 7月22日，杭州国防动员工作综合考评组到建德考评国防动员工作。通过听取汇报、问卷调查、查阅台账等方式对建德市国防动员工作进行考评。市委副书记周徐胤，市委常委、常务副市长周友红，市委常委、市人武部政委李广运，市人武部部长包亚斌出席考评汇报会。近年来，建德市坚持以强军目标为统领，以作战准备为牵引，推进军地统筹协调发展，坚持走军民融合式发展道路，抓好各项动员准备工作，提高以支援保障大规模作战为核心的国防动员能力，国防动员各项工作稳步推进。市人武部连续三年被杭州警备区评为安全管理先进单位，2013年被评为军事训练先进单位和征兵工作单位，2014年建德市成功创建成为省级“双拥模范城”。考评组对建德市国动委成员单位相关人员进行问卷调查，现场检查相关台账资料，电话抽查建德市专业队伍和基干民兵情况。

【杭州警备区检验评估人民武装动员工作】 12月1日，杭州警备区检验评估组到建德，检查指导建德人民武装动员准备工作。检验评估组实地查看市人武部作战值班室、指挥器材室、战备物资器材库、民兵武器仓库等基础设施正规化建设及人民武装动员准备工作情况，现场点验全市民兵应急连队伍，125名民兵应急队员准时到达指定地点接受检验，检验内容主要为拉动集结民兵应急连、核对身份信息、轻武器分解结合、军事理论及5公里徒步行军拉练等。

【慰问英雄飞行员黄孝刚家属】 12月28日，市委常委、市人武部政委李广运带领民政部门专程前往大同镇，看望和慰问黄孝刚家人。12月17日17时49分，东海舰队航空兵某飞行团一架新型战机在执行跨昼夜飞行训练时，战机意外遭遇鸟类撞击失去动力。面对重大突发险情，建德籍飞行员黄孝刚和飞行团长陈国强在短短23秒时间内沉着应对，第一时间选择飞机改变方向，避开灯光密集区，扭转险情，保护了人民群众生命财产安全。1989年出生的黄孝刚从建德市新安江中学毕业后，被空军航空大学特招为飞行员，是从某型教练机直飞国产先进三代机的飞行员，2014年分配到某飞行团，驾驶该型三代机飞行时间仅90多个小时。（陈 刚）

【建德市武警中队】 2015年，建德市武警中队共有兵力42人，其中干部4人，战士38人。按照“能打仗、打胜仗”要求，采取每周会操、每月比武方式，提高官兵执行任务本领。抓住“百日大练兵”契机，利用课间拳击实战对抗、体能小竞赛等手段激发官兵训练热情。9月，在杭州市武警支队组织的应急班和特战比武中，班长廖万里夺得应急班比武突击专业第一名，立三等功，士官轮训集体第三名。营造“尚德—建德—行德”驻地警营文化，建设营区政治环境。开展看守所外围武装警戒和临时押解任务，年度用兵1.75人(次)。（马宇烽）

◎5月12日，新安江第三初级中学开展人员疏散演练（蒋文荟 摄）

【市消防中队】 2015年，市消防中队以部队正规化建设为主线，开展了“五条禁令”专项整顿活动、“学习践行强军目标，做新一代革命军人”主题教育活动、“三松”（三松：管理松懈、纪律松弛、作风松散）整顿活动，以及“五无创建”(无亡人责任事故、无刑事案件、无自杀事件、无违反五条禁令、无严重违纪)活动。培树执法为民模范施建浦、灭火救援尖兵吕品和最美消防员邹恒等先进典型。在营区设置党务公开、党内民主、党建工作清单等党务工作宣传橱窗和争创党员先锋岗文化长廊。（章晓农）

人民防空

【概况】 2015年，建德市人防办以军事斗争人防准备为主线，有序推进人防各项工作。主城区及寿昌镇、梅城镇全年共征收人防易地建设费708.95万元。投入300万元开展自建工程。结建人民防空地下室工程全年竣工验收面积1.3万平方米，结建人民防空地下室工程审批面积0.81万平方米。改装电声警报器1台。

5月12日，对全市警报进行试鸣，在全市组织中小学校防空防灾演练，提高师生的安全防范和自救意识。参照人防军事斗争准备标准细则，整理近3年的工作资料，行成了一套较为全面的人防军事斗阵准备档案。11月，建德市人防办作为杭州市县(市)代表接受浙江省人防办考核检查。

【开展中小学人防工作】 联合市教育局，制订2015年人防教育工作计划。各中小学校根据各自特点，安排全年人防教育工作。5月人防宣传月，展出防空防灾知识展板、参观建德市人防（国防）宣传教育基地、中小学开展人员疏散演练。9月，结合纪念“抗战胜利70周年暨世界反法西斯战争胜利70周年”，在寿昌片3所初级中学组织人防知识竞赛。

【拓展重点单位人防宣传教育】 3月，市人防办与梅城镇、寿昌镇、9个社区人防工作站签署《2015年目标管理责任书》，从组织落实、工作场所、宣传教育等6个方面开展基层人防工作。全年联合社区举办各类活动，寿昌镇横山社区“七彩童年、秀出精彩”公益演出、梅城镇梅花社区“关注人防、关爱生命”重阳节文艺会演、新安江街道罗桐社区“爱在罗桐乐融融”邻居节活动。

（蒋文荟）

编辑：郑志良

法治

Rule by law

政法委与综合治理

【概况】 2015年，建德市政法系统以创建“平安建德”“法治建德”为主线，完成十八届五中全会、第二届世界互联网大会期间维稳安保。完善治安防控体系，为全市社会经济发展提供良好的社会政治环境和治安环境。建德市在杭州市平安综治（维稳）综合考核中名列第二。

全年累计发放平安宣传资料24.6万份，平安宣传品7.5万份，平安挂图8万份、平安宣传袋5万只。结合城市景观建设、文化设施功能升级、新农村建设，在文化大礼堂、农民公园、进村主干道建立平安宣传阵地，共设置大型平安创建宣传广告牌18处、平安创建主题公园（长廊）69个、平安（反邪教）宣传栏12个、电杆宣传道旗158处、村一级的固定宣传牌7850余块。制作平安宣传电视专题片16次、《今日建德》宣传专刊3个，宣传广告片2个，公交车宣传视频5个，开通公交出租车载宣传126辆、沿街商铺LED电子宣传屏幕近270个。会同市教育局开展“大手拉小手”活动，向农村中小学生发放平安宣传水杯4.1万只。

2015年，市委政法委获评浙江省社会管理综合治理工作先进集体，市人民法院获省行政审判、审判监督工作两个先进集体，市检察院获杭州市先进基层检察院称号，市公安局获评“浙江省公安机关执法质量优秀单位”、综合考评位列杭州市第一名，杨村桥司法所获全国模范司法所荣誉称号。

【平安创建位列杭州第二】 2015年，建德市平安综治维稳工作围绕生产安全事故、群体性事件两大重点问题，加大交通安全治理和隐患点的整改，做好特殊利益群体的稳控；把平安创建、“五水共治”“清洁乡村”等工作纳入“两约”（村规民约、社区公约）修订之中；抓住目标管理责任制，列出完成时间表，推进目标责任制的落实。通过开展“责任落实谋平安、部门合力建平安、群防群治筑平安、基层基层固平安、防控体系创平安、意识防范创平安”六大行动，打好平安创建攻坚战，全市平安综治维稳考核总分位列杭州市第二名。

【推进“三+三”工作机制】 2015年，市委政法委继续推进“三+三”（三比、三全、三进）工作机制，打好法律服务、法律保障、法制宣传和法理支撑的“组合拳”，全力保障“五水共治”“三改一拆”、平台建设等市重点工作（项目）。确定“项目警官”11人，在重点项目（工程）区域成立项目警务室6个，处置保障类警情546起，查处案件39起，行政、刑事拘留41人。开展安全隐患整治专项行动，坚持每季开展安全生产联合大检查，做到隐患排查全覆盖、违法行为零容忍；严守消防安全底线，坚持常态化检查整治，全年整改消防隐患156处。

【建立“大信息”体系】 不断完善信息采集机制、快速流转的信息处理机制、全程跟踪的督查督办机制和信息采集上报的激励机制，为全市基层网格管理人员配备“平安通”手机282部，下载APP112个。网格管理人员对可能会导致一定后果或伤亡及危害的重点人员类、重要事件类、治安安全类、公共安全类、矛盾纠纷类等信息，实行“以奖代补”，通过“浙江省平安建设信息系统”，实现网上与网下事件流转处理的结合，做到第一时间发现各类信息、第一时间稳妥处理不稳定因素、第一时间回应民生诉求。全年共收集社情民意16820条，排查化解治安安全隐患11337件，落实以奖代补经费16.1万元。

【扩充“村规民约”法治范畴】 采取同步推进、试点先行的方法，把社会治安、消防安全、土地承包、平安创建、邻里关系、婚姻家庭、生态环境、卫生保洁、村容村貌、“五水共治”“三改一拆”等系列工作纳入村规民约范畴。至10月底，全市完成229个村、27个社区的“两约”修订工作。建德“两约”修订的“早、实、特、效”和“1+1+X”（1是省里精神，1是建德市共性目标要求，X是乡镇（街道）村（社区）群众的所需所盼愿望）的做法，先后在人民网、新华网、《法制日报》《今日浙江》《浙江法制报》《杭州日报》等媒体进行了宣传报道，同时成为中组部组织的华东省市党建工作会议成员到建德参观学习内容之一。

【完善平安巡防体系】 全市共建立专职巡逻队32支，有队员914人（其中镇级专职巡逻队17支168人，村级15支229人，村警184人）。以夏季大巡防活动为契机，充实专兼职巡防力量，全市256个村（社区）均建立平安巡防中队，开展全天候、全方位治安巡逻。围绕G20峰会安保工作，全市共有29172名平安巡防志愿者完成注册登记。

【落实重大涉稳问题项目化监管】 结合“三严三实”活动，政法系统班子成员分成6个小组，定期（一般定在每月30日，遇节假日顺延）深入乡镇（街道）、项目指挥部一线，开展工作，帮助基层解决问题，宣讲法律政策，排查化解矛盾，维护群众利益，引导基层干部依法办事、基层群众依法维权，促进政法委机关工作，推进“平安建德、法治建德、过硬政法队伍建设”工作落到基层、落到实处，解决“最后一公里”问题。全年共下乡80余次，收集相关问题200余件，现场解决140余件，协调处理相关事件30余件，转交相关单位30余件。对比较突出的涉稳问题以项目化监管的方式进行交办，涉稳问题的化解

◎创建平安建德广场主题宣传

率达到86.8%。

【改革涉法涉诉信访办法】 制订下发《关于健全建德市涉法涉诉信访工作暂行办法》，指导涉法涉诉信访工作。全年召开涉法涉诉信访季度会商会议3次，对5个重点疑难信访问题进行研究。新建多次信访人员档案3个。市委政法委受理涉法涉诉信访案件35件，其中上级交办4件、领导批示处理3件，移交政法各部门处置12件，办结34件。以开展涉法涉诉信访案件集中清理专项行动为抓手，按照“三个一次（批）”的工作要求，组织政法各部门摸排梳理涉法涉诉信访重点案件，全面掌握案件基本情况，制订化解终结工作方案。5起上报杭州市级政法委重点化解终结的案件，1起顺利化解、1起导入司法程序、2起引导其走完司法程序、1起信访人近1年无信访动向。

【落实刑事速裁试点】 按照关于刑事速裁试点工作要求，市委政法委召开专题会议进行分析研究，推进工作有序开展，通过抓领头、抓源头、抓接头、抓人头的“四抓”工作法，落实刑案速裁试点。2015年，市政法部门适用速裁程序办理案件107件，检察院提起速裁建议案件57件，对犯罪嫌疑人审前调查12件，判处有期处刑11件，拘役40件，宣告缓刑（包括有期徒刑、拘役）56件，提供法律帮助1件。1件建议速裁案件转为普通程序审理。

【专项执法检查和案件评查】 开展贯彻落实防止冤假错案33项制度的执法检查，采取政法各部门先行自查自纠，政法委组织抽查，召开座谈总结汇报的方式进行。经检查，市政法部门存在全程录音录像视频影像声音不够清晰、个别问询笔录上犯罪嫌疑人回答与视频影像资料有出入、捕后轻缓刑等问题；对21起适用缓刑案件的检查发现受检案件办理事实清楚，法律适用准确，同时也发现部分法律文书存在瑕疵，个别案件权利告知不到位，讯问时间存在冲突。对检查发现的问题经反馈后，办案机关积极落实整改，同时组织科室办案人员对照问题，总结经验教训。根据上级政法委的部署，案件评查采取交叉评查的方式进行。市政法部门选取突出信访案件移交桐庐县政法委评查，同时与淳安县政法委做好对接，组织评查组成员赴淳安听取办案单位对提交评查案件的案情介绍，了解信访焦点、办案过程，历次信访处置答复意见。

【无邪教乡镇创建成功率达100%】 2015年，市委防范处理邪教办公室与16个乡镇（街道）签订反邪教工作责任状，完善责任制和责任倒查追究制。推进无邪教创建活动的规范化建设，结合社会管理创新、平安建设、网格化管理等工作，扩大群众参与，推动反邪教工作社会化，无邪乡镇（街道）创建成功率100%，无邪教社区创建成功率90%以上，无邪教行政村85%以上。申报梅城镇争创全国“无邪教创建”示范乡镇（街道），新安江街道明珠社区争创全国“无邪教创建”示范村（社区）活动。 （陈 钢）

法治政府建设

【概况】 2015年，建德市以建设法治政府为目标，转变政府职能、提高依法行政水平，进一步健全行政决策机制，深化审批制度改革，规范行政执法行为，行政机关依法行政观念不断增强，依法行政能力和水平不断提高，为建德经济社会发展创造良好的法治环境。

畅通行政复议渠道，强化行政复议化解行政争议的主渠道作用。全年2起不服信访答复向市政府申请行政复议的案件，市政府均依法受理并作出复议决定。规范行政复议案件办理程序，严格执行行政复议案件逐级审批制度。全年新收复议申请18件，办结复议案件18件。其中，维持9件、驳回复议申请1件、确认行政机关违法2件、撤销原行政行为5件、终止1件，复议案件纠错率38.8%。

严格执行行政执法人员持证上岗和资格管理制度，强化执法证件管理，对不符合在岗在编要求的或所在单位不具备行政执法职权的人员，资格审查不予通过。6月，组织全市86名行政机关工作人员参加浙江省行政执法证综合法律知识培训，集中开展综合法律知识考试网上练习，考试参考率90%以上，通过率70%以上。

【推进综合行政执法改革】 4月，组织市编委办、市城管执法局等单位赴嘉善、海盐、义乌等三个综合行政执法改革试点县（市）考察，学习试点经验。同时，对全市行政执法机构开展摸底调查，掌握各执法部门涉改权力事项、执法机构、人员编制等信息，征求各有关部门对纳入综合行政执法改革的意见和建设。以专题调研、座谈会等形式，召集有关部门对行政执法现状和调研结果作分类研究，分析改革范围，明确改革重点，梳理拟纳入改革的权力事项信息，为制定改革实施方案奠定基础。

提前谋划改革后责任清单制定工作，把划清权力边界的关口提前到权力划转阶段，权力事项划转围绕“四大原则”，避免新的职责重复或交叉。11月18日，十五届市政府第四十六次常务会议专题讨论并原则通过了《建德市综合行政执法工作实施方案》，按照“简政、顺畅”的要求和“先易后难、分步实施”的原则，确保改革平稳有序实施。

【确立政府常务会议学法制度】 3月，出台《关于印发市政府常务会议学法制度的通知》（建政办函〔2015〕48号），确立市政府常务会议学法制度。学习内容坚持与市委、市政府中心工作相结合，与研究解决重大难点、热点问题相结合，强化学习的指导性、针对性。全年举办5次领导干部学法活动，集中学习新《行政诉讼法》、新《环境保护法》、新《安全生产法》《领导干部的法治思维与法治方法》和“三改一拆”相关法律法规知识。

【推行法律顾问制度】 3月，根据《中共中央关于全面推进依法治国若干重大问题的决定》精神和省、杭州市相关规定，出台《关于全面推行法律顾问制度的通知》（建政函〔2015〕50号），在全市推行法律顾问制度。全市16个乡镇（街道）和市政府各工作部门法律顾问覆盖率达到100%，基本建成政府法律顾问网络，实现行政机关法律顾问制度全覆盖。提高行政机关依法行政、依法管理和依法办事的能力和水平，重视发挥法律顾问制度作用，要求行政机关为法律顾问履职提供保障，实现法律顾问事先参与行政机关重大行政决策和重大行政案件的比率达到100%。同时，将法律顾问制度建设、实施情况作为依法行政的重要内容，纳入目标管理综合考评，并抓好督查落实。

【行政规范性文件清理】 9月，下发《关于开展2015年度市政府及政府办公室规范性文件清理工作的通知》（建政办函〔2015〕148号），开展市政府及办公室规范性文件清理工作。把262件行政规范性文件清理任务分解落实到35个部门（单位），以行政规范性文件是否与法律法规规章的“立、改、废”同步、是否与经济社会发展进程相适应为清理标准，对不符合经济社会发展要求的规范性文件，予以废止；对个别条款不符合上位法和实际的，按照规范程序予以修改。经过清理，继续有效的市政府行政规范性文件有127件，应予废止的有35件，宣布失效的有64件，需要修改的有36件。

【推行行政处罚结果网上公开】 贯彻落实《浙江省行政处罚结果信息网上公开暂行办法》和《浙江省人民政府办公厅关于做好行政处罚结果信息网上公开有关事项的通知》规定，及时部署行政处罚结果网上公开工作，明确行政处罚结果信息公开的责任主体，要求除规定不予公开的外，在20个工作日内公开行政处罚结果。各有关单位严格按照文件要求，把7月1日后适用一般程序作出的行政处罚案件结果，在浙江政务服务平台上按规范公开。2015年，全市共有4329件行政处罚案件结果向社会公开，公开内容和范围符合规范要求，确保了行政权力的公开运行和行政处罚结果的公开透明，保障了广大群众的知情权和监督权。（孙 迪）

公 安

【概况】 2015年，市公安局以推进“四项建设”（警务实战化建设、基础信息化建设、执法规范化建设、队伍正规化建设”）为总基调，以“信息化条件下警务实战体系建设”为主抓手，围绕“品质治安、法治公安、满意民安”目标，全面实现“社会和谐稳定、服务中心有效、治安局势掌控、安全监管严密、执法质量更优、基础创新加强、警心民心凝聚”七大目标。全年立刑事案件2113起，比上年下降5.8%；刑事拘留959人，移送起诉947人，分别上升14.4%、3.4%，呈现出发案下降、“打处”上升良好态势。

是年，市公安局设有综合管理机构2个、执法勤务机构14个、派出机构10个、监管场所1个。全局执法执勤序列民警全部通过初级执法资格考试，共有309名民警通过中级执法资格考试，中层领导全部通过中级执法资格考试。建立“督考推”工作制度，落实两级核查制，深化队伍和业务工作常态督察。2015年，全局民警因违反《局规》规定被记分共375人次389.75分。

8月，在市公安局网页开通“局长信箱”栏目，全年收到民警来信25件。12月，筹备建成关爱警察基金会建德办事处，开展见义勇为申报，共有47名协警被评为见义勇为先进个人。

9月，启用警犬基地，配备警犬3只，在重点区域开展巡逻。12月，按照“大情报、大合成”的要求，完成技侦、刑事犯罪情报分中心合成作战办公场所建设；市一医院驻看守所卫生所正式启用。

以“千岛湖配水工程”“杭黄铁路”“杭州第二工业固废处置中心”、新安化工二期、重点区块开发等重点工程（项目）为对象，制订“一地一策”保障方案。在重点工程（项目）建设的复杂区域，设立项目警务室6个、共确定“项目警官”11人。成功处置大同镇杨柳畈区块农民阻拦施工、下涯镇新安化工征迁引发群众聚闹、洋安窑上区块征迁农民群体阻拦施工事件。全年处置涉及保障类警情595起，协助调处相关矛盾纠纷354起，查处案件39起，采取刑事强制措施14人，治安拘留27人，强制带离76人，训诫58人。

围绕“提前介入、主动对接、充分预测、确保安全”工作原则，完成“两节两会”“小长假”、中高考以及全国科研类航空航天模型（建德）公开赛、全国大学生帆船赛、C9高校龙舟赛等58项大型活动安保，完成重大警卫任务6次。围绕重要时间节点，化解各类信访纠纷60余次，协助地方政府疏导上访群众101批248人次，查办涉非访案件5起，刑拘3人，行政拘留3人。重视影响群众安全感的大要案侦破，快速破获“1·26”“3·10”“3·21”三起故意杀人案，实现现行命案、五类案件破案率100%。依托“春雷”“百城禁毒会战”“铁帚行动”“拼搏系列”专项行动，刑拘各类犯罪嫌疑人845人，移诉950人。

发动659名社区（村）网格员等社会力量，全面参与入户访查工作。购置200台新版4G警务通，依托PGIS、警务通、二维码等科技信息化手段，推进“移动警务”建设。自主研发“一村一档”APP和“基础管控平台”。全年排查肇事肇祸精神病人2705人，其中收治201人，管控肇事肇祸精神病人143人；虚拟建房13.46万幢，建房率99.8%，采集标准地址13.39万个，采集率99.99%，关联人员49万人，张贴应用二维码12.3万余张。在新安江街道明珠社区、白沙社区和大慈岩镇新叶村开展“样板社区”建设，通过普排、拎重、管控三步骤，实现排查工作“见底、显底”。

汲取天津爆炸事故的教训，以“表单式”工作法推进危险品安全生产大排查大整治工作。梳理747家重点单位，检查发现问题62个，发出《责令改正通知书》62份，发出安全生产隐患线索抄告单12份。重视重点单位安全管理，完成4所小学校园警务室建设，对20所学校开设护学岗，排查整治校园内部安全隐患40余处，为学校师生上法制课80余次。对全市15家银行、107个营业网点、4个业务金库、3支运钞队进行第四轮银行业评估，消除潜在安全隐患40余处。

开展企业园区周边治安秩序整治，重点打击阻工行为、强迫交易、寻衅滋事、涉恶手段插手工程建设、妨害公务等违法犯罪行为，排摸不稳定因素40余条，化解各类矛盾纠纷30余次，主动深挖案件线索11条，依法查处案件5起，查处违法犯罪人员6人，其中刑事拘留2人、治安拘留4人。

开展涉危涉爆从业人员的安全教育培训8场（次），受教育人员320人。查处非法储存民爆物品刑事案件1起，移送起诉5人；查处违反危险物品管理行政案件13起，处罚单位2家，罚款40万元；查处剧毒、放射源从业单位6家；收缴各类管制刀具39把。部署开展2015年烟花爆竹“打非治违”专项行动，查获非法储存烟花爆竹200余件，主城区劝阻制止非法燃放行为130余起。

【建立三级情报信息管理工作机制】 树立“以情报研判主导警务、以数据分析牵引工作”理念，先后出台5个规范性文件，明确全局情报工作架构、部门工作职责以及具体举措。建立健全三级情报信息管理工作机制、指挥中心集中收集报送机制和研判机制。全年，全局确定建情民警189人，共物建人力情报力量4719人，获取情报信息5368条，杭州市局录用455条，省厅录用181条。及时掌控千岛湖配水工程、杭州第二工业固废处置中心、杭黄铁路重点工程等网上网下不稳定信息7100余条，发布情报通报12期，编写情报信息302期，及时传递有效线索53条。深化行政公开制度，向政府网推送行政处罚信息700余条，公开查处案件67起，制作说理性文书187份。

【提升反恐应急能力】 单设反恐大队，制订全市反恐应急预案及多个处置规范。建立以派出所为第一应急处置力量，特警、治安、刑侦和事发地周边派出所为第一应急响应力量，其他警种为后续响应力量的分梯次用警机制。建立“135”快速反应作战圈。开展街面常态化武装巡逻防控，确保每天有25名警力在重点部位武装巡逻，100余名警力在整个社会面上开展管控，“快速有效”应对突发事件。严格落实“一人一档”“三日、五见”的重点人管控措施，全面掌握涉疆人员动态信息。每周对15家重点反恐重要单位进行“人防、物防、技防”的检查，共发现问题隐患90余处，下达整改通知书50余份；组织重点部位开展反恐演习33次，开展专题培训受教育600余人。

【创新“6210”合成打击新模式】 9月，创新推出“6210”（“6”是指“合成作战室、技术中队、情报中队、看守所、法制（预审）大队、网警大队”等6个情报线索支撑部门；“2”是指刑侦大队重案一队、重案二队2支专业开展经营、行动打击的力量。“10”是指10个派出所专注做好案件受理和信息收集工作，配合专业队开展案件经营收网工作）合成打击新模式。突出多渠道情报融合、多警种联动合成、多手段快侦快破，实现情报一体化汇聚、精细化研判、综合性经营和整体化落地打击，提升“打处”工作质效。至年末，全局各单位共发起涉及侵财、毒品、交通肇事等案件、人员线索65条，支撑单位参与研判线索98条（次），抓获犯罪嫌疑人43人，破获案件77起。

【社会治安防控体系建设】 明确与桐庐、龙游、浦江、兰溪、衢州等周边县（市）交界部位的管辖权限、协同处置问题，乾潭、寿昌、大同、三都等派出所均与周边相邻派出所建立联勤联防网络。

推进治安防控“三个全覆盖”（视频监控全覆盖、巡防队伍全覆盖、驻村协警全覆盖）和社会管理“一张网”（全面实施网格化管理）建设，4月，在航头镇召开现场会，推广航头镇做法（航头镇率先完成全镇治安监控高清探头全覆盖，全镇18个行政村义务巡防中队全覆盖、驻村协警队伍全覆盖，实现社会管理“一张网”、立体防控“全覆盖”）。整合社会资源，建立专职巡逻队27支（其中乡镇级17支153人、村级10支76人），保安联动队1支22人，自行车巡逻队1支20人，党员义务巡逻队1800余名，义务护村队220支1297人，驻村协警175人。通过巡逻共抓获违法犯罪嫌疑人员93人（其中刑事强制措施58人、行政处罚21人、教育释放5人、上网逃犯9人）。

【视频监控全覆盖】 全年安装视频监控403只，将数字城管、城兴城防等1181个部门监控接入公安视频平台，采集社会监控点位信息5705个，实现“主要道路关键节点无盲区，人员密集区域无遗漏，要害部位、案件高发区域、治安复杂场所主要出入口全覆盖”的要求。安装智能卡口30只，基本实现重点沿江线、河流交叉口、桥梁等重点部位网络建设基本覆盖。

【突发事件处置】 全年处置突发涉稳事件28起，强制带离31人，训诫39人，处置非正常死亡警情64起。稳妥处置“寿昌中学3·18砍人事件”“7·9通用机场直升机坠落事故”“严分学生非正常死亡”“梅城绿道游客意外死亡事件”“建德二院医闹”等突发事件。依法处置“天佛寺”等非法宗教活动。稳控“民师”“涉军”等重点群体。配合做好退伍军人上访、拉里维娜业主上访、化工二厂周边农户阻堵工厂大门等不稳定因素的化解。

【严打黄赌毒违法犯罪行为】 保持对“黄、赌、毒”犯罪活动的高压严打态势。全年侦破黄赌案件182起，打击处理743人，缴获赌资200余万元。其中，侦破“黄、赌”刑事案件35起，采取刑事强制措施111人，移送起诉87人；打掉有组织赌博犯罪团伙6个，刑拘36人，行政拘留95人，缴获赌资158万元。破获毒品案件305起，抓获涉毒嫌疑人394人，刑拘涉毒犯罪嫌疑人71人，移诉75人；查处吸毒人员323人，强制戒毒60人。成功收网公安部毒品目标案件，刑拘犯罪嫌疑人11人，处罚吸毒人员21人，强制隔离戒毒6人，缴获毒资22万元、毒品60余克。

【打击新型犯罪】 加大对新型违法犯罪行为的打击力度，共侦破3个网络（电信）诈骗团伙，移诉犯罪嫌疑人18人，涉案价值60余万元。侦破公安部发起集群战役中的“7·29”银行卡盗刷案，抓获犯罪嫌疑人项某。查处食药案件9起，抓获9人，移诉8人。办理环保案件4起，行政拘留6人。

【交通安全监管】 开展中心集镇及320国道、330省道等重点路段区域的交通秩序整治工作，加强对电瓶车违法、货车超载超限、醉驾酒驾等十类重点违法行为的查处力度。全年开展集中整治40余次，整治道路安全隐患23处，共查纠各类交通违法行为32.4万起，其中现场执法9.2万起、非现场执法23.2万起；查获酒后驾驶804起，醉酒驾驶185起，电动车违法行为2.2万起，营运货车超载2747起，查扣多次违法未处理机动车3442辆（次）。

【建立公安研究会6个】 10月，探索闭环式创新模式，遴选出警营精英58人，组成科技、侦查、治安管理、基层基础、交通管理、队伍建设等六个类别的公安研究会。通过不定期活动，为公安工作出点子、谋路子，浓厚创新氛围、推动工作创新，推动全局业务研究、人才培养、教育训练等战略性工作的长远发展。 （徐 珊）

检 察

【概况】 2015年，市检察院运用法治思维和法治方式全面履行检察职能，严格执行中央“八项规定”、浙江省“法官、检察官从严管理七条规定”及“作风效能动态管理办法”等规章制度，严格落实党风廉政建设“两个责任”，围绕“一个核心、三个关系”，完善案件质量评查机制，强化办案责任，提升办案能力。市检察院集体获得国家荣誉1次、市级荣誉4次；干警个人获得省级荣誉13人、杭州市级荣誉3人。

坚持有腐必反、有贪必肃，“老虎”“苍蝇”一起打，加大对“四领域两干部”（土地出让、工程建设、征地拆迁、房地产开发领域和领导干部、基层干部以权谋利）职务犯罪案件的查处力度。创新“检企共建”模式，在新安江电厂设立检察联络室，探索国有企业职务犯罪预防机制建设。加强重大工程专项预防，规范行贿档案查询工作。借助“三整治两规范一创建”行动平台，发挥农村指导员的职能作用，强化基层职务犯罪预防。全年立案查处贪污贿赂犯罪9人（贪污犯罪5人、受贿犯罪2人、挪用公款犯罪2人），为国家挽回经济损失1000余万元。围绕推进法治建德，以保障和促进依法行政、公正司法为主线，突出查办村镇工程建设、征地拆迁、园区开发等领域案件。围绕落实省委巡视组反馈意见及整改方案，开展调查活动，全年参与各类事故调查和分析7起，重点调查各类不作为、乱作为的渎职侵权案件线索。共立案查处3件3人，其中玩忽职守1件1人、滥用职权2件2人。

【助推依法治市】 坚持班子成员联系乡镇(街道）制度，分片走访乡镇（街道），运用法治思维帮助基层政府妥善解决实际问题，促进基层政府依法行政。宣扬廉政法治文化，营造法治氛围。向市委、市政府报送刑事犯罪和职务犯罪年度分析报告，深入分析研究案件中暴露出来的普遍性、趋向性问题，提出有针对性、可操作的预防建议，为市委市政府加强社会治理出谋划策。《我市工程建设领域职务犯罪情况分析及建议》的情况反映，助推建德市《政府投资工程建设项目标后监督管理暂行办法》的出台。引导群众理性表达诉求，深化涉法涉诉信访改革，加强首办责任。深化检察长接待日制度，并向乡镇拓展，从源头上防范和减少矛盾纠纷。以梅城检察室为平台，增设检察促调环节，探索完善轻微刑事案件调解机制，减少矛盾对立，促进社会和谐，辖区内轻微刑事案件和解比例达到50%。

【打击刑事犯罪】 履行刑检职能，严厉打击故意杀人、故意伤害、强奸等严重暴力犯罪，维护社会稳定。坚决打击“两抢一盗”等多发性侵财犯罪，保障人民群众安居乐业。加大打击“黄、赌、毒”犯罪力度，净化社会治安环境。依法惩处非法经营、合同诈骗、非法吸收公众存款等破坏社会主义市场经济秩序犯罪，维护全市经济发展秩序。依法打击网络领域新型犯罪，促进电子商务健康发展。开展社会保险反欺诈行动，对骗取社保基金犯罪进行专项打击，促进社会保险基金安全。全年受理提请批准逮捕各类刑事案件285件393人，受理移送审查起诉各类刑事案件677件921人，起诉案件均被法院作出有罪判决。

【加强未成年人司法保护】 设立未成年人刑事检察科，专门办理未成年人案件。严格按照刑事诉讼法的规定，落实合适成年人参与诉讼、“三分开”、犯罪记录封存等制度。对主观恶性较小、犯罪情节轻微的初犯、偶犯、过失犯、未成年犯和老年犯，依法相对不起诉。注重对未成年犯的司法关怀，引导他们走上阳光人生路。开展法治进校园活动，预防青少年违法犯罪，提高青少年自我保护意识。会同市教育局、市关工委、市妇联等单位，在三河小学成立未成年人检察工作室，与留守儿童建立结对关系，开展法制夏令营活动，关注留守儿童的成长教育。

【推进诉讼制度改革】 按照以审判为中心的诉讼制度改革要求，转变司法理念，深化客观性证据审查工作，加大对非法证据审查力度，确保案件质量、效率、效果相统一。建立刑检办案手记，完善提前介入制度，加强对侦查行为的规制和证据把握的引导，促进侦查办案质量提升。开展刑事案件速裁程序的试点工作，推动案件繁简分流，提高办案效率。

【强化审判监督】 加强立案监督和侦查活动监督，全年对应当立案而未立案的，依法监督侦查机关立案4人。因证据不足不批准逮捕26人、证据不足不起诉4人，无罪不起诉2人，追诉漏罪漏犯13人，建议侦查机关撤回起诉24人；审查侦查机关同步录音录像50余次，向侦查机关通报侦查瑕疵20余处，排除瑕疵证据2份，发出纠正违法建议1件。开展羁押必要性审查，建议变更强制措施11人。

加大刑事审判监督力度，坚持检察长出庭支持公诉和列席审判委员会制度。推进量刑建议工作，全年发出书面量刑建议530余份，均被法院采纳。强化民事行政检察监督力度，运用法律赋予的多种监督手段，办理提请民事抗诉、再审检察建议、支持起诉、执行活动监督等各类案件共12件。探索行政执法监督，办理行政执法监督案件3件，促进依法行政。

坚持日常监督和重点检查相结合，推行检务公开、检察官谈话等制度，加强检察同步监督。完成高清监控联网，提升信息化管理水平，实现监管动态监督。全年向市看守所发出书面检察建议3份，均被采纳并及时整

◎7月6日，大洋镇三河小学“卫蓝”未成年人检察工作室成立

改。驻所检察室被省检察院评定为二级规范化检察室。根据全国人大常委会《关于特赦部分服刑罪犯的决定》，监督特赦4人，确保“一个不漏、一个不错”。加强社区矫正脱漏管专项检察监督，建议收监4人，防范社区服刑罪犯的脱漏管和再犯罪。（傅凡轩）

法院

【概况】 2015年，建德市人民法院围绕中心工作，坚持司法为民，公正司法主线，忠实履行宪法和法律赋予的职责，各项工作取得新进展。全年受理各类案件1.30万件，比上年增长3.6%，结案1.29万件，增长3.2%，法官人均结案186件，一线法官人均结案231件。

制订司法保障金融环境建设20条意见，从保障金融债权、规范金融秩序、制裁违法行为等方面提出具体举措，推进金融环境建设。全年审结金融纠纷案件670件，结案标的金额7.2亿元，比上年分别上升40%和5.8%。执结金融债权案件453件，上升38%，化解银行不良资产6.7亿元。审结民间借贷纠纷案件1644件，涉案标的金额5.8亿元，对其中涉及“高利贷”、虚假诉讼的1.4亿元，判决或裁定不予支持。

依法妥善处理“三改一拆”“无违建市”创建等重点工作、重大项目推进中引发的涉案纠纷，审查行政机关申请强制搬迁、拆除违法建筑等案件92件，准予执行率93.5%。加强环境资源非诉行政案件审查和执行，依法打击污染环境违法行为，及时办结涉土地、矿产、水资源等环保行政案件64件，强制关停污染企业6家。

【推动刑事案件速裁试点】 把握宽严相济刑事政策，全年审结刑事案件633件，判处被告人812人。依法惩治职务犯罪，保持反腐败高压态势，审理贪污、贿赂、挪用公款等案件12件。5月，启动刑事案件速裁试点，以速裁方式结案113件，占同期结案数的26%，平均审理用时5天。对一般刑事犯罪中的从犯、初犯、偶犯以及失足青少年等，根据犯罪事实、情节和认罪态度，在法律规定幅度内酌情从宽处理。判处未成年人犯罪案件17件17人，依法封存犯罪记录，为其改过自新、回归社会提供制度保障。

【多元纠纷解决机制建设】 全年审结民商事案件6239件。以调解、撤诉方式结案3556件，调解撤诉率57%。妥善审理事关群众切身利益的案件，审结婚姻家庭、损害赔偿、物权保护等纠纷案件1470件。依法审理乾潭镇华海路18间店铺烧毁引发的系列财产损害赔偿纠纷案件，结合现场勘查、鉴定结论以及日常生活经验，合理确定并判决赔偿财产损失，促使群体性矛盾纠纷及时在法治轨道内解决。引导782起纠纷通过诉前调解方式解决，结案标的金额1.2亿元；交通事故调解委员会、医疗纠纷调解委员会共调解案件686件，结案标的金额2035万元。强化商事审判规则的引领、示范作用，审理买卖、承揽、租赁、建设工程等合同纠纷案件1915件，涉案标的金额4.3亿元。

【实质性化解行政争议】 全年审结行政诉讼案件49件，审查非诉行政案件259件。向建德市委、市政府提交《新行政诉讼法实施对我市依法行政产生重要影响》的专题报告，通过培训讲课、联席会议等形式，及时传递新法修改的主要内容。落实行政诉讼立案登记制，畅通行政案件入口。受理行政案件120件，比上年增长650%。重视实质性化解行政争议，妥善选择裁判方式，对程序存在瑕疵、实体处理恰当的案件，通过判决“确认违法，但不撤销行政行为”的方式，既保留行政行为的效力，又监督行政机关纠正或补救瑕疵行为。审结的行政诉讼案件中，驳回行政相对人的起诉和诉讼请求26件，占53.1%，近九成的行政争议得到实质性化解。

【完善机制破解“执行难”】 贯彻“强制在先”执行理念，依法突出执行工作的强制性，全年执结案件5631件。强化财产查控，依托“点对点”网络查控系统，动态查询被执行人的银行存款、车辆、房产、股权等信息，不断压缩被执行人转移、隐匿财产逃避执行的空间。共冻结被执行人的银行存款7650万元，查封房产1580处，查扣车辆920辆。完善信用惩戒机制，将3538名被执行人纳入失信名单库，禁止其乘坐飞机、高铁、动车等交通工具以及办理贷款、参与投标等，利用报纸、电视、微博、微信等平台，曝光失信被执行人1690人次。强化传唤、搜查、罚款、拘留等强制措施的运用，打击规避、妨碍、抗拒执行等行为，共司法拘留99人，对4名拒不执行、妨害公务的被执行人追究刑事责任。完善执行快速反应机制，实行24小时备勤，夜间和节假日出警556人次，控制被执行人124人，执结案件98件。

【加强困难企业涉案司法应对】 全年完成21家倒闭企业的债权债务纠纷处置工作，盘活存量资产1.3亿元，释放土地资源20.6公顷、厂房等房屋面积11万平方米。依托司法网拍平台，拓宽信息推送渠道，引进新的投资主体18家。深化“执破衔接”的建德经验，在全省法院率先出台企业法人执行转破产操作办法，对符合破产条件、确无挽救希望的“僵尸企业”，通过破产程序保障债权公平清偿，实现有效资产的重整和再分配。在审理建德景程置业有限公司破产案件中，以法治方式和市场化手段，促成“望江豪庭”房产项目结顶并完成后续工程，通过商品房折抵债务消化库存房产116套，在破产程序内最大限度兼顾工程施工方、192名购房户、113名其他债权人等各方面的利益诉求，有效化解房地产企业倒闭引发的一系列问题。

【搭建方便诉讼平台】 深化民商事案件繁简分流工作机制，以速裁方式办结案件2470件，通过小额诉讼程序解决纠纷198件。推行新的案款管理系统，支持当事人通过网上银行、手机银行、支付宝等便捷方式缴纳案款。实行“一案一户”，实现案件号与缴费账号一一对应，确保及时退还诉讼费、兑付执行款等。坚持“零佣金”网络司法拍卖，通过司法网拍成交拍品333件，总成交金额3.9亿元，溢价率73%，累计为当事人节省佣金1700万元。与5家商业银行建立网拍房产按揭贷款机制，缓解买受人一次性付款难题。

【全省首创“执行一案一方案”制度】 抓好司法公开标准化和信息化建设，推进审判流程、裁判

◎12月3日，市人民法院为杭州新安镁业有限公司解决欠薪案件

文书和执行信息“三大公开平台”建设，方便当事人在网上查询案件审理执行进度和裁判结果。在互联网公布裁判文书5915份，将案件事实认定、裁判说理、法律适用等置于社会公众的监督之下。持续开展转变执行作风、规范执行行为专项活动,在全省法院首创实施“执行一案一方案”制度，方案分“财产调查情况”“执行方案”两部分，“财产调查情况”采用填空式，要求列明银行存款、房产、车辆、股权等6类财产的查控结果,由执行法官填写。“执行方案”采用勾选式，分“有财产执行”和“无财产或财产不足”两类，其中“有财产执行”项下包括6种常见的财产处置方式，“无财产或财产不足”项下包括罚款、拘留、搜查、和解、信用惩戒等24种具体强制执行措施，涵盖法律规定所有措施。执行方案部分由申请执行人和执行法官针对案件情况共同商定勾选。方案经申请执行人、执行法官分别签字后生效。按照制度规定，执行方案要作为案卷内容存档入卷，执行过程中法官必须按照方案采取执行措施。方案的实施情况将作为是否穷尽执行措施的一个重要参考。对未实施或未全部实施选定措施，而又没有实体执结的案件，将不准予程序终结。邀请申请人参与制订执行方案，把执行关键节点的信息向当事人公开，促进执行人员规范履职。（陈晓波）

司法行政

【概况】 2015年，市司法局围绕建设社会主义法治国家，全面推进依法治国目标，社区矫正工作被评为“杭州市社区矫正工作考核先进单位”。大同司法所被评为省“三星级”司法所，新安江司法所被评为省“四星级”司法所。杨村桥司法所被授予“全国模范司法所”称号，为当年杭州地区唯一一家。

【建立社区矫正困难帮扶基金】 1月，下发《建德市社区矫正救助金管理暂行办法》，通过市财政年度拨款、社会捐款、社区矫正人员个人捐款、社区矫正人员公益劳动收入等途径筹集社区矫正救助金，首次启动资金为10万元，由市民政局提供，主要对因病、因意外事故造成家庭生活困难的社区矫正人员，给予不超过3000元救助金。全年共帮助7名特困矫正人员，发放救助金1.06万元，帮助矫正对象解决实际困难。

【社区矫正质量提升】 建成社区矫正指挥中心，实现社区矫正人员各环节的台账资料电子化管理，依托手机定位系统掌握矫正人员日常活动轨迹。成立服刑人员和归正人员帮教团队，与省女监、省五监、少管所等进行监地协作，使教育帮教工作关口前移,帮助建德籍服刑人员改过自新。探索社会中介组织等相关团体在教育矫正中的作用，探索依托华数互动电视开展社区矫正人员的教育工作。全年接收社区矫正对象349人，解除矫正404人，警告处罚40人，治安处罚8人，建议法院撤销缓刑收监执行12人，未发生社区矫正人员重新犯罪。排查摸底、甄别符合特赦条件的社区矫正人员4人,上报杭州市并获得特赦。完成审前调查评估案件257件。

【探索人民调解新模式】 指导各级人民调解组织探索新模式、新做法，总结提炼先进典型。杨村桥推行“巡回调解模式”，成立专家团队，赴全国20余个省、市为外出莓农化解矛盾纠纷30余起。寿昌镇山峰村推行“148调解工作法”（一颗真诚心，四勤工作作风，八项调解技巧），将大量矛盾纠纷化解在一线。建德市道路交通事故纠纷人民调解委员会推行“两小时快车道”，协议履行率高达100%。2015年，全市各人民调解组织共调解矛盾纠纷7362件,调解成功7346件，涉案金额2.92亿元，其中涉及人员死亡的纠纷

78件；开展矛盾纠纷排查391次，预防纠纷335起，防止民间纠纷转化为刑事案件2件、涉及人员6人，防止群体性上访6件、涉及人员100人。

◎杨村桥法治文化长廊

【公共法律服务体系建设】 依托乡镇司法所建立公共法律服务工作站，以村（社区）人民调解委员会、便民服务中心为载体，建立村（社区）法律服务工作点，实现16个乡镇（街道）和256个村（社区）公共法律服务网络全覆盖。将公证、司法鉴定等与民生密切相关的法律服务内容纳入乡镇公共法律服务工作站，集中受理和解决群众的法律服务事项，打造“一小时”法律服务圈，提供“一站式”服务。制订《关于推进公共法律服务体系建设的实施意见》，规划公共法律服务体系建设“路线图”。

建立乡镇（街道）“12348”法律咨询体系，每月组织律师和基层法律服务工作者到公共法律服务工作站开展面对面法律咨询活动，实现法律咨询资源城乡共享，全年共接待法律咨询6729人次。

推行法律援助代理制度，由16个乡镇（街道）和9个行业法律援助工作站负责初审和传送受援助人法律援助案件材料，实现法律援助工作覆盖基层、全域受理、就近服务。结合“五下乡”等各类公益活动开展法律援助咨询服务活动，服务群众3149人次。市法律援助中心全年受理审核指派法律援助案件247件，其中刑事129件、民事118件，避免和挽回经济损失3967.2万元。

【律师和公证工作】 开展法律顾问护民工程，以30个中心村为载体开展律师进村活动，落实定期服务制度，并将功能辐射到周边村（社区）。组建由律师、公证、法律服务工作者等组成的“政府法律顾问团”，配合“三改一拆”“五水共治”、杭黄高铁征迁等重点项目开展法律咨询与服务，全年免费接待群众“三改一拆”法律咨询227人次，办理“三改一拆”公证案件50件。联合建德市信访局建立律师参与接待信访群众制度，每周一上午派遣1名律师参与市领导的接访工作，全年参与接访26人次，接待涉法涉诉信访群众85人次。组织律师事务所律师为38家中小企业开展“法律体检”，建立“一对一”结对服务机制。组织24名律师参加市人民法院、市看守所法律援助工作站刑事速裁值班活动。

是年，建德市公证处共办理各类公证案件2743件，其中国内公证2161件（含涉港澳台公证36件）、涉外公证546件，公证涉及标的6.6亿元，解答公证法律咨询2550余人次。

【“六五”普法通过验收】 2015年是“六五”普法收官之年，建德市打造普法特色亮点，向杭州市普法办报送“走村入户，送法进万家”和“寓教于乐，打造具有地方特色法治文化”两个普法特色项目，制作H5“六五”普法工作推广微信。部署开展法治文化“季风行动”，推出普法项目108个。在建德电视台开辟“法治建德”专栏，录制播放普法专题片7期。改版升级建德普法网，更新普法信息101条，更新“严州普法”微博221条。创建“建德司法”微信公众号，实现线上线下同普法。做好常规普法工作，推进“法律六进”。5月8日，组织首次非人大任命领导干部任前集中法律知识考试，树立领导干部带头做尊法、学法、守法、用法的模范。举办“中小学生与法同行”法律征文比赛，参加网络法律知识竞赛，加强青少年法治教育第二课堂建设，新安江街道溪头社区被评为省级青少年法治教育基地。联合市住建局开展“法治文化进工地”专项法治宣传活动，组织开展纳凉大舞台法律知识互动活动11场次。7月3日，杭州市委市政府召开“六五”普法检查汇报会，经评审组现场评审和各区、县（市）互评，建德市“六五”普法工作考核总分数列杭州县市第一。（赖　莎）

案例

【破获首例利用预授权套现信用卡诈骗案件】2015年4月9日，经侦大队对犯罪嫌疑人胡某某（男，1966年6月5日出生，建德市乾潭镇人）、胡某某（女，1966年2月11日出生，建德市乾潭镇人）夫妻利用信用卡的“预授权”漏洞，前往安徽、广州等地，将其所持有的额度为5000元的贷记卡透支套现59万余元一案立案查处，2015年6月11日，成功移诉该案，为建德市首例利用预授权套现信用卡诈骗案件。

【破获省厅“云剑行动”　淘宝网销售假冒注册商标商品案】　2015年6月30日，经过前期经营，市公安局经侦大队、网警大队、新安江派出所、城南派出所联合市市场监督管理局，组织警力20余人，对洋溪街道逸龙文创园B幢317的“张小美包袋”淘宝店及仓库进行冲击，当场查获“Coach”“Gucci”“Calven Klein”“Guess”“Kate Spade”“MCM”等14个假冒知名品牌、18个品种的各类商品7777件，涉案金额20余万元。成功破获省厅“云剑行动”中的郭某（男，1987年6月7日出生，建德市新安江街道人）、张某某（女，1987年1月11日出生，建德市梅城镇人）涉嫌在淘宝网销售假冒注册商标商品案，抓获涉案人员2名。

【侦破世纪佳缘网交友系列诈骗案】　2015年4月10日，市公安局接警称：受害人在世纪佳缘网站认识一个叫“黄伟”的男子，并与之交往。“黄伟”称朋友需要用钱，让其帮忙，被骗人民币3.59万元。网警大队联合大同派出所开展侦查，串并全国同类案件80余起，查明被骗金额达40余万元，于5月6日，在上海抓获石某某（男，23岁，江苏省南通市如皋市人）。经法院审判认定案件10余起，价值10万余元，石某被判有期徒刑3年。

【侦破公安部2015—168毒品目标案件】　2014年11月，市公安局获取一涉毒线索：一名绰号为“大头”的萧山人王某某在建德市大肆贩卖毒品。经初步调查，证实其确有贩卖毒品冰毒的重大嫌疑。为此，市公安局于2014年11月4日予以立案侦查，并成立专案组展开专案侦查。发现王某某向杭州萧山区吴某某购买冰毒，而吴某某贩卖的冰毒则由湖南永州籍的龙某某供应。2015年1月20日，此案被列为省级毒品目标案件。鉴于该案案情重大，涉及湖南、浙江等省份，涉案人员众多，毒品数量特大，社会危害大，为此，禁毒大队于1月30日特将此案申报并列为公安部毒品目标案件。经过3个月的专案经营，2015年3月，市公安局组织警力在萧山进行收网行动，该案共抓获涉案人员26人，其中刑事拘留犯罪嫌疑人13人，处罚吸毒人员21人，作出强制隔离戒毒6人，缴获毒资22万余元、疑似毒品60余克、作案工具一批。（徐　珊）

【方来生滥用职权、非法倒卖土地使用权案】方某某，男，1952年8月19日出生，汉族，文化程度大专，建德市梅城镇人民政府原正镇级调研员、建德市梅城镇工业园区管委会原副主任、建德市梅城新城建设有限公司原总经理。

该案系建德市人民检察院自行发现，于2015年7月20日经检察长决定立案侦查，同日将其刑事拘留。8月6日，经报请杭州市人民检察院审查决定，将其依法逮捕。

一、滥用职权罪

被告人方来生自2006年担任梅城镇人民政府副镇级调研员、梅城镇新城建设管理委员会主要负责人、梅城新城建设有限公司总经理以来，主要负责梅城镇城南工业园区的全面管理工作，明知应某某、严某某、严某某不符合园区土地出让的条件，不正确履行职责，违规将园区内工业用地处置给应某某、严某某、严某某。后应关顺等三人将获得的园区工业用地或自己或转给他人陆续兴建商住楼用于居住。在此过程中，被告人方来生未履行监管职责及时制止相关人员的不法行为，导致近20户农户违规在园区工业用地上建住房，所涉建筑占地面积共计1829.94平方米，建筑面积共计10618.97平方米，前述房屋因违规用地无法办理房屋权证。被告人方来生的行为致使园区工业用地实际用途与规划用途不符，破坏了园区整体规划，对园区企业的进驻、发展造成严重影响。为此，部分群众向纪检部门、司法机关、浙江省委巡视组举报要求查处，在当地造成恶劣社会影响。具体事实如下：

1．2006年11月，应某某（另案处理）以建德市梅城银顺红砖厂建设用地指标置换为由，向被告人方来生提出欲从建德市梅城镇工业园区购买地块用于转型企业，被告人方来生在明知应关顺不符合从园区购买工业用地条件的情况下，仍然代表建德市梅城新城建设有限公司与应关顺（以其妻子黄银妹名义）签订土地转让协议书，将园区范围内位于严陵路广天日月集团有限公司对面约3亩的工业用地以人民币7.2万元/亩的价格处置给应关顺。2011年，在未办土地出让手续的情况下，应某某为将获得的园区内3亩工业用地卖予他人建房，找到时任园区管委会办公室主任陈卫东(另案处理)帮忙制作该地块的建房布置图（红线图），被告人方来生对此予以默许。被告人方来生明知应某某将该块土地分成多块地基卖给张某某等13户用于建住房，也未加制止，在土地权属仍属于园区的情况下，任由应关顺非法倒卖。目前，应关顺因涉嫌非法转让、倒卖土地使用权罪已被公安机关逮捕，并移送检察机关审查起诉。张某某等13户农户在该地块上已经建成地上4层半，地下1层的砖混结构商住楼，占地面积共计1217.83平方米，建筑面积共计7524.14平方米。

2．2009年6月，原建德市梅城镇葛家村党支部书记严某某向被告人方某某提出欲在建德市梅城镇工业园区严陵路广天日月集团有限公司对面购买地块建造住房。被告人方某某在明知该地块规划用途为工业用地，且严某某不符合从园区购买工业用地条件的情况下，未签订土地出让协议，也未按规定进行招拍挂，决定以人民币5万元的价格将园区范围内位于严陵路广天日月集团有限公司对面的约0.7亩土地处置给严某某。后严国春在未办理土地出让手续的情况下，将该地块分割成8间住宅地基，自建2间住宅，其他6间地基转让给他人建住宅用房。现该地块已经建成地上4层半、地下1层的砖混结构商住楼，占地面积422.69平方米，建筑面积2093.73平方米。

3．2009年年底，大洋镇退休干部严某某向被告人方某某提出欲在建德市梅城镇工业园区严陵路广天日月集团有限公司对面购买地块建造住房。被告人方某某在明知该地块规划用途为工业用地，且严某某不符合从园区购买工业用地条件的情况下，未签订土地出让协议，也未按规定进行招拍挂，决定以人民币2.8万余元的价格将园区范围内位于严陵路广天日月集团有限公司对面的约0.3亩的土地处置给严某某。后严某某在未办理土地出让手续的情况下，在该地块上建造了4间地上4层地下1层的砖混结构商住楼，占地面积189.42平方米，建筑面积1001.1平方米。

二、非法倒卖土地使用权罪

2013年5月，被告人方某某以建设项目为由,以其实际控制的建德市晶鑫建设有限公司（以下简称晶鑫公司）名义与建德市梅城镇工业园区管委会签订协议，购得一宗面积约为7亩的工业用地，双方约定地价共计人民币79.8万元，晶鑫公司在签订协议后一周内支付人民币63.84万元，余款待过户完毕后再行支付，后晶鑫公司分别于同年4月2日、5月20日支付土地款共计人民币60万元。之后，在未办理土地使用权出让手续的情况下，被告人方某某与应某某口头商定，将该块工业用地划分为地基转卖给农户建造住房，由应关顺负责寻找买家并做地基基础（基础费由应关顺承担），方某某协助办理房屋水电入户，被告人方某某从中获取人民币172万元(其中8万元待住户用水用电问题解决后再行支付)，其余获利款归应关顺所有。后被告人方来生还安排晶鑫公司法定代表人余某（另案处理）与应某某接洽，协助应关顺处理相关事务。

2013年7月，应某某经他人介绍农户，由余某代表晶鑫公司与各农户签订转让协议书，将该地块上两排26间地基以每间8.08万元至13.2万元不等的价格销售给项某某、何某某、吴某某、邹某某、范某某等13户农户建商住楼。转让协议书约定，地基价格包含基础费，房基款由农户汇给应某某提供的账户。后应某某从13户农户处实际收到地基款共计人民币254.9万元，并将从农户处收取的地基款分四次汇入被告人方某某所控制的余某某个人银行账户共计人民币164万元。经建德市价格认证中心认定，晶鑫地块地基基础费用为人民币641730元。2015年5月27日，被告人方来生安排余某某以土地款名义又支付人民币20万元至新农村公司账户。目前，该地块已经建成26间4层半商住楼。经建德市城市管理局测量认定，该地块违章建筑占地面积1185.8平方米，建筑面积6535.72平方米。

综上，被告人方来生伙同他人非法倒卖土地获利计人民币1109270元。

经建德市人民法院审理认为，被告人方某某身为国家机关工作人员，滥用职权，致使公共财产、国家和人民利益遭受重大损失，其行为已经构成滥用职权罪；被告人方某某以牟利为目的，违反土地管理法规，伙同他人非法倒卖土地使用权，情节特别严重，其行为还构成非法倒卖土地使用权罪。对被告人方某某应实行数罪并罚。本案非法倒卖土地使用权犯罪系共同犯罪。被告人方某某归案后如实供述自己滥用职权及非法倒卖土地使用权的犯罪事实，可以从轻处罚。据此，依照《中华人民共和国刑法》第三百九十七条、第二百二十八条、第六十九条、第二十五条第一款、第六十七条第三款、第五十二条、第五十三条、第六十四条和《最高人民法院 最高人民检察院〈关于办理渎职刑事案件适用法律若干问题的解释（一）〉》第一条第一款第（三）项、《最高人民法院〈关于审理破坏土地资源刑事案件具体应用法律若干问题的解释〉》第二条第（四）项之规定，判处方来生犯滥用职权罪，判处有期徒刑两年；犯非法倒卖土地使用权罪，判处有期徒刑三年，并处罚金人民币15万元。两罪并罚，决定执行有期徒刑四年六个月,并处罚金人民15万元。责令方某某退出违法所得人民币1109270元，予以没收，上缴国库。（傅凡轩）

【老赖坐七天七夜硬座火车来还钱】 2015年8月，建德法院对被执行人廖某的账户进行了冻结，因法院对其限制消费措施，在新疆阿克苏做生意的他不得不乘坐七天七夜的火车硬座抵达建德还钱。

廖某为建德人。2014年替朋友担保，但由于资金缺口大，其朋友无力偿还建德当地一家银行的530万元贷款。银行起诉后，法院判决廖某承担担保责任，限期归还欠款。但之后廖某去了新疆阿克苏地区做生意，一直没有返回建德，也没有履行法定义务。此后，银行申请强制执行，建德法院执行法官多番联系廖某，但始终联系不上。法院将廖某列入失信被执行人黑名单，并采取限制高消费措施。

2015年7月，法官在对廖某的账户进行查询后，意外发现他在某银行阿克苏支行有一个账户，里面有20多万元存款。法官立即将该账户予以冻结。该账户为廖某做生意时资金进出的主要账户，被冻结后其生意大受影响。无奈之下，他只好主动给法官打去电话，要求尽快到建德法院处理。

因新修改的《最高人民法院关于限制被执行人高消费及有关消费的若干规定》规定，对于拒不履行生效法律文书确定义务的被执行人和失信被执行人，法院可以采取限制消费措施，限制其高消费以及非生活或者经营必需的有关消费。该规定中还首次提及，对“老赖”可采取限制乘坐高铁、动车组一等座以上的座位和轮船一定等级舱位等更加严苛的措施。

廖某因此无法乘坐飞机，也无法乘坐高铁票，只得购买硬座票，坐了七天七夜的火车抵达建德。经过和银行协商后，最终双方达成执行和解，廖某承诺在分三年归还本金。

【委托炒股“保底条款”无效】 委托他人帮忙炒股，结果发生巨额亏损血本无归。2015年6月，建德法庭调解了这起案件,法官认为“保底条款”无效。

当事人小谢和小赖是大学同学。小赖毕业后在一家证券公司上过班，对投资理财有一定经验。小谢的母亲赵某找小赖帮忙，委托他为自己炒股理财。

2010年年初，赵某开立股票账户投入30万元。小赖表示他的一个朋友水平更好，就让朋友帮赵某打理股票账户，赵某表示同意，并与小赖的朋友口头约定利益由赵某得七成，小赖朋友拿三成。到当年下半年，小谢母亲赵某的账户只剩下16万余元，小赖决定自己亲自操盘。

小赖操盘后，赵某的账户逐渐扭亏为盈，最高峰时账户余额达到30万元左右。但小赖终究没躲过“熊市”影响，股票最后还是亏损严重。2013年1月，账户余额只剩下3万元。赵某无法接受这个现实,遂找小赖“讨要说法”。经“谈判”，小赖向赵某出具一份欠条，承诺“到2015年2月1日，若赵某账户余额达不到16万元，剩下的差额由小赖支付”。但到了2015年1月底，赵某查询账户余额发现仍只有2万余元。赵某打电话给小赖，小赖也不再接听她的电话，遂向建德法院提起诉讼，要求小赖支付差额款13.8万元。

法庭上，小赖辩称，当时因小谢母亲赵某情绪极度不稳定，声称要自杀，故小谢做其工作，要其先出具欠条安抚母亲，以后不让其承担责任。小赖还辩称帮助赵某炒股为无偿。最终，经法官调解，小赖同意支付赵某赔偿款7万元。

法官认为：小赖接受赵某的委托为其炒股，双方之间成立委托理财法律关系。在发生巨额亏损后，小赖向赵某出具欠条（实为承诺书），小赖作为完成民事行为能力人，应当知道所应承担的法律后果，小赖称非其真实意思表示的说法不能成立。

但从欠条的内容上来看，小赖承诺“到2015年2月1日，若赵某账户余额达不到16万元，剩下的差额由其支付”，该约定与对所造成的亏损如何分担的约定有所区别，与保证未来盈利而不亏损的约定无异，实际上具有保底条款的性质。这种将全部的投资亏损风险约定由受托人承担的约定，违背《中华人民共和国民法通则》第四条以及《中华人民共和国合同法》第五条规定的公平原则，系无效合同。（陈晓波）

编辑：郑志良

人力资源和劳动保障

Human Resources and Labor Security

人力资源

【概况】 2015年，出台《建德市促进房地产市场健康稳定发展实施细则（试行）》，对在建德服务满一年的全日制本科以上层次人才在建德市境内购买新建商品住宅的，购房补助最高可达80万元。落实公务员“日志式”精细化管理制度，初步建成公务员管理信息系统，推进公务员职务与职级并行、机关事业单位养老保险制度改革及调资调标工作实施。组织4批70余名优秀公务员到甘肃、湖南、贵州等地休养。提高精减退职人员、计划外长期临时工、遗属等三类人员生活困难补助费标准。开展退休干部慰问走访及“健身走”等市级活动，组织70周岁以上男干部、65周岁以上女干部进行体检。

【扶持大学生创业就业】 专设服务窗口（管理办公室），为大学生自主创业和创业园内企业提供工商注册、小额贷款、人才引进、日常指导等“一站式”服务支持，全年服务大学生350余人次。通过建德人才网、《今日建德》、微信、QQ群等广泛宣传创业优惠政策和创业典型事迹，营造良好创业氛围。通过举办农村电商、人力资源管理、财务税收、法律等内容的专题培训和创业政策咨询活动，为186名大学生提供创业指导和政策解答，提升大学生创业能力。举办创业项目展示会，推出创业项目30余个，其中22个项目现场有成交意向。组织6支大学生创业团队参加“奇思妙想浙江行”创业大赛。全年新增大学生创业企业11家，新增企业带动就业59人。

【公开招考招聘实现零投诉】 根据乡镇（街道）及部门岗位需求，确定招考岗位和专业。探索专业紧缺型高中教师新型招聘方式，首次到师范类院校专场公开招聘高中教师10名。严把公务员、事业人员进出关口，按照规定程序办理人事调配工作，全年招考录用公务员115名，公开招聘事业人员233人；新选聘大学生村干部16人，其中硕士研究生4人、本科学历12人，外省考入5人。组织招录过程公开、公平、公正，未收到投诉和信访。

【推广公务员“日志式”考核管理】 落实公务员“日志式”精细化管理制度，利用“杭州市公务员日常管理系统”，按照“日考勤、周记录、月对账、季度考评”考核模式，对全市公务员进行网上考核，推动工作落实、服务社会经济发展大局，加强干部日常管理、建设高素质执政骨干队伍，健全完善考核评价机制、提高考核科学化水平。

【机关事业养老保险改革】9月，制订《建德市机关事业养老保险改革工作方案》，成立改革工作领导小组，明确相关部门工作职责，制定工作计划。根据改革工作方案，召开市级相关专题培训会4场，指导机关事业单位按时完成基础信息采集工作。至年末，完成改革工作准备。

【机关事业单位调资调标】 2015年，国家、省、市出台了完善机关事业单位工资制度的相关政策，涉及机关事业单位基本工资、津贴补贴（绩效工资）标准调整。市人力社保局展开情况摸底调研及数据测算，推进建德市机关事业单位工资制度完善，配合市政府制订实施办法并报上级审批。7月起，全市机关事业单位在职人员每人每月预发300元，离退休人员每人每月预发260元。

【115引智计划批准立项24项】 全年申报杭州市115引智计划28项，批准立项24项，其中重点1项，并全部实施到位。硅橡胶产品关键共性技术研究及新产品开发、高效印染废水絮凝脱色剂产品研发、朴门永续设计等项目将对企业和地方经济发展带来突破性帮助。2015年，全市引智成果转化新增产值4.83亿元，累计产生利润6707万元，引智成果推广收益农户917户，带动农户增收225万元。

【人才培养与服务】 先后通过部门组织、企业自主培训等方式培训各类专业技术人才1000余人次，提升人才技术水平和服务能力。全年申报并获批博士后择优资助、生活补助各3名，科研资助5名，完成新安集团、新化化工2015年度博士后综合考核评估工作。新入选省“151”三层次培养人选3名，推荐3名“131”培养人选赴德国短期培训，推荐建德二院等4名卫技高层次人才参加省厅专业人才高研班，推荐申报杭州市杰出人才奖3名。推荐申报高级职称144人、中级职称229人，中级资格委托评审3人，开展初级职称初（认）定276人，初级评审申报13人，全年新增专业技术人才863名。

全年兑现安家补助、工作津贴等政策，向34名引进人才发放安家费补助85万元，为8名高层次人才发放工作津贴约4万元。批准高层次人才认定63人，推荐2名省“千人计划”人选参加杭州市海外高层次人才体检，推荐3名“131”人选参加杭州市组织疗养。

劳动保障

【概况】 2015年，实施“全民参保登记计划”，全年录入审核通过调查人数15.42万人，入户调查率100%。全市社会保险全民参保登记率99.4%，城乡居民养老保险、城乡居民医疗保险参保率分别为95.3%、99.9%，职工基本养老保险、基本医疗保险、工伤保险、生育保险新增参保人数分别为12141、185人、–9254人、–116人。全年办理退休6303人，审核符合浙人社发〔2011〕221号、223号文件及军龄视同养老保险缴费年限等各类参保人群3022人。实施人性化管理，工伤鉴定从半年1次改为每季度1次，对重症和高龄伤病者实行“上门鉴定”，受理工伤认定申请840件，完成812件，结案率96.67%，案件总量比上年下降17. 9 %。组织劳动能力鉴定4次，鉴定405人，其中因工致残鉴定304人、因病或非因工鉴定101人。

1月起，3.65万名企业退休（职）人员人均月增资266.30元，连续第12年对企业退休人员增发基本养老金，增资后每月共增加养老金支出973万元。3~10月开展第5次企业退休人员健康体检工作，应检人数3.51万人，实检人数2.90万人，实检率82.6%。“12333”咨询服务中心全年接听来电总量4.09万个，增长38.1%，电话接通率96%，未发生因咨询服务质量方面的投诉举报。

出台《关于进一步明确被征地农民基本养老

保障工作有关政策的通知》，扩大被征地农民养老保障范围，规范参保资格认定及经办流程。出台《关于提高灵活就业和自主创业人员社会保险费补贴标准的通知》，上调灵活就业及自主创业社保补贴标准至 2400 元 / 年，解决全市 5000 余名就业困难人员续保难问题，鼓励自主创业、灵活就业。出台《关于失业保险支持企业稳定岗位有关问题的通知》，对采取有效措施稳定岗位的企业给予一定补贴，共有 13 家企业上报，其中 12 家企业通过审核 。

◎3月3日，2015年建德市人力资源交流大会暨高校毕业生新春招聘会

【城镇登记失业率 2. 62%】 全年举办各类招聘会 44 场，城镇新增就业人数 6832 人，引导帮助 3597 名失业人员实现再就业，其中帮助 1314 名就业困难人员实现再就业。培育高技能人才 1604 人、创业培训 143 人。城镇登记失业率控制在 2.62%。

11 月，失业保险金标准上调至 1071 元 / 月，增加了 126 元 / 月，全年为失业职工、农合工等群体发放失业保险金、医疗补助费、一次性生活补助金 10750 人次，金额 1558 万元。再就业专项资金全年为 11068 人次发放各项补贴 1765.23 万元。

【搭建智慧就业服务平台】 推进杭州就业移动信息平台上线及使用，构建杭州就业网、“杭州就业”APP、“杭州就业”微信公众号、人力资源市场、短信平台、各级公共就业服务平台的“六位一体”的网络体系。2015 年，杭州就业网采集企业用工信息 4325 家次，发布岗位信息 6.68 万个。搭建线下人力资源对接平台，全年为 1000 余家次企业和 2 万余人次求职者提供就业服务。民营职介平台提供就业岗位 1.86 万个，求职登记 6454 人次，介绍成功 1902 人次。

【城乡居民医疗保险实现三大调整】 1 月起，市内定点社区卫生服务机构普通门诊报销比例提高 10%；增设市外普通门诊报销政策，即在市外当地医保定点医疗机构发生的门（急）诊医疗费，承担起付标准 500 元，起付标准以上部分报销比例为 15%；住院最高支付限额从 6 万元、11 万元两档统一为 11 万元一档。

【1. 7 万人转保职工养老保险】 从 1 月起，建德市打通被征地养老保障、老农保与职工养老保险、城乡居民养老保险间的衔接通道，使涉农养老保险参保人员选择享受政策范围进一步扩大。2015 年被征地养老保障参保人员衔接到职工基本养老保险 17066 人，其中享受职工基本养老金 14736 人。

【代办社保银行网点实现乡镇全覆盖】 2013 年，市社保中心与市工行开展代办社保业务，2015 年与市信用联社合作，全市合作网点从 6 个增加到 44 个，实现建德市灵活就业人员业务办理的乡镇（街道）全覆盖，为群众就近办理社保业务提供便利服务。2015 年，全市各银行网点共代办社保业务 2.15 万笔。

【医保总额预算开启控费新模式】 2014年，根据《建德市基本医疗保险医疗费用结算管理暂行办法》，对建德市一院、二院、三院、四院、妇保院、中医院等6家医院实施医疗费用总额预算管理，改变原按项目付费结算方式，提高医疗机构参与医保基金管理的重视程度，使医疗机构自觉树立医保控费管理意识。2015年，首次清算上年度总额预算执行结果显示，医保基金节约支出421.98万元。

【"互联网+"探索技能培训新方向】 4月，建德市首次开办2期城镇失业人员网上创业培训班，参培人员90人。经过10天的培训，大部分学员在网上建立店铺，有十余人进行网上交易。举办《打开"互联网+"时代的新思维》讲座，浙大网新创建科技有限公司总裁张旭光为全市400余名高层次人才传递"互联网+"发展模式新理念。

【劳动监察追偿工资3800万元】 全年受理处置各类劳动纠纷欠薪案件364件，涉及劳动者2400名，追偿工资等待遇3800余万元。开展日常巡查2286次，下达《询问通知书》159份，发现问题并限期改正57家，开展包括"四春行动"在内的各类专项行动7次，发放宣传资料2000余份，坚持早预防早介入早处置"三早"原则，严格检查、做实网格监管、强化应急联动、抓实源头管理，维护用工双方的合法权益，全年未出现因欠薪引发重大群体性恶性事件。

【劳动仲裁受理立案130件】 加强调解组织建设，在制伞协会以及医院学校等事业单位逐步成立调解组织；建立流动仲裁庭，实现劳动争议案件一线开庭审理，对集体欠薪案件开辟绿色通道，首推案件基本情况公示制度。全年受理立案劳动争议案件130件，涉及劳动者608人，经济标的1639.52万元；结案128件，结案率98.46%，其中调解结案111件，调解率86.71%，为劳动者挽回损失1212.38万元；20件10人以上集体案件均得到妥善处置，未引发群体性事件。

【市工业技校】 按照技师学院的标准，推进浙西技师学院筹建工作，2015年项目一期工程基本完成，并启动项目二期13.3公顷土地征迁。

2015年，市工业技校首次开办民宿经济培训班、建筑泥工培训班等新培训项目，同时结合开发区"航空小镇"建设，启动航空器培训资质前期申报工作，与咸亨国际（杭州）航空自动化有限公司、建德千岛湖通用机场有限公司签订三方协议书，明确开设无人机飞行驾驶员、飞行员等培训班；与市总工会、各乡镇（街道）、部门联合举办技能大赛19场，参赛人数528人，带动岗位练兵3673人次；全市参加职业技能鉴定10196人，取得证书9882人。 （赖冬碟）

◎工业技校体育馆主体建设完工

编辑：郑志良

教 育

Education

综 述

【概况】 2015年，市教育局以“办好人民满意教育”为目标，以创建“浙江省基本实现教育现代化市”和“美丽学校”为载体，通过实施“三项工程、四大行动”（阳光工程、督查工程、惠民工程，校园安全保障行动、学生成长助推行动、教师素质提升行动、智慧教育专项行动）提升教育品质，并通过全国义务教育发展基本均衡市复查，以及创建全国中小学校责任督学挂牌督导创新市省级督导评估验收。

全市教育总投入9.53亿元，比上年增加5100万元，其中预算内教育经费拨款（含预算内其他经费拨款）8.74亿元、教育费附加4134万元、各项事业收入3582万元。全年人员经费支出6.3亿元，公用经费支出3.23亿元。全市中小学校电脑总拥有量1.24万台，生机比达到3.27 ∶ 1；多媒体教室装备1736套，其中多媒体进普通教室1076套；中小学建有图书馆（室）的学校62所（含10个教学点），拥有率100%，建成电子阅览室21个，新增图书量4万册，图书藏书总量达到186.8万册。

全市义务教育段学生享受营养餐5510人；普通高中免学费413人，享受国家助学金2074人；在园幼儿教育补助281人；职业高中免学费6685人，享受国家助学金1163人。全年累计资助学生1.61万人次，累计资助金额1285.26万元。

建成并投入运行市实验小学、新安江三小、大同一小、乾潭一小、梅城小学、寿昌幼儿园6所“校园警务室”，全市城区及中心镇的20所小学、幼儿园建立并实施“爱心家长护学岗”工作机制，参与家长达2100余人，形成部门联合、家校互动、全员参与的“平安校园”工作新局面。

8月，经各学校（幼儿园）自评，市教育局考核，严州中学新安江校区、新安江中学、严州中学梅城校区、更楼初级中学、新安江第二初级中学、乾潭初级中学、新世纪实验学校、安仁中心学校、新安江第三初级中学、新安江第一小学、航头中心小学、明珠小学、上马小学、明镜小学、寿昌第一小学、大同第一小学16所中小学，被确定为2014学年度目标管理考核一类学校；新安江中心幼儿园、市实验幼儿园、梅城幼儿园、市机关幼儿园4所幼儿园，被确定为2014学年度目标管理考核一类幼儿园；市教研室、教育财务审核中心（资助中心），被确定为2014学年度目标管理考核一类直属单位。

【成立市教育督导委员会】 10月14日，建德市人民政府教育督导委员会成立，该组织负责研制重大教育督导政策，指导全市教育督导工作的开展。市委常委、副市长梁克东担任督导委员会主任，同时聘任54名督学，其中总督学1人、副总督学2人、专职督学4人、兼职督学47人。10月16日，建德市创建全国中小学校责任督学挂牌督导创新市通过省级评估验收。

【学校体育设施向社会免费开放】 4月，全市33所中小学实现体育场地设施免费向社会开放，全年进校健身锻炼人数达到40余万人次，有效缓解了体育健身需求与场地设施不足的矛盾，得到社会各界的广泛欢迎。

【实施农村特岗津贴制度】 2015年起，建德市全面施行农村特岗教师津贴制度，稳定农村教师队伍，促进城乡教育均衡发展。2100余名农村教师按其任教所在地的地理位置、交通条件，分享每月300元~800元不等的特岗津贴，全年发放特岗津贴1277.34万元。

【推进学校食堂“阳光工程”】 全面实施中小学幼儿园食堂大宗物品统一招标采购配送工作，将大米、面粉、食用油、调料类、干货类、鲜肉类、冷冻食品类、豆制品及禽蛋类等一并纳入统一采购范围。强化校园食堂量化等级管理，完成6所学校食堂改造升级，全市学校食堂A、B等级率提升至83.1%。56所学校食堂实现在线监控，全市学校食堂在线监控率达到94.9%。

【留守儿童教育的“建德模式”在全省推广】 6月，《建德市创新农村留守儿童“六四三三”管理教育模式》获杭州市五县（市）唯一的区域推进德育工作1 0张名片之一，并在全省推广。“建德模式”创新留守儿童管理“六大”机制，实施留守儿童关爱“四项”行动，落实“三有”“三百”“三方”家园管理，形成具有“区域推进、政府主导、全员参与、上下联动”特色，以村为主阵地、学校为支撑、政府为依托的“六四三三”（六大机制：安全保障机制、心理疏导机制、活动育人机制、家教培训机制、协同关爱机制、代理家长机制；四项行动：代理家长行动、梯架推进行动、乡村少年宫行动、阳光菜园行动；三有：有明确目标、有机制保障、有经费支持；三百：结对关爱“百分百”、家教培训“百分百”、活动阵地“百分百”；三方：推动学校有为、协调部门联动、凝聚社会力量）管理教育模式。

7月，《构筑留守儿童的温馨家园——促进农村留守儿童健康成长的建德经验》出版发行。《以党员为主体，构筑留守儿童家园管理模式》评为全市优秀组织工作特色项目。

【教师心理健康教育持证率居全省第二】 实行校长、专职心理教师、全体教师共同参与的心理健康教育工作机制。至年末，全市72所学校建立了集教育、科研、咨询于一体的心理辅导站，其中杭州市级优秀站12所、省一级站5所，航头中心小学被列为全国心理健康教育特色学校培育对象。在全市中小学范围内开展心理问题学生筛查，并为学校配备心理测试软件、心理游戏沙盘等软、硬件预防设施，在全市所有中小学设立班级心理委员。全市有国家级心理咨询师94名，持省心理健康资格证教师3502人。

【“四进五送千万访”活动获十佳党建案例】 2015年，市教育局机关干部走进课堂、走进食堂、走进教师办公室、走进学生寝室600多人次，听课126节，收集意见建议410余条，帮助学校解决实际困难240余个。组织开展全系统以“送理念、送爱心、送温馨、送鼓励、送健康”为主题的“爱心五送情暖教工”活动，机关干部、校级干部结对困难教师或新教师337人，发放慰问金12万余元。全年教师对学生家访累计达10. 52万户次，做到“家访不漏户，户户见老师”。《实施“四进五送千万访”打造服务师生新载体》获杭州市教育系统十佳党建案例。

表22 **建德市2015学年初各级各类学校基本情况**

学校类别		学校数(所)	班数(个)	毕业生数	招生数	在校学生数 计	在校学生数 其中:女生数	教职工基本情况 合计	其中:女教职工数	专任教师 计	专任教师 公办	专任教师 民办	学历合格人数	学历合格率%	行政人员	教辅人员	工勤人员	其他附设机构人员	兼任教师
普通中学	计	23	499	7315	6130	19425	9363	2030	904	1872	1733	139	1870	99.89	43	22	93		
	初中	17	304	4352	3234	10681	5064	1262	585	1191	1129	62	1191	100.00	17	11	43		
	高中	6	195	2963	2896	8744	4305	768	319	681	604	77	679	99.71	26	11	50		
职业中学	计	4	64	942	542	2171	1044	168	84	135	109	26	134.00	99.26	5	6	22		
	初职																		
	高职	4	64	942	542	2171	1044	168	84	135	109	26	134	99.26	5	6	22		
小学		29	584	3296	3552	20990	10253	1339	745	1277	1277		1277	100.00	37	2	23		
幼儿园		39	440	3403	4950	12181	5756	1441	1291	734	540	194	734	100.00	46	377	284		
进修学校		1						12	5	9	9				1	1	1		
电大		1						11	4	8	8				2	1			
特殊教育		1	2	2	2	30	6	7	5	6	6				1				
其他教育事业人员								56	16										

师资队伍

【概况】 2015年，全市有专任教师3612人（其中幼儿园244人、小学1339人、初中1197人，高中776人、培智学校及成人教育56人），幼儿园、小学、初中、普通高中专任教师的学历合格率分别为100%、100%、100%、99.7%；小学专任教师专科及以上学历和初中专任教师本科及以上学历的比例分别达到96.2%和91.3%，分别提高1.81和0.92个百分点。面向社会公开招考、录用教职工77人，其中高中17人、初中15人、小学34人、幼儿园10人、会计1人。定向培养幼儿园教师29人。完成3619名教职工的考核工作，其中优秀503人、占教职工比例13.9%，合格3028人、占83.9%。

继续实施《义务教育学校教师交流实施意见》，2015年城区教师选考交流54人，乡镇间中小学幼儿园教师交流47人，布局调整教师交流43人，校园长（含副职）交流的31人，其中义务教育阶段校长（含副校长）交流19人（含城区骨干中层到农村学校任职的有6人）。义务教育阶段符合交流条件的骨干教师65人，其中参与交流的骨干教师17人，占符合交流条件骨干教师总数的26.2%）。普通教师参与交流的111人（小学48人、初中63人）。

全市有省级立项课题3项（省重点规划课题1项），杭州市立项课题47项（规划课题11项、专项课题8项、教师小课题28项），杭州市普教教研立项课题11项。严州中学梅城校区获浙江省（2013–2014年度）重视教科研先进集体，建德市机关幼儿园被评为杭州市教育科研先进集体，陈群被评为浙江省（2013–2014年度）教科研先进个人；李祝勤、陈建珍被评为杭州市第二届教育科研标兵，范育珍被评为杭州市教育科研先进个人。

出台《作风效能问责暂行办法》和《约谈暂行规定》，对校级干部诫勉谈话8人、免职校长2人；约谈教职工11人，信访谈话25人，批评教育4人，书面通报批评3人，诫勉谈话2人，警告处分4人。

【“五讲四美三热爱”师德师风主题教育】 在教育系统开展“讲文明、讲礼貌、讲卫生、讲学习、讲道德”“仪表美、语言美、行为美、课堂美”“热爱学生、热爱职业、热爱家庭”为主要内容的“五讲四美三热爱”师德师风主题教育活动，分加强学习、规范制度、自查自纠、专项督查、推优促行五个环节。评选出“第二届教师读书征文活动”获奖作品121篇，评选叶志娟、钱芬、刘显芳、彭娴、黄欣芳、李莉、洪晓波、赵志全、谢如曦、方小峰为建德市第二届“十佳美丽”教师。

【新增特级教师工作室2个】 2月10日，邵锋星、赖朝晖特级教师工作室成立仪式在新安江第一小学举行。至此，全市特级教师工作室增至5个，工作室成员增至42人。特级教师工作室通过研讨会、报告会、名师论坛、公开教学、成员共研、成果交流等形式，负责对学员进行有针对性的培养，充分发挥名师的带头、示范、辐射作用，从而形成名优群体效应，实现优质教育资源的共享，旨在通过一个周期（3年）的培养，使工作室成员在师德规范上出样板，课堂教学上出精品，课题研究上出成果，实现工作室成员的专业成长和专业化发展。

【畅通校级干部能上能下制度】 实行校长实名推荐校级后备干部制度，制订《关于调整不适宜担任校级领导干部通知》，对全市中小学校级干部进行网上民主测评，畅通校级干部能上能下机制。继续实施校级党政主要领导每周工作报告制度、局领导班子与校级领导谈话谈心制度，加强财务审计和财务审核工作，规范校长用财用权。

【教师专业技术职务评审和资格认定】 2015年，全市教育系统有194名教师晋升或确认各类专业技术职务，其中晋升高级职称46人（含小学中学高级教师16人）、晋升中级职称75人（其中37人晋升为中学一级教师、25人晋升为小学高级教师、11人晋升为幼儿园高级教师、2人为实验师）、59人被认定为初级职称（其中30人被认定中学二级教师、19人被认定小学一级教师、10人被认定为幼儿园一级教师）。

受理教师资格认定申请202人，经过体检、笔试、面试等认定流程，共有198人通过认定取得教师资格证书，其中幼儿园132人、小学46人、初中20人。

学前教育

【概况】 2015年，全市共有注册幼儿园39所，其中教育部门、其他部门和集体主办幼儿园20所（另有分园、教学点27个），社会力量举办幼儿园19所。在园幼儿总数12181人，其中公办幼儿园在园幼儿人数8208人，占全市在园幼儿总数的67.4%。省一级幼儿园4所、省二级幼儿园25所（另有分园6个）、省三级幼儿园5所（另有分园8个），杭州市农村示范幼儿园12所。全市3～5周岁幼儿入园率达98.6%。大洋镇创建成为杭州市学前教育强镇，梅城镇、新安江街道通过杭州市学前教育先进镇复查。5所幼儿园创建为杭州市标准化建设达标幼儿园，杭州市标准化建设达标幼儿园比例达到67.6%。全市幼儿园首次建立幼儿学籍，并与全国学前教育学籍网联网。

【学前教育经费投入增大】 2015年，公办幼儿

◎11月23日，“卫蓝”检察官 法制进校园（市检察院供稿）

园非编教师补助标准为年人均4.8万元，达到在编教师平均工资的90%；民办园补助标准为年人均1.44万元，补助比例从24%提高到30%。全市695名学前教育非在编教师享受补助经费1622.27万元，比2014年增加300万元。学前教育生均公用经费由上年的220元增加到325元，民办幼儿园生均公用经费补助总额达147.91万元。无证幼儿园整治补助款、学前教育先进乡镇创建奖励和教师培训经费等补助203万元，幼儿园园舍租赁补助79.6万元，公办幼儿园园舍设施改造补助870万元，新增民办幼儿园保安工资待遇补助21.7万元。

【无证幼儿园整治】 3月31日，市政府出台《关于印发〈建德市无证幼儿园专项整治工作方案〉的通知》（建政办函〔2015〕55号），加大无证幼儿园整治力度。全年通过撤并、取缔、整改提升等形式整治无证办学点30所，1352名幼儿全部分流到公办幼儿园，举办者、教师进入公办园工作111人。

【幼儿教师素质提升】 建立学前教育公办、民办师资培训一体制，举办全市保安、保育员技能等级培训，培训保安80人、保育员121人；新增教师资格证持证人数135人，全市持证率达91. 3%,比2014年增加13个百分点。建立公办、民办幼儿园结对帮扶制和优质学前教育资源共享制，建立“下城·建德”幼儿园城乡互助共同体。组织开展李小玲特级教师工作室活动35次，活动覆盖全市幼儿园教师,培养工作室学员9名。全市6所幼儿园通过特色幼儿园认定，特色幼儿园占公办幼儿园总数的47%。

义务教育

【概况】 2015年，全市初中学校18所（含民办1所、九年一贯制学校2所），在校学生数19245人，比上年减少1438人。小学学校29所，比上年增加1所，在校学生数20990人，比上年增加139人。全市初中、小学适龄儿童入学率及巩固率均达100%，初升高比例99.7%。全市义务教育阶段省标准化学校达91. 5%。

【第四十二届中小学生田径运动会】 10月20日～23日，建德市第四十二届中小学生田径运动会在严州中学新安江校区举行。56个代表队、700余名运动员，代表全市中小学生，在5个组别19个田径项目上展开角逐。明镜小学、寿昌第二小学、新安江二中、航头初中、严州中学业新安江校区获得各组别团体总分第一名，航头小学、乾潭一小、马目中心学校、三都初中、大同初中、新安江职业学校获体育道德风尚奖。

【举办中小学生科技节】 5月29日，以“智慧、快乐、绿色、成长”为主题的建德市中小学生科技节启动仪式在大慈岩中心小学举行。2015 年，共举办 3 次全市中小学科技辅导员培训，开展“硅”之旅科技体验、杭州市低碳科技馆和省科技馆参观体验、科技大玩场进校园等活动，举办科普网络大赛、科普绘画比赛、科普征文大赛、科技小制作小发明比赛、纸飞机比赛等，评选出优秀学生科技社团 7 个。大慈岩中心小学代表浙江省参加 2015 年全国纸飞机嘉年华暨“放飞梦想”2015 年全国青少年纸飞机通信赛总决赛，获一等奖 8 个、三等奖 2 个，该校成为拥有“浙江省遥控航空模型飞行员执照考核”培训资格的单位。

【创建“美丽学校”】 1 月，启动全市美丽学校建设 3 年行动计划，以建设“美丽学校”为载体，推进学校创新内部管理，提升办学内涵，打造品质教育。2 月，严州中学梅城校区、乾潭二小入围杭州市首批美丽学校重点培育学校，新安江一小等 4 所学校入围重点培育项目，全市有 28 人次在杭州市“美丽学校”建设系列活动中获奖。6 月，乾潭二小、明珠小学等 22 所中小学创建为建德市第一批“美丽学校”。

高中段教育

【概况】 2015 年，全市初中毕业生升入高中段学校学生 4340 人，初升高比例达 99.7%，其中初中毕业生升入普通高中的人数为 2382 人、升入职高人数 1958 人。普通高中在校学生数 8687 人，比上年减少 259 人；职业高中在校学生数 2171 人，减少 428 人。

2015 年，建德市高考上文理科第一批分数线（不含艺术、体育类）431 人，其中文科 140 人、理科 291 人，上线人数比上年增加 18 人，居杭州四县（市）第一位。严州中学新安江校区第一批上线 381 人，一批上线率 65%，创历史新高，上线人数列杭州四县（市）重点中学第一位，该校高三（1）班李菁晶以 705 分位居全市文科考生第一名，高三（5）班程昕以 709 分位居全市理科考生第一名；理科 700 分以上有 3 人，文科 690 分以上有 5 人。

10 月 14 日，新安江职业学校迁建和新世纪实验学校高中部发展协调会议召开，会议明确新安江职业学校迁建方案，同意将城东实验学校改扩建为新安江职业学校，按照省一级中等职业学校标准建设。同时，在校园北侧新建城东实验学校，按照 24 个班级规模的初级中学标准建设，同意将新安江职业学校迁建项目纳入 2016 年市政府投资实施类项目。

【普通高中实行选课走班教学】 8 月 17 日起，各普通高中根据学生选课情况开始实行走班教学。全市普通高中开设符合学生实际、体现地方特色的选修课程 345 门，其中 3 门课程被评为浙江省精品选修课程、15 门课程被评为杭州市精品课程。四大类选修课程（知识拓展、职业技能、兴趣特长、社会实践）开设节数不少于 20%。普通高中从 2015 学年开始实行一学年二学期四学段制度，增设秋假和春假。

【推进现代学徒制】 各职业高中均初步制订现代学徒制方案，乾潭职高邀请学前教育专业指导委员会对现代学徒制的方案进行论证，并于 12 月 14 日举行现代学徒制师徒结对仪式，23 位来自全市 10 家幼儿园的园长和优秀骨干教师与乾潭职高 140 名学前教育专业学生结对。新安江职校与旅游部门进行对接，筹建旅游专业指导委员会，在此平台上进行现代学徒制的工作。

【举办第四届中职技能大赛】 5 月 14 日～6 月 15 日，举办建德市第四届中等职业学校学生技能大赛，共设美文朗诵、数控车削加工、普通车削加工、电子产品装配、电力拖动、服装工艺、餐饮综合技能、财会综合技能、花木嫁接操作、化学分析、幼儿故事、舞蹈、热菜制作、冷菜制作、汽车发动机拆装、Word图文混排等13个大项16个小项的比赛，参加大赛师生300多人。建德市职业学校参加杭州市技能大赛，教师获三等奖2项，学生获二等奖1项、三等奖11项。在省级比赛中学生获二等奖1项、三等奖1项；新安江职业学校教师邓丽君、叶群在全国职业院校信息化大赛中职组信息化教学设计比赛中摘得银牌。全市中职毕业生技能初级工比例达到100%，中级工比例达到61.8%。

【严州中学梅城校区】 浙江省严州中学始创于1901年，坐落在梅城镇，是浙江省一级重点中学。校园占地面积6.7公顷，建筑面积3.39万平方米。2015年年末，学校有班级36个，学生1573人，在职教职员工142人，其中专任教师131人。

2015年，该校以入选"杭州市美丽学校"建设行动50所重点培育学校为契机，结合历史与现实，命名"严中十景""严中十美"。"严中十景"分别是：桂子问古、百年寻迹、梧桐引凤、桃李满园、双榉竞秀、烟榔伴读、屏石生趣、望亭思范、严实树人、宏宇兴业。"严中十美"分别是：花木亭廊环境美、碑铭古楼历史美、科研兴校品位美、教学相长和谐美、校本教育特色美、强身健体活力美、社团活动成长美、志愿服务奉献美、五月花海理想美、校友感恩情谊美。

2015年，学校被评为建德市特色学校、建德市目标管理考核一类学校、杭州市第九届教育科研先进集体、浙江省（2013–2014年度）教科研先进集体。

10月20日，1945届校友汪思孟先生捐赠50万元，成立"严州学子"励志奖学基金。

【严州中学新安江校区】 严州中学新安江校区于2001年建成，占地面积17.6公顷，建筑面积5.78万平方米。2015年年末，有班级41个，在校学生1716人，在编教职工165人，其中，国家级骨干教师培养人选1人、省特级教师1人、省劳动模范2人、市级学科带头人17人。

2015年，学校确立"一轴三级六群"（"一轴"是以"进德修业"作为课程建设的轴心，"三级"是指构建"基础性必修课""拓展性选修课""探究性选修课"三级课程组成的核心课程，"六群"是指打造"修身自律，阳光自信，担当自立，学习自主，谋事自觉，创业自强"特色课程群）的课程架构，建成"两室"（电子阅览室、录播教室），开通"两系统"（选课考勤系统、学校微网站）。委托专家设计严州中学LOGO（繁体字"嚴"字篆体）。

3月19日，美国圣马丁学校校长到访。7月21日～8月2日，该校师生赴美交流。9月18日，ZSSL浙江省第一届中小学生游泳联赛（总决赛）在学校游泳健身中心开赛。

【新安江中学】 新安江中学创建于1958年，为浙江省二级重点中学。校园占地面积13.9公顷，建筑面积6.2万平方米。2015年年末，有班级48个，学生2192人，教职工185人，专任教师172人，其中省、市骨干教师、教坛新秀、优秀教师28人，高级教师77人，硕士研究生8人。

学校坚持"弘毅教育"的办学理念，以"培养志存高远、学有所长、行有恒持的现代公民"为培养目标。2015年，学校获评杭州市示范教科室、建德市目标管理考核一类学校、2015年度建德市5A级平安校园、建德市第一批美丽学校，核心课题"弘健课程"获杭州市一等奖。

1月27日，台湾高雄市教育代表团与杭州市教育代表团举行校际结对签约仪式，新安江中学与台湾高雄市立左营高中结成友好学校。3月31日，台湾静宜大学国际暨两岸事务处、大陆事务组到新安江中学举行招生咨询会，揭开建德高三考生赴台就读高校的序幕。

【寿昌中学】 寿昌中学创建于1939年，为浙江省三级重点中学。学校占地10.3公顷，建筑面积3.40万平方米。2015年年末，有班级40个，在校学生1859人，教职工159人，其中专任教师144人。

2015年，学校开展“听课风暴”“推门听课”、行政巡课等活动，改进课堂教学模式，提高课堂教学效率。学校被评为建德市首批美丽学校。

7月5日，学校体艺馆工程破土动工，建筑面积4903平方米。8月15日，寿昌中学学生公寓楼投入使用，建筑面积5835平方米（共3幢、1200个床位）。投入资金40万元，招标112台电脑，升级学校电脑房。与浙江万新餐饮有限公司共同投资90万元，改造提升学生食堂。投资90余万元，解决了学校污水排放问题。

成人教育

【概况】 2015年，全市共有乡镇成人文化技术学校16所，其中区域性成人教育中心5所、省标准化成校11所。校园总占地4.46公顷，校舍建筑面积1.81万平方米。有社区学院1所、社区教育中心5所、社区学校11所。

杨村桥成校的课题《基于“新家规家训”的农村社区文化建设的实践研究》被确立建德市、杭州市、浙江省三级立项课题，该课题以十里埠村为试点，进行“新家规家训”研究，组织村民开展家规家训修订工作，创办《规训》期刊4期，229户村民在客厅内悬挂新家训匾额。

【省标准化成校覆盖率达100%】 洋溪、莲花、下涯、更楼、钦堂等5所成人文化技术学校成功创建浙江省标准化成校，全市16所成校均完成省标准化创建，覆盖率100%。杨村桥成校被评为杭州市职工教育校企合作示范基地、浙江省新型农民素质教育基地，大同成校被确认为浙江省家政服务人才培养培训学校。

【开展成人培训】 2015年，全市培训家政服务人员948人。大同成人文化技术学校完成《关爱一生》家政服务培训课程的开发；洋溪成人文化技术学校针对严州中学新安江校区、新安江中学、新安江职业学校的600多名优秀毕业生，开展了“宣传家乡 推介家乡”旅游推介培训和体验活动。开设草莓师傅培训班，共培训5000余人，其中2816人取得草莓师傅初级证书本、68人取得中级证书。完成扫盲4603人，为全年扫盲任务的149%。（舒新华）

◎12月14日，乾潭职高现代学徒制师生结对仪式

大中专院校

【杭州科技职业技术学院严州校区】 2015年，杭科院严州校区管理办公室（严州师范学院）承担教育学院学前教育专业一年级学生的教育培养和后勤保障工作，上半年有2014级学生368人，下半年有2015级学生383人。年末，该校区有在编教工17人、非编人员32人，教育学院等院（部）派驻严州校区教育教学人员10人。

是年，该校区开展心理剧表演、主持人大赛、合唱技能大赛、校园美化大赛、儿童故事讲述大赛、翰墨金秋书法大赛、第四届唯才杯辩论赛、“一二·九”歌咏比赛，以及以“青春正能量”为主题的音视频创意作品赛、以“美丽春季，青羽飞扬”为主题的羽毛球赛、以“印象严州”为主题的优秀作品征集活动、以“感恩常存，温暖永驻”为主题的感恩节作品收集活动和以“向阳花开”为主题的心理剧本收集活动等。选送学生参加总校举办的主持人大赛、职业生涯规划大赛等活动，并取得优异的成绩；选送1人参加全省学生职业生涯规划大赛，获三等奖。

改善学习和生活条件。投入资金20余万元，按照“阳光厨房”标准和要求，对校区食堂进行改造、提升和布局调整，重新规划改造操作间、面点间、蒸饭间、熟食间、冷冻间、消毒留样间、肉类加工区、蔬菜加工区以及仓库、办公室、更衣室等功能区块，设置门禁系统和食品安全宣传栏，同时对食堂北面道路、围墙进行整修。完善食堂安防设施，新增11只摄像机，对校园监控系统进行整合、升级。教师招待所由4间增加到6间，满足杭州、富阳等地到校区授课教师的住宿需要。开通大学生医保专线，按要求配置联网电脑、打印机等设备，落实学生杭州市医保待遇。

筹备建校百年纪念活动。2015年，学校多次召开各层级的专题会议，就建校百年纪念活动提出总体要求和工作思路。校区与学校校友校史办公室根据有关会议精神，制订《浙江省严州师范学校建校100周年纪念活动筹备方案（讨论稿）》。邀请老领导、老校友和设计单位人员讨论、座谈，对校园文化景观建设进行多次分析论证，并编制完成设计方案。先后成立富阳、建德、余杭、萧山校友会，走访新安江、杭州、上海等地10余位老教师、老校长和老校友，征集、整理校友资料，编辑制作30余位知名校友的“校友风采”宣传展板。征集、收集一批珍贵的校史校友资料，对校友捐赠的著作、作品和照片、证书、奖章等物品，进行整理分类、登记造册。（廖望）

【国网浙江省电力公司培训中心浙西分中心】 该分中心位于建德市新安路241号，由东、西两个校区组成，总占地面积8.7公顷。年末，有教职工149人。

2015年，浙西分中心围绕创建“一流培训中心”目标，在培训管理、综合管理、基建后勤管理和集体企业管理等方面成效明显，基本形成“制度健全、执行有力，管理规范、流程清晰，职责明确、痕迹可溯”的工作模式。全年举办培训班441期，培训1.93万人次、10.78万人·天数。完成鉴定期数74期，鉴定2276人次。承担国网公司竞赛项目1项、调考2项。培训计划完成率100%。全年培训质量满意率99%，综合质量满意率98%。承担竞赛调考项目4项，其中国网竞赛1项、国网调考2项、省总工会竞赛1项。在省总工会“变电站值班员技能竞赛”上，分中心获优秀组织奖。

推进培训基地建设，完成特高压交直流实训教学线路项目辅助设施登塔楼梯、临时工具库房建设，组织完成特高压交直流实训教学线路本体工程预验收工作。抗灾抢修应急基地初具雏形。

（胡婷婷）

编辑：郑志良

科技 信息

Scientific Technology & Information

科学技术

【概况】 2015年，建德市科技局围绕省委提出的“八倍增、两提高”（即到2017年实现“八倍增两提高”，就是全省R&D经费支出超过1400亿元，占GDP2.7%左右，研发人员数超过60万人年，发明专利授权量2.3万件，规模以上工业新产品产值2.7万亿元，高新技术产业产值2.85万亿元，技术市场交易额160亿元，高新技术企业1万家，科技型中小企业3万家，科技进步贡献率60%，全社会劳动生产率14万元/人）目标和市委、市政府中心工作，不断优化科技创新政策体系、健全科技创新服务体系、完善企业技术创新体系，区域创新能力进一步提升，为经济结构转型升级提供了科技支撑。

【培育科技型企业】 市科技局以科技金融、产学研合作、知识产权工作为重点，围绕企业科技创新、技术需求、专利工作等方面，开展政策宣传、科技合作洽谈、科技贷款、“新三板”业务指导等开展服务企业大竞赛活动,共走访企业80余家，收集企业难题100余项，并及时与企业沟通答复解决，提升企业创新能力。在全市开展实施科技型企业培育工程，制定培育服务计划，全年新增杭州市级以上高新技术企业15家，其中国家级5家（浙江斐凌工具有限公司、杭州勇华车业有限公司、建德市双超钙业有限公司、杭州奥立达电梯有限公司、浙江深蓝轻纺科技有限公司）；新增省科技型中小企业52家。全市累计高新技术企业101家，其中国家级25家、杭州市级76家；省级科技型中小企业189家。

【实施科技创新项目】 加强企业调研和项目申报指导，帮助企业争取上级科技经费支持，全市组织实施杭州市级以上各类科技计划项目100余项，其中2项为国家火炬计划项目（国科发计〔2015〕436号），分别为：浙江建业化工股份有限公司承担实施的醋酸酯兼容式生产关键技术及产业化项目、杭州沈氏节能科技股份有限公司承担实施的风冷模块用可拆卸管式换热器项目，帮助企业争取科技扶持经费1400余万元。

【创新平台建设】 8月，市政府制定出台《关于进一步加快众创空间发展和孵化器建设的若干意见》，通过房租补贴、企业培育奖励、认定奖励等扶持措施，推动众创空间和孵化器发展。逸龙文创园新增入孵企业13家，在孵企业达35家，孵化面积2万平方米。鼓励企业与高校联合共建研发中心（技术中心、工程中心）、重点实验室、中试基地和博士后工作站,促进科技成果产业化，新增杭州市级以上高新技术企业研发中心12家、省级企业研究院2家（浙江省大洋科技钾盐研究院、浙江省沈氏换热器研究院），全市累计杭州市以上高新技术企业研发中心54家、省级企业研究院4家、工程中心2家。

表23　**2015年新增杭州市以上高新技术企业研发中心名单**

研发中心名称	企业名称	计划类别	认定文号
远力健生物医药省级高新技术企业研究开发中心	浙江远力健药业有限责任公司	省级研发中心	浙科发条〔20151〕40号
三耐柔性电解技术省级高新技术企业研究开发中心	杭州三耐环保科技股份有限公司		
稳健氧化钙与氢氧化钙省级高新技术企业研究开发中心	杭州稳健钙业有限公司		
雅鼎卫浴股份有限公司	雅鼎技术研发中心	杭州市研发中心	杭科高〔2015〕115号
杭州奥立达电梯有限公司	奥立达电梯高新技术研发中心		
浙江久晟茶业发展有限公司	浙江久晟油茶深加工研发中心		
浙江致中和实业有限公司	浙江致中和实业有限公司研发中心		
杭州科龙电器工具有限公司	杭州科龙电器工具高新技术研发中心		
杭州凯特电器有限公司	凯特研发技术中心		
建德市云峰碳酸钙有限公司	云峰碳酸钙有限公司研发中心		
建德市龙华塑化有限公司	建德市龙华塑化碳酸钙高新技术研究开发中心		
建德市星明特种铸造有限责任公司	杭州星明特高新技术研发中心		

【知识产权工作】 通过专利服务月、“知识产权日”及规模以上企业“专利清零”行动等载体，组织专利代理机构分乡镇赴企业开展专利申请服务，全年专利申请量达1246件，其中发明专利申请量154件，比上年增长46%；专利授权量956件，其中发明专利授权量66件，增长32%。组织举办五星车业、雅鼎卫浴、宏都家纺、三元企业等4家企业举办杭州市工业设计大赛分赛场活动，共征集工业设计作品526件，评选获奖作品62件，部分作品改良后将产业化。完成新安江工业泵等16家杭州市以上专利试点示范企业复核工作，建业化工成功创建国家知识产权优势企业。

表24　**2015年建德市发明专利授权清单**

申请号	专利名称	申请人姓名
2012104414736	高导磁率低损耗金属软磁材料用粉末及其制备方法	建德市易通金属粉材有限公司
2013104555762	高钙鱼酿酱油的生产方法	浙江秋梅食品有限公司
2013106808972	一种铁皮石斛花茶的制作方法	浙江幸福生物科技有限公司
2013105152379	一种双壳体结构换热器	杭州沈氏节能科技股份有限公司

续表24

申请号	专利名称	申请人姓名
2013105948256	生产制备碳酸钾所需高纯氯化钾溶液及联产低钠盐的方法	浙江大洋生物科技集团股份有限公司
2013103630268	利用甲基硫酸钠废渣合成S-甲基异硫脲硫酸盐的方法	浙江大洋生物科技集团股份有限公司
2013105908278	利用甲基硫酸钠废渣合成苯甲醚的方法	浙江大洋生物科技集团股份有限公司
2011103105868	一种农药生产含磷废料的处理方法及由该方法得到的产物	浙江新安化工集团股份有限公司
2013107555853	作为调味品的倒笃菜颗粒的生产方法	浙江秋梅食品有限公司
2013106914045	一种乳仔猪用中草药添加剂及其制备方法	浙江国茂饲料有限公司
2012103508469	一种屈螺酮的制备方法	杭州福斯特药业有限公司
2012103871096	一种多檀醇的合成方法	浙江新化化工股份有限公司
201310590527X	多级闪蒸降温连续结晶生产高纯度氯化铵的方法	浙江大洋生物科技集团股份有限公司
2012105702317	易染色合成革用聚氨酯树脂及其制备方法	建德市顺发化工助剂有限公司
2012103705819	一种单烯的合成方法	杭州福斯特药业有限公司
2012105913464	一种智能断路器	国网浙江建德市供电公司
2010101237961	一种从草甘膦母液中提取草甘膦的膜处理工艺	浙江新安化工集团股份有限公司
2014100293981	单组分防霉透明脱醇型硅酮密封胶及其制备方法	浙江新安化工集团股份有限公司
2013102382218	一种无机房主开关防误送电装置	杭州新马电梯有限公司
2012101146162	增韧、增刚双功能填充母粒及其制备方法	杭州嘉和材料科技有限公司
2012102476174	一种用于造纸填料的活性碳酸钙及其制备方法	建德市宏兴钙业有限责任公司
201310464013X	酿酒工艺中玉竹多糖的白酒冷浸、逆流提取方法及其在线质量控制方法	浙江致中和实业有限公司
2013106645960	湿热废气回收利用轮式换热器及其使用方法	浙江天石纳米科技有限公司
2012104448709	一种2-三氟甲基-3-氟吡啶的合成方法	杭州澳赛诺生物科技有限公司
2013100808790	一种双面铣加工钻床手柄杆对称扁身专用机	浙江虎鼎机械制造有限公司
2013101939436	无纺布用高效增强防团聚抗菌填料母粒及其制备工艺	建德市新裕塑胶材料有限公司
2013101939440	聚丙烯和聚乙烯用碳酸钙填料母粒及其制备工艺	建德市新裕塑胶材料有限公司
2011101185548	一种N-烃基取代酰胺化合物的合成方法	浙江建业化工股份有限公司
2013105814035	干燥机螺旋桨叶连接结构	浙江天石纳米科技有限公司
2012105283633	一种二烷基次磷酸盐的制备方法	浙江新化化工股份有限公司
2013102959920	一种具有保健作用的甜酒药组合物及其制备方法	建德市新安江街道籽源食品商行
2013106066741	一种2-甲基-2-戊烯醛的制备方法	格林生物科技股份有限公司
2014100144474	酚羟基取代的苯甲酰乙酸乙酯的合成方法	杭州福斯特药业有限公司
2014100576162	一种微通道换热器	杭州沈氏节能科技股份有限公司
2014101564849	一种强吸附脲基润滑脂及其制备方法	杭州新港石油化工有限公司

续表24

申请号	专利名称	申请人姓名
2014102538998	一种隔膜滤板	浙江隆源压滤机有限公司
201410080929X	利用醇与胺反应制备烷基胺的方法	浙江建业化工股份有限公司
2012101499323	联产甲基异丁基酮和甲基异丁基甲醇的方法	浙江新化化工股份有限公司
2013106562775	合成革用耐高温特黑特雾处理剂	建德市顺发化工助剂有限公司
2013102425783	一种二烷基次磷酸盐的制备方法	浙江新化化工股份有限公司
2012103871221	一种3,3-二乙氧基-1-丙醇的制备方法	浙江新化化工股份有限公司
2012101481033	一种清洁的柠烯环氧化方法	浙江新化化工股份有限公司
2014100163210	一种甲基异丁基甲酮和二异丁基酮的联产方法	浙江新化化工股份有限公司
2012102130458	一种多功能组合式光波炉	杭州爱佳玻璃制品有限公司
2012104124150	一种耐高温塑料离心泵	杭州新安江工业泵有限公司
2014103637168	祭祖罐	建德市周老七钙粉有限公司
2014102268768	异丙胺的合成方法	浙江建业化工股份有限公司
2013103973592	一种在锌电解精炼工艺中用于收集电解槽底阳极泥的装置	杭州三耐环保科技有限公司
2014100593399	一种高效换热管及其蒸发式冷凝器	杭州沈氏节能科技股份有限公司
2012105283205	电梯防溜车保护装置	杭州奥立达电梯有限公司
2014103090419	N-甲基吗啉的制备方法	浙江建业化工股份有限公司
2013104283062	可调节扭力旋转阻尼器	陈朝朗
2014101449408	移动式兰科植物栽培土杀菌炒土机	建德市峰源电器有限公司
201210482651X	铝酸酯偶联剂的配方及其制备方法	建德市广鑫塑业有限公司
201410439205X	2-氯-6-氟苯甲醛或类似物的副产盐酸净化方法	浙江大洋生物科技集团股份有限公司
2013106840766	一种新型的阴极导电横梁	杭州帝洛森科技有限公司
2012105743228	一种高效电解、电积的碳纤维阳极板	林建洪
2014100647079	利用氢氟酸残液生产高纯度氟化钾的方法	浙江大洋生物科技集团股份有限公司
2012103418782	双泵型耐腐水喷射真空机组	建德市欣正环保设备有限公司
2012102886728	罗茨真空泵冷却系统	杭州新安江工业泵有限公司
2012101055746	一种脉冲波齿轮泵	涂雪龙
2013107329123	一种电子元器件用硅凝胶及其制备方法	浙江新安化工集团股份有限公司
2012101708013	一种温度控制系统	浙江微智源能源技术有限公司
2013105905068	多级闪蒸降温连续结晶生产食品级氯化钾的方法	浙江丛晟食品科技股份有限公司
201210150940X	一种生产异丙胺的方法	浙江新化化工股份有限公司

【科技支农】 实施杭州市以上农业科技计划项目40余项，争取扶持经费500余万元，完成4个省级（浙江秋梅食品有限公司承担的传统倒笃菜工业化生产关键技术研究与应用示范项目、建德市第一人民医院承担的MRTF—A在心肌梗死患者骨髓间充质干细胞移植术后的表达水平及其影响研究项目、浙江国茂饲料有限公司承担的乳仔猪肠道健康功能饲料关键技术中试与示范项目、建德市天羽茶业有限公司承担的保护和利用缨小蜂控制茶园假眼小绿叶蝉技术的中试示范项目）、建德市莲花镇齐平村经济合作社承担的铁皮石斛特色产业技术保障体系研究与示范等11个杭州市级农业科技项目验收工作。坚持以服务农民、服务一线为方向，为农村科技特派员搭建服务平台，完成第六批农村特派员选派工作，实施农村科技特派员项目16个。组织6名浙江大学研究生赴建德市4家企业开展暑期社会实践活动，为农业企业提供现场技术指导，帮助企业完善创新体制建设。

【产学研科技合作】 针对建德市企业自主创新能力相对薄弱现象，积极开展企业技术难题征集活动，并将难题汇总提交各大高校院所寻求解决方案，鼓励企业借助高校院所研发力量，解决企业创新技术难题。组织企业赴四川大学、浙江工业大学、中科院沈阳自动化所等高校院所开展技术对接，鼓励企业引进新技术、新工艺、新成果，不断提高企业核心竞争力。结合网上技术市场的线上交易模式，建立企业与高校院所的良性互动机制，定期组织科技成果推介活动，实现网上技术市场交易额4307万元，涉及新化化工等企业的技术开发、转让、咨询和服务合同。推荐武汉大学溶剂型和水性有机硅改性聚氨酯弹性体的研制项目参加省科技成果拍卖。鼓励企业开展产学研合作，实施浙江华电智能电站设备股份有限公司与辽宁科技大学等产学研合作项目。鼓励企业开展新产品、新工艺的研发，如双辊剪切挤压式破碎机研发、换热器专用结构扩散连接工艺开发等研发活动，不断增强企业竞争优势。

【科技金融合作】 邀请杭州高科技担保有限公司、杭州银行科技支行等金融机构，走访市内科技金融需求企业35家次，解读科技金融合作条件、用途、流程，帮助企业分析科技金融合作的可行性，完善融资条件。充分利用科技风险池基金，通过固定资产质押、剩余价值质押、专利权质押等模式，帮助企业新增风险池资金贷款8635万元。组织券商通过实地走访、现场指导的方式，对有意向在“新三板”挂牌的科技型企业进行业务指导与对接，根据企业实际情况，切实为企业“新三板”挂牌提出意见与规划，沈氏换热器、三耐环保、隆源压滤机三家企业在“新三板”成功挂牌。

【科技宣传和服务】 2月，市政府制定出台《推进技术创新实现产品换代三年行动计划（2015-2017）》，8月，市科技局、财政局制定出台《建德市创新券使用管理办法》等科技创新政策，落实科技奖励资助经费523万元，落实研发经费加计扣除、高新技术企业所得税减免3756万元。引导企业加大创新投入，全市规模以上工业企业实现R&D（研究与试验发展）经费支出5.38亿元，同比增长15.5%。委托浙江省科技信息研究院编制建德市“十三五”科技发展规划，以杭州市自主创新示范区建德协作区、新安江科技城建设为重点，完善创新创业服务平台，优化科技创新服务，提升区域创新能力。积极开展建德市“五下乡”、杭州市科技活动周（建德站）等科普活动，发放科技宣传资料4000余份。开设建德科技政务微信公众号，与局政务网实现信息更新同步，为企业、群众提供更快捷、方便的科技服务。

（许明净）

科普活动

【概况】 2015年，建德市科协围绕全市工作大局，团结带领全市科技工作者，投身本市经济社会发展，以各类学（协）会和各类科普活动为平台，在科技创新、汇聚科技人才智力、探索科普信息化、推进全民科学素质提升等方面积极开展工作。

全年实施2015年科普工作项目40余个，其中，草莓安全种植科普宣传、“科普惠农”系列培训服务活动被列入杭州市科普工作项目，铁皮石斛生态化栽培技术示范、莲花新品种新技术示范推广两项目被列入杭州市重点学术活动项目。结合大气污染防治三年行动方案和环保部门“煤改气”整治工作要求，市科协对更楼、新安江水产业区块开展调研，形成初步方案，进行项目论证，推进招商引资工作。全年农函大培训8500余力人，提升了全市农业产业从事人员的科技素质。编印《建德市第二十届自然科学和社会科学优秀论文集》，收录获得一等奖、二等奖的30篇论文，方便科技工作者相互交流和提供工作参考。被评为2015年度杭州市科协工作先进单位。建德市科协被中国科协调研宣传部授予“AAA级优秀调查站点”荣誉。下涯镇草莓科技示范户骆红群被评为省级“科普惠农兴村计划”带头人。

【科普宣传活动】 2015年春季，联合《全民科学素质行动计划纲要》成员单位，利用劳村“二月八”、三都“二月十五”、新叶“三月三”等农村传统庙会，组织开展春季科普下乡宣传活动，向群众现场发放科普宣传资料20000余份。5月，开展《杭州市科普工作条例》宣传活动；9月，在新安江文化广场开展“2015年全国科普日暨建德市第二十九届科普宣传周广场活动”。围绕全市中心工作，制作《草莓安全种植》和《建德市莲子产业协会风采录》等视频和科普环保微信群等科普宣传品，组织开展科普进机关、进社区、进农村、进学校、进企业活动。5月，联合举办青少年科技节，明镜小学美术老师彭兆睦指导方卓阅同学所作的少儿科幻画《第一代飞行器》获浙江省第29届青少年科技创新大赛三等奖。6月，组织30余名社区居民代表参观青岛啤酒（杭州）有限公司污水治理工程。10月，联合举办“叶家社区邻居节全民健身运动会”。

【“反邪教”专题宣传】 2015年，市科协在大慈岩风景区、下涯红群草莓采摘基地融入反邪教宣传内容，提高农村居民识别邪教、自觉抵制邪教的能力。制作反邪教宣传折扇等宣传品，先后到下涯镇之江村、航头镇大店口村、大慈岩镇李村村、大同镇上马村、李家镇长林村开展反邪教科

◎科普下乡活动

下普宣传活动。完成2015年杭州市反邪教协会重点课题项目《农村居民误入邪教组织的心理原因分析》；9月，选送市文联退休干部叶向南的剪纸作品《母亲》在杭州市“崇尚科学、反对邪教”剪纸作品展上获一等奖。

3月4日，建德市反邪教警示教育基地在新安江街道明珠社区揭牌。至年底，该教育基地接待参观者近万人。

【8人被评为第九批省级农村科技示范户】2015年，大同镇助农农机服务专业合作社郎益明、梅城镇南丰路169号戴利平、更楼街道许乐村郭秀方、更楼街道甘溪村徐伟斌、李家镇长林药材专业合作社黄华龙、杨村桥镇绪塘村吴东良、乾潭镇艾利斯玫瑰园任生元、乾潭镇蒲田村朱红英8人被评为浙江省第九批省级农村科技示范户。

【组织莲子产业大户参观考察杭州天景水生植物园】8月26日，市科协组织大慈岩镇里叶、双泉、陈店、狮山、新叶等莲子产业重点村书记、主任和产业大户一行14人，赴杭州市西湖区三墩镇陈家头参观考察杭州天景水生植物园，在浙江人文园林有限公司副总经理、杭州天景水生植物园主任、杭州市水生植物学会会长陈煜初的陪同下，实地考察占地13.3公顷的水生植物种苗生产基地，并开展座谈，交换经验，建立长期合作关系。莲子产地遴选引进实用观赏性睡莲等新品种，进一步示范推广莲子新品种新技术，推动科技创新和成果转化，促进莲子产业发展壮大和十里荷花农业休闲旅游观光产业加快发展。

【科技学（协）会建设】2月，市粮油产业协会、市特爱康复协会先后召开年会；2月，市兰花协会承办第六届兰花节暨春兰展；7月，市莲子产业协会召开换届大会，法人代表变更，与行政机关脱钩，并现场举行交接授牌仪式；8月，市计划生育协会召开会员代表大会；9月，组织40余名老科技工作者考察杭新景高速建德段工程；10月，成立杭州市电镀行业协会建德分会；11月，成立市家禽产业协会。12月，召开市老科技工作者协会一届四次会员大会。是年，市老科协农业组、工交组报送的《民以食为天 国以粮为本—建德市家庭粮食规模经营发展现状及对策建议》《块状产业长期处在中低端层次问题点所在与对策—建德市五金工具块状产业调研报告》《实行垃圾分类处理 既势所必然又迫在眉睫—关于农村生活垃圾治理现状的调研报告》3篇调研报告被市委、市政府主要领导批示。

【院士专家工作站建设】9月23日，杭州市科协科技咨询中心主任吴挺率院士专家服务中心工作人员，走访申请建站企业——浙江国茂饲料有限公司、建德市维丰饲料有限公司。经现场答辩和综合考评，12月8日，杭州市院士工作站建设协调小组发文认定14家“杭州市院士工作站”，位于杨村桥镇的浙江国茂饲料有限公司榜上有名。

（张永祥）

电信通信

【概况】2015年，中国电信股份有限公司建德分公司（简称电信建德分公司）共有员工135人，下设新安江支局、梅城支局、寿昌支局、乾潭支局、大同支局、开发区支局6个支局。公司贯彻“五化并举、五力齐驱”的工作思路，多措并举，积极开展市场营销，基本完成上级公司制定的目标要求。年度净增C网移动电话用户3755户，C网移动电话用户保有量12.06万户，比上年增长3.2%；净减普通电话用户5600户，普通电话用户保有量6.85万户，减少7.55%；净增有线宽带用户2514户，宽带用户总数为7.7万户，增长 3.3%；净增 iTV 用户 6728 户，增长 13.2%。完成主营业务收入 1.17 亿元，减少 3.29%。1 月，建德分公司进行内部组织机构调整，原梅城支局拆分设新梅城支局和开发区支局。

【通信网络基础建设】 全年开工建设并完成光纤网络改造项目 182 个，共新增光纤接入能力 14000 余线，完成 196 个行政村的光纤覆盖。全面推进 FTTH 建设（FTTH 即光纤直接到家庭，指将光纤网络单元安装在住家用户或企业用户处，也简称光纤到户），全年光纤小区净增 182 个、平移 147 个，新增 FTTH 覆盖能力 1.4 万线，累计达到 14.25 万线，为接应宽带提速和发展打下基础。全年开通 4G 站点 80 个，顺利完成行政村和省道的“广覆盖”、人口密集区的“深度覆盖”及整体覆盖率 >95% 的目标。开展城域网优化工作，优化了城域网汇聚层网络路由保护功能；实现城域网出口 BAS 扁平化，全年扩容出口带宽 60 吉。重点开展更楼街道普惠家园、大同镇金桂名苑等 14 处新建小区管道建设，安仁—钦堂线、长林安置房等 7 处市政建设或道路“上改下”管道建设工程，乾潭镇万乐路等原有电信管道与道路建设方管道之间衔接等建设工作，实施管道敷设“同沟异井”施工方案，即道路（迁改管道）由建设方开挖，与移动、联通、华数共建共享，达到减少投资、减轻管道建设资金不足压力的目的。至年底，新增管道 29.99 沟千米，计 50.49 孔千米，手孔 930 余只。

【建德“96345”社会公共服务平台正式启动】 10 月 21 日，建德市“96345”社会公共服务平台启动仪式在文化广场举行，市委政法委员会和市老干部局、总工会、团市委、妇女联合会、残疾人联合会、发展和改革局、经济和信息化局、公安局、人力资源和社会保障局、卫生和计划生育局、中国电信建德分公司等部门及单位负责人及 40 余家加盟商户参加仪式。该服务平台项目由市民政局牵头，市发展和改革局、市经济和信息化局等部门参与，由电信建德分公司承办，于 2013 年年底完成服务平台选取及框架建设和呼叫中心设立，2014 年 1 月试运营。该平台项目是以服务热线“96345”、微信平台为载体，通过地方政府购买服务和市场化运行，依托地方政府各部门、加盟企业、一技之长服务者、社会组织、志愿者队伍，为市民提供主要包括生活类和咨询类两大类服务。其中生活类服务包括：为市民提供家政服务、餐饮住宿、管道维修、服装干洗、美容美发等 17 项内容，通过认证的加盟商有 177 家；咨询类服务包括：为市民提供社保资讯、税收咨询、计划生育、法律咨询等相关部门的号码查询。市民通过“96345”热线电话提出服务需求，加盟商家提供上门服务；同时，通过该服务平台专设工作人员对顾客跟踪回访，调查满意度，听取客户建议，及时反馈给商家。至 2015 年底，96345 平台话务量达到 6800 余次，为加盟商提供服务 1000 余次，回访成功率 99.0%，市民满意率达 98.0%。

【“浙西数据中心项目合作协议”在建德签订】 12 月 7 日，中国电信股份有限公司杭州分公司与建德市人民政府正式签订“浙西数据中心项目”合作协议，杭州分公司总经理章晓钫、副总经理詹贤庆和建德市市长童定干等领导，分别代表双方出席签约仪式并签署《浙西数据中心项目框架协议》。

浙西数据中心落户建德市洋溪街道岩口区块，规划总建筑面积 22380 平米，2016 年、2017 年分别交付 9800 平米机房及1100 个机柜。该项目建成后，将成为华东地区一流的云计算数据中心，向政府、企业、公众客户提供主机托管、资源出租、系统维护等方面的云计算运行与支持服务。

（郑钧立）

移动通信

【概况】2015年，中国移动通信集团浙江有限公司建德分公司（简称中国移动建德分公司）下设综合办、市场部、网络部、政企客户部和新安江、梅城、寿昌、乾潭4个区域营销部。继续深化劳动派遣制内部转聘工作，优化用工性质，全年转聘人员新增21名，实现分公司合同制员工占比达到92.7%。

围绕"发展创优、转型创先"企业发展主线，全面推进"4G一号工程"，较好地完成公司年度生产经营各项任务，分公司保持持续发展态势。全年,完成运营收入2.23亿元,与上年度基本持平；通话用户数达到23.96万，通话份额达76.8%，整体年度生产经营业绩排名全市第2位。全年累计缴纳建德市地方税务局各种税、费达214.9万元，累计预缴建德市国税局增值税税额达722.7万元，近年来皆获纳税大户称号。2015年度，分公司获评建德市爱心助学合作伙伴和金融信息服务系统"模范职工小家"等荣誉称号。

【4G网络建设】全年TD-LTE网络站点累计建设并开通575个，其中宏站534个，室内分布41个，完成城区、乡镇、杭新景高速等交通要道全覆盖，行政村覆盖率达到100%。4G用户数达10.7万户，4G数据流量占比大幅上升，超过2G、3G流量占比，4G日均流量2115.42GB，约占总流量62%。网络各项指标全市排名前列。全年累计发展4G资费用户13.64万户，终端用户达到11.85万户；4G活跃用户达到10.7万户，资费活跃用户达到8.8万户，存量换卡用户达到20.3万户，渗透率达到96.8%，各项目标完成率居全市前列。

【市场开拓与巩固】2005年，中国移动建德分公司积继续抓好务工、农村、家庭三大市场的开拓与巩固，开展现场营销、集团进驻以及送机下乡、送卡上门等"暖心"服务。全年新增移动用户数8.5万户，累计新增份额64.6%。精细化运营存量市场，利用终端、话费等惠民政策做好提升合约用户规模，全年目标存量合约到达8.1万余户，全市排名第一。全年新增社会渠道17家，其中新建合作厅6家。为了扩大服务覆盖面，为偏远村民提供便利，公司持续开展农村服务网点建设，年度新增农村淘宝合作网点5家，可综合受理新入网、宽带受理、现金充值、手机销售等业务。

推进宽带业务质量提升工程，全面下调宽带资费，提高宽带速率，开展无线转有线工程、有线宽带进村进户连片覆盖，进一步开展触点延伸。全年宽带用户年度净增5617户，累计2.25万户，渗透率达24%。同时，严格实行实名制管理要求，保障客户信息安全；启动垃圾短信投诉处理平台，对行业短信端口进行整改，垃圾短信投诉量下降明显，进一步巩固了客户保有量。

【助力数字建德发展】信息化发展趋势良好，全年信息化总收入达992万元，全业务语音、宽带、电路等产品质量持续提升，形成一定用户规模。继续开展并推进与各级政府合作，在政府信息化建设中，完成市政府信息机短信平台、司法矫正系统、综治通、城管通等项目建设；配合多家镇（乡）政府、街道办事处、局（办）单位完成集团WLAN建设，提升政府单位信息化水平。继续推进校园信息化建设，配合完成新安江中学等80余家"校讯通"升级，进一步为数字教育提供资源。配合企业完成信息化转型，通过集团彩云、定位通、移动云、一卡通、视频监控、手机OA等智慧企业产品，不断提升企业管理效率，也为企业节约成本。（陈　霞）

联通通信

【概况】 2015年，中国联合网络通信有限公司建德市分公司（简称建德联通）在提高服务品质、重视基础建设、促进联通通信事业发展方面，强化执行力，全面落实各项工作措施，全年累计新增2G用户数0.85万户，3G、4G用户数9500户，增幅与上年度基本持平。

至年末，2G用户保有量2.75万户，3G、4G用户1.89万户；全市共有自营厅5个，合作代理点35个，实现主营业务收入3580万元，比上年增长1.7%。

【重点项目】 结合智慧城市（智慧城市即运用信息和通信技术手段感测、分析、整合城市运行核心系统的各项关键信息，从而对包括民生、环保、公共安全、城市服务、工商业活动在内的各种需求做出智能响应）的发展要求，率先在教育、环保、科技等行业，将河道监控、环保车监控、教育系统考务应急、城管违建防控平台和APP开发等列为重点项目。其中，上海语境项目与大众出租车公司成功签约50辆出租车，发展66元套餐单卡50余户；开展“楼宇攻坚”工作，细化受访人员名单、网格划分和资源明细，发展新安江玉华宾馆的沃TV、固话30余户和专线1条；教育局应急考务ICT项目，至年末收入约30万元；发展中铁三局杭黄高铁建德项目部专线2条，移动网用户90余户等。

【“智慧沃家”业务】 “智慧沃家”业务是指在一个套餐内，宽带、固话、手机都有流量、语音、短彩信共享，帮助用户算账节省费用，形成智慧应用的融合套餐。该项目是全年的重点业务之一。8月，针对前期建德本网资源少、安装慢等问题，该公司优化华数“智慧沃家”受理流程，专人对接，加快装机速度，由原来的20天缩减至7天。同时通过对渠道端的业务培训，提升“智慧沃家”销售积极性，并通过各专业线联动，协同夜间销售、电话营销等方式促进“智慧沃家”发展。至年底，全市“智慧沃家”由每月1线提升至20线，渠道面由1家拓宽至10家。

【网络基础建设】 2015年年末，市内177个U900制式、24个WCDMA制式和21个FDD制式基站建设并投入使用，根据公司业务发展和建设总体规划，上述基站主要建设在乾潭、梅城、三都等建德东部地区乡镇；另有主要分布在大同、寿昌等建德西部地区的乡镇90个U900及WCDMA基站，除基站的传输光缆尚在建设中外，设备安装等前期工作均已完成。总计投资达到3000万元。

配合杭州市重大工程杭黄高铁建德段、杭州引水工程建德段、杭新景高速建德航头—李家段等，开展工程所涉及的联通通信光缆线路的迁改工作。至年底基本完成以上迁改工作，共计投资180万元，总计迁移杆桩119处，新设15处，架设光纤150千米。

开展2015年市政建设项目中涉及联通通信的光纤改造工程，其中，全面实现新安东路沿线光纤接入；会同施工单位、监理单位及设计院等单位，开展环城北路市政道路施工项目中沿街小区光纤改造现场勘测，该项目已批复；完成环城北路沿街小区的电缆迁改工程，完成中心机房接入网主设备的割驳接入更新工作，提高网络接入稳定性，保证速率；完成联通公司建德中心机房OLT设备双路由的整合优化工作。并对市区范围内城域网光交的纤芯资源进行整改，节约纤芯资源，优化纤芯路由。新敷设光缆121公里，总投

资约109万元。 （高　妮）

邮政

【概况】 2015年，中国邮政集团公司建德市分公司（简称邮政建德分公司）以“管理一流、效益一流、作风一流”为发展理念，围绕“一体两翼”发展战略，在经营好传统邮政业务的基础上，积极融建德地方经济建设，以普惠金融、农村电商、包裹寄递3个“一把手工程”为主题，开拓创新，深化转型，服务民生，在社会效益和企业效益两方面均取得新成就。

至2015年年末，全市邮政网点20处，邮路4条，邮路总长度147千米；投递道段56条，年度新增4条，总长度2386千米，新增95千米，妥投点50873个。全年邮政建德分公司实现业务总收入6197万元，与上年基本持平。

全年邮政建德分公司实现业务总收入6197万元，完成确保目标列杭州地区第2位。其中：金融业务完成金融收入3128万，比上年增长18.05%；包裹快递业务实现收入1568万元，减少34.28%，其中国内小包裹业务705万元，国际小包包裹业务722万元；农村电商全市累计建成“村邮乐购”农村电商点231个，完成全年建站目标的100.4%，其中标准示范站90个，A类掌柜182家，占农村电商点总数的92.86%；函件业务实现业务收入253万元，减少21.54%；集邮业务实现收入312万元，增长101.88%；报刊业务实现收入391万元，增长13.51%；分销业务实现收入61万元，减少50.23%。

【邮政体制改革】 2015年，邮政建德分公司根据上级“实施法人体制调整，建立规范的公司法人治理结构，优化集团组织架构，实现在同一法人主体内对全网资源、业务经营等进行集中管控，推动中国邮政在新常态下平稳健康发展”的部署，开展邮政体制改革，其中改革重点是：将管理体制由母子制改为总分制即母公司、子公司制改为总公司、分公司制。5月1日，将原中国邮政集团公司浙江省建德市邮政局正式更名为中国邮政集团公司浙江省建德市分公司。

【致力打造普惠金融服务】 通过网点转型升级、从业人员素质提升、加强基础设施投入、加大服务“三农”宣传等，建德邮政金融各项业务均有长足发展，为客户提供了专业、贴心、便捷的现代化邮政金融服务。至年底，全市邮政金融20个网点存款余额达到21.67亿元，增长25.6%；代理保费1.25亿元，增长3.7倍。

【加快包裹寄递转型发展】 发挥邮政“实物流、资金流、信息流”三流合一优势，重塑快递业主导地位。2015年，在全市新投入21辆物流车，进行投递网改造，全力提速，“长三角”、本省包裹快递时限达到次日递送，农村包裹快递实行当日投递。包裹日处理能力达到1500件。

【农村电商网络建设】 依托邮政百年品牌和“点多面广”的资源优势，以及多年服务“三农”经验，积极参与和推进农村电商网络建设，至年末，在全市累计建成统一品牌的“村邮乐购”农村电商点231个，“邮乐网”作为线上购物平台，专门设立“农产品进城”交易专区，并免费提供“邮掌柜”农村电商系统，形成一个集“网络代购＋平台批销＋农产品返城＋公共服务＋普惠金融＋物流配送”为一体的邮政农村电子商务服务体系。在市、乡镇（街道）及市农办、旅商局等部门的协作下，8月，建德邮政创建“邮乐·建德馆”县级村邮乐购服务中心，打通了“农产品进城、工业品下乡”绿色渠道。“邮乐·建德馆”开馆后，与建德当地纽曼耐、维好多、秋梅食品、金绪塘、瑞德火龙果、思味王、三元伞业等商家开展“一元秒杀”“半价抢购”近10场线上线下互动体验活动，实现产品销售额10余万元，为进一步提高建德各类工业品、农产品的知名度和美誉度发挥积极作用。至年底，建德馆入驻的商家有：江南春堂、千岛银珍、竹兰雅、里叶白莲等16家，上线产品达200余种。（刘小飞）

电子政务

【概况】 根据《浙江省人民政府办公厅关于印发浙江政务服务网信息资源共享管理暂行办法的通知》（浙政办发〔2014〕137号）和《杭州市人民政府办公厅关于印发杭州市政务数据资源共享管理暂行办法的通知》（杭政办函〔2015〕11号）精神及有关法律、法规、政策和技术标准，结合建德市实际，制定出台《关于推进建德市政务数据资源共享工作的通知》，进一步促进政务数据资源的优化配置和有效利用，切实发挥浙江政务服务网建德平台的作用和推动政府部门之间数据共享、业务协同，进而提高行政效能、服务质量和管理水平。

【门户网站建设】 2015年，建德微政务平台开通，及时发布重大政策、民生信息，并顺利通全国网站普查工作。将自查整改工作与政府网站集约化建设相结合，切实减少网站重复建设和多头维护现象。“阳光工程”专题网站与政府门户网站政府信息公开平台整合，不再单独设立；上年度24个部门网站保留9个（建德市政府门户网、建德市民政局、行政审批服务中心、建德市人力社会保障局、市国土资源局、市住建局、市卫计局、市气象局、市交通运输管理局），其余15个及乡镇网站全部整改至政府门户网。全年通过政府网站，市、乡镇两级政府主动公开政府信息2.41万条。年末，在2015年中国政府网站绩效评估中，建德门户网取位居第62名。

【政务服务网建设】 深化流程创新、提高“一站式”网上办事便捷程度。行政权力数量从原始的11013项减少到4361项，削减率达60.4%，行政审批事项由原来的290项减少到194项，削减率达33.2%。6月1日，启用统一行政审批系统，并进行监督考核。至年底，共在网上运行办件12393件。达到四星级服务事项122项，占总事项的32.9%。实现行政处罚及监督检查类事项的基本信息、结果信息在省政务服务网“行政执法”板块上的公开工作，全年发布处罚信息共4650条。完成市级政务服务网至16个乡镇街道的延伸工作，及新安江街道和寿昌镇至行政村的延伸工作。

（万 里）

编辑：黄建生

文化 体育

Culture & Sports

文化事业

【概况】 2015年，建德市文化系统共有文化馆、图书馆、文物保护管理所（非物质文化遗产保护中心）、大慈岩文物保护管理所、严州文化研究院和文化市场行政执法大队等6个事业单位，文化经营单位394家，文物保护单位97家。

市文化中心剧院逐步完善免费开放服务模式，从申报、方案制订、活动实施形成制度化和常态化管理，全年对外提供免费服务200余场次。完成洋溪街道文化站和大洋镇综合文化站提升工程。寿昌影剧院第二期改造工程纳入“航空小镇”整体规划实施。建成洋溪街道图书馆分馆，实现全市乡镇（街道）图书馆分馆全覆盖。洋溪街道综合文化站、大洋镇综合文化站和李家镇综合文化站被评为杭州市示范综合文化站。完成26家文化礼堂建设。梅城镇梅花社区和大同镇富塘村被评为浙江省文化示范社区。

市文化馆策划实施公共文化服务活动500余场，其中专题文艺演出50余场、辅导培训450余场次、各项赛事10余场，受益人数10万余人次。主办了2015年建德市广场舞大赛、2015年全市文化礼堂精品展演、“水之美”建德市少儿绘画大赛等文艺活动。指导航头镇政府举办“魅力乡村 和谐家园”儿童开蒙仪式、寿昌镇“第二届桂花节”文艺晚会等。

全年完成送戏下乡200场次、送电影3432场、送图书3.1万册。与德清、路桥、江干、下城、绍兴、兰溪、金华、上城、龙游、缙云开展文化走亲10场次。以“加快构建覆盖城乡、惠及全民的电影公共服务体系”为目标，开展农村电影放映体制改革，制订出台《建德市农村电影放映体制改革实施办法》。基本完成农村应急广播体系建设任务。开展广播影视调研工作。开展“送爱国主义题材电影进校园”、廉政电影放映月、纪念抗战胜利70周年农村电影周等活动，同时开展反邪教宣传、“五水共治”等专题宣传活动。

举办各类大型文化活动100余场次，《中国文化报》对下涯镇之江村“村晚”活动进行报道。6月27日至7月4日，举行建德市第二届“戏曲周”活动，浙江绍剧团、新昌调腔剧团、诸暨越剧团和建德婺剧团先后上演《相国志》《黄飞虎反五关》《三打白骨精》等12场传统经典戏曲，内容涵盖了绍剧、越剧、调腔、婺剧等四大剧种11个曲目。10月28日，由建德市农办、建德市文广新局、新安江街道办主办，九姓渔村民俗文化发展有限公司承办，建德市婺剧团、建德市文化馆协办的“山水实景音乐情景剧——九姓渔民水上婚礼秀”在江滨公园罗桐九姓渔村码头举行。11月20日，建德市首届“婺剧进校园”精品节目展演在市文化中心举行，来自全市8所学校的代表队先后上演《花头台》《辕门斩子》《天门发令》和《樊梨花巡营》等经典曲目。11月12日至13日，浙江省第六届十大城市戏曲演唱联赛在寿昌镇农民文化中心举行，共有来自全省36个节目，涵盖京剧、豫剧、黄梅戏、沪剧、锡剧、越剧、婺剧、绍剧、湖剧等多个剧种。大同镇、李家镇、航头镇等举办“文化周”活动。出台特色文化补助办法，对6个乡镇特色文化补助60余万元。

◎10月28日，九姓渔民水上婚礼秀节目在新安江首演（周密 摄）

完成第一次全国可移动文物普查数据登录工作，实施新一轮历史建筑保护工程，修订出台《建德市历史建筑保护管理实施办法》，完成2014年跨年度历史建筑修缮工作。联合杭州市考古所，对大洋镇土墩墓情况进行考古调查；完成寿昌江流域的文物调查和调查报告的编写工作。举办文化遗产日免费鉴宝活动。

市图书馆累计总藏量达59.15万册，全市接待到馆读者33.9万人次，接待重点读者咨询246人次。数字图书馆访问量7300人次。完成浙江省古籍普查A项目工作，在古籍普查平台上登记著录数据共640条，最终普查结果为7289册。开展送免费展览到乡镇（街道）分馆、到村级文化礼堂活动，组织“中国民间剪纸”“中国票证博览”“世界文化遗产”展板到梅城、寿昌、大同分馆及乾潭幸福村、大慈岩新叶村文化礼堂等开展巡展活动共7场。开展“新安讲坛”讲座4期，开展新春谜会、展览、专题书展、宣传图片展、视频展播等其他读者活动42次。

市文化市场行政执法大队组织开展以“扫黄打非”2015清源、净网、秋风、护苗，及以网吧、歌舞娱乐场所、电子游戏、非法地卫接收设施、印刷复制企业、出版物等为重点的专项整治行动和文化市场安全大检查。全年出动检查483次1386人次，检查文化经营场所2406家次，立案查处案件42起，办结案件38件，停业整顿6家次，警告32家次，罚款6. 88万元，没收非法书籍1424册，非法音像制品626张，没收地面卫星电视接收设施3套，取缔无证地摊游商6家，辖区内未发现有政治性的非法出版物。开展行业培训7期，与网吧、娱乐场所签订消防安全责任状100余份。探索建立以“抱团协作”代替“单打独斗”的市场监管机制，被省文化厅作为文化市场综合行政执法典型经验交流。

【出台文化惠民政策】 2015年，先后出台《建德市民营剧团扶持暂行办法》《建德市扶持民办公益类文化服务机构暂行办法》《建德市“文化走亲”扶持暂行办法》和《建德市“文化扶贫、文化低保”扶持暂行办法》等多项文化惠民政策。全年对3家民营剧团补助10万元、3家民办书院补助6万元、“文化走亲”先进单位补助14万元，推动社会力量参与文化建设，扩大文化惠民的广度。

【第二届农村文化节】 6月至11月，举行建德市第二届农村文化节。先后举办开幕式、“戏曲周”“群众文艺展示周”“纪念抗战胜利书画展”“纪念反法西斯战争胜利70周年全市机关大合唱展演”“喜迎G20”全市农村文艺调演暨农村文化节闭幕式等多项活动。

【全国首部畲汉婺剧《畲女凤凰》演出】 10月1日，由杭州市艺术创作研究中心编剧、建德市婺剧团担纲演出的全国首部畲汉婺剧《畲女凤凰》在中国婺剧院首演。该剧由浙江小百花越剧团国家一级导演江瑶执导，国家一级作曲王加南作唱腔设计，主要描述鸦片战争背景下，畲汉两族人民共同抗击外敌侵略的故事，唱响了一曲畲族与汉族民众携手、共同抗击侵略者的悲壮之歌。该剧入选省文化精品扶持工程舞台艺术类10个重点项目。

【明清严州府南城墙考古发掘】 明清严州府南城墙考古发掘工作共历时7个月，初步完成南城墙遗迹主体部分392米范围内的考古发掘，总发掘面积2000平方米，发掘包括大南门、小南门、瓮城基础、鹅软石道路、排水沟和房屋建筑等遗迹，出土部分青花瓷残片、越窑青瓷残片、铜钱，少量带文字青砖和石构件，以及“福运门”匾额一块。编制完成《梅城明清严州府南城墙发掘报告》。

【乡镇（街道）图书分馆实现全覆盖】 2015年，洋溪街道图书分馆的投入使用，全市16个乡镇（街道）均建成图书分馆，实现全市乡镇（街道）图书分馆全覆盖。乡镇（街道）分馆全年接待读者10.2万人次，通过“一证通”系统外借图书7.7万册。

（翁　玲）

【新华书店】 2015年，浙江省建德市新华书店有限公司完成总销售3286万元，比上年增长3.7%，实现利润260万元。公司获得省店集团2015年“百日教科文”营销创意大赛杰出营销创意奖，浙江出版联合集团“集团版一般图书销售二等奖”，浙江省业务竞赛二等奖、门市考核八类店第一名，浙江出版联合集团“集团版文教图书发行三等奖”，省店集团、浙少社2015年度“金牌营销奖”，北京理工大学出版社“浙江新华连锁销售优胜奖”；被评为“浙江省文明单位”。

开展多种营销活动。是年，该公司开展店内营销活动130余项，其中包括“世界读书日”图书展销限时抢购、畅销书回顾展销售、“新春书市”“喜洋洋开门有礼”等。暑假期间，与明珠社区联合举办“阅读伴我成长”读书会，推广暑期学生读好书活动。组织第二届“书香校园 、智慧园丁”教师读书营销活动，开展“名家进校园”作家签售活动。与教育局、电视台共同举办首届“汉字听写大赛”。邀请“童书皇后”杨红樱到学校参加读书节并为学生进行阅读讲座，到新安书城与读者零距离见面。全年实现学校流动供应和门市销售码洋41.94万元。

坚持科技创新的经营管理理念。探索传统书业与电子商务相结合的经营模式，推广微信平台和手机端网购平台的运用。新安书城开展以微信报名方式参加儿童“若态科技动力”拼图活动。主卖场新安书城实现WiFi全场覆盖，在卖场主要通道上设置二维码，方便微粉线上线下互动。

承担文化企业的社会责任。重视、扶持农村小连锁图书经营，给予乾潭、大同两家农村小连锁书店相应的补贴扶持政策，提高小连锁经营者积极性。分别与三都镇新和村、寿昌镇十八桥村进行“支部帮扶结对”和“精神文明帮扶结对”，向部分贫困生免费赠书。“八一”建军节开展送书到军营活动，为部队官兵带去精神食粮。

（王伟民）

文化创意

【概况】 2015年，建德市文化创意办公室围绕打造“美丽江城 幸福建德”城市品牌，对接杭州市“文创西进”战略，推进文创产业发展。全年文化创意产业主营业额收入为43.24亿元，比上年增长14.7%，占全市GDP总量的12.7%，完成增加值20.08亿元，增长8.3%。

开展《建德市“十三五”文化创意产业发展规划》编制工作，出台《建德市文化创意产业专项扶持资金管理暂行办法》。打造“创意建德”官方微信，微信专题111期，全年共播出文创在线电视专题20余期，纸媒宣传10余期。做好2014年度杭州市文创项目的审计审查与项目跟踪，对2014年度建德市级项目进行评审及扶持，共立项44个，拨付资金370.5万元。

第十一届中国国际动漫节期间，赴杭州进行动漫专场招商活动，12家企业达成合作意向，杭州无象文化创意有限公司和浙江新长城动漫有限公司成功签约。5月初，举办第十一届中国国际动漫节建德专场暨“行走文创空间”2015建德文创产品展，组织39家建德文创企业和单位进行为期两天的产品展示。5月中旬，邀请西泠印社名人名家到建德举办西泠印社中人篆刻书画作品展，是区（县）首站。10月中旬，以“建德九姓渔民村”为主题，参加第九届杭州文化创意产业博览会，现场销售15.2万元，达成意向1000万元，获得“最佳人气馆”称号。建德“铜师傅”作为杭州市精致艺术品在杭州融—设计展位上展出。

【编制《建德市“十三五”文化创意产业发展规划》】 组织编制《建德市“十三五”文化创意产业发展规划》，于2015年10月委托杭州市经济信息研究院编撰。通过实地走访、问卷调查、座谈交流等方式对建德市文化创意产业进行调研。《建德市“十三五”文化创意产业发展规划》根据《杭州市“十三五”文化创意产业发展规划》《建德市国民经济和社会发展第十三个五年发展规划纲要》等要求，结合建德市实际，从基础与问题、条件与形势、思路与目标、任务与举措、布局与项目、保障措施几个方面对“十三五”时期建德市文化创意产业发展作出指导。

【组建“创智家”文创联盟】 组建“创智家”文创联盟，创智家为各行各业创新创业创意的企业家集群，自8月组建以来已集聚来自于各地建德籍的创客136人，组建后开展文创沙龙3次。参加杭州市成长型文创企业高端培训班、文创企业家孵化班以及专项政策解读班等各类培训50余人次，各类交流活动7次，成功举办创智家年会。专门邀请台湾著名文创专家何春寰到建德举办“台湾文创”讲座。同时致力于创智家团队的互相合作与资源共享，创智家群里的龙头企业杭州玺匠文化创意有限公司（铜师傅）于5

◎10月17日，“建德九姓渔民”项目参加第九届杭州文博会（汪源 摄）

月14日至18日，参加作为第十一届中国（深圳）国际文化产业博览交易会，其“铜师傅”纯铜工艺品在文博会上展出，现场销售50万元，达成意向订单25个，此为是建德文创企业首次参加深圳文博会，也成为杭州县市唯一一家企业代表。

【杭州市文创小镇建设】 三都九姓渔民村以独特的渔民文化，入选建德市唯一的杭州市文创小镇培育对象，投入资金1000余万元对整体环境进行改造，“九姓渔民”文化墙体画、民俗展示馆、文化长廊、主题公园、农产品展示展销和电子商务中心等配套设施。投入50余万元对九姓渔民村的特色产品进行包装设计，开发涵盖“九姓九品”“九姓九菜”“九姓九果”“九姓九味”等最新设计出的“九姓渔民文化”系列品牌伴手礼，设计符合“九姓渔民”村形象气质的统一品牌标识和产品包装。 （王 珏）

体 育

【概况】 2015年，建德市体育局坚持“围绕重点，做大亮点，抓好特点”的工作方针，打造体育休闲旅游、体育健身娱乐、体育文化产业，全民健身运动有序开展。新成立建德市气排球协会和篮球裁判俱乐部等13个体育社团，全市注册的体育社团达到65个，其中体育协会31个、体育俱乐部34个，在册会员1.37万人。全年新增93名二级社会体育指导员和100名三级社会体育指导员。开展国民体质测定与健身指导，共测试1280人，合格率94.1%。

完成下涯镇体育健身中心，三都镇圣江村、更楼街道张家村、航头镇大店口村3个体育健身公园建设。创建省级体育特色镇（乡）1个、省级先进社区3个、省级俱乐部15家、省级老年俱乐部1家、省级幼儿体育示范幼儿园1个、小康体育村50个。投入资金700余万元，新建新安江体育馆网球场、老年体育培训中心等活动场地，投资100余万元对新安江体育馆、馆外五人制足球场进行维修。新增健身点10个、更新维修76个，新增篮球场10个、乒乓球室15个。社区、行政村健身点（苑）普及率100%。

组织参加杭州市级以上比赛80余项次，共获金牌177枚、银牌73枚、铜牌65枚。成功举办“全国航空航天模型（建德）公开赛”“中国知名高校建德新安江龙舟赛”“首届全国大学生帆船赛”等一系列品牌赛事。完成“首届浙江省新安江路亚精英赛”等14项乡土赛事，以及浙江省木兰拳邀请赛等15项特色赛事。26名建德市冬泳协会队员参加全国“2015三门峡横渡母亲河”活动。举办2015“夏日冬泳”耐寒勇士挑战赛、首届建德市“新叶古民居山地车挑战赛”“第五届浙西地区千人登乌龙山活动”、建德市乒乓球甲级联赛、税企联谊“同心汇聚”杯篮球赛、全市排舞大赛等赛事。结合“工间操”推广的活动，开展全市机关干部第九套广播操比赛、群众体育赛事以及健身交流活动计150余场。全市开展太极拳、木兰拳、瑜伽、排舞等活动展示交流89次。

8月8日第七个全民健身日，在新安江纳凉大舞台举办全市特色体育项目展示晚会，吸引近5000名观众。11月22日，喜迎G20杭州毅行大会（建德分会场）在乾潭子胥公园启动，来自全市各行各业员工代表共620余人参加。

以跆拳道、射击、体操、小球等为代表的优势竞技项目领先地位不断巩固。举办建德市第四十二届中小学生田径运动会，强化“市队联办”的管理和15所传统学校的特色训练；传统项目学校明珠小学在浙江省第三届青少年学生阳光体育运动会跆拳道比赛中勇夺14金、8银、6铜，连续三年团体第一；实验小学在2015年杭州市小学生阳光体育排球锦标赛勇夺男子组、女子组双冠军。在2015年杭州市小学生阳光体育排球、射击、跆拳道、柔道、摔跤、散打等锦标赛中先后夺得20枚金牌。向杭州市少体校输送射击、排球、皮划艇等运动员12名。每个传统学校组织小型赛事，参加市级以上比赛36场次，获市级以上奖牌总数118枚。开展校园足球联赛，确立9所校园足球特色试点学校，建德市乾潭第二小学、新安江第二小学被确定为2015年浙江省青少年校园足球特色试点学校。

2015年，建德市被授予“全国健身球操之乡”“全国柔力球之乡”“全国首批航空飞行营地”等称号。“建德市富春江森林公园生态休闲健身区”被评为“浙江省首批最美生态休闲健身点”。完成体育彩票销售近3000万元。市体育局被评为“浙江省第六次全国体育场地普查先进集体”。

【建德成为“全国柔力球之乡”】 8月19日，建德市获“全国柔力球之乡”称号。建德市自2002年推广柔力球健身运动，2015年末，建德市参加柔力球健身活动的中老年人达3000人以上，并涌现一批柔力球健身活动的辅导员、指导员骨干队伍。

【成为“全国首批航空飞行营地”】 12月16日，国家体育总局航空无线电模型运动管理中心和中国航空运动协会共同授予大建德千岛湖通用机场为全国首批中国航空运动协会航空飞行营地，在中国航空运动协会的统一指导、规划下，该营地为大众提供航空消费、飞行员和机务人员培训、飞行器维护保养、空中旅游、航拍航测，通用航空作业等航空体育产品和服务，同时承接国际国内航空综合赛事和飞行表演等，建立的航空体育消费体系，满足大众航空体育消费需求，进而热爱航空体育的窗口。

【国家体育总局调研建德体育赛事】 10月9日，国家体育总局游泳运动管理中心社会活动部主任江斌波一行到建德调研“夏日冬泳”赛事，并对利用新安江独特的水资源开展高品质比赛的可行性进行针对性分析，为建德的水上品牌赛事设计蓝图。

10月18日，国家体育总局航管中心主任李正梅考察建德千岛湖通用机场，对建德市现有的航空条件从顶层设计上提出建议。提出以创建国家级“航空飞行营地”和航空小镇为主平台，以承办全国性或国际性航空体育运动赛事活动为契机，主动融合爱飞客通航俱乐部和北亚通航“5050”项目，全力打造“航空小镇”，把建德千岛湖通用机场建设成为全国一流，乃至国际一流的航空飞行营地。

【省首届生态运动会在莲花举行】 8月15日，浙江省首届生态运动会建德莲花（五）站活动在莲花溪畔举行。运动会以“畅游莲花”“行舟莲花”“欢乐莲花”“运动莲花”“憧憬莲花”为主题，分别开展下河游泳、竹排行进、木盆嬉水、皮艇接力、田园寻宝等体育竞赛活动。共有2000余人参加活动，副总河长、建德市副市长张早林带头下水参加游泳比赛。

【成功举办三大品牌赛事】 7月17日，“2015中国知名高校建德新安江龙舟赛”在建德新安江举行。龙舟赛提出“至清，智慧，致青春”的口号，清澈的新安江江水，成为智慧学子的竞技场，龙舟运动爱好者的青春盛宴，精彩激烈的赛事展示出选手耐力、体力和毅力。来自北京大学、清华大学、中国科技大学、复旦大学、上海交通大学、西安交通大学、南京大学、哈尔滨工业大学、浙江大学及台湾辅仁大学的200多名高材生们参加较量。

8月1日，2015“新安集团杯”科研类全国航空航天模型（建德）公开赛在建德千岛湖通用机场举行。来自全国26所高校、9个社会组550多名航模骨干运动员参赛，吸引近4000名观众现场参观。“航空小镇”的天上特色赛事，开辟了新的航空航天休闲基地，为承办更高层次的大型航空航天赛事活动，尝试以市场化、商业化手段进行赛事运作积累了经验。

8月25日，首届中国大学生帆船锦标赛开幕暨“三江两岸”建德绿道开通仪式在梅城镇姚坞三江口水上运动基地举行。同时举行了建德市富春江森林公园生态休闲健身区被评为浙江省首批最美生态休闲健身点的授牌仪式，100名毅行爱好者从容走向“最美绿道”，场地赛和拉力赛同时上演，16所高校的帆船从帆船码头至乌石滩之间的富春江水域顺流而下。

【中国女足队长回乡指导足球训练】 12月22日，中国女足队长、（建德市洋溪街道人）吴海燕，到大慈岩镇初级中学进行足球教学训练指导，同时在建德市足球校园工作交流会作心得解说，提出“三个一体”为建德足球进校园启动引领。全市9所校园足球特色试点学校的校长和体育教师到场观摩训练。

【承办“久源文化杯”中美男子篮球对抗赛】 5月28日，2015年“久源文化杯”中美男子篮球对抗赛在新安江体育馆举行，这是建德市首次采用市场化运作方式承办的赛事。经角逐，浙江稠州银行队以5分优势战胜美国德克萨斯力量明星职业男子篮球队。建德篮球迷得以在家门口欣赏NBA。

【唐旋全国残运会上夺冠】 9月12日至19日，中国第九届残疾人运动会暨第六届特殊奥林匹克运动会在四川举行。唐旋（建德籍，视力二级残疾）在盲人门球赛冠亚军决赛中，经过近50分钟的比赛，为浙江盲人门球男队夺得团体赛金牌。

（陈启浩）

编辑：郑志良

◎中美篮球赛

传 媒

Media

广播电视

【概况】 2015年，建德广播电视台坚持正确舆论导向，弘扬主旋律，为打造“美丽江城、幸福建德”发出主流媒体的时代强音。电视新闻节目《建德新闻》全年播出新闻3372条；电视专题节目《真诚面对面》全年播出170期、《新安先锋》52期、《重点关注》40期、《法制建德》10期、《新安警界》52期、对农专题节目《三江两岸》130期、少儿节目《教育天地》26期。广播新闻节目《建广新闻》全年播出365期、广播对农专题节目《农家春秋》240期、《小周看乡村》240期；广播服务类专题节目《音乐深呼吸》全年播出220期、《一路随行》230期、《“926”气象站》240期；调频广播每天播出16个小时，对农有线广播每天播出7个小时。

完善节目质量考评制度，重视优秀作品生产与推评，全年在中央电视台和中央人民广播电台用稿22条，其中中央台新闻联播3条（2条提要单条播出），在浙江卫视等省级电视用稿100余条，在浙江之声等省级广播媒体用稿100余条；在杭州市级广播用稿120余条，在杭州市级电视用稿120余条。广播对农栏目《农家春秋》获得2015年度全省广播电视对农节目服务工程建设考核优秀奖、浙江省广播电视政府奖三等奖，电视对农栏目《三江两岸》获浙江省广播电视政府奖三等奖。与市公安局合作拍摄完成建德广播电视台首部微电影《情定新安江》。

重视安全播出工作，落实安全播出的各项规章制度，严格执行节目三级审片制度和播出流程，全年无安全播出事故发生。12月，通过省、杭州市专家组对建德广播电视台安播工作的抽查考评。中央数字无线覆盖工程进展顺利。

【优化专题栏目内容】《真诚面对面》栏目主要围绕“责任心执行力大家谈”和“河长谈治水”两个中心工作。其中，“责任心执行力大家谈”以演播室访谈的形式，“河长谈治水”采取现场采访的形式进行。8月，策划推出“抗战记忆”特别节目纪念抗日战争胜利70周年，采访报道抗战英雄叶润华和冯卸洪、孙德文、章耕夫、张曰岭等抗战老兵，报道位于三都镇春江源村的下二都机场遗址，日军侵占建德寿昌记事、洋尾抗日自卫队、“文军长征”等抗日事迹，共播出节目10余期。电视党建专栏《新安先锋》在《热点关注》《时代楷模》栏目推出“党的群众路线教育实践活动”“五水共治在行动”“无违建市创建”“进企走访，帮企解困，助企发展”四大版块。下半年开设的《书记谈党建》栏目，对全市16

个乡镇（街道）的党建亮点特色进行展示，对书记履行党建责任主体进行全面报道。

【“弘扬拆违治水精神，今年我们怎么干？”电视访谈】 3月12日启动，3月17日播出，至4月17日完成。每期节目播出时长6至8分钟，广播、建德网同步刊播。16个乡镇（街道）、高新技术产业园和20个部门的主要负责人、分管领导、科室（站所）负责人以及部分市级重大项目负责人和服务对象走进电视演播室，围绕“弘扬拆违治水精神，今年我们怎么干？”主题开展访谈。乡镇（街道）围绕市委、市政府中心工作谈如何加快经济发展、如何进一步保障与改善民生；侧重服务经济发展的部门围绕工业经济和招商引资“三大竞赛”活动细化的工作任务谈如何开展招商引资、项目推进、服务企业工作；侧重服务民生的部门谈如何做好惠民实事，如何实现民生保障、富民增收；政法部门和相关执法部门主要围绕中共十八届四中全会精神依法治国理念的贯彻落实谈如何开展严格执法、文明执法、依法管理维护社会和谐稳定工作。

◎拍摄建德城市形象宣传片

【推出《重点关注》栏目】 4月2日，推出《重点关注》栏目，主要刊播市级重点（大）项目推进过程中存在的问题,机关部门和各乡镇（街道）工作不作为、不担责、效率低下等行为及其他群众关心关注的问题。至年底，共播出41期节目，先后关注了文化广场地下商业街消防通道被占、长途客运中心建设，机动车年检、汽车城二期建设、建铜尾矿库安全隐患、杨村桥镇“分村清零”破解畜禽退养难、新安江地下停车场建设、大洋镇畜禽污染整治、部门不担责、病险山塘水库、养老机构消防安全隐患、江上餐饮船整治、乡镇污水处理厂建设、城市公交、大同镇畜禽污染整治、教育培训市场乱象等，为推进民生实事的落实起到积极的作用。

【开设《回眸“十二五”》专栏】 2015年是“十二五”的收官之年，12月中旬，《建德新闻》开设《回眸“十二五”》专栏，挖掘建德市在“十二五”期间各层面的新成就，报道“十二五”期间百姓生活、社会经济、社会稳定等方面新变化。重点对“十二五”期间建德市产业发展、城乡建设、生态文明、民生、文化发展、改革创新、法治稳定等内容进行采访。产业发展方面反映转型升级、科技进步、平台建设、智慧产业、农业提升、旅游二次创业发展和新兴产业的崛起等亮点；城乡建设方面反映建德在交通、水利、电力等方面的基础设施建设突破、城区和中心镇环境、规划布局的变化、新农村建设的改观等；生态文明建设方面反映出贯彻“绿水青山就是金山银山”发展理念，开展“五水共治”“三改一拆”“两路两侧”专项整治工作；民生保障方面反映推行为民办实事的情况，以及各部门在保障民生事业上的特色亮点。共播出《“十二五”我市企业加快产业转型升级》《稳增长 调结构 促转型工业强市迈出稳健步伐》《科技创新：为工业发展提供有力支撑》《我市工业平台建设“提档升级”》《强势推进专项整治行动 城乡面貌焕然一新》《智慧农业异军突起 特色农业华丽转身》《互联网 + 走进普通百姓生活》等 10 余篇报道。

【助推府前路旧城改造】 9 月 26 日，建德市召开府前路区块改造房屋征收工作动员大会，正式启动府前路区块旧城改造。建德广播电视台发挥新闻媒体的正面引导作用，高密度、大声势、全方位做好府前路区块旧城改造工作的宣传报道。对市委书记戴建平在动员大会上的讲话进行全程录播，并安排在电视综合频道黄金时间每天三次播出，从 9 月 30 日起连播两个月。将《府前路东侧麻园地块改造项目国有土地上房屋征收补偿方案政策要点》制作成电视字幕版，由指挥部安排在市政府前的电子屏幕上不间断播出。专门安排一名记者与府前路区块旧城改造指挥部直接对接，每天了解工作推进情况，第一时间采访报道需要报道的新闻。在《建德新闻》中开设《实施旧城改造 改善人居环境》专栏，围绕阶段性工作，从 8 月下旬开始，按照每天一条的频率播出相关新闻报道。采制三期深度报道在《真诚面对面》栏目中播出，对府前路区块旧城改造工作的“阳光征收”、共有权证等进行深入采访，使被征收户对相关知识有了全面了解。

【加强广告管理】 根据 2015 年 9 月 1 日开始施行的新修订的《中华人民共和国广告法》，严格审查广告内容，维护荧屏健康的播出秩序。做好广告的登记汇总工作，对广告的播出时间、播出时长进行把关，保证广告按合同播出、按规定播出，发现问题及时反馈、及时沟通、及时解决，不能播出的广告内容坚决不播。从 5 月份开始，重点做好医药广告整顿工作，对照戏曲、娱乐、影视三个副频道每条在播广告的广告审批文件以及相关法律法规，共清查出 13 条在播违规广告，责令广告责任人分步逐条整改，对在整改期限内整改不到位的广告全部予以撤播，至 8 月 25 日，共撤播广告 7 条。对广告节目时间进行重新编排，缩短广告时段，减少广告播出频次，增加节目内容。根据省媒介广告监测报告显示，2015 年建德广播电视台的电视广告信用评价指数位居全省前列。

（吴素萍）

新闻传媒

【概况】 2015 年，市新闻传媒中心围绕市委、市政府中心工作，把握正确舆论导向，唱响主旋律，打好主阵地。做好“五水共治”“无违建市创建”“三改一拆”、府前路旧城改造、群众路线教育实践活动整改措施落实等主题宣传。

加强舆论监督，办好“曝光台”栏目，共刊发报道 120 余篇，回应社会关注，促进重点、难点工作开展。深化项目报道和工业经济报道，开设 40 余个专栏，全年刊发 1500 余篇，为推动项目建设和工业经济发展营造良好舆论氛围。在杭州市级以上媒体发稿 250 余篇，展示建德良好形象。强化民生服务宣传，推出“美丽建德人”、“夕阳红”、健康、气象、法治等专栏专版 20 余个。深化“走转改”活动，打造为农服务的品牌栏目。“行走寿昌江”刊发 129 篇。

拓展新媒体建设，提升建德手机报质量，微信、微博、APP、手机报粉丝逾 9 万人（号）。“建德发布”多次发挥应急发布作用，并被上级录用信息 82 条。加强全市户外广告资源管理，数字城管处置率达 100%。户外 LED 大屏全年刊播“五水共治”“三改一拆”、综治维稳、环境保护、文明城市等各类公益广告 1.3 万条次。

【建成视频直播室】 2014 年 12 月底，投入 75

万元建设视频直播室，实现建德新闻网网络与视频直播功能，开通建德新闻网视频直播频道。2015年，先后推出“奔跑吧，少年！”暑期夏令营和“小记者走进严州府”2次网络主题活动。

【创新网络策划宣传】 完成《严陵问古》系列专题拍摄和制作，该专题从2013年7月至2015年5月，共完成9期栏目。策划推出《美味建德》第二季，最高的单期视频点击率达到3360阅读量。推出新节目《今天我掌勺》，共两季7期节目，通过网友报名，每期选出不同的嘉宾跟大厨学做菜。推出新节目《有事说事》，以主持人播报的形式，将新闻进行整理播出，7月15日开播，至年末累计制作播出175条视频，最高的单条播放纪录达到21.4万次。

【府前路旧城改造专题报道】 6月，市委、市政府启动府前路区块旧城改造工作，市新闻传媒中心组织策划征收宣传工作，在《今日建德》开设“实施旧城改造，改善人居环境”专栏，先后刊发新闻稿件58篇、图片22幅，头版头条9篇，专版2个；在“建德新闻网”开设专题网页，设置进展情况、视频播报、政策法规、公示公告、旧城改造图片、征收安置等栏目，拓展论坛、微博、微信等新媒体渠道及时宣传工作进展，推进政策解读、案例释义、典型宣传，全方位、多层次、多角度宣传报道旧城改造各项工作。

【《行走寿昌江》刊发129篇】《行走寿昌江》系列（沈伟富撰稿）从2013年5月起，前后历时两年半，共刊发文章129篇，从人文历史的角度，对寿昌江流域乡村进行全面梳理，把散落在乡村的“文明碎片”用文字和图片形式进行珍藏。该栏目受到广大读者的欢迎，成为远在他乡的建德人寄托乡愁的载体，是“寿昌江人和集体记忆”。

（郭鸿新）

市委报道

【概况】 2015年，市委报道组以服务全市经济社会发展、服务市委中心工作为出发点，以聚民心、集民智、鼓民劲、树形象为目标，把握新闻舆论导向，弘扬好声音，传播正能量。全年在杭州市级以上媒体发表新闻稿件100余篇，其中省级以上发表60余篇（含《人民日报》、《新华每日电讯》各1篇、《浙江日报》头版8篇），逾百篇稿件被人民网、新华网、凤凰网、新民网等网站转载。反映宗教建筑标志物规范处置工作成果的相关内参，得到省委书记夏宝龙的批示肯定。市委报道组获评全省先进报道组。

【突出重大主题宣传报道】 以国家、省、杭州市主流媒体为依托，围绕建德在推进经济转型、扩大有效投资、加快科技创新、狠抓招商引资、提升服务效率、保障改善民生等方面的工作成效，多形式、多角度全面展开宣传，集中突出一批重大主题和重点工作的报道。深入挖掘教育实践活动、“五水共治”“三改一拆”中涌现的先进事迹和经验做法，营造良好舆论氛围。在《浙江日报》刊出《胥溪梳妆待客来》《玫瑰园里的浪漫事业》《建德草莓产值逾10亿元 一颗草莓催生一大产业》等专稿，以及《美丽江城换新颜 幸福建德再出发》《走绿色生态发展之路 新常态下精准发力》等专版特刊；在《杭州日报》头版刊发《建德寿昌56亿打造航空小镇》《建德要用三年把信息经济产业做到200亿》等重点大稿，展现建德建设发展新面貌，谱写建德转型发展新篇章。

【展示经济建设发展成果】 在《浙江日报》刊出《建德寿昌镇依托千岛湖通用机场建特色小镇 航空小镇，让未来飞》《建德莲花溪的新生——昔

日黑臭河 再淌清清水》《美丽乡村，共享宜居好生活——杭派民居 一户一景》等重点稿件，并连续在《杭州日报》头版发表《建德启动百亿项目推进新型城镇化建设》《江干帮扶1亿 新安江旅游休闲特色街启用》等一系列报道，集中反映重点工作的创新成果和有效经验。

【聚焦民生民情地域特色】 在《浙江日报》刊出《看小病更省钱 治大病更方便建德实施分级诊疗》《手机搞定“互联网+”生活 “支付宝”首个县域试点落户建德》《建德市157个规模种粮大户中，有16个“粮二代”——回家种田，我们蛮拼的》等稿件，在《杭州日报》发表《一纸村规如一部“小宪法”》《好人潘樟友离开了 爱心仍在接力》等报道。对节庆活动、休闲旅游、民生建设等专题进行多次图文报道，并依托微博、微信及“浙江新闻”APP等新媒体平台，全面、及时、有效地反映全市实体经济发展、重点项目推进、教育实践活动和改革创新的优秀成果，扩大建德的知名度和美誉度。 （陈 迁 别阳军）

数字电视

【概况】 2015年，建德华数数字电视有限公司秉承“创新、执着、精致、和谐”的企业精神，坚持全市广播电视网络统一规划、统一设计、统一管理、统一运行，以扩大网络覆盖、提升网络质量、完善网络管理和追求用户满意为主要目标，按照现代企业制度开展经营有线广播电视网络工程建设。全年实现销售收入7000万元，年末，公司固定资产原值达8000万元。公司获得“浙江省广播电视安全播出先进集体”和广电总局“村村通网络建设维护先进单位”等称号。

公司内设总经办、财务部、市场部、技术工程部、工程监理部、信息部、客服部，以及新安江、梅城、大同、寿昌、乾潭五个中心站。96371服务热线24小时开通，为用户提供报修、资费查询以及华数产品业务受理流程等相关咨询。在全市各行政村建立片区责任人运维制度，按照华数服务“八项规范”要求开展业务受理、安装、维护。

承担全市有线广播电视“村村通”“村村响”维护，以及一、二、三级网络的日常维护。履行广电惠民工程职责，城乡低保家庭免收有线数字电视初装费和视听维护费。为政府、教育、医疗、学校、金融等系统提供信息化网络应用平台和技术服务；推进华数电视信息化综合平台深化应用，及时发布预警信息、“三务”（党务、财务、村务）公开等信息，并提供政策法规、就业招聘、市场供求等信息查询。开发智能化数据监控平台，建设与公安、城管以及有关乡镇互联互通的实时视频监控系统，为构建和谐平安建德提供技术支撑和服务。

【有线电视实现行政村全覆盖】 2015年，全市行政村（含20户以上自然村）有线电视覆盖率达100%。完成全市232个行政村网络的双向化改造，公司拥有光纤总长2000余千米，中心机房和乡镇以及小区骨干机房46个，有线电视注册用户14.8万户，其中互动电视用户1.2万户，华数网通用户首次突破2万户。

【推进项目实施】 完成全市农村远程教育平台升级改造，建成华数全频道应急预警平台，为公安、气象、防汛、防火、供电、交通等部门提供应急预警信息发布服务，完成农村应急广播体系“村村响”工程，实现“村村响应急广播”与华数农村综合信息服务系统“户户响应急广播”互联互通。投资拍摄制作《爱情也包邮》《马头琴的传说》等两部电视剧。 （翁文忠）

编辑：郑志良

卫生 计生

Public Health & Family planning

综 述

【概况】 2015年，全市各级各类医疗卫生机构371所，其中三级乙等综合性医院1所、二级甲等医院1所（中医院1所）、二级乙等医院5所（综合医院1所、专科医院1所、中西医结合医院1所、专业公共卫生机构2所）、疾病控制中心1所、卫生院22所；病床2309张，其中公立卫生机构床位1942张，每千人拥有医疗床位5.26张；固定资产原值6.96亿元（含在建工程）。卫生专业技术人员3102人，平均每千人拥有卫生技术人员5.96人，平均每千人拥有执业（助理）医师2.44人，平均每千人拥有注册护士2.89人。放开口腔类别和中医类门诊部以上医疗机构的设置，新审批社会资本举办医疗机构8家，预核增加民营床位100张，全市民资床位突破省要求20%的标准。

全年卫生事业投入1.62亿元，卫生投入增长19.65%，卫生支出占财政支出比5.6%。全年医疗机构诊疗总数338.50万人次，急诊118.55万人次，健康体检28.91万人次，入院5.18万人次，出院5.20万人次，住院病人手术1.19万人次。医疗机构总收入13.10亿元（其中业务收入10.98亿元），总支出12.90亿元。

全市共上报出生4200人，计划生育率95.3%。免费孕前优生健康检测3400对，其中再生育家庭1369对，完成率100%。全年为5350个农村部分独生子女父母发放计生奖扶金513.6万元，为434个计生特殊家庭人员发放计生特扶金316.8万元，为37046个农村独生子女父母发放社保补贴370.46万元。

11月，市中医院门诊扩建工程开工建设，完成投资5010万元。市中西医结合医院迁建主体工程全部完工，累计完成投资7080万元。市二医院维修改造工程、市四医院病房楼加层工程动工。

2015年，乾潭镇通过国家级卫生镇杭州初评，洋溪街道、大慈岩镇、莲花镇、钦堂乡通过省级卫生乡镇（街道）省级暗访。通过浙江省慢病综合防控示范区创建省级调研，通过全省地方病防治“十二五”规划终期评估和重点地方病控制消除省级考核。完成农村生活污水治理项目改厕1.73万户。明珠小学通过浙江省健康促进金奖学校省级评估，为建德市第一家命名的金奖学校。

【启动省级分级诊疗试点】 4月30日，市政府办公会议审议通过《建德市分级诊疗工作实施方案》（初稿）。相继出台了《关于印发建德市分级诊疗工作实施方案的通知》（建政办函〔2015〕79号），以及《关于明确建德市分级诊疗工作有关事项的通知》(建卫〔2015〕55号)等文件，建立完善了基层首诊、双向转诊、分级诊疗的就医制度，构建长期稳定的市级医院与基层医疗机构、城市医院分工协作机制，形成科学合理的医疗服务体系；建立上下级定点医疗机构之间、定点医疗机构与社保经办机构之间的双向转诊信息化平台，实现数据共享；推进全科医生签约服务，完善预约诊疗服务机制，提升医疗服务便捷性和可及性；逐步建立各级医疗机构之间的便捷转诊通道，控制建德市外转诊比例。7月1日，建德市作为全省24个省级分级诊疗试点县之一正式开始实施。组建转诊服务办公室，启用信息化转诊平台，至年末，有4305人完成转诊。同时，启动“先看病后付费”智慧医疗结算新模式。分级诊疗工作的开展有利于合理分配有限的医疗资源，提高不同层次医疗机构之间的互通和合作，实现医疗服务的“连续化”和“谱系化”，使各级医疗单位形成有机联系的整体，进一步明确各层次医疗单位的工作目的，促进基层医疗单位整体提升。2015年县域内就诊率71%，基层医疗机构的服务水平得到提高。

【城市优质医疗资源下沉】 精准化驱动推进城市优质医疗资源下沉向基层延伸，2013年5月10日，建德市政府与浙医二院签订合作协作，浙医二院建德分院成为浙江省优质医疗资源下沉首家签约单位。继建德市第一人民医院后，位于寿昌镇的建德市中西医结合医院，位于梅城镇的建德市第二人民医院先后与杭州市中医院、杭州市第一人民医院集团建立紧密合作关系，多个合作项目落地。5家县级医院年平均业务增幅达18%，乡镇卫生院门诊人次增长21%，出院人次增长24%。市一医院成为杭州地区首家通过第五版JCI国际认证的三级乙等医院。

【健康服务“百千万行动”】 持续实施健康服务百千万行动，组织市级医院160人次到乡镇卫生院巡诊帮扶，下派1626人次医务人员到189个行政村开展巡诊，为1154名糖尿病、高血压合并脑中风患者提供免费中医药保健康复服务，为147名计生并发症患者提供1160人次公益性医卫服务，完成8829人次农村适龄妇女乳腺癌、宫颈癌项目筛查，为3135名易发人员开展免费脑卒中高危筛查。落实600余名对象享受贫困重性精神病人免费服用基本药物政策。

【实施生育关怀致富发展项目12个】 全年实施省、杭州市生育关怀致富发展项目12个，项目资金57万元。其中,省级项目2个,资金7万元;杭州市项目10个，资金50万元。杭州市10个项目参与家庭504个，新增就业140个，重点帮扶计生困难家庭65个。开展生产技术和计生政策、生殖健康知识培训45次，接受教育培训3453人次。

【计生特殊家庭帮扶】 2015年，出台实施计生特殊家庭帮扶项目相关文件，成立领导小组，组建关爱服务队，组织项目管理人员和志愿者心理援助培训，全年走访226个计生特殊家庭，将计生特殊家庭成员相关信息录入国家管理系统。11月16日至20日，委托省大众心理援助中心心理咨询师和建德市志愿者上门入户慰问调查，共调查147个家庭，调查率64.3%。

【计生协会换届】 8月20日，建德市计生协会召开第七届会员代表大会，132名各界代表参加换届大会，听取和审议六届理事会报告和财务报告，并按程序选举产生出47名七届理事会理事，严凌云连任会长。 （王惠明）

【电力医院】 2015年，职业病防治院完成驻外医疗点行政许可、机构校验、医师注册。开展企业健康促进试点，全年服务公司系统员工8000

余人次，完成公司1.47万名员工健身效果检测评估。全年累计完成公司系统员工1.40万人次的健康体检，新发现恶性肿瘤11例。初步建立受检员工基本健康档案,完善健康促进个体报告。完成省公司重要及大型活动的医疗保障任务。全年收治行业职业病人398人，完成全肺大容量灌洗治疗职业性尘肺病2例。完成属地企业职业健康检查1.17万人次。年诊疗87788人次。通过杭州市卫生监督所的年度检查。

协助完成2015年度全国电力职工职业卫生类科技成果奖的组织、初评与复评工作。参与国网公司相关科研项目及政策研究,《国家电网公司供电企业职业人群健康状况调查与分析》通过评审验收，参与编写《国家电网公司劳动防护用品配备标准》《做自己的健康管理专家：国家电网员工健康手册》，与中国电科院等合作翻译《环境健康准则：极低频场》。

选派专业骨干为公司员工开展CPR急救培训。组织人员参加医疗学术活动或短期培训55人次,省公司组织的其他专业培训26人次。葛继文、辛金兰被评定为建德市名中医。

2015年，医疗设备采购纳入浙江省人民政府或地方政府统一集中招标采购平台，3万元以上小型基建工程均纳入当地公共资源交易中心公开招标。全年完成10余件价值247.38万元诊疗急救设备的招标采购工作。

完成省公司抗灾抢修实训基地“三通一平”和围墙修缮工程等，综合医技楼修缮工程开工建设。完成驻外医疗点省医保网络直连、分级诊疗接口改造。完成电子病历系统招标合同签订。设立电瓶车定点充电场所，完成老住院楼电气接地工程。完成驾驶员、锅炉房、氧气库、水管维修、院区绿化等后勤通用工种的业务外包工作。

（郑志鸿）

公共卫生

【概况】 落实基本公共卫生服务项目，全年开展免费产前筛查2064人，产前筛查率89.0%；流动人口产前筛查328例，产筛率75. 6 %；免费新生儿疾病筛查3730人，筛查率99. 9 %；免费婚前医学检查4050对，婚检率93.2%。落实农村妇女住院分娩补助2380人，服用叶酸2812人，高危孕产妇管理率100%。对6.04万名已婚育龄妇女开展妇女常见病和妇科肿瘤的普查普治工作。

2015年，梅城镇卫生院成功创建杭州市级五星级妇儿保门诊1家。大洋、梅城镇卫生院创建成为浙江省甲等卫生院，莲花、钦堂、寿昌、大慈岩、航头、李家镇卫生院创建成为浙江省乙等卫生院。乾潭、杨村桥、大同镇卫生院三家单位创建成为全国满意乡镇卫生院。

212家村卫生室（服务站）实施乡村卫生服务一体化管理，开展公共卫生和基本医疗服务，一体化卫生室（服务站）从业人员294名，基本型一体化率达98.1%，紧密型一体化率达91.0%。

【创建成为省级慢病防治综合示范区】 2014年底，组织开展省级慢病防治综合示范区创建，先后印发《建德市创建省级慢性非传染性疾病综合防控示范区工作实施方案》《关于印发建德市卫生计生系统创建省级慢性非传染性疾病综合防控示范区工作实施方案的通知》，明确各部门单位的职责分工，分级成立领导小组、技术指导小组。多次邀请省市专家开展指导和培训工作，做好人脉储备。按照创建进度，依次组织开展部门联络员创建标准培训会3次、系统内部联络员培训会4次。开展全市范围和系统内部的督导工作，召开部门推进会和系统内部推进会，强化发现问题的整改措施落实。2015年7月23日至24日，建德市以杭州市第二名的成绩通过省卫计委预调研。11月26日接受省卫计委考评并通过检查，成功创建省级慢病防治综合示范区。

【全科医师签约】 2015年，继续实施全科医生有效签约制服务，有289名医务人员组成116个责任团队开展签约服务，各单位结合健康体检、慢病随访等工作，以慢病人群为主，面对面通过杭州市社区卫生服务信息系统和服务对象签约，全年共完成签约任务7.57万人。

【基层卫生综合技能竞赛】 8月，联合市总工会举办建德市基层卫生综合技能比武竞赛。16家基层医疗机构154名医务工作者（其中全科医生85人、社区护士69人）参加笔试，分片组织开展操作技能竞赛团队急诊演练比武，各片代表队选派医务人员参加全市操作技能竞赛个人项目比武，根据成绩选拔出参加杭州市决赛的参赛选手6人及替补3人。

【开展双巡回医疗“百千万行动”】 2015年，市级医院以资源下沉、慢病联合诊疗等形式，共组织百余人次到乡镇卫生院帮扶，指导会诊、查房、教学等工作。各乡镇卫生院下派1626人次医务人员开展209次进村巡诊服务，累计为181个行政村4.99万名群众提供健康体检、慢病随访、健康宣教等服务；为1154名糖尿病、高血压合并脑中风患者提供免费中医药保健康复服务和健康指导；为147名计生并发症患者提供1160人次公益性医卫服务。完成8829人次农村适龄妇女乳腺癌、宫颈癌项目筛查，为3135名脑卒中（俗称“中风”）易发人员开展免费脑卒中高危筛查，为初筛结果为高危的631名人员免费提供体格检查、实验室检查和颈动脉超声检查。

【中小学生防龋】 2015年，安排专项经费29万元，共筛查4079名学生，对其中符合封闭要求的2047人实施免费口腔窝沟封闭，封闭牙数共3926颗，封闭率100%。覆盖全市58所学校，学校覆盖率98.3%。

【农民健康体检】 完成60岁以上老人健康体检5.73万人，其中60岁以上参合农民体检5.48万人，0~6岁儿童2.74万人，中小学生4.23万人，其它成年人3.88万人。检出高血压1.59万人、糖尿病5355人、高脂血症6722人、肝功能异常2541人、肾功能异常3487人、疑似恶性肿瘤14人、良性肿瘤1250人、胆囊炎（胆石症）6223人、泌尿生殖系统疾病5540人、慢性阻塞性肺疾病COPD318人、精神疾病479人、肺结核46人，心脏、脂肪肝、肾结石等其他疾病1158人。

（周旭芳）

疾病预防控制

【概况】 2015年，全市乙类传染病报告13种912例，发病率为215.69/10万，比上年下降13.9%，死亡6例（艾滋病1例、肺结核5例）；丙类传染病5种809例，发病率为175.31/10万，下降24.7%。全年处理自动预警信号46起，其中其它感染性腹泻20起、麻疹16起、流行性感冒2起、手足口病3起、猩红热、恶性疟、疟疾（未分型）、流行性腮腺炎及丝虫病各1起，2起流行性感冒确认为聚集性疫情，其余均排除传染病暴发疑似事件，信号及时响应率100%。

实施“四害”常规监测：监测蝇平均密度为1.63只/笼，成蚊平均密度为1.80只/小时，蟑螂平均密度为指数1.9只/张，鼠平均密度为0.79只/夹·夜。消毒隔离质量监测完成医疗机构监测 21 家，共采样 384 件，合格 361 件，合格率 94.0%。

2015 年，全市报告死亡 3445 例，死亡率 6.78‰。死因前五位依次为循环系统疾病（2.21‰）、恶性肿瘤（1.69‰）、呼吸系统疾病（1.46‰）、损伤与中毒（0.55‰）和消化系统疾病（0.19‰）。是年，居民平均期望寿命为 81.34 岁，其中男性 79.23 岁、女性 83.67 岁。

与省疾控中心签订“双服务”项目合作协议，先后接收省中心业务专家蹲点指导服务 4 批 5 人次，涉及传染病疫情监测、传染病防控、卫生检验、营养卫生等专业领域。全市 256 家医疗机构的医疗废弃物由杭州大地维康公司集中回收处理，集中处置率 100%。

【创建成为省级慢性非传染性疾病综合防控示范区】 开展“三热”病人疟疾血检 4565 人，发现卵型疟疾病人 1 人，属于输入性病例（非洲务工归国人员）。全市春季查螺 109.35 万平方米，设查螺框 46.68 万框，调查环境 4608 个，未发现钉螺，完成“浙江省血防‘十二五’规划”下达的查螺任务指标的 182.3%。完成血吸虫病血清学查病 2270 人，阳性 1 人，对血清学阳性的 1 人进行尼龙绢集卵镜检和孵化毛蚴检查，结果为阴性。11 月 26 日，建德市通过浙江省专家组的创建省级慢性非传染性疾病综合防控示范区工作评估。

【免疫规划】 2015 年，全市基础接种率分别为：卡介苗 99.66%、糖丸 99.80%、麻苗 99.98%、百白破 99.89%、乙肝疫苗 99.82%，乙肝首针及时率 98.66%，流脑 99.72%、乙脑 99.81%、甲肝 99.74%。各接种点共上报疑似接种不良反应 92 例，调查处置 92 例，及时调查处置率达 100%。其中，3 例过敏性皮疹反应，2 例偶合症，其余均为一般反应，涉及 16 个乡镇（街道），无接种差错事故发生。

【卫生应急】 2015 年，市疾控中心组建 4 支应急小分队。全年接到疑似传染病突发应急事件报告 20 起，其中疑似麻疹疫情 11 起、疑似 AFP 疫情 1 起、乙型流感聚集性疫情 1 起、手足口病聚集性疫情 1 起、水痘聚集性疫情 4 起、甲 3 型流感聚集性疫情 1 起、腺病毒呼吸道感染聚集性疫情 1 起，采集标本 61 件，消杀面积 1800 平方米，实施应急接种 204 人。

【中小学生口腔窝沟封闭】 实施中小学生口腔窝沟封闭项目，全市 59 所中小学校覆盖率 98.3%，7030 名二年级学生覆盖率 58.0%。应复查 3925 人，完成复查 3427 人，复查率 87.3%；完成复查牙数 7947 颗，完好牙数 6887 颗，完好率 86.7%。 （严 琴）

卫生监督

【概况】 2015 年，共出动卫生监督人员 1532 人次，监督检查单位 3615 家次。受理各类卫生许可办件 1578 件，办结率 100%。受理投诉举报 17 件，调查处理办结 17 件。行政处罚立案 52 件，结案 52 件，罚没款总额 20.73 万元，其中罚款 12.94 万元，没收违法所得 7.79 万元，取缔非法行医 20 处，及时处理 14 起非法行医的投诉举报。无行政复议和行政诉讼案件。未发生突发公共卫生事件。

【学校卫生监督】 开展校园卫生 1、2、3 号行动，完成 41 所中小学校传染病防控专项监督检查。对 20 所学校开展校园环境卫生监测，对 16 所学校进行饮用水卫生监测，覆盖全市自备供水、二次供水和直饮供水学校以及部分水厂供水学校。

推行浙江省学校卫生管理与监督信息系统，并及时上传监督监测资料。

【环境卫生和饮用水监督监测】 完成598家公共场所量化分级,指导8家住宿场所试行“五常法”（常组织、常整顿、常清洁、常规范、常自律）管理，创建生活美容、足浴卫生示范单位。开展游泳场所、健康相关产品（场所）以及生活饮用水监督监测，共抽检游泳场所20件次，合格率100%，健康相关产品（场所）159件次、活饮用水水样75件次合格率98.7%。推广《社区生活饮用水卫生现场检测示范项目》，按照每月一检测一公示的方式，在新安江街道仓滩社区开展居民生活饮用水水质现场检测和公示，检测结果均符合卫生标准。（周桂珍）

医政管理

【概况】 2015年，各医疗机构全面落实“医疗资源和人才下沉、基层服务能力和群众满意度提升”“双下沉、两提升”工程、规范基本药物、无偿献血、医疗质量“三控”（控制输液率、控制抗菌药物不合理使用、控制不合理检查）等工作，较好地完成全市城乡居民的医疗救治工作。

【基本药物制度实现全覆盖】 2015年，全市272家公立基层医疗机构100%实行基本药物制度，基本药物制度实现16个乡镇（街道）全覆盖，规范了基药采购范围和途径。基层医疗机构全年门急诊176.78万人次，增加56.96万人次，增长47.5%，基药使用比例76.1%。其中，市一医院基药使用率达到32.8%，市内二级医院基药使用率达到50%。全年下达财政补助资金3924.59万元，医改后累计补助2.19亿元。

【实施医疗机构准入管理】 2015年，全市医疗机构校验354家，新注册2家、注销3家。注册执业医师（含助理）1451人，比上年增长2.3%，其中新注册67人、变更注册152人；注册护士1473人，增长3.3%，其中新注册68人、变更注册121人，延续注册108人。对171人进行医师资格考试报名资格审查，121人通过资格审查，61人通过考试获得医师资格证书，通过率50.4%。重新核定市中医院、德生眼科医院、富春骨伤医院、康复医院4家民营医院的床位数，全市民营医疗机构核定床位446张，占比21%。

【医疗质量管理】 各医疗质控中心开展各类学术交流活动20余次，开展放射及中医适宜技术2个专项比武。开展控制输液率、控制不合格处方、控制大型设备检查“三控工作”，落实院内感染、抗生素、手术室等重点领域医疗质量管理。实施“阳光用药工程”公示8批次20个单位12个项目信息，2015年度市级医院药品占比40.4%；抗生素使用占比16.5%。落实医疗争议事件责任追究评析制度，全年经医调会协调解决医疗纠纷35起，申请鉴定5起。开展基层医疗机构集中整顿监管工作，规范医疗机构的执业行为。规范医疗废物处置流程，加强医疗废物安全管理。全市共有1个急救分中心4个急救点，抢救型救护车10辆。完成急救分中心调度指挥信息系统改造升级，完成6期120人次的院前急救医生现场急救培训。

【组织开展无偿献血】 5月，成立血液质量控制管理小组，对全市用血单位开展检查指导。全年完成无偿献全血4682人次（增长8.8%），献血量1640.74升（增长6.3%），一次献血300毫升以上者4326人次（增长7.1%），占总献血人次的92.4%；供应临床用血1584.2升（增长5.5%）。

成份输血率达100%。机采血小板采集438人次（下降6.2%），成分血量5790单位（下降5.6%），无偿献血占临床用血比例为103.6%。

【医学科技教育和学科建设】 中西医新老模式住院医师规范化培训同步进行，在培生共14 7人，其中2015年西医新模式规培新增37人、中医新模式新增4人。市一医院“心内科、重症医学科、普外科”被批准为杭州市重点建设学科，其中“心内科”作为浙江省县级龙头学科进入新一轮周期，批准11个学科进入建德市级重点学科。开展2015年度科研项目申报，立项成功9项。

（郑 娟）

妇幼保健

【概 况】 2015年，全市孕产妇系统管理率95.77%，住院分娩率100%，高危孕产妇住院分娩率100%，产后访视率97. 5 %，孕产妇死亡率50.37/10万，0~7岁儿童保健覆盖率98.2%，0~3岁儿童系统管理率97.4%，新生儿疾病筛查率99. 9 %，新生儿出生缺陷发生率7.3‰，婴儿死亡率3.0‰，5岁以下儿童死亡率3.5‰，新生儿破伤风发生率为0，婚前医学检查率93.2%，妇女病普查率97.9%。全市医疗机构围产儿死亡监测和出生缺陷监测覆盖率100%。开展“妇女健康促进工程”普查6.04万例。

市妇幼保健院兼管城区5家社区卫生服务站管理工作。15家围产期保健门诊经量化评分审核，3星级门诊11家、5星级门诊2家。50余家托幼机构1226名保育员接受健康体检，合格率100%。3家甲级幼儿园卫生监测合格率100%，43家乙级幼儿园合格率94.2%。新妇幼保健院完成主体工程。

【成立妇幼保健计划生育服务中心】 7月28日，建德市妇幼保健计划生育服务中心成立，该中心位于新安江街道健康南路41号，由市妇幼保健院与计划生育宣传技术指导站两家单位合并成立，同时新增计划生育、优生学、生殖健康与不孕症内容，实现妇幼计生资源共享。

【强化“艾梅乙”母婴阻断】 全年共有1.18万名服务对象接受艾滋病检测，检出阳性10例；梅毒检测3742人，检出阳性18例；乙肝检测4697人，218例乙肝阳性分娩孕妇接受免费乙肝免疫球蛋白针注射，乙肝母婴阻断率为100%。管理携带梅毒孕妇所生儿童21例，结案8例，继续随访13例。系统管理携带艾滋病毒孕妇所生儿童1例。

【母婴健康工程与妇女健康促进工程】 加强孕产妇和新生儿抢救中心及分中心服务功能建设，举办“孕妇学校”24期，开展健康知识讲座38次，制作宣传栏8期，参与大型义诊活动6次，接受咨询和义诊8600余人次，发放宣传资料5200余份。全市6.04万名已婚育龄妇女参加健康体检，查出患妇科疾病1.61万例，其中宫颈癌16例、乳腺癌6例、卵巢癌2例。（陈利民）

中医中药

【概况】 2015年，建德市中医药工作坚持以中医药服务网络体系建设为基础，以中医药人才队伍培养为重点，以提高中医药服务能力为目标，深化“全国农村中医药工作先进单位”建设，通过了杭州市基层中医药服务能力提升工程终期评估。市中西医结合医院取得省中管局科研立项一项，实现省级课题零的突破。市中医院骨伤科被确定为浙江省第三批非公立医疗机构临床特色学科建设单位。

市中西医结合医院中医针灸推拿病区床位增至52张，病区全年业务总量突破1000万元。开展10多种中医护理技术应用，组织开展全市中医适宜技术技能比武，推进全市中医非药物治疗的开展。

10月，开展建德市名中医评定工作，经组织推荐、资格审核、实地考察、专业评审等程序，胡建松等9人被评为建德市名中医。

【建立何嘉琳中医妇科全国传承工作室】 4月，借力杭州市中医院建德分院医疗合作项目，在建德市中西医结合医院新开设国家级名中医何嘉琳中医妇科全国传承工作室建德分站，杭州市中医院长期派驻专家坐诊，中医妇科门诊人次从9376人次增长到1.04万人次，增长10.6%。“何嘉琳”中医妇科被列入第六批杭州市非物质文化遗产项目名录。

【通过基层中医药服务能力提升工程终期评估】 2015年，全市乡镇卫生院100%设立中医科和中药房，能开展10种以上中医适宜技术，大部分村卫生室能开展4种以上中医药适宜技术。在12家乡镇卫生院运行中医药综合服务区。组织150人次的中医适宜技术培训，开展4.6万余名居民的中医体质辨识和健康教育活动。乡镇卫生院中医药业务收入1614万元，比上年增长32.9%。全市开具中药饮片118.87万帖，总金额4588.38万元，人均帖均费38.6元。 （郑 娟）

编辑: 郑志良

社会保障

Social Security

民政工作

【概况】 2015年，建德市民政工作坚持“以民为本、为民解困、为民服务”核心理念，256个村（社区）开展“社区公约”“村规民约”修订工作，并先后在人民网、新华网、《今日浙江》《浙江法制报》《杭州日报》等媒体宣传报道，成为中组部组织的华东省市党建工作参观学习内容。

投资150万元修缮市老年活动中心，投资20余万元修缮市社会福利院基础设施建设。办理结婚登记4210对，离婚登记1342对，补发结婚证1310对，婚姻登记合格率100%。服务“美丽建德建设”救助流浪乞讨人员66人次，查实并护送返乡精神异常流浪乞讨人员16人。全年向上级争取资金6900万元，发放民政保障资金9237万元，募集福利彩票公益金667万元。出台《关于激发社会组织活力促进社会治理工作的意见》文件，社会组织年检率100%，等级评估10家4A级、10家3A级社会组织。福利企业完成总产值15.2亿元，兑现年度政府对福利企业残疾职工超比例安置奖励和社会保险补贴资金480万元，新安置残疾职工266名。

组织烈士公祭活动。投资25万元修缮4座革命烈士纪念设施。编印发放《建德烈士英名录》2000余册。完成“两路两侧”“青山白化”坟墓整治点56处，新建生态墓地9处。落实殡葬惠民减免费用3251例181.85万元。

做好第二次全国地名普查宣传，完成《建德市地名志》编纂。申报9个千年古村落名和开展90个首批地名文化保护名录调查。新建确认乡镇（街道）、村（社区）避灾安置点44个，累计建有市、镇、村三级避灾场所150处，乡镇（街道）级避灾安置场所覆盖率100%，村（社区）避灾安置点覆盖率53%。

“联会、联谊、联防、联调、联治、联创”边界治安联防协作六大工作机制有序运行，与毗邻县（市、区）、乡镇签订平安边界创建协议书38份，签订率100%。

【社会救助】 出台《建德市社会救助“一门受理、协同办理”机制建设指导意见》，制订《建德市特困人员供养实施办法》，开展《城乡居民最低生活保障实施办法》宣传培训，落实申请低保家庭收入核定工作，实施残疾人基本生活保障扩面工程。7月开始，城乡低（残）保审批和保障金发放按月实施，至年底，有在册享受城乡低（残）保8038户10978人，新增1341户1684人，退出587户840人，共发放保障金3601.88万元（含散居孤儿和困境儿童生活费）。审核、发放困难家庭救助证1350户3044人，发放困难家庭各类临时救助2943户465.1万元。慈善总会发放各类助学款1274人374.3万元。开展消除“4600”（“4600”：家庭人均年收入低于4600元以下的贫困户）工作，完成“东方之星”号沉船遇难者建德籍人员善后处理工作。第十五次“春风行动”到账864.5万元，春节期间市级慰问发放城乡低保（残保）、五保、持证困难家庭、困难职工、困难残疾人等慰问金783万元。“春风行动”资金使用经市审计局审计后在媒体公开。

【低保两次调标】 1月起，城镇居民最低生活保障标准由520元/人·月调整为540元/人·月，农村居民最低生活保障标准由375元/人·月调整为405元/人·月。12月，城镇居民最低生活保障标准整为612元/人·月，增幅为13.3%；农村居民最低生活保障标准调整为490元/人·月，增幅为21%，农村准达到城镇标准的80%。

【“双拥”优抚和安置】 全年发放优抚对象抚恤补助资金1840万元，义务兵家庭优待金914万元，义务兵立功受奖奖励金5.76万元，艰苦地区服役义务兵补差优待金46万元。举办“纪念抗战胜利70周年”军民联欢晚会，向抗战老兵慰问并发放纪念章和一次性生活补助金。寿昌镇南浦村双拥陈列室建成“双拥共建示范点”。

推行“阳光安置”机制，开展退役士兵免费职业技能教育培训和退伍军人专场招聘会，自主就业退役士兵实行城乡一体化安置，核发退役士兵自主就业经济补助金566万元，完成2014年冬和2015年春退役士兵安置任务。

【深化社区减负】 社区考核评比项目从原先48项缩减到3项（“和谐、文明、平安”社区考核）。工作台账由原先40余项减少至5项，逐步推广电子化台账。严格准入部门进社区工作，工作任务从原先97项减少到29项。开展城乡社区“对口见学”活动，推行“66810”为民服务绩效追踪平台，在城镇社区推行错时上下班制度。联合公开招考招聘社区工作者16人。（郑 胜）

老龄工作

【概况】 2015年，全市办理老年优待证5882本，发放80周岁以上高龄老人生活津贴1.53万人次、994.1万元。制订《建德市老年人意外伤害保险实施办法》，7月1日起为全市11.1万名老年人支付保险费222万元。至年末，收到保险理赔报案435起，赔付402件、108.59万元。创建省级老年俱乐部1家，开展市级以上单项比赛34次，参与人数7280人次。参加健身球、气排球、木兰拳等国际、国家级比赛交流16次，取得67金56银、74铜的成绩。创建成为“全国健身球操之乡”“全国柔力球之乡”，新安江街道（木兰拳之乡）、寿昌镇（快乐舞步健身操之乡）、航头镇（排舞之乡）被命名为杭州市老年体育特色项目之乡。

调整农村“五保”和城镇“三无”人员集中供养市级补助标准，农村612元/人·月、城镇712元/人·月，全年供养支出总水平达到10029元/人。全市农村“五保”和城镇“三无”人员474人（农村436人、城镇38人），其中在院供养464人、户院挂钩1人、分散供养9人，集中供养率97.9%。

组织开展重阳节慰老服务、“五下乡”、雷锋角等慰老志愿服务活动30余场，服务人数4.5万人次。为老年人提供法律援助案件19件，法律咨询服务233人次，调解各类矛盾纠纷209人次。市老龄事业发展基金会全年筹资118万元，扶持24个养老项目共104万元。

开展“敬老月”活动，按市、镇、村三级对近3万名老年人开展慰问，发放慰问金和慰问物品价值200余万元。举办第二届“敬老孝星”“有为老人”“五星老干部”评选表彰。

【60周岁以上老年人口占比21.44%】 2015年年末，全市60周岁及以上老年人口10.91万人，占户籍总人口21.44%，比上年增长0.77个百分点，老龄化程度高于全国、全省和杭州市平均水平。其中，60～69周岁62645人，占57.44%；70～79周岁30754人、占28.20%；80周岁及以上15671人、占14.37%，有百岁老人虚岁25人。新安江街道、大同镇、梅城镇、寿昌镇老年人口超过万人，分别为15409人、12027人、10267人、10135人。14个乡镇（街道）老龄化程度超过20%，梅城镇最高，达24.63%。

【机构养老】 推进乡镇养老服务中心迁改建提升工程，实施提升项目11个总投资6126万元，大同、寿昌、李家等乡镇养老服务中心完成建设并投入使用，下涯镇、大慈岩镇完工，钦堂乡、大洋镇完成主体工程建设。民办养老机构大同颐养院、李家沙墩头社区老年服务中心建成使用。至年末，全市有养老机构23家，机构养老总床位3965张（民办占57.6%），百位老人床位率3.6张。

【居家养老】 2015年，建成居家养老服务照料中心66家，累计建成223家。全市“爱暖空巢行动”服务对象2050人。政府购买养老服务补贴人数7133人，占老年人口总数6.5%，其中购买居家养老服务人数5785人347.1万元。开展“养老护理知识技能进万家”培训失能和半失能老人家庭护理人员3700人，累计培训10800余人。“96345”社会公共服务平台开始运行，吸收加盟服务商240余家，开通服务项目12类88项，全年接听热线电话3500个、提供服务1000余次。投资40万元的智慧养老服务信息管理系统试运行，发放智慧养老服务终端（老年机）600只。

表25

2015年建德市百岁老人名单

序号	乡镇（街道）	村（社区）	姓名	性别	出生日期
1	大同镇	丰畈村	黄秀英	女	1911年8月30日
2	大同镇	溪口村	童姣妹	女	1916年4月21日
3	大同镇	竹源村	孙德高	男	1916年11月29日
4	大同镇	禹甸村	王国斌	男	1916年7月01日
5	大同镇	劳村	叶宝珠	女	1912年5月31日
6	航头镇	青坞村	夏秋英	女	1915年6月22日
7	李家镇	曙光村	黄爱玉	女	1915年10月31日
8	莲花镇	齐平村	许海标	男	1916年8月28日
9	梅城镇	宝华洲社区	卢秀林	女	1915年11月01日
10	梅城镇	姜山村	李莲英	女	1916年10月29日
11	梅城镇	严陵社区	张美岭	女	1916年11月15日
12	乾潭镇	下包村	张光宝	女	1915年8月13日
13	乾潭镇	后山村	余树香	女	1915年06月15日
14	钦堂乡	庙前村	杨小娜	女	1916年11月05日
15	三都镇	下钱村	汪秋菊	女	1915年6月20日
16	三都镇	三都村	黄香	女	1916年1月30日
17	三都镇	松口村	何兰香	女	1915年10月20日

续表25

序　号	乡镇（街道）	村（社区）	姓　名	性　别	出生日期
18	寿昌镇	东门村	黄兰英	女	1916年10月05日
19	寿昌镇	桂花村	邵香香	女	1915年2月24日
20	寿昌镇	周村村	蒋秀凤	女	1913年9月10日
21	新安江街道	府西社区	王汇东	男	1915年12月23日
22	新安江街道	罗桐社区	钱雪琴	女	1909年11月13日
23	新安江街道	叶家社区	金卸妹	女	1913年10月09日
24	杨村桥镇	黄盛村	潘桂姣	女	1915年10月09日
25	杨村桥镇	岭脚村	方梅英	女	1915年12月20日

（朱福平）

人民生活

【城镇居民人均生活水平】 2015年，建德市城镇居民人均可支配收入38102元，比上年增长8.5%。其中，从职工单位得到的工薪收入占家庭总收入的43.2%、个体经营者经营净收入占5.3%、财产净收入占11.3%、转移净收入占40.1%。城镇居民人均消费支出为30381元，增长10.4%。其中，食品消费支出8598元，增长25.2%，恩格尔系数为28.3%；衣着人均支出2076元，增长8.1%；居住人均支出6745元，增长1.9%；生活用品及服务人均支出1588元，下降6.8%；医疗保健人均支出3792，增长38.0%；交通通信人均支出3662元，增长11.7%；教育文化娱乐服务人均支出3098元，下降20.2%；其他商品和服务人均支出823元，增长65.5%。

【农村居民人均生活水平】 全市农村居民人均可支配收入20051元，比上年增长9.6%。其中，从各类企业、集体组织和其他单位得到的劳动报酬人均收入为12409元，增长8.9%，占农村居民人均可支配收入比重为61.9%；家庭经营净收入为5317元，增长10.5%；财产净收入为146元，增长1.6%；转移净收入为2179元，增长12.1%。据农村住户抽样调查，农村居民人均生活消费支出为12635元，增长15.4%。其中，食品消费人均支出3931元，增长12.7%，恩格尔系数为31.1%；衣着消费人均支出714元，增长7.5%；居住人均支出3286元，增长14.3%；生活用品及服务人均支出812元，增长18.6%；医疗保健人均支出1035元，增长47.4%；交通通信人均支出1644元，增长13.0%；教育文化娱乐服务消费人均支出996元，增长5.6%；其他用品和服务消费人均支出218元，增长63.6%。

（王新华）

移民工作

【概况】 2015年，市移民局落实移民工作各项方针政策，争取到位各类移民资金1.35亿元，库区和移民安置区经济社会持续稳定发展。完成移民专项资金项目建设并组织验收217个，补助资金5572.04万元。立项项目327个，水库移民专项资金投资1.17亿元。实施直补人口复核与资金发放，核减128人，年度（在册）水库移民直补发放2.45万人，直补资金发放率100%。

11月5日，杭州市水库移民创业致富工作现场会在建德召开。会议就促进水库移民创业致富、强化移民创业致富理念进行交流，并组织参观建德浙江逸龙文化创意产业园、杭州艾利斯玫瑰园科技有限公司等移民创业致富基地。

【库区移民创业致富】 探索水库移民创业致富有效途径，推进创业致富工作，2015年，在“后靠扶持”、结余、创业致富三块资金中投资80万元以上的项目有新安江科技城科创实验基地、大慈岩全域旅游环境提升整治工程、三都镇松口至杨家绿道工程、三都游客中心（农产品展示展销中心）、大洋镇移民创业基地厂房建设等14个，共投资2173万元。全年举办各类移民创业就业技能培训31期，4300余人次参加。

【移民后期扶持监测评估】 对13个乡镇、29个样本村、200个样本户及移民项目的数据进行收集和录入统计。根据监测评估数据显示，2015年移民人均纯收入为18600元，比上年增加3300元，增长21.6%。（毛贤龙）

民族宗教

【概况】 2015年，市民宗局按计划培养培训基督教教职人员，做好团结、引导、教育和服务工作。9月，按立基督教长老9人、派立执事4人。坚持“三先三后”原则（即：先农村后城市、先外围后中心、先容易后艰难），实行以新换旧等方法，运用非宗教方法处理宗教问题。通过拟订方案、约谈宗教界人士、到各堂点督查指导，在杭州地区率先完成56处宗教标志物规范工作。

【民间信仰登记编号工作位全省前列】 2015年，全市完成民间信仰活动场所甲类登记编号69处、乙类58处，共计127处。8月13日，杭州市民间信仰登记编号工作现场会在建德市召开，建德作典型发言，并现场观摩寿昌镇金桥村吴白山殿、洋溪街道朱池村朱公祠。10月23至24日，全省民间信仰编号登记工作推进会在温州瑞安召开，建德市作为杭州地区重点县级市参加会议，并作《把好“六个无”有序推进编号登记工作》的交流发言（“六个无”即：场所土地和建筑物产权无争议的证明，当地“三改一拆”办公室提供的无违章建筑的证明，管理组织成员无不良记录的证明，房屋无险情证明，消防无隐患证明，无常住宗教教职人员证明）。

【出台县市首份宗教（民间信仰）管理意见】 8月，市民宗局拟定并由两办印发《关于加强宗教（民间信仰）事务管理的实施意见》（市委办发〔2015〕47号），首次明确将宗教（民间信仰）事务纳入基层社会事务管理范围，为管理宗教（民间信仰）场所的日常运行、建设施工等方面提供政策依据。该《管理意见》在杭州县市（区）中尚属首份。

【演通法师荣膺乌龙山玉泉寺重建后首任方丈】 经浙江省和杭州市佛协批准，10月11日，举行净土五祖少康大师道场乌龙山玉泉寺演通法师方丈升座庆典活动，演通法师荣膺乌龙山玉泉寺重建后的首任方丈。玉泉寺，原称善导和尚净土道场，为唐德宗贞元十年(794)净土宗五祖少康大师创建，是净土宗十三个祖师道场之一，是杭州市重点寺院、浙西佛国。1992年经杭州市批准重新修建，2009年对该寺庙进行提升改造，由门坊、山门、天王殿、钟鼓楼、观音阁、大雄宝殿、药师殿、阿弥陀佛殿、东西厢房、藏经阁等建筑组成，总建筑面积7000平方米，是一座拥有“名僧、名寺、名石、名泉、名景”的佛教圣地。庆典活动上，演通法师代表玉泉寺向梅城镇、三都镇、乾潭镇、寿昌镇及大同镇敬老院捐赠资金10万元。

【民族村“三化三品”特色畲寨建设】 2015年，市民宗局开展特色畲寨建设，推进少数民族村“农村景区化、农业旅游化、农民市民化”，做好“民族品牌、文化品牌、生态品牌”文章，发展特色民族经济。完成省扶持项目6个、中央重点项目申报，争取上级资金139万元，建德市配套60.5万元，并按照财政扶贫经费和民族经费使用规定，指导民族村做好项目管理。（胡家俊）

关心下一代工作

【概况】2015年，建德市关心下一代工作求真务实、主动作为。89名“五老”（老干部、老专家、老教师、老战士、老模范）宣讲员撰写宣讲材料32篇，在中小学、企业和社区开展以纪念抗日战争胜利70周年、“爱学习、爱劳动、爱祖国”“禁毒知识教育”“孝敬与感恩文化”“论语”等为主题的宣讲活动115场，受教育学生有4.5万多人次。各乡镇（街道）创办暑期“假日学校”92所，有3414名中小学生参加“假日学校”学习活动。全年组织关爱工作团进社区开展集中帮教活动两次，为矫正对象辅导上课。至年底，全市有青少年活动基地10个。382名“五老”结对留守儿童，并担任代理家长，关心关爱他们生活和学习，一批老同志成为“有为老人”“关爱之星”，代理家长吴庭槐被评为建德市十大“有为老人”，杭州市道德模范（平民英雄）。

是年，市关工委多渠道筹集帮困助学资金29.6万元，资助大、中、小学生235名。

【吴庭槐被评为杭州市道德模范】吴庭槐退休后，担任航头镇退休教师协会分会长。2005年，组建航头镇关工委“五老”宣讲组，深入学校、社区为青少年开展以社会主义核心价值观为主题的思想教育，每年宣讲40场余场（次），受教育人数达3000人（次）以上，深受师生和居民的好评。组建航头镇留守儿童俱乐部，关爱留守儿童与失足少年，带领退休教师担任代理家长80余人次。用真心、热心、爱心、耐心协助学校做好100余名学生的思想转化工作。5次被评为杭州市关心下一代工作先进个人，2015年被评为杭州市第十一届道德模范（平民英雄）。

【创建青少年基地10个】2011年之后，市关工委不断挖掘乡村红色文化、历史传统、地方特色品牌等资源，通过配合协作、联合共建、资源共享等多元方式，设立爱国主义教育、帮教关爱、技能培训和实践体验等青少年校外教育活动基地10个。其中，依托成人文化学校设立青少年就业前培训和技能培训基地2个，大风车青少年音乐素质培训基地1个，以及大洋双童烈士墓爱国主义革命传统教育基地，大同书院、李家江南书塾和三都马宅村假日学校等4个教育关爱基地，乾潭玫瑰园、航头干水果种植和洋溪中草药基地等3个青少年科普实践基地。2015年，市关工

◎2015年浙江省“福彩牵手·点亮梦想”千名残困少年专项资助活动启动仪式

委向上争取专项基地建设经费10万元，给予基地扶持。青少年校外教育活动基地成为学校教育实践活动的阵地和关工委老同志发挥作用的重要平台。

【开展爱国主义教育和践行活动】 2015年，市关工委围绕“爱学习、爱劳动、爱祖国”、纪念抗日战争70周年、学习宪法知识等主题活动，面向青少年进行爱国主义教育和践行活动。其中，新安江街道开展寻访抗战老兵活动，聆听抗战老兵亲历的抗战故事；梅城镇举行不同寻常的新学年开学典礼，请抗战老兵讲述抗战经历，回忆抗战历史，激发爱国热情；大洋镇中小学校在清明节组织中小学生到“双童”烈士墓爱国主义教育基地举行祭扫活动，开展革命传统教育；新安江街道、更楼街道学校在清明节组织学生向革命烈士纪念碑敬献花圈，开展缅怀先烈活动；三都镇中小学校组织团员青年到当地蒋治烈士墓地，举行入团宣誓仪式，感受革命先烈和英雄人物的事迹；李家镇学校组织学生祭扫余大斌烈士墓，缅怀先烈业绩，进行爱国主义、革命传统教育。

【启动“福彩牵手·点亮梦想”活动】 5月21日，浙江省关心下一代工作委员会、浙江省福利彩票中心、浙江省关心下一代基金会、浙江电视台钱江频道，会同杭州市关心下一代工作委员会、杭州市福利彩票中心、建德市关工委，在建德市新安江街道白沙社区联合举行“2015浙江省‘福彩牵手·点亮梦想’千名残困少年专项资助”活动启动仪式。全市有130名贫困中小学生受到每人1000元的资助。 （张秀云）

编辑：郑志良

乡镇（街道）

Towns and Community

新安江街道

【概况】 新安江街道是建德市政治、经济、文化中心。2015年，该街道行政区域面积110.863平方千米（上年度为102.6平方千米，根据市统计局2016年2月编制并发布的公报数据，2015年所有乡镇街道行政面积均有变更，为确保精准度，本年度均采用原始数据，不作小数点取舍），辖11个社区、4个行政村，年末户籍总人口79626人（人口数据，2015年度采用年末户籍人口，因统计口径发生变化，导致数据变化差异大，不可比较，故本年度所有乡镇街道均不计算人口自然增长率）。全年共出生572人、死亡419人，当年计划生育率94.95 %。实现社会消费品零售总额55.48亿元，比上年增长12.4%。地区生产总值80.60亿元年，增长8.1%；其中第三产业增加值60.03亿元，增长12 %。财政总收入7.73亿元，增长2.37%；其中地方财政收入2.81亿元，增长9.26%。城镇居民人均可支配收入38102元，增长8.5%；农村居民人均可支配收入24969元，增长10.1%。

工业企业153家，其中规模以上企业26家，年度新增产值2000万元以上企业1家（杭州健立塑料科技有限公司），工业销售产值57.9亿元，减少3.1%；其中规模以上企业销售产值43.57亿元，减少3.5%，规模以上企业销售产值占全部销售产值的75%，支柱作用仍然明显（2015年开始，所有乡镇街道均不作工业总产值项目统计）。自营出口2175万美元，增长69.9%。全年核准备案工业项目18个，投入均在500万元以上。全社会固定资产投资21.87亿元，其中工业生产性投入4.72亿元，增长5.8%；盘活存量厂房8800平方米。工业功能区平整土地10.67公顷、盘活存量土地1.47公顷。年度招商引资项目7个，协议资金12亿元，年末实到内资7.43亿元，实到外资600万美元。

有耕地188公顷，林地52.14公顷。农业总产值1.60亿元，增长8.07%；农作物播种总面积609.1公顷，增长4.12%；其中粮食作物112.3公顷（减少41.4%），总产量558.6吨（减少44.5%），粮食播种面积、总产量萎缩趋势明显。油料作物播种52.6公顷，油料总产量157吨；甘蔗12.53公顷，总产量764.4吨；蔬菜（含菜用瓜）279.7公顷，总产量0.88万吨，与上年相比略减；果用瓜90.2公顷，总产量2729.1吨；花卉园艺32.2公顷，出售盆栽27.6万盆，增长4.55%。投资287万元，完成大家坞山改地项目8.2公顷；庭院绿化及村庄美化等零星植树1.98万株，造林抚育面积19公顷，森林抚育面积412.67公顷，封山育林面积3149.07公顷。花卉产业发展态势良好，年末存留兰花30万盆，其中精品兰花2万盆，市场价值1亿多元。

10月，小塘坞道士庄区块的新安江街道白沙社区农民安置房项目开工建设，该项目为生态养老拆迁安置和旧村改造的配套项目，总投资4430万元，占地近2.8万平方米，主要建设25幢联建房、4幢公寓楼及停车位、绿化等配套设施。投资650万元，完成丰产村农民饮用水安全工程，共敷设饮水管网逾40千米，实现街道辖区内自来水工程全覆盖；投资50万元，完成白章线—江河道路提升项目。

2015年年末，有街道所属学校8所，其中小学3所，专任教师175人；初中2所，专任教师196人。职业教育机构1所，专任教师8人，幼儿学前教育机构14所（其中民办12所），专任教师18人。全年发放各类临时救助、困难救助69余万元，发放医疗救助金70余万元，申报创建社区小康阳光庇护中心3个；组织1.16万余名企业退休人员参加免费健康体检，城镇居民基本医疗保险总参保人数23798人，参保率达98.23%。全年举办各类技能培训11期，举办家庭教育讲座13期，参训人数200余人次。走访慰问困难妇女家庭、困难儿童并发放慰问金20余万元，完成1200余名妇女的“两癌”（乳腺癌、宫颈癌）筛查工作。对全街道（含外来在册非常住人口）育龄妇女实施免费婚前医学检查、孕前优生检测及国家免费孕前优生健康检查工作，发放计生奖励扶助资金10.5万元，各类补助57.1万元。12月，罗桐社区被评为全国和谐社区。

【重点项目建设】 11月，完成“千山一水”项目临时厂房建设，投资2000万元；完成奥迪4S店一期项目与二期项目用地农转用审批预计及农户征迁房屋评估；李家坞拆迁安置房项目进行自建地址选房分配，完成年度投资1672万元。至年底，盛德国际广场项目1号楼、2号楼、4号楼完成主体结顶，3号楼完成第二层楼板模板工程，完成年度投资1.42亿元。千岛湖皇冠假日酒店主楼工程完成90%，进入内部装修阶段，完成年度投资1.8亿元。

【农夫山泉新安江饮料公司税收首次突破亿元大关】 农夫山泉（建德）新安江饮料有限公司2014年总投资约1.38亿元，完成年产24万吨饮用水天然水生产线、源水处理及生产线两大技术改造项目，产能得以大幅提升，2015年销售产值15.9亿元，比上年增加2.33亿元，增长17.2%；完成税收1.95亿元，增加1.06亿元，增长118.18%。

【开展各类环境综合整治】 开展“五水共治”工作，全年组织清理辖区内河道120次，参加清理人员3000余人次，清理河道180千米，清除卫生死角600多处，清运垃圾700吨。完成下湾河道整治项目，投资98万元。完成寿昌江沿岸、江村溪和黄泥墩溪沿线养殖业整治工作。新蓬、梅坪、黄泥墩、丰产4个村生活污水治理工程全部通过验收考核，该工程总投资1280万元，共建设26个终端池，敷设管网49.4千米，纳管1148户，改厕1747户，受益率达90%以上。

开展“三改一拆”“四边三化”“两路两侧”专项行动，全年拆除违法建筑120处，面积1.46万平方米，拆后利用率为80.12%。“四边三化”45个点位全部整治完毕。开展“两路两侧”专项整治，共清理垃圾1811立方米，拆除广告牌353平方米，拆除违法建筑1045平方米。

【完成3个地质灾害点治理】 全年完成3处地质

灾害（隐患点）治理：投资650万元，完成爱和苑滑坡治理；投资413万元，完成叶家路一弄46号滑坡治理；投资122.45万元，完成康安路33号崩塌地质灾害治理、康安路38幢屋后边坡崩塌地质灾害应急抢险治理工程。

【房屋征收工作】 12月，完成府前路区块旧城改造房屋征收工作，征收范围内共涉及户数214户，其中单位10家、住宅183户、非住宅21户，涉及房屋征收建筑面积约2.85万平方米，土地面积约2.56万平方米。同月中旬，完成新安江铁路货场东侧地块房屋征收80户签约工作，签约率100%。

【年产3亿片（粒）口服固体制剂技改项目开工建设】 11月，浙江远力健药业有限责任公司年产3亿片（粒）口服固体制剂技改项目开工建设，该项目位于新安江街道工业园区，概算总投资2210万元，用地面积2000平方米，建筑面积4544平方米。该项目引进螺旋式冷水机组、净化工程设备、全变频螺杆空压机、纯化水处理系统、全自动包装生产线等具有国内先进水平的制剂设备。

【新安江街道省级基层农业公共服务中心通过验收】 11月，该街道省级基层农业公共服务中心经省农业厅专家领导现场检查、查阅资料、现场询问等过程，通过项目验收。该服务中心总投入50余万元，使用总面积300多平方米，配备6名专职专业农技人员。同时街道还配设业务用房60平方米、培训中心150平方米，重新修缮专业检验检测室1间，面积30平方米，实现“三位一体”农业公共服务职能及功能拓展。

（刘玉宏　揭凯文）

◎府东社区第十一届邻居节表彰“最美府东人”（市民建供稿）

更楼街道

【概况】 2015年，更楼街道行政区域面积81.3605平方千米（上年度为81.6平方千米），辖14个行政村、2个社区（更楼、更化社区），年末户籍总人口22945人。全年出生177人，死亡180人。当年计划生育率93.96%。地区生产总值9.7亿元，比上年增长4.3%；其中第三产业增加值2.43亿元，增长10.5%。财政总收入1.17亿元，增长8.3%，其中地方财政收入3144万元，增长10%。农村居民人均可支配收入21038元，增长10.2%。

有工业企业253家，其中规模以上企业13家（年度新增1家）。工业销售产值17.83亿元，增长2.3%；其中规模以上企业销售产值9.54亿元，增长9%。全年固定资产投资7.45亿元，增长25.3%，其中工业投资4.22亿元，增长69%。招商引资年末实到内资4.56亿元，外资500万美元。自营出口交货值542万美元，增长38.5%。项目概算总投资达2.20亿的南方矿业项目完成投资8000万元，其中年产200万吨砂岩矿山开采，完成矿山出让和土地征收，采矿许可证正在办理中；年产200万吨砂石料与骨料生产项目，准入已通过。为南方系在更楼落户4家企业配套引进的招商引税项目——长沙全程物流有限公司（总投资5000万元），完成1.6公顷土地征收，年末到位注册资金5000万元。引进浙商回归企业——振元实业年产5万套钢制木门项目，投资1亿元。

有耕地655.5公顷，林地5173.3公顷。农业总产值1.84亿元，增长8.2%。粮食播种面积972公顷，粮食总产量6064吨；其中水稻播种面积394公顷（单季稻394公顷），总产量2958吨；小麦43公顷、总产量162吨；玉米114公顷、总产量646吨。油菜播种面积351公顷、油菜籽总产量785吨。种植草莓苗20.2公顷、产值450万元；西瓜122公顷、产值2100万元；蔬菜881公顷、产值7000万元。全年生猪出栏2265头，家禽出栏8.15万羽，肉、蛋产量795吨；年末存栏生猪2463头，存栏家禽1.41万羽，畜禽养殖业产值1050万元。全年绿化造林48公顷，完成省市级林区道路建设15千米。年内，基本完成石岭村朱坞山塘、甘溪石坞塘、黄岙麻车岗山塘除险加固工程；实施寿昌江于合（淤埸）段900米防洪堤坝项目，至年末完成工程量30%。

完成更楼土地利用总体规划中期编修工作，为今后五年发展布好局。基础设施建设进一步加快，总投资8500万元的新建农批市场项目（该项目位于更楼街道湖岑畈村，是建德市十大服务业项目之一），完成3幢交易中心建筑体的地基建设，全年完成投资3000万元。投资200余万元，实施商贸街（长度5千米）污水和雨水管道网络改造提升工程，其中污水系统改造投资约1200万元，项目敷设各类污水管道22千米，砌筑出户检查井614座，拓宽道路至10米；雨水系统改造投资约500万元，敷设各类雨水管道1400米，新建排水明沟1830米。

全年新增低保家38户，低保户年末总计462户，受益人686人。发放各类临时救济救助款8万余元，对10户低保户家庭实施危房改造。年末有街道所属学校2所，在校学生1063人，教师113人；有幼儿园1所，在园幼儿548人，教师41人。其中，岩源村过浴山幼儿园为2015年度新办幼儿园，该园教学楼由原过浴山小学改建而成，配有教师办公室、教室、午睡室、活动室和厨房各1间，9月1日开园，首期入园幼儿11名。全年农村新型医疗保险参保16301人，参保率92.7%。

【环境综合整治】 全年持续开展“三改一拆”“四边三化”“五水共治”“服务企业”等专项行动。共拆除违章（法）建筑22.26万平方米，其中拆除重点区域及道路两侧“违建”86处、面积1.9万平方米；拆除非法一户多宅120户、面积3.15万平方米。完成拆后利用450处、面积8.2万平方米，完成用地储备及绿地建设2.7万平方米，整体利用率达96%。

其中，在“四边三化”专项工作中，对上级单位曝光点位进行清理改造，共清理垃圾和废弃物2.8万立方米，绿化面积达3.2平方米，整治点位130个，打造精品点位12处。专项工作共投入财政资金达3000万元以上。在“五水共治”专项工作中，10个列入农村生活污水治理工程建设的行政村，共建设污水处理终端池31座，埋设污水管网76千米，生活污水纳管1370户，农户三格式化粪池改厕1568户，污水处理率达到82%以上。

【实施多个景观提升项目】 投资200余万元，开工建设于合（淤埸）高速桥下运动场项目，配套健身器材、活动场地以及休闲公园；投资80余万元，实施市交警大队处绿化景观和道路拓宽工程；投资50余万元，完成张家、后塘主要道路两侧景观提升改造工程；投资100余万元，实施黄张线人行道改建和道路两侧绿化景观改造工程。

【实施牧业转型升级项目】 2005年，“新希望”牧业与杭州市农业技术推广基金会合作，实施“奶牛现代规模化饲养及农业废弃物利用示范”项目，合理利用玉米秸秆、稻草等农业废弃物作为奶牛饲料。同时，该街道和杭州市农业技术推广基金会加大扶持力度，共投入资金70余万元，新增污水处理系统2500余立方米，引进二级供水系统、门卫及消毒设施、粪污固液分离等基础设施各1套。合理处置“两废”，有效防止二次污染，对固态牛粪进行干湿分离后堆肥发酵并出售，将厌氧处理后的沼液，专门配备3辆槽罐车，免费运送至更楼老叶草莓专业合作社、叶润祥莲藕种植户基地，为其提供有机肥，全年沼液外运量达到1.5万立方米，折合节约化肥约500吨。

【“清洁乡村”新亮点】 在全市率先推出卫生保洁市场化运行机制，将农村保洁工作承包给物业公司进行管理。2015年，新增邓家、桥岭、新市3个村的农村卫生保洁进入公司化运营，至年末，10个行政村实施卫生保洁市场化运行机制，有效推进了清洁乡村、清洁庭院及卫生费收取等工作。同时，在湖岑畈村开展建德市农村垃圾减量化资源化处理试点，该村通过外出考察对比学习，探索垃圾堆肥处理模式；新建1座太阳能微生物发酵处理站并投入使用；有序开展农户垃圾分类投放工作。通过试点，该村年垃圾总量减少40%以上，为在全市推广垃圾减量化提供经验。

【《装饰用品玻璃烫钻》联盟标准获得杭州市通过】 8月4日，杭州市质量技术监督局组织浙江省冶金研究所、杭州市标准化研究院、杭州市标准化学会、建德市市场监督管理局等单位专家组，对杭州市块状产业标准化项目——更楼商会承办的“实施《装饰用品玻璃烫钻》联盟标准，提升行业产品质量水平”项目进行现场验收考核，考核组确认：商会组织企业执行标准、改进生产工艺，提高效率，通过联盟标准的实施来提升节能减排工作；实施项目后整个行业产品质量有很大提高，带动行业健康发展。予以合格通过。

【农民饮用水工程】 全年全街道农民饮用水工程总投入1100余万元。其中，11月底，完成岩源、洪宅、石岭、于合（淤堨）桐子源4个村自来水延伸工程，共计敷设管道44.63千米，新建150立方米高位蓄水池1座，建造增压泵房6座。年末基本完成邓家、石岭长岭自然村自来水改造工程，该工程总涉及张家、于合、骆村、许乐、石岭5个行政村，至年末完成投资700万元，共建设项目配套的堤坝4.56千米、灌渠12.67千米、排渠6.12千米、机耕路5.23千米、堰坝21座125米、机耕桥4座。

【举办村干部电脑培训班】 9月11日，更楼街道村干部电脑培训班正式开课。该培训班由建德市先锋职业技术学校授课，分两期进行，每期50余人，街道所有社区（2个）、行政村（14个）干部100余人参加此次培训。通过培训，提高村干部办公和便民服务方面的适应能力，提升农村基层组织建设水平和村干部队伍的整体素质。 （唐方媛　叶欣怡）

洋溪街道

【概况】 2015年，洋溪街道行政区域面积74.8506平方千米（上年度为74.4平方千米），辖4个社区、2个行政村，年末户籍总人口

14473人。全年出生141人、死亡96人。当年计划生育率97%。地区生产总值12.78亿元，比上年增长3.5%，其中第三产业增加值1.73亿元，增长10.2%。财政总收入2.44亿元，同比增长36.3%；其中地方财政收入7499万元，同比增长15.37%。农村居民人均可支配收入20826元，同比增长9.5%。

有工业企业82家，其中规模以上企业26家（亿元产值企业7家）。实现工业销售产值39.16亿元，减少7.7%；其中规模以上企业销售产值26.31亿元,减少3.5%。完成自营出口1.92亿美元；全社会固定资产投资11.18亿元，增长20.4%；其中工业投资2.82亿元，增长9.3%。招商引资年末实到内资4.45亿元，实到外资500万美元，均比上年略有增加。新化化工股份有限公司上缴税收超过5000万元。

东科新材料、宏都寝具被认定为杭州市级高新技术企业，宏都纺织品检测中心首获CNAS（国家实验室）认可资质，雅鼎创意家居被工信部认定为“两化融合贯标企业”，玺匠文化等11家企业获得授权专利136件。新化化工研发的无卤阻燃剂被认定为国家重点新产品，雅鼎创意家居研发的多功能入墙节水恒温系统和新马电梯研发的中分自动家用电梯、小顶层无机房乘客电梯3个产品被认定为省级新产品。

有耕地178.9公顷，林地5996.8公顷。农业总产值7305万元，增长7.8%。有家庭农场4个，经营土地面积266.7公顷；有农民专业合作社21个，年经营收入1995万元；有股份经济合作社6个，当年可分配收益395万元。全年中幼林抚育66.7公顷，发放生态公益林补助资金142.6万元。种植铁皮石斛3.3公顷。实施移民项目8个，扶持资金总额236万元。

至年末,有街道所属小学校1所（洋溪小学），在校学生768人。医院1家、床位60张，农村卫生室4个。全年办理城乡医疗保险11500人，参加城乡居民养老保险4500人。便民服务中心全年受理办结便民服务事项4900件。年内实施了包括洋溪农贸市场改建、洋溪商务大酒店环境整治、洋溪停车场建设等在内的一批市政民生工程，总投资500余万元；12月底，洋溪街道被浙江省爱国卫生运动委员会授予“浙江省卫生乡镇”称号。

【洋溪街道撤村建居改革】 2001年，洋溪街道成立，城市化快速推进，洋溪新城、洋安新城、城东新区三大区块开发建设先后启动,涉及洋溪、洋安、朱池、城东4个村。洋溪村于2003年撤村建居，至2014年，洋安、朱池、城东人均耕地均不足0.2亩，并完成村级股份制改革工作，符合撤村建居条件。

2014年7月，建德市出台《关于关于开展撤村建居改革工作的实施意见》“1+7”文件。8月，洋溪街道着手实施撤村建居改革工作，成立街道撤村建居工作领导小组，召开撤村建居工作动员布置会，通过走访农户、听取意见，并向农户发放《撤村建居改革村民意见表》，对撤村建居工作进行动员布置。三个村分别召开村两委会、村民代表会，在村民代表会上通过要求撤村建居的决议。完成洋安、朱池、城东村要求撤村建居申请初审，市住建局、市国土局、市农办、市民政局等相关部门通过对这三个村的审核。10月，洋溪街道向市政府提交《关于要求洋安村、朱池村、城东村撤村建居的请示》（洋街办〔2014〕85号）。12月，市政府批复同意洋溪街道三个村撤村建居，成立社区居民委员会，城东村同时更名为青龙头社区。2015年1月21日,新成立的洋安社区、青龙头社区、朱池社区的社区党组织、社区居委会、社区居监会授牌。

撤村建居后，三个社区居民的户口实行一元化管理，统一就地办理“农转非”，完成从“村民”到“居民”的转变。撤村建居改革人员纳入被征地养老保障政策范围，可按照相关养老保险制度规定选择参加职工基本养老保险或城乡居民基本养老保险，社区运行保障享受城镇社区建制的相关政策。

【企业转型】 2015年，实施“机器换人”项目11个，累计投入8000万元，75%以上规模以上企业完成信息化改造，宏都寝具成为全市传统产业“机器换人”首批示范应用企业，雅鼎创意家居获“杭州市机器换人应用示范企业”称号。同时，宏都寝具等6家企业跻身建德市重点工业企业行列，玺匠文化等5家企业成为成长型企业，IFF获评“10大亩产效益企业”，雅鼎创意家居成为全市日用轻工行业龙头企业，三耐环保在“新三板”上市，泰麟防爆轮胎在浙江股权交易中心挂牌，新马电梯科创园启动建设。

【开展各类综合治理】 按照无违建创建标准，推进“三改一拆”“四边三化”“两路两侧”整治，做好拆后利用等工作。全年共开展集中行动12次，拆除各类违法建筑1.75万平方米，处置涉及“违建”信访案件130余件，整治“四边三化”点位64个、“两路两侧”点位7个，收缴有偿使用金300余万元；同时，投资150万元，实施303省道精品线路改造工程。

继续开展“五水共治”，全面完成畜禽养殖退养任务，共有生猪繁殖户10户、家禽养殖户6户拆除养殖棚面积6400平方米。启动实施洋溪老街、上章村两处污水管网工程，总投资600余万元。10月25日，所有终端污水处理池移交专业公司负责运行维护，初步建立农村生活污水治理工程长效管理机制。先后实施团结溪、合坑溪、莲花溪防洪堤坝、堰坝修复工程，总投资220万元。

【新安江科技城发展投资有限公司成立】 11月，经市政府同意，成立新安江科技城发展投资有限公司，注册资本1亿元，公司注册地：洋溪街道江景路1号。12月，新安江科技城科创实验基地开工建设，项目概算总投资1500万元，建筑面积5000平方米。

【新安江高速出入口景观工程建设】 年初，开始实施新安江高速出入口景观提升工程。该项目位于朱池社区，用地面积12.13万平方米。建设内容包括从杭新景高速新安江出入口到洋溪大桥北岸周边地块的环境改造、公园建设，320国道交叉口改造以及市政配套管线、交通设施提升等。年底该项目完工，总投资1.6亿元。

【洋溪小学及幼儿园改建】 6月底，街道利用原洋溪初中教学场地，实施洋溪小学及幼儿园改建工程，改造内容包括两部分：将洋溪初中改建后用于洋溪小学教学场所，原洋溪小学改建用于洋溪幼儿园；同时，撤并洋溪集镇上的5所民办幼儿园，整合师资，优化教学质量。至年底，该工程基本完成，总投资400余万元。

【团结村农村饮用水工程完工】 8月，实施团结村农村饮用水工程，项目总投资1545万元。至年底，该项目基本完工，累计敷设自来水管网总长约4千米，实现该村村民多年来要求饮用新安江自来水的愿望。

【“江和城”二期项目完工】 12月，由杭州和谐置业有限公司投资建设的“江和城”二期项目完工。该项目位于洋安社区，总用地97894平方米，建成高层住宅15幢1150套、商业用房2幢，总建筑面积234609平方米，总投资20.21亿元。

【“紫金新安”项目开工】 12月，由建德市紫金城市开发建设有限公司投资的“紫金新安”项目开工。该项目位于洋安社区，用地面积6.55万平方米，概算总投资6.92亿元，房屋建筑面积12.93万平方米，包括排屋44幢、高层10幢、多层会所1幢、房屋套数842套，建设周期2年。

【朱池社区新便民服务中心投入使用】 12月27日，位于朱池新村5幢的朱池社区便民服务中心建成投入使用。该服务中心建筑面积1600平方米，集便民服务、居民代表会议活动、居委会办公等多功能于一体。 （邵 雯）

莲花镇

【概况】 2015年，莲花镇行政区域总面积86.1254平方千米（上年度为86.12平方千米），下辖6个行政村、1个居民区，总人口10606人。全年出生85人、死亡76人。当年计划生育率95.5%。地区生产总值4.51亿元，比上年增长6.4%；其中第三产业增加值1.33亿元，增长10.8%。财政总收入3936万元，增长16.9%；其中地方财政收入2400万元，增长40.2%。农民人均可支配收入24003元，增长10.3%。

有工业企业247家，工业销售产值6.76亿元，增长15.8%；其中规模以上企业销售产值1.74亿元，增长15.4%。完成全社会固定资产投资9448万元，减少20.9%；其中工业投资6344万元，增长26.4%。实现自营出口638万美元，增长46.1%。招商引资年末实到内资8302万元，实到外资200万美元。年内成功引进建德市美尔泰纺织制品厂及杭州绚风龙脑樟有限公司。

有耕地面积377.06公顷，林地面积7752.53公顷。农业总产值2.48亿元，与上年基本持平。全年粮食播种面积250公顷、总产量1467吨。蔬菜种植面积98.6公顷、产量2271吨。特色经济作物铁皮石斛种植面积20公顷，产值2500万元。薄壳山核桃种植面积13.3公顷。全年造林46.67公顷、抚育466.67公顷。结合“五水共治”“三改一拆”工作，全年拆除养殖房21.75万平方米，部分退养农户转型从事种植业、来料加工、乡村旅游；完成限养区养殖户提升改造54户，年内生猪出栏300头、家禽出栏35万羽，年末商品生猪存栏减至0头、家禽存栏50万羽，产鲜蛋0.52万吨，产值0.36亿元。完成昴畈村等6个村农村生活污水治理工程，总投资600多万元。

9月，莲花镇1000吨/日污水处理厂建设完工，交由市水务公司运行；该厂位于莲花村莲花边区块，占地面积约2000多平方米，总投资900余万元，主要功能为承担莲花集镇日常400吨生活污水、600吨经初处理的食品加工废水集中处理。

开展“清三河”提升工程，推进莲花溪精品河道建设。完成集镇4公里自来水主管网和12千米污水管网建设。拆除各类违法建筑9.09万平方米，拆后累计腾出土地8.5万平方米，拆后利用7.65万平方米，利用率90%；“无违建乡镇”创建通过杭州市初验。按照“洁化、序化、绿化、美化”的要求，开展“两路两侧”专项整治，着力打造06省道沿路风景线，共投入200余万元。

全年共新建道路15.6公里（含林区道路4.8千米），桥梁4座，完成戴家、林茶2座水库清淤工程，总投资300余万元。全年共实施农业项目32个，总投入5000多万元，其中争取上级扶持4000多万元。成功创建杭州市农业社会化服务示范乡镇；农业社会化服务组织3家，培育市级以上农业龙头企业、农民专业合作社和家庭农场11家。实施戴家村、昴畈村等的高标准基本农田建设项目，面积10.67公顷，至年2015年末，完成投资70余万元。完成建设用地复垦161.01公顷，其中完成莲花村等6个村土地综合整治项目5公顷。

年末有镇属学校2所，其中小学1所，在校学生273人、教师24人；有幼儿园1所，在园幼儿209人、教师19人。新型农村合作医疗保险参保人数达1.01万人，参保率达99.8%；落实各项优抚救助政策，2015年新增低保51户73人，办理残疾证43人，救助各类困难家庭80余万元，发放临时救助款7万余元，共受理困难群众建房12户，补助资金56万余元，完成农房改造58户。开展低收入农户增收工程，新增戴家蔬菜基地3.3公顷，建设钢架大棚20个。完成齐平村、戴家村等6个村的居家养老照料中心建设，实现农村文化礼堂全覆盖，全年开展再生育对象免费孕前优生健康检查72对，参加新型农村合作医疗保险农民免费健康体检6325人。11月，莲花镇创建省级卫生镇工作通过浙江省爱卫办考核评估组考核验收，成为省级卫生镇。

【优机菜圃电子商务落户莲花】 12月，宁波优机菜圃电子商务有限公司与莲花镇签订合作协议，成为莲花镇首家电子商务公司。该项目总投资2500万元，其中生鲜食品电子商务投资500万元，农业种植基地（农业加工企业）合作投资1000万元，休闲农业项目建设投资1000万元。至年末完成生鲜食品电子商务公司注册登记，主要经营建德、淳安、桐庐三地的蔬菜和生鲜食品电子商务运营。公司利用自身的信息、销售等网络渠道，积极发动周边农户建立蔬菜等种植基地，并负责常年销售；并与莲花境内现有的农产品加工及现代农业企业深化合作，助其拓宽市场，加快企业健康发展。

【莲花溪获“浙江省十大最美生态休闲健身点”称号】 12月，由省体育局、省直机关工委、省环境保护厅等7部门联合开展“浙江十大最美生态休闲健身点”评选活动。经过前期PM2.5值、水质、公共绿地面积、空气含氧量、空气负离子量等多项指标综合测评和考察，全省有30个生态健身点入选，其中莲花溪成为建德市唯一入围对象。经多年综合治理和建设，莲花镇境内拆除沿莲花溪畔养殖房1542幢共计26万多平方米，河道清淤清障63.4千米，新（修）景观堰坝28处，新建生态堤坝4.7千米，沿溪景观林带建设1.40万平方米，完成莲花溪周边10家企业整治及洋溪友谊村交界至莲花村3千米休闲游步道建设。2016年3月，浙江省体育局正式下文确定莲花溪生态健身点“浙江省十大最美生态休闲健身点”称号。

【民宿经济初步兴起】 2015年，莲花镇依托交通、生态、文化、产业等优势，以昴畈村精品河道为起点，戴家村民宿为终点，积极推动民宿产业发展，仅戴家村即发展民宿13户，提供床位130余张、餐位数500个。“三产联动、多业融合”的“民宿+”农村经济新业态初步形成。11月，在戴家村拉开“生态莲花体验游——戴家民宿喊你回家”乡村游活动帷幕。据统计，全年接待游客2000余人次，经济收益5万余元。

【人工增殖放流800万尾鱼苗】 7月，莲花镇会同市水利水产局、市环保局，在莲花溪昴畈段、

◎莲花溪生态堤坝

戴家段等流域开展以“保护水生生物资源、改善水域生态环境”为主题的增殖放流活动，共放流黄尾密鲴、细鳞斜颌鲴等生态鱼苗500余万尾，6个行政村分别与市水利水产局签订管护协议，当场宣读《禁渔公告》。至年底，该镇在境内各河流增殖放流各类水生生物苗种达800万尾（包括5月下旬莲花、林茶等村的200多名村民自发集资2000多元，购买投放的150千克鱼苗），总投入20万元。同时，通过规定禁渔区、禁渔期等举措，严厉打击电、炸、毒、乱捕等行为，保护天然渔业资源，扩大增殖放流效果。

【“农村淘宝”进农村】 3月，昂畈村“农村超市”开业，成为入选为全市首批开放的“农村淘宝”服务站之一。至年末，全镇共有农村淘宝站点5家。各淘宝站点除开展常规的淘宝业务之外，还开拓了本地铁皮石斛、玉米粿等土特产的网络销售渠道，成为农民致富新渠道。

【“90后”大学生返乡办“村晚”】 2月，在莲花镇莲花村大礼堂内，回乡过年的90后大学生组织开展了一场“青春飞young”小年晚会，为家乡父老表演了小品、英文歌、歌舞剧以及互动节目《莲花方言我来猜》等富有“莲花特色”的节目，深受观众喜爱与欢迎。镇团委在晚会上与杭州九仙生物科技有限公司签订见习基地协议书，开展老党员、老干部与团员青年的“导师带徒”结对仪式。

【打造有机铁皮石斛之乡】 近年来，该镇立足实际，充分整合资源，大力发展铁皮石斛产业，全镇铁皮石斛种植面积达20余公顷，年产值约9000万元，亩均产值达30万元，是杭州地区最大铁皮石斛种植基地之一。通过“公司＋基地＋专卖店”形式，除主推石斛鲜品外，不少石斛种植企业还推出石斛花茶、石斛酒、盆景等衍生产品，实现生产、销售、加工一体化。同时，采取“线上＋线下”模式推广产品，借助政务微信公众号“建德莲花”“建德莲花发布”新浪、腾讯等官方微博及企业自身拓展网上营销渠道，有效助力线下销售，网上交易额达到10余万元。积极与浙江农林大学、浙江省农科院土肥所、莲花信用联社等科研院校、金融单位长期合作，推出“石斛贷”，助力破解铁皮石斛产业发展的科技、融资瓶颈。至年末，该镇信用联社为石斛种植户授信累计150余万元；还通过出台《助推农业产业转型加快现代农业发展扶持政策》、举办培训班等方式帮助退养户转型，提供服务信息300余条，发放资料200余份，受益人数达600余人次。

（童 燕）

梅城镇

【概况】 2015年，梅城镇行政区域面积154.896平方千米（上年度为153.2平方千米），辖13个行政村、5个社区，年末户籍总人口41685人。全年出生270人、死亡339人。当年计划生育率96.8%。地区生产总值29.97亿元，比上年增长4.5%；其中第三产业增加值7.40亿元，增长11.3%。财政总收入1.82亿元，增长13%；其中地方财政收入5432万元，增长7.8%；农村居民人均可支配收入22681元，增长9.4%。

工业企业533家，其中规模以上企业43家（亿元以上企业14家）。销售产值97.44亿元，增长2.0%；其中规模以上企业销售产值46.70亿元，占全镇工业销售产值的47.9%。自营出口1.61亿美元，增长12.7%。全社会固定资产投资13.21亿元，其中工业投资7.07亿元，减少42.6%，减幅较大。年末招商引资实到内资6.12亿元，外资1000万美元。

耕地面积1041.1公顷，林地面积7619公顷。农业总产值3.72亿元，增长7.8%。农作物播种面积1874.9公顷，其中粮食作物播种面积992.1公顷，粮食总产量5210.48吨。年末生猪存栏8004头、家禽存栏18万羽。新发展并认定建德市金斛宝家庭农场有限公司、建德市梅城桐溪家庭农场、建德市李家大院家庭农场有限公司等3家规范家庭农场，发展农业开发公司和电商平台各1家，新增土地流转68.4公顷。

辖区有大专院校1所，在校学生383名（学前教育专业）、教职工16名；高中1所，在校学生1583人、教师138人；初中1所（含2所分校）、小学1所（含3所辅导完小），在校学生2923名，教师205名；幼儿园2所，在园幼儿1410名。适龄儿童入园率、义务教育阶段入学率均达到100%。

新型农村合作医疗保险参合率99%以上。全年新增低保户64户，临时救助145人次，申请重度残疾人托安养13人，发放爱心助学款11.6万元；实施农村困难群众住房改造26户。完成学前教育规范整治，南峰、千鹤幼儿园改建完工并投入使用，关停6家无证幼儿园办学点，通过学前教育先进乡镇复评；完成严东关等4家养老院“一院一策”整治和设立许可。

【乡村环境改造项目】 全面完成涉及全镇13个行政村的农村生活污水治理项目验收，共计敷设管道6千米，总投资2100万元；完成黄栗坪溪、乌龙山溪等“清三河”省级复评；洋程精品村、望山中心村和龙溪村村庄提升改造有序推进；完成龙溪村农民饮用水工程及姜山、望山饮用水管网延伸工程，敷设管道9千米，总投资951万元。全年申报联合—桐溪公路改建工程等帮扶项目9个，落实城南路改建工程等移民项目20个，争取资金1000余万元。

【集镇市政基础设施改造项目】 完成土地利用总体规划调整论证及南峰、城西村庄规划论证。全面完成1100米杨梅公路城西大道景观提升工程和1300多米洋尾乡级道路改建二期工程，总投资2080万元；开工建设城南路改造路面工程、开元路二期、西湖四路等项目；完成戴家弄、许家弄、江家中、九中弄等6条总计约500米背街小巷改造，总投资16万元。重点市政项目集镇污水管网建设项目，完成水门路、环城北路、开元路及城南路污水管网改造，新城污水泵站及过江（新安江）管网竣工，完成高新园南峰污水干管工程，全年新增污水管网8.15公里，总投资971万元。污水处理厂提标改造和负荷率提升基本完成。

至年末，严州古城保护示范街改造项目累计完成19个施工标段共130间商铺修复改造，累计投资4100余万元；梅城大坝加固工程堤防二期项目（总长1370米、2014年3月开工）基本完成水利主体工程，达到27米防洪线的坝体高度要求，年度投资超过2000万元，累计投资1.13

◎严州府南城墙遗址（徐惠珠 摄）

亿元（完成总概算投资的73.4%）；完成与其配套的澄清门新城楼新建工程及老城楼、福运门城楼的基础工程。

【工业平台建设】 南峰工业功能区全年完成征地17.7公顷，拆迁房屋54户，盘活存量土地10公顷，新增入园企业9家；园区内五马洲新村安置房交工验收，肖塘路300米续建工程和新胜路、五马洲路绿化提升工程完工；建业化工偏苯和仲丁胺项目投入试生产，杭州“二固”项目建设得到保障。投资4亿元的人福医药杭州福斯特项目、投资3.3亿元的杭州新德环保科技项目、投资2.69亿元的杭州龙驹合成材料项目等签约入户。

7月31日，总用地面积2.7公顷、概算总投资2亿元的三弟兄家禽家畜自动化屠宰深加工项目第一期开工建设，概算用地1.6公顷，投资8000万元，建成后达到年屠宰生猪30万头、家禽900万羽能力。

【深蓝科技一期投入试生产】 9月，位于五马洲区块的深蓝科技年产10万吨合成革用高分子材料项目（概算总投资4.5亿元，用地13.3公顷）第一期（年产2万吨合成革用高分子材料）建成投入试生产，该项目总投资1.5亿元，用地4.3公顷，2013年9月开工建设。

【“严州古今文丛”首发】 3月16日，由严州文化研究会编辑、中国文史出版社出版的“严州古今文丛”（第一辑）在梅城举行首发仪式，该辑丛书共5卷：《戴不凡的不凡道路》《郑秉谦的无悔人生》《李频诗集编年笺注》《严州文化杂谭》《严州文化论文集》，计300余万字，涵盖严州人物、历史、风物、文化研究等丰富内容，地域特色浓厚。

【“三江口”水上运动中心建成】 7月，位于梅城姚坞的“三江口”水上运动中心建成。该中心一期投资约700万元，日常使用水域面积约3.35平方千米，主要利用原三都轮渡码头750.5平方米的临江房屋建筑进行改造，并建造可拆卸浮动式泊位40个，包括无动力帆船泊位20个、皮划艇和小型摩托艇泊位20个。8月25日，首届中国大学生帆船锦标赛在该运动中心举办。

【新城A区块完成首批安置房分配】 8月12～13日，新城A区块安置房项目，首批面向洋尾片滨江、利群、洋程、伊村4个村参加农村住房改造的263户农户，以现场抽签方式，确定落实安置房315套。该项目占地4.3公顷、建筑面积92867.08平米，共有安置房661套，总投资1.9亿元。

【成功创建省级森林城镇】 12月24日，浙江省关注森林组织委员会和浙江省绿化与湿地保护委员会授予梅城镇“浙江省森林城镇”称号。梅城镇“省级森林城镇”创建工作自2014年启动，以“一园（富春江国家森林公园）两带（三江两岸景观带和精品线路示范带）三区（老城区、新城区和工业园区）多点（城乡多个点位）”为重点，推进植树造林和环境绿化建设。创建活动期间，全镇新增绿地面积约16.9万平方米，森林覆盖率达69.3%，城镇建成区乔木树种面积比重达75%，人均绿地面积7.2平方米。 （徐惠珠）

杨村桥镇

【概况】 2015年，杨村桥镇行政区域面积134.146平方千米（上年度为138平方千米），辖13个行政村、1个居民区，年末户籍总人口20752人。全年出生173人、死亡161人。当年计划生育率95.2%。地区生产总值9.38亿元，比上年增长4.9%；其中，第三产业增加值1.72

亿元，增长 10.97%。财政总收入 6175 万元，增长 91.2%；其中地方财政收入 1807 万元，增长 62.4%。农村居民人均可支配收入 24363 元，增长 8.9%。

有工业企业 110 家，其中规模以上企业 11 家。工业销售产值 23.62 亿元，减少 4.6%。其中规模以上企业销售产值 11.52 亿元（占全镇工业总产值的 48.8%），减少 805%。全社会固定资产投资 7.43 亿元，增长 18.4%；其中工业投入 4.28 亿元，减少 21.6%。自营出口 1354 万美元，增长 122.8%。招商引资年末实到内资 2.60 亿元，增长 4.1%；实到外资 200 万美元。全年共盘活工业闲置土地 2.15 公顷、闲置厂房 1.14 万平方米。至年底，致中和异地迁扩建项目完成投资 2.01 亿元，史密斯重工机械有限公司年产 900 台成套输送设备项目完成投资 8432 万元，杭州荣恩自行车有限公司年产 50 万套自行车零配件、20 万辆自行车整车组装项目完成投资 2711 万元。

耕地面积 836.73 公顷（比上年减少 114 公顷），林地面积 1.12 万公顷。年度完成土地流转 20 公顷，土地综合整治 6.67 公顷。农业总产值 4.12 亿元，增长 7.85%。粮食作物播种面积 956.9 公顷（其中水稻播种面积 521.7 公顷），粮食总产量 5460.3 吨。油料作物播种面积 166.2 公顷，总产量 436 吨。完成种粮直补发放，计 2513 人次、资金 4.4 万元，涉及补贴面积 196 公顷；完成良种补贴发放，计 5257 户、补助金额 60.61 万元。大棚草莓种植面积 257.1 公顷，产值 8484 万元；异地种植草莓农户 1555 户、面积 1015 公顷，当地和异地草莓育苗面积 107 公顷。蜜梨种植面积 150.4 公顷、产值 1353 万元。白茶种植面积 100 公顷、产值 460 万元。完成长宁沿线果蔬基地建设，至年底有铁皮石斛基地 1.33 公顷、桃基地 4 亩、西红花基地 6.67 公顷、蓝莓基地 8 公顷、白茶基地 10 公顷、草莓基地 20 公顷。完成造林 33.33 公顷。

实施城乡统筹、联乡结村项目 6 个，涉及全镇 13 个行政村的老年食堂项目、杨村桥中心幼儿园分园建设项目、低收入农户增收、龙源村道路硬化、徐坑村堰坝和绪塘村戴家弄道路硬化等工程，到位资金 238.46 万元。

继续开展“五水共治”专项行动。农村畜禽养殖禁养区退养工作顺利推进，全年拆除规模养殖户 151 户，退养蛋鸡 76 万羽、生猪 5000 余头；年末，全镇生猪存栏 1850 头、畜禽存栏 32.4 万羽。拆除十里埠库湾网箱 1682 只 7.57 万平方米，顺利通过省“清三河”考核验收。12 月，选址于杨村桥村与十里埠村交界处的杨村桥镇污水处理厂开工建设，概算投资 885 万元，设计污水处理能力 800 吨 / 日。全年完成旧厂区改造面积 1.5 万平方米，拆除违法建筑 129 处 4.48 万平方米，2013 ～ 2015 年累计，两项分别完成 7.8 万平方米、2248 处 36.22 万平方米。拆后土地综合利用率达到 86.09%。完成整治后土地复绿、复耕 13 万平方米，完成杨梅公路、杨长公路两侧、十里埠村绿化 0.95 公顷。

年末，辖区有小学、初中、成人学校各 1 所，在校学生 847 人、教师 81 名，幼儿园 1 所（含 1 所分园），在园幼儿 374 名、教师 32 名。新型农村合作医疗保险参保人数 16136 人，参保率 98.7%。全年发放各类困难补助、临时救济等救助资金 368 人 147.6 万元。年内完成上山、绪塘、官路、岭源、路边 5 个村的居家养老服务照料中心建设；新增绪塘、官路、路边、岭源、黄盛、杨村桥、十里埠 7 个村老年食堂，在全市率先实现老年食堂全镇覆盖。完成上山、岭源文化礼堂和杨村桥中心幼儿园主体工程建设。

年内获得主要荣誉有：杨村桥成校被评为“浙江省新型农民培训基地”、杨村桥卫生院入选全国首批“群众满意的乡镇卫生院”、杨村桥司法所获杭州地区唯一一家全国模范司法所称号、杨村桥镇农业公共服务中心获 2014 ～ 2015 年度全省农技推广先进集体、杨村桥镇被评为杭州市农业社会化服务示范乡镇。

【杨村桥司法所成为杭州市首家“全国模范司法所”】 11月，杨村桥司法所被评为全国模范司法所（全省共7家），成为杭州市首家。近年来，杨村桥镇健全具有杨村桥特色的司法文化体系，达到浙江省五星级规范化司法所的要求，并将镇文化中心一楼和二楼作为社区矫正教育学习基地和法治文化宣传阵地。杨村桥司法所联合法庭、派出所、律师开展巡回审判、巡回调解，构建杨村桥联合调解新机制，推出“巡回调解、以案说法”模式，为异地莓农化解矛盾纠纷30余起，为本辖区居民调解矛盾纠纷1408起，调解成功率99.5%。2004年至2014年，连续十年获得杭州市社区矫正先进集体，2015年1月被命名为浙江省五星级规范化司法所。

【九三学社社会主义新农村建设示范点】 自2013年4月，杭州市九三学社与杨村桥镇政府签订结对帮扶协议以来，九三学社在项目资金、科教文卫等方面给予该镇大力支持，内容涉及低收入农户增收、科技服务咨询、支教助学、医疗卫生以及文化服务等方面。在九三学社的帮扶下，杨村桥镇在新农村建设方面取得良好成效，农村基础设施建设得到夯实，经济总量大幅提升。7月2日，在杨村桥镇政府举行九三学社中央多党合作社会主义新农村建设示范点授牌仪式，该镇由此成为东部沿海省份首个九三学社中央多党合作社会主义新农村建设示范点。全国人大常委、九三学社中央副主席，中国工程院院士丛斌，全国政协委员、九三学社中央社会服务部部长徐国权，浙江省政协常委、杭州市政协副主席、九三学社杭州市委主委朱祖德等领导出席授牌仪式。

【乡村环境管理新机制试点】 4月中旬，根据市委、市政府部署，该镇开展乡村环境长效管理和建立全民参与机制试点工作。试点工作内容主要有两条：收取环境卫生费、以外包形式管理污水处理终端池。环境卫生费收取标准：截污纳管户按12元/年·人收取，未纳管户按6元/年·人收取；居民户口、商铺、企业按原有惯例收取；享受低保、残参保补助的人口予以免收。截至6月底，收取环境卫生费19.8万元，确保乡村环境卫生管理运作经费，同时培养和强化了村民的环境保护意识。对全镇68个污水处理终端池，66个采用外包的方式由第三方进行专业管理，专人维护，确保终端池正常运作；2个由水业公司增装太阳能光伏并网装置，通过优化工艺及设备，切实降低维护成本。年底，该试点工作在全市16个乡镇（街道）铺开。

◎杨村桥岭源路亚房车营地

【拓野路亚房车营地落户杨村桥镇】 8月，拓野路亚房车营地正式落户杨村桥镇岭源村。该营地在原有鲈鱼钓场基地基础上，新增建设野外露营主体，成为建德首家拓野路亚房车营地。该营地具有20余公顷水域面积，绿化面积2000平方米，同时配备标准路亚码头、路亚艇、房车等附属设施。投资430万元。2015年，该营地举办了美国贝克力路亚大师赛（8月）、路亚中国赛等（8月）、中韩对抗赛（10～11月）等国内外大型路亚赛事100余场。

【实现老年食堂全镇覆盖】 该镇从2013年开始实施老年食堂工程，至2015年底，13个行政村全部建成老年食堂。老年食堂采取雇用厨师模式，每天为老人提供中、晚两餐服务。经费来源为"政府补助＋老人自付＋村集体经济兜底"，即镇政府给予每个老年食堂建设经费3万元，运营经费每年2万元。老年人自付收费标准分三档：70周岁以上老人每人每餐3元，80周岁以上2元，90周岁以上免费，不足部分由村集体经济兜底。至年底，13个老年食堂有624名老人就餐。

【十里埠国际度假营地项目建设】 4月23日，与杭州万韬广告策划有限公司签订《杨村桥美丽乡村国际营地度假公园合作协议》。项目选址于杨村桥镇十里埠村岱头自然村，总投资2.2亿元人民币。项目以培育建德互联网＋旅游相关产业，打造覆盖建德全境的旅游、民宿、文创主题特色小镇为目标，以岱头自然村为第一落地点，打造国际一级乡村旅游营地公园，树立旅游业包含汽车营地、青少年营地、体育营地及各类特色民宿业态在内的营地公园业界标杆。项目分两期建设，一期：2015年4月～2016年3月，投资约5000万元，建设内容包括营地公园（房车营地、青少年营地、体育营地）、游艇码头、民宿示范区、皮划艇俱乐部、自然学校、丛林飞越、智慧旅游系统。二期：投资1.7亿元，建设内容包括民宿文博园、民宿度假村、游艇俱乐部、房车俱乐部等。至年末，杨村桥镇投入600万元，完成十里埠岱头各种线路下地工程、道路白改黑工程、部分游步道建设、部分农户庭院整治及道路沿线绿化一期工程等项目建设；万韬投资380万元，完成3幢示范性民宿建设，提供床位18个投入试运行。

【杭黄铁路、杭千配水工程建设】 至年底，杭黄铁路项目全面完成征地48.5公顷，拆迁房屋59幢；完成杨村桥、官路、岭源等村安置地选址。杭州市第二水源工程—千岛湖配水工程完成征地0.39公顷（5.9亩），租地12.4公顷，施工队伍进场施工。

（万 云）

下涯镇

【概况】 2015年，下涯镇行政面积161.8平方千米（上年度为158.4平方千米），辖11个行政村、1个居民区。年末户籍总人口27078人。全年出生237人、死亡204人。当年计划生育率99.59%。地区生产总值21.51亿元，比上年增长4.06%；其中，第三产业增加值2.33亿元，增长12.02%。财政总收入2.12亿元，减少3.64%；其中，地方财政收入5612万元，与上年基本持平。农村居民人均可支配收入17632元，增长9.2%。

有工业企109家，其中规模以上企业19家。工业销售产值77.50亿元，其中规模以上企业销售产值69.53亿元（占全镇工业销售产值的63.76%），均基本与上年持平。实现自营出口3280万美元，增长12.7%。招商引资年末实内资5.78亿元，增长28.44%，到位外资1000万美元。全社会固定资产投资11.93亿元，其中工业投资9.15亿元，增长34.56%。招商引资引进全商进出口贸易有限公司、远钢实业有限公司等项目11个，其中10个为新项目；新增建德市鼎信预制构件有限公司、建德市红利建材有限公司、建德市聚合新材料有限公司3家规模以上企业。

杭黄高铁项目完成9户农户、4.33公顷土地征迁工作；高新技术产业园下涯丰和、施家区块，新安化工二期、新安化工预留地、IFF（国际香料香精）遗留土地、马目路等项目，共完成征地 83.33 公顷。全年累计完成征地 103.2 公顷。7 月 8 日，国际香精香料有限公司整体搬迁正式开工建设，该项目 2014 年 11 月与市政府签订整体搬迁提升协议，落户于高新技术产业园下涯区块，用地面积 16.7 公顷，分两期建设，第一期投资 3.8 亿元，计划 2017 年上半年完工试生产。

有耕地 1041 公顷，林地 1.13 万公顷。农业总产值 5.29 亿元，增长 7.96%。全年农作物播种面积 2332 公顷，其中粮食播种面积 969.9 公顷、粮食总产量 5291 吨；经济作物 2023 公顷，其中油菜播种 456.67 公顷、产量 817.84 吨。全镇草莓种植户 2551 户（本地 591 户、异地 1960 户），种植面积 1667.5 公顷（本地 267.5 公顷、异地 1400 公顷）；草莓产值 3.39 亿元（本地 8426 万元、异地 2.55 亿元），增长 35.6%，主推红颊、章姬等 6 个主导草莓品种和病虫害综合防控技术等 5 项技术，带动农户 2160 家，草莓种植面积进一步扩大，草莓产业成为农民致富首选产业。至年末，全镇生猪存栏 5000 头，存栏 10 头以上的养殖户 16 户；蛋鸡存栏 25 万羽，存栏 2000 羽以上的养殖户 26 户。全年一般更新造成林 66.7 公顷，重点防护林工程中珍贵树种造林 10 公顷；幼林抚育 467 公顷，森林抚育 137 公顷。

投资 230 万元，新建镇级文化娱乐公共场所——体育健身广场，面积 2.5 万平方米。建成春秋居家养老服务中心、乌驹市村文化礼堂。10 月 4 日，下涯西湖畈一期农民安置房正式开工建设，该安置房项目位于下涯镇溪上村麦林实业地块，一期工程总建筑面积 2.85 万平方米，规划建设 39 套（78 户）联建房及周边配套设施，项目总投资 7000 万元，主要安置城东污水处理厂项目、西湖畈茅山区块等拆迁户。

年末，全镇有小学 2 所，在校学生 675 人、教师 72 人。有幼儿园 2 所，在园幼儿 336 人、教师 38 人。全年对各类困难户 101 人发放各类困难救助、临时救济等 126 万元。农村新型医疗合作保险参加 25370 人，参合率 99.31%

【河道水质专项整治】 按照“五水共治”工作要求，下涯镇采取畜禽养殖转型、清理河道、关停涉水污染企业、落实“河长制”长效监管等综合措施。期间，根据市委 2015 年 6 月底前必须完成禁养区畜禽退养的工作目标，该镇制定《下涯镇生态畜禽养殖规划》，开展畜禽养殖专项整治，至 6 月底完成禁养区内 58 户、67 万羽畜禽退养工作，确保杜绝畜禽养殖排泄物对河道产生新的污染；全镇 19 条河道水质均达到Ⅱ类水以上标准，成为“可游泳”的生态河，其中：七里庵溪、龙门坎溪 2 条劣Ⅴ类河道，通过综合整治，成功实现劣Ⅴ类“摘帽”；大洲溪流域水质达到Ⅰ类水标准，实现“一溪清水”汇入新安江。

【“四边三化”“两路两侧”整治】 成立“四边三化”“两路两侧”工作组，由书记、镇长一把手亲自挂帅担任组长，抽调 7 名镇干部和 44 名村干部，配足配强工作力量。同时，先后组织集中清理行动 13 次，出动人员 120 余人（次）、作业车辆 40 余台（次），共清理面积 1.4 万平方米，土石方逾 6000 立方米，清理木材 380 立方米，拆除广告牌 7 处，拆除违法建筑 15 处计 7108 平方米，清理“脏乱差”17 处，整治绿化缺失 5 处，种植大苗 58 棵，整治流动无照摊贩 41 起，出店经营 100 余户，清理牛皮癣 102 处。全镇 2 处省政协督办整治点、42 处建德市整治点、65 处镇自查整治点，均于 8 月 17 日全面整治到位，在全市率先完成该专项工作。

【开展多项文化活动】 4 月 23 ~ 24 日，央视国际频道《远方的家 · 江河万里行》栏目组正到下涯镇之江村，实地拍摄之江村江面、茶山等美丽风景，并在该栏目向全国观众全景展示之江村。

同月26日，首届摄影节暨“康庆杯”全省摄影大赛在下涯镇之江村开赛，来自省内外的300余名摄影爱好者齐聚该村，浙江省摄影家协会副主席、省摄影艺术学会主席朱晓明参加了本次活动并致辞。6月27日，在马目村平坡谷有机蓝莓基地举办“平坡蓝莓”采摘节，来自市内外全省各地的FM93自驾游车友和杭州19楼论坛网友共150余名游客参与该活动；8月7日，下涯镇在红群草莓乐园举办留守儿童专场文艺会演，全镇11个村共计103名留守儿童参加会演。10月29日，孙韶后裔孙氏圆谱祭祖仪式暨“孙韶故里论三国”学术研讨会在孙家村“建德侯”庙内举行；同日，建德市婺剧团在建德侯庙前表演“送戏下乡”第一场大戏。

【景观河道改建工程完工并通过验收】 5月，投资460余万元的下涯镇景观河道改建工程通过竣工验收。该工程按照“水清、岸绿、景美”的精品河道建设目标，结合防洪堤坝建设，采用土石混合堤堤型和单一仰斜重力式防洪墙的方案，按照20年一遇防洪标准设计，对1130米河道、1617米堤线进行综合整治，共建造一级亲水平台1088米，新建景观堰坝1座，修复堰坝1座，护坡草皮栽培4090平方米，并建造步行道、栏杆等。

【建成国内一流山地自行车越野训练基地】 9月，占地面积20余公顷的之江村山地自行车越野训练基地建成开放。该基地是在浙江省体育局、杭州市体育局的指导下，由下涯镇投入10余万元新建。基地越野赛道根据国际自行车运动联盟（UCI）标准设计，总长度8.5千米，其中UCI山地自行车越野赛道长度约为5千米，业余山地自行车赛道长度约为3.5千米，无共用赛道，并设计有多个大弯道，是目前国内场地条件最好的赛场之一。

【举办建德市首届农民水上趣味运动会】 9月25日，在下涯镇大洲溪高速桥至老洋桥河段，举办建德市首届农民水上趣味运动会，此次运动会由市委宣传部、市“五水共治”办和市体育局主办，下涯镇人民政府承办，共设个人游泳赛、游泳接力赛、众人划桨赛和水上拔河4个项目，下涯镇11个行政村110名运动员参赛，共决出12个个人单项奖，1个团体一等奖、2个团体二等奖、3个团体三等奖。

【和美家园二期安置房主体工程完工】 11月，和美家园二期631套安置房主体工程完工，该项目投资1.1亿元，用地面积4.5万平方米，建筑面积9.14万平方米，共有17幢安置房，其中多层12幢、高层有5幢，设停车位480个。项目采取代建模式，由浙江鑫冉建设有限公司承建，2014年6月开工。

【之江文化礼堂被评为“十佳特色农村文化礼堂”】 11月，之江村文化礼堂被杭州市委宣传部、杭州市文礼办评为杭州市“十佳特色农村文化礼堂”。该礼堂可容纳700余人，通过“两堂”“一廊”“三窗”等载体展示该村特有的村史村情，提高村民认知、传递“崇学向善”理念。

【丰和村饮用水工程完成建设】 12月，丰和村饮用水工程建设完工，高家、郑家坞、朱家、上何、埂头、横坑6个自然村的农民饮用水接入新安江自来水供水管网。该工程总投资450余万元，敷设管网25千米，惠及农户450余户2000余人。

（郑益华　方琳）

大洋镇

【概况】 2015年，大洋镇行政区域面积223.936

平方千米（上年度为241.26平方千米），辖19个村、3个居民区，年末户籍总人口33890人。全年出生255人、死亡261人。当年计划生育率94%。地区生产总值12.58亿元，比上年增长4.8%；其中第三产业增加值1.99亿元，增长11.8%。财政总收入8405万元，增长20.7%；其中地方财政收入2312万元，增长10.6%。农村居民人均可支配收入17394元，增长9.3%。

有工业企业37家，其中规模以上企业8家；工业销售产值32.09亿元，减少9.1%；其中规模以上企业销售产值19.22亿元（占全镇销售产值的59.9%），与上年基本持平；奥立达电梯产值突破4亿元，达到4.4亿元。全年实现自营出口7721万美元，增长14.6%。全社会固定资产投资7.35亿元，增长28.1%，其中工业投资3.73亿元，增长16.7%。招商引资年末实到内资1.91亿元，增长10.4%；实到外资200万美元。工业平台土地征迁1.17公顷，盘活存量土地3.4公顷、存量厂房13000多平方米。大洋生物科技碳酸氢钾项目等重要项目建成并试产。

耕地面积1389.7公顷，林地面积22650公顷。农业总产值4.46亿元，增长8.0%。全年农作物播种面积3019.9公顷，减少5%，其中粮食作物播种面积1095公顷，粮食总产量6517吨，增长2.6%；油料作物570公顷。花卉苗木种植124公顷。有茶园429.8公顷，茶叶产量325.5吨，产值5208万元；桔园728.6公顷，柑橘产量11624吨，产值2324.8万元；枇杷园444公顷，产量2698吨，产量略减，产值5396万元；杨梅园486公顷，产量963吨，产量略减，产值953万元。开展养殖场所整治，全面完成禁养区退养，年末生猪存栏3730头、家禽存栏39万羽，其中蛋禽38万羽，减幅均达55%以上。新发展油茶基地20公顷；鱼种放养170公顷，河蟹养殖53公顷，产值90万元，青虾场标准鱼塘建设8公顷，产值80万元，其中种稻养虾鱼5公顷；石蛙养殖4公顷，产值240万元。

实施三河片5个村小流域治理，面积433公顷，投资1097万元；实施建南村坞里、青源村殿下等5个塘坝除险加固工程，投资200余万元；有序推进高垣村、杨桥村、新源村、三河村等村167公顷高标准农田建设，年末建成渠道6344米、道路3504米，完成投资300万元；上源村建设杭州市旱粮生产功能区10公顷；防护林建设27公顷，平原绿化7公顷，林区道路铺设24千米。

全年实施移民项目18个，争取各类移民资金1200余万元。至年底，完成项目6个。

继续实施农村土地综合整治，在高垣村、徐店村、麻车村、鲁塘村等地实施垦造耕地项目10个65公顷，进场施工项目20个160公顷，建设用地复垦项目7个37公顷，进场施工项目8个40公顷，整治旱地2公顷、水田10公顷。12月，启动位于大洋村小洋自然村的现代农业示范园区建设项目，该项目规划总投资5亿元，建设面积601公顷，分2期建设。

9月底，大洋镇城中污水处理厂及提标工程建设项目建成并

◎大洋镇兰苑新村

完成运行调试，该工程总投资1400万元，处理污水能力1000吨/日，排放水质达到一级A标。大洋镇农村生活污水治理工程通过市级验收并正常运行，农村生活污水治理实现行政村全覆盖。年末，农村安全饮用水管网延伸覆盖至庆丰、小洋、杨村等自然村；刘坞自来水厂供水延伸至三河片倪家村、建南村，四期管网工程延伸至麻车小吉、江东村。麻车集镇蒋苑新村、大洋集镇兰苑新村、三河集镇河苑新村一期工程竣工建筑面积3万多平方米，安置农户458户；延续公寓楼建设BT合同，大洋集镇兰苑二期启动建设。

【重点工业项目建设】 大洋生物科技年产1万吨的碳酸氢钾项目、年产500吨的兽药预混剂项目正式投产；投资3000万元的新化化工无卤阻燃剂及复合材料项目完成土地征用；投资4000余万元的冠南铸造1.5万铸件项目完成5000平方米厂房建设；投资3000余万元的贝家生物奶粉添加剂（OPO）项目试运行，预计2016年正式投产；投资3500万元的维丰饲料年产2.5万吨甘氨酸亚铁（锌）饲料添加剂项目试生产。投资1000余万元进行南洋线35千伏线路改建。

【“两路两侧”和“三江两岸”环境综合整治】 开展“两路两侧”（境内主要为公路）和“三江两岸”环境综合整治。拆除道路两侧广告牌，整治违规石材厂，完成整治点60余处；对照“清三河”（清理黑河、臭河、垃圾河）标准，开展沿江沿河整治，对兰江两岸及大洋溪、麻车大溪、上源溪等进行小流域全面整治，完成兰江两岸整治点30余处。全镇启动实施垃圾分类，发放垃圾桶2.5万只，建设建筑垃圾填埋点25处，废弃农产品（主要为未能销售的杨梅、枇杷等水果）堆放点10处。探索农村垃圾减量无害化处理新模式，投入100余万元引进固定式生活垃圾灭菌焚烧炉，该工艺采用全进口智能化温度控制模块，集助燃、循环水喷淋脱硫、光氧催化净化等功能为一体，能高效去除二恶英等有害气体，实现垃圾焚烧无烟尘化和无菌化处理，处理垃圾能力为20吨/日。至年末完成主体工程建设并投入试运行。

【获得省级新能源示范城镇荣誉称号】 4月，经省能源局评审，浙江省可再生能源发展专项资金竞争性分配评审结果公示，大洋镇被评为浙江省新能源示范城镇，并获得600万专项补助资金。该镇通过建设太阳能热水器应用示范村、养殖场沼气发电及综合利用工程和20兆瓦的大型“农光互补”光伏发电等项目，可实现全镇新增年开发利用清洁可再生能源相折合标煤304吨、减排二氧化碳790.4吨；农村清洁能源利用率达到76.18%，可再生能源利用户率达到79.8%。

【成立全市首个乡镇书法协会】 6月10日，全市首个乡镇书法协会大洋镇书法协会在镇政府会议室成立，市书法协会主席王生良出席成立仪式，并赠送一批书法作品。大洋镇书法协会有会员41人，会员来自镇机关、企事业单位和各村普通群众；年龄最大者79岁，最小者20岁。有杭州市书法家协会会员1人、建德市书法家协会会员3人。

【年产2万吨食品添加剂级碳酸钾和碳酸氢钾项目竣工】 8月，大洋生物科技集团股份有限公司年产2万吨食品添加剂级碳酸钾和碳酸氢钾项目竣工试产。该项目占地5亩，总投资2300万元，采用DCS自动控制系统和该公司自行研发国内首创的三级真空闪发连续结晶等工艺技术。其应用的“自碳化多效错流连续蒸发结晶”技术获国家发明专利。

【举办大洋镇村歌大赛】 9月19日，大洋镇政府联合市文明办、市文广新局在新安江“百姓纳凉大舞台”举行大洋镇村歌大赛，此次参赛的村歌共19首，歌词由大洋镇向全国征集而来，歌曲由建德市文化馆及本地音乐专家根据歌词风格和各村风土人情创作，创编历时2个月。经专家评选，河源村《河源之歌》、高垣村《高垣谣》、杨桥村《印象杨桥》获一等奖，柳村村获得精神风尚奖。

【大洋镇被评为杭州市学前教育先进乡镇】 11月，大洋镇成功创建杭州市学前教育先进乡镇，成为继新安江街道、梅城镇、航头镇、寿昌镇之后，全市第5个杭州市学前教育先进乡镇(街道)。大洋镇先后出资280万元将民办中心幼儿园转为公办中心幼儿园，将原三河片5个幼教点整合成大洋中心幼儿园三河分园，撤并麻车片柳村、杨桥村幼教点，建成大洋中心幼儿园麻车分园，并增设学前教育保教设施设备，添置幼儿玩具，有效发挥镇公办中心幼儿园对农村幼儿园的示范、辅导作用。

【大洋镇首个规模加油站建成投入使用】 12月，中国石油化工股份有限公司浙江杭州石油分公司大洋镇加油站建成投入使用。该加油站是大洋镇首个规模加油站，位于大洋镇徐店村白章线旁，土地面积2057平方米，于2012年6月份出让给该公司。2014年11月中旬正式动工，总投资450万元。该加油站配备8枪电脑加油机4台，30立方米埋地卧式汽油罐、30立方米埋地卧式柴油罐各2只。主要为大洋镇19个村及白章线、三将线沿线的过往车辆提供服务。（李娜）

建德经济开发区（寿昌镇）

【概况】 2015年，寿昌镇行政区域面积155.093平方千米（上年度为145平方千米），辖23个行政村、4个社区，年末户籍总人口45884人。全年出生289人、死亡314人。当年计划生育率96.03%。地区生产总值18.54亿元，比上年增长2.15%；其中第三产业增加值6.26亿元，增长11.4%。财政总收入2.24亿元，减少16.4%；其中地方财政收入8106万元，增长8.6%。农村居民人均可支配收入20222元，增长9.8%。

有工业企业490家,其中规模以上企业21家。工业销售产值35.14亿元，减少14.7%；其中规模以上企业销售产值21.8亿元，减少13.6%。自营出口1704万美元，增长64.5%。全社会固定资产投资18.47亿元，其中工业投资6.81亿元，增长151.6%。招商引资年末实到内资8.2亿元，增长16.43%；外资1470万美元。（工业项目建设参见“省级经济开发区”分目）

有耕地1246.6公顷，林地9421.4公顷。农业总产值3.41亿元，增长6%。粮食播种面积1547.86公顷、总产量9836吨。油菜播种面积942.8公顷，产量1613.8吨。西瓜种植面积68.53公顷，产量1311吨。蔬菜复种面积616.4公顷，产量1.22万吨。生猪出栏9988头，年末存栏5061头；肉兔出栏1.5万只，年末存栏8244只；家禽出栏10.16万羽，年末存栏12.57万羽。两个被列入2016年建德市十大农业产业项目中，双马生物年产500吨功能性红曲等项目完成投资2300万元，华东医药寿昌中药材种植基地完成投资500万元，其核心区“药博园”建设基本完成。

年末，有镇属中小学校4所，在校学生2763人、教师235人。全年农村居民参加新型农村医疗合作保险35308人，“参合”率100%。《寿昌镇志》编纂完成初稿，该志设建置（政区）、地理环境、经济、政治、文化、人物、社会7篇50章节，初稿共计64万字。12月，寿昌镇被评为杭州市老年体育特色项目之乡。同月，寿昌镇图书馆公共电子阅览室获2014年全省优秀基层示范点荣誉称号，成为全市第二家全省优秀基层示范点。

【航空小镇入选首批杭州市级特色小镇创建名单】 该项目位于开发区（寿昌镇），规划面积 3.57 平方千米，三年计划（2016 — 2018）投资 30 亿元，规划建成集休闲娱乐、运动体验、工业遗存文化展示、温泉度假、飞行培训、科技孵化、研发组装、生态居住于一体的多功能特色小镇，打造具有全国示范效应的“航空智镇、旅游乐镇、文化新镇、生态绿镇”。

【寿昌集镇基础建设】 2015 年，实施市三院迁建、城镇危旧房改造等民生项目。继续推进“三改一拆”工作，全年共拆除违法建筑总计面积 1.9 万平方米，并在拆改后基本完成老城区解放南路、东入城口 2 处道路改造，完成东昌北路至 320 国道连接道路建设并通车；其中，解放南路拓宽项目于 11 月完工，新建成道路规格为长 247 米、宽 16 米（10 米主行车道加 6 米人行道的市政道路）。完成寿昌新城 A-02 地块东侧道路建设项目，该项目总投资约 378 万元，道路全长 252 米宽 12 米，南起 23 省道，北至长寿二路，沿线与长寿一路、希望路相交。西门村昌和公寓 344 套安置房（总投资逾 9000 万元）完成分房 110 余套。完成集镇污水管网建设 11.9 千米，开工建设集镇周边东门、城北、城中等 3 个村的生活污水处理工程。完成涉及陈家村、金桥村 2 个行政村的铁路货场土地征迁工作，征用土地 38.5 公顷。

【新农村建设】 全年以 14 个“联乡结村”帮扶项目为平台，总投资 2754 万元，其中帮扶资金 390 万元，开展各项新农村建设。至年末，完成寿昌镇农村“五保”供养服务中心、十八桥大桥建设工程等 12 个项目；其中，位于河南里村的镇农村“五保”供养服务中心项目，年底完成一期迁建项目，总用地 1.29 公顷，总建筑面积 7900 平方米，占地面积 3500 平方米，床位总数为 300 张，内设医务室、输液室、接待室、餐厅等及呼叫系统、监控系统、24 小时热水系统。完成江南春堂、寿童公路入口、绿荷塘楠木林入口等精品线路和陈家、西华、南浦、三岩等中心村、精品村建设项目 8 个，投资 1580 万元。开展西门、大塘边、陈家等村安置房建设以及农村住房改造工作，及大塘边、乌石、石泉、西门、卜家蓬、余洪、童家、十八桥、桂花等 8 个村的农村生活污水处理工程与污水处理厂提标改造工程。

【千岛湖通用机场道路景观提升改造】 该项目位于开发区（寿昌镇）寿马线，包括道路维修、停车场建设、沿线亮化和绿化等工程，全长 1650 米。道路沿线种植各类乔木、灌木及观赏型花卉共计 18 余万株，铺种草皮 1800 平方米，整体绿化面积 7000 平方米，改善道路沿线环境品位。

【寿昌江（寿昌段）工程完工】 4 月，浙江省重点建设项目寿昌江整治工程（寿昌段）完工，工程主要内容包括河道治理、堤防加固改造、清淤疏浚、生态景观建设等，概算总投资 5923 万元。新建堤防总长 4.99 千米，工程防洪标准 20 年一遇，保护范围为建德经济开发区新城区，保护人口 1.1 万人。

【成立在杭的流动党员支部委员会】 11 月 7 日，中共浙江省建德经济开发区（寿昌镇）委员会在杭流动党员支部委员会，在华东医药集团会议室正式成立。该支部委员会支部委员 3 人、党员 20 人。

【央视《新闻联播》播出寿昌镇群众工作经验】 11 月 11 日，反映寿昌镇年轻干部如何与群众交流、提升党群关系、干群关系的电视专题片《做群众工作要善于同群众说话》，在央视《新闻联播》栏目播出，进一步推动 2014 年以来被高层批示肯定的“寿昌经验”在全国范围的宣传和推广。

【举办多项高水准文化活动】 11月13日，浙江省第六届十大城市戏曲演唱联赛在寿昌镇横山电影院举行。来全省11个市的戏曲票友，表演多部经典曲目。建德市和绍兴、嘉兴三地文化馆选送的节目获得团体组合赛金奖，市婺剧团洪艳表演的婺剧《辕门斩子 · 我祖上本也是簪缨之家》获得个人赛铜奖。

12月18日，“绿水青山兴建德”2016年新年音乐会在寿昌镇横山电影院举办，新年音乐会由建德市委宣传部、市文联和市文广新局联合主办，寿昌镇、李家镇人民政府及建德爱乐民族乐团承办，演出单位是上海文广民族乐团，担任本次音乐会指挥的是国家一级指挥王永吉。

【滩下桥项目完工】 12月，滩下桥项目建设完工。该项目位于寿昌镇十八桥村，2014年9月开工建设。道路主线起自与23省道交接处，终点接堤坝路，全长125.6米，其中桥梁长度为113.04米。堤坝路改造范围长100米宽5米。

（卜旖旎）

大慈岩镇

【概况】 2015年，大慈岩镇行政区域面积86.5917平方千米（上年度为81.5平方千米），辖12个行政村、1个居民区，年末户籍总人口21108人。全年出生122人、死亡192人。当年计划生育率92.6%。地区生产总值9.23亿元，其中第三产业增加值1.83亿元，比上年增长10.6%。财政总收入3507万元,减少7.8%；其中，地方财政收入1469万元，增长10.0%。农村居民人均可支配收入15390元，增长8.8%。

全镇工业企业185家，其中规模以上企业22家。工业销售产值24.13亿元，减少5%；其中规模以上企业销售产值18.97亿元，增长9.8%。全社会固定资产投资7.20亿元，增长41.0%；其中工业投资3.19亿元，增长48.8%。招商引资年末实到内资5.33亿元，增长77.7%；实到外资1250万美元，为上年度的7.3倍；大慈岩政府获得全市招商引资专项考核一等奖、招商引税专项考核综合先进二等奖。

围绕卓达高科技新型建材和住宅产业化项目，湖塘区块完成土地征收18.9公顷，平整土地33.3公顷；松涛建材区块基本完成企业入园并投产；建德市环城建材有限公司投入3000余万元引进省内第一套全自动制砂生产线；建德市易通金属粉材有限公司继续投入1500万元进行节能环保改造；杭州晶顺饰品有限公司投入500多万元进行技术改进、开展服务外包。其中销售产值突破亿元大关的有4家：建德市环城建材有限公司1.03亿元，建德岩峰建材有限公司1.09亿元，建德金凯化纤有限公司1.08亿元、建德黑马拉链有限公司1.08亿元，全镇亿元企业达到6家。3月，总投资达百亿元的卓达项目中子项目——新型建材和三产项目首块10.7公顷工业用地摘牌，正式进入施工阶段；该项目一期总投资15亿元，总用地面积33.3公顷，建设周期12个月，投产后可年产高科技绿色新型建材300万平方米。

有耕地面积1004.6公顷、林地面积5681公顷。农业总产值2.03亿元，增长8.0%。全年粮食作物播种面积1056公顷，粮食总产量1.04吨；其中水稻播种600公顷，总产量318吨。油料作物（油菜籽为主）种植267公顷，总产量400吨。主要经济作物有白莲、西瓜、柑橘、枇杷、蚕桑等，其中白莲种植520公顷（“十里荷1号”种植面积333公顷），莲子产量468吨，产值4680万元。

市十大农业项目之一的吴山村飞凤旱粮精品园建设项目，完成投资120万元，推广旱粮示范基地20公顷。全年油茶造林70公顷。

实施汪山环村道路、麻车岗—漫塘道路、镇五保供养中心等联乡结村项目12个，落实帮扶资金180万元；实施里叶溪环境整治、湖塘村停车场、大慈岩镇松涛区块道路建设等移民扶持项目13个，落实帮扶资金60万元；实施里叶村“三塘”修理加固清淤工程、陈店村村西道路建设、新叶村生活饮用水管网建设工程、村道路硬化工程等“一事一议”项目4个，总投资200余万元。

全年完成赤溪、里叶溪、儒源溪等13条乡镇以上河道清理工作，清理河道44.5千米，清运河道垃圾500余吨；关停、拆除畜禽养殖场6家，减少生猪养殖2000余头，非规模畜禽养殖场地全部关停拆除；年末全镇生猪存栏5000头、畜禽存栏8万羽。

开展农村环境综合整治，完成公路两侧绿化0.67公顷（10亩）及“两路两侧”“四边三化”25个点位整治任务，通过杭州市考核验收；推进农村生活污水治理工程建设，实现行政村全覆盖，新建污水处理终端池50处、完成管网建设120千米，完成农村卫生改厕1900余户，总投资1868万元。继续实施“三改一拆”，全年拆除违法建筑629处、面积14.09万平方米，在全市率先通过杭州市、浙江省两级“无违建镇”创建验收。

年末，有中小学校各1所，在校学生847人，教师86人。全年参加新型农村合作医疗保险14600人，“参合”率98 %。全年发放各类困难户生活补助、临时救济金等扶困济贫资金65万元。9月1日，李村幼儿园开园，首批入园幼儿69人。12月，全镇“五保户”23人，陆续迁移入住镇供养服务中心，实现12个村居家养老服务照料中心全覆盖。年内完成里叶村“麟振堂”“和睦堂”两处古建筑修缮工程。

【引进一批重大投资项目】2015年，引进卓达高科技新型建材与住宅产业化工业园、晶科大慈岩太阳能光伏等多个重大项目，新落地项目达到7个；其中，投资2000万元以上项目3个、投资亿元以上项目2个。卓达高科技集团杭州分公司投资的卓达高科技与住宅产业化项目，总用地100公顷，其中一期用地33.3公顷，项目选址大慈岩镇工业园区湖塘区块，至年底，一期土地36.47公顷完成挂牌，并平整到位。企业已完成厂房设计和招标工作。着手主体厂房建设。

晶科电力公司投资的“农光互补”20兆瓦太阳能光伏项目，总投资1.64亿元，计划流转林地45.3公顷，至年底，公司完成企业注册，到位资金3000万美金。

【深化农村综合配套改革试点】2015年，大慈岩镇列为全市唯一的农村综合配套改革试点乡镇，试点内容包括：确保农村土地（山林）承包经营权和集体经济股权达到100%，农村宅基地确权颁证全面完成，农村居住房屋确权颁证全面推开；切实保障农村居民对承包地、使用、收益、流转及承包经营权抵押、担保权；切实保障农村宅基地用益物权；切实保障农村居民对集体资产股份占有、收益及抵押、担保、继承权，实现农村土地（林地）确权、赋权、活权。至年末，完成宅基地确权颁证5000余户，发证率约85%；房产确权颁证4400余户，发证率75%以上；土地流转经营权证发证15本，实现土地流转经营权抵押贷款300万元。

【10家企业进驻“慈岩印象新城”】12月，杭州六朝名瑶酒店、杭州如家快捷酒店、亿丰家居建材城、世纪联华、标准化农贸市场、中国电信建德分公司、中国移动建德分公司、工行建德支行、中行建德支行、杭州燃气公司等10家企业正式

签约进驻“慈岩印象新城”。

【大慈岩镇莲子精品园项目建设】 该项目位于大慈岩镇十里荷花景区。在家庭承包经营基础上，通过土地流转的方式，统筹集约化经营土地资源，优化前期种植、后期深加工和销售的产业链，依托“荷文化”展示乡村旅游，合理规划利用荷花生态资源，设置莲子新品种展示区、莲子试验区、鲜莲蓬采摘区、“莲子—草莓”模式示范区、“莲子—鱼”种养结合示范区、游客体验区、茶室休闲区、餐饮商务区八大区块，总占地面积 54 公顷。2014 年开工建设，2015 年底完工。总投资近 700 万元。

【乡村旅游建设】 4 月 25 日，在新叶村举办“首届建德市新叶古民居山地车挑战赛”，丰富“三月三”新叶文化周活动。5 月，大慈岩镇组织召开全域旅游发展研讨会，并制定《打造全域旅游先行区三年（2015-2017）行动计划》；启动新叶传统村落保护工程和上吴方村、李村村第三批中国传统村落保护工程项目。7 月 18 日，面积 14 公顷的十里荷莲子精品园正式开园，至年末共接待游客 2 万余人。

【多家媒体关注新叶古村】 4 月 20 日 ~ 27 日，中央电视台第四频道《远方的家 · 江河万里行》栏目至新叶村拍摄专题纪录片，从历史人文、“三月三”民俗文化等方面解读新叶古村。7 月 16 日，中央电视台少儿节目《重走长征路》栏目组至里叶村，体验“荷文化”下的乡村生活。11 月 12 ~ 19 日，中央电视台科教频道《探索 · 发现》摄制组至新叶村拍摄专题纪录片，展示新叶村所保留的“耕可致富，读可荣身”的中国传统家庭文化现状。

【新叶村承办山地自行车挑战赛】 4 月 25 日，市风景旅游局、市体育局和大慈岩镇政府主办的首届建德市“新叶古民居山地车挑战赛”暨 2015 年环新叶古村山地自行车骑游比赛在大慈岩镇新叶村举行。本次山地自行车挑战赛分男子精英组、男子大众组、女子组三个组别，来自全国各地的 132 名选手参赛。比赛线路从新叶古村旅游集散中心出发，途经汪山村、白山后村、岳家村至新叶村，全程约 18 千米。赛程路面为平路 、缓坡、陡坡及砂石山路等，道路崎岖蜿蜒。赛程最高处达海拔 519 米，具有较大的挑战难度。来自广东 Tci-BH 车队的郭鑫伟以 37 分 01 秒的成绩获得男子精英组第一名；建德市美利达车队的方益权以 38 分 58 秒成绩，获得精英组第六名。

【新叶村首家乡村淘宝点自助银行开业】 8 月 6 日，新叶村淘宝点 24 小时自助银行正式开业。该自助银行为大慈岩镇信用社管理，设 ATM 机 1 台。可满足外地游客及全村 800 多名老人退休工资、养老金、子女赡养金存取的需要。（倪慧芬）

航头镇

【概况】 2015 年，航头镇行政区域面积 157.79 平方千米（上年度为 152.3 平方千米），辖 18 个行政村、1 个居民区，年末户籍总人口 34974 人。全年出生 223 人、死亡 249 人。当年计划生育率 95.8%。地区生产总值 8.40 亿元，比上年增长 10.9%；其中第三产业增加值 2.49 亿元，增长 10.2%。财政总收入 4072 万元，增长 8.7%；其中地方财政收入 1791 万元，增长 40.4%；农村居民人均可支配收入 18999 元，增长 9.6%。

有工业企业 91 家，其中规模以上企业 14 家。工业销售产值 14.93 亿元，增长 2.7%；其中规模以上企业销售产值 7.53 亿元，增长 11.4%。全社会固定资产投资 4.27 亿元，其中工业投资 2.69 亿元，分别增长23.7%、23.9%。自营出口615万美元，增长17.7%。招商引资年末实到内资1.33亿元，与上年基本持平；实到外资200万美元。镇工业功能区新建标准厂房2万平方米，基础设施投入120万元，23家入园企业实现“用地零增长”技改2449万元。

有耕地面积1577.9公顷，林地面积1.15万公顷。农业总产值3.26亿元，增长7.3%。全年粮食播种面积1912公顷，粮食总产量12548吨，其中，水稻种植面积917.3公顷，总产量7735吨。油菜种植面积753公顷，总产量1621吨。甘蔗种植面积54.5公顷，总产量4090吨。茶叶种植面积77.3公顷，总产量93.7吨。油茶种植及果园面积253.4公顷，总产量8523吨；其中桃园115公顷，总产量1328吨。全年共营造防护林18.65公顷、珍贵树种6公顷。

4月，对总库容579万立方米、集雨面积13.28平方千米的白岭坑水库实施除险加固，主要工程包括处理坝体渗漏、改建放水涵管、溢洪道及坝体加固处理等，11月底，该项目通过杭州市完工验收，年度投资1261万元。年内共开工建设平塘、新塘、麻塘等山塘水库，至年底部分完成前期工作。实施集镇自来水厂提升工程，完成厂区水泵更换、监控安装、絮凝沉淀池建设。

开展环境整治，按照“一户一档、一企一档”要求，委托专业公司开展测绘登记，区域建筑物登记率100%。全年共拆除违法建筑142处、2.9万平方米，拆后土地利用率85.5%。完成集镇污水处理厂及配套网管建设和13个行政村的生活污水治理工程，建设终端污水厂45处，敷设管网127千米，卫生改厕2760户。推进农村畜禽退养，实现禁养区全面退养，共计拆除228户（生猪养殖172户、蛋鸡养殖32户、其他家禽养殖24户）养殖房7.95万平方米。完成“两路两侧”点位整治180处。

年末有初级中学1所、小学3所、幼儿园1所，义务教育阶段在编教师167人、在校学生2102人。新型农村合作医疗参保率98.03%，新增失地农民参保150人。全年新申报低（残）保102户，困难家庭74户，发放各类救助金124.54万元。完成溪沿村、航景村、航川村、乌龙村4个村居家养老服务照料中心建设。3月12日，全镇首家农村淘宝服务站在珏塘村开业。同月，完成全镇18个行政村主要通道及出入口处的139台高清夜视摄像头、61台硬盘录像机的安装，成为全市首个治安视频监控网络全覆盖的乡镇。

【果蔬乐园及观光农业建设】2015年，该镇以绿博农业、瑞德农业、禾运农业、航头草莓合作社4个农业龙头企业（单位）特色果蔬种植基地为试点，推进果蔬乐园建设，发展特色农业产业观光休闲度假旅游。4个基地投入资金240余万元，实施停车场、休息、游乐等配套设施建设，建成休闲品尝、体验采摘、摄影拍照、品种展示等区域。8月～12月，绿博黄桃、瑞德火龙果、禾运草莓和新民草莓4个果蔬乐园先后开园，全年接待游客2万余人。8月，在浙江省果蔬展销会上，该镇园旺生态精品果园选送参赛的“锦绣黄桃”获得金奖，进一步扩大了该镇农业生态观光游的影响与知名度。

【引进全市首个竹业高端加工项目】 7月，该镇整合资源，通过淘宝司法拍卖，盘活工业功能区吴潭园区内原浙江蓝天、新材料有限公司2家破产企业闲置土地、厂房，引进庆源竹木制品项目。庆源竹木为全市首个毛竹高端加工项目，由浙江农林大学和龙游客商联合投资3000万元，采用产学研合作模式，年产100万平方米竹材展平板和300万平方米竹材旋切板。

【兴信网络机柜项目一期建成投产】 3月18日，建德市十大工业项目—兴信电子网络机柜项目一期建成投产。该项目规划用地4公顷，主要生产网络机柜、机柜专用插座和监控设备等产品，概算总投资 7500 万元。分两期建设，其中一期用地 1.33 公顷，完成旧厂房改造 8000 平方米，年度完成投资 5359 万元。

【“沈氏节能”获国际发明展金奖】 4 月 15 ~ 19 日，在日内瓦国际发明展上，杭州沈氏节能科技股份有限公司的“集成式微通道换热器”，以其产品代表国际上换热领域内最高精尖产品水准，获“日内瓦发明展金奖”。

【举办电子商务培训班】 4 月 19 日，航头镇政府与建德市科兴技术学校联合举办为期一周的农村实用人才电子商务职业技能培训班，全镇各村、企业约 100 名青年农民和网上创业者参加培训。培训主要内容为：电子商务产生和发展过程、电子商务主要功能、电子商务分类与特征、认识电子商务人才结构、电子商务模式分类、B2B、B2C 与 C2C 等电子商务运作模式、网络营销的产生和发展。

【周亚慧叶脉画《多彩校园》获大奖】 6 月，航头镇石屏小学学生周亚慧创作的叶脉画《多彩校园》，在杭州市“我是动漫王 · 美丽学校”创意绘画大赛中，获得一等奖。

【大店口区域联合工会成立】 为深化民主管理，便于开展职工维权，11 月 5 日，航头镇大店口区域范围内 12 家不具备单建工会的小企业、农民专业合作社等单位（成员 213 名），在大店口村成立大店口区域联合工会。首届联合工会委员会选举产生主席 1 名、经费审查委员会委员 3 名、女职工委员会委员 3 名，陈银松任主席。

【灵栖村被评为省级书法村】 11 月，灵栖村被浙江省书法协会授予“浙江书法村”称号，成为全市唯一的“浙江书法村”。12 月 3 日，省书法家协会秘书长何涤非、杭州市书法家协会主席王小勇到该村参加授牌仪式。灵栖村有书法艺术爱好者 22 人，其中中国书协会员 1 人、浙江省书协会员 3 人、杭州市书协会员 7 人、建德市书协会员 4 人，每年创作作品近百件。在 2014 年《浙江书法村作品展》中，有 4 人入展，1 人获奖。

【农业重点项目建设】 12 月，杭州宏盛农业设施有限公司建成投产。该项目位于航头镇工业功能区吴潭区块，占地 1.7 公顷，总建筑面积 1.8 万平方米，规划年产玻璃温室大棚 100 万平方米，总投资 5000 万元。

续建项目永伟同富湖羊养殖基地，年度完成投资 1500 万元，流转土地 3.53 公顷，引进种羊 4000 头；建成养殖房 7000 平方米、仓储 750 平方米、办公用房 250 平方米；购置粉碎机、颗粒饲料机、地磅及运输车等设备。（蒋羽剑）

大同镇

【概况】 2015 年，大同镇行政区域面积 172.246 平方千米（上年度为 162 平方千米），辖 34 个行政村、3 个居民区，年末户籍总人口 56088 人。全年出生 344 人、死亡 453 人。当年计划生育率 94%。地区生产总值 16.30 亿元，比上年增长 4.9%；其中，第三产业增加值 3.96 亿元，增长 13.1%。财政总收入 9436 万元，减少 2.8%；其中地方财政收入 3551 万元，与上年基本持平。农村居民人均可支配收入 16362 元，增长 9.7%。

有工业企业 410 家，其中规模以上企业 19 家（产值亿元以上企业 6 家）。销售产值 35.7 亿元，增长 6.5%；其中规模以上企业销售产值 19.67 亿元（占全镇 54.9%），增长 19.3%。全社会固定资产投资 10.29 亿元，增长 27.6%；其中工业投资 5.48 亿元，增长 20.7%。有外贸出口生产企业6家，年末实现自营出口307万美元。政府重点推进项目25个，完成投资9410万元。工业园区征用土地13.3公顷，平整3.7公顷，投入200万元建设道路等配套基础设施。全年引进项目9个（其中，年产200万吨熔剂用石灰岩矿开采项目由浙江安联矿业有限公司投资，项目总投资4.2亿元；防火门窗、防火卷帘及挡烟垂壁生产线项目由浙江通用防火门有限公司投资，总投资6444万元），招商引资年末实到内资3.35亿元。浙江富丰建材项目盘活佳辉工具土地1.3公顷；投资1.6亿元的晶科电力太阳能发电项目正式签约；投资1.5亿元的新奥天然气发电集中供热项目完成注册。

有耕地2214.67公顷，林地9920.6公顷。农业总产值3.62亿元，增长8.11%。全镇粮食播种面积4573.53公顷，粮食总产量17573吨；其中水稻播种面积1479.6公顷，总产量13032吨。“浙优18”以亩产960千克获得杭州市水稻高产示范田亩产第一名。主要经济作物油菜籽播种面积863.6公顷，总产量1500吨。山地经济作物油茶基地2000公顷，生产商品油茶126吨，产值806万元；毛竹基地2667公顷，竹、笋产值3500万元。

完成国丰家庭农场、启振农业开发有限公司两家农业企业招商引资，从事葡萄、白术种植，年度完成投资360万元。完成花卉苗木—湖羊立体种养循环农业园项目，总投资2500万元；新发展葡萄、草莓、火龙果等设施农业50公顷，投资1500万元；完成市政府部署的油茶、茶叶等农民增收项目，总面积133.3公顷。继续推进畜禽整治，关停畜禽养殖场35家，拆除24家，总计面积2.8万平方米，减少蛋鸡存栏50万羽。至年末，全镇生猪饲养2860头、家禽饲养47万羽。禁养区退养工作全面完成。

年内实施多项农田改造和综合整治项目，其中，劳村村山改田项目垦造面积19.9公顷，投资1600万元；盘山村山改地项目垦造面积6.9公顷，投资320万元；完成劳村、溪口、上马等26村6.7公顷土地综合整治项目。完成郎家、丰畈、溪口等村农田喷滴灌工程53.3公顷；完成高桥、永平千亩标准农田提升建设项目，投资110万元；竹源、江头、上马等村100公顷新建高标准农田项目竣工，总投资750万元；完成潘村畈杭州市粮食功能区建设项目，富塘村等5个村为省级功能区补建项目。投资200万元，建成有良专业合作社烘干中心。完成石郭源水库除险加固工程、杨垄源河道治理工程、大窝水库等6座病危水库修复和集镇排涝工程。

投资600余万元完成集镇污水管网6千米；投资3000余万元完成永平、永盛、徐韩等村农村生活污水治理工程项目12个。该镇的“一户一图”和混凝土浇筑窨井技术在全市得到推广。6月，总投资230万元新建的周家大桥竣工通车；11月，大同商贸中心项目竣工。

全年申报核准农村困难群众建房救助45户、受理医疗救助474人，下发救助金387万元；完成困难家庭申报149户。农村新型合作医疗保险参保率99.16%。继续发展农户“家门口就业”，全年发放来料加工费6780万元。大同村、徐韩村、上马村、小溪源村、溪口村、劳村村农村淘宝服务点投入运营。2016年1月，大同镇被命名为杭州市文明乡镇。

【34个行政村实现供水全覆盖】 大同镇农民饮用水工程自2013年开始实施供水工程，本年完成分层取水塔的主体工程和石塘水库备用水源工程后，新建成日供水能力达6000吨的自来水厂1座，并实现8个行政村与自来水厂并网供水，基本解决全镇5万农村居民饮水问题。

【新增2个老年食堂】 2015年，大同镇禹甸村、城山村先后成立老年食堂，包括上年度建成的继枫树岭村老年食堂，该镇老年食堂共有3个。老年食堂以村里低保户、特困老人和70周岁以上老年人为服务对象，其中90岁以上老人予以免费用餐，其他老人以象征性收费为主。老年食堂资金主要来源于村委出资、上级补助以及部分用餐人员交费，各村平均就餐人数在25人左右。

【多个重大工业项目建成投产】 4月，投资6010万元的市十大工业项目之一浙江通用防火门有限公司的钢质防火门窗、木质防火门窗年产10万樘生产线升级技改项目正式投产；投资2.3亿元的杭州卡洛实业有限公司年产5200万米高端PU合成革后段加工项目（一期）投产，二期开工建设；投资1.24亿元的杭州正和钙业有限公司年产10万吨纳米碳酸钙及2万吨氢氧化钙项目投产；8月，投资8000万元、全市规模最大的沥青拌合站—杭州杭路建材有限公司项目建成投产，日产成品料3000吨，主要供应杭新景高速公路境内段建设工程。

【举办首届蓝领文化周活动】 6月2日～5日，大同镇举办首届“蓝领文化周”。“蓝领文化周”旨在关爱蓝领、丰富蓝领业余生活，增强大同企业员工对大同的归属感及主人翁意识，助力企业挖掘人才、留住人才，共建和谐、幸福大同。活动期间，以“活力蓝领，幸福大同”为主题，开展涵盖“五水共治，美丽大同”中小学生征文比赛、雪佛兰汽车展、来料加工产品展示展销会、农村电商推广会、“奔跑吧，蓝领！”青年互动竞技赛、文艺会演入企、企业员工心理讲座等在内的一系列活动。

◎6月，大同镇举办首届蓝领文化周活动（市工商联 供稿）

【成立新的大同初级中学】 8月，原大同第一、第二初级中学并入大同初级中学，成立新的大同初级中学。大同第一初中创建于1958年，撤并前有教学班24个，教职工91名。大同第二初中，地处大同镇劳村长岗山，学校占地面积5.3公顷，撤并前在校学生275人，教师17人。3校合并后，全镇初中学校布局、义务教育资源得以优化。新的大同初级中学坐落在大同镇学士路1号，占地面积3.0万平方米，建筑面积1.34万平方米，包括：教学楼2幢、综合楼1幢、图书楼1幢、学生公寓楼2幢、食堂1幢，有教室32间（其中30间为多媒体教室）。有学生726人，教职工104人。合并后，镇政府、市教育局共投入650万再新建教学楼1幢，计划2016年9月投入使用。

【大同镇颁发首个高考奖学金】 为了弘扬崇文重学的良好乡风，激励更多的大同学子刻苦学习，早出人才、多出人才，更好地为国家、为家乡建设出力，大同镇设立“高考奖学金制度”，镇政府专门下发《关于对大同镇中考、高考优秀学生予以奖励的通知》文件。该镇儒博村应届考生程昕以709分的高分，夺得2015年度高考建德市理科第一名。8月24日，镇党委、政府向其颁发奖学金3万元。

【寺家蓬熔剂用石灰岩矿山竞标拍卖】 10月，对大同镇大同村潘村村黄垄村—李家镇诸家村寺家蓬熔剂用石灰岩矿采矿权实施公开竞标拍卖，浙江安联矿业有限公司中标获得开采权。主采矿种为熔剂用石灰岩矿。协议确定矿区范围由10个拐点圈定，矿区面积约0.56平方公里，开采深度自+320米至+170米，生产规模达200万吨/年。该公司计划三年（2015–2017）总投资4.2亿元。

【农民住房改造（农民公寓）工程竣工】 12月，大同镇农民住房改造（农民公寓）建设工程竣工。该项目位于大同镇大同村，总用地面积约1.53公顷，建筑面积约2.6万平方米，建设主体为多层建筑9幢共150套安置房，以及水、电、道路、绿化等附属设施。2014年6月开工建设，总投资3300万元，主要安置下山移民和农村住房改造农户共107户。（胡媛媛）

李家镇

【概况】 2015年，李家镇行政区域面积104.99平方千米（上年度为98.5平方千米），辖10个行政村、1个居民区，年末户籍总人口20377人。全年出生128人、死亡155人。当年计划生育率97.4%。地区生产总值10.25亿元，比上年减少3.4%；其中，第三产业增加值2.43亿元，增长10.45%。财政总收入1.04亿元，减少27.5%；其中地方财政收入3174万元，减少5.8%。农村居民人均可支配收入19635元，增长9.9%。

有工业生产单位280家（比上年减少60家），工业销售产值22.02亿元，与上年基本持平。11家规模以上企业销售产值15.5亿元，增长2.0%。全社会固定资产投资3.83亿元，增长60.1%；其中，工业投资2.52亿元，增长50.5%。招商引资年末实到内资1.35亿元，减少6.2%；实到外资150万美元。全年实现自营出口119万美元。建德市华宇纳米科技有限公司年产3万吨纳米碳酸钙项目、建德海螺水泥有限公司粉磨生产线节能环保技改项目、建德市国丰钙业有限公司年产4万吨高纯度氢氧化钙项目、建德市明鑫钙业有限公司及鑫鹏、向新等公司技改等项目完成投产。新增投资3000万元的建德市明鑫钙业有限公司（企业整体收购）、投资2000万元的建德市众盛钙业有限公司2家企业。工业功能区全年平整土地1.3公顷，征用土地3.3公顷。全镇来料加工从业人员共计4000人，全年发放来料加工费2400万元。

有耕地面积716公顷，林地面积8149公顷。农业总产值1.85亿元，增长3.7%。粮食作物播种面积1022.1公顷、总产量5648吨；其中水稻播种364公顷，总产量3002.3吨。油料作物播种面积258公顷，总产量642.7吨。新增中药材种植面积11.32公顷，总面积达到39.96公顷。推进新联村45.8公顷县级粮食功能区项目建设和石鼓村53.28公顷新建标准农田提升区建设。在“五水共治”“三改一拆”中，拆除养殖场2397平方米，退养蛋鸡2.4万羽，退养生猪550头；年末家禽存栏24万羽，生猪存栏2700头。各类营林建设119.32公顷，申报设计省级项目森林抚育246.4公顷，申报2016年中央立项木本油料项目造林15.3公顷，低改217.8公顷。毛竹采伐27.4万支；发放各类涉农补贴60.2万元，落实政策性农业保险（油菜、小麦、水稻）合计932.4公顷，政府缴纳保费金额2.5万元。参加各类涉农培训班农民350人。

6月，开工建设集镇商住楼项目（一期），该项目楼盘是李家镇首个商住楼项目，位于李家镇新城路以西，毗邻农贸市场和李家初中，总建筑面积约4.5万平方米，规划建设10幢多层花园式楼房和2栋小高层楼房，总投资1亿元，分2期建设。7月，邮政路、新城路污水管网敷设改造工程开工，项目概算总投资260余万元，至年底完成敷设管网2.5千米。

投资85万元,实施诸家村河道综合整治工程、劳村溪李家村段河道整治工程，在新桥村至诸家村段河道（1千米）新建堰坝1座、堤坝200余米、堤坝混凝土护脚400余米；改造后劳村溪新桥支流防洪标准提升到5年一遇。

全年完成畜禽养殖整治、农村生活污水治理等24个重点项目，累计总投资5195万元。其中包括：完成“三改”面积2.8万平方米，拆除违法建筑20.7万平方米；实施诸家桥头绿化景观、新联健身小广场和沙墩头喷泉广场的拆后利用项目；实施诸家村、沙墩头村、新桥村、石鼓村、白马村等村农村生活污水治理工程，全镇新建污水处理终端池29处，完成改厕户2030户，敷设管网60千米,实现全镇农村生活污水治理全覆盖。年末，完成四灵水厂管网延伸及农民饮用水工程，总投资1500万元。

年末，有学校5所，其中初中1所，在校生521人、教师34人；小学2所，在校学生共341人、教师34人；幼儿园2所，在园幼儿370名、教师39名。李家初中2015年中考成绩名列全市农村初中第一名，有6名学生考入严分提前实验班。完成长林幼儿园建设主体工程,投资360万元；完成长林小学塑胶跑道建设，投资60万元。

【安全生产第三方评估在全市推广】 李家镇以第三方评估为突破口，与建德市甫非克特企业管理咨询服务有限公司合作，开展安全生产服务外包工作，对企业生产流程进行全程跟踪和干预，切实加强安全生产，整改各类事故隐患上百处，从源头上防范生产监管漏洞；同时，网格化管理逐步完善，重点加强矛盾纠纷的排摸和有效调解，全年各行政村调委会受理纠纷184起，调解成功183起,镇调委会受理纠纷14起,调解成功14起，涉及金额113万元。全镇安全生产形势得到稳定好转。市综治办、安监局等有关部门对该镇的做法予以全市推广。

【杨家口水库除险加固工程通过蓄水验收】 杨家口水库位于李家镇沙墩头村，1966年建成，的为早期小㈠型水库，以灌溉为主，结合防洪、发电等综合利用,原设计总库容为150万立方米。2012年经杭州市水利水电勘测设计院安全鉴定，水库防洪安全性级别为“C”（三类坝），存在坝顶和防浪墙高程不满足规范要求、坝体及基岩接触带渗透系数偏大等问题。经立项批准实施杨家口水库除险加固工程，概算总投资1900余万元，主要建设内容为：增设重力墙基础、拦河坝加固、溢洪道加固等。2013年12月开工建设，2015年5月主体完工。7月30日，杭州市林水局在李家镇对该项工程开展实地验收工作。批准合格后,水库开始蓄水。该水库正常运行后，惠及李家镇、大同镇1万余户农户，受益农田达399.6公顷。

【“一事一议”财政奖补项目通过建德市验收】 2015年共申报成功7个“一事一议”项目，补助资金256万元。包括：总投资80万元的李家村曙光溪综合整治项目、总投资65万元的长林村堤坝排水渠道路等综合整治项目、总投资61万元的石鼓村桥渠建设工程、总投资61万元的新桥村堤坝堰坝工程、总投资65万元的白马村道路硬化工程、总投资60万元的新联村抗旱蓄水池石护栏等附属工程总，及投资64万元的长林村村庄道路、排水渠、停车场建设项目。至年底，各项工程均通过建德市验收。

【上杨线改造工程竣工】 乡道上杨线起自李家镇上前方自然村，终于杨家口，路线全长4742米。2006年建成后，向阳桥头至杨家桥头2.94公里路段，因不堪境内大型企业运输车辆重负，路面破损严重，需要实行改造。2014年12月，李

◎李家镇实现农村生活污水治理全覆盖

家镇政府投资600余万元，对该路段按乡村公路最高标准设计大中修方案进行改造大修。2月，该公路改造工程竣工，交付使用。

【联乡结村帮扶项目】 确定2015年联乡结村帮扶项目7个，涉及“五水共治”、基础设施建设、农业产业扶持、低收入农户增等方面，总投资831.8万元，杭州帮扶集团承诺支持帮扶资金130万元。劳村溪李家段河道整治工程已完工、石鼓村文化大礼堂主体工程基本完成，新联村搞旱蓄水池建设基本完成；新桥村道路建设完成；龙桥村水利修复12月底完成招投标。

【农村淘宝服务站建设】 3月12日，长林村农村淘宝服务站开业，成为全镇首家农村淘宝服务站。除了为村民提供“购买淘宝”服务外，还提供“代销”服务，缓解村民“卖难”问题。至年底，全镇共有李家村、诸家村、长林村、新桥村、龙桥村5个服务站。

【首支城管执法队伍成立】 9月，建立李家镇城管执法分队，正式队员1名，协管员5名，配备电瓶车1辆，执法记录仪2台，在集镇及10个行政村开展有关执法工作。12月，该执法分队开始对集镇环境和秩序实行专项整治，并纳入日常监管。

【村级文化礼堂建设】 全镇6个村被列入建设计划，是全市村级文化礼堂建设计划中最多的乡镇，其中诸家村被列为2015年度省级样板村，三溪村、龙桥村列入省级重点建设村，新联、白马、石鼓村也因开工早、筹备积极被纳入2016年培育计划中。

【“一亮五规定”获省委书记肯定】 6月30日，中共浙江省委书记夏宝龙到李家镇调研工作，对李家镇党建工作“一亮五规定”做法予以肯定。“一亮”：佩戴党徽亮明党员身份；“五规定”：自觉参加组织生活，积极参与清洁乡村活动，主动配合“拆违”与“五水共治”工作，认真执行党员联系户制度，认真执行党员户亮牌制度；同时制定《李家镇农村党员作用发挥五项规定考评管理细则》，分发《李家镇共产党员手册》，下发“五项规定”台账记录本，每月召开各村党组织工作座谈会，汇报当月工作进展。2015年，全镇549名农村党员联系6156户农户。深入开展“走村不漏户、户户见干部”活动，参与“驻进访”的镇干部人数45人，“访户”5300余户，访户率达100%，征集困难问题意见建议总数238件，帮助基层和群众解决问题数215件。（周文芳）

乾潭镇

【概况】 2015年，乾潭镇行政区域面积368.463平方千米（上年度为389平方千米，减少20.537平方千米），辖24个行政村、1个社区，年末户籍总人口44965人。全年出生300人、死亡339人。当年计划生育率95.2%。地区生产总值30.13亿元，比上年增长3.3%；其中第三产业增加值6.22亿元，增长7.2%。财政总收入1.75亿元，减少3.4%；其中地方财政收入4616万元，减少11.2%。农村居民人均可支配收入25988元，增长9.1%，位居全市第一。

有工业生产企业750家，工业销售产值104.36亿元，与上年基本持平；其中规模以上企业90家（比上年增加7家），销售产值52.98亿元，所占份额上年基本持平。实现自营出口1.91亿美元，增长11.6%。全社会固定资产投资12.46亿元，其中工业投资6.27亿元，分别减少15.8%、37.3%。招商引资年末实到内资5.5亿元，实到外资500万美元。工业功能区入园企业达到160家；园区完成土地征用132公顷，土地平整6.67公顷。盘活红狮安仁建材、万通无纺布、惟思特科技等企业原有土地、厂房，其中厂房总建筑面积5万平方米、土地总面积6公顷。

有耕地1479公顷，林地面积26133公顷，其中公益林11600公顷。农业总产值4.41亿元，增长7.8%；全年粮食播种面积2843.8公顷、总产量1.13万吨。种植油料作物692公顷，草莓14.6公顷。完成下包、王岩、邵家3个水稻省级“千亩方”及前陵、施家2个本市级水稻高产示范方建设，面积166.7公顷。完成涉及施家、安仁、王岩等6个村186.7公顷高标准农田建设。全镇共有47个农民专业合作社，全年流转土地138公顷。继续开展“五水共治”等环境综合整治，全年拆除1.3万平方米畜禽养殖房，退养蛋鸡12万羽；年末生猪存栏1.79万头，家禽存栏15.4万羽。

新增省级生态公益林1179公顷。珍贵树种造林33.3公顷；完成森林抚育333.3公顷。新建山地抗旱水池6座，林区道路15条，总里程23.8千米。完成三江两岸精品河道绿化6.4公顷。成功创建杭州市农村清洁可再生能源利用工程综合示范镇。完成幸福芦沙塘、前陵新塘垄右塘、方家石母岭等除险加固等水利工程，总投资260万元。完成罗村等农民饮水工程,受益人口2500人。

4月，乾潭120急救中心建成使用。全年发放医疗救助、临时救助52万元；新建邵家、大畈、乾潭等居家养老照料中心8家。

【“小城市”培育工程】 形成市镇合力推进的“小城市”培育机制，市长童定干、常务副市长周友红等市领导先后21次到乾潭开展专题协调“小城市”工作。全镇各类“小城市”考核合格单位，共获省小城市培育扶持资金2500万元、奖励资金320万元。

完成一批集镇基础建设重点项目：万乐路延伸、嘉华路提升改造、子胥支路改道、体育路延伸、马鞍岭社区望山路改造、乾潭镇老粮站区块城市配套建设，及新安江饮水工程主体工程、安仁污水处理厂与乾潭污水处理厂建设。开展小城市建设规划编制，完成土地利用总体规划、乾潭子胥路南侧地块和老城区地块城中村改造控制性详细规划、乾潭旅游码头提升破坝工程规划、胥江村和安仁村两个杭派民居示范点规划设计、安仁副中心建设规划、乾潭东干渠风情一条街规划等。与杭师大城市研究所等单位合作开展专题调研，调研成果获杭州市副市长戚哮虎批示。可同时容纳480人观影的数字影院、胜奇山水运动休闲综合体、华龄智能养老等项目正式签约。完成大珠、胥岭、梓洲、下包、汪活源等招商区块地形测绘，为项目招商做好准备。

【3个重点工业项目投产】 6月，2014年重点项目银迈针织全面投产，至年底，实现年销售产值1.1亿元。10月，总投资4200万元乾泰再生资源项目建成试产。11月，建德市重点招商引资项目杭州新桐混建材有限公司60万吨项目混凝土生产线项目建成试产，该项目盘活红狮安仁

1.33公顷存量土地，年内完成固定资产投入1.2亿元。

【特色林业产业建设】 完成总面积114.6公顷的香榧、山核桃、毛竹、茶叶四大产业造林和补植。分别为：香榧造林13.2公顷、未成林地补植16.6公顷、“低改”16.6公顷；山核桃造林20公顷、未成林地补植6.6公顷；毛竹造林18公顷、未成林地补植6.6公顷；白茶种植13.2公顷。完成中央资金立项木本油料香榧、山核桃基地建设，面积20公顷。完成社会化服务项目罗村山核桃种植13.3公顷、建德天富家庭农场山核桃精品园建设20公顷。完成建德市毛竹精品园建设20公顷。至年末，共建成梓洲、罗村山核桃精品园、薄壳山核桃精品园各1个、香榧精品园2个。全年举办香榧、山核桃、毛竹培训班4次共145人受训，完成项目立项和备案84个，其中村级工程项目立项40个，5万元以下工程备案项目44个。

【小流域综合整治和水利专项治理】 完成清渚溪施家段（2440米，投资1307万元）、十里长垄河道整治前溪山段（830米，投资230万元）、姚村溪等小流域综合整治（6000米，投资140万元）。重点开展并完成小源溪源头方家村畜禽养殖整治，拆除违建养殖点10户，面积5000多平方米，源头水质得到改善；实施并完成胥江段精品河道建设3期绿化工程，绿化面积6.4公顷，投资430万元。4月10日，省委书记夏宝龙视察乾潭“五水共治”工作，对小源溪治理给予高度肯定。

【多项重要会议选点乾潭】 6月5日，全国农村基层党建工作座谈会参会人员到建德考察，乾潭镇幸福村作为考察点承担了现场会，这是乾潭镇首次承接国家级现场会。8月18日、10月22日，杭州市农村生活污水治理现场会、省农村环境综合整治现场会，先后在乾潭召开。

【乡村旅游建设】 年内，汪活源农耕文化园、幸福部落、下包运动休闲、幸福手工作坊、浙学山馆等项目正式签约落地，并开展初步建设。完成国家文保单位“西山桥”修缮。完成幸福村“杭州市风情小镇”、梓洲村精品村，及下包、安仁、新程3个中心村建设任务。落实精品线路建设项目12个，其中“胥江—七里扬帆”风景线和精品区块建设任务基本完成。完成大源片停车场、胥岭停车场、大悦生态农庄、幸福手工作坊创意园等项目建设。启动大畈——罗村沿线景观改造工程，“浪源—瑞坑—胥岭—玫瑰园”乡村游精品线路逐步成熟并成为热点。4月、5月，举办罗村春茶采摘体验、幸福清明粿大赛等“归田园居在乾潭”系列活动，乡村旅游人次再创新高，达到18万人次，其中艾利斯玫瑰精品园接待游客3万人次。

【全面实施政府投资项目人大票决制】 《乾潭镇政府实事工程实施细则（试行）》经乾潭镇第十七届人民代表大会第五次会议表决通过正式实施。细则规定，投资100万元以上的政府项目需应到会代表2/3以上同意方能实施。该细则为人大全面监督政府工作、财政支出提供了法律基础。至年底，经表决通过项目8个，涉及投资金额9000余万元。

【农村淘宝站点建设】 5月，阿里巴巴“农村淘宝”2.0版新程村包家服务站和乾一村芝峰服务站正式开业，两家站点2天的销售额就超过2.5万元。7月，新程村包家服务点“618万村惠民”活动业绩达到11.7万，夺得全市业绩第二名，建德农村淘宝运营中心会同乾潭镇政府对其进行了表彰奖励。同月，江育英职业技术学院艺术设计与人文系20余名师生，利用一周时间走访幸福村、下包村钱家、乾一村芝峰、新程村包家等7个村点，实地调研农村淘宝服务站点运营情况，组织现场宣讲活动，发放问卷调查表400余份，开展农村淘宝普及活动。

【中心幼儿园建成使用】 9月1日，乾潭中心幼儿园全面建成投入使用，新学期招收17个班学生510名。该中心幼儿园设计规模18个班，占地13.33公顷，总投入资金2500余万元。同时对辖区内育苗幼儿园、豆豆幼儿园等7家无证幼儿园开展整顿，分流学生600余名，安置教职工30余名。

【镇劳动争议调解委员会被评为省先进基层调解组织】 9月，乾潭镇劳动争议调解委员会被评为浙江省乡镇（街道）劳动人事争议先进基层调解组织，成为全市唯一获此殊荣的乡镇。该调解委员会自2009年成立以来，不断创新调解的工作方法，确保工作规范化；坚持以事实为依据、以法律为准绳的调节原则，让当事人感觉到调解员的诚意，从而促进纠纷解决；把矛盾解决在基层，化解在萌芽状态，使劳动关系更加和谐稳定。至2015年，共调解各类纠纷750余件，调解成功率达到98%以上，妥善化解“关停”引起的集体纠纷30余件，全镇未发生因劳动争议引发的群体性事件。

【台湾农业专家到乾潭授课】 11月，台湾生态农业专家颜嘉成到乾潭镇，进行为期一周的专业指导，为镇干部、村书记（主任）、服务业项目业主等60余人开展关于《自然农法生态理论及应用》的讲座。围绕“里山生活”与新乡村运动主题，通过对“七本林登”“神风秀谷村”“马沓芬内罗和保伊布诺”等国际生态村典型案列的阐述和乾潭镇自然禀赋、下梓朴门土屋、瑞坑生态村等项目的结合，颜嘉成向与会者讲授生态村的特点和保护生态、因地制宜的原则；并实地对大悦山庄、梓洲生态体验旅游项目等项目和村落建设进行专业指导。

【农村生活污水治理工程】 12月，乾潭镇农村生活污水治理工程全面完成，24个行政村实现生活污水处理全覆盖，累计埋设管网233千米，实施改厕6060户，建设终端池96座，农户纳管率达到85%以上，总投资4000余万元。（卢林平）

三都镇

【概况】 2015年，三都镇行政区域面积186.036平方千米（上年度为193.6平方千米，减少7.564平方千米），下辖19个行政村、1个居民区，年末户籍总总人口25367人。全年出生176人、死亡169人。当年计划生育率95.3%。地区生产总值11.56亿元，与上年持平；其中，第三产业增加值2.43亿元，增长9.9%。财政总收入3490万元，增长17.2%；其中地方财政收入1208万元，增长10.8%。农村居民人均可支配收入16628元，增长9.0%。

有工业企业355家，主要涉及伞业、家纺、造纸、铸造、五金、农产品加工等行业，工业销售产值23.12亿元，减少13.57%；其中18家规模以上企业销售产值9.76亿元，增长8.81%。实现自营出口5384万美元。全社会固定资产投资5.19亿元，增长1.7%；其中工业投资3.06亿元。招商引资年末实到内资1.7亿元，减少16%；实到外资300万美元，增长150%。市重点工业项目浙江邦特新增用地1.2公顷，完成工业投资4821万元。

有耕地面积1189.7公顷，林地面积1.75万公顷。农业总产值5.0亿元，比上年增长22.0%。粮食播种面积1232.3公顷、粮食总产量6410吨，其中水稻3547吨、小麦97.1吨。油料作物种植面积263.2公顷、总产量452吨。蔬菜种植面积311.4公顷、总产量6513吨。区域优势特色经济作物柑橘产量6.9万吨、产值9660万元。西红花产量2500千克、产值7800万元。香榧产量35吨、产值658万元。水产养殖面积220公顷、网箱养鱼700箱，总产量895吨；鱼塘养殖面积160公顷、产量3750吨；渔业总产值7200万元。

结合“五水共治”“三改一拆”工作，全年拆除养殖房1.4万平方米，鼓励引导退养农户发展种植业、来料加工业、乡村旅游业；年末生猪存栏7500头、家禽存栏41.2万羽。完成马宅村等12个村农村生活污水治理工程。开展“清三河”提升工程，推进前源溪、后源溪精品河道建设。完成集镇自来水管网和污水管网建设，12月开工建设集镇污水处理厂。完成青藤湾水厂至潘溪管网延伸工程以及三都村、绿源村、大唐村等8个村农民饮用水改造工程。拆除各类违法建筑1.2万平方米，拆后累计腾出土地15.1万平方米，拆后利用12.4万平方米，利用率82.5%；“无违建”创建通过杭州市初验。开展“两路两侧”专项整治，按照“洁化、序化、绿化、美化”的要求，着力打造沿路风景线，共投入400余万元。

全年共实施农业项目97个，总投入4810万元，其中争取上级扶持3514万元。成功创建省级基层农业公共服务中心和杭州市基层农业公共服务示范乡镇；村级农业服务站实现全覆盖，建立“1+N”农技服务基地21个，农业社会化服务组织25家，培育市级以上农业龙头企业、农民专业合作社和家庭农场75家。实施新和村、梓里村、和村村、圣江村的高标准基本农田建设项目，面积121公顷，至年末，完成投资300万元。完成建设用地复垦3公顷，垦造耕地17.6公顷，盘活存量建设用地0.9公顷（13亩）。

有镇属初中1所、中心小学1所、幼儿园2所，分别有学生408名、660名、280名和150名。12月，三都中心小学综合楼建设工程开工建设，预算投资300余万元。

全年对各类低（残）保、困难家庭177户发放救济金28.1万元，发放临时救助103人次救助金11.3万元。完成三江口村、梓里村等4个村的居家养老照料中心建设，新和村荣获建德市三星级居家养老中心。全年开展再生育对象免费孕前优生健康检查69对，参加新型农村合作医疗保险农民免费健康体检6325人。12月，圣江村被省体育局命名为省级体育小康村；镇头村、绿源村、寿峰村、洋峨村4个村被体育局命名为省级体育俱乐部。

【三都省级现代农业综合区通过考核验收】 三都镇是建德市的传统农业大镇，水果（柑橘）、水产、西红花等产业发展基础良好。自2011年被列入第四批省级现代农业综合区创建名单后，三都综合区遵循生态循环原则，建成综合区面积1911公顷，“三区四园”（三区：柑橘示范区、高山蔬菜示范区、香榧示范区；四园：白茶精品园、西红花精品园、水产精品园、蓝莓精品园）布局基本形成，实现稳粮增收目标，改善了基础设施条件，提高了生态循环技术等科技应用水平和产业发展水平，社会服务体系得到健全。2015年11月，省考核验收组对三都省级现代农业综合区创建进行考核验收，实地查看了绿帆达食品有限公司、春江源柑橘产业示范区、春江源水产精品园、新和西红花精品园、德泽农业山地蔬菜产业示范基地、东方香榧精品园等，予以通过考核验收。

【创建省休闲农业与乡村旅游示范乡镇】 12月，该镇成功创建杭州地区唯一的浙江省休闲农业与乡村旅游示范乡镇。该镇投资2000余万元，新（改）建一批旅游基础设施，包括三都大桥—杨家段绿道、三都游客中心、春江源果蔬乐园二期、富春江航道锚泊区等，实施德泽农业、黄山顶蓝莓、八亩丘农场等“果蔬乐园”建设项目。全年新增加民宿15家（累计22家），其中，成功创建市一星级民宿3家、申报星级民宿和农家乐示范点22家。引进上海大通之旅投资2000万元与三江口渔村合作建成“九里渔隐”精品民宿项目，基本形成春江源村、三江口村和松口村等以民宿、采摘为特色的乡村旅游点。全年共接待游客25.2万人次，实现乡村旅游收入2130万元。央视《远方的家》《乡土》《话说钱塘江》栏目先后对该镇乡村旅游工作进行了报道，特色旅游品牌逐渐打响。

【工业项目及企业基础建设】 镇重点工业项目浙江华电全年完成投资4956万元，建成投产；12月，实现新三板挂牌核准。杭州聚创塑业有限公高分子材料项目一期完成投资2848万元，竣工投产。杭州思味王食品有限公司获省级农业科技企业和杭州市级高新技术企业称号。凯特电器通过杭州市出口名牌企业验收，年出口额达到2450万美元。乾鑫帆纸业，实现年产值6860万元，税收突破700万元。全年各类企业共获得专利44件，其中发明专利8件。工业园区基础设施建设完成华电至融聚段500米道路硬化，投资200万元。35千伏南三线输电线路三都段建设基本完工。

【凤凰龙泉山香榧基地】 该基地位于凤凰村，为建德市十大农业项目之一。至12月底，完成土地流转27公顷，种植香榧、桃树、白茶等高效经济作物，完成水塘、堤坝、基地主干道、喷滴灌和生产管理用房等配套设施建设，累计投入2028万元。

【三都镇新农贸市场迁址开业】 3月1日，三都镇新农贸市场迁至“桔香嘉园”小区新址开张营业。该市场原址已使用10余年，设施陈旧老化，不能适应集镇发展和居民生活水平提高的需求。2013年6月开始选址新建，2014年11月完成竣工验收。总投资约500万元，占地面积约1400平方米，共有店面24间，48个摊位被划分为水产区、蔬菜区、肉类区、百货副食区等区域，功能设施齐全。

【“九姓渔民”民俗文化宣传】 5月12～13日，中央电视台7套《乡土》栏目摄制组到三都渔民村，拍摄专题片《三江口的九姓渔民》，主要内容有渔民打麻糍、做灰汤粽、渔家菜等美食文化及渔民风雨夜捕鱼、九姓渔民婚俗表演等民俗文化，专题片时长25分钟，6月12日12：27首播，6月15日14:13重播。

此外，中央电视台4套《远方的家·江河万里行》、浙江卫视、杭州电视台的《公共新农村》《春游去哪儿》《翠花牵线》《厨星高照》等栏目组也到三都镇摄制专题节目。《人民日报》《光明日报》《香港日报》《浙江日报》《杭州日报》以及中国日报网、人民网、新华网、浙江在线、网易、搜狐、腾讯等100余家媒体和网站，也予以多角度、全方位的报道，全面展示了“九姓渔民”文化的独特魅力。

【采荷·三都慈善超市建成】 8月，采荷·三都慈善超市在三都镇工业园区“职工之家”建成，成为全市首家镇级慈善爱心超市。该超市由三都镇和杭州采荷街道慈善分会共同筹建，由采荷街道慈善分会提供物资资助，三都镇社会事务办运营管理，具备物资变现、救助发放、便民服务、物品调剂、防灾储备等多项功能。至年末，组织公益活动4次，志愿者参与累计33人次，共筹集救助金2.8万余元，发放物资400余件，受益群众600余人。

【全省农村环境综合整治现场会在三都渔村召开】 该镇投入800余万元，以三江口渔村为试点，按照“专业规划、集中投入、一次成型”的思路，完成农村环境综合整治，并成为全省农村环境综合整治现场会示范点，为整镇推进农村环境综合整治工作奠定基础。10月，全省农村环境综合整治现场会在三都渔村召开，省环保厅副厅长卢春中、省农办副主任严杰，省、杭州市相关部门负责人，部分县（市、区）政府分管负责人，以及建德市领导童定干、叶万生、朱启鸿、张早林、洪国根参加会议。

【三都城管中队成立】 10月，三都镇城管中队成立，正式编制2名（属市城管局）、协管员5名，主要管辖范围为三都集镇，主要职能为市容维持、环卫清洁、规划管理、室外无照经营查处、市政公用维护等。

【“九姓渔民村—文创小镇”亮相杭州文博会】 10月15日～19日，在第九届杭州文化创意产业博览会（杭州滨江白马湖国际会展中心）上，三都镇投资20余万元与市文创办联合创作“建德馆”展示平台，该平台融合九姓渔民民俗文化与文化创意、以“九姓渔民村—文创小镇”为主题，向大众展示了“九姓九品”“九姓九菜”“九姓九果”“九姓九味”等九姓渔民文化系列品牌伴手礼，获得良好赞誉。同时，展会现场演示三都镇独特的地方小吃—麻糍的制作工艺。 （蔡昊洋）

钦堂乡

【概况】 2015年，钦堂乡行政区域面积55.4709平方千米（上年度为56.62平方千米），辖7个行政村、1个居民区，年末户籍总人口8847人。全年出生57人、死亡54人。当年计划生育率97%。地区生产总值6.74亿元，比上年增长8.89%；其中，第三产业增加值1.17亿元，增长10.4%。财政总收入6828万元，增长16.2%，其中地方财政收入2632万元，增长16.5%。农村居民人均可支配收入22882元，增长10.0%。

境内碳酸钙近期储量1.5亿吨以上，含钙量高于98%，白度超过90度，年开采量100余万吨，为华东地区规模最大的优质重质碳酸钙基地，形成工业主导产业主要有碳酸钙系列产品母料、织带、履带、橡胶制品、塑料、家纺、铸造、五金工具等，其中重质碳酸钙为该乡支柱产业。有工业生产单位147家，其中规模上企业14家。工业销售产值21.22亿元，增长5%；其中规模以上企业销售产值13.39亿元，增长5.8%；全社会固定资产投资1.62亿元，增长25.7%；其中工业投资1.16亿元，增长60%。招商引资年末实到内资8331万元，增长160%，实到外资150万美元。年末完成自营出口2134万美元，比上年减少13.8%。年内新增投资2000万元以上重点产业项目5个：建德市钦堂精细钙业有限公司年产7万吨超细钙及2万吨塑料粒子生产线项目，投资2200万元；建德市祥瑞砂石料有限公司年产100万吨建筑砂石生产项目，投资2500万元；建德市新裕塑胶材料有限公司年产5万吨母料生产线项目，投资2005万元；杭州杭养建材有限公司年产10万吨沥青砼生产线项目，投资3000万元；杭州石祥建材有限公司120万米装饰条生产线项目，投资3000万元。

有耕地面积476公顷，林地面积4775公顷。农业总产值9847万元，增长8.6%。粮食播种面积658.5公顷、总产量3534吨；其中水稻种植334.5公顷，单季晚稻总产量2185.2吨，水稻种植机械化耕作率达90%以上。新增绿化造林213公顷。年内，完成涉及农田征用的两项工作：杭黄高铁沿线19户房屋征迁和土地征收、杭州市第二水源工程—千岛湖配水工程16.8公顷土地征租。

年末有乡属小学1所，在校学生215人、教师22人；幼儿园2所，其中钦堂中心幼儿园幼儿183人、专职教师14人，谢田分园幼儿52人、教师4人。全年发放各类困难救助、临时救济等资金 217 万元。新增失地农民养老参保 398 人，新型农村合作医疗参保率达到 99.08%。实施农村住房改造 50 户，困难群众住房救助 11 户。4 月，正式启动《钦堂乡志》修编工作。12 月，被命名为省级卫生乡。

【谢田“跳净童”列入省级非物质文化遗产录】 11 月，谢田“跳净童”列入省级非物质文化遗产名录。“跳净童”主要流传在谢田村，俗称“耍和尚”，又名《大头和尚戏柳翠》。舞蹈风格特色鲜明，深受当地群众的欢迎。其显著特征是所有舞者表演时戴有土制的面具，人物形象鲜明，角色生动，始终不说不唱，全靠肢体语言来表达故事。跳净童与古老的傩舞文化联系密切，在浙江省传统舞蹈项目中独具特色。由于该项目的独特风格与形式，20 世纪 90 年代即被选编进国家重点科研项目《中国民族民间舞蹈集成 · 浙江卷》。2009 年被列入杭州市级“非遗”名录。2015 年 5 月，法国民俗学家阿诺、达欧、丘纳德通过杭州外事部门专程到谢田村采风，全程录制音像，将其选编进他们于非洲、亚洲等各地采集的民俗风情音像集中。

【蒲田粮食烘干中心投入使用】 9 月，蒲田粮食烘干中心建成投入使用。该中心位钦堂乡蒲田村，占地面积约 3 亩，粮库面积 800 平方米，容积 4800 立方米，内部设有粮食烘干机 4 台，每批次可烘干粮食 48 吨。总投资 500 万元。

【城乡环境综合整治】 以“五水共治”“三改一拆”为契机，投资 3234 万元，开展集镇、乡村环境综合整治。其中，重点项目清渚溪钦堂段干流河道治理工程，总投资 961 万元，新建设鹅卵石堤坝 1.83 千米，游步道 1.6 千米。左右两岸景观建设 7160 平方米，包括亲水平台 2000 平方米，铺装 1660 平方米，绿化 3500 平方米。形成清渚溪生态休闲区。完成集镇区域积水点路面改造 1200 平方米，建设排水渠道 350 米；完成鹅卵石贴面护堤建设 1500 平方米，砌筑亲水平台 2000 平方米，滨水游步道基础石磡砌筑 1600 平方米。

同时，实施胜利水库清淤工程，工程量 18 万立方米。10 月底，庄丰溪河道整治等项目开工。完成军塘渠道、黄家坞渠道、葛塘村农民饮用水提升等项目，敷设自来水管网 2.8 千米，受益人口 2000 人，总投资 320 万元。完成谢田村上村生活污水治理工程，建设终端污水池 2 处，铺设污水管网 3.9 千米，总投资 68 万元。同时，取缔徐七线沿线石材加工点 23 个，关停水泥制砖企业 4 家，对该线谢田段实施绿化。

【葛塘村省级垃圾分类试点村通过验收】 2015 年，葛塘村被列为浙江省垃圾分类试点村，通过“村集—乡运—市处理”运行机制，实行全村垃圾分类处理。按自然村将全村 290 户农户划分为 26 片卫生责任区，累计投入资金 98 万元，配套垃圾分类处理设施，发放各类垃圾桶 870 只，配置垃圾箱 400 只，新建机械化厨余垃圾处理站 1 处。同时，树立卫生责任区标牌，注明负责农户户名，对保洁员、卫生监督员实行专项考核，定期评选垃圾分类示范户和警示户。经统计，实施垃圾分类处理后，该村垃圾总量减量 34 吨，大部分垃圾及时得到处理，垃圾外运量下降 50%。12 月，该试点通过杭州市验收。

【创建省级示范文化礼堂】 1 月，钦堂乡谢田村文化礼堂通过杭州市文化礼堂验收小组验收，成为全市首家省级文化礼堂。该文化礼堂总占地面积 1.33 万平方米，总投资 110.5 万元。建有 1 万平方米文化舞蹈广场 1 处，500 米艺术长廊 1 处，藏书 1 万册的图书馆 1 座，配套栽植 20 余种观赏花卉和绿色植被。至年底，累计开展时节演出、群众排舞、道德讲堂、暑期实践等群众文化活动 24 期，参加群众 1500 余人次。

【开展首届优秀外来创业人员评选活动】 3月，钦堂乡开展首届外来创业人员评选活动，经由各单位推荐人选、现场考察、评委会评选等环节，浙江钦堂钙业股份有限公司陆忠平（桐庐人）、建德市钦堂精细钙业有限公司罗焕然（湖北襄阳人）、建德市迪旺家纺有限公司杨继（江西上饶人）、浙江隆源压滤机有限公司周立峰（绍兴诸暨人）、杭州嘉和材料科技有限公司寇展强（陕西西安人）共5人被评选为全乡首届优秀外来创业人员。3月28日，在钦堂乡工业经济大会上对5名优秀外来创业者给予表彰嘉奖。

【陈怀白纪念馆列入市级爱国主义教育基地】 陈怀白，女，是谢田村人，新四军老战士，我国教育读物出版界著名学者。5月，陈怀白革命事迹陈列馆被命名为建德市爱国主义教育基地，正式开馆。该基地分为陈怀白革命事迹陈列馆、公园陈怀白塑像两部分，占地面积60平方米。收集陈怀白生前用品20余件、手稿13份；陈列馆内共展出展板19块，展陈她一生的主要事迹。至年底，共接待参观者2400余人次。

【在全市率先设立小微企业调头资金池】 9月15日，由浙江钦堂钙业股份有限公司发起，迪旺家纺、新裕塑胶等50家会员单位共同出资成立商会企业贷款担保基金，建立钦堂乡小微企业调头资金池。该基金总额200万元，主要用于商会会员企业办理银行贷款和融资渠道的担保，并拟用3年时间将受益范围扩大到境内约400家实体经济企业。至2015年年底，担保企业4家，担保贷款总额870万元。

【成立钦堂乡驻杭州流动党员教育管理服务站】 10月22日，钦堂乡驻杭州流动党员教育管理服务站在杭州上塘街道办事处成立，该乡约50名在杭流动党员自此可在杭州就近参加党组织生活。

【乡政协工委捐资为特殊家庭免费供应矿泉水】 11月，鉴于钦堂乡安全饮用水覆盖率不高，村民饮用水基本靠桶装水导致低残保、特困、“五保”等困难家庭无力承受该项支出的实际情况，浙江钦堂钙业、嘉和新材、永银家具、新裕塑胶等4家政协委员企业共捐资7.5万元，用于购买桶装矿泉水，并在全乡设立11个爱心供水领水点，供全乡“五保”、生病、特困、低残保及90岁以上的老人共计300余户特殊家庭免费领用，每人（户）每年可免费领取桶装矿泉水50桶；同时，争取本地的矿泉水生产企业支持，将其矿泉水供应价格由原价4元/桶降低到2元/桶，将廉价优质的矿泉水供应给全乡村民。至年末，供水9400桶。

【举办乡村厨师培训】 12月23日，钦堂乡食品安全管理办公室举办农村厨师食品卫生知识培训，并邀请乾潭工商所专家开展食品安全知识专题培训，来自7个行政村的24名农村厨师参加本次培训。培训内容主要包括：食品采购、加工、备餐以及个人卫生、餐具消毒、保鲜等注意事项，农村宴席中普遍存在的不良卫生现象和安全问题的分析，操办酒宴和集体用餐过程中的卫生要求，农村家庭聚餐申报制度学习。

【隆源环境科技有限公司成功挂牌“新三板”】 12月28日，浙江隆源环境科技股份有限公司挂牌上市，实现钦堂乡上市企业零突破。该公司成立于2007年6月，主要从事各式压滤机整机及相关配套设备的研发、生产和销售，集过滤工艺研究、控制系统设计、压滤系统集成、设备调试服务于一体，向环保、化工、食品、制药、矿物及加工等领域客户提供定制化的过滤系统整体解决方案。

（方 璐）

编辑：黄建生

人物

People

新任市领导简历

朱红丹：女，汉族，1973年11月生，浙江杭州人，1994年8月加入中国共产党，1991年8月参加工作，在职大学学历。

历任：中共富阳市纪委（监察局）办公室副主任、执法监察室副主任、办公室主任、市纪委常委；富阳市妇联党组成员、副主席；富阳市里山镇党委副书记；杭州市妇联办公室主任；杭州市妇联党组成员、副主席；2015年3月任中共建德市委常委、组织部部长。

胡晓立：男，汉族，1982年8月生，浙江温岭人，2007年8月参加工作，2010年8月加入中国共产党，研究生学历，法学硕士。

历任：浙江省社科联办公室副主任科员、主任科员、副主任；2015年7月任建德市副市长（省下派挂职干部）。

李广运：男，汉族，1968年12月生，浙江长兴人，1989年11月加入中国共产党，1987年10月参加工作，在职大学学历。

历任：某集团军排长，连政治指导员，营副政治教导员、代理政治教导员，装备科科长，营长，副团长；景宁畲族自治县人民武装部政治委员；建德市人民武装部部长；2015年5月任中共建德市委常委，市人民武装部部长。

毛志军：男，汉族，1970年11月生，浙江杭州人，1992年7月参加工作，1998年9月加入中国共产党，大学学历，法学学士。

历任：杭州市中级人民法院书记员，经济审判第一庭助理审判员，民事审判第二庭副庭长、庭长；2015年7月任建德市人民法院副院长、代院长。

（邱利成）

新闻人物

徐美英：女，1968年8月出生，大专学历，2003年6月加入中国共产党，大洋镇大洋村村委会主任、大洋镇建筑工程队负责人、建德市目科生态农业开发有限公司法人代表。2015年3月，被授予全国“三八”红旗手称号。9月，作为浙江省唯一应邀的全国“三八”红旗手代表，赴北京参加纪念中国人民抗日战争暨世界反法西斯战争胜利70周年大会。

徐美英做农村工作讲原则、有策略，在当地拥有较高的知名度，被村民们称赞为难得的好主任。她针对大洋地处偏远的实际，动员村民们种植苗木，并负责提供技术支持和销售，提高村民收入；借助大洋地区特有的地方文化底蕴，发展“蟹居”农家乐，为农民家庭增加经济收益；资助困难学生，担任留守儿童代理家长，组建村留守儿童活动室，每年与学校沟通，帮助在校学生完成“微心愿”，是妇女姐妹心中的好姐妹和众多孩子们心中的好妈妈。

徐美英鼓励妇女自立自强，积极就业，引进来料加工等从业门槛较低的产业，为妇女姐妹们提供工作岗位，多次被评为和谐创业好夫妻、建德市“好婆媳”等。同时，徐美英秉着重质量重口碑的做事原则，成立目科生态农业开发有限公司，开展生物质致密成型燃料的研发，将农村废弃的秸秆、树木等进行综合利用，生产生物质致密成型燃料，降低石化资源依赖，为创造生态型城市与节约型社会机制氛围作出贡献。

编辑：杨忠平

◎9月，徐美英在北京参加纪念中国人民抗日战争暨世界反法西斯战争胜利70周年大会

名录

Lists

2015年建德市组织机构及负责人名录

【市委和市委工作部门、直属单位】

中共建德市委员会

书　记：戴建平

副书记：童定干　周徐胤

常　委：吕　平　沈　波（3月免）

周友红　朱红丹（女，3月任）

李顺华（5月免）　王伟平　叶万生

梁克东（挂职）　尤荣福　汤文全

巴　黎（挂职，3月任）

李广运（5月任）

中共建德市纪律检查委员会（监察局）

书　记：王伟平

副书记：张启成　林　立

常　委：封纪祥（6月免）　陈小龙（12月免）

乐照明（12月任）　邵永明　徐建新

樊江平（6月任）　吴水星（兼）

许　勇（兼）

监察局局长：张启成

监察局副局长：封纪祥（5月免）

乐照明（12月任）

陈小龙（5月~12月）

吴　霞（女）

办公室主任：雷庆红（12月免）

党风政风监督室主任：王志强（12月免）

信访室主任：李　炜

案件监督管理室主任：吕　坚

纪检监察一室主任：吴建军

纪检监察二室主任：章红兵

市纪委派驻第一纪检组组长：徐　强（12月任）

市纪委派驻第一纪检组副组长：王志强(12月任)

市纪委派驻第二纪检组组长：周爱花（女，12月任）

市纪委派驻第二纪检组副组长：徐建明(12月任)

市纪委派驻第三纪检组组长：陈小龙（12月任）

市纪委派驻第三纪检组副组长：陆亚玲（女，12月任）

市纪委派驻第四纪检组组长：范秋华（12月任）

市纪委派驻第四纪检组副组长：陈永平(12月任)

市纪委派驻第五纪检组组长：孙施伟（12月任）

市纪委派驻第六纪检组组长：季建平（12月任）

市纪委派驻第七纪检组组长：胡志斌（12月任）

市纪委派驻第八纪检组组长：林坤荣（12月任）

市纪委派驻市教育局纪检组组长：罗志光

市纪委派驻市财政局纪检组组长：王江平（4月免）　刘金文（4月任）

市纪委派驻市卫生和计生局纪检组组长：雷庆红（12月任）

市直机关纪工委书记：巫伟农（12月任）
市纪委派驻市法院纪检组组长：饶冬良(12月任)
市纪委派驻市检察院纪检组组长：钱保卫（12月任）
市纪委派驻市公安局纪检组组长：娄卫星（12月任）
市纪委派驻市农办纪检组组长：孙施伟（4月~12月）
市纪委派驻市直机关工委纪检组组长：乐照明（12月免）
市纪委派驻市经济和信息化局纪检组组长：季建平（4月~12月）
市纪委派驻市人力社保局纪检组组长：李建涛(4月~12月)
市纪委派驻市住建局纪检组组长：陈锦富（12月免）
市纪委派驻市交通运输局纪检组组长：范秋华（12月免）
市纪委派驻市林业局纪检组组长：刘金文（4月免） 陈永平（4月~12月）
市纪委派驻市环保局纪检组组长：巫伟农（4月~12月）
市纪委派驻市市场监管局纪检组组长：林坤荣(4月~12月)
市纪委派驻市审管办纪检组组长：陆亚玲（女，4月~12月）
市纪委派驻市移民局纪检组组长：廖文平（12月免）
副局级纪检员：王柏洪　王毅生　阎洪伟

市委办公室（政策研究室、保密局、台办、综合考评办）

主　任(保密局局长)：尤荣福
副主任：倪国芳（4月任） 黄　炜　徐敏红
倪浩群（4月任） 傅　欣（4月任）
娄樟锡（兼） 郑泽挥（兼）
戴高强（挂职，兼，8月免）
办公会议成员：徐　强（12月任）
李　俊（4月免）
张　蕾（4月任）
台办主任：倪国芳（4月任）
政策研究室副主任：徐敏红
综合考评办专职副主任：倪浩群（4月任）
机要局局长：张　蕾
保密局副局长：张　蕾

组织部

部　长：沈　波（3月免） 朱红丹（女，3月任）
常务副部长：吴岳炎
副部长：陈建芳(兼) 何来信(兼) 钱一军(兼)
余小途
部务会议成员：童志云（女，兼）
陈小龙（12月任）
吴学东（12月免）
樊江平（6月免）
赖艳芬（女） 林　立（3月免）
郑芳华（12月任）
叶宏清（7月任）
黄晓庭（7月任）
人才办主任：吴岳炎
人才办副主任：吴学东（12月免）
郑芳华（12月任）
“两新”工委书记：余小途
“两新”工委副书记：赖艳芬（女）

宣传部

部　长：吕　平
常务副部长：吴献军
副部长：吴元标（4月免） 李　萍（女，4月任）
部务会议成员：方永章（兼） 谢伟东（兼）
范秋华（12月任）
李　萍（女，~4月） 严卫华
王　波（4月任）
文创办主任：吴献军
文创办副主任：王献萍（女）

文明办主任：李　萍（女，4月免）
　　　　　　王　波（4月任）

统战部

部　长：吕　勇
常务副部长：陈友明
副部长：翁永良（2月免）　黄宣人
部务会议成员：戚秀娟（女）　龚志坚（4月任）
民族宗教事务局局长：陈友明
民族宗教事务局副局长：龚志坚（5月任）
侨办主任（侨联主席）：翁永良（2月免）
侨办副主任（侨联专职副主席）：戚秀娟（女，5月任）

老干部局

局　长：钱一军
副局长：何其卫　傅卫红
关工委专职副主任：张秀云（女）

政法委（综治办、维稳办）

书　记：周徐胤（兼）
副书记：李顺华（兼，5月免）　周友红（兼）
　　　　尤荣福（兼）　汤文全（兼）
　　　　李广运（兼，8月任）　娄樟锡
　　　　高旭芳
委　员：梁以东（兼，8月免）
　　　　毛志军（兼，8月任）　江波均（女，兼）
　　　　王建雄（兼）　诸葛益龙　何武军
　　　　邵永忠
综治办（维稳办）主任：娄樟锡
综治办副主任：诸葛益龙　何武军（4月任）
维稳办专职副主任：邵永忠

市委农业和农村工作办公室

主　任：杨福泉
副主任：蔡剑毅　蒋建强（4月免）
　　　　沈光炎（4月任）　陈春芬（女）
　　　　邹宗根（4月任）
　　　　戴高强（挂职，8月免）
　　　　吴飞跃（挂职，8月任）
办公会议成员：邹宗根（~4月）　孙施伟（4月任）

市编委办

主　任：陈建芳
副主任：赖裕生　甘雁智（女）
市直机关工委
书　记：童志云（女）
副书记：应永江　卢　萍（女，4月任）
党工委委员：巫伟农（12月任）
　　　　　　乐照明（12月免）　倪浩群（4月免）

信访局

局　长：赖红芳
副局长：许柏生　王一叶　朱文献

党史研究室（地方志办公室）

主　任（党组书记）：吴康福
副主任（党组成员）：徐　健（女，4月免）　王春根（4月任）　方建黎

市委党校

校　长：周徐胤（兼）
常务副校长（党委书记）：仇康君
副校长（党委委员）：王春根（4月免）　王　平
　　　　　　钟德智（4月任）
纪检组组长：王春根（4月免）
　　　　　　王　平（4月~12月）

新闻传媒中心

总编辑（党组书记）：谢伟东
副总编辑：蒋秀英（女）　吴　鹏
　　　　　吴时力（4月任）
党组成员：蒋秀英（女）　吴　鹏（8月任）
　　　　　吴时力

广播电视台

台　长（党委书记）：方永章
副台长：沈友君（女）　钟清鸿　朱　言（4月任）
党委委员：沈友君（女）　钟清鸿　朱　言
纪委书记：沈友君（女，12月免）

【市人大和人大机关】

市人大常委会

主　任：程茂红

副主任：童文扬　朱启鸿　张锡根

饶秋林　赵志荣　吕建月（女）

市人大常委会办公室

主　任：邱韵芬（女）

副主任：周　明　许珍红（女）　李寿根

法制和内务司法工作委员会

主　任：王　煦

副主任：赵礼义

财政经济工作委员会

主　任：黄福明

副主任：傅殿红

教科文卫和民族宗教工作委员会

主　任：林大宏

城建环保工作委员会

主　任：董光和

代表工作委员会

主　任：何根华

副主任：汪建勋

农业和农村工作委员会

主　任：汪杭京

【市政府和政府工作部门、直属单位】

市人民政府：

市　长：童定干（1月任）

代市长：童定干（~1月）

副市长：周友红　叶万生　梁克东（挂职）
徐建华　郑　冰（女，7月免）
张早林　祝　军
吴引引（女，挂职，7月免）
胡晓立（挂职，7月任）

市政府办公室

主　任（党组书记、外事办主任、人防办主任、民防局局长）：夏喜生

副主任：杜立新（1月免）　王　田　胡卫明
张勇明（1月免）　黄卫平
陈　新（女）　郎　栋　叶孝富
章晓腾（5月免）　吴勇富（5月任）
陈　勇（兼，1月免）
郑泽挥（兼，1月免）
赖红芳（兼，1月免）
陈春芬（女，兼，1月免）
戴高强（兼，挂职，1月免）

党组成员：杜立新（1月免）　周爱花（12月任）
王　田　吴元标（4月任）　胡卫明
张勇明（1月免）　黄卫平
陈　新（女）　郎　栋　叶孝富
卢　萍（女，4月免）
吴勇富（4月任）　徐　诤（3月任）

应急办主任：杜立新（1月免）　王　田（5月任）

应急办副主任（民防局副局长）：黄卫平

法制办主任：王　田（5月免）　吴元标（5月任）

法制办副主任：徐　诤（3月任）

行政审批服务管理办公室

主　任（党组书记、公共资源交管办主任）：
陈　勇

党组副书记：张成仁（4月任）

副主任：张成仁　刘水泉（12月任）　张建楠

党组成员：张成仁（~4月）　张建楠
陆亚玲（女，12月免）
吴勇富（4月免）　张胜良（4月任）

纪检组组长：陆亚玲（女，4月免）

公共资源交管办副主任：张成仁

公共资源交易中心主任：吴勇富（5月免）
张胜良（5月任）

发展和改革局

局　长（党委书记兼粮食局局长、物价局局长）：
许维元

党委副书记（副局长）：程建军

副局长（党委委员）：程　霄　杨　强

谢黎琴（女，9月免）
党委委员：赖文武（4月免） 季建平（12月任）
纪委书记：程建军（12月免）
副局级组织员：洪连坤（8月任）
经济和信息化局
局　长（党委书记）：王来生
党委副书记（副局长）：骆志春
副局长：叶　鹃（女） 许文权　余　泉（5月任）
党委委员：陈永平（4月免） 许文权　余　泉
季建平（4月~12月）
纪委书记：陈永平（4月免）
教育局
局　长（党委书记）：郑志华
党委副书记：丁能权（4月任）
副局长：汪增祥（9月免） 丁能权　陈向阳
赖忠林（9月任）
党委委员：汪增祥（8月免） 王　征（8月免）
丁能权（~4月） 罗志光
陈向阳（8月任） 赖忠林（8月任）
科学技术局
局　长（兼知识产权办主任、地震局局长）：
王奕鑫（9月免） 徐拥军（9月任）
党组书记：王奕鑫
副局长：韩建强　鲍雅珍（女，5月任）
蒋富华
党组成员：韩建强　鲍雅珍（女） 蒋富华
公安局
局　长（督察长）：郑学龙（1月免）
汤文全（1月任）
党委书记：汤文全
政　委（党委副书记）：翁磊松
常务副局长（党委副书记）：蒋文忠
副局长：李海芳　冯慧超　叶志平（3月任）
党委委员：马有生（8月免） 李海芳
冯慧超　汪永刚
叶志平（3月任） 赵　斌（3月任）
娄卫星（8月任）
纪委书记：马有生（8月免） 娄卫星（8月任）
副政委：汪永刚
政治处主任：赵　斌（3月任）
指挥中心主任：陆　勇
指挥中心教导员：胡秋法（8月免）
周　伟（8月任）
交警大队大队长：汪永刚
交警大队教导员：吴　竣
刑侦大队大队长：吴中华
刑侦大队教导员：饶应忠
巡（特）警大队大队长：娄卫星（9月免）
钭志强（9月任）
巡（特）警大队教导员：陈明芳
经侦大队大队长：方惠明（9月免）
胡秋法（9月任）
经侦大队教导员：夏卫诚
治安大队大队长：叶志平（3月免）
吕　晶（9月任）
治安大队教导员：颜　宾
国保大队大队长：潘　弘（9月免）
方惠明（9月任）
国保大队教导员：张言生
禁毒大队大队长：方建标（9月任）
森林警察大队大队长：陈建平
森林警察大队教导员：潘　弘（8月任）
副局级组织员：马有生（8月任）
民政局
局　长（党委书记）：包海洋
党委副书记：吴建杭（8月免）
副局长（党委委员）：胡建明　舒小青（女）
程　斌
纪委书记：吴建杭（8月免）
舒小青（女，8月~12月）
司法局
局　长（党组书记）：王建雄

党组副书记（副局长）：胡俊成
副局长：巫海武
党组成员（纪检组组长）：徐建明（12月免）

财政（地税）局

局　长（党委书记）：高建军
党委副书记：储高清（4月免）　封纪祥（6月任）
副局长：金　革（女）　何国良
　　宁卫珍（女，5月免）
　　孟　洁（女，5月任）
党委委员：金　革（女）　何国良
　　王江平（4月免）　刘金文（4月任）
宁卫珍（女，4月免）　孟　洁（女，4月任）
陈　刚
地税局副局长：陈　刚
预算局局长：陈　善（5月任）
预算监督局局长：方明明（5月任）

人力资源和社会保障局

局　长（党委书记）：何来信
党委副书记：童　政（12月免）
副局长：郑芳华（12月免）　夏献军　徐　斌
党委委员：孙施伟（4月免）　李建涛（4月~12月）
　　郑芳华（12月免）
　　夏献军（8月任）　徐　斌（8月任）
纪委书记：孙施伟（4月免）

住房和城乡建设局

局　长（党委书记兼规划局局长）：周献锦
党委副书记：吴元福
副局长：黄　伟　倪宪红　陈　健（5月免）
　　周向阳（5月任）
党委委员：陈锦富（12月免）　黄　伟　倪宪红
　　陈　健（4月免）　胡志斌（12月任）
　　周向阳（4月任）
总规划师：余志军

交通运输局

局　长（党委书记）：黄朝光
党委副书记：潘群民（4月免）　范秋华（12月免）
副局长：潘向阳　潘群民（5月免）
　　刘金坤　何建松
吴红忠（5月任）　王晓静（女，5月任）
党委委员：潘向阳　刘金坤　何建松　吴红忠
　　王晓静（女，4月任）
　　邵卫红（4月任）　吕建清（1月任）
　　施兴华（兼，3月免）
　　徐强（兼，3月任）
总工程师：邵卫红
道路运输管理处处长：吕建清（1月任）
公路段段长：吴红忠

农业局

局　长（党委书记）：唐晓良
副局长：金建桥　潜建军　郭顺洪
党委委员：金建桥　潜建军　王毅锋
纪委书记：金建桥（12月免）
总农艺师：何建红
畜牧兽医局局长：王毅锋

林业局

局　长（党委书记）：徐　俊
副局长：叶建新（9月免）　王志平　卢梅富
唐良忠（9月任）
党委委员：叶建新（8月免）　王志平
　　卢梅富　陈建平　刘金文（4月免）
　　陈永平（4月~12月）
　　唐良忠（8月任）
总工程师：夏根清
森林公安局局长：陈建平
森林公安局教导员：潘　弘（8月任）

水利水产局

局　长（党委书记）：金　斌
党委副书记：钱保卫（4月免）毛国兴（4月任）
副局长：毛国兴（5月任）　汪建平　李　成
党委委员：汪建平　李　成
纪委书记：钱保卫（4月免）　毛国兴（4月~12月）
总工程师：赖建军（5月任）

商务局（8 月撤销）

局　长（党组书记兼经合办主任）：

章　明（9 月免）

党组副书记（副局长）：金鹏飞（8 月免）

副局长：方红月（女，8 月免）　孙　巍（8 月免）

孙　健（5 月 ~8 月）

党组成员：方红月（女，8 月免）

孙　巍（8 月免）　孙　健（8 月免）

风景旅游局（8 月撤销）

局　长：徐拥军（9 月免）

党组书记：陈　刚（4 月免）

党组副书记：沈光炎（4 月免）

副局长：沈光炎（5 月免）　刘光星（8 月免）

蒋华平（5 月 ~8 月）

党组成员：刘光星（8 月免）　蒋华平（4 月 ~8 月）

旅游商务局（8 月组建）

局　长：章　明（9 月任）

党委书记（兼招商局局长、经合办主任）：

章　明（8 月任）

副书记（副局长）：金鹏飞（8 月 ~12 月）

副局长（党委委员）：方红月（女）　刘光星

孙　巍　孙　健　蒋华平

纪委书记：方红月（女，8 月 ~12 月）

文化广电新闻出版局

局　长（党委书记）：邱剑娟（女）

副局长：李友彬　何　群（5 月免）　许宏斌

李　俊（5 月任）

党委委员：李友彬　林坤荣（4 月免）　许宏斌

李　俊（4 月任）

纪委书记：林坤荣（4 月免）　李　俊（4 月 ~12 月）

文化市场执法大队大队长：许宏斌

卫生和计划生育局

局　长：徐亚娟（女）

党委书记：王雪霖

党委副书记：范红杰

副局长：徐军潮　王　珏（女）　俞早荣

党委委员：徐军潮　雷庆红（12 月任）　张　鲲

纪委书记：范红杰（12 月免）

审计局

局　长（党组书记）：吴水星

副局长：刘晓鸿　孟　洁（女，5 月免）

宁卫珍（女，5 月任）

党组成员：刘晓鸿　孟　洁（女，4 月免）

宁卫珍（女，4 月任）

纪检组组长：孟　洁（女，4 月任）

宁卫珍（女，4 月 ~12 月）

总审计师：余银良

经济责任审计工作联席会议办公室主任：

黄国英（女，5 月任）

统计局

局　长（党组书记）：童国方

副局长：吴建新（12 月免）　徐晓路（5 月任）

赖文武（5 月任）

党组成员：吴建新（12 月免）　徐晓路　赖文武（5 月任）

总统计师：郑建霞（女，5 月任）

社会经济调查队队长：徐晓路

环境保护局

局　长（党组书记）：洪国根（兼）

党组副书记：李建涛（4 月免）　洪介明（4 月任）

副局长：毛国兴（5 月免）　洪介明（5 月任）

王永宏　陈　宁（5 月任）

党组成员：毛国兴（4 月免）　巫伟农（4 月任）

王永宏　陈　宁

纪检组组长：李建涛（4 月免）

总工程师：琚志华（5 月任）

市场监督管理局

局　长（党委书记兼食品药品监督管理局局长、工商局局长、质监局局长、食安办主任）：

占志忠

党委副书记：汪　宏（5 月免）　邵世忠

副局长：汪　宏（5 月免）　邵世忠（5 月任）

楼凤琴（女，5月任）
胡早明　江　涛　郑子清
党委委员：胡早明　江　涛　郑子清　邵亦宏
　　林坤荣（4月任）　季建平（4月免）
　　徐进荣（4月免）
食品安全委员办公室副主任：邵亦宏

城市管理局

局　长（党委书记兼综合行政执法局局长）：
　　楼春棋
党委副书记（副局长、纪委书记）：王志洪
副局长：余志林（5月免）　陈根良　宣永培
罗清武（5月任）
党委委员：余志林（4月免）　陈根良　罗清武

安全生产监督管理局

局　长（党组书记兼安全生产办主任）：吕一华
党组副书记（副局长）：夏金庚
副局长：洪介明（5月免）　余志林（5月任）
　　张成刚
党组成员：洪介明（4月免）　余志林（4月任）
　　张成刚

体育局

局　长（党组书记）：邵国金
副局长（党组成员）：陶国强　郎忠魁

机关事务管理局

局　长（党组书记）：郑泽挥
副局长：杨志瑜　刘爱莲（女）
党组成员：杨志瑜　刘爱莲（女，4月任）

档案局（馆）

局（馆）长（党组书记）：曹剑波
副局（馆）长（党组成员）：王满香（女）
　　汪建林（4月免）
　　徐　健（4月任）

杭州市住房公积金管理中心建德分中心

主　任：金　革（女，1月免）　陈淦涛（1月任）
党组副书记：金　革（女，1月免）
党组成员：陈淦涛（1月免）

移民局

局　长（党组书记）：钟樟军
副局长：刘水泉（12月免）　孙爱春（女，5月免）
　　廖文平（12月任）　蒋建强（5月任）
党组成员：廖文平　孙爱春（女，4月免）
　　蒋建强（4月任）

高新技术产业园

党工委书记（主任）：张国潮
党工委副书记（副主任）：鲁　斌
党工委委员（副主任）：金富炎　蔡新春
　　方　向　吴宽宏
纪工委书记：金富炎

【市政协和政协机关】

市政协

主　席：吴铁民
副主席：严凌云　谢春凤（女）　吕　勇
　　张早林（1月免）
程　旭　洪国根　叶志高（1月任）
秘书长：蒋　华
副秘书长：胡文静（女）　徐新平　陈　茜（女）
　　楼凤琴（女）　王利民
　　陈春芬（女）

市政协办公室

主　任：蒋　华（兼）
副主任：方　韦　陈立刚

政治协商工作委员会

主　任：厉红寿

民主监督工作委员会

主　任：王建辉
副主任：林　宏

参政议政工作委员会

主　任：邵益文

提案工作委员会

主　任：方致远

文史工作委员会

主　任：金伟媛（女）

委员工作委员会

主　任：胡伟钰

【人民武装】

人武部

部　长：李广运（6月免）　包亚斌（6月任）

政　委：李顺华（3月免）　李广运（6月任）

【检察、审判机关】

检察院

检察长（党组书记）：江波均（女）

常务副检察长（党组副书记）：许　勇

副检察长：张碧林　胡　明　周伟清

党组成员：巫伟农（4月免）　张碧林
钱保卫（4月任）　胡　明
范艳春　夏育宏

政治处主任：范艳春

纪检组组长：巫伟农（4月免）　钱保卫（4月任）

反贪局局长：夏育宏

反渎局局长：王光辉

检察委员会专职委员：叶建强　洪颜妹（女）
徐红春

法院

院长：梁以东（7月免）

副院长、代院长：毛志军（7月任）

党组书记：梁以东（8月免）　毛志军（8月任）

常务副院长（党组副书记）：胡振华（女）

副院长：胡建强　洪锦平　刘国平

党组成员：胡建强　洪锦平　刘国平　邹向东
饶冬良　仇　盛　张　振

政治处主任：饶冬良（8月免）　邹向东（8月任）

纪检组组长：邹向东（8月免）　饶冬良（8月任）

执行局局长：仇　盛

寿昌法庭庭长：刘展红

乾潭法庭庭长：胡永红

梅城法庭庭长：黄曙光

大同法庭庭长：吴建辉

审判委员会专职委员：张　振　沈小明　章荣生

【群众团体】

总工会

主　席（党组书记）：赵银松

党组副书记（副主席）：胡造林

副主席（党组成员）：汪为骏

团市委

书　记（党组书记）：蒋哲远

副书记（党组成员）：何洪宇（8月任）
吴　琴（女）

妇联

主　席（党组书记）：章健梅（女）

副主席（党组成员）：叶晓敏（女）　褚建英（女）

科协

主　席（党组书记）：姜自力

副主席：丁江桥　张永祥（6月任）

党组成员：丁江桥　张永祥

文联

主　席（党组书记）：盛振宇

副主席：钟德智（5月免）　周建兵（5月任）
余子龙（兼）　宋林荣（兼）

党组成员：钟德智（4月免）

残联

理事长：邓景祥

党组书记：邓景祥（12月免）

副理事长（党组成员）：吴小明　唐晓东

工商联

主　席：潘余明

党组书记（副主席）：黄宣人

副主席：王利民　李永祥（7月任）
王拥军（兼）　包江峰（兼）
毕国财（兼）　吴飞星（兼）

吴康孟（兼） 胡益飞（兼）
项建平（兼） 唐　郡（兼）
徐竹清（兼） 蒋宝锡（兼，1月免）
党组成员：王利民　李永祥

供销总社

主　任：程卫根（8月免） 刘先锋（8月任）
党委书记：程卫根（4月免）
刘先锋（8月任~12月）
副主任（党委委员）：徐伟民　孙博伟

红十字会

会　长：郑　冰（女，兼）
常务副会长：方撮富
党组副书记：方撮富（8月任）
副会长：黄　炜（兼，5月任）
胡卫明（兼，5月任）
赖艳芬（女，兼，5月任）

【企业单位】

城市建设发展投资有限公司

董事长：吴小龙
总经理：徐旭飞
副总经理：徐京山
总工程师：叶建辉

新安旅游投资有限公司

董事长：项智东
总经理：朱红霞（女）
副总经理：蒋祖云

资产经营投资有限公司

董事长：王建廷
总经理：李寿良
副总经理：王建强

交通发展投资有限公司

董事长：汪德文
总经理：黄志良
副总经理：夏炳华

浙江新安化工集团股份有限公司

董事长：季诚建
名誉董事长（党委书记）：王　伟
总　裁：林加善
党委副书记：季诚建　林加善　潘秋友
副总裁：刘　侠　任不凡　姜永平
吴严明　周卫星
党委委员：刘　侠　姜永平　吴严明
周卫星　陆冬云（女）
纪委书记：潘秋友

【双重和垂直管理单位】

建德市国税局

局　长（党组书记）：朱　烈

建德市国土资源局

局　长：钱晓华（女）
党组书记：朱春福

杭州出入境检验检疫局建德办事处

主　任：刘　强

建德市邮政局

局　长：焦　冰

建德市烟草专卖局

局　长：平维云

建德市气象局

局　长：丁卫华

建德市供电公司

总经理：操吴兵

中国人民银行建德市支行

行　长：顾锦杰

浙江银监局建德监管办事处

主　任：童小芳

中国工商银行建德市支行

行　长：何　静（女，7月任）
副行长（主持工作）：何　静（女，~7月）

中国银行建德支行

行　长：王贞义（6月免） 唐小健（6月任）

中国农业银行建德市支行

行　长：汪维明

中国建设银行建德市支行

行　长：丁卫阳

交通银行杭州分行建德支行

行　长：宋家强

建德市农村信用合作联社

理事长：丁松茂

副主任（主持工作）：王锦芳（女）

中国农业发展银行建德市支行

行　长：张国红（2 月免）　金可为（2 月任）

中国邮政储蓄银行建德市支行

行　长：陈忠华

杭州银行建德支行

行　长：宁建萍（女）

浙江建德湖商村镇银行

行　长：朱和平（7 月免）　王丽英（女，7 月任）

浙江民泰商业银行杭州建德支行

行　长：邵晓光（3 月免）　李功林（3 月任）

中国民生银行杭州建德支行

行　长：程世云

泰隆商业银行建德支行

行　长：胡伟明（4 月免）

负责人：徐　葳（4 月任）

上海浦发银行建德支行

行　长：童丽霞（女，4 月任）

中国人民财产保险公司建德支公司

总经理：陈　烈

中国人寿保险公司建德支公司

总经理：张锡良

中国电信股份有限公司建德分公司

总经理：李晓明

中国移动建德分公司

总经理：叶郁萌（3 月免）　林　海（3 月任）

中国联通建德分公司

总经理：方　伟

建德华数数字电视有限公司

常务副总经理（主持工作）：马湘诚

【乡镇（街道）】

新安江街道

党工委书记：俞　伟（4 月免）　徐恒辉（4 月任）

党工委副书记：刘国金　沈　龙

党工委委员：雷国军　吴秀梅（女）　韩铁峰
徐国平　肖　虎　赵　斌（3 月免）
邱伟军（8 月任）　孙宁春（女）

纪工委书记：韩铁峰

人大工委主任：陈　刚（5 月任）

人大工委副主任：余新荣

办事处主任：刘国金

办事处副主任：雷国军　吴秀梅（女）　肖　虎
叶　强　汤志文

更楼街道

党工委书记：王百金

党工委副书记：倪国芳（4 月免）　游国平
郑朝红（4 月任）

党工委委员：余小群　郑朝红（~4 月）
邵卫明　李献忠　程　璐（女）
邱伟军（8 月免）　吴海华
徐进荣（4 月任）　阮镇江（8 月任）

纪工委书记：程　璐（女）

人大工委主任：蒋跃中（12 月免）
鲁连忠（12 月任）

人大工委副主任：余　明

办事处主任：倪国芳（5 月免）　游国平（5 月任）

办事处副主任：余小群　郑朝红（5 月免）
邵卫明　江　徽

徐进荣（5 月任）　傅　宇（女）

政协工委副主任：游国平（5 月免）

洋溪街道

党工委书记：钱志明

党工委副书记：林益平　洪树华（12 月免）

党工委委员：李晓清（4月免） 严　华（4月任）
蒋一新　徐序红（女） 朱　军
吴　峰　钱航军
纪工委书记：朱　军
人大工委主任：姜炳水
人大工委副主任：傅土樟（12月免）
办事处主任：林益平
办事处副主任：李晓清（5月免）
严　华（5月任） 蒋一新
徐序红（女） 邵仪鹏
邵丽娟（女）

梅城镇

党委书记：傅定辉
党委副书记：施树康　沈小来
党委委员：陈　琳　黄松霖　饶　斌　钱海山
陈伟强　吕　晶（8月免） 张建明
詹轶凡（4月任）
纪委书记：钱海山
人大主席：刘新奎
人大副主席：叶建宁
镇　长：施树康
副镇长：陈　琳　黄松霖　饶　斌　邱锦平
彭思远（女） 吴宽宏（1月免）

开发区（寿昌镇）

党委书记：姜建生
党委副书记：吕鹏云　徐志龙（12月免）
蒋　华（12月免）
党委委员：张建平　邹　泉　宋良宏
章晓行（4月任） 孙　斌　王培森
徐爱芳　张云宏（4月免） 陈　飞
钭志强（8月免）
纪委书记：徐爱芳
人大主席：范秋华（1月免） 鲁连忠（1月任）
人大副主席：高志才
镇　长：姜建生（1月免） 吕鹏云（1月任）
副镇长：张建平（1月任） 宋良宏
吴秀梅（女，1月免） 刘建成
方建卫　王金郎　傅胜英（女，1月任）
政协工委副主任：蒋　华（11月免）
管委会第一副主任：吕鹏云
管委会常务副主任：徐志龙（12月免）
管委会副主任：邹　泉　章晓行（5月任）
张云宏（5月免） 孙　斌
刘建成　方建卫（9月免）
王金郎　傅胜英（女）
吴瑞华（5月任）

大同镇

党委书记：徐恒辉(4月免） 蔡爱珍(女,4月任）
党委副书记：蔡爱珍（女，~4月）
胡国正（4月任） 蒋建成
党委委员：宋国平　刘自强　吴建新　罗建忠
周　治　周　伟（8月免）
董　风（4月任）
纪委书记：刘自强
人大主席：翁祝青
人大副主席：唐永松（1月免） 苏雪平（1月任）
镇　长：蔡爱珍（女，7月免） 胡国正（7月任）
副镇长：徐序红（女，1月免） 蒋建成（1月免）
俞利海（1月免） 宋国平（1月任）
吴建新（1月任） 傅　住（女）
董　风　赖江平

乾潭镇

党委书记：方建铃
党委副书记：陈观宝　苏晓明
党委委员：章万林　徐利平　胡志斌（12月免）
谢双明（4月任）
朱月琴（女，8月免）
曹建东（4月免） 方　聪
余　岩（8月任） 徐卫军（8月任）
纪委书记：胡志斌（12月免）
人大主席：吴晓峰
人大副主席：吴荣华（1月免） 傅建明（1月任）

镇　长：陈观宝

副镇长：傅建明（1月免）苏晓明（1月免）
江远新（1月免）李伟锋（1月免）
章万林（1月任）徐利平（1月任）
谢双明　张　宏　沈　灵（7月任）

副局级组织员：朱月琴（女，8月任）

三都镇

党委书记：蒋智鸿

党委副书记：方　华　官建强

党委委员：张建民（12月免）盛礼权（8月免）
许来友　李可大　余　岩（8月免）
何海斌

纪委书记：许来友

人大主席：程新炉

人大副主席：郑一新

镇　长：王　坚（1月免）方　华（1月任）

副镇长：张建民　卢根土（1月免）何海斌
严　俊　游佩芝（女）
黄丽芳（女，1月任）

杨村桥镇

党委书记：方新卫（4月任）

党委副书记：方新卫（~4月）陈　健（4月任）
徐志强

党委委员：彭樟梅（女，4月免）
晓清（4月任）刘正中　曾向阳
吴建军　阮镇江（8月免）
徐玲莉（女）

纪委书记：徐志强（1月免）曾向阳（1月任）

人大主席：王百金（1月免）方新卫（7月任）

人大副主席：张三元

镇　长：方新卫（7月免）陈　健（7月任）

副镇长：沈小来（1月免）彭樟梅（女，7月免）
李晓清（7月任）刘正中（1月任）
姚根伟（1月免）徐玲莉（女，1月免）
兰胜平　方国东（1月任）

下涯镇

党委书记：韩　勇

党委副书记：唐正彪　叶胜平

党委委员：严　华（4月免）章秋松　吴建卫
江远新　杨成军（4月任）张晓勇、
黄园凤（女）

纪委书记：黄园凤（女）

人大主席：赖荣明（1月免）王　坚（1月任）

镇　长：马永红（1月免）唐正彪（1月任）

副镇长：王满香（女，1月免）蔡新春（1月免）
章秋松　严华（7月免）
江远新（1月任）华爱民　杨成军
陈　赟（女，7月任）

大慈岩镇

党委书记（人大主席）：郑希平

党委副书记：龚　鑫（8月免）谢黎琴（8月任）
李　刚

党委委员：骆旭华　汪丽君（女）
周国林　赖如平　唐晓晖

纪委书记：李　刚（1月免）唐晓晖（1月任）

人大副主席：毛丁梦

镇　长：龚　鑫

副镇长：吴建新（1月免）骆旭华　汪丽君（女）
盛　夏（女）邓建江（1月任）

政协工委副主任：李　刚（11月免）

航头镇

党委书记：钟利平

党委副书记：李　俊（女）黄伟斌

党委委员：叶筱寅　刘复文　毛晨婴
诸葛杰成（4月任）章菊芳（女）
郑广明

纪委书记：章菊芳（女）

人大主席：鲁连忠（1月免）周继发（1月任）

镇　长：李　俊（女）

副镇长：叶胜平（1月免）叶筱寅　刘复文

诸葛杰成　章菊芳（女，1月免）
俞利海（1月任）　何　明（1月任）

李家镇

党委书记：马永红
党委副书记：胡国正（4月免）　章晓腾（4月任）
翁炳昌（12月免）
党委委员：章晓行（4月免）　谢林伟
叶　晔（女）　吴志兵（4月任）
刘晓鹏　李建军
纪委书记：翁炳昌（1月免）　李建军（1月任）
人大主席：金　斌（1月免）　马永红（1月任）
人大副主席：徐射宏
镇　长：胡国正（7月免）　章晓腾（7月任）
副镇长：张建平（1月免）　章晓行（7月免）
谢林伟（1月任）
吴志兵　王素平（女）　王建辉（7月任）
政协工委副主任：翁炳昌（11月免）

大洋镇

党委书记：刘先锋（8月免）　龚　鑫（8月任）
党委副书记：陈正清　叶　姣（女）
党委委员：钱向军　吕建忠　王剑飞
何洪宇（8月免）　李锡斌　翁益明
叶　萌（女，4月任）
纪委书记：李锡斌
人大主席：徐春娥(女,1月免）　徐　强(1月任）
镇　长：鲁　斌（1月免）　陈正清（1月任）
副镇长：钱向军　吕建忠　何洪宇（1月免）
王路达　姚根伟（1月任）　鲁益祥（1月任）

莲花镇

党委书记：谢照昌
党委副书记：程星火　吴　雯（女）
党委委员：宋有军　徐国友　李伟锋　童孝廉
纪委书记：吴　雯(女,1月免）　童孝廉(1月任）
人大主席：仇康君（1月免）　谢照昌（1月任）
人大副主席：戴志亮
镇　长：谢照昌（1月免）　程星火（1月任）
副镇长：宋有军　李伟锋(1月任）　叶月玲(女）
谢作华

钦堂乡

党委书记：何瑞洪
党委副书记：周爱花（女，12月免）　王　鑫
党委委员：姚士军　吴平昌（12月免）　王晓慧
王卫华
纪委书记：王　鑫（1月免）　王晓慧（1月任）
人大主席：姜炳水（1月免）　何瑞洪（1月任）
人大副主席：雷如海（7月免）　许来富（7月任）
乡　长：周爱花（女）
副乡长：章万林（1月免）　姚士军　王卫华
叶　萌（女，7月免）
汪建鸿（1月任）　叶　莲（女，7月任）

说明：1.该“名录”收录2015年各单位在任市管领导干部（未包括挂牌机构）。
2.任免职时间（月份）已经注明，凡未标明时间的，均系职务未变动。如有差错，以任免文件为准。

（邱利成）

编辑：杨忠平

重要文件选录

Documents Selection

重要文件目录

【中共建德市委文件】

市委〔2015〕3 号 关于全面深化法治建德建设的若干意见

市委〔2015〕4 号 关于进一步加强人大工作充分发挥人大作用的意见

市委〔2015〕5 号 关于建德市人民政府职能转变和机构改革的实施意见

市委〔2015〕6 号 关于全面加强基层党建巩固基层政权的意见

市委〔2015〕8 号 关于全面推进市纪委派驻机构统一管理的意见

市委发〔2015〕11 号 关于印发《2015 年度乡镇（街道）目标管理综合考评办法》的通知

市委发〔2015〕12 号 关于印发《2015 年度市级机关单位目标管理综合考评办法》的通知

市委发〔2015〕30 号 关于进一步加强退出现职领导岗位市管干部管理考核和作用发挥的意见

【市委办公室文件】

市委办发〔2015〕7 号 关于印发《深化走村不漏户户户见干部完善党员干部密切联系服务群众长效机制意见》的通知

市委办发〔2015〕14 号 关于印发《工业经济和招商引资三大竞赛活动实施方案》的通知

市委办发〔2015〕19 号 关于印发《2015 年度市委市政府主要工作任务》的通知

市委办发〔2015〕22 号 关于印发建德市《2015 年度深化作风效能年活动实施意见》的函知

市委办发〔2015〕23 号 关于公布《2015 年度市领导六个领衔工作任务》的通知

市委办发〔2015〕28 号 关于印发《建德市 2015 年深化招商引资年工作方案》的通知

市委办发〔2015〕29 号 关于印发《2015 年城乡区域统筹发展工作要点》的通知

市委办发〔2015〕30 号 关于印发《在市级领导干部中开展“三严三实”专题教育实施方案》的通知

市委办发〔2015〕32 号 关于印发《建德市打造美丽杭州建设两美浙江示范区整治实施方案》的通知

市委办发〔2015〕45 号 关于印发《进一步深化全是社会治安防控体系建设的实施意见》的通知

市委办发〔2015〕52 号 关于印发《2015 年度建德市重点单项工作考核办法》的通知

市委办发〔2015〕53 号 关于印发《中共建德市委关于全面加强基层党建巩固政权重要工作

任务分解》的通知

【建德市人民政府文件】

（建政函〔2015〕11号）关于对居民生活用水实行阶梯价格制度》的通知

（建政函〔2015〕36号）关于印发《建德市市级国有企业重大事项管理暂行办法》的通知

（建政函〔2015〕50号）关于全面推行法律顾问制度》的通知

（建政函〔2015〕52号）关于印发《建德市市级国有企业薪酬管理暂行办法》的通知

（建政函〔2015〕53号）关于印发《建德市市级国有企业经营业绩考核暂行办法》的通知

（建政函〔2015〕54号）关于印发《建德市市级国有企业负责人年薪制考核管理暂行办法》的通知

（建政函〔2015〕55号）关于印发《建德市市级国有企业劳动用工管理暂行办法》的通知

（建政函〔2015〕80号）于印发建德市市属国有企业机构编制管理暂行办法》的通知

（建政函〔2015〕179号）关于公布2015年建德市城镇低收入住房困难家庭认定标准》的通知

（建政函〔2015〕196号）关于印发《建德市政府投资工程建设项目标后监督管理暂行办法》的通知

（建政函〔2015〕198号）关于调整全市最低工资标准》的通知

（建政函〔2015〕204号）关于调整基本医疗保险部分政策》的通知

（建政函〔2015〕210号）关于进一步加快电子商务发展的政策意见

（建政函〔2015〕216号）关于印发《建德市特困人员供养实施办法》的通知

（建政函〔2015〕224号）关于对居民生活用管道天然气实行阶梯价格制度》的通知

（建政函〔2015〕230号）关于命名建德市无违建公路、河道、景区、林区》的通知

（建政函〔2015〕231号）关于印发《建德市国有企业经营性房产出租管理办法》的通知

【市政府办公室文件】

（建政办函〔2015〕4号）关于下放中心镇第三批经济社会管理权限》的通知

（建政办函〔2015〕11号）关于印发《建德市“清三河”专项行动以奖代补实施办法（试行）》的通知

（建政办函〔2015〕12号）关于印发《建德市河长制管理工作考核办法》的通知

（建政办函〔2015〕13号）关于印发《建德市加快农村电子商务发展工作方案》的通知

（建政办函〔2015〕14号）关于印发《建德市食品安全基层责任网络建设实施办法》的通知

（建政办函〔2015〕28号）关于《全面实施“三名”工程》的意见

（建政办函〔2015〕30号）关于进一步加强特种设备安全监管工作》的通知

（建政办函〔2015〕31号）关于印发《建德市历史建筑保护管理实施办法》的通知

（建政办函〔2015〕32号）关于开展2015年度道路交通安全隐患治理专项工作》的通知

（建政办函〔2015〕34号）关于印发《建德市企业房地产顺位抵押贷款登记管理办法（修订）》的通知

（建政办函〔2015〕37号）关于加强税收征管保障工作的实施意见

（建政办函〔2015〕40号）关于印发《建德市2015年度节能降耗目标责任评价考核办法》的通知

（建政办函〔2015〕50号）关于印发《建德市创新型产业用地管理实施意见（试行）》的通知

（建政办函〔2015〕51号）关于开展设施农

用地清查整改工作》的通知

（建政办函〔2015〕55 号）关于印发《建德市无证幼儿园专项整治工作方案》的通知

（建政办函〔2015〕56 号）关于印发《建德市创建省级慢性非传染性疾病综合防控示范区工作实施方案》的通知

（建政办函〔2015〕60 号）关于规范建德市经济适用住房上市交易》的通知

（建政办函〔2015〕61 号）关于印发《建德市 2015 年度地质灾害防治方案》的通知

（建政办函〔2015〕62 号）关于印发《建德市农村土地综合整治整镇试点工作三年（2015 — 2017 年）实施方案》的通知

（建政办函〔2015〕65 号）关于印发《秀美山村示范村建设工作实施方案》的通知

（建政办函〔2015〕66 号）关于印发《杭州市基本养老保障办法建德市实施细则》的通知

（建政办函〔2015〕67 号）关于推行《企业投资项目高效审批》的实施意见

（建政办函〔2015〕70 号）关于印发《建德市农村村庄环境卫生（河道、池塘）长效管理考核办法》的通知

（建政办函〔2015〕71 号）关于印发《建德市推行工业企业零土地投资项目不再审批试点实施方案》的通知

（建政办函〔2015〕74 号）关于《开展税收网格化管理和服务工作》的通知

（建政办函〔2015〕75 号）关于《建立建德市重大综合项目推进协调制度》的通知

（建政办函〔2015〕77 号）关于《完善建德市企业服务和项目推进协调工作机制》的通知

（建政办函〔2015〕79 号）关于印发《建德市分级诊疗工作实施方案》的通知

（建政办函〔2015〕82 号）关于进一步推进城乡社区居家养老服务工作》的通知

（建政办函〔2015〕84 号）关于印发《建德市慢性病综合防治工作规划（2015–2017 年）》的通知

（建政办函〔2015〕85 号）关于《提高灵活就业和自主创业人员社会保险费补贴标准》的通知

（建政办函〔2015〕86 号）关于印发《建德市矿山粉尘（污水）防治专项行动实施方案》的通知

（建政办函〔2015〕89 号）关于《进一步优化完善粮食生产功能区建设规划》的通知

（建政办函〔2015〕90 号）关于《集中开展居住出租房“三项治理”行动》的通知

（建政办函〔2015〕93 号）关于《进一步完善政府部门与民主党派和工商联对口联系制度》的通知

（建政办函〔2015〕97 号）关于印发《建德市餐桌安全治理行动三年计划（2015 — 2017）》的通知

（建政办函〔2015〕98 号）关于印发《2015 年建德市规模种粮大户补贴实施方案》的通知

（建政办函〔2015〕99 号）关于下达《建德市 2015 年规划编制计划》的通知

（建政函〔2015〕105 号）关于《深化信用建德建设全面开展信用市创建》的实施意见

（建政函〔2015〕133 号）关于《进一步加快众创空间发展和孵化器建设的若干意见（试行）

（建政函〔2015〕163 号）关于《加快推进特色小镇建设》的政策意见

（建政办函〔2015〕100 号）关于《开展全市流动人口登记和出租房屋管理整治专项行动》的通知

（建政办函〔2015〕102 号）关于《促进企业利用资本市场加快发展》的若干意见

（建政办函〔2015〕103 号）关于《印发《建德市人工影响天气作业实施细则》的通知

（建政办函〔2015〕104 号）关于《加快推进“数

字建德”地理信息公共服务平台推广应用》的实施意见

（建政办函〔2015〕105号）关于《实行企业“五证合一”登记制度》的通知

（建政办函〔2015〕107号）关于《进一步加强乡村环境长效管理的若干意见

（建政办函〔2015〕109号）关于《加强农产品质量安全监管工作的意见

（建政办函〔2015〕110号）关于《进一步加强建德市职业卫生监管工作的意见

（建政办函〔2015〕119号）关于《印发建德市小型农田水利工程管护办法（试行）》的通知

（建政办函〔2015〕123号）建德市政府投资项目工程变更管理实》施意见（试行）

（建政办函〔2015〕126号）关于印发《建德市草莓产业发展三年行动计划》的通知

（建政办函〔2015〕127号）关于印发《建德市农村生活污水处理设施运行维护管理办法（试行）》的通知

（建政办函〔2015〕129号）关于印发《2015年建德市深化“四张清单一张网”改革推进政府职能转变工作方案》的通知

（建政办函〔2015〕133号）关于《进一步加强和规范财政支农专项资金管理》的实施意见

（建政办函〔2015〕138号）关于公布《建德市企业投资项目管理负面清单》的通知

（建政办函〔2015〕140号）关于印发《建德市城镇危旧住宅房屋治理改造实施方案》的通知

（建政办函〔2015〕142号）关于印发《建德市城镇棚户区改造实施方案（2015－2017）》的通知

（建政办函〔2015〕143号）关于印发《建德市产业基金管理暂行办法》的通知

（建政办函〔2015〕145号）关于《推广运用政府和社会资本合作模式》的实施意见（试行）

（建政办函〔2015〕151号）关于《加快推进全市电网建设》的若干意见

（建政办函〔2015〕152号）关于《明确执行浙江省林地经营权流转证发证管理办法（试行）》的通知

（建政办函〔2015〕164号）关于《印发建德市小客车县（市）指标配置管理办法实施细则》的通知

（建政办函〔2015〕165号）关于印发《建德市城区公共自行车系统建设运行工作实施方案》的通知

（建政办函〔2015〕168号）关于印发《建德市农村宅基地审批管理办法（试行）》的通知

（建政办函〔2015〕172号）关于印发《建德市第二次全国地名普查实施方案》的通知

（建政办函〔2015〕174号）关于《推行先看病后付费诊疗服务》的实施意见

（建政办函〔2015〕176号）关于印发《建德市2016年度城乡居民基本医疗保险组织实施方案》的通知

（建政办函〔2015〕179号）关于印发《建德市人民政府办公室内部运作程序制度》的通知

（建政办函〔2015〕180号）关于推进《建德市政务数据资源共享工作》的通知

（建政办函〔2015〕181号）关于公布《市政府及市政府办公室行政规范性文件清理结果》的通知

（建政办函〔2015〕183号）关于印发《建德市加强传统村落保护发展工作实施意见》的通知

（建政办函〔2015〕184号）关于深化《权力清单责任清单工作》的实施意见

（建政办函〔2015〕186号）关于印发《建德市小微企业三年成长计划（2015–2017）实施意见》的通知

（建政办函〔2015〕189号）关于印发《建德市创建浙江省教育现代化市实施方案》的通知

重要文件辑录

中共建德市委
关于全面深化法治建德建设的若干意见

市委〔2015〕3号

为贯彻落实《中共中央关于全面推进依法治国若干重大问题的决定》精神，按照《中共浙江省委关于全面深化法治浙江建设的决定》和《中共杭州市委关于全面深化法治杭州建设的若干意见》的部署，结合建德实际，制定本意见。

一、全面深化法治建德建设的总体要求

（一）指导思想。认真贯彻落实党的十八届四中全会精神，高举中国特色社会主义伟大旗帜，以马克思列宁主义、毛泽东思想、邓小平理论、“三个代表”重要思想、科学发展观为指导，深入贯彻习近平总书记系列重要讲话精神，坚决执行法治浙江、法治杭州建设的决策部署，坚持党的领导、人民当家作主、依法治市有机统一，坚决维护宪法法律权威，依法维护人民权益、维护社会公平正义、维护公共安全和社会稳定，为建设幸福美丽和谐新建德提供有力法治保障。

（二）基本原则。坚持中国共产党的领导，把党的领导贯彻到法治建设全过程和各方面；坚持人民主体地位，做到法治建设为了人民、依靠人民、造福人民、保护人民；坚持法律面前人人平等，任何组织和个人都必须尊重宪法法律权威，都必须在宪法法律范围内活动；坚持依法治理和以德治理相结合，弘扬社会主义核心价值观，以法治体现道德理念、以道德滋养法治精神；坚持从建德实际出发，坚持和发展2006年以来法治建德建设取得的成功经验，努力从法治层面破除制约建德发展的各种障碍。

（三）目标任务。到2020年，基本形成高效的法治实施体系、严密的法治监督体系、有力的法治保障体系，力争在推进依法执政、严格执法、公正司法、全民守法上走在前列，在依法保障改革发展、美丽建设、平安创建上实现新突破，在提升全民法治意识、社会治理能力、法治队伍综合素质上有新业绩，努力实现社会治理体系和治理能力现代化。

二、强化法治思维，努力提升依法执政水平

（一）严格遵守和维护宪法法律。全市各级党政机关、基层组织和社会团体、企事业单位都必须以宪法为根本活动准则，维护宪法法律权威，捍卫宪法法律尊严，保证宪法法律实施。一切违反宪法法律的行为都必须予以追究和纠正。落实宪法宣誓制度，凡经人大及其常委会选举或者决定任命的国家工作人员正式就职时公开向宪法宣誓。组织开展宪法日活动，在全社会普遍开展宪法教育，弘扬宪法精神。

（二）提高党员干部法治思维和依法办事能力。党员干部必须对法律怀有敬畏之心，牢记法律红线不可逾越、法律底线不可触碰，带头学法、懂法、用法、守法，提高运用法治思维和法治方式处理事务、解决问题的能力。把学法列入党委（党组）中心组学习内容，列为党校必修课。把法治建设成效作为衡量领导班子和领导干部工作实绩重要内容，纳入政绩考核指标体系。把能不能遵守法律、依法办事作为考察干部的重要内容，在相同条件下，优先提拔使用法治素养好、依法办事能力强的干部。

（三）完善党的领导方式和执政方式。完善“一个核心、三个党组”的领导体制，领导和支持人大、政府、政协、法院、检察院、群团组织依法依章程履行职能。各级党委（党组）要切实担当起法治建设的领导责任，发挥总揽全局、协调各方的领导核心作用，带头守法、保证严格执法、支持公正司法，统筹推进法治建设各领域工作。加强和改进党对政法工作的领导。

（四）健全依法决策和问责追究工作机制。完善党内依法民主决策机制，推进重大事项决策咨询机制制度化、规范化。加强党委系统规范性文件备案工作，严格执行发文预审和文件内容前置审核制度。落实“一府两院”向人大及其常委会报告重大事项的规定。推行政府法律顾问制度，完善重大行政决策公众参与、专家论证、风险评估、合法性审查等法定程序。加强和改进政治协商工作，发挥政协协商民主的重要渠道作用。认真执行党政领导干部问责规定，实施重大行政决策终身责任追究和责任倒查机制。

三、深入推进依法行政，加快建设法治政府

（一）推进政府职能转变。大力推进政府自身改革，建立权力清单、责任清单、财政专项资金管理清单动态调整机制，探索推进企业投资负面清单管理方式。深化行政审批制度改革，进一步清理行政审批前置环节，取消非行政许可审批事项，加强清理或取消事项的后续监管工作。推动政府网上服务集中提供、数据资源集中共享，加强精细化、标准化管理，提高行政效能。政府、部门及相互之间根据职能、权限，依法及时组织协调行政争议，防止推诿扯皮。创新政府履行职能方式方法，开展政府购买服务，禁止行政机关指定中介组织从事服务。健全公开透明规范的预算和政府债务风险管控制度。

（二）改革行政执法体制机制。在市场监管、城市管理、交通运输、旅游等行政管理领域，按照减少层次、整合队伍、提高效率的原则，合理配置执法力量，推进综合执法。健全公安、环保、市场监管联合执法机制，加大食品药品和环境保护领域犯罪侦查打击力度。探索多种形式的部门联合执法，实行部分行政执法权委托管理，推动跨部门、跨领域综合行政执法。整合力量，加强乡镇行政综合执法机构和队伍建设，增强基层执法能力。理顺行政强制执行体制。健全行政执法和刑事司法衔接机制，完善信息共享、案情通报、案件移送制度，防止有案不移、有案难移、以罚代刑。

（三）规范行政执法行为。依法惩处各类行政违法行为，加大关系群众切身利益的重点领域执法力度。严格执行重大执法决定法制审核制度。规范行政许可、行政处罚、行政强制、行政征收、行政收费、行政检查等执法行为操作流程。建立执法全过程记录制度，加强辅助执法人员管理，加强执法监督，严惩执法腐败现象。严格执行行政裁量权基准制度，细化、量化标准，定期梳理和公布执法依据。加强行政执法信息化建设。全面落实行政执法责任制，严格不同部门及机构、岗位执法人员执法的主体责任和执行责任追究制。建立健全公开、公平、公正的评议考核制，完善行政执法案卷的评查制度。加强行政复议能力建设，保护行政相对人的知情权、参与权、监督权和寻求救济的权利。支持行政诉讼，落实行政首长出庭应诉制度，自觉履行法院生效裁判，健全行政机关对司法建议的反馈制度。

（四）创新政府管理服务方式。推动公共资源市场化配置，建立统一规范、上下衔接的公共资源交易平台。创新公共服务模式，探索公共服务供给主体多元化，逐步将行业管理、社会生活服务管理等职能转移给有资质的社会组织。建立健全政府购买服务标准、招标投标和监督评估等制度。进一步规范行政给付、行政奖励等授益性政府行为。推进行政决策、执行、管理、服务和结果公开，加强公共资源配置、重大建设项目、社会公益事业等领域的政府信息公开。

四、支持公正司法，全面提升司法公信力

（一）创设公正司法的保障环境。各级党政机关和领导干部要支持法院、检察院依法独立行使审判权和检察权。建立领导干部干预司法活动、插手具体案件处理的记录、通报和责任追究制度。建立健全司法人员履行法定职责保护机制，非因法定事由，非经法定程序，不得将法官、检察官

调离、辞退或者作出免职、降级等处分。在司法调解、司法听证、涉诉信访等司法活动中保障人民群众参与，完善旁听庭审、诉讼档案查询制度，依靠人民推进公正司法。保障公民陪审权利，扩大人民陪审员选任和参审范围，完善随机抽选方式，提高人民陪审制度公信度。逐步实行人民陪审员不再审理法律适用问题，只参与审理事实认定问题。规范媒体对司法活动的舆论报道，防止舆论影响司法公正。

（二）规范司法行为。按照中央和省、杭州市司法体制改革部署，严格落实司法体制改革各项措施。加强案件流程和节点控制，严格案件办理期限，完善案件分配、流程监控、质量评查、绩效考核等案件管理制度。保障诉讼过程中当事人和其他诉讼参与人的知情权、陈述权、辩护辩论权、申请权、申诉权。健全落实罪刑法定、疑罪从无、非法证据排除等法律原则的工作制度，严禁违反司法程序办案，严禁刑讯逼供、体罚虐待和非法取证。深入推进刑事案件侦查讯问同步录音录像制度，健全有效防范和及时纠正冤假错案的工作机制，实行办案质量终身负责制和错案责任倒查问责制。加强对涉法涉诉信访工作的领导，推行诉访分离、依法导入、依法终结等工作机制。

（三）推进阳光司法建设。加快建设政法系统信息化平台，推进审务、检务、警务公开，构建开放、动态、透明、便民的阳光司法机制，推动实现跨部门网上执法办案业务协同。健全生效裁判文书上网和公开查询制度。完善当事人权利义务告知、司法听证、网络司法拍卖等制度。落实巡回审判、预约办案、繁简分流、刑事速裁和远程立案等便民利民举措。建立健全执法信息、流程、内容公开机制。建立涉案财物集中管理制度，完善涉案财物处理信息公开机制。

（四）完善司法执法联动机制。健全民生领域司法执法联席会议机制。健全完善法院主办、部门联动、社会参与的执行联动机制，切实解决执行难问题。加大对虚假诉讼、恶意诉讼、无理缠诉的惩治力度。完善对涉及公民人身、财产权益的行政强制措施实行司法监督制度。推行检察机关提起公益诉讼制度，建立检察机关与行政执法部门的监督与协同合作机制。加强职务犯罪打击管理，明确纪检监察和刑事司法办案标准和程序衔接，正确履行分工职责。

五、增强全民法治观念，大力推进法治社会建设

（一）增强全社会法治意识。深入开展法治宣传教育，引导全民自觉守法、遇事找法、解决问题靠法。把法治教育纳入学校教育，把法治教育纳入精神文明创建内容，切实加强重点人群法治教育。健全普法宣传教育机制，深入开展法律“六进”活动，推动落实“谁执法谁普法”的普法责任制。综合运用各类传统和现代化载体，开展群众性法治文化活动，办好法治宣传教育栏目，提高普法实效。坚持社会主义核心价值观，强化规则意识，倡导契约精神，弘扬公序良俗，加强公民道德建设。坚持法治与德治并重，强化法律对道德建设的促进作用，发挥法治在解决道德领域突出问题中的作用。

（二）推进基层依法治理。坚持系统治理、依法治理、综合治理、源头治理，提高社会治理法治化水平。深化“六事一日”工作法、“走村不漏户，户户见干部”，依法推进城乡基层群众自治。广泛开展民主法治示范单位、示范村、示范社区及诚信守法企业等多层次多形式法治创建活动。推进网格化管理、组团式服务，实现基层管理服务无死角、全覆盖。加强社区矫正工作，加强归正人员就业就学帮扶。积极支持人民团体、社会组织、志愿者队伍等参与社会治理，共同破解社会治理难题。依法妥善处置涉及民族和宗教等因素的社会问题，促进民族关系、宗教关系和谐。

（三）加强法律服务。建立健全符合市情、覆盖城乡、惠及全民的公共法律服务体系，加强民生领域法律服务，保证人民群众在遇到法律问题或权利受到侵害时获得及时有效法律帮助。发展律师、公证等法律服务业，统筹城乡、区域法律服务资源，发展涉外法律服务业。加强公证机构建设。逐步建立城乡社区法律服务工作室和法律援助工作站，构建城乡均等的法律援助工作体系。

（四）深化平安创建。创新发展“枫桥经验”，完善人民调解以奖代补工作机制，健全大调解工作体系，推进社会矛盾的预防化解。强化法律在维护群众利益、化解社会矛盾中的权威地位，引导和支持人民群众理性表达诉求、依法维护权益。加强信访工作，畅通群众利益协调、权益保障法律渠道。深入推进社会治安综合治理，完善维稳应急联动机制。依法打击“黄赌毒”“盗抢骗”、恶意逃避债务等违法犯罪活动，依法整治食药品安全、安全生产、生态环境等重点领域的突出问题。深入推进社会治安综合治理，进一步提升群众安全感与满意度。

六、加强依法监督，稳步促进权力健康运行

（一）建立“大监督”运行机制。以规范和约束公权力为重点，综合运用人大、政协、纪检、监察、审计、社会舆论等监督资源，建立信息共享的联动监督机制，不断增强监督的合力和实效。改进监督方式，健全完善监督机制，重点加强政府投资、公共资源交易、财政资金分配使用等领域的流程防控，防止权力滥用。加大问责力度，坚决纠正和惩处“不作为”“乱作为”“慢作为”等现象。

（二）健全“大督查”运行机制。完善重大决策、重点工作、重点项目、重要交办大督查机制，保障市委市政府重大决策部署的贯彻落实。健全深化改革、“三改一拆”“四边三化”“五水共治”等重点工作推进长效机制，完善市领导“六个领衔”工作机制，依法推动事关民生和经济社会发展的重点问题破解。

（三）推进反腐倡廉建设。严格执行党风廉政建设责任制，落实党委主体责任和纪委监督责任，强化党委（党组）主要负责人的“第一责任人”责任和党委（党组）成员的“一岗双责”。健全党风廉政建设责任制监督检查机制和责任追究制度，深化惩治和预防腐败体系建设。加大案件查办力度，坚持有案必查，有腐必惩。加强对执纪办案工作的监督，确保依法依纪安全文明办案。

（四）推动作风建设常态化。依法依纪反对和克服形式主义、官僚主义、享乐主义和奢靡之风。健全作风建设长效机制，巩固和拓展党的群众路线教育实践活动成果，持之以恒抓好中央、省委、杭州市委和市委关于作风建设各项规定的贯彻执行。加大正风肃纪力度，完善配套措施，形成作风建设新常态。健全财务预算、核准和审计制度，严格控制“三公”经费支出。进一步精简文件简报和会议活动。

七、加强组织领导，切实汇聚法治建设强大力量

（一）完善法治建德建设的领导体制和工作机制。健全党委领导，人大、政府、政协分别负责，各部门分工实施的法治建设工作机制，落实党政主要负责人履行法治建设第一责任人职责。市委建设法治建德工作领导小组要切实加强领导，定期研究解决重大问题。市委建设法治建德工作领导小组办公室要不断完善工作制度，细化任务分解，制定落实举措，明确进度要求，完善协调机制，加强督促检查。落实成员单位工作责任，完善联席联动机制，增强工作合力。推动法治乡镇创建和法治机关创建工作，加强绩效评估结果运用。

（二）提高法治工作队伍综合素质。加强行政执法队伍、司法队伍、政府法制队伍建设，推进法治队伍正规化、专业化、职业化。关心关爱法治工作人员，保持队伍稳定。加强培训教育，

提高法治干部调研和解决问题的能力。加强基层法治建设工作机构和人员队伍建设，推动执法、司法力量向基层下沉。畅通法治干部和法学人才相互交流以及与其他部门具备条件的干部和人才交流渠道，建立健全挂职锻炼和轮岗交流制度。

（三）加强法律服务队伍建设。加强律师队伍思想政治建设，增强广大律师走中国特色社会主义法治道路的自觉性和坚定性。改善律师执业环境，依法维护律师执业权益，发挥律师促进公正司法、有效防止冤假错案的重要作用。构建社会律师、公职律师、公司律师等优势互补、结构合理的律师队伍。提高律师队伍业务素质，完善执业保障机制。加强律师事务所管理，发挥律师协会自律作用，规范律师执业行为，监督律师严格遵守职业道德和职业操守，强化准入、退出管理，严格执行违法违规执业惩戒制度。加强律师行业党的建设，扩大党的工作覆盖面，切实发挥律师事务所党组织的政治核心作用。发展基层法律服务工作者、人民调解员队伍。推动法律志愿者队伍建设。建立激励法律服务人才流动机制，逐步解决基层法律服务资源不足和高端人才匮乏问题。

全市各级各部门要全面准确贯彻本意见精神，结合实际制定实施方案，确保各项部署落到实处。

中共建德市委关于全面推进市纪委派驻（出）机构统一管理工作的意见

市委〔2015〕8号

根据《中国共产党章程》和《中国共产党党内监督条例（试行）》等党内法规以及《党的纪律检查体制改革实施方案》要求，经市委研究决定并报杭州市纪委同意，现就全面推进市纪委派驻（出）机构统一管理工作提出如下意见。

一、总体要求

认真贯彻党的十八大、十八届三中、四中、五中全会精神和十八届中央纪委第三次全会精神，按照权力必须受到制约和监督的要求，坚持全面派驻、分类设置、统一管理、加强力量、权责一致，通过调整、保留、新增等方式，市纪委统一派驻（出）15个纪检组（纪工委），实现对全市市级机关单位的派驻监督全覆盖，为建设“廉洁建德”，全力谱写加快建德发展的新篇章提供坚实的纪律保证。

二、机构设置

采用综合派驻和单独派驻（出）两种形式，设置综合派驻监督机构8个，单独派驻（出）监督机构7个。综合派驻机构配备4人，单独派驻（出）机构配备3人，共配备53名派驻（出）机构干部。

（一）综合派驻机构

1. 中共建德市纪委派驻第一纪检组。驻在单位：市委办。监督单位：市委办（市委政研室、台办、市保密局、市考评办）、市人大机关、市政协机关、市委统战部（市民族宗教局、市侨办）、市委政法委（市综治办、市维稳办）、市信访局、市残联、市工商联、市红十字会等9个单位。

2. 中共建德市纪委派驻第二纪检组。驻在单位：市府办。监督单位：市府办（市外事办、市人防办、市应急办、市民防局、市法制办）、市民政局、市司法局、市审计局、市安全监管局（市安委办）、行政审批服务管理办公室（市公共资源交易管委会办公室）、市机关事务管理局、公积金建德分中心等8个单位。

3. 中共建德市纪委派驻第三纪检组。驻在单位：市委组织部。监督单位：市委组织部（市委两新工委）、市委老干部局、市编委办、市委党校、市档案局（馆）、市人力社保局、市总工会、团市委、市妇联等9个单位。

4. 中共建德市纪委派驻第四纪检组。驻在单位：市委宣传部。监督单位：市委宣传部（市外宣办、市新闻办、市网宣办）、市委党史研究室（市地方志办公室）、市新闻传媒中心、建德广播电视台、市文广新局、市体育局、市文联等7个单位。

5. 中共建德市纪委派驻第五纪检组。驻在单位：市农办。监督单位：市农办、市农业局、市林业局、市水利水产局、市移民局、市供销总社等6个单位。

6. 中共建德市纪委派驻第六纪检组。驻在单位：市发改局。监督单位：市发改局（市物价局、市粮食局、市金融办）、市经信局、市科技局（市地震局、市知识产权局）、市旅游商务局（市招商局、市经合办）、市统计局、市环保局、市科协等7个单位。

7. 中共建德市纪委派驻第七纪检组。驻在单位：市住建局。监督单位：市住建局（市规划局、市测绘与地理信息局）、市交通运输局。

8. 中共建德市纪委派驻第八纪检组。驻在单位：市市场监管局。监督单位：市市场监管局（市工商局、市质监局、市食品药品监管局、市食安办）、市城管局（市城管综合执法局、市城管综合执法大队）。

（二）单独派驻（出）机构

1. 中共建德市纪委派驻市法院纪检组。

2. 中共建德市纪委派驻市检察院纪检组。

3. 中共建德市纪委派驻市公安局纪检组。

4. 中共建德市纪委派驻市教育局纪检组。

5. 中共建德市纪委派驻市财政局纪检组。

6. 中共建德市纪委派驻市卫生计生局纪检组。

7. 中共建德市直属机关纪律检查工作委员会。

三、职责权限

（一）工作职责

依据党章规定和党的十八大以来关于全面从严治党、把纪律和规矩挺在前面及抓早抓小等一系列要求，围绕监督执纪问责，履行党的纪律检查职能，监督重点对象是驻在单位（部门）（含监督单位，下同）领导班子及其成员和中层干部。主要工作职责是：

1. 督促驻在单位（部门）领导班子落实全面从严治党主体责任，履行对驻在单位（部门）的监督责任。检查驻在单位（部门）及下属单位遵守党章和其他党内法规，贯彻执行党的路线方针政策和决议，遵守政治纪律和政治规矩，以及贯彻执行民主集中制、重大事项决策、选拔任用干部、加强作风建设、依法行使职权和廉洁从政等情况，发现重要问题向市纪委及时报告。

2. 受理对驻在单位（部门）党组织和党员的检举、控告，受理驻在单位（部门）党组织和党员不服处分的申诉。经市纪委批准，初步核实驻在单位（部门）领导班子及市管领导干部的问题线索；参与调查驻在单位（部门）领导班子及市管领导干部违犯党纪的案件。负责调查驻在单位（部门）中层干部违犯党纪的案件，必要时可以直接调查一般干部违犯党纪的案件。

3. 对驻在单位（部门）各级领导班子履行党风廉政建设主体责任不力、造成严重后果的，提出问责建议。

4. 负责本派驻（出）机构干部日常管理和监督工作。

5. 承办市纪委交办的其他工作。

（二）监督权限

1. 派驻（出）机构负责人参加或者列席驻在单位（部门）党委（党组）会议、民主生活会、行政领导班子会议以及研究“三重一大”等事项的其他会议，对驻在单位（部门）动议和酝酿“三重一大”等事项进行监督。

2. 派驻（出）机构根据工作需要，可以查阅或者复制驻在单位（部门）的有关文件、资料、财务账目等资料。

3. 派驻（出）机构应当了解和掌握驻在单位（部门）市管领导干部、中层干部及下属单位主要负责人廉政信息，对这些信息进行集中管理。派驻

（出）机构按照干部管理权限，经批准可以对驻在单位（部门）有关领导干部报告个人有关事项的材料进行查阅和调查核实。

4. 派驻（出）机构应当就驻在单位（部门）管理的领导干部和后备干部考察人选的党风廉政情况，提出书面意见。

5. 派驻（出）机构负责人可以约谈驻在单位（部门）管理的干部。经批准，对发现驻在单位（部门）市管领导干部存在苗头性、倾向性问题的应当进行廉政谈话和约谈。派驻（出）机构对驻在单位（部门）管理的新提拔或调整的中层干部应当进行任职前廉政谈话。需要函询、诫勉谈话的，按照有关规定办理。

6. 派驻（出）机构调查驻在单位（部门）管理的干部违犯党纪的案件，立案前应当征求驻在单位（部门）主要负责人意见，经市纪委批准，也可以立案后予以通报。未经市纪委同意，派驻（出）机构不得向驻在单位（部门）通报有关驻在单位（部门）领导班子、市管领导干部问题线索处置和纪律审查工作情况。

7. 派驻（出）机构可以针对驻在单位（部门）党风廉政建设方面的问题，向驻在单位（部门）提出书面意见和建议，驻在单位（部门）无正当理由的应当采纳。

8. 派驻（出）机构按照权限采用党内法规规定的履行纪律检查职能的其他措施。

9. 市直属机关纪工委按照《党和国家机关基层组织工作条例》的规定开展工作，履行监督市直属机关工委职责，领导市直属机关党的纪律检查等工作，并承担市纪委交办的党组织和党员干部违犯党纪问题的检查、处理。

10. 市纪委制定《派驻（出）机构履行监督职责实施办法》，派驻（出）机构履行实施办法规定的监督任务。具体监督细则由各派驻（出）机构结合工作实际自行制定，报市纪委同意后实施。

四、组织建设

1. 派驻（出）机构由市纪委直接领导、统一管理，向市纪委负责并报告工作。市纪委要定期研究、部署派驻（出）机构工作。派驻（出）机构与驻在单位（部门）是监督与被监督的关系。驻在单位（部门）领导班子和领导干部应自觉接受派驻机构的监督，积极支持派驻（出）机构的工作。派驻机构和市直属机关纪工委都是市纪委的派出机构，工作上相互沟通、协调和配合，并按照有关规定履行职责。

2. 派驻（出）机构编制按照从严从紧、精简效能的原则实行单列管理。科学配备派驻（出）机构人员编制，对派驻（出）机构所需编制，原则上从现有内设纪委书记、纪检组长所在单位、新增驻在单位（部门）且行政编制 15 名以上的单位划转。其余不足部分编制，由市编委办在全市行政编制中统筹解决。市纪委统一管理派驻（出）机构的编制和人员，并根据工作需要和干部管理有关规定，进行必要的交流任职。

3. 市法院、市检察院、市公安局 3 个单位派驻纪检组的政法编制暂不划转，专项用于派驻机构。现行干部管理体制、工作运行机制暂时不变，今后上级有新规定的，从其规定。

4. 根据工作需要，科学设置派驻（出）机构的职级和职数。市委办、市府办、市委组织部、市委宣传部等重点机关部门以及事关建设发展的重点单位，要配足配强监督力量。派驻纪检组组长（纪工委书记）、副组长（纪工委副书记）和派驻（出）机构其他干部要形成一定的梯次。派驻（出）机构编制和干部的职级、职数等，由市编委另行下文。

5. 派驻（出）机构的市管纪检干部，由市纪委会同市委组织部提名并考察，干部交流、管理和任免等按有关规定执行；派驻（出）机构其他干部的提名、考察、任免、考核、奖惩、交流等由市纪委负责；驻在单位（部门）非市管纪检干部的任免，按市纪委和市委组织部有关规定执行。上级纪委和组织部门出台新规定的，从其规定。

6. 统一派驻后，除市法院、市检察院、市公安局等相关单位外，驻在单位（部门）现有纪委（纪检组）同步撤销，在单位班子成员中明确一名纪检工作联系领导，并按有关规定设置机关纪委和下属单位纪委，或明确机关和下属单位党总支、党支部中分管纪检工作的委员，配备必要的工作力量。派驻纪检组要协助市直属机关纪工委，做好对驻在单位（部门）相关纪检组织日常工作的指导。

7. 派驻（出）机构主要负责人担任驻在单位（部门）（不含监督单位，下同）党委（党组）成员等，不设党委（党组）的作为领导班子成员，在驻在单位（部门）班子排名位于相同资历的班子成员之前。

8. 切实保障派驻（出）机构及干部的工作和生活。干部的工资福利、车改补贴、后勤保障、组织关系和其他待遇，由驻在单位（部门）负责。工作经费在驻在单位（部门）预算中单列，考核等次参照市纪委考核等次确定。

9. 派驻监督制度是党内监督体系的重要组成部分，是落实党要管党、从严治党的重要举措。市级机关各单位要统一思想，提高认识，自觉配合。市纪委要精心组织，明确派驻（出）机构职责，严格派驻（出）机构管理，打造一支结构合理、业务过硬、认真履职、作风优良的派驻（出）机构干部队伍，充分发挥派驻（出）机构的监督作用。

关于加快推进特色小镇建设的政策意见

建政函（2015）163号

各镇、乡人民政府，各街道办事处，市政府各部门、单位：

为加快推进特色小镇建设，进一步优化特色小镇创新创业环境，加快特色小镇企业集聚，做强做大特色小镇，根据国家相关法律法规，结合我市实际，特制定本《意见》。

一、适用范围

在本市特色小镇范围内依法登记注册的企业。

二、鼓励发展政策

（一）财政贡献奖励

对特色小镇企业自在本市缴纳税收（增值税、营业税、企业所得税）的当年起，最高五年内按其实际地方财政贡献分别给予 80%、70%、60%、50%、50% 的奖励。

（二）金融扶持

在国内 A 股市场成功上市的特色小镇企业，给予一次性 500 万元的奖励；在创业板市场成功上市的企业，给予一次性 300 万元的奖励；在新三板市场成功上市的企业，给予一次性 100 万元的奖励。

支持和引导市内创投担保机构为特色小镇内企业提供融资担保。对为特色小镇内企业提供融资担保的，经认定，给予基准担保费用 50% 的补助。

（三）科技创新奖励

鼓励职务发明专利的申请和授权。除浙江省、杭州市奖励政策范围内进行奖励外，重点对在特色小镇的企业发明专利进行追加奖励，奖励标准为国内的外观设计专利每件 500 元，实用新型专利每件 1000 元，发明专利每件 10000 元；国内发明并经授权的每件 20000 元（同一专利最多资助两件国际专利）。

（四）人才奖励

对于企业高级管理人员（高管人员名单须经相关部门核定）工资薪金所得缴纳的个人所得税，按其实际地方财政贡献的 80% 给予奖励。

三、附则

（一）本意见所指的“特色小镇”为经认定的特色小镇区域。

（二）本意见的实施细则由市发改局会同财

政局制定。

（三）本意见自发布之日起施行，由市发改局负责解释。

建德市分级诊疗工作实施方案

建政办函（2015）79号

为建立健全基层首诊、双向转诊的工作机制，构建合理有序的分级诊疗体系，提高医疗资源利用效率，根据《浙江省人民政府办公厅关于开展分级诊疗推进合理有序就医的试点意见》（浙政办发〔2014〕57号）和《省卫生计生委、省人力社保厅、省发改委等五部门关于印发浙江省分级诊疗试点工作实施方案的通知》（浙卫发〔2014〕88号）文件精神，结合我市实际，特制订本实施方案。

一、工作目标

以病人利益为导向，综合运用医疗、医保、价格等手段，建立完善基层首诊、双向转诊、分级诊疗的就医制度；积极构建长期稳定的市级医院与基层医疗机构、城市医院分工协作机制，形成科学合理的医疗服务体系；扎实推进全科医生签约服务，完善预约诊疗服务机制，提升医疗服务便捷性和可及性；逐步建立各级医疗机构之间的便捷转诊通道，控制建德市外转诊比例，力争实现建德市域内就诊率达到90%的目标。

二、工作原则

（一）科学引导。以提供合理、有效、便捷的医疗服务为导向，运用医保差别化支付、拉开价格差距、强化医疗机构间转诊服务平台建设等手段，引导病人合理有序就医。

（二）分级管理。常见病、多发病和慢性病病人在基层医疗机构诊疗为主，急危重症、疑难疾病病人在市级医院和城市医院诊疗，康复期的病人回基层医疗机构诊疗，实现双向转诊。

（三）专病专治。充分考虑医院专科、专病特色，提高转诊患者疾病诊治的针对性和有效性。

（四）资源共享。建立有效、畅通的转诊程序，利用信息化手段实现资源共享和无缝衔接，原则上实行市内同级医疗机构检查结果互认。

三、实施办法

（一）市内首诊。本市内医疗机构均作为基本医疗保险参保人员的首诊医疗机构。分级诊疗转诊程序：基层医疗机构—市内二级及以上医院（含民营医院）—省、杭州市级医院（含定点专科医院）。

（二）向上转诊。参保人员在本市基层医疗机构就诊后，如需转诊应先转至本市二级及以上医院治疗。本市二级医院无法诊治的疾病，根据市内医疗学科发展情况，首选转诊至三级乙等的建德市第一人民医院。对确需转至省、杭州市级医院或市外定点专科医院诊治的，必须由本市二级及以上医院办理转院手续，填写《转诊证明》，并经医院科室负责人和医务科审核同意。各医疗机构应合理控制市外转诊率，避免盲目转诊。

（三）向下转诊。对经省、杭州市级或本市二级及以上医院治疗后病情稳定，可在基层医疗机构进行后续治疗和康复的患者，应转至基层医疗机构。

（四）特殊情况办理程序。

1. 长住外地参保人员，应向社保经办机构办理书面异地就医备案手续，其在长住地看病就医暂时无需办理转诊手续（省、杭州市有明确规定需办理转诊手续时，则按省、杭州市规定执行）。

2. 参保人员临时外出时，如突发急、危、重症可先按“就近、就急”的原则进行抢救和住院治疗，7个工作日内凭就诊医院出具的急诊（或病重、病危）通知书到市社保经办机构办理有关手续。

3. 特殊人群如70岁以上老年人、0~3岁婴幼儿、重度残疾人（1~2级）等按照“就近就医”

的原则，自主选择定点医疗机构诊治。

4. 同类疾病再次入院治疗的患者，可直接选择原救治的定点医疗机构进行治疗（如癌症放化疗、骨折需拆除钢板等）。

（五）建立分级诊疗和双向转诊信息化平台。市人力社保和卫生计生部门根据分级诊疗和双向转诊的工作要求，建立上下级定点医疗机构之间、定点医疗机构与社保经办机构之间的双向转诊信息化平台，实现数据共享。

（六）统一启动时间。自 2015 年 7 月 1 日起，全面推行“基层首诊、分级诊疗、双向转诊”制度。本方案将根据实施情况适时进行修订完善。

四、具体举措

（一）医疗方面

1. 落实双向转诊管理制度。各医疗机构应成立双向转诊办公室，明确专人负责转诊工作。制定合理便捷的转诊流程和相关制度，建立符合自身实际的可追踪、可调控、可监管的双向转诊平台。实行医疗机构转诊负责制，主动为患者办理转诊手续，联系转诊事宜，转诊患者优先获得转入医院的门诊与住院服务。各级医疗机构负责登记参保人员转诊转院基本情况、转诊原因、主诊医生，帮助转出病人落实接收医院，并将向外转诊的患者名单及时报社保经办机构备案。各级定点医疗机构要根据医院的医疗技术水平和病情收治病人，不得以任何理由推诿或截留病人。

2. 提升医疗服务能力。以城市优质医疗资源下沉为契机，进一步加强学科建设，提升市级医院医疗质量和管理水平。深入推进市域内医院与基层医疗机构的合作帮扶，扎实开展乡镇卫生院等级评审和基层特色专科建设，促进基层医疗机构技术与服务水平双提升。加强基层全科人才的培养、引进和使用，进一步完善绩效考核和绩效工资制度，调动基层医务人员的积极性。

3. 推行健康守门人制度。由社区医生（乡村医生）与居民签订健康管理和服务合同，签约的医生应向居民提供预防、保健、治疗的一体化服务，建立健全居民电子健康档案，指导居民合理就医，真正成为群众的健康“守门人”。强化基层医疗机构院前、院后服务，院前服务主要提供预约、转诊服务，通过健康档案的流转快速确定患者的相关情况，让有需要的患者得到方便快捷的医疗服务。院后服务主要为群众提供下转、社区随访及健康管理等服务。

4. 保障医疗机构用药需求。适当扩大基层医疗机构用药范围，增加慢性病、专科治疗药品的使用品种，允许基层医疗机构从浙江省基本医疗保险药品目录中选择使用一定比例非基本药物管理的药品，非基本药物全部实行网上采购并备案，采购金额不超过药品采购总额的 30%。

（二）医保方面

1. 普通门诊医疗费报销标准。（1）市内医疗机构门诊医疗费基金承担比例，职工医保、城乡居民医保按现行政策执行。（2）经转诊至市外当地医保定点医疗机构门诊医疗费基金承担比例，职工医保和城乡居民医保按现行政策执行；未经转诊至市外当地医保定点医疗机构门诊医疗费基金承担比例，先由个人自理 10%，再按现行政策执行。

2. 普通住院医疗费报销标准。（1）市内医疗机构住院医疗费基金承担比例，职工医保、城乡居民医保按现行政策执行。（2）经转诊在市外当地医保定点医疗机构住院医疗费基金承担比例，职工医保和城乡居民医保按现行政策执行；未经转诊至市外当地医保定点医疗机构住院医疗费基金承担比例，先由个人自理 10%，再按现行政策执行。

3. 特殊情况参保人员报销标准。长住外地 3 个月以上的职工医保参保人员，须在社保经办机构办理登记备案手续，医保报销于手续办理后的次月起生效，在市外指定医疗机构就医，按市内常住参保人员在同级医疗机构的待遇结算，如未办理登记备案手续，按未经转诊的报销政策执行。

4. 建立便捷的转诊就医通道。各定点医疗机构应在住院结算窗口设立转诊、转院优先结算窗口，及时、快速地办理转诊病人的住院手续，对转诊、转院病人实行优先就诊。

5. 实行考评评价及违规处罚制度。各级定点医疗机构应建立分级诊疗考核标准，重点考核医疗机构的上转率、下转率和患者满意率等指标。凡医保定点医疗机构未遵守分级诊疗和转诊转院程序、未履行告知参保人员转诊转院义务，致使参保人员未及时办理转诊手续或违反转诊程序，造成参保人员未按规定享受医保报销的，予以通报批评，并承担患者差额报销比例的医疗费用，情节严重的取消其医保定点医疗机构资格。

6. 实行医保资金结算联审制度。各级医保定点医疗机构在审核结算医保基金的同时，对转诊转院病人的转院手续一并审查。对应转诊而无转院手续的，市社保经办机构按未经转诊标准支付定点医疗机构结算报销的医疗费用。

7. 关于社保经办机构备案有关说明。由医疗机构开具的转诊手续视为社保备案，《杭州市基本医疗保障办法建德市实施细则》第69条和第70条关于备案的手续同时取消。

五、工作要求

（一）健全组织，加大部门协同配合力度。建立分级诊疗体系是解决“看病难、看病贵”问题的重要手段。市政府成立以分管副市长为组长，市府办、宣传部、发改局、财政局、人力社保局、卫生计生局、市场监管局等为成员单位的市分级诊疗工作领导小组。领导小组下设办公室，设在市卫生计生局，负责组织协调和日常工作。领导小组各成员单位要从关注民生的高度，加大推进力度，加强沟通协调，合力保障分级诊疗工作的顺利实施。

（二）强化监管，不断改进分级诊疗举措。加强对各级医疗机构的监管，督促其严格实行首诊责任制和转诊审批责任制，切实加强分级诊疗及转诊等各环节的管理，促使医疗行为更加规范，服务质量和管理效率整体提升，医药费用得到有效控制。

（三）广泛宣传，构建科学合理就医秩序。加强“首诊在基层、小病进基层、大病到医院、康复回基层”就医秩序的宣传教育，提高社会知晓率，积极争取广大群众和社会各界的理解与支持。加强教育培训，牢固树立医务人员分级诊疗、双向转诊意识，引导广大群众逐步形成正确的就医观念。

编辑：杨忠平

索　引

Index

说明：
一、本索引设主题索引和图表索引2 个分目。
二、主题索引采用分析索引法，按索引条目第一字汉语拼音（同音字按声调）顺序排，首字相同按第二字音序排，依次类推。类目、分目分别用绿色、深绿色黑体字标注。标引词后的阿拉伯数字表示内容所在的页码。
三、本年鉴的“特载”“大事记”“重要文件选录”均未作索引。
四、图表按序号排列，所在位置标注方法同上。

【主题索引】

阿拉伯数字

A

D

F

G

H

J

K

L

M

N

P

Q

R

S

W

X

Y

Z

【图表索引】

图书在版编目(CIP)数据

建德年鉴.2016 /《建德年鉴》编纂委员会编.--北京：方志出版社,2016.12
ISBN 978-7-5144-2247-4

Ⅰ.①建… Ⅱ.①建… Ⅲ.①建德—2016—年鉴 Ⅳ.①Z525.54

中国版本图书馆CIP数据核字(2016)第295039号

建德年鉴(2016)

编　者：《建德年鉴》编纂委员会
责任编辑：罗　滔

出 版 人：冀祥德
出 版 者：方志出版社
地址　北京市朝阳区潘家园东里9号（国家方志馆4层）
邮编　100021
网址　http://www.fzph.org
发　行：方志出版社发行中心
电话（010）67110500
经　销：各地新华书店
印　刷：杭州高腾印务有限公司

开　本：889×1194　1/16
印　张：29.375
字　数：762千字
版　次：2016年12月第1版　2016年12月第1次印刷
印　数：0001～1000册

ISBN 978-7-5144-2247-4　**定价**：188.00元